"… 진정 엄청난 일입니다!! 그대는 거대한 일을 하려 하네요. 학생들과 또한 헬라어를 잘 알지 못하는 이들도, 그대의 가이드를 따르기만 하면, 이제 헬라어 본문을 '읽을' 수 있게 하는 데 참으로 도움이 될 것입니다. … 나는 그대가 착수한 이 거대한 작업에 매우 깊은 인상을 받습니다. 이 시리즈가 상당한 도움이 될 것이라 확신합니다. 특히 각 문장을 짧은 어구로 끊는 것에 깊은 감명을 느낍니다. 이 책은 신약 헬라어에 대해 초급 수준에 있는 모든 사용자들이 본문을 스스로 연구하는 데 도움이 될 것이 분명합니다. 짧은 어구(또는 한 단어)의 배열은 초급자들을 돕는 데 최고의 방법인 것이 확실합니다. 이런 방식을 선택한 것은 탁월한 것입니다."

"… What a tremendous task!! You have set a mammoth task for yourself, but it will be very, very helpful for students as well as for any person who does not know Greek and now will be able to "read" the Greek text by just following your outline. … I am very much impressed with the mammoth job you have undertaken. I am sure it will be of a tremendous help. I am particularly impressed with the breaking up of sentences in very short lines. This will surely help every user knowing just a little Greek to find his or her way. Even very short lines, some with only one word, are certainly the best way to help even beginners. I think this choice of yours is excellent.

—Johannes Louw
(『헬라어 로우-나이다 사전』[Greek-English Lexicon of the New Testament] 공저자)

원어성경 구문읽기 10
요한서신, 유다서, 요한계시록

초판1쇄	2021.02.26.
지음	김상훈
편집	원어성경 구문읽기 편집위원회
교정교열	김덕원, 김요셉, 박이삭

발행처	감은사
발행	이영욱
전화	070-8614-2206
팩스	050-7091-2206
주소	서울시 강동구 암사동 아리수로 66, 401호
이메일	editor@gameun.co.kr

ISBN	9791190389242
정가	43,000원

원어성경 구문읽기 10

요한서신, 유다서, 요한계시록

원어성경 구문읽기 편집위원회
김상훈

Nestle-Aland, Novum Testamentum Graece, 28., revidierte Auflage, hg. v. Barbara und Kurt Aland, Johannes Karavidopoulos, Carlo M. Martini und Bruce M. Metzger in Zusammenarbeit mit dem Institut für Neutestamentliche Textforschung, Münster, © 2012 Deutsche Bibelgesellschaft, Stuttgart.

Syntactical Guide to the Greek New Testament 10

Epistles of John, Jude, Revelation

SGGNT Editorial Committee

Sang-Hoon Kim

초기 시리즈 기획에 함께 하시다

먼저 하늘나라로 떠나신

Dr. Johannes Louw를 추모하며 …

머리말

"그들을 진리로 거룩하게 하옵소서. 아버지(당신)의 말씀은 진리입니다."(요 17:17) 예수 그리스도께서 성부 하나님께 기도하셨던 내용입니다. 늘 진리를 가르치셨던 주님(요 1:17; 8:32, 40, 45; 14:6)은 또한 그의 사람(제자)들이 성부의 말씀인 진리로 거룩하게 되기를 기도하셨습니다. 주님은 진리의 성령께서 진리로 인도하실 것(요 14:17; 15:26; 16:13)도 말씀하셨습니다. 성부, 성자, 성령 모두 우리를 진리로 이끄십니다.

삼위 하나님의 진리의 말씀은 신구약 성경입니다. 진리의 빛이 교회에 환하게 비칠 때, 성도들이 진리로 거룩하게 되고 진리의 충만함을 입습니다. 그리고 그 빛이 교회에서 세상으로 흘러갑니다. 세상에서 촛대의 역할을 해야 할 교회가 그 빛을 점차 잃고 있는 것 같습니다. 생각(마음)과 삶(행함)의 빛이 희미합니다. 많은 수사(말)가 있으나, 깊은 진리의 빛이 드러나지 않습니다. 화려한 언사는 있으나 순수한 진리의 빛으로 마음을 밝게 채우지 못합니다.

진리의 탐구. 말씀사역자들이 무엇보다 우선해야 할 일입니다. 말씀의 깊은 연구와 묵상은 모든 사역자의 기본입니다. 하나님의 말씀을 자세히 살피고 연구(천착)하는 노력은 사역자로 하여금 바른 말씀사역자가 되게 하는 길입니다. 진지하게 그 길을 가려는 사랑하는 동역자들을 위해, 원문읽기 시리즈를 기획, 출판하였습니다. 원문(헬라어, 히브리어 본문) 이해를 통해 보다 정확하고 깊은 말씀 해석과 연구가 가능하게 될 것입니다.

원문읽기 시리즈는 성경해석학(문법-역사 해석과 담화 분석학)과 현대 언어학(특히 구문론과 의미론)의 귀중한 성과를 토대로 하고 있습니다. 또한 언어적 해석학과 귀납적 성경연구(inductive Bible study)가 응용된 것이라 말할 수 있습니다. 성경 본문(원어)을 읽고 활용하는 데, '보다 쉽게', '보다 분명하게', '보다 효과적으로'가 가능할 것입니다. 그러나 진리의 말씀을 진지하게 연구하려는, 빛을 찾는 구도자의 마음과 자세가 없다면, 아무리 좋은 것도 도움이 되지 않을 것입니다. 진리의 깊이에 다다르고자 하는 진지한 말씀 연구자와 바르게 말씀을 전하려고 하는 귀한 주님의 말씀사역자에게 작은 도움이 되는 것, 이것이 우리의 소망입니다. 이들 말씀사역자들을 통해 주님의 귀한 교회들에 진리의 빛이 켜져 가는 것, 이것이 우리의 꿈입니다.

원문읽기 시리즈의 초기 기획 과정에서, 선도적인 헬라어 학자(해석학자)인 로우(Johannes Louw) 교수님과 연대하여, 전 세계의 영어권 독자들을 위한 원문 프로젝트로 방향을 잡고 진행하려 한 바 있습니다. 그분의 연세와 건강 때문에 결국 진척되지 못한 것이 많이 아쉽습니다. 그러나 그때 보여준 그분의 아낌없는 격려가 많은 힘이 되었습니다.

하나님 나라와 주님의 교회를 위해 귀한 목표와 비전을 나누던 신구약 학자들이 원문읽기 시리즈 출판에 직간접으로 동역하고 있습니다. 귀하고 감사한 일입니다. 또한 섬기는 학교(총신대학교 신학대학원)에서 미래를 위해 준비하며 함께 말씀을 연구하고, 또 구문읽기 방식의 원문읽기 시리즈 연구에 좋은 피드백을 준 귀한 제자들이 많습니다. 분해 작업을 위해 수고해주신 우수아 님에게도 감사의 마음을 표합니다. 그리고 NA28판을 공식적으로 사용할 수 있게 해준 독일성서공회(Deutsche Bibelgesellschaft)에 감사의 뜻을 표합니다.

원문읽기 시리즈 출판을 위해 힘쓰신 감은사 이영욱 대표님께 깊은 감사를 드립니다. 출판 현실의 난관 때문에 빚어진 급작스러운 출판 포기로 난감해 할 때, 복잡하고 까다로운 원문읽기 시리즈 편집과 출간을 과감히 떠맡아 최선의 노력을 다한 감은사 측의 수고에 고맙고 감사합니다. 원문읽기 시리즈 출판은 다른 책들에 비해 편집, 조판 등의 과정에 훨씬 많은 수고와 비용이 요구되는 것이 사실입니다. 하나님 나라와 교회에 대한 섬김의 정신 없이 할 수 없는 일입니다.

이 시리즈, '원어성경 구문읽기 신약(헬라어)'는 영어로 Syntactical Guide to the Greek New Testament(SGGNT)가 됩니다. '신약 헬라어 성경의 구문 가이드북'이라 할 수 있겠습니다. 원문의 구문(syntax) 배열과 해설에 초점을 두기 때문입니다. 『요한서신, 유다서, 요한계시록』은 SGGNT 총서 가운데 마지막 편이 됩니다. 주님의 은혜 가운데 한 권씩 모두 출간되기를 소망합니다. 그래서 한국 교회를 돕고 세우는 일을 했으면 합니다. 헬라어 본문은 Nestle-Aland(NA) 28판을 사용하였고, 해설과 분해(parsing) 부분은 바이블웍스(Bible-Works v.10)와 로고스(Logos 성경 소프트웨어)에 기초하되, 그 외의 여러 자료들을 함께 참고하였습니다. 원문읽기 시리즈 출간의 내용 가운데 오기나 부족한 부분은 조금씩 개선하도록 노력하겠습니다.

성실한 말씀연구자, 신실한 말씀사역자, 하나님의 말씀에 집중하고 이를 따라 순종하고 살아내려는 모든 분들이 원문읽기 시리즈를 통해 말씀으로 든든히 세워지는 것이 우리의 기도입니다. 진리의 빛이 가득 채워지기를 소망합니다. 감사합니다.

원어성경 구문읽기 편집위원회

지은이 김상훈

원어성경 구문읽기
서문

1. 원어성경 구문읽기 기획 취지

좋은 설교자, 목회자가 되려는 신학생들은, 재학 시절 성경 원어를 이해하고 신구약 원문을 해석하기 위해, 관련된 문법과 본문 강독을 배운다. 그러나 신대원을 졸업하고 목회 현장에 들어가서는 신대원 때 배웠던 원어 능력을 활용하여 설교(강해)와 성경 연구를 하게 되는 경우가 많지 않다. 그것은 왜 그럴까?

신대원 교육은 직접 원문(신약 NA, 구약 BHS)을 해독하는 데 목표를 둔다. 그러나 졸업할 때까지 그 같은 실력을 갖출 수 있는 신학생은 많지 않다. 다만, 원어 소프트웨어(로고스, 바이블웍스 등)의 도움을 받아 원문을 해석하고 이를 설교에 활용할 수 있는 신학생/목회자는 30% 이내에 해당되는 분들일 것이다. 그렇지만 이분들도 바쁜 목회지 현장에서 원문을 활용하는 습관과 능력을 잃기 쉽다. (활용 능력과 방법의 미숙으로 인해) 원문 해석에 드는 시간에 비해 현장 설교에 활용할 수 있는 유익이 크지 않거나, (본문 의미의 해석과 묵상 보다) 원문 해독(번역) 자체에 너무 많은 시간이 드는 점 때문에, 일선 목회자/설교자들이 원전 말씀을 활용하지 못하는 일이 빈번하다.

원어성경 구문읽기(이하, [원문읽기])는 이런 문제를 지닌 목회자/설교자들의 말씀 사역을 돕고자 기획되었다. 첫째, 신대원 때 배웠던 원어 훈련을 목회 현장에서 활용할 수 있게 한다. 기초적인 원어 문법 개념을 복습하면서 원문 연구를 스스로 할 수 있게 한다. 둘째, 사역자 개인이 직접 원문을 번역할 필요가 없게, 먼저 각 절의 직역을 제공하고, 그다음 구문 배열에서 한글과 영문으로 어구별 직역을 달아, 원전을 바로 확인하며 본문의 뜻을 이해하고 묵상할 수 있게 한다. 셋째, 입체적인 원문의 구문(syntax) 배열을 통해, 문장 내에서 또는 문장과 문장 관계에서 찾을 수 있는 본문의 핵심 사항(내용)과 그 외의 주요 내용을 시각적으로 쉽게 정리할 수 있게 한다. 넷째, 단어/어구별 어형변화(parsing)를 제공하여, 신대원에서 배운 기초 문법을 토대로 원문에 보다 쉽고 정확하게 접근할 수 있게 한다. 다섯째, 함께 제시되는 어구 해설은 헬라어 문법과 어휘 능력을 향상하는 데 도움이 되게 한다. 원문 실력 향상과 본문의 정확한 해석에 모두 유익을 얻게 한다. 여섯째, 다른 교재의 도움 없이, [원문읽기]만 가지고도 원전에 근거한 본문 연구와 묵상을 할 수 있게 한다. 일곱째, 이렇게 연구된 결과와 묵상을 바로 주해와 설교(강해)에 활용할 수 있게 한다.

2. 원어성경 구문읽기의 강점

(1) 구문 배열: 입체적으로 펼쳐진 구문 배열을 통해 원문의 구문(어구와 문장 관계)을 쉽게 볼 수 있다. 본문의 핵심이 되는 부분(주어, 술어 등)을 쉽고 정확하게 파악할 수 있게 한다. 또한 본문 어구의 상호 관계(예, 수식 등), 의미의 흐름, 논리의 전개 등에 대해 살피고 저자의 맥락을 찾을 수 있게 한다. 이를 돕기 위해 문장의 주요 구성에 해당되는 어구들은 색을 입혔다(주어는 하늘색, 술어는 붉은색, 종속절은 녹색). 문장 성분에 따른 색상 입히기는 두 군데에 나타나는데, 절별 헬라어 본문과 구문 배열 부분이다.

(2) 직역(한글, 영어): 두 가지 형태의 직역이 제공된다. 각 절마다 헬라어 본문과 함께 절별 직역이 주어진다. 또한 구문 배열에서 다시 어구별로 한글과 영어로 직역하여 해당 어구의 원어적 의미를 잘 알 수 있게 했다. 원문과 번역을 대조하는 것 자체도 원문 연구에 도움이 될 것이다. 이들 직역 부분과 여러 한글 및 영어 성경을 비교해보는 것도 유익할 것이다. 원문의 순서에 따라 번역된 부분을 하나씩 확인하고 그 순서적 의미를 이해하는 것도 본문 해석에 필요한 과정이 될 수 있다.

(3) 어구 해설: 각 절마다 단어/어구 해설 부분이 있다. 이 부분은 필요한 문법적 사항과 해석적 소재, 그리고 단어(어휘)의 해설(어원)을 제공할 것이다. 어구 해설

부분만 숙지해도 헬라어 능력이 많이 증진될 것이고 헬라어가 점차 친숙해질 수 있을 것이다. 연구자 스스로 본문의 뜻을 깊이 있게 연구해 나갈 수 있게 하는 목적이 있다.

(4) 어형 변화: 각 단어의 어형 변화 정보를 제공한다. 각 절의 각 단어별로 어형 변화를 제공하므로 단어들의 문법적인 의미를 찾을 수 있을 것이다. 어형 변화의 기본적인 패러다임(어형변화표)은 각 페이지의 좌우 측면에 수록하였다. 한 눈에 부분별 패러다임(동사, 명사, 분사 등)을 파악할 수 있을 것이다. 어형변화표를 적절히 활용하면, 원문의 중요한 문법적 사항을 이해하며 점차 원문 연구의 능력을 배양할 수 있다.

(5) 설교/분석 노트(여백): 구문의 특성(문장 성분)을 따라 입체적으로 배열된 배치(layout) 상태는, 연구자로 하여금 빈 여백과 공간을 활용하여 스스로 연구한 것과 묵상한 것을 기록할 수 있게 한다. 본문 이해와 강해 설교 작성의 기초가 되는 자신만의 노트로 활용할 수 있을 것이다.

특징	강점
(1) 구문 배열	- 채색된 입체적 배열로 주어, 주동사, 종속절, 분사 등을 쉽게 파악함 - 구문 안팎의 수식관계, 의미의 흐름, 논리 전개 등을 파악하게 함
(2) 직역(한글, 영어)	- 한글과 영어 직역으로 정확한 원어 의미를 파악하게 함 - 원문 확인 작업을 쉽게 하고 원문 순서에 따라 바르게 해석하게 함
(3) 어구 해설	- 원어의 문법적 사항과 해석적 의미, 단어의 어원적 의미를 추가함 - 더 깊은 원문 연구로 이끎
(4) 어형 변화	- 단어별 문법적 기능과 특징을 바로 파악함
(5) 설교/분석 노트(여백)	- 입체적 배열과 여백을 본문 분석과 설교 노트로 활용하게 함 - 독자 스스로 본문 중심의 주해 및 강해 설교를 할 수 있게 함

3. 원어성경 구문읽기의 바람

(1) [원문읽기]는 주석(해설서)이 아니다. 설교자/목회자 스스로 주해와 주석, 그리고 설교를 할 수 있게 하는 데 필요한 '연구 자료'(resourced workbook)이다. 설교자가 스스로 본문을 해석(주해)할 수 없다면, 설교자 자신의 표절 없는(표절에 의지하지 않는) 설교(강해)는 불가능하다. [원문읽기]가, 먼저 주석을 참고하기 전에, 본문(원문)을 놓

고 스스로 연구하고 묵상하는 데 실제적인 도움을 주는 중요한 사역 도구가 되길 희망한다.

(2) [원문읽기]가 교회의 강단을 다 바꿔 놓을 수 없다. 다만 주 앞에 진실되고 말씀 연구에 진지한 사역자/설교자들을 도울 수 있을 것이다. 설교자의 위기는 한 국 교회의 위기이다. 스스로 본문을 깊이 연구하고 묵상하는 과정을 통해, 그 자신 에게 먼저 도전과 감동을 주는 말씀을 준비할 수 있는 설교자, 그런 설교자가 필요 하다. 바른 설교는 우리를 변혁의 길로 이끄는 말씀 그 자체의 설교이다. 좋은 설교 는 말씀의 깊은 연구(자세히 읽기)와 묵상(듣고 또 듣기) 없이 나올 수 없다. 진리된 말씀 의 도전과 충격을 먼저 체험하지 않고 설교자가 변혁의 말씀을 전할 수 없다. 말씀 자체를 깊이 연구하고 묵상하는 일이 모든 설교자의 첫 번째 사역이다. 말씀 연구 가 든든한 사역 기반이 되어야 한다. 강단의 변화가 한국 교회의 변혁이 된다. [원 문읽기]는 이런 변화를 기대하고 소망한다. 한국 교회의 모든 설교자/목회자가 진 지한 말씀 연구자가 되길 기도한다.

구문 배열(도식화) 방식[1]

1. 구문 배열의 유래

해석학과 언어학은 오랫동안 서로 영향을 주었다. 언어와 해석은 서로 분리될 수 없다. 언어학에서 얻어지는 유익한 결과는 해석학 분야에 반영되었다. 언어학자들이 언어 현상과 언어 모델을 통해 통찰력을 얻고 언어 이론을 개발해내면, 해석학자들은 그 연구 결과를 평가한 후 성경 해석에 적용해왔다.

20세기 이후의 현대 언어학은 언어의 동시적(synchronic) 측면에 강조점을 두고 있다는 점에서 그 이전의 통시적(diachronic) 언어 연구를 중시했던 방식과 달라졌다. 시대의 '동시성', 역사적 '통시성'은 스위스 언어학자 소쉬르(de Saussure)의 용어이다. 소쉬르 이후 대부분의 언어학계는 동시적 언어 연구를 최우선 순위에 두었다. 성경 해석학의 전통적인 문법적-역사적 해석 방법에서도 통시적 방법에서 동시적 방법으로 초점이 바뀌게 된다. 1961년에 바르(J. Barr), 1973년의 로우(J. Louw), 1983년의 실바(M. Silva)에 의해, 해석학에 있어 동시적 접근 방식이 본격화된다.

한편, 본문/담론 분석학(DA, discourse analysis)이라는 용어는 해리스(Z. Harris)에 의해 1952년에 사용되었다. 언어학에서 시작된 DA 연구는 성경 해석학에서 그 비중

---

1. 2006년 SBL 국제학술대회(미국 워싱톤)의 언어 분과에서 발표되고 *CJET* 10 (2006), 55-75에 실린 Sang-Hoon Kim, "A Syntactic-Analytic NT Greek Study" 논문에서 발췌했다.

이 점차 증가되고 있다. 언어의 동시성에 강조점을 두는 DA는 본문의 내적 일관성과 통일성을 밝히는 데 특별하다(Black, *Lingistics*, 12). 로우(J. Louw), 나이다(E. Nida), 포터(S. Porter), 블랙(D.A. Black), 요한슨(B. Johanson) 등이 이 분야의 공헌자들이다. 성경 해석학 연구에서 DA에 관심을 가져야 하는 이유는, 언어학의 여러 분야 가운데, 한 문장을 넘어 더 큰 단위의 본문(단락과 장 등)에 언어 연구의 초점을 두고 있는 것이 본문/담론 분석학이기 때문이다. 촘스키(N. Chomsky)가 제기한 언어 연구의 모델(문장 중심적인)인 구문론과 의미론이 DA 방식(문장 단위를 넘어서는)과 결합하여 성경 해석 과정에 적용된 것이 구문 배열 방식이다.

구문 배열을 통한 해석은, 구약은 스튜어트(D. Stuart, 1980)와 카이저(W. Kaiser, 1981), 신약은 피(G. Fee, 1983), 마운스(W. Mounce, 1996), 거쓰리(G. Guthrie, 1998) 등이 선도하였다. (한글 성경의 구문 배열과 해석은 1988년 김상훈에 의해 시작되었다.) 이런 류의 방법은 시각화(visualization)를 위해 본문의 어구(phrase)를 나눠 배열하여, 각 어구의 문법적 기능과 연계성을 보고 본문의 의미를 밝히 이해할 수 있게 하려는 목적을 가진다. 입체화 된 배열은 현대 언어학의 구문론(syntax)과 의미론(semantics) 연구가 적용된 것이다.

성경 원문(헬라어)의 구문 배열 방식은 학자에 따라 다르다. 학자들이 서로 공유하고 있는 것은 원문을 구문에 따라 구분하고 배열한다는 기본 원칙이다. 이는 '도식화'(diagramming) 또는 '어구 나누기'(phrasing)라 하기도 한다. 분석하는 사람이 본문의 구문적 구조를 시각화하여 볼 수 있게 돕는다. 어구들과 절(clause)들의 관계, 본문에 나타난 논지의 주요 흐름 등이 시각화된다. 이렇게 하면 여러 단어들, 어구들의 구문 관계를 명료하게 하고 문장과 단락 내의 의미의 흐름을 발견하기 쉽다. 이를 위해 어절의 특징을 감안하여 본문을 어구별로 나누는 일이 필요하다.

도식화의 이점은 "본문의 각 단어를 문법적으로 규명하게"(Fee, *NT Exegesis*, 39)하고, 문장의 구조와 논지의 흐름을 시각적으로 볼 수 있게 한다. 상호 의존적인 구문 요소들의 통합적이고 복합적인 특성이 어떠한 지를 결정하여 본문 내의 단위들의 위계적 관계(hierarchy)를 인식할 수 있게 한다. 따라서 도식화는 '위계 배열'(hierarchical arrangement)이다. 마운스에 따르면(*Graded Reader*, xv), 구문 도식은 독자로 하여금 주요 의미(사상)와 부차적 의미를 분리하도록 돕고, 어구들 간의 관계, 예컨대 병렬로 배열된 의미들이 어떤 것인지 파악하도록 돕는다. 거쓰리와 두발(J. Duvall)은 이런 방법의 장점을 헬라어 연구와 관련하여 다음과 같이 지적한다(*Greek Exegesis*, 12-13). (1) 본문 연구의 관심이 헬라어 연구의 영역으로 확대될 수 있다. (2) 효과적으로 분석하게 됨으로써 더 큰 단위의 본문을 이해하기가 쉽다. (3) 헬라어 연구와 (특히 주해 작업에서) 신약 메시지 활용 간의 통합이라는 측면에서 총체적 접근이 가능하다.

도식화의 강점은 다음과 같이 정리할 수 있겠다. (1) 문장 구성 요소들 간의 관계, 예컨대 '주절과 종속절', '주어와 술어' 등이 도식에서 명료하게 드러나기 때문에, 해석자는 좀 더 분명한 본문의 의미 흐름에 대한 그림을 얻을 수 있다. (2) 본문의 구문 구조(또는 흐름)에 대해 이해하게 되므로, 주된 내용(ideas)과 종속적인 것들의 연계성이 더 쉽게 보인다. (3) 본문의 구문 구조의 짜임새 있는 흐름을 파악하게 되므로, 분석의 결과를 강해 설교와 성경 공부(예컨대 그룹 성경 공부, GBS) 자료를 만드는 데 유익하게 활용할 수 있다.

2. 구문 배열의 규칙

헬라어 배열은 구문 배열 규칙에 근거한다. 이는 헬라어 구문의 특징을 한 눈에 파악할 수 있게 하기 위한 구문 배열의 규칙이다. 어구별로 정해진 규칙에 따라 배열되기 때문에 해당 어구를 하나씩 주목하여 해석해 나갈 수 있을 것이다. 구문의 배열은 각 어구의 문장 내의 관계적 위상을 중시한다. 각 문장에서 중요한 '주어'와 '술어'를 중심하여 전개된다. 문장별로 중심된 것(주어, 술어)과 관계된 것(그 밖의 어구)을 위상(위계 순서)에 따라 나눠 배열된다. (단, 어구들의 위계 관계는 상대적인 면이 있다.) 기본적인 구문 배열 규칙은 다음과 같다.

(1) 좌우는 문법적 서열(주어-술어-목적어-부사어 등의 순)을 따른 반면, 위아래는 어구가 사용된 순서(NA 기준)를 따라 배열한다. 먼저 쓰인 어구가 위에, 다음 어구는 그 아래 칸에 위치한다.

(2) 문장의 구문을 문법적 기능에 따라 다음과 같이 배열한다.

```
주어
    술어
        목적어/보어
            전치사구/부사어
```

주어가 왼쪽 첫 자리에 위치한다. 술어는 그 다음 자리(탭 하나 오른편으로 이동)에 위치한다.

(3) 어구 배열의 위계 순서는 다음과 같다.

```
주부의 주격 명사(N)
    N의 수식어
    술부의 주동사(V)
        V의 수식어
    목적어(O)
        O의 수식어
    보어(C)
        C의 수식어
    전치사구(P)
            P의 수식어
    부사어(AP)
```

주부(主部)에서 주격 명사는 가장 왼쪽에 위치한다. 술부(述部)의 주동사는 주어보다 오른쪽에 한 칸 들여 위치하게 한다. 목적어와 보어는 주동사(술어)보다 한 칸 오른쪽에 위치한다. 이들보다 한 칸 오른쪽에 있는 전치사구와 부사어는 같은 칸에 위치한다.

(4) 주절은 왼쪽에, 종속절은 주절보다 한 칸(탭) 오른쪽에 놓는다.

```
주절
(N1 + V1)
    종속절
    (N2 + V2)
```

(5) 병행이 되는 어구들은 왼쪽으로부터 같은 위치(거리)에 병치해 놓는다.

주부의 주격 명사(N)
　　N의 수식어 1
　　N의 수식어 2
　　술부의 주동사(V)
　　　　V의 부사구
　　　　목적어(O)
　　　　　　O의 수식어 1
　　　　　　O의 수식어 2

(6) 주절의 주어는 하늘색, 주동사는 붉은색, 종속절의 주어와 동사는 녹색으로 색을 입힌다.

[주절]
주부의 주격 명사(N)
　　술부의 주동사(V)
[종속절]
　　주어의 주격 명사(N)
　　　　술어 동사(V)

종속절 가운데 부사절은 항상 녹색으로 처리하는 것을 원칙으로 한다. 다만, 명사절과 형용사절(관형절)은 문장 내의 기능에 따라 종속절(녹색) 표기를 할 때도 있고 하지 않을 때도 있다.

(7) 어떤 어구(복합된 어구)는 더 작은 단위로 구분될 수 있다. 이때 그 어구는 문법적 기능을 보존할 수 있어야 한다. 수식어(수식하는 어구)는 한 칸 들여 아래 줄에 놓아 수식되는 어구와 구분한다.

주부의 주격 명사(N)
　　N의 수식어
　　　　앞 어구의 수식어
　　　　　　앞 어구의 수식어
　　술부의 주동사(V)
　　　　V의 부사구

주동사(술어)가 목적어나 보어를 취하면서 부사구가 있을 때에는 목적어/보어가 우선하고 그다음 오른쪽에 부사구가 위치한다(규칙 #3). 그런데 부사구만 있을 때에는 술어 다음에 위치할 수도 있다.

(8) 등위접속사, 종속접속사는 따로 두지 않고 뒤따르는 어구와 합쳐 배열한다.

> [주절]
> 접속사1 + 주부의 주격 명사(N)
>   술부의 주동사(V)
> [종속절]
> 접속사2 + 주어의 주격 명사(N)
>   술어 동사(V)

기본적으로 등위접속사 구문은 주절로 처리하고, 종속접속사 구문은 종속절로 간주한다. 단, 종속접속사라도 등위접속사 같은 역할을 한다고 판단될 때는 해당 구문을 주절로 처리할 수 있다. 관계대명사의 경우도 이와 유사하다. 특정 관계대명사가 문장 내에서 중심이 되는 주어적 역할을 하고 있거나, 저자에 의해 의도적으로 부각된 경우에는 주절의 주어처럼 간주될 수 있다.

(9) 관사와 수량을 나타내는 형용사(많은, 적은, 모든 등)와 전치사 등은 수식하는 명사와 함께 배열하는 것을 원칙으로 한다. 또한 부정어의 경우는 연관된 어구와 함께 배열한다. 함께 배열하기에 긴 경우는 예외로 한다.

(10) 감탄사와 호격 명사는 그레이 색상 처리하는 것을 원칙으로 한다. 또한 구문의 위계 배열 때문에 배열된 부분이 오른쪽으로 많이 가는 경우, 지면상의 문제를 감안하여, 중간에 끊어 왼편으로 이동시킬 수 있는데, 이때는 시작하는 어구 앞에 '⎸' 표시를 할 것이다.

(11) 문장들을 어구로 나눠 배열할 때 이 같은 규칙들을 세워 준수해 나갈 필요가 있다. 그렇지만 배열 규칙들을 엄밀하고 일관성 있게 지키는 것은 쉽지 않다. 그래서 마운스는 "어구를 배열할 때 구조를 보여주는 방식으로 하되, 그것이 '옳지' 않은지에 대해 너무 염려하지 말라"(*Graded Reader*, xxiii)고 한다. 물론 가급적, 세워진

규칙에 따라 본문의 배열을 진행할 필요가 있는 것 또한 사실이다. 독자분들은 [원
문읽기]가 '가이드'라는 점을 염두에 두셨으면 좋겠다.

3. 구문 배열의 목표

(1) 원문을 배열하는 그 배열 자체가 해석적 노력이라 할 수 있다. 헬라어 배열
은 원문을 어떻게 보고 해석해야 하는지, 이에 대한 해석적 고민(연구)을 담고 있다.
이렇게 제공된 배열 자료는 독자들에게 기본적인 해석의 틀과 자료를 제공한다. 다
만, 독자들에게 이들 자료 위에 스스로 더 깊은 해석과 묵상과 연구를 해줄 것을 부
탁드린다.

(2) 헬라어 배열 방식을 시각화(visualization)한 구문 배열은, 학습자가 원문에 보
다 쉽고 정확하게 접근할 수 있게 한다. 그 결과, 원문을 바르게 해석하면서 자연스
럽게 헬라어 습득 능력을 기를 수 있게 한다. 입체적인 배열은 분석/해석 과정에,
구문을 한 눈에 보며 그 의미를 적절히 해석할 수 있게 돕는다.

(3) 각 본문을 구문으로 배열한 위에, 해당 어구의 직역을 밑에 달아 놓아, 행간
(interlinear) 대조본의 효과를 최대화한다. 또한 각 어구에 대한 어형변화(parsing) 정보
와 함께 문법적 이해를 돕기 위해 어구 해설을 제공한다. 배열과 번역, 해설, 분해
등을 통해, 독자가 쉽고 정확하게 헬라어 본문을 이해하고 활용할 수 있게 한다.

(4) 헬라어가 어렵기 때문에 목회 현장에 활용하지 못하는 것이 아니다. 문법과
어휘를 공부해서 헬라어 본문을 읽게 된다 해도, 번역하고 파싱하는 정도로는 목회
(설교) 현장에서 활용할 수 없다. 원문을 볼 때, '해석의 성과'를 취할 수 있어야 한다.
본문의 핵심, 중요 의미, 강조점, 뉘앙스, 어구의 기능 등을 찾을 수 있어야 한다. 그
래야 제대로 자신의 해석을 할 수 있다. 번역이나 파싱 이해(또는 확인)에서 끝나지
않고 그다음의 활용(실제적 사용)으로 나아가야 한다. 이를 위해, 본문 연구의 기초가
되는 번역, 파싱, 문법적 정보를 이곳에 미리 제공하겠다. 이를 기초로 하여, 그다음
단계인 구문 이해를 통해 깊은 해석과 묵상으로 나아갔으면 한다.

(5) 이제까지 나온 행간(interlinear) 대조본 중에 구문 배열의 형태로 된 것은 없
다. 그래서 평면적이다. 한편, 구문 배열의 형식을 가진 기존 자료들은 대부분 대조

본의 이점을 놓치고 있다. 반면에 [원문읽기]는 구문 배열과 각종 자료(정보)를 입체적으로, 그리고 종합적인 형태로 담아 놓았다. 독자들의 원문 접근성(accessibility)을 높이려 한 것이다. 잘 활용하여 유익한 도움이 되었으면 한다.

4. 구문의 입체적(위계) 배열

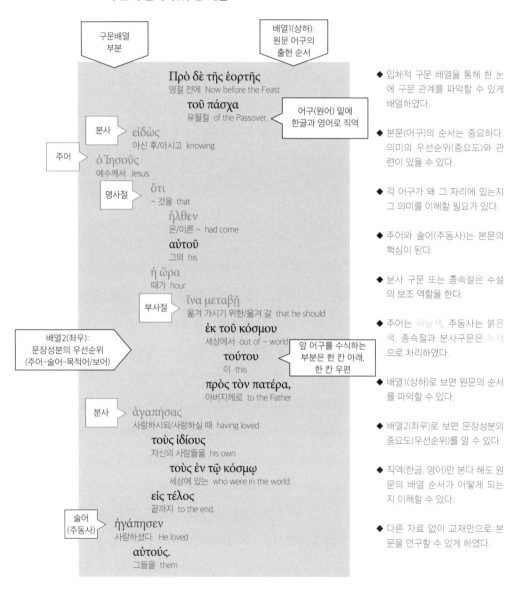

◆ 입체적 구문 배열을 통해 한 눈에 구문 관계를 파악할 수 있게 배열하였다.

◆ 본문(어구)의 순서는 중요하다. 의미의 우선순위(중요도)와 관련이 있을 수 있다.

◆ 각 어구가 왜 그 자리에 있는지 그 의미를 이해할 필요가 있다.

◆ 주어와 술어(주동사)는 본문의 핵심이 된다.

◆ 분사 구문 또는 종속절은 수설의 보조 역할을 한다.

◆ 주어는 하늘색, 주동사는 붉은색, 종속절과 분사구문은 녹색으로 처리하였다.

◆ 배열1(상하)로 보면 원문의 순서를 파악할 수 있다.

◆ 배열2(좌우)로 보면 문장성분의 중요도(우선순위)를 알 수 있다.

◆ 직역(한글, 영어)만 본다 해도 원문의 배열 순서가 어떻게 되는지 이해할 수 있다.

◆ 다른 자료 없이 교재만으로 본문을 연구할 수 있게 하였다.

직역과 해설,
분해 소개

1. 헬라어 본문과 직역

원어성경 구문읽기(이하 [원문읽기])는 각 절마다 헬라어 본문(NA28)을 두고 그에
대한 직역을 해놓았다. 헬라어 절별 본문은 뒤잇는 구문 배열과 같은 색상을 취하
고 있어 수준 있는 연구자는 그것만으로도 해당 절에 대한 구문 이해가 가능할 것
이라 생각된다.

헬라어 절별 본문에 이어, 이를 문자적으로 직역해 놓은 것이 나온다. 이것은
각 구문을 고려하여 직역해 놓은 것이다. 헬라어 본문과 비교해서 읽으면 좋을 것
이다. 또한 도식화된 구문 배열의 어구별 직역과 비교해서 읽어도 의미가 있다. 어
구별 직역이 어떻게 절별 직역으로 전환되는지 확인할 수 있을 것이다.

헬라어 본문을 빠르게 읽기 원하는 독자는 이 부분만을 흝어 읽어도 유익할 것
이다. 색상으로 된 주어(하늘색), 술어(붉은색)를 중심으로 읽되, 종속절의 주요 문장
구성 부분(녹색)을 함께 확인하면서 읽는 것이다. 도식화된 구문 배열 연구가 끝난
독자도 헬라어 본문과 직역 부분을 참고하면 빠르게 정리하는 데 도움이 될 수 있
다.

각 절의 구문 배열에는 각 헬라어 어구 밑에 한글과 영어 직역이 병기되어 있
다. 단어별 직역보다 어구별 직역을 택한 이유는 해당(각) 어구의 구문적 이해가 중
요하기 때문이다. 구문 내에서 어떠한 역할과 기능을 하는지를 파악하지 않으면 문

장에 대한 단편적 이해에 그칠 수 있다. (단어별 이해는 구문 배열 다음의 해설 부분을 참고하면 좋을 것이다.) 한글과 영어로 병기한 것은 두 언어(한글, 영어)가 보완적이기 때문이다. 또한 다른 언어권에서 [원문읽기]의 구문 배열을 활용할 때 한글 대신 현지의 언어를 기재하면 현지 독자를 위한 교재가 될 수 있음을 염두에 두었다. 번역 선교를 하고자 한다면, 각 어구별 직역 부분의 한글을 현지(목표) 언어로 전환하고 이를 그대로 문장화하면 현지인을 위한 성경 번역이 완성될 수 있을 것이다.

2. 해설과 약어표

[원문읽기]에는 절별 구문 배열에 이어, 문법과 어휘의 설명을 담은 해설 부분이 출현한다. 세 가지 점에 초점을 두었다. 첫째, 초급 독자들이 원문을 읽을 때 필요한 어휘들을 최대한 망라하여 해설해 놓았다. 이때 필요한 경우, 어휘에 대한 어원적 설명을 곁들여 놓았다. 이와 관련된 종족어, 파생어 등을 함께 수록하여 독자들의 어휘 이해의 폭을 넓히고자 하였다. 둘째, 중요한 어휘의 분해(파싱)는 좀 더 상세하게 변화 과정을 수록하였다. 특히 주요 동사들의 형태 변화와 제3변화 명사들의 형태 변화를 중점적으로 다루려고 하였다. 셋째, 중요한 문법적 내용을 설명해 놓았다. 특히 종속절과 관련된 관계대명사, 분사 등의 역할(기능), 특별한 용례, 시상(aspect) 등에 대한 설명이다. 이런 부분을 통해, 독자들은 중급 단계의 헬라어 연구에 입문할 수 있고 또한 이를 활용할 수 있을 것이다.

해설 부분을 확인하고 이해할 수 있다면, 각 구절의 구문 이해로 진행하는 것은 훨씬 쉬워질 것이다. 그래서 시간을 충분히 내서 연구하려는 독자라면 먼저 해설 부분을 연구하고, 그다음 구문 배열(도식화) 부분을 활용하여 해석하고, 마지막으로 절별 원문과 직역을 확인하며 정리, 요약할 것을 권하고 싶다. 시간이 많지 않다면, 구문 배열 부분에 중점을 두는 것이 좋겠다. 구문 배열을 중심으로 본문 해석과 묵상에 집중하는 것이다.

Friberg*　　　Timothy Friberg, Barbara Friberg, and Neva F. Miller, *Analytical Lexicon of the Greek New Testament* (Grand Rapids: Baker Books, 2000).

KMP   Andreas J. Köstenberger, Benjamin L. Merkle, and Robert L. Plummer, *Going Deeper with New Testament Greek: An Intermediate Study of the Grammar and Syntax of the New Testament* (Nashville: B&H Academic, 2016).

LN*   Johannes P. Louw and Eugene Nida, *Greek-English Lexicon of the New Testament: Based on Semantic Domains* (New York: UBS, 1989).

LSJ*   H.G. Lindell, R. Scott, and H.S. Jones, *A Greek-English Lexicon* (Oxford: Clarendon Press, 1996).

Metzger   Bruce M. Metzger, *A Textual Commentary on the Greek New Testament*, 2nd Edition (Stuttgart: UBS, 2001).

Mounce   William D. Mounce, *The Morphology of Biblical Greek* (Grand Rapids: Zondervan, 1994).

NTGS   Wesley J. Perschbacher, *New Testament Greek Syntax: An Illustrated Manual* (Chicago: Moody Press, 1995).

Porter   Stanley E. Porter, *Idioms of the Greek New Testament,* 2nd Edition (Sheffield: Sheffield Academic Press, 1992).

Rogers*   Cleon L. Rogers Jr. & Cleon L. Rogers III, *The New Linguistic and Exegetical Key to the Greek New Testament* (Grand Rapids: Zondervan, 1998).

Thayer*   Joseph H. Thayer, Thayer's *Greek-English Lexicon of the New Testament* (Peabody: Hendrickson, 1995).

VGNT*   James Hope Moulton and George Milligan, *Vocabulary of the Greek New Testament* (Grand Rapids: Baker Academic, 1995).

Wallace   Daniel B. Wallace, *Greek Grammar Beyond the Basics: An Exegetical Syntax of the New Testament with Scripture* (Grand Rapids: Zondervan, 1996).

Zerwick*   M. Zerwick, *A Grammatical Analysis of the Greek New Testament* (Rome: Gregorian & Biblical Press, 2014).

* 사전류는 페이지를 표기하지 않았습니다.

3. 분해와 약어표

각 절의 좌우측에는 각 단어에 대한 분해(파싱) 부분이 있을 것이다. 각 단어별로 분해된 것을 제공한 것은 일종의 가이드라 할 수 있는데, 독자의 편의를 돕고자 하는 것이다. 그런데 지면의 활용을 위해 분해 부분이 약어로 표기되어 있으므로 사전에 이를 이해하는 것이 필요하다. 다음과 같은 규칙이 있다.

(1) 각 단어의 파싱(어형 특징)을 약어로 표시한다.

(2) 약어 가운데 처음에 등장하는 음절이 품사(명사, 대명사, 형용사, 동사, 접속사, 부사 등)이다. 그다음 문법적 특성이 나온다. (예, 동직.현능.1단 → 동사 직설법, 현재 능동, 1인칭 단수)

(3) 약어들을 서로 구분하기 쉽도록 사이에 점(dot)을 찍는다. 아래 도표에서, 종선(실선) 처리된 부분이 파싱 약어에서 구분하는 점이 찍히는 곳이다. 예를 들어, 명|주|남단 → 명.주.남단; 동분|현능|주|남단 → 동분.현능.주.남단.

품사		격		성		수	
명사	명	주격	주	남성	남	단수	단
		소유격	소	여성	여	복수	복
		여격	여	중성	중		
		목적격	목				
		호격	호				

품사		종류		격		성		수	
대명사	대	인칭대명사	인칭	주격	주	남성	남	단수	단
		관계대명사	관계	소유격	소	여성	여	복수	복
		지시대명사	지시	여격	여	중성	중		
		의문대명사	의문	목적격	목				
		부정대명사	부정	호격	호				
		강조대명사	강조						
		재귀대명사	재귀						
		상호대명사	상호						

품사		격		성		수	
관사	관	주격	주	남성	남	단수	단
		소유격	소	여성	여	복수	복
		여격	여	중성	중		
		목적격	목				
		호격	호				

품사		종류		격		성		수	
형용사	형	일반형용사	일반	주격	주	남성	남	단수	단
		소유형용사	소유	소유격	소	여성	여	복수	복
		지시형용사	지시	여격	여	중성	중		
		의문형용사	의문	목적격	목				
		부정형용사	부정	호격	호				
		강조형용사	강조						
		기수	기수						
		서수	서수						
		수사	수						

품사		법		시제		태		인칭		수	
동사	동	직설법	직	현재	현	능동태	능	1인칭	1	단수	단
		명령법	명	미래	미	중간태/이태	중	2인칭	2	복수	복
		가정법	가	부정과거	과	수동태	수	3인칭	3		
		희구법	희	미완료	미완	중간/수동태	중수				
				완료	완						
				과거완료	과완						
				미래완료	미래완						

품사		법		시제		태		격		성		수	
동사	동	분사	분	현재	현	능동태	능	주격	주	남성	남	단수	단
				미래	미	중간태/이태	중	소유격	소	여성	여	복수	복
				부정과거	과	수동태	수	여격	여	중성	중		
				미완료	미완	중간/수동태	중수	목적격	목				
				완료	완			호격	호				
				과거완료	과완								
				미래완료	미래완								

품사		법		시제		태	
동사	동	부정사	부	현재	현	능동태	능
				미래	미	중간태/이태	중
				부정과거	과	수동태	수
				미완료	미완	중간/수동태	중수
				완료	완		
				과거완료	과완		
				미래완료	미래완		

품사		종류	
접속사	접	종속접속사	종
		등위접속사	등

품사		격	
전치사	전	소유격	소
		여격	여
		목적격	목
		미정	미정

품사	
부사	부
조사	조
불변화사	불변
감탄사	감탄
미지	미지

제1부
요한일서:
절별 본문(헬), 직역, 구문(헬) 배열, 해설, 분해

요일 1:1

Ὁ ἦν ἀπ᾽ ἀρχῆς, ὃ ἀκηκόαμεν, ὃ ἑωράκαμεν τοῖς ὀφθαλμοῖς ἡμῶν, ὃ ἐθεασάμεθα καὶ αἱ χεῖρες ἡμῶν ἐψηλάφησαν περὶ τοῦ λόγου τῆς ζωῆς-

태초에 계신 분, 우리가 들은 분, 우리가 두 눈으로 뵌 분, 우리가 목격한 분, 그리고 우리의 손으로 만진 분, 그 생명의 말씀에 대한 것이다.

Ὁ[1]
~ 이/것 What

ἦν[2]
계신 ~ was

ἀπ᾽ ἀρχῆς,[3]
태초에/부터 from the beginning

ὃ
~ 이/것 what

ἀκηκόαμεν,[4]
우리가 들었던/들은 ~ we have heard

ὃ
~ 이/것 what

ἑωράκαμεν[5]
우리가 보았던/본 ~ we have seen

τοῖς ὀφθαλμοῖς[6]
눈(들)으로/두 눈으로 with eyes

ἡμῶν,
우리의 our

ὃ
~ 이/것 what

ἐθεασάμεθα[7]
우리가 목도하고 we saw/ have looked upon

καὶ αἱ χεῖρες[8]
손(들)이/두 손으로 and hands

ἡμῶν[9]
우리의 our

ἐψηλάφησαν[10]
만졌다/만졌던 ~ touched/ have touched

περὶ τοῦ λόγου
말씀에 대해서/관하여 concerning the Word

τῆς ζωῆς-[11]
생명의 of life;

---

1. Ὁ: 관계대명사 중단 주격 Ὁ가 가리키는 것이 무엇이냐에 대한 논란이 있다. 1절의 네 어절(문장) 첫 부분을 관계대명사 ὃ로 하기 위한 수사적 목적이 있다. 또 1-2절에서 그리스도를 지칭하는 용어들이 남성(ὁ λόγος, 말씀), 여성(ἡ ζωή, 생명)이라는 점에서 이들을 포괄하는 의미에서 중성을 썼을 수 있다. 따라서 비인격의 '것'(that which)도 가능하지만, 그리스도를 가리키는 '이/분'(who)으로 번역하는 것도 가능하다. 네 개의 ὃ 관계대명사절의 선행사는 생략되고 있다.

2. ἦν ἀπ᾽ ἀρχῆς: εἰμί 동사의 미완료(3단) ἦν은 요 1:1-2에서 그리스도의 선재성('계셨다')을 가리킬 때 반복해서(4회) 쓴 단어이다. ἀπ᾽ ἀρχῆς(ἀπό[from] + ἀρχῆς[beginning])는 '태초에, 시작의 때로부터'인데, 요 1:1의 Ἐν ἀρχῇ(태초에)와 연관이 있다. ἦν은 εἰμί 미완료 3단('있었다, ~이었다'); ἤμην, ἦς, ἦν(sg); ἦμεν, ἦτε, ἦσαν(pl).

3. ἀρχῆς: ἀρχή는 '시작, 기원'과 '최고, 으뜸'의 뜻이 있다. 전자의 뜻이다. αρχι-로 된 단어들이 파생어들이다(Thayer). ἀρχιερεύς(대제사장), ἀρχιποίμην(목자장), ἀρχισυνάγωγος(회당장), ἀρχιτέκτων(건축가[장]), ἀρχιτελώνης(세리장), ἀρχιτρίκλινος(연회장). ἀρχή > archaeology(고고학), monarch(군주).

4. ὃ ἀκηκόαμεν: 관계대명사 중단 목적격 ὃ는 술어인 현재완료 1복의 ἀκηκόαμεν([우리가] 들었다; ἀκηκό + αμεν)의 목적어이다. 현재 ἀκούω(듣다), 부정과거(능) ἤκουσα, 현재완료 ἀκήκοα, 부정과거

1
ὅς
대인칭 주 중단
εἰμί
동직.미완료 3단
ἀπό
전 소
ἀρχή
명 소 여단
ὅς
대관계 목 중단
ἀκούω
동직 완능 1복
ὅς
대관계 목 중단
ὁράω
동직 완능 1복
ὁ
관 여 남복
ὀφθαλμός
명 여 남복
ἐγώ
대인칭 소 -복
ὅς
대관계 목 중단
θεάομαι
동직 과중 1복
καί
접 동
ὁ
관 주 여복
χείρ
명 주 여복
ἐγώ
대인칭 소 -복
ψηλαφάω
동직 과능 3복
περί
전 소
ὁ
관 소 남단
λόγος
명 소 남단
ὁ
관 소 여단
ζωή
명 소 여단

(수) ἠκούσθην이다. 제2현재완료의 형태를 갖는 ἀκήκοα의 어간은 ακο인데 첫 모음과 자음이 중복되고 두 번째 어간의 모음이 짧아진 것이다(ακο > ακακο > ακηκο; Mounce, 110, 257). 현재완료는 과정과 결과의 지속성을 부각할 수 있다. KMP는 ἀκηκόαμεν과 ἑωράκαμεν를 반복적(iterative) 현재완료로 규정한다(KMP, 303).

5. ὃ ἑωράκαμεν: 세 번째 ὅ 관계대명사절. 현재완료 ἑωράκαμεν는 규칙적인 현재완료 형태이다; ἑ(시상 접두어) + όρα(όράω, 보다의 어간) + καμεν(현재완료 어미 1복). 파생어: όρατός(보이는), ὅραμα(보이는 것, 출현, 비전), ὅρασις(보는 행위, 모양, 비전).

6. τοῖς ὀφθαλμοῖς: '눈(들)으로'; 수단(means)의 여격. ὀφθαλμός(눈) < ὄψις(보는 것, 얼굴, 외모). ὀφθαλμοδουλεία(눈가림으로 하는 일).

7. ὃ ἐθεασάμεθα: 네 번째 ὅ 관계대명사절. ἐθεασάμεθα = ἐ + θεα(< θεάομαι) + σάμεθα(부정과거 dep. 1복). 이태동사(deponent) θεάομαι(보다, 주목하다)는 중간태 어미를 능동태로 취한다. 부정과거로 전환된 것은 사건 수행('주목한 것')의 확실성을 부각하기 위한 것일 수 있다. θεάομαι는 '어떤 특이한 것을 계속해서, 또 주의 깊게 관찰하다'(LN)의 뜻이 있다.

8. χεῖρες: 3변화 χείρ(손), χειρός, χειρί, χεῖρα(sg); χεῖρες, χερῶν, χερσί, χεῖρας(pl).

9. ἡμῶν: '우리의'. 인칭대명사 ἐγώ(나)의 복수 주격이다. ἐγώ, ἐμοῦ, ἐμοί, ἐμέ(sg); ἡμεῖς, ἡμῶν, ἡμῖν, ἡμᾶς(pl).

10. ἐψηλάφησαν: '(두 손이) 만졌다'; ἐ + ψηλαφά + σαν. 어간의 끝모음이 α나 ε이면 σ/θ(부정과거, 미래 어미의)를 만날 때 η로 길어진다(α , ε + σ/θ = ησ/ηθ). 또 끝모음이 ο이면 ω로 길어진다. ψηλαφάω(만지다, 터치하다, 느끼다).

11. περὶ τοῦ λόγου τῆς ζωῆς: '생명의 말씀에 관하여'. περὶ는 '관하여'(concerning)의 의미이다. 생명의 말씀은 요 1:1-2을 참고하라. 소유격 τῆς ζωῆς(생명의)는 τοῦ λόγου(말씀의)와 동격(apposition)의 소유격으로 볼 수도 있고('말씀 즉 생명', 또는 '생명이신 말씀'), 한정하는(attributive) 소유격으로 볼 수도 있다('생명력 있는 말씀'). '생명의 말씀'을 목적격으로 처리하여 ἐψηλάφησαν의 목적어(예, 눅 24:39; 히 12:18처럼)로 놓지 않은 이유는 이전 어절들이 관계대명사(중단) ὅ를 부각했기 때문일 것이다. 남성인 λόγου를 목적어로 삼는 것을 피한 것이다.

요일 1:2

2
καί
접등
ὁ
관.주.여단
ζωή
명.주.여단
φανερόω
동직.과수.3단
καί
접등
ὁράω
동직.완능.1복
καί
접등
μαρτυρέω
동직.현능.1복
καί
접등
ἀπαγγέλλω
동직.현능.1복
σύ
대인칭.여.-복
ὁ
관.목.여단
ζωή
명.목.여단
ὁ
관.목.여단
αἰώνιος
형일반.목.여단
ὅστις
대관계.주.여단

καὶ ἡ ζωὴ ἐφανερώθη, καὶ ἑωράκαμεν καὶ μαρτυροῦμεν καὶ ἀπαγγέλλομεν ὑμῖν τὴν ζωὴν τὴν αἰώνιον ἥτις ἦν πρὸς τὸν πατέρα καὶ ἐφανερώθη ἡμῖν-

그 생명이 나타나셨고 우리가 뵀다. 그리고 우리는 너희에게 영원한 생명(영생)이신 그를 증언하고 전한다. 그는 아버지와 함께 계셨다가 우리에게 나타나셨다.

καὶ ἡ ζωὴ[1]
그 생명이 and the Life

ἐφανερώθη,[2]
나타나셨다. was manifested

καὶ ἑωράκαμεν
우리가 보았고 and we have seen

καὶ μαρτυροῦμεν[3]
증언하고 and we testify

καὶ ἀπαγγέλλομεν[4]
전한다. and proclaim

ὑμῖν
너희에게 to you

τὴν ζωὴν
생명을 the ~ life

τὴν αἰώνιον[5]
영원한 eternal

ἥτις[6]
이(생명)는 which

ἦν
계셨다. was

πρὸς τὸν πατέρα[7]
아버지와 함께 with the Father

καὶ ἐφανερώθη
그리고 ~ 나타나셨다. and was manifested

ἡμῖν-
우리에게 to us.

1. ἡ ζωὴ: '생명이'. 1절의 '생명의 말씀'을 '생명에 대한 말씀, 즉 메시지'(로고스를 비인격적 말씀인 메시지로 보는 것)로 보기 어려운 이유는 첫째, '보았고, 만졌다'의 목적어(ὃ)가 비인격 메시지일 수 없다. 둘째, 또한 3절에 재등장하는 관계대명사 ὃ가 역시 비인격 메시지일 수도 없기 때문이다. 따라서 '생명'(ἡ ζωή)과 '말씀'(ὁ λόγος)을 모두 인격이신 그리스도를 가리키는 것으로 보는 것이 타당하다.

2. ἐφανερώθη: '(그가) 나타나셨다'; ἐ(시상 접두사) + φανερό(어간) + θη(부정과거 수동태 3단 어미). φανερόω(나타내다, 드러내다), φανερός(명백한, 분명한), φανερῶς(명백하게, 분명하게), φανέρωσις(명백함, 드러냄). 부정과거 ἐφανερώθη는 사건의 수행(performance)을 부각한다.

3. μαρτυροῦμεν: '(우리가) 증언한다'; μαρτυρέ + ομεν. 어간의 끝 모음 έ와 어미의 첫 모음 o가 만나 단축될 때 οῦ가 된다(έ + o = οῦ). μαρτυρέω(증언하다) < μάρτυς(증인) > μαρτυρία([사람이나 사물에 대한] 증언), μαρτύριον([사람에 대한] 증언[의 내용]), μαρτύρομαι(증인으로 세우다, 선포하다); LN, LSJ.

4. ἀπαγγέλλομεν: '(우리가) 전한다'; ἀπαγγέλλ + ομεν. ἀπαγγέλλω(전하다, 발표하다) = ἀπ(ἀπό, from[off from himself, 터놓고/openly; Thayer]) + αγγέλλω(전하다 < ἄγγελος, 메신저, 천사). γγ의 발음은 '응(ng) + γ'가 된다('아팡겔로').

5. τὴν ζωὴν τὴν αἰώνιον: '영원한 생명을'. ζωη(생명, 삶) < ζάω(살다) > ζωοποιέω(살리다, 살게 하다). αἰώνιος(시작이나 끝이 없는, 영원한) < αἰών(일생, 시대, 세대, 영원).

6. ἥτις: 관계대명사 ὅστις, ἥτις, ὁ τί(ὁ, τί)는 본래 '~하는 자마다'(whoever), '~하는 것마다'(whichever)의 뜻이지만 단순히 관계대명사(one who; thing which)로 쓰이기도 한다. 여기서는 여성명사 ζωὴν(생명)을 선행사로 한다.

7. πρὸς τὸν πατέρα: '아버지와 함께'. 전치사 πρός + 목적격은 '함께'(with), 또는 '향하여'(toward)의 의미가 있다. 요 1:1의 ἦν πρὸς τὸν θεόν(하나님과 함께 계셨다)의 반영이다.

요일 1:3

ὃ ἑωράκαμεν καὶ ἀκηκόαμεν ἀπαγγέλλομεν καὶ ὑμῖν, ἵνα καὶ ὑμεῖς κοινωνίαν ἔχητε μεθ᾽ ἡμῶν. καὶ ἡ κοινωνία δὲ ἡ ἡμετέρα μετὰ τοῦ πατρὸς καὶ μετὰ τοῦ υἱοῦ αὐτοῦ Ἰησοῦ Χριστοῦ.

　　우리가 뵙고 듣고 한 그를 우리는 너희에게도 전한다. 너희도 우리와 함께 사귐을 갖게 하기 위해서이다. 그런데 우리의 사귐은 아버지와 함께, 그리고 그의 아들 예수 그리스도와 함께 하는 사귐이다.

ὃ
~ 이/것 what

ἑωράκαμεν
우리가 보았고/보고 we have seen

καὶ ἀκηκόαμεν,[1]
들었고/듣고 and we have heard

ἀπαγγέλλομεν
(이제) ~ 전한다. we proclaim

καὶ ὑμῖν,[2]
너희에게도 to you also

ἵνα[3] καὶ ὑμεῖς[4]
너희로 ~록 so that you also

κοινωνίαν[5]
사귐을 fellowship

ἔχητε
갖도~ may have

μεθ᾽ ἡμῶν.[6]
우리와 함께 with us

καὶ ἡ κοινωνία δὲ[7]
(그리고) ~ 사귐은 (~ 하는 것이다.) And the fellowship

ἡ ἡμετέρα[8]
우리의 of us/ our

μετὰ τοῦ πατρὸς[9]
아버지와 함께 with the Father

καὶ μετὰ τοῦ υἱοῦ[10]
또 ~ 아들 ~와 함께 and with ~ Son

αὐτοῦ
그의 his

Ἰησοῦ Χριστοῦ.
예수 그리스도~ Jesus Christ.

εἰμί
동직.미완능.3단
πρός
전.목
ὁ
관.목.남단
πατήρ
명.목.남단
καί
접.등
φανερόω
동직.과수.3단
ἐγώ
대인칭.여.-복

3
ὅς
대.관계.목.중단
ὁράω
동직.완능.1복
καί
접.등
ἀκούω
동직.완능.1복
ἀπαγγέλλω
동직.현능.1복
καί
부
σύ
대인칭.여.-복
ἵνα
접.종
καί
부
σύ
대인칭.주.-복
κοινωνία
명.목.여단
ἔχω
동가.현능.2복
μετά
전.소
ἐγώ
대인칭.소.-복
καί
부
ὁ
관.주.여단
κοινωνία
명.주.여단
δέ
접.등
ὁ
관.주.여단

ἡμέτερος
형소유주여단
μετά
전소
ὁ
관소남단
πατήρ
명소남단
καί
접등
μετά
전소
ὁ
관소남단
υἱός
명소남단
αὐτός
대인칭소남단
Ἰησοῦς
명소남단
Χριστός
명소남단

1. ὃ ἑωράκαμεν καὶ ἀκηκόαμεν: 3절의 ὃ 관계대명사절은 1-2절의 내용을 반복하여 반영한다.
2. καὶ ὑμῖν: '너희에게도'. καί를 대명사 앞에 붙여 '~도'(also)의 의미를 부여했다.
3. ἵνα ... ἔχητε: 목적의 ἵνα 가정법 부사절('너희가 갖도록'); ἔχ + ητε. 현재 ἔχω, 미래 ἕξω, 부정과거(능) ἔσχον, 현재완료 ἔσχηκα.
4. καὶ ὑμεῖς: '너희도'(you also). 인칭대명사 2인칭 변화 σύ, σοῦ, σοί, σέ(sg); ὑμεῖς, ὑμῶν, ὑμῖν, ὑμᾶς(pl).
5. κοινωνίαν: κοινωνία(사귐, 참여) < κοινός(공통의, 보통의, common) > κοινωνέω(함께 나누다, 파트너가 되다, 사귐을 갖다), κοινωνός(동료, 참여자), κοινωνικός(사회의, 사회적인).
6. μεθ' ἡμῶν: μεθ'(μετά, with) + ἡμῶν(us). μετά + 소유격은 '~와 함께'이다. μετά는 다음 단어의 첫 글자에 모음이 오면 마지막 모음 α가 생략되는데 강기식(rough breathing)인 경우에 발음의 동화를 위해 치음 τ가 같은 치음의 기식음 θ로 바뀐다('메쓰' + '헤몬' = '메쎄몬'). 인칭대명사 1인칭 변화 ἐγώ, ἐμοῦ, ἐμοί, ἐμέ(sg); ἡμεῖς, ἡμῶν, ἡμῖν, ἡμᾶς(pl).
7. καὶ ... δὲ: καὶ ... δὲ(~도 [그렇고] 더욱 ~도[moreover also])는 보통 καὶ Α δὲ 형식으로 쓰는데(마 10:18; 16:18; 요 6:51), 여기서는 다른 패턴이다. δὲ를 '역시, 또한'(also)으로 보면 좋다('우리의 사귐은 역시 ...'); cf. Thayer.
8. ἡ ἡμετέρα: 소유(대명사적)형용사(1복) ἡμέτερος(m, 우리의), ἡμετέρα(f), ἡμέτερον(n)는 인칭대명사 ἡμεῖς에서 온다. ἡ ἡμετέρα는 ἡ κοινωνία을 수식한다.
9. μετὰ τοῦ πατρὸς: '아버지와 함께'. 3변화 πατήρ(아버지), πατρός, πατρί, πατέρα(sg); πατέρες, πατέρων, πατράσι(ν), πατέρας(pl).
10. μετὰ τοῦ υἱοῦ: '아들과 함께'. υἱός(아들) > υἱοθεσία(양자로 삼음).

요일 1:4

4
καί
접등
οὗτος
대지시.목.중복
γράφω
동직.현능.1복
ἐγώ
대인칭.주-복
ἵνα
접종
ὁ
관.주.여단
χαρά
명.주.여단
ἐγώ
대인칭.소-복
εἰμί
동가.현능.3단
πληρόω
동분완수주여단

καὶ ταῦτα γράφομεν ἡμεῖς, ἵνα ἡ χαρὰ ἡμῶν ᾖ πεπληρωμένη

우리가 이것들을 쓰는 것은 우리의 기쁨이 충만하게 되는 것을 위해서이다.

καὶ ταῦτα[1] (그리고) 이것들을 And ~ these things γράφομεν[2] 쓴다. write ἡμεῖς,[3] 우리가 we	ἵνα[4] ἡ χαρὰ[5] 기쁨이 ~도록/게 that ~ joy ἡμῶν 우리의 our ᾖ πεπληρωμένη 충만하게 되~ may be fulfilled.

1. ταῦτα: 지시대명사 οὗτος, αὕτη, τοῦτο(this, 이것)는 성(gender)에 따라 달라지는데 중성은 τοῦτο, τούτου, τούτῳ, τοῦτο(sg); ταῦτα, τούτων, τούτοις, ταῦτα(pl)이다. 중복 주격과 목적격에서 어간의 모음이 바뀐다.
2. γράφομεν: '(우리가) 쓴다'. 저자적(authorial) '우리'라 할 수 있다(cf. KMP, 191; Wallace, 396). γράφω(쓰다), γραφή(쓴 것, 서물 > -graphy[-법]; graph[그래프]), γράμμα(글자, 기록, 학문 > gramma[문법]), γραμματεύς(서기관, 해석자), γραπτός(쓰인).
3. ἡμεῖς: 인칭대명사 ἡμεῖς의 사용은 강조('[바로] 우리가')를 위한 것이다.
4. ἵνα ... ᾖ πεπληρωμένη: '충만하게 되게 하기 위해'. 목적의 ἵνα 가정법 부사절이다. 우언법(periphrastic)으로 εἰμί의 현재(ᾖ) + 현재완료 분사(πεπληρωμένη)는 현재완료의 의미이다(Wallace, 649). 성취와 완성을 위한(consummative) 현재완료적 의미가 있을 것이다. πεπληρωμένη = πε +

πληρω + μένη. πληρόω([가득] 채우다, 성취하다, 완성하다) > πλήρωμα(채워진 것/채우는 것, 충만), πλήρης(가득한, 충만한), πληροθορια(충만함, 풍부), πληροφορέω(가득 가져오다, 가득 채우다).

5. χαρά: χαρά(기쁨), χάρις(은혜, 자애) > χαρίζομαι(기쁘게 하다, 선의/은혜를 베풀다), χάρισμα([은혜의] 선물), χαριτόω(은혜를 주다, 복되게 하다).

요일 1:5

Καὶ ἔστιν αὕτη ἡ ἀγγελία ἣν ἀκηκόαμεν ἀπ᾽ αὐτοῦ καὶ ἀναγγέλλομεν ὑμῖν, ὅτι ὁ θεὸς φῶς ἐστιν καὶ σκοτία ἐν αὐτῷ οὐκ ἔστιν οὐδεμία.

이것이 소식이다. 우리가 그에게서 듣고 너희에게 전하는 것, 즉 하나님은 빛이시고 어두움이 그 안에 조금도 없으시다는 것이다.

———

Καὶ ἔστιν
~이다. And ~ is
αὕτη
이것이 this
  ἡ ἀγγελία[1]
  소식~ the message
    ἣν
    ~는 which
      ἀκηκόαμεν[2]
      우리가 ~ 듣고 we have heard
        ἀπ᾽ αὐτοῦ[3]
        그로부터 from him
  καὶ ἀναγγέλλομεν
  전하~ and we declare
    ὑμῖν,
    너희에게 to you,

ὅτι[4]
즉, that
ὁ θεὸς
하나님은 God
  φῶς[5]
  빛~ light
    ἐστιν
    ~이시다. is
  καὶ σκοτία[6]
  그리고 어두움이 and the darkness
    ἐν αὐτῷ
    그 안에 in him
    οὐκ ἔστιν
    없으시다. is not
      οὐδεμία.[7]
      조금도 (not) at all.

———

5
καί
접.등
εἰμί
동직.현능.3단
οὗτος
대지시.주.여단
ὁ
관.주.여단
ἀγγελία
명.주.여단
ὅς
대관계.목.여단
ἀκούω
동직.완능.1복
ἀπό
전.소
αὐτός
대인칭.소.남단
καί
접.등
ἀναγγέλλω
동직.현능.1복
σύ
대인칭.여.-복
ὅτι
접.종
ὁ
관.주.남단
θεός
명.주.남단
φῶς
명.주.중단
εἰμί
동직.현능.3단
καί
접.등
σκοτία
명.주.여단
ἐν
전.여
αὐτός
대인칭.여.남단
οὐ
부
εἰμί
동직.현능.3단
οὐδείς
형부정.주.여단

1. ἔστιν αὕτη ἡ ἀγγελία: '이것이 [바로] 소식이다'. εἰμί 동사와 함께 지시대명사를 사용하는 방식은 일종의 강조법이다(2:25; 3:11, 23; 5:3, 4, 9, 11, 14; 요이 1:6; cf. 요 6:50, 58). ἀγγελία(소식) < ἄγγελος(메신저, 천사) > ἀγγέλλω(알리다, 전하다). εἰμί의 현재 변화, εἰμί, εἶ, ἐστί(ν)(sg); ἐσμέν, ἐστέ, εἰσί(ν)(pl). 지시대명사 여성 αὕτη(this, 이것)의 변화는 αὕτη, ταύτης, ταύτῃ, ταύτην(sg); αὗται, τούτων, ταύταις, ταύτας(pl)이다. 여복 소유격에서 어간의 모음이 바뀐다.

2. ἣν ἀκηκόαμεν: 관계대명사 ἣν의 선행사는 ἡ ἀγγελία(소식)이다. 술어 ἀκηκόαμεν(들었다)의 목적격이다. ἀκούω(듣다)는 목적격과 소유격 모두 목적어로 할 수 있다. 현재완료는 상태의 지속을 부각한다.

3. ἀπ᾽ αὐτοῦ: '그로부터'; ἀπ᾽(ἀπό, from) + αὐτοῦ(him). 전치사 ἀπό가 모음(α-) 앞에서 o가 탈락하였다.

4. ὅτι: ὅτι 절은 앞의 ἡ ἀγγελία(소식)를 보충 설명하는(epexegetical) 명사절이다. Porter는 서술의 (recitative) ὅτι 절이라 칭한다(Porter, 238).

5. φῶς ... σκοτία: φῶς(빛)과 σκοτία(어두움)는 반의어이다. φῶς: φῶς(빛) > φωτίζω(빛을 주다, 밝히다), φωστήρ(발광체, 빛), φωσφόρος(빛을 주는/전달하는), φωτεινός(빛나는, 밝은), φωτισμός(비추는 일, 발광). 3변화 φῶς, φωτός, φωτί, φῶς(sg); φῶτα, φώτων, φωσί, φῶτα(pl).

6. σκοτία: σκοτία/σκότος(어두움) > σκοτίζω/σκοτόω(어둡게 하다). Cf. σκηνή(덮는 것, 텐트); Thayer.

7. οὐκ ἔστιν οὐδεμία: '하나도 없다'. 두 개의 부정은 더 강한 부정이다. οὐδεμία = οὐδε(οὐ, but + δε, not) + μία(one).

요일 1:6

6
ἐάν
접.종
λέγω
동가.과능.1복
ὅτι
접.종
κοινωνία
명.목.여단
ἔχω
동직.현능.1복
μετά
전.소
αὐτός
대인칭.소.남단
καί
접.등
ἐν
전.여
ὁ
관.여.중단
σκότος
명.여.중단
περιπατέω
동가.현능.1복
ψεύδομαι
동직.현중.1복
καί
접.등
οὐ
부
ποιέω
동직.현능.1복
ὁ
관.목.여단
ἀλήθεια
명.목.여단

ἐὰν εἴπωμεν ὅτι **κοινωνίαν** ἔχομεν μετ᾽ αὐτοῦ καὶ ἐν τῷ σκότει περιπατῶμεν, ψευδόμεθα καὶ οὐ ποιοῦμεν τὴν ἀλήθειαν·

만일 우리가 그와 사귐이 있다고 말하면서 어두움 가운데 산다면, 우리는 거짓말하는 것이고 진리를 행하지 않는 것이다.

ἐὰν
만일 If
　εἴπωμεν[1]
　우리가 ~ 말하면서 we say
　　ὅτι[2]
　　~라고/고 that
　　　κοινωνίαν
　　　사귐을 fellowship
　　　ἔχομεν
　　　우리가 ~ 가지고 있다~ we have
　　　　μετ᾽ αὐτοῦ[3]
　　　　그와 함께 with him

καὶ ἐν τῷ σκότει[4]
어두움 가운데 but/ and ~ in the darkness,
περιπατῶμεν,[5]
행한다면/산다면 walk
ψευδόμεθα[6]
우리가 거짓말하는 것이고 we lie
καὶ οὐ ποιοῦμεν[7]
행하지 않는 것이다. and do not practice
　τὴν ἀλήθειαν·[8]
　진리를 the truth.

---

1. ἐὰν εἴπωμεν: '만일 우리가 말하면'. ἐὰν 가정법은 가장 일반적인 것(3급)으로 있음직한 것을 가정한다. εἴπωμεν = εἴπ(부정과거 어간) + ωμεν(가정법 1복). λέγω(말하다)의 제2부정과거는 εἶπον(cf. ἔλεξα)이고 어간은 ειπ이다. 부정과거(직)에 시상 접두어 ἐ가 내재되어 있는 경우이다.
2. ὅτι: ὅτι 명사절은 εἴπωμεν의 목적어로 말하는 내용이다.
3. μετ᾽ αὐτοῦ: μετ᾽(μετά, with) + αὐτοῦ(him). 그 다음 오는 단어의 모음(α-) 앞에서 μετά의 α가 생략되었다.
4. σκότει: σκότος/σκοτία(어두움). 3변화 σκότος, σκότους, σκότει, σκότος(sg). 단수만 발견된다.
5. περιπατῶμεν: περιπατέ + ῶμεν(가정법 1복); ἐ + ω = ῶ. περιπατέω(걷다, 돌아다니다, 살다)는 περι(둘레에) + πατέω(걷다, 밟다; πάτος, 길)이다.
6. ψευδόμεθα: '우리가 거짓말을 한다'; ψευδ + όμεθα. ψεύδομαι(거짓말하다, 속이다), ψευδής(거짓의, 속이는), ψεῦδος/ψεῦσμα(거짓말, 거짓), ψεύστης(거짓말쟁이).
7. οὐ ποιοῦμεν: '우리가 행하지 않는다'. ποιοῦμεν = ποιέ + ομεν; ἐ + ο = οῦ. ποιέω(만들다, 행하다/하다) > ποίημα(행한 것, 일), ποίησις(만들기/행하기), ποιητής(제작자, 수행자).
8. ἀλήθειαν: ἀλήθεια(진리, 참된 것), ἀληθεύω(진리를 말하다), ἀληθής(참된, 진리를 사랑하는/말하는), ἀληθινός([이름에 걸맞게] 참된, 진실된), ἀληθῶς(참으로, 확실히); Thayer.

요일 1:7

7
ἐάν
접.종
ἐν
전.여
ὁ
관.여.중단

ἐὰν ἐν τῷ φωτὶ περιπατῶμεν ὡς αὐτός ἐστιν ἐν τῷ φωτί, κοινωνίαν ἔχομεν μετ᾽ ἀλλήλων, καὶ τὸ αἷμα Ἰησοῦ τοῦ υἱοῦ αὐτοῦ καθαρίζει ἡμᾶς ἀπὸ πάσης ἁμαρτίας.

만일 그가 빛 가운데 계신 것처럼 우리가 빛 가운데 산다면, 우리가 서로 사귐을 갖고 그의 아들의 피가 우리를 모든 죄에서 깨끗하게 할 것이다.

ἐὰν[1]
만일 If

　ἐν τῷ φωτὶ[2]
　빛 가운데/안에 in the light

περιπατῶμεν,
행한다면/산다면 we walk

ὡς αὐτός[3]
그가 ~처럼 as he

　ἐστιν
　계신 것~ is

　ἐν τῷ φωτί,
　빛 가운데/안에 in the light,

κοινωνίαν
사귐을 fellowship

ἔχομεν
우리가 ~ 가진다. we have

　μετ᾽ ἀλλήλων,[4]
　서로 with one another,

καὶ τὸ αἷμα[5]
또 ~ 피가 and the blood

Ἰησοῦ
예수 of Jesus

τοῦ υἱοῦ
아들의 Son

αὐτοῦ[6]
그의 his

καθαρίζει[7]
깨끗하게 한다. cleanses

ἡμᾶς
우리를 us

ἀπὸ πάσης ἁμαρτίας.[8]
모든 죄로부터 from all sin.

1. ἐὰν: 두 번째 ἐὰν 가정법이다.
2. φωτὶ: φῶς의 중단(중성단수) 여격, 5절 참고.
3. ὡς αὐτός: '그가 ~것처럼'. 종속접속사 ὡς는 '~같이'(as, just as)로 부사절을 이끌 수 있다. 강조대명사 αὐτός는 강조의 목적을 가진다('그 자신'). 인칭대명사의 역할도 있다.
4. μετ᾽ ἀλλήλων: '서로 함께/서로'; μετ᾽(μετά, with) + ἀλλήλων(one another). 상호대명사 ἀλλήλων(서로, 서로의)은 복수 소유격(ἀλλήλων)과 여격(ἀλλήλοις[m], ἀλλήλαις[f], ἀλλήλοις[n])과 목적격(ἀλλήλους[m], ἀλλήλας[f], ἄλληλα[n])만 존재한다.
5. τὸ αἷμα: '피'. 3변화 αἷμα(피), αἵματος, αἵματι, αἷμα(sg); αἵματα, αἱμάτων, αἵμασι(v), αἵματα(pl). αἱματεκχυσία(피흘림), αἱμορρέω(피흘림으로 고통받다, 혈루증을 앓다 > hemorrhage[출혈]). αἷμα는 어간이 -ματ로 끝나는 경우로 이런 경우 모두 중성이다.
6. Ἰησοῦ τοῦ υἱοῦ αὐτοῦ: '그의 아들이신 예수의'. 동격의 소유격이다.
7. καθαρίζει: '깨끗하게 하신다'. καθαρίζω(깨끗하게 하다), καθαρισμός(깨끗하게 함, 정화), καθαρός(깨끗한, 순수한), καθαρότης(깨끗함, 순수함).
8. ἀπὸ πάσης ἁμαρτίας: '모든 죄로부터'. 남성(πᾶς)은 3변화, 여성(πᾶσα)은 2변화, 중성(πᾶν)은 3변화를 한다. 상세한 변화는 책 말미의 '문법 패러다임'의 <4>의 8. πᾶς>를 참고하라. ἁμαρτία(죄)는 본래 '과녁(target, mark)'을 맞추지 못한 것'(Thayer)의 의미였으나 '죄(sin), 죄짓기(sinning)'를 가리키는 대표적인 단어로 쓰인다. ἁμαρτάνω(죄를 짓다, 잘못하다), ἁμάρτημα(죄, 악한 행위), ἁμαρτωλός(죄인).

요일 1:8

ἐὰν εἴπωμεν ὅτι ἁμαρτίαν οὐκ ἔχομεν, ἑαυτοὺς πλανῶμεν καὶ ἡ ἀλήθεια οὐκ ἔστιν ἐν ἡμῖν.

만일 우리가 죄가 없다고 말하면, 우리는 스스로 속이고 진리가 우리 안에 없는 것이다.

φῶς
명.여.중단
περιπατέω
동.가.현능.1복
ὡς
접.종
αὐτός
대강조.주.남단
εἰμί
동직.현능.3단
ἐν
전.여
ὁ
관.여.중단
φῶς
명.여.중단
κοινωνία
명.목.여단
ἔχω
동직.현능.1복
μετά
전.소
ἀλλήλων
대상호.소.남복
καί
접.등
ὁ
관.주.중단
αἷμα
명.주.중단
Ἰησοῦς
명.소.남단
ὁ
관.소.남단
υἱός
명.소.남단
αὐτός
대인칭.소.남단
καθαρίζω
동직.현능.3단
ἐγώ
대인칭.목.-복
ἀπό
전.소
πᾶς
형부정.소.여단
ἁμαρτία
명.소.여단

8
ἐὰν
접.종
λέγω
동.가.과능.1복
ὅτι
접.종
ἁμαρτία
명.목.여단

<!-- Left margin glossary -->
οὐ
부
ἔχω
동직.현능.1복
ἑαυτοῦ
대재귀.목.남복
πλανάω
동직.현능.1복
καί
접.등
ὁ
관.주.여단
ἀλήθεια
명.주.여단
οὐ
부
εἰμί
동직.현능.3단
ἐν
전.여
ἐγώ
대인칭.여.-복

ἐὰν
만일 If
εἴπωμεν[1]
우리가 ~ 말하면 we say
ὅτι[2]
~라고/고 that
ἁμαρτίαν
죄를 any sin,
οὐκ ἔχομεν,[3]
우리가 ~ 가지고 있지 않다/없다~
we do not have

ἑαυτοὺς[4]
스스로/스스로를 ourselves,
πλανῶμεν[5]
우리가 ~ 속인다/속이는 것이다. we deceive
καὶ ἡ ἀλήθεια
그리고 진리가 and the truth
οὐκ ἔστιν
없다. is not
ἐν ἡμῖν.
우리 안에 in/ among us

1. ἐὰν εἴπωμεν: '(우리가) 말하면'. 세 번째 ἐάν 절이면서 두 번째 ἐὰν εἴπωμεν 패턴이다.
2. ὅτι: 6절처럼 ὅτι 명사절은 εἴπωμεν의 목적어이다.
3. ἁμαρτίαν οὐκ ἔχομεν: 문자적, '(우리가) 죄를 가지고 있지 않다' > '(우리가) 죄가 없다'. 현재시제는 진행적(progressive), 반복적(iterative), 습관적(habitual) 의미를 부각할 수 있다.
4. ἑαυτοὺς: '자신들을' > '스스로(를)'. 재귀대명사 ἑαυτοῦ(그 자신의)는 소유격, 여격, 목적격을 가진다 (2-1-2 변화). 단수, 복수 다 가능하다.
5. πλανῶμεν: '우리가 속인다'; πλανά + ομεν. -ά와 ο가 단축되면 ῶ-가 된다(ά + ο = ῶ). πλανάω(미혹하다, 속이다), πλάνη(방황, 미혹), πλανήτης(방랑자), πλάνος(미혹하는).

요일 1:9

9
ἐάν
접.종
ὁμολογέω
동가.현능.1복
ὁ
관.목.여복
ἁμαρτία
명.목.여복
ἐγώ
대인칭.소.-복
πιστός
형일반.주.남단
εἰμί
동직.현능.3단
καί
접.등
δίκαιος
형일반.주.남단
ἵνα
접.종
ἀφίημι
동가.과능.3단
ἐγώ
대인칭.여.-복
ὁ
관.목.여복
ἁμαρτία
명.목.여복
καί
접.등
καθαρίζω
동가.과능.3단
ἐγώ
대인칭.목.-복
ἀπό
전.소
πᾶς
형부정.소.여단
ἀδικία
명.소.여단

ἐὰν ὁμολογῶμεν τὰς ἁμαρτίας ἡμῶν, πιστός ἐστιν καὶ δίκαιος, ἵνα ἀφῇ ἡμῖν τὰς ἁμαρτίας καὶ καθαρίσῃ ἡμᾶς ἀπὸ πάσης ἀδικίας.

만일 우리가 우리의 죄를 고백한다면, 그는 신실하고 의로우시므로, 우리 죄를 사하시고 모든 불의에서 우리를 깨끗하게 하실 것이다.

ἐὰν[1]
만일 If
ὁμολογῶμεν[2]
우리가 ~ 자백/고백한다면 we confess
τὰς ἁμαρτίας
죄(들)를 sins,
ἡμῶν,
우리의 our
πιστός[3]
신실하고 faithful
ἐστιν
그는 ~셔서 he is
καὶ δίκαιος,[4]
의로우~ and righteous

ἵνα[5]
~ 것이다. that
ἀφῇ
사하시고 he may forgive
ἡμῖν
우리에게/우리의 our
τὰς ἁμαρτίας
죄(들)를 sins
καὶ καθαρίσῃ[6]
깨끗하게 하실 ~ and cleanse
ἡμᾶς
우리를 us
ἀπὸ πάσης ἀδικίας.[7]
모든 불의에서
from all unrighteousness.

1. ἐάν: 네 번째 ἐάν 가정법 구문.
2. ὁμολογῶμεν: ὁμολογέ + ωμεν(가정법 1복); έ + ω = ῶ. ὁμολογέω(시인하다, 고백하다) < ὁμόλογος(함께 말함, 동의함); LSJ. ὁμολογία(시인, 인정, 고백), ὁμολογουμένως(이구동성으로, 자인

하는 것과 같이).

3. πιστός: πιστός(신실한, 신뢰할 수 있는, 믿는) < πίστις(믿음, 믿음직함 < πείθω, 설득하다; Thayer) > πιστεύω(믿다, 맡기다), πιστικός(신뢰할 수 있는, 참된), πιστόω(믿게/신뢰하게 하다).

4. δίκαιος: δίκαιος(의로운) > δικαιόω(의롭게 하다), δικαίωμα(의, 의의 행위), δικαιοσύνη(의, 의의 상태), δικαίως(의롭게), δικαίωσις(칭의, 의롭게 하는 행위), δικαστής(재판관).

5. ἵνα ἀφῇ: 결과(result) ἵνα 가정법 종속절('[그래서] ~하신다/하실 것이다')이다(Porter, 235). 목적 (purpose)의 의미로 보거나(Wallace, 474), 앞의 내용을 부연하는(epexegetical) ἵνα 절로 보는 것도 가능하다(Wallace, 475). ἀφίημι(허락하다, 사하다, 버리다, 가게 하다)의 변화는 다소 복잡한데 현재와 부정과거의 중요한 차이는 현재는 ἀφι-이고 부정과거는 ἀφ- 또는 ἀφε-가 된다는 점이다. 현재 가정법 1단은 ἀφιῶ, 부정과거 가정법 1단은 ἀφῶ이다(cf. Mounce, 162).

6. καθαρίσῃ: καθαρίζ + σῃ. 어간의 -ζ가 부정과거 가정법 어미의 σ- 앞에서 생략된 경우이다.

7. ἀπὸ πάσης ἀδικίας: '모든 불의로부터/에서'. 7절의 '모든 죄로부터'와 비교. ἀδικία(불의) = ἀ(부정의, not) + δικία(< δίκη, 관습, 의, 처벌) < ἄδικος(불의한) > ἀδικέω(악하게 하다, 불의하다), ἀδίκημα(비행, 악행), ἀδίκως(부당하게).

요일 1:10

10
접.종
λέγω
동가.과능.1복
ὅτι
접.종
οὐ
부
ἁμαρτάνω
동직.완능.1복
ψεύστης
명.목.남단
ποιέω
동직.현능.1복
αὐτός
대인칭.목 남단
καί
접.등
ὁ
관.주.남단
λόγος
명.주.남단
αὐτός
대인칭.소 남단
οὐ
부
εἰμί
동직.현능.3단
ἐν
전.여
ἐγώ
대인칭.여.-복

ἐὰν εἴπωμεν ὅτι οὐχ ἡμαρτήκαμεν, ψεύστην ποιοῦμεν αὐτόν, καὶ ὁ λόγος αὐτοῦ οὐκ ἔστιν ἐν ἡμῖν.

만일 우리가 죄 지은 적이 없다고 말하면, 우리는 그를 거짓말쟁이로 만드는 것이고 그의 말씀이 우리 안에 없는 것이다.

ἐὰν[1]
만일 If

εἴπωμεν
우리가 ~ 말하면 we say

ὅτι οὐχ ἡμαρτήκαμεν,[2]
우리가 죄 지은 적이 없다고
that we have not sinned,

ψεύστην[3]
거짓말쟁이로/거짓말하는 자로 a liar,

ποιοῦμεν[4]
우리가 ~ 만든다/만드는 것이다. we make

αὐτόν,
그를 him

καὶ ὁ λόγος
또한 ~ 말씀이 and ~ word

αὐτοῦ[5]
그의 his

οὐκ ἔστιν
없다. is not

ἐν ἡμῖν.
우리 안에 in us.

1. ἐὰν εἴπωμεν ὅτι: 다섯 번째 ἐὰν 가정법 구문이자, 세 번째 ἐὰν εἴπωμεν 패턴(ὅτι가 따른다).

2. οὐχ ἡμαρτήκαμεν: '(우리는) 죄를 지은 적이 없다'; ἁμαρτάνω(죄짓다), 7절 참조. 부정어 οὐ(not)는 강기식의 모음(여기서는 ἡ) 앞에서 발음을 위해 기식음 χ를 첨가한다. ἡμαρτήκαμεν = ἑ(시상 접두사) + ἁμαρτά(어간) + καμεν(현재완료 1복). 현재완료는 상태와 결과의 지속을 부각한다. KMP처럼 완료(완성)된 행동을 강조하는 완성적(consummative) 현재완료로 볼 수도 있다(KMP, 299; cf. Wallace, 577).

3. ψεύστην: ψεύστης(거짓말쟁이), ψεύδομαι(거짓말하다, 속이다), ψευδής(거짓의, 속이는), ψεῦδος/ψεῦσμα(거짓말, 거짓).

4. ποιοῦμεν: '우리가 만든다/삼는다'; ποιέ + ομεν. έω와 ο의 단축은 οῦ이다(έ + ο = οῦ).

5. ὁ λόγος αὐτοῦ: '그의 말씀이'. λόγος(말씀) > λογίζομαι(생각하다, 고려하다), λογικός(타당한, 합리적인), λόγιον(말씀, 발언), λόγιος(학식 있는, 웅변적인), λογισμός(생각, 판단), λογομαχέω(말로 싸우다, 논쟁하다), λογομαχία(말싸움, 논쟁).

요일 2:1

Τεκνία μου, ταῦτα γράφω ὑμῖν ἵνα μὴ ἁμάρτητε. καὶ ἐάν τις ἁμάρτῃ, παράκλητον ἔχομεν πρὸς τὸν πατέρα Ἰησοῦν Χριστὸν δίκαιον·

나의 자녀들아. 내가 이것들을 너희에게 쓰는 것은 너희가 죄를 짓지 않게 하기 위해서이다. 만일 누가 죄를 지으면, 아버지 앞에서 보혜사(대언자)이신 의로우신 예수 그리스도께서 우리에게 계신다.

Τεκνία
자녀들아. dear children,

 μου,[1]
 나의 My

  ταῦτα
  이것들을 these things

 γράφω
 내가 ~ 쓴다. I write

  ὑμῖν
  너희에게 to you

ἵνα μὴ ἁμάρτητε.[2]
너희가 죄를 짓지 않도록 that you may not sin.

καὶ ἐάν τις
만일 누가 But/ And if anyone

ἁμάρτῃ,[3]
죄를 지으면 sins,

παράκλητον[4]
보혜사/대언자(를) an advocate

ἔχομεν
우리는 ~ 가지고 있다/우리에게 ~ 있다. we have

πρὸς τὸν πατέρα[5]
아버지께 (대해)/아버지와 함께
toward/ with the Father,

Ἰησοῦν Χριστὸν[6]
즉 ~ 예수 그리스도를 Jesus Christ

δίκαιον·
의로우신 the righteous;

---

1. Τεκνία μου: '나의 자녀들아'. Τεκνία는 호칭의(지칭하는) 호격('자녀들아')이고 μου는 인칭대명사 ἐγώ의 소유격('나의')이다(1:1 참고). τέκνον이 아이(child)를 가리키고 이 단어의 지소사(diminutive)인 τεκνίον는 좀 더 작은 아이(little child)를 가리키지만, 여기서는 정감 어린 호칭으로 사용된다.

2. ἵνα μὴ ἁμάρτητε: '너희가 죄를 짓지 않도록/않게 하기 위해'; 목적(purpose)의 ἵνα 가정법 부사절. 가정법 현재는 지속성을 부각한다. 부정어(not)의 경우, 직설법에는 οὐ, 그 외에는 μὴ를 쓴다. ἁμάρτητε = ἁμάρτη(부정과거 어간) + ητε(가정법 2복). 유음동사 ἁμαρτάνω(죄짓다)의 부정과거는 ἡμάρτησα이다. 어간은 ἁμάρτη인데 여기에 가정법 어미(ητε)가 붙은 것이다.

3. ἐάν τις ἁμάρτῃ: '만일 누가 죄를 범하면'. ἐάν 가정법은 미래의 있음직한 것을 가정한다. 부정(불특정)대명사 τις는 '어떤 사람/것'(누군가)을 뜻한다. 의문대명사 τίς(who, which, why)와 형태는 같으나 액센트 유무에서 차이가 난다. 의문대명사 변화는 책 말미의 '문법 패러다임'의 <4>의 11를 보라. ἁμάρτῃ = ἁμάρτη(부정과거 어간) + η(가정법 3단).

4. παράκλητον: παράκλητος(보혜사, 중보자, 변호사, 탄원자) < παρακαλέω(요청하다, 권고하다, 위로하다) = παρά(beside, 옆에서) + καλέω(부르다) > παράκλησις(탄원, 권고, 위로).

5. πρὸς τὸν πατέρα: '아버지께 대하여/아버지와 함께'. 여기서 πρὸς는 '~대하여'(toward)나 '~와 함께'(with)나 다 가능하다.

6. Ἰησοῦν Χριστὸν : '예수 그리스도'는 παράκλητον(보혜사)의 동격으로 보혜사의 정체성에 대해 보충해주고 있다(KMP, 68).

1
τεκνίον
명 호 중복

ἐγώ
대인칭소 -단

οὗτος
대지시 목 중복

γράφω
동직 현능.1단

σύ
대인칭 여 -복

ἵνα
접 종

μή
조사

ἁμαρτάνω
동가 과능.2복

καί
접 등

ἐάν
접 종

τίς
대부정 주 남단

ἁμαρτάνω
동가 과능.3단

παράκλητος
명 목 남단

ἔχω
동직 현능.1복

πρός
전 목

ὁ
관 목 남단

πατήρ
명 목 남단

Ἰησοῦς
명 목 남단

Χριστός
명 목 남단

δίκαιος
형일반목 남단

요일 2:2

2
καί
접.등/부
αὐτός
대강조.주.남단
ἱλασμός
명.주.남단
εἰμί
동직.현능.3단
περί
전.소
ὁ
관.소.여복
ἁμαρτία
명.소.여복
ἐγώ
대인칭.소.-복
οὐ
부
περί
전.소
ὁ
관.소.여복
ἡμέτερος
형소유.소.여복
δέ
접.등
μόνος
부
ἀλλά
접.등
καί
부
περί
전.소
ὅλος
형소반.소.남단
ὁ
관.소.남단
κόσμος
명.소.남단

καὶ αὐτὸς ἱλασμός ἐστιν περὶ τῶν ἁμαρτιῶν ἡμῶν, οὐ περὶ τῶν ἡμετέρων δὲ μόνον ἀλλὰ καὶ περὶ ὅλου τοῦ κόσμου.

그가 직접 우리 죄를 위한 화목제물이 되신다. 우리 만이 아니라, 세상 모든 이들도 위해서이다.

καὶ αὐτὸς[1]
그는 직접/그 자신이 and he himself

ἱλασμός[2]
화목제물/속죄제물(이)~ the propitiation/ expiation

ἐστιν
~이시다/되신다. is

περὶ[3] τῶν ἁμαρτιῶν
죄(들)에 대해서/죄(들) 때문에 for ~ sins,

ἡμῶν,
우리의 our

οὐ περὶ[4] τῶν ἡμετέρων δὲ
우리에 대한 것(우리 때문)~이 아니라
not for ours

μόνον
~만(단지) only

ἀλλὰ καὶ περὶ ὅλου
모든 사람들에 대해서/때문에 but also for all

τοῦ κόσμου.[5]
세상의 of the world.

1. καὶ αὐτὸς: '그 자신이'. 강조적 표현이다.
2. ἱλασμός: ἱλασμός(화목을 위한 속죄, 속죄 제물), ἱλάσκομαι(기쁘게 하다, 속죄하다), ἱλαστήριος(기쁘게 하는, 속죄하는, 속죄의 제물) < ἱλαρός(기쁜, 행복한), ἱλαρότης(기쁨, 좋음).
3. περὶ ... : περὶ + 소유격은 '~관하여/대하여'(concerning, for)이다.
4. οὐ περὶ ... δὲ μόνον ἀλλὰ καὶ περὶ: '…에 대해서만 아니라 또한 …에 대해서도'(not for … only, but also for …). 여기서 δὲ는 '그런데'의 뉘앙스로 이해된다('… 우리 죄를 위해서, 그런데 우리의 죄에 대한 것만이 아니라…').
5. ὅλου τοῦ κόσμου: '모든 세상'. κόσμος는 '세상에 있는 사람들'을 가리킨다. ὅλος(모든, whole) > ὁλοκαύτωμα(번제, 모두 태우는 제물), ὁλοκληρία(온전함, 건실함), ὁλόκληρος(전체적인, 빠진 부분이 없는), ὁλοτελής(온전한, 완전한).

요일 2:3

3
καί
접.등
ἐν
전.여
οὗτος
대지시.여.중단
γινώσκω
동직.현능.1복
ὅτι
접.종
γινώσκω
동직.완능.1복
αὐτός
대인칭.목.남단
ἐάν
접.종
ὁ
관.목.여복
ἐντολή
명.목.여복
αὐτός
대인칭.소.남단
τηρέω
동가.현능.1복

Καὶ ἐν τούτῳ γινώσκομεν ὅτι ἐγνώκαμεν αὐτόν, ἐὰν τὰς ἐντολὰς αὐτοῦ τηρῶμεν.

우리가 아는 것은, 우리가 그의 계명을 지키면, 이로써 우리가 그를 알고 있다는 것이다.

Καὶ ἐν τούτῳ[1]
또한 이로써/이 때문에 And by this

γινώσκομεν[2]
우리는 안다. we know

ὅτι[3] ἐγνώκαμεν[4]
우리가 ~ 알고 있다는 것을 that we have known

αὐτόν,
그를 him,

ἐὰν[5]
만일 if

τὰς ἐντολὰς[6]
계명들을 commandmants.

αὐτοῦ
그의 his

τηρῶμεν.
우리가 ~ 지킨다면 we keep

1. ἐν τούτῳ: '이것으로써, 이로써'. 수단의 ἐν τούτῳ 구는 본래 추론적(inferential)이어서 앞 구문의 귀결적 의미를 띤다. 그런데 여기서는 뒤의 ἐὰν 절에 선행하며 그 내용을 이끈다('만일 ~한다면, 이로써 ~을 우리가 안다'). 지시대명사 남성 οὗτος(this, 이것)의 변화는 οὗτος, τούτου, τούτῳ, τοῦτον(sg); οὗτοι, τούτων, τούτοις, τούτους(pl)이다. 중성은 1:4, 여성은 1:5를 참고하라.

2. γινώσκομεν: '우리가 안다'; γινωσκ + ομεν. γινώσκω(안다, 알게 되다)의 미래 γνώσομαι, 부정과거 ἔγνων, 현재완료 ἔγνωκα, 현재완료(수) ἔγνωσμαι, 부정과거(수) ἐγνώσθην. γινώσκω > γνώμη(의도, 의견, 의지, 결정), γνωρίζω(알게 하다), γνῶσις(지식), γνώστης(전문가, 숙련인), γνωστός(알려진).

3. ὅτι: ὅτι 명사절은 γινώσκομεν의 목적어이다.

4. ἐγνώκαμεν: '우리가 알고 있다'; ἐ(시상 접두어) + γνω(어간) + καμεν(현재완료 1복). 현재완료는 상태의 지속을 부각할 수 있다. γινώσκω의 미래 γνώσομαι, 부정과거 1단 ἔγνων, 현재완료 ἔγνωκα.

5. ἐὰν ... τηρῶμεν: '만일 우리가 지키면'; τηρῶμεν = τηρέ + ωμεν. έ와 ω가 단축되면 ῶ이 된다(έ + ω = ῶ). 가정법 어미는 늘 첫 모음이 길다: -ω, -ῃς, -ῃ(sg); -ωμεν, -ητε, -ωσι(ν)(pl).

6. ἐντολὰς: ἐντολή(계명) < ἐντέλλω(명령하다).

요일 2:4

ὁ λέγων ὅτι ἔγνωκα αὐτὸν καὶ τὰς ἐντολὰς αὐτοῦ μὴ τηρῶν ψεύστης ἐστίν, καὶ ἐν τούτῳ ἡ ἀλήθεια οὐκ ἔστιν·

　그를 알고 있다고 말하며 그의 계명을 지키지 않는 자는 거짓말하는 자이고 진리가 그 안에 없다.

―――――――

ὁ
~ 자는 One who
　λέγων[1]
　말하고 says
　　ὅτι[2]
　　~고 that
　　　ἔγνωκα[3]
　　　알고 있다~ he has known
　　　　αὐτὸν
　　　　그를 him
　　　καὶ τὰς ἐντολὰς
　　　계명(들)을 but/ and ~ commandments
　　　　αὐτοῦ
　　　　그의 his

μὴ τηρῶν[4]
지키지 않는 ~ does not keep
　ψεύστης[5]
　거짓말하는 자~ a liar,
　ἐστίν,
　~이다. is
　　καὶ ἐν τούτῳ[6]
　　그리고 그 안에 and ~ in him.
ἡ ἀλήθεια
진리가 the truth
οὐκ ἔστιν·
없다. is not

―――――――

1. ὁ λέγων: '말하는 자는'(4, 6, 9절); λέγ + ων; 분사의 독립적 용법.
2. ὅτι: ὅτι 명사절은 λέγων 의 목적어이다.
3. ἔγνωκα: '나는 알고 있다'; ἔ + γνω + κα.
4. μὴ τηρῶν: 분사 μὴ τηρῶν(지키지 않는)은 분사 λέγων과 관사 ὁ를 공유하며 동격을 이룬다('말하면서 지키지 않는 자').
5. ψεύστης: '거짓말쟁이'; 1:10 참고.
6. ἐν τούτῳ: 문자적, '이 사람 안에' > '그 안에'. 여기서 ἐν τούτῳ는 3절의 추론적인 것과 다르다.

요일 2:5

ὃς δ᾽ ἂν τηρῇ αὐτοῦ τὸν λόγον, ἀληθῶς ἐν τούτῳ ἡ ἀγάπη τοῦ θεοῦ τετελείωται· ἐν τούτῳ γινώσκομεν ὅτι ἐν αὐτῷ ἐσμεν.

　그러나 그의 말씀을 지키는 자는 다, 하나님의 사랑이 참으로 그 안에 완전하게 된다. 이로써 우리가 아는 것은, 우리가 그 안에 있다는 것이다.

―――――――

αὐτός
대인칭.소.남단
ὁ
관.목.남단
λόγος
명.목.남단
ἀληθῶς
부
ἐν
전.여
οὗτος
대지시.여.남단
ὁ
관.주.여단
ἀγάπη
명.주.여단
ὁ
관.소.남단
θεός
명.소.남단
τελειόω
동직.완수.3단
ἐν
전.여
οὗτος
대지시.여.중단
γινώσκω
동직.현능.1복
ὅτι
접.종
ἐν
전.여
αὐτός
대인칭.여.남단
εἰμί
동직.현능.1복

ὃς δ' ἂν
그러나 ~ 자는 누구나 But whoever
　τηρῇ[1]
　지키는 ~ keeps
　　αὐτοῦ
　　그의 his
　　τὸν λόγον,
　　말씀을 word,
　　　ἀληθῶς[2]
　　　참으로/진실로 truly
　　　ἐν τούτῳ[3]
　　　그(사람) 안에 in him
ἡ ἀγάπη[4]
사랑이 the love

τοῦ θεοῦ
하나님의 of God
τετελείωται·[5]
온전/완전하여졌다/하게 되었다. is completed/ perfected.
　ἐν τούτῳ[6]
　이로써 By this
γινώσκομεν
우리가 ~ 안다. we know
　ὅτι[7]
　~는 것을 that
　　ἐν αὐτῷ
　　그 안에 in him.
ἐσμεν
우리가 ~ 있다~ we are

---

1. ὃς δ' ἂν τηρῇ: '그러나 누구든지 지킨다면'. δ'는 ἂν 앞에서 모음이 생략된 δέ(but, and)이다. 관계대명사 남단 주격 ὃς와 지소사 ἂν의 어구 ὃς ἂν은 누구든지(whoever)의 뜻으로 가정법 동사를 동반한다(ἂν 때문에 가정법임). 가정법 3단 τηρῇ = τηρέ + ῃ.
2. ἀληθῶς: ἀληθῶς(참되게, 진실로), ἀλήθεια(진리, 참됨), ἀληθεύω(진실을 말하다/가르치다) < ἀληθής(참인, 진실한).
3. ἐν τούτῳ: '이 사람 안에, 그 안에'.
4. ἡ ἀγάπη: ἀγάπη(사랑), ἀγαπάω(사랑하다) > ἀγαπητός(사랑스러운).
5. τετελείωται: '완전해졌다'; τε(현재완료 접두어) + τελειο(어간)+ ω(매개모음) + ται(수동태 3단). -όω 동사의 경우 현재완료 수동태에서 ο가 ω로 길어진다(cf. Mounce, 283). 일반적 진리를 가리키는 격언적(gnomic) 현재완료라 할 수도 있고(cf. KMP, 302), 미래적 사건의 미래적(proleptic/futuristic) 의미의 현재완료로 볼 수도 있지만(Wallace, 581), 여기서는 완성적(consummative) 의미의 현재완료로 보는 것이 좋겠다. τελειόω(성취하나, 끝내나, 완성하나), τέλειος(완성된, 이뤄진), τελειωτής(완성자, 이루는 자).
6. ἐν τούτῳ: '이것으로써, 이로써'. 추론적(inferential)인 ἐν τούτῳ로 앞 부분에 대한 추론적 내용을 담고 있다('그러므로 우리는 ὅτι 이하를 안다').
7. ὅτι: 목적어가 되는 ὅτι 명사절.

요일 2:6

6
ὁ
관.주.남단
λέγω
동분현능주남단
ἐν
전.여
αὐτός
대인칭.여.남단
μένω
동부.현능
ὀφείλω
동직.현능.3단
καθώς
접.종
ἐκεῖνος
대지시.주.남단
περιπατέω
동직.과능.3단
καί
부
αὐτός
대강조.주.남단
οὕτω
부
περιπατέω
동부.현능

ὁ λέγων ἐν αὐτῷ μένειν ὀφείλει, καθὼς ἐκεῖνος περιεπάτησεν, καὶ αὐτὸς οὕτως περιπατεῖν.

　　그 안에 거한다고 말하는 자는, 그가 사신 것처럼, 그 자신도 그같이 살아야 한다.

ὁ λέγων
말하는 자는 On who says
　ἐν αὐτῷ
　그 안에 in him
μένειν[1]
거한다고/머문다고 to abide
ὀφείλει,[2]
~야 한다. should
καθὼς[3] ἐκεῖνος[4]
저가 ~ 것같이 as he

περιεπάτησεν,[5]
행하신/걸으신/사신 ~ walked.
καὶ αὐτὸς[6]
그도/그 자신도 he himself also
　οὕτως[7]
　그같이 in the same way
περιπατεῖν.[8]
행해/걸어/살아~ walked

1. ὁ λέγων ἐν αὐτῷ μένειν: '그 안에 거한다고 말하는 자는'. 부정사 μένειν(거하는 것; μέν + ειν)는 분사 λέγων의 목적어이다('거한다는 것을'). μένω, ἐμμένω, ἐπιμένω, καταμένω([같은 장소에서 한정된 시간 동안] 머물다); παραμένω([누군가와 함께] 머물다); ὑπομένω([기대한 것보다 오래] 머물다); ἀναπαύομαι([휴식의 의미로 한 장소에] 머물다); προσμένω, ἐπέχω([한정된 시간을 넘어] 머물다); μένω, ἀναμένω, περιμένω, προσδέχομαι, ἐκδέχομαι([미래의 일을 기다리며] 머물다); LN.
2. ὀφείλει: '(그는) 해야 한다'. ὀφείλω(나는 빚이 있다[owe]; 해야 한다[ought to])는 부정사를 목적어로 동반한다('~하는 것을 해야 한다'). 이 문장에서 ὀφείλει에 따르는 목적어는 마지막에 있는 περιπατεῖν이다.
3. καθὼς: 종속접속사 καθὼς는 '~ 같이/처럼'(as, just as)의 뜻으로 종속절을 이끈다.
4. ἐκεῖνος: 문자적, '저(그) 분이'. 지시대명사는 강조적 뉘앙스를 가질 수 있다.
5. περιεπάτησεν: '거니셨다/행하셨다/사셨다'; περι + ε + πατε + σε(ν); 1:6 참고.
6. καὶ αὐτὸς: '그 자신도'. 강조적 사용이다.
7. οὕτως: '이같이/그같이'.
8. ὀφείλει ... περιπατεῖν: 부정사 περιπατεῖν이 문장 마지막에 나왔으나, 이것은 앞의 ὀφείλει에 걸리는 것이다. 핵심 문장 구조는 ὁ λέγων ... ὀφείλει ... καὶ αὐτὸς οὕτως περιπατεῖν(말하는 자는, 그도 그같이 행해야 한다)이다.

요일 2:7

Ἀγαπητοί, οὐκ ἐντολὴν καινὴν γράφω ὑμῖν ἀλλ' ἐντολὴν παλαιὰν ἣν εἴχετε ἀπ' ἀρχῆς· ἡ ἐντολὴ ἡ παλαιά ἐστιν ὁ λόγος ὃν ἠκούσατε.

사랑하는 자들아. 내가 너희에게 새 계명을 쓰는 것이 아니다. 너희가 처음부터 가진 옛 계명을 쓴다. 그 옛 계명은 너희가 들은 말씀이다.

7
ἀγαπητός
형일반.호 남복
οὔ
부
ἐντολή
명.목.여단
καινός
형일반.목.여단
γράφω
동직.현능.1단
σύ
대인칭.여.~복
ἀλλά
접.등
ἐντολή
명.목.여단
παλαιός
형일반.목.여단
ὅς
대관계.목.여단
ἔχω
동직.미완능.2복
ἀπό
전.소
ἀρχή
명.소.여단
ὁ
관.주.여단
ἐντολή
명.주.여단
ὁ
관.주.여단
παλαιός
형일반.주.여단
εἰμί
동직.현능.3단
ὁ
관.주.남단
λόγος
명.주.남단
ὅς
대관계.목.남단
ἀκούω
동직.과능.2복

Ἀγαπητοί,[1]
사랑하는 자들아. Beloved,

οὐκ ἐντολὴν
계명을 ~ 않고 no ~ commandment

καινὴν[2]
새 new

γράφω
내가 ~ 쓰지 ~ I am writing

ὑμῖν
너희에게 to you

ἀλλ' ἐντολὴν[3]
도리어 ~ 계명을 (쓴다.) but an ~ commandment

παλαιὰν[4]
옛/예전의 old

ἣν εἴχετε[5]
너희가 ~ 가진/소유한 that you have had

ἀπ' ἀρχῆς·[6]
태초부터/처음부터 from the beginning.

ἡ ἐντολὴ
계명은 The ~ commandment

ἡ παλαιά
옛 old

ἐστιν
~이다. is

ὁ λόγος
말씀~ the word

ὃν ἠκούσατε.[7]
너희가 들은 that you have heard.

1. Ἀγαπητοί: '사랑하는 자들아'. 주격 복수는 그대로 호격으로 쓴다. ἀγαπητός(사랑스러운) < ἀγάπη(사랑), ἀγαπάω(사랑하다).
2. καινὴν: καινός(새로운) > καινότης(새로움). ἀνακαινόω(다시 새롭게 하다), ἀνακαίνωσις(갱신, 쇄신), ἐγκαίνια([성전 정화/보수] 수전절), ἐγκαινίζω(다시 새롭게 하다, 보수하다).
3. ἀλλ' ἐντολὴν: ἀλλά + ἐντολὴν. ἀλλά(but)도 다음 단어 초두에 모음이 오면 끝모음이 생략된다.
4. παλαιὰν: παλαιός(오래된, 옛날의)는 καινός(새로운)와 반의어. πάλαι(예전에, 오래전에), παλαιότης(오래됨, 오래된 것), παλαιόω(옛 것이 되게 하다, 오래된 것으로 간주하다) > paleo-(old),

paleolithic(구석기 시대의).

5. ἣν εἴχετε: 관계대명사 여단 목적격 ἣν은 ἐντολὴν를 선행사로 하고 εἴχετε의 목적어가 된다. 미완료는 예전(과거) 상태의 진행성 또는 지속성을 부각한다('너희가 가지고 있던 [그것]').

6. ἀπ' ἀρχῆς: ἀπό + ἀρχῆς; 1:1 참고.

7. ὃν ἠκούσατε: 관계대명사 남단 목적격 ὃν은 ὁ λόγος를 선행사로 하면서 ἠκούσατε의 목적어이다. ἠκούσατε = ἐ(시상 접두어) + ἀκου(어간 < ἀκούω[듣다]) + σατε(부정과거 2복).

요일 2:8

πάλιν ἐντολὴν καινὴν γράφω ὑμῖν ὅ ἐστιν ἀληθὲς ἐν αὐτῷ καὶ ἐν ὑμῖν, ὅτι ἡ σκοτία παράγεται καὶ τὸ φῶς τὸ ἀληθινὸν ἤδη φαίνει.

내가 다시 새 계명을 쓴다. 그것은 그 안에서와 너희 안에서 참된 것이다. 어두움이 지나가고 이미 참 빛이 비추고 있기 때문이다.

πάλιν[1]
다시 Again,

ἐντολὴν
계명을 a ~ commandment

καινὴν
새 new

γράφω
내가 ~ 쓴다. I write

ὑμῖν
너희에게 to you

ὅ ἐστιν[2]
~인/된 which is

ἀληθὲς[3]
참~ true

ἐν αὐτῷ
그 안에서와 in him

καὶ ἐν ὑμῖν,
너희 안에서 and in you,

ὅτι[4]
~ 때문이다. because

ἡ σκοτία
어두움이 the darkness

παράγεται[5]
지나가고 (있고) is passing away,

καὶ τὸ φῶς
빛이 and the ~ light

τὸ ἀληθινὸν[6]
참 true

ἤδη[7]
이미 already

φαίνει.[8]
비추기/비추고 있기 ~ is ~ shining.

1. πάλιν: '다시, 새롭게' > παλιγγενεσία(새 출생, 갱신, 회복, 중생).

2. ὅ ἐστιν: 관계대명사 중단 주격의 ὅ 절은 여성명사 ἐντολὴν(계명)을 선행사로 받을 수 없다. 앞 문장, 즉 '내가 새 계명을 쓰는 것 (자체)'를 부연하거나(Porter, 252; cf. Thayer), 또는 뒤잇는 ὅτι 구문과 관계될 수 있다(Zerwick). 이때는 ὅτι 구문을 명사절로 봐야 한다(ὅ ἐστιν ...[참된 것]이 ὅτι 구문의 내용이라는 뜻). 또 하나는 관계대명사 중성 ὅ는 앞의 여성인 '계명'(ἡ ἐντολή)과 남성인 '말씀'(ὁ λόγος)을 선행사(계명과 말씀이 결국 같다는 점)로 아우르는 의미에서 중성을 선택했을 수 있다. 1:1의 관계대명사 ὅ의 설명을 참고하라.

3. ἀληθὲς: 3변화 형용사 ἀληθής(참된, 진실된)의 남/여는 ἀληθής(m/f), ἀληθοῦς, ἀληθεῖ, ἀληθῆ(sg); ἀληθεῖς, ἀληθῶν, ἀληθέσι, ἀληθεῖς(pl). 중성은 ἀληθές(n) ἀληθοῦς, ἀληθεῖ, ἀληθές(sg); ἀληθῆ, ἀληθῶν, ἀληθέσι, ἀληθῆ(pl).

4. ὅτι: 이유(원인)의 ὅτι 부사절('때문에/때문이다').

5. παράγεται: παράγω(옆에서 이끌다[lead beside] > 잘못 이끌다; 지나가다[pass by]) = παρά(beside) + ἄγω(이끌다; 가다). 수동태일 때의 뜻은 '지나가다'.

6. τὸ ἀληθινὸν: '참, 참된 것'. ἀληθινός([이름에 걸맞게] 참된, 진실된) < ἀλήθεια, 1:6 참고.

7. ἤδη: ἤδη(지금, 이미).

8. φαίνει: '비춘다'; φαίν + ει. φαίνω(비추다, 나타나게 하다) < φῶς(빛) > φανερός(명백한), φανερόω(보이게/알게 하다), φανερῶς(명백하게), φανέρωσις(나타남); 계 18:1, φωτίζω(빛을 주다, 밝히다) 참조.

요일 2:9

Ὁ λέγων ἐν τῷ φωτὶ εἶναι καὶ τὸν ἀδελφὸν αὐτοῦ μισῶν ἐν τῇ σκοτίᾳ ἐστὶν ἕως ἄρτι.

빛 가운데 있다고 말하면서 그의 형제를 미워하는 자는 아직도 어두움 가운데 있는 것이다.

Ὁ
~는 One who
λέγων[1]
말하고 says
　　ἐν τῷ φωτὶ
　　빛 안에 in the light
εἶναι[2]
있다고 to be
καὶ τὸν ἀδελφὸν
형제를 and ~ brother

αὐτοῦ
그의 his
μισῶν[3]
미워하는 ~ hates
　　ἐν τῇ σκοτίᾳ
　　어두움 안에 in the darkness
ἐστὶν
~있다. is
ἕως ἄρτι.[4]
지금까지/아직도 until now/ still.

1. Ὁ λέγων: '말하는 자는'; 6절 참고.
2. εἶναι: 분사 λέγων의 목적어가 되는 부정사('있다고')이다.
3. μισῶν: 분사 λέγων(말하고)과 분사 μισῶν(미워하는)은 동격으로 관사 Ὁ에 묶인다('말하고/말하면서 미워하는 자는').
4. ἕως ἄρτι: ἕως는 '~ 때까지'(until) 또는 '~ 한'(as long as)의 뜻인데, ἄρτι(지금, 이때)와 합쳐서 '지금까지'(until now)가 된다. ἀρτιγέννητος(갓 난, newborn).

요일 2:10

ὁ ἀγαπῶν τὸν ἀδελφὸν αὐτοῦ ἐν τῷ φωτὶ μένει, καὶ σκάνδαλον ἐν αὐτῷ οὐκ ἔστιν·

그의 형제를 사랑하는 자는 빛 가운데 거하고 그 안에 거치는 것이 없다.

ὁ ἀγαπῶν[1]
사랑하는 자는 One who loves
　τὸν ἀδελφὸν
　형제를 brother
　αὐτοῦ
　그의 his
　ἐν τῷ φωτὶ
　빛 안에 in the light,

μένει,
거한다/머문다. abides
καὶ σκάνδαλον[2]
또 거치는 것/걸림돌이 and the stumble/ offence
　ἐν αὐτῷ
　그 안에 in him.
οὐκ ἔστιν·
없다. is not

1. ὁ ἀγαπῶν: '사랑하는 자는'; ἀγαπά + ων. -ά와 ω-의 단축은 ῶ-. ἀγαπάω(사랑하다)와 같은 -άω 동사는 -ά와 뒤의 어미(현재와 미완료)의 첫 모음이 결합되어 단축이 일어난다. ἀγάπη(사랑),

9
ὁ
관.주.남단
λέγω
동분.현능주남단
ἐν
전.여
ὁ
관.여.중단
φῶς
명.여.중단
εἰμί
동부.현능
καί
접.등
ὁ
관.목.남단
ἀδελφός
명.목.남단
αὐτός
대인칭.소.남단
μισέω
동분.현능주남단
ἐν
전.여
ὁ
관.여.여단
σκοτία
명.여.여단
εἰμί
동직.현능.3단
ἕως
전.소
ἄρτι
부

10
ὁ
관.주.남단
ἀγαπάω
동분.현능주남단
ὁ
관.목.남단
ἀδελφός
명.목.남단
αὐτός
대인칭.소.남단
ἐν
전.여
ὁ
관.여.중단
φῶς
명.여.중단
μένω
동직.현능.3단
καί
접.등
σκάνδαλον
명.주.중단
ἐν
전.여
αὐτός
대인칭.여.남단

ἀγαπητός(사랑하는).

2. σκάνδαλον: '덫, 함정, 발부리에 걸리는 것(방해물)'. 동사 σκανδαλίζω(걸려 넘어지게 하다).

요일 2:11

11
ὁ
관주 남단
δέ
접 등
μισέω
동분현능주남단
ὁ
관 목 남단
ἀδελφός
명 목 남단
αὐτός
대인칭 소 남단
ἐν
전 여
ὁ
관여 여단
σκοτία
명 여 여단
εἰμί
동직 현능.3단
καί
접 등
ἐν
전 여
ὁ
관여 여단
σκοτία
명 여 여단
περιπατέω
동직 현능.3단
καί
접 등
οὐ
부
οἶδα
동직 완능.3단
ποῦ
부
ὑπάγω
동직 현능.3단
ὅτι
접 종
ὁ
관주 여단
σκοτία
명주 여단
τυφλόω
동직 과능.3단
ὁ
관 목 남복
ὀφθαλμός
명 목 남복
αὐτός
대인칭 소 남단

ὁ δὲ μισῶν τὸν ἀδελφὸν αὐτοῦ ἐν τῇ σκοτίᾳ ἐστὶν καὶ ἐν τῇ σκοτίᾳ περιπατεῖ καὶ οὐκ οἶδεν ποῦ ὑπάγει, ὅτι ἡ σκοτία ἐτύφλωσεν τοὺς ὀφθαλμοὺς αὐτοῦ.

그러나 그의 형제를 미워하는 자는 어두움 안에 있고 어두움 가운데 살며 어디로 가는지 알지 못한다. 어두움이 그의 눈을 멀게 하였기 때문이다.

―――――――

ὁ δὲ μισῶν[1]
그러나 ~ 미워하는 자는 But one who hates
 τὸν ἀδελφὸν
 형제를 brother
  αὐτοῦ
  그의 his
   ἐν τῇ σκοτίᾳ
   어두움 안에 in the darkness
 ἐστὶν
 ~ 있다. is
   καὶ ἐν τῇ σκοτίᾳ
   그리고 어두움 안에 and ~ in the darkness,
 περιπατεῖ[2]
 행한다/걷는다/산다. walks

καὶ οὐκ οἶδεν[3]
또 ~ 알지 못한다. and does not know
  ποῦ[4] ὑπάγει,[5]
  그가 어디로 가는지 where he goes,
 ὅτι[6] ἡ σκοτία
 어두움이 ~ 때문에 because the darkness
  ἐτύφλωσεν[7]
  눈을 가리우기 ~ blinded
   τοὺς ὀφθαλμοὺς
   눈(들)을/두 눈을 eyes.
    αὐτοῦ.
    그의 his

―――――――

1. ὁ δὲ μισῶν: '그러나 미워하는 자는'; μισέ + ῶν; έ + ω = ῶ. μισέω(미워하다)와 같은 -έω 동사는 -έ와 뒤의 어미(현재와 미완료)의 첫 모음이 결합되어 단축이 일어난다. 후치사 δέ(그러나, 그리고)는 보통 문장(절)의 둘째 자리에 온다. 그 이후에 오는 경우도 종종 발견된다.

2. περιπατεῖ: '(그는) 행한다/걷는다/산다'; περιπατέ + ε. 단축, έ + ε = εῖ.

3. οὐκ οἶδεν: '알지 못한다'; οἶδ + ε(ν). 현재완료 οἶδα(알다)는 본래 현재완료이지만 현재적 의미를 가진 동사이다. 변화는 οἶδα, οἶδας, οἶδε(ν)(sg); οἴδαμεν, οἴδατε, οἴδασι(ν)(pl)이다.

4. ποῦ: ποῦ(어디에/어디로, where), πού(어딘가에, somewhere), ὅπου(어디에, where; 어디든, wherever), πανταχῇ(어디나, everywhere); LN.

5. ὑπάγει: ὑπάγω는 본래 ὑπό(under, below) + ἄγω(이끌다, 가다), 즉 '밑으로 이끌다/가다'의 뜻인데 (cf. LXX 출 14:21), 신약에서는 '가다, 물러나다, 떠나다'의 뜻으로 쓰이게 되었다(Thayer).

6. ὅτι: 이유(원인)의 ὅτι 부사절('때문에').

7. ἐτύφλωσεν: '(눈을) 가리웠다'; ἐ + τυφλο + σε(ν). -οω 동사의 어간의 ο는 부정과거 어미의 σ 앞에서 ω로 길어진다. 행동의 중단을 강조하는 결말적(culminative) 부정과거로 볼 수 있다(KMP, 293). τυφλόω(눈이 멀게 하다), τυφλός(맹인) < τύφω(연기를 내다/일으키다) < τῦφος(연기) > τυφόω(연기로 감싸다 > 자만하게 하다); Thayer.

요일 2:12

Γράφω ὑμῖν, τεκνία, ὅτι ἀφέωνται ὑμῖν αἱ ἁμαρτίαι διὰ τὸ ὄνομα αὐτοῦ.

내가 너희에게 쓴다. 자녀들아. 너희의 죄가 그의 이름으로 사해졌다.

τεκνίον
명.호.중복
ὅτι
접.종
ἀφίημι
동직.완수.3복
σύ
대인칭.여.-복
ὁ
관.주.여복
ἁμαρτία
명.주.여복
διά
전.목
ὁ
관.목.중단
ὄνομα
명.목.중단
αὐτός
대인칭.소.남단

Γράφω
내가 ~ 쓴다. I am writing
ὑμῖν,
너희에게 to you,
τεκνία,
자녀들아. dear children,
ὅτι[1]
~기 때문에/ ~다는 것을 because/ that
ἀφέωνται[2]
사해졌~/사함을 받아왔~ have been forgiven

ὑμῖν
너희에게(너희의) to you/ your
αἱ ἁμαρτίαι
죄(들)가 the sins
διὰ τὸ ὄνομα
이름으로 인하여/때문에
for ~ name's sake
αὐτοῦ.[3]
그의 his

1. ὅτι: Γράφω(내가 쓴다)의 목적어가 되는 ὅτι 명사절.
2. ἀφέωνται: '사해졌다'. ἀφίημι(사하다)의 현재완료 수동태는 3복 ἀφέωνται 형태만 발견된다(눅 5:20, 23; 7:47, 48; 요 20:23; 요일 2:12). ἀφίημι, 1:9 참고.
3. διὰ τὸ ὄνομα αὐτοῦ: '그의 이름 때문에'; διὰ + 목적격, '~ 때문에'.

요일 2:13

γράφω ὑμῖν, πατέρες, ὅτι ἐγνώκατε τὸν ἀπ' ἀρχῆς. γράφω ὑμῖν, νεανίσκοι, ὅτι νενικήκατε τὸν πονηρόν.

내가 너희에게 쓴다. 아비들아. 너희가 태초부터 계신 분을 알았다. 내가 너희에게 쓴다. 청년들아. 너희가 악한 자를 이겼다.

13
γράφω
동직.현능.1단
σύ
대인칭.여.-복
πατήρ
명.호.남복
ὅτι
접.종
γινώσκω
동직.완능.2복
ὁ
관.목.남단
ἀπό
전.소
ἀρχή
명.소.여단
γράφω
동직.현능.1단
σύ
대인칭.여.-복
νεανίσκος
명.호.남복
ὅτι
접.종
νικάω
동직.완능.2복
ὁ
관.목.남단
πονηρός
형일반.목.남단

γράφω
내가 ~ 쓴다. I am writing
ὑμῖν,
너희에게 to you,
πατέρες,[1]
아버지들아. fathers,
ὅτι[2]
~기 때문에/ ~다는 것을 because/ that
ἐγνώκατε[3]
너희가 알고 있/알아왔~ you have known
τὸν ἀπ' ἀρχῆς.[4]
태초부터/처음부터 계신 이를
him who is from the beginning.

γράφω
내가 ~ 쓴다. I am writing
ὑμῖν,[5]
너희에게 to you,
νεανίσκοι,[6]
청년들아. young men,
ὅτι
~기 때문에/ ~다는 것을 because/ that
νενικήκατε[7]
너희가 ~ 이겼/이겨왔~ you have overcome
τὸν πονηρόν.[8]
악한 자를 the evil one.

1. πατέρες: '아비들아'. 남복 호격은 주격과 같다. 3변화 πατήρ(아버지). πατρός, πατρί, πατέρα(sg); πατέρες, πατέρων, πατράσι(ν), πατέρας(pl). πατήρ(아버지) > πατριά(조상, 종족, 가문), πατριάρχης(족장, 조상), πατρικός(조상의, 부계의), πατρίς(조국, 고향), πατροπαράδοτος(선조로부터 전래된), πατρῷος(전래된, 부계의, 조상의).
2. ὅτι: ὅτι 절은 이유(원인)의 부사절로 볼 수 있는 반면('~ 때문에 내가 쓴다'; ESV, RSV, NIV), 또한 γράφω(내가 쓴다)의 목적어인 명사절로 볼 수도 있다(ὅτι 내용을 '내가 쓴다'). 같은 패턴을 보이는 13-14절의 ὅτι 절이 모두 그와 같다.
3. ἐγνώκατε: '너희가 알고 있다'; ἐ + γνω(< γνο) + κατε. 현재완료는 과정과 결과의 지속성을 부각할 수 있다.

4. τὸν ἀπ' ἀρχῆς: '태초부터 계신 분'. 정관사(남단 목적격) τὸν이 독립적 용법으로 사용되었다('the one who ~').

5. γράφω ὑμῖν: 같은 패턴('나는 너희에게 쓴다')이 세 번 반복된다.

6. νεανίσκοι: νεανίσκος/νεανίας(청년, 젊은이) < νέος(젊은, 새로운 > νεότης(젊음), νεόφυτος(새로운 회심자/입교자), νεοσσός(어린 새[young bird]). νέος > neologism(신조어), Neolithic(신석기 시대의).

7. νενικήκατε: '너희가 이겨왔다/이겼다'; νε(어두 중복) + νικη(< νικά 어간) + κατε(현재완료 2복). 현재완료의 어간이 α, ε, ο로 끝나는 단축동사의 경우나 μι 동사의 경우 κ-로 시작하는 어미 앞에서 길어진다(α, ε > η; ο > ω; Mounce, 108). νικάω(승리하다) < νίκη(승리).

8. τὸν πονηρόν: '악한 자를'. πονηρός(악한, 부도덕한), πονηρία(악함, 부패, 악의).

요일 2:14

ἔγραψα ὑμῖν, παιδία, ὅτι ἐγνώκατε τὸν πατέρα. ἔγραψα ὑμῖν, πατέρες, ὅτι ἐγνώκατε τὸν ἀπ' ἀρχῆς. ἔγραψα ὑμῖν, νεανίσκοι, ὅτι ἰσχυροί ἐστε καὶ ὁ λόγος τοῦ θεοῦ ἐν ὑμῖν μένει καὶ νενικήκατε τὸν πονηρόν.

내가 너희에게 썼다. 아이들아. 너희가 아버지를 알았다. 내가 너희에게 썼다. 아비들아. 너희가 태초부터 계신 분을 알았다. 내가 너희에게 썼다. 청년들아. 너희가 강하고 하나님의 말씀이 너희 안에 거하며 너희가 악한 자를 이겼다.

ἔγραψα
내가 ~ 썼다. I wrote
   ὑμῖν,[1]
   너희에게 to you,
παιδία,[2]
아이들아. little children,
   ὅτι
   ~기 때문에/~다는 것을 because/ that
     ἐγνώκατε
     너희가 알/알아왔~ you have known
      τὸν πατέρα.
      아버지를 the Father
ἔγραψα
내가 ~ 썼다. I wrote
   ὑμῖν,
   너희에게 to you,
πατέρες,[3]
아버지들아. fathers,
   ὅτι
   ~기 때문에/~다는 것을 because/ that
     ἐγνώκατε
     너희가 알/알아왔~ you have known
      τὸν ἀπ' ἀρχῆς.
      태초부터/처음부터 계신 이를
      him who is from beginning

ἔγραψα
내가 ~ 썼다. I wrote
   ὑμῖν,
   너희에게 to you,
νεανίσκοι,
청년들아. young men,
   ὅτι
   ~기 때문에/~다는 것을 because/ that
     ἰσχυροί[4]
     강~/힘이 strong,
    ἐστε
    너희가 ~하고/있고 you are
  καὶ ὁ λόγος
  말씀이 and the word
    τοῦ θεοῦ
    하나님의 of God
      ἐν ὑμῖν
      너희 안에 in you,
  μένει
  거하고/머물고 abides
  καὶ νενικήκατε
  너희가 ~ 이겼/이겨왔~ and you have overcome
    τὸν πονηρόν.
    악한 자를 the evil one.

1. ἔγραψα ὑμῖν: '내가 너희에게 썼다'. γράφω ὑμῖν가 세 번 반복되듯, 이 또한 세 번 반복된다. 따라서 부정과거의 시상적 의미(현재시제와 다른)보다는 같은 뜻을 다르게 표현하는 변이(variation)로 보는 것을 고려해야 한다.
2. παιδία: '아이들아'. παῖς(사춘기 전의 어린이), παιδίον(παῖς의 지소사; 사춘기 전의 어린이), νήπιος(유아 이상 3, 4살까지의 아이), βρέφος(아기); LN; 비슷한 뜻을 갖는 τέκνον/τεκνίον(1, 12, 28절; 3:18; 4:4; 5:21)는 자신의 자녀를([my] children)를 지칭하고 παιδίον은 더 넓은 의미의 아이들 (children)을 가리키긴 하지만, 혼용해서 쓰일 때가 많다.
3. πατέρα: '아버지를'; 3변화, 1:3 참고.
4. ἰσχυροί: ἰσχυρός(강한, 힘 센), ἰσχύς(강력, 힘), ἰσχύω(강하다, 힘을 가지다).

μένω
동직.현능.3단
καί
접.등
νικάω
동직.완능.2복
ὁ
관.목.남단
πονηρός
형일.반.목.남단

요일 2:15

Μὴ ἀγαπᾶτε τὸν κόσμον μηδὲ τὰ ἐν τῷ κόσμῳ. ἐάν τις ἀγαπᾷ τὸν κόσμον, οὐκ ἔστιν ἡ ἀγάπη τοῦ πατρὸς ἐν αὐτῷ·

　　세상이나 세상에 있는 것들을 사랑하지 말라. 만일 누가 세상을 사랑하면 아버지의 사랑이 그 안에 없는 것이다.

15
μή
조사
ἀγαπάω
동명.현능.2복
ὁ
관.목.남단
κόσμος
명.목.남단
μηδέ
조사
ὁ
관.목.중복
ἐν
전.여
ὁ
관.여.남단
κόσμος
명.여.남단
ἐάν
접.종
τις
대부정주.남단
ἀγαπάω
동가.현능.3단
ὁ
관.목.남단
κόσμος
명.목.남단
οὐ
부
εἰμί
동직.현능.3단
ὁ
관.주.여단
ἀγάπη
명.주.여단
ὁ
관.소.남단
πατήρ
명.소.남단
ἐν
전.여
αὐτός
대인칭.여.남단

Μὴ[1] ἀγαπᾶτε[2]
너희는 ~ 사랑하지 말라. Don't love
　　τὸν κόσμον
　　세상과 the world
　　μηδὲ τὰ ἐν τῷ κόσμῳ.[3]
　　세상에 있는 것들을 nor the things in the world.
ἐάν τις[4]
누구든지 ~면 If anyone
　　ἀγαπᾷ[5]
　　사랑하~ loves

τὸν κόσμον,
　　세상을 the world,
οὐκ ἔστιν
없다. is not
ἡ ἀγάπη
사랑이 the love
　　τοῦ πατρὸς
　　아버지의 of the Father
ἐν αὐτῷ·
그 안에 in him,

1. Μὴ ... μηδὲ: '~말고, 또한 ~말라'. 현재 명령법(ἀγαπᾶτε)과 함께 금지의 부정어이다(예, 3:13).
2. Μὴ ἀγαπᾶτε: '사랑하지 말라'; ἀγαπά + ετε; 10절 참고.
3. τὰ ἐν τῷ κόσμῳ: '세상에 있는 것들'(the things in the world). 정관사(중복) τὰ는 독립적으로 쓰여, '것들'(the things)이 된다. 정관사를 붙여 명사절로 만든 경우이다(KMP, 399).
4. ἐάν τις: '만일 누구든지'; 1절 참고.
5. ἀγαπᾷ: '사랑하면'; ἀγαπά + ῃ(가정법 3단). ἀγαπάω(사랑하다)와 같은 -άω 동사가 가정법 어미와 결합되면 어간의 ά 때문에 어미가 -ῶ, -ᾷς, -ᾷ(sg); -ῶμεν, -ᾶτε, -ῶσι(pl)의 형태가 된다.

요일 2:16

ὅτι πᾶν τὸ ἐν τῷ κόσμῳ, ἡ ἐπιθυμία τῆς σαρκὸς καὶ ἡ ἐπιθυμία τῶν ὀφθαλμῶν καὶ ἡ ἀλαζονεία τοῦ βίου, οὐκ ἔστιν ἐκ τοῦ πατρὸς ἀλλ᾽ ἐκ τοῦ κόσμου ἐστίν.

　　세상에 있는 것, 즉 육체의 정욕과 눈의 정욕과 삶의 자랑이 다 아버지로부터 온 것이 아니고 세상으로부터 온 것이기 때문이다.

16
ὅτι
접.종
πᾶς
형부정.주.중단
ὁ
관.주.중단
ἐν
전.여
ὁ
관.여.남단
κόσμος
명.여.남단
ὁ
관.주.여단
ἐπιθυμία
명.주.여단
ὁ
관.소.여단
σάρξ
명.소.여단
καί
접.등
ὁ
관.주.여단
ἐπιθυμία
명.주.여단
ὁ
관.소.남복
ὀφθαλμός
명.소.남복
καί
접.등
ὁ
관.주.여단
ἀλαζονεία
명.주.여단
ὁ
관.소.남단
βίος
명.소.남단
οὐ
부
εἰμί
동직.현능.3단
ἐκ
전.소
ὁ
관.소.남단
πατήρ
명.소.남단
ἀλλά
접.등
ἐκ
전.소
ὁ
관.소.남단
κόσμος
명.소.남단
εἰμί
동직.현능.3단

ὅτι[1] πᾶν
모든 ~ 때문에 for all
 τὸ ἐν τῷ κόσμῳ,[2]
 세상에 있는 것 that is in the world,
  ἡ ἐπιθυμία[3]
  즉 ~ 정욕과/욕구와 the lust
   τῆς σαρκὸς[4]
   육체의 of the flesh
  καὶ ἡ ἐπιθυμία
  정욕과/욕구와 and the lust
   τῶν ὀφθαλμῶν
   눈(들)의 of the eyes
  καὶ ἡ ἀλαζονεία[5]
  자랑은/자만은 and the boasting/ arrogance

   τοῦ βίου,[6]
   삶의/사는 일의 of life
  οὐκ ἔστιν
  속하지 않는다/~것이 아니다. is not
   ἐκ[7] τοῦ πατρὸς
   아버지께/아버지께로부터 온~
   of/ from the Father
   ἀλλ᾽[8] ἐκ τοῦ κόσμου
   세상에/세상으로부터 온~
   but ~ of/ from the world
  ἐστίν.
  속한 것이다/~것이다. is

---

1. ὅτι: 앞 문장에 종속된 이유-(원인)의 ὅτι 부사절('~때문에[for]')로 볼 수 있으나, 독립적인 문장을 이끄는 것으로 보기도 한다('For'; ESV, RSV, NIV).
2. πᾶν τὸ ἐν τῷ κόσμῳ: 독립적으로 쓰인 정관사(중단) τὸ는 전치사구(ἐν τῷ κόσμῳ)와 함께 '세상에 있는 것'인데, πᾶν이 덧붙여져 '세상에 있는 모든 것'이 된다.
3. ἡ ἐπιθυμία: ἐπιθυμία(정욕, 욕망) = ἐπί(upon[keeping]) + θυμία(< θυμός, 열정[passion]), ἐπιθυμέω(갈망하다, 탐내다), ἐπιθυμητής(갈망하는 자).
4. τῆς σαρκὸς: '육체의'. 3변화 σάρξ(육체), σαρκός, σαρκί, σάρκα(sg); σάρκες, σαρκῶν, σαρξί(ν), σάρκας(pl). σάρξ는 어간이 구개음(velar)로 끝나는 경우(γ, κ, χ)이다.
5. ἡ ἀλαζονεία: ἀλαζονεία는 '허풍스런 빈 말'(Thayer), '교만의 상태, 거짓된 자랑'(LN)을 뜻한다. ἀλαζών(자랑하는 사람, 허풍쟁이).
6. τοῦ βίου: '삶의/사는 일의'. βίος(인생/삶, 삶의 방식/수단, 재물/부), βιόω(삶을 살다), βίωσις(삶의 방식/태도).
7. ἔστιν ἐκ ...: '…에게서 온다'(comes from), '…에 속하다'(belongs to).
8. οὐκ ... ἀλλ᾽ ...: 'not ... but ...'

요일 2:17

καὶ ὁ κόσμος παράγεται καὶ ἡ ἐπιθυμία αὐτοῦ, ὁ δὲ ποιῶν τὸ θέλημα τοῦ θεοῦ μένει εἰς τὸν αἰῶνα.

 세상도 그 정욕도 지나간다. 그러나 하나님의 뜻을 행하는 자는 영원히 거한다.

17
καί
접.등
ὁ
관.주.남단
κόσμος
명.주.남단
παράγω
동직.현수.3단
καί
접.등
ὁ
관.주.여단
ἐπιθυμία
명.주.여단
αὐτός
대인칭.소.남단
ὁ
관.주.남단
δέ
접.등
ποιέω
동분.현능.주.남단

κα ὁ κόσμος
세상도 And the world
 παράγεται[1]
 지나간다/지나가고 있다. is passing away
καὶ ἡ ἐπιθυμία
정욕/욕구도 and ~ lust
 αὐτοῦ,
 그(그것의) its
ὁ δὲ ποιῶν[2]
그러나 ~ 행하는 자는 but the one who does

 τὸ θέλημα[3]
 뜻을 the will
  τοῦ θεοῦ
  하나님의 of God
μένει
거한다/머문다. abides
 εἰς τὸν αἰῶνα.[4]
 영원히 forever.

---

1. παράγεται: '지나간다'; 8절 참고.
2. ὁ δὲ ποιῶν: '그러나 … 행하는 자는'; ποιέ + ων; έ + ω = ῶ. ὁ ποιῶν(행하는 자)은 분사의 독립적 용법(2:17, 29; 3:4, 7, 8, 10)이다.
3. τὸ θέλημα: θέλημα(뜻, 목적), θέλησις(의지, 뜻), θέλω(원하다, 목적하다). 3변화 중성 θέλημα의 어간은 -ματ로 1:7의 αἷμα와 변화 형태가 같다. -μα, -ματος, -ματι, -μα(sg); -ματα, -μάτων, -μασι(ν), -ματα(pl).
4. εἰς τὸν αἰῶνα: '영원히'(forever) 뜻의 관용구이다. 1:2의 αἰών(일생, 시대, 세대, 영원) 참고.

요일 2:18

Παιδία, ἐσχάτη ὥρα ἐστίν, καὶ καθὼς ἠκούσατε ὅτι ἀντίχριστος ἔρχεται, καὶ νῦν ἀντίχριστοι πολλοὶ γεγόνασιν, ὅθεν γινώσκομεν ὅτι ἐσχάτη ὥρα ἐστίν.

아이들아. 마지막 때이다. 적그리스도가 올 것이라고 너희가 들은 것처럼, 많은 적그리스도들이 이제 생겨났다. 그러므로 마지막 때인 것을 우리는 안다.

Παιδία
아이들아. Little children,
　　ἐσχάτη
　　　마지막/종말의 last
　　ὥρα[1]
　　　때/시간~ the ~ hour/ time,
　　ἐστίν,
　　　~이다. it is
　　καὶ καθὼς ἠκούσατε[2]
　　　너희가 ~ 들은 것 같이 and as you heard/ have heard
　　　ὅτι[3] ἀντίχριστος[4]
　　　　적그리스도가 ~ 것을 that the antichrist
　　　　ἔρχεται,[5]
　　　　　온다는 ~ is coming,
　　καὶ νῦν[6]
　　　이제 so now

ἀντίχριστοι
적그리스도들이 antichrists
　　πολλοὶ[7]
　　　많은 many
　　γεγόνασιν,[8]
　　　일어났다/생겼다. have arisen/ have come;
　　ὅθεν[9] γινώσκομεν
　　　그러므로 우리는 ~ 안다. hence, we know
　　　ὅτι[10]
　　　　~ 것을 that
　　　　ἐσχάτη
　　　　　마지막/종말의 last
　　　　ὥρα
　　　　　때/시간~ the ~ hour/ time.
　　　　ἐστίν.
　　　　　~이라는 ~ it is

---

1. ἐσχάτη ὥρα: '마지막 때'. ἔσχατος(마지막의) > eschatology(종말론). ἐσχάτως(극히). 여기서 ὥρα(시간, 낮 시간, 때)는 '때'를 뜻한다.
2. ἠκούσατε: '너희가 들었다'; ἐ + ακου + σατε.
3. ὅτι: ὅτι 명사절로 ἠκούσατε의 목적어이다.
4. ἀντίχριστος: '적그리스도'; ἀντί(against) + χριστός.
5. ἔρχεται: 현재형 ἔρχεται(온다, 올 것이다)는 임박한 미래(is coming)를 가리킨다(2:18; 4:3).
6. νῦν: '지금'(now).
7. πολλοὶ: 형용사 πολύς(많은), πολλή, πολύ. 남성변화, πολύς(m), πολλοῦ, πολλῷ, πολύν(sg); πολλοί, πολλῶν, πολλοῖς, πολλούς(pl). 여성변화, πολλή(f), πολλῆς, πολλῇ, πολλήν(sg); πολλαί, πολλῶν, πολλαῖς, πολλάς(pl). 중성변화, πολύ(n), πολλοῦ, πολλῷ, πολύ(sg); πολλά, πολλῶν, πολλοῖς, πολλά(pl).
8. γεγόνασιν: '일어났다'; γίνομαι(일어나다)의 현재완료(3복). 미래 γενήσομαι, 부정과거(능)

ὁ
관.목.중단
θέλημα
명.목.중단
ὁ
관.소.남단
θεός
명.소.남단
μένω
동직.현능.3단
εἰς
전.목
ὁ
관.목.남단
αἰών
명.목.남단

18
παιδίον
명.호.중복
ἔσχατος
형일반.주.여단
ὥρα
명.주.여단
εἰμί
동직.현능.3단
καί
접.등
καθώς
접.종
ἀκούω
동직.과능.2복
ὅτι
접.종
ἀντίχριστος
명.주.남단
ἔρχομαι
동직.현능.3단
καί
부
νῦν
부
ἀντίχριστος
명.주.남복
πολύς
형일반.주.남복
γίνομαι
동직.완능.3복
ὅθεν
부
γινώσκω
동직.현능.1복
ὅτι
접.종
ἔσχατος
형일반.주.여단
ὥρα
명.주.여단
εἰμί
동직.현능.3단

ἐγενόμην, 현재완료(능) γέγονα, 현재완료(수) γεγένημαι, 부정과거(수) ἐγενήθην. 현재완료는 상태와 결과의 지속을 부각한다.

9. ὅθεν: ὅ(which) + θεν(from) > '그것(그곳)으로부터'(from which/where), '그런 이유로'(whereby, wherefore).

10. ὅτι: ὅτι 명사절은 γινώσκομεν의 목적어이다.

요일 2:19

ἐξ ἡμῶν ἐξῆλθαν ἀλλ᾽ οὐκ ἦσαν ἐξ ἡμῶν, εἰ γὰρ ἐξ ἡμῶν ἦσαν, μεμενήκεισαν ἂν μεθ᾽ ἡμῶν· ἀλλ᾽ ἵνα φανερωθῶσιν ὅτι οὐκ εἰσὶν πάντες ἐξ ἡμῶν.

그들이 우리에게서 나갔으나 우리에게 속하지 않았다. 만일 우리에게 속하였다면, 우리와 함께 머물러 있었을 것이다. 그러나 그들 모두 우리에게 속하지 않는다는 것을 드러내기 위해 머물러 있지 않았다.

19
ἐκ
전·소
ἐγώ
대인칭 소-복
ἐξέρχομαι
동직 과능.3복
ἀλλά
접 등
οὐ
부
εἰμί
동직 미완능.3복
ἐκ
전·소
ἐγώ
대인칭 소-복
εἰ
접 종
γάρ
접 등
ἐκ
전·소
ἐγώ
대인칭 소-복
εἰμί
동직 미완능.3복
μένω
동직 과완능.3복
ἄν
조사
μετά
전·소
ἐγώ
대인칭 소-복
ἀλλά
접 등
ἵνα
접 종
φανερόω
동가 과수.3복
ὅτι
접 종
οὐ
부
εἰμί
동직 현능.3복
πᾶς
형부정 주 남복
ἐκ
전·소
ἐγώ
대인칭 소-복

ἐξ ἡμῶν[1]
우리에게서/우리로부터 from us

ἐξῆλθαν[2]
그들은 ~ 나갔다. They went out

ἀλλ᾽ οὐκ[3] ἦσαν[4]
그러나 ~ 속하지 않았다. but they were not

ἐξ ἡμῶν,
우리에게 of us;

εἰ[5] γὰρ
만일 ~면 for if

ἐξ ἡμῶν
우리에게 of us,

ἦσαν,
속했다~ they had been

μεμενήκεισαν ἄν[6]
머물러 있었을 것이다. they would have remained

μεθ᾽ ἡμῶν·[7]
우리와 함께 with us

ἀλλ᾽ ἵνα φανερωθῶσιν[8]
그러나 (그렇지 않은 것은) ~ 나타나게 되기 위해서이다.
but they went out that they might be manifested

ὅτι[9]
~ 것을 that

οὐκ εἰσὶν
속하지 않았다는 ~ are not

πάντες
그들 모두가 they all

ἐξ ἡμῶν.
우리에게 of us.

---

1. ἐξ ἡμῶν: '우리로부터/우리에게서'. ἐκ(from)가 ἐξ가 된 것은 다음 단어의 첫 글자가 모음(ἡ)이기 때문이다. 19절에만 네 번 반복된다.

2. ἐξῆλθαν: '나갔다'; ἐξ(ἐκ) + ε(시상 접두사) + ελθ(어간) + αν(< ον, 부정과거 3복). 제2부정과거는 동사의 어간이 바뀌는(ερχ > ελθ) 대신 어미는 과거시상의 기본(미완료) 꼬리를 취한다(-ον, -ες, -ε[ν][sg]; ομεν, ετε, ον[pl]). 그러나 ἐξῆλθαν처럼 부정과거 어미 형태(-α, -ας, -ε[ν][sg]; -αμεν, -ατε, -αν[pl])도 함께 쓰는 경우도 있다.

3. ἀλλ᾽ οὐκ: ἀλλά + οὐκ. ἀλλά(but)는 그 다음 모음이 오면 ἀλλά의 끝모음이 생략되고 대신 생략부호 (᾽)를 붙인다.

4. ἦσαν: εἰμί(be)의 미완료는 ἤμην, ἦς, ἦν(sg); ἦμεν, ἦτε, ἦσαν(pl)이다.

5. εἰ ... ἄν: εἰ 절은 사실과 반대되는 조건절(2급 조건문)을 이끈다(조건절, εἰ + 미완료[또는 부정과거]; 귀결절, 과거완료(또는 부정과거) + ἄν).

6. μεμενήκεισαν ἄν: '머물러 있었을 것이다'(they would have remained). 귀결절(apodosis)에서 불확실성을 부각하는 지소사 ἄν과 함께 쓰인 과거완료(μεμενήκεισαν)는 εἰ 조건절(protasis)의 내용이 사실과 반대된다는 점을 강조한다. μένω(거하다)의 과거완료는 μεμενήκειν이다. 어미는 -κειν, -κεις, -κει(sg); -κειμεν, -κειτε, -κεισαν(pl)으로 변화한다.

7. μεθ᾽ ἡμῶν: μετά(with) + ἡμῶν(us); 1:3 참고.

8. ἵνα φανερωθῶσιν: '나타나게 되기 위해서'; 목적의 ἵνα 가정법 부사절; 1:2 참고. φανερωθῶσιν = φανερο + θῶσι(ν). 부정과거 가정법(수) 어미 θῶσι 앞에서 ο가 ω로 길어졌다. 부정과거 가정법(수)

어미, -θῶ, -θῇς, -θῇ(sg); -θῶμεν, -θῆτε, -θῶσι(ν)(pl).

9. ὅτι: ὅτι 명사절은 φανερωθῶσιν의 목적어가 된다.

요일 2:20

καὶ ὑμεῖς χρῖσμα ἔχετε ἀπὸ τοῦ ἁγίου καὶ οἴδατε πάντες.

너희는 거룩한 분으로부터 기름부음을 받고 너희 모두 알고 있다.

καὶ ὑμεῖς[1]	ἀπὸ τοῦ ἁγίου[3]
(그런데) 너희는 But/ And you	거룩한 이로부터 from the Holy One,
χρῖσμα[2]	καὶ οἴδατε[4]
기름부음을 an anointing	안다. and ~ know.
ἔχετε	πάντες.[5]
받고 have	너희 모두가 you all

------

1. καὶ ὑμεῖς: '그리고/그런데 너희는'. 인칭대명사 ὑμεῖς의 사용은 대상자(독자)를 부각하거나 강조하기 위해서이다.
2. χρῖσμα: χρῖσμα는 '기름이나 연고가 발라진 것'(LSJ)을 뜻한다. χρῖσμα < χρίω(기름을 바르다, to anoint) > χριστός([문자적] 기름 부음을 받은 자, Christ) > Χριστιανός(그리스도인, Christian).
3. τοῦ ἁγίου: 형용사 ἅγιος(거룩한)가 독립적(명사적)으로 쓰여 '거룩한 자'(ὁ ἅγιος)가 되었다. ἅγιος(거룩한, 경외할 만한), ἁγιάζω(거룩하게 하다, 정화하다), ἁγιασμός(정화, 성화), ἁγιότης(거룩함, 신성함), ἁγιωσύνη(거룩성, 정결성).
4. οἴδατε: '너희가 안다'; 11절 참고.
5. πάντες: '너희 모두가'.

요일 2:21

οὐκ ἔγραψα ὑμῖν ὅτι οὐκ οἴδατε τὴν ἀλήθειαν ἀλλ᾽ ὅτι οἴδατε αὐτὴν καὶ ὅτι πᾶν ψεῦδος ἐκ τῆς ἀληθείας οὐκ ἔστιν.

나는 너희에게, 너희가 진리를 모른다고 쓰지 않았다. 오히려 너희가 진리를 알고 있고 모든 거짓이 진리에 속하지 않는다는 것을 썼다.

οὐκ ἔγραψα	οἴδατε
나는 ~ 쓰지 않았다. I did not write	너희가 ~ 알/안다~ you do know
ὑμῖν	αὐτὴν[3]
너희에게 to you	그것(진리)을 it
ὅτι[1]	καὶ ὅτι πᾶν ψεῦδος[4]
~기 때문에/~고 because/ that	또 모든 거짓은 ~기 때문에/~고 (썼다.)
οὐκ οἴδατε	and because/ that every lie
너희가 알지 못하~/못한다~ you do not know	ἐκ τῆς ἀληθείας
τὴν ἀλήθειαν	진리에 of the truth.
진리를 the truth,	οὐκ ἔστιν.[5]
ἀλλ᾽ ὅτι[2]	속하지 않는다~ is not
오히려 ~기 때문에/~고 but because/ that	

------

1. ἔγραψα ὅτι: '내가 ~을/~ 때문에 썼다'; 14절 참고. 여기서 세 번 나타나는 ὅτι 절은 ἔγραψα의 목적어

20
καί
접 등
σύ
대인칭주.-복
χρῖσμα
명 목 중단
ἔχω
동직 현능.2복
ἀπό
전 소
ὁ
관 소 남단
ἅγιος
형일반 소 남단
καί
접 등
οἶδα
동직 완능.2복
πᾶς
형부정주 남복

21
οὐ
부
γράφω
동직 과능.1단
σύ
대인칭 여.-복
ὅτι
접 종
οὐ
부
οἶδα
동직 완능.2복
ὁ
관 목 여단
ἀλήθεια
명 목 여단
ἀλλά
접 등
ὅτι
접 종
οἶδα
동직 완능.2복
αὐτός
대인칭 목 여단
καί
접 등
ὅτι
접 종
πᾶς
형부정주 중단
ψεῦδος
명 주 중단
ἐκ
전 소

ὁ
관소여단
ἀλήθεια
명소여단
οὐ
부
εἰμί
동직.현능.3단

가 되는 명사절로도 볼 수 있고 이유(원인)의 부사절('~ 때문에')로도 볼 수 있다(ESV, RSV, NIV). 서신을 받게 될 독자의 관점에서 사용하는 서신의(epistolary) 부정과거이다(KMP, 295).

2. οὐκ ἔγραψα ... ὅτι ... ἀλλ' ὅτι ... καὶ ὅτι ...: 'A가 아니라 B와 C라고 썼다'.

3. αὐτήν: 인칭대명사 여단 목적격 αὐτήν은 τὴν ἀλήθειαν(진리를)을 지칭한다.

4. ψεῦδος: ψεῦδος(거짓, 거짓말), ψευδής(거짓의, 속이는), ψεύδομαι(속이다), ψεῦσμα(거짓임), ψεύστης(거짓말쟁이).

5. ἐκ ... οὐκ ἔστιν: '~에 속하지 않는다'; 16절 참고.

요일 2:22

22
τίς
대의문.주.남단
εἰμί
동직.현능.3단
ὁ
관주.남단
ψεύστης
명.주.남단
εἰ
접.종
μή
조사
ὁ
관주.남단
ἀρνέομαι
동분현충주남단
ὅτι
접.종
Ἰησοῦς
명.주.남단
οὐ
부
εἰμί
동직.현능.3단
ὁ
관주.남다
Χριστός
명.주.남단
οὗτος
대지시.주.남단
εἰμί
동직.현능.3단
ὁ
관주.남단
ἀντίχριστος
명.주.남단
ὁ
관주.남단
ἀρνέομαι
동분현충주남단
ὁ
관목.남단
πατήρ
명.목.남단
καί
접.등
ὁ
관목.남단
υἱός
명.목.남단

Τίς ἐστιν ὁ ψεύστης εἰ μὴ ὁ ἀρνούμενος ὅτι Ἰησοῦς οὐκ ἔστιν ὁ Χριστός; οὗτός ἐστιν ὁ ἀντίχριστος, ὁ ἀρνούμενος τὸν πατέρα καὶ τὸν υἱόν.

누가 거짓말하는 자인가? 예수께서 그리스도가 아니라고 부인하는 자가 아닌가? 이 자가 적그리스도, 즉 아버지와 아들을 부인하는 자이다.

Τίς[1]
누가 Who
  ἐστιν
  ~인가? is
    ὁ ψεύστης
    거짓말하는 자~ the liar
  εἰ μὴ[2] ὁ ἀρνούμενος[3]
  부인하는 자가 아니면 but he who denies
    ὅτι[4] Ἰησοῦς
    예수께서 ~고 that Jesus
     οὐκ ἔστιν[5]
     아니라~ is (not)
      ὁ Χριστός;
      그리스도가 the Christ?

οὗτός
이 사람이 This man
  ἐστιν
  ~이다. is
    ὁ ἀντίχριστος,[6]
    적그리스도, the antichrist,
    ὁ ἀρνούμενος
    즉 부인하는 자~ he who denies
     τὸν πατέρα
     아버지와 the Father
     καὶ τὸν υἱόν.
     아들을 and the Son.

1. Τίς: 의문대명사 τίς는 부정대명사 τις(1, 15절)와 형태는 같으나 액센트가 있다는 점에서 차이가 있다.

2. εἰ μὴ: '~외에는'(except)이라는 관용적 표현이다(2:22; 5:5).

3. ὁ ἀρνούμενος: '부인하는 자'; ἀρνε(어간) + ομενος(분사 dep. 남단 주격). ἀρνέομαι(부인하다, 거절하다).

4. ὅτι: 분사 ἀρνούμενος의 목적어가 되는 ὅτι 명사절.

5. οὗτός ἐστιν: 지시대명사 + εἰμί 동사(주로 3단 ἐστιν)의 강조적 표현이다. 뒤따르는 ἐστιν 때문에 οὗτος의 끝 음절에 액센트가 첨가되었다(οὗτός).

6. ὁ ἀντίχριστος, ὁ ἀρνούμενος: '적그리스도, 즉 부인하는 자'. ὁ ἀντίχριστος와 ὁ ἀρνούμενος는 동격 관계이다.

요일 2:23

23
πᾶς
형부정.주.남단
ὁ
관주.남단
ἀρνέομαι
동분현충주남단
ὁ
관목.남단

πᾶς ὁ ἀρνούμενος τὸν υἱὸν οὐδὲ τὸν πατέρα ἔχει, ὁ ὁμολογῶν τὸν υἱὸν καὶ τὸν πατέρα ἔχει.

아들을 부인하는 자는 다, 아버지가 계시지 않고, 아들을 고백하는 자에게는 아버지가 계신다.

πᾶς ὁ ἀρνούμενος[1]
부인하는 자마다 Whoever denies

    τὸν υἱὸν
    아들을 the Son

      οὐδὲ[2] τὸν πατέρα
      아버지를 ~지 못한다. does not ~ the Father

  ἔχει,
  가지고 있~/소유하~ have

ὁ ὁμολογῶν[3]
고백하는 자는 he who confesses

    τὸν υἱὸν
    아들을 the Son

      καὶ τὸν πατέρα
      아버지를 the Father also.

  ἔχει.
  가진다/소유한다. has

υἱός
명.목.남단
οὐδέ
부
ὁ
관.목.남단
πατήρ
명.목.남단
ἔχω
동.직.현능.3단
ὁ
관.주.남단
ὁμολογέω
동분.현능.주남단
ὁ
관.목.남단
υἱός
명.목.남단
καί
부
ὁ
관.목.남단
πατήρ
명.목.남단
ἔχω
동.직.현능.3단

---

1. πᾶς ὁ ἀρνούμενος: '부인하는 자마다'. 단수 πᾶς가 단수 주격 명사 앞에 붙으면, 즉 관형적 위치에 올 때 그 뜻은 '~마다'(every)가 된다(2:23, 29; 3:3, 4, 6, 9, 10, 15; 4:7; 5:1, 18 등).
2. οὐδὲ: 여기서 οὐδὲ(οὐ + δέ)는 '또한 ~아닌'(and not; also not)의 의미이다. 분사 ἀρνούμενος(부인하는 [자])에 부정의 의미가 있기 때문에 οὐδὲ는 '~도 아닌'(nor)의 뉘앙스가 있을 것이다.
3. ὁ ὁμολογῶν: '고백하는 자'; ὁμολογέ + ων; 1:9 참고.

요일 2:24

ὑμεῖς ὃ ἠκούσατε ἀπ' ἀρχῆς, ἐν ὑμῖν μενέτω. ἐὰν ἐν ὑμῖν μείνῃ ὃ ἀπ' ἀρχῆς ἠκούσατε, καὶ ὑμεῖς ἐν τῷ υἱῷ καὶ ἐν τῷ πατρὶ μενεῖτε.

  너희는, 너희가 처음부터 들은 것을 너희 안에 거하게 하라. 처음부터 들은 것이 너희 안에 거하면, 너희도 아들 안에 그리고 아버지 안에 거할 것이다.

ὑμεῖς[1]
너희는 As for you,

  ὃ ἠκούσατε[2]
  너희가 ~ 들은 것을 what you have heard

    ἀπ' ἀρχῆς,
    처음부터 from the beginning

    ἐν ὑμῖν
    너희 안에 in you.

μενέτω.[3]
머물게/거하게 하라. let (it) abide

ἐὰν
만일 If

    ἐν ὑμῖν
    너희 안에 in you,

μείνῃ[4]
거하면/머물면 abides

  ὃ[5] ἀπ' ἀρχῆς
  처음부터 ~ 것이 what ~ from the beginning

    ἠκούσατε,
    너희가 들은 ~ you heard

καὶ ὑμεῖς[6]
너희도 you also

      ἐν τῷ υἱῷ
      아들 안에 in the Son

      καὶ ἐν τῷ πατρὶ
      또 아버지 안에 and in the Father.

μενεῖτε.[7]
거할/머물 것이다. will abide

24
σύ
대인칭.주 -복
ὅς
대관계.목.중단
ἀκούω
동.직.과능.2복
ἀπό
전.소
ἀρχή
명.소.여단
ἐν
전.여
σύ
대인칭.여.-복
μένω
동명.현능.3단
ἐάν
접.종
ἐν
전.여
σύ
대인칭.여.-복
μένω
동가.과능.3단
ὅς
대관계.목.중단
ἀπό
전.소
ἀρχή
명.소.여단
ἀκούω
동.직.과능.2복
καί
접.등/부
σύ
대인칭.주 -복
ἐν
전.여
ὁ
관.여.남단
υἱός
명.여.남단
καί
접.등
ἐν
전.여
ὁ
관.여.남단
πατήρ
명.여.남단
μένω
동.직.미능.2복

---

1. ὑμεῖς: '너희는'. 인칭대명사 ὑμεῖς는 강조적 의미로 사용된다. 현수적(매달린) 주격(pendent nominative)이라고 한다(KMP, 60). 초두에 주어로 등장하지만, 술어(동사)의 직접적인 주격 주어는 아니다.
2. ὃ ἠκούσατε: 관계대명사 중단 목적격 ὃ는 명사절('너희가 들은 것')을 이끄는데 이 명사절은 3단 명령법 μενέτω의 주어(3단)라 할 수 있지만 의미상으로는 목적어 역할('let [it] remain')을 한다.
3. μενέτω: '거하게 하라'; μεν + έτω. 3단 명령법은 '그로/그것으로 ~하게 하라'(let him/it ~). 3단 명령법이지만 실제로는 2복 명령법처럼 명령을 받고 따라야 할 행동의 주체가 '너희'(2복)라는 점이 주목된다. 3단/복 명령법은 단순한 권고나 허락(permission)의 의미가 아니라 당위적 명령(must/

should)이라 할 수 있다(I command him to ..., Wallace, 486).

4. ἐὰν ... μείνῃ: ἐὰν 가정법은 있음직한 일을 가정한다. 부정과거 가정법 μείνῃ는 유음동사 μενω가 부정과거가 되면서 유음 ν 때문에 어미의 σ가 탈락하게 되는데 이를 보완하기 위해 어간이 길어진다 (μεν > μειν). 여기에 가정법(3단) 어미(η)를 취한 것이다.

5. ὃ ... ἠκούσατε: '너희가 들은 것이'. ἐὰν 절의 주어이다.

6. καὶ ὑμεῖς: '너희도 (역시)'. 여기서도 강조적 목적으로 사용되고 있다.

7. μενεῖτε: '(너희가) 머물 것이다'. 유음동사 μενω의 미래시제는 미래 어미의 σ가 유음 ν를 만나 탈락하는대신 매개모음 ε(έ)를 어간 뒤에 첨가하게 된다(μένω > μένσω > μενέω > μενῶ). μενεῖτε는 첨가된 ε와, σ가 생략된 어미 ετε 사이에 단축이 일어난 것이다(ε + ετε = εῖτε).

요일 2:25

25
καί
접.등
οὗτος
대지시.주.여단
εἰμί
동직.현능.3단
ὁ
관.주.여단
ἐπαγγελία
명.주.여단
ὅς
대관계.목.여단
αὐτός
대강조.주.남단
ἐπαγγέλλομαι
동직.과중.3단
ἐγώ
대인칭.여.복
ὁ
관.목.여단
ζωή
명.목.여단
ὁ
관.목.여단
αἰώνιος
형일반.목.여단

καὶ αὕτη ἐστὶν ἡ ἐπαγγελία ἣν αὐτὸς ἐπηγγείλατο ἡμῖν, τὴν ζωὴν τὴν αἰώνιον.

이것이 약속이다. 그가 직접 우리에게 약속하신 것, 즉 영원한 생명(영생)이다.

καὶ αὕτη
또 이것이 And this
  ἐστὶν[1]
  ~이다. is
    ἡ ἐπαγγελία[2]
    약속, the promise
      ἣν[3] αὐτὸς[4]
      그가 직접/그 자신이 that he himself

      ἐπηγγείλατο[5]
      약속하신 promised
        ἡμῖν,
        우리에게 us,
        τὴν ζωὴν
        즉 ~ 생명~ life.
        τὴν αἰώνιον.
        영원한 eternal

---

1. αὕτη ἐστὶν: '이것이 (바로) ~이다'. 지시대명사 αὕτη + ἐστὶν은 강조적 표현이다(1:5).

2. ἡ ἐπαγγελία: '약속'. ἐπ(ἐπί, upon) + αγγελία(message) = ἐπαγγελία(약속, 소식). ἐπαγγέλλω(약속하다, 알리다), ἐπάγγελμα(약속).

3. ἣν: 관계대명사 여단 목적격 ἣν은 ἡ ἐπαγγελία를 선행사로 취하는 형용사절을 이끈다.

4. αὐτὸς: '그 자신이 (직접)'. 주체를 더욱 부각하는 방식이다.

5. ἐπηγγείλατο: '(그가) 약속하셨다'; ἐπ(ἐπί) + ε(시상 접두어) + αγγείλ(부정과거 어간) + ατο(부정과거 dep. 어미). 유음동사 ἐπαγγέλλω는 부정과거에서 어미의 σ가 탈락하는 대신 어간의 모음이 길어지고(ἐπαγγέλλ > ἐπαγγείλλ) 중복된 자음이 하나 탈락하게 된다(ἐπαγγείλλ > ἐπαγγείλ).

요일 2:26

26
οὗτος
대지시.목.중복
γράφω
동직.과능.1단
σύ
대인칭.여.-복
περί
전.소
ὁ
관.소.남복
πλανάω
동분.현능.소.남복
σύ
대인칭.목.-복

Ταῦτα ἔγραψα ὑμῖν περὶ τῶν πλανώντων ὑμᾶς.

너희를 미혹하는 자들에 대해 내가 이것들을 너희에게 썼다.

Ταῦτα
이것들을 these things
ἔγραψα
내가 ~ 썼다. I wrote
  ὑμῖν
  너희에게 to you

περὶ[1] τῶν πλανώντων[2]
미혹하는/속이는 자들에 대해
concerning those who deceive
  ὑμᾶς.
  너희를 you.

1.	περὶ: '관하여/대하여'(concerning); 1:1 참고.
2.	πλανώντων: πλανώντων = πλανά + οντων(분사 남복 소유격). -ά와 ο-가 단축되면 ῶ-가 된다(ά + ο = ῶ); 1:8 참고.

요일 2:27

καὶ ὑμεῖς τὸ χρῖσμα ὃ ἐλάβετε ἀπ᾽ αὐτοῦ μένει ἐν ὑμῖν, καὶ οὐ χρείαν ἔχετε ἵνα τις διδάσκῃ ὑμᾶς, ἀλλ᾽ ὡς τὸ αὐτοῦ χρῖσμα διδάσκει ὑμᾶς περὶ πάντων, καὶ ἀληθές ἐστιν καὶ οὐκ ἔστιν ψεῦδος, καὶ καθὼς ἐδίδαξεν ὑμᾶς, μένετε ἐν αὐτῷ.

　　너희는, 그로부터 받은 기름부음이 너희 안에 거한다. 그래서 아무도 너희를 가르칠 필요가 없다. 그의 기름부음이 모든 것에 대해 너희를 가르치며, 또한 참되고 거짓이 없는 것 같이, 너희를 가르친 그대로 그 안에 거하라.

καὶ ὑμεῖς[1]	διδάσκει
너희도 And as for you,	가르치고 teaches
τὸ χρῖσμα[2]	ὑμᾶς
기름부음이 the anointing	너희를 you
ὃ ἐλάβετε[3]	περὶ πάντων,
너희가 받은 which you received	모든 것에 대해
ἀπ᾽ αὐτοῦ[4]	about/ concerning all things,
그로부터 from him	καὶ ἀληθές
μένει	참~ and ~ true
거한다/머문다. abides	ἐστιν
ἐν ὑμῖν,	~되고 is
너희 안에 in you,	καὶ οὐκ ἔστιν
καὶ οὐ χρείαν	아닌~ and is not
또 필요(가)~ and ~ no need	ψεῦδος,
ἔχετε[5]	거짓이 false,
~없다. you have	καὶ καθὼς[8]
ἵνα τις	그대로 and just as
누구도 that anyone	ἐδίδαξεν[9]
διδάσκῃ[6]	가르친 it taught/ has taught
가르칠 should teach	ὑμᾶς,
ὑμᾶς,	너희를 you
너희를 you.	μένετε[10]
ἀλλ᾽ ὡς[7]	거하라/머물라. abide
그러나 ~ 것 같이/처럼 But as	ἐν αὐτῷ.
τὸ αὐτοῦ χρῖσμα	그 안에 in him/ it.
그의 기름부음이 his anointing	

1.	ὑμεῖς: '너희는'. 인칭대명사의 강조적 표현이다.
2.	τὸ χρῖσμα: '기름부음/기름을 바른 것'; 20절 참고.
3.	ὃ ἐλάβετε: '너희가 받은'. 관계대명사 중단 목적격 ὃ는 ἐλάβετε의 목적어이면서 선행사 τὸ χρῖσμα를 꾸며주는 형용사절을 이끈다. ἐλάβετε = ἐ + λαβ(λαμβάνω의 부정과거 어간) + ετε. λαμβάνω(취하다,

27
καί
접등/부
σύ
대인칭주 -복
ὁ
관주중단
χρῖσμα
명 주 중단
ὅς
대관계목.중단
λαμβάνω
동직 과능.2복
ἀπό
전 소
αὐτός
대인칭 소 남단
μένω
동직 현능.3단
ἐν
전.여
σύ
대인칭 여.-복
καί
접등
οὐ
부
χρεία
명 목 여단
ἔχω
동직 현능.2복
ἵνα
접종
τις
대부정주 남단
διδάσκω
동가 현능.3단
σύ
대인칭.목.-복
ἀλλά
접등
ὡς
접종
ὁ
관주중단
αὐτός
대인칭 소 남단
χρῖσμα
명 주 중단
διδάσκω
동직 현능.3단
σύ
대인칭.목.-복
περί
전 소
πᾶς
형부정 소 남복/
형부정 소 중복
καί
접등
ἀληθής
형일반.주 중단
εἰμί
동직 현능.3단
καί
접등
οὐ
부
εἰμί
동직 현능.3단

ψεῦδος
명.주.중단
καί
접.등
καθώς
접.종
διδάσκω
동직.과능.3단
σύ
대인칭.목.-복
μένω
동직.현능.2복/
동명.현능.2복
ἐν
전.여
αὐτός
대인칭.여.남단/
대인칭.여.중단

받다, 잡다), 미래 λήμψομαι(λήψομαι), 부정과거 ἔλαβον, 부정과거(수) ἐλήφθην(ἐλάμφθην), 현재완료 εἴληφα.

4. ἀπ' αὐτοῦ: '그로부터'; ἀπό + αὐτοῦ.

5. οὐ χρείαν ἔχετε: '너희는 필요없다'. ἔχω + χρείαν은 '필요하다'(2:27; 3:17).

6. ἵνα τις διδάσκῃ: '누군가 가르칠'. ἵνα 가정법은 χρείαν을 꾸며주는 명사절 역할을 하는데 여기서는 결과(result)의 ἵνα 절로 분류된다(Wallace, 473). ἔχω + χρείαν 어구는 다음에 소유격(마 9:12; 26:65; 눅 15:7; 고전 12:21; 계 3:17; 21:23 등)이 오는 데 때로는 목적격(계 3:17)이 올 수도 있다. 또 부정사(마 14:16; 요 13:10; 살전 4:9; 5:1 등)나 명사절(요 16:30)이 사용될 수도 있는데, 여기서는 명사절이 사용된 것이다. διδάσκῃ = διδάσκ + ῃ. διδάσκω(가르치다) > διδαχή(가르쳐진 것[교훈], 가르치는 일) > διδακτικός(가르치기에 능한), διδακτός(가르친, 교훈이 된), διδασκαλία(가르침, 교훈), διδάσκαλος(선생, 랍비).

7. ὡς: '~ 것 같이'; 1:7 참고.

8. καθώς: '그와 같이 (그대로)'(just as); 2:6 참고.

9. ἐδίδαξεν: '가르쳤다'; ἐ + διδακ + σε(ν). 어간의 끝 자음이 연구개음(γ, κ, χ)인 경우, 부정과거나 미래 어미의 σ와 결합될 때(자음접변) ξ가 된다(κ + σ = ξ).

10. μένετε: '거하라'; μέν + ετε. 현재 명령법은 지속성을 부각한다.

요일 2:28

28
καί
접.등
νῦν
부
τεκνίον
명.호.중복
μένω
동명.현능.2복
ἐν
전.여
αὐτός
대인칭.여.남단
ἵνα
접.종
ἐάν
접.종
φανερόω
동가.과수.3단
ἔχω
동가.과능.1복
παρρησία
명.복.여단
καί
접.등
μή
조사
αἰσχύνω
동가.과수.1복
ἀπό
전.소
αὐτός
대인칭.소.남단
ἐν
전.여
ὁ
관.여.여단
παρουσία
명.여.여단
αὐτός
대인칭.소.남단

Καὶ νῦν, τεκνία, μένετε ἐν αὐτῷ, ἵνα ἐὰν φανερωθῇ, σχῶμεν παρρησίαν καὶ μὴ αἰσχυνθῶμεν ἀπ᾽ αὐτοῦ ἐν τῇ παρουσίᾳ αὐτοῦ.

이제, 자녀들아, 그 안에 거하라. 그가 나타나실 때에 우리가 담대함을 갖는 것, 즉 그의 재림의 때에 그 앞에 부끄럽지 않기 위해서이다.

Καὶ νῦν,
그리고 이제 And now,

τεκνία,
자녀들아. dear children

μένετε
거하라/머물라. abide

ἐν αὐτῷ,
그 안에 in him,

ἵνα[1]
~ 위하여 so that

ἐὰν φανερωθῇ,[2]
그가 나타나시면 when he appears

σχῶμεν
우리가 ~ 갖고 we may have

παρρησίαν[3]
담대함을 confidence

καὶ μὴ αἰσχυνθῶμεν[4]
부끄럽지 않기 ~ and not be shamed/ dishonored

ἀπ᾽ αὐτοῦ
그로부터/그 앞에 before/ from him

ἐν τῇ παρουσίᾳ[5]
나타나실 때에 at ~ coming.

αὐτοῦ.
그의 his

---

1. ἵνα ... σχῶμεν: '우리가 갖기 위해서'. 목적의 ἵνα 가정법 부사절이다. σχῶμεν = σχ(부정과거 어간) + ῶμεν(가정법 1복). 현재 ἔχω, 미래 ἕξω, 부정과거(능) ἔσχον, 현재완료 ἔσχηκα.

2. ἐὰν φανερωθῇ: '(만일) 그가 나타나시면/나타나실 때'; φανερο + θῇ; 1:2 참고. ἐάν 가정법은 미래의 일어날 일에 대해 확실시되는 상황에도 쓰는 경우가 있으나(cf. Wallace, 696-697), KMP는 재림 자체의 불확실성이 아니라, 그 때(time)의 불확실성, 즉 그 때가 알려져 있지 않다는 점에서 ἐάν 가정법을 사용했다고 본다(KMP, 202).

3. παρρησίαν: παρρησία(담대함, 확신, 용기) = παρ(πᾶν, every) + ρησία(< ῥῆσις, 말/말하기); Thayer. παρρησιάζομαι(자유롭게 말하다, 담대하다).

4. μὴ αἰσχυνθῶμεν: '부끄럽지/부끄러움을 당하지 않기 (위해)'; αἰσχυν + θῶμεν(부정과거[수] 가정법 1복). ἵνα 가정법 부사절의 두 번째 술어이다. αἰσχύνω(명예를 더럽히다, 부끄럽게 하다), αἰσχύνη(부끄러운 일, 불명예), αἰσχρός(천한, 불명예스러운), αἰσχρότης(천함, 불명예), αἰσχρολογία(부끄러운/더러운 말).

5. παρουσία: παρουσία(나타나심, 현현, 현존) < πάρειμι(가까이 오다/있다 < παρά[beside]+εἰμί[be]); LSJ.

요일 2:29

ἐὰν εἰδῆτε ὅτι δίκαιός ἐστιν, γινώσκετε ὅτι καὶ πᾶς ὁ ποιῶν τὴν δικαιοσύνην ἐξ αὐτοῦ γεγέννηται.

만일 너희가 그가 의로우시다는 것을 안다면 의를 행하는 자마다 그에게서 났다는 것을 또한 알 것이다.

ἐὰν εἰδῆτε[1]
만일 너희가 안다면 If you know
ὅτι[2]
~는 것을 that
δίκαιός[3]
의로우~ righteous,
ἐστιν,
그가 ~시다 he is
γινώσκετε
너희가 ~ 안다/알 것이다. you know

ὅτι[4] καὶ πᾶς ὁ ποιῶν[5]
행하는 자마다 ~ 것을 that everyone also who does
τὴν δικαιοσύνην[6]
의를 the righteousness
ἐξ αὐτοῦ[7]
그로부터/그에게서 of him.
γεγέννηται.[8]
났다는~ has been born

29
ἐάν
접 종
οἶδα
동가 완능.2복
ὅτι
접 종
δίκαιος
형일반.주.남단
εἰμί
동직.현능.3단
γινώσκω
동직.현능.2복/
동명.현능.2복
ὅτι
접 종
καί
부
πᾶς
형부정.주.남단
ὁ
관.주.남단
ποιέω
동분.현능.주.남단
ὁ
관.목.여단
δικαιοσύνη
명.목.여단
ἐκ
전.소
αὐτός
대인칭.소.남단
γεννάω
동직.완수.3단

1. ἐὰν εἰδῆτε: '너희가 안다면'; εἰδ(과거완료 어간) + ῆτε(가정법 2복). οἶδα(안다)는 현재완료 형태를 가지나 현재적 의미를 갖고(11절 참고), 과거완료 ᾔδειν는 현재완료의 의미를 갖는다. 지식(앎)의 상태의 지속성이 부각된다.
2. ὅτι: ὅτι 명사절은 가정법 εἰδῆτε의 목적어이다.
3. δίκαιός ἐστιν: 뒤따르는 ἐστιν 때문에 δίκαιός의 끝 음절에 액센트가 첨가되었다.
4. γινώσκετε ὅτι: ὅτι 명사절은 직설법 γινώσκετε(너희가 안다)의 목적어이다.
5. καὶ πᾶς ὁ ποιῶν: '행하는 자는 다'(2:29; 3:4).
6. δικαιοσύνην: δικαιοσύνη(의, 의의 상태) < δίκαιος(의로운) > δικαιόω(의롭게 하다), δικαίωμα(의, 의의 행위), δικαίως(의롭게), δικαίωσις(칭의, 의롭게 하는 행위), δικαστής(재판관).
7. ἐξ αὐτοῦ: ἐκ(from, out of) + αὐτοῦ(him).
8. γεγέννηται: '났다'; γε + γεννα + η + ται; 현재완료(수) 3단. 현재완료는 상태와 결과의 지속성을 부각한다. 현재 γεννάω(낳다, 생산하다), 미래 γεννήσω, 부정과거(능) ἐγέννησα, 현재완료(능) γεγέννηκα, 현재완료(수) γεγέννημαι, 부정과거(수) ἐγγεννήθην. γέννημα(출산된 것, 자손/후손), γέννησις(출생), γεννητός(출산된, 태어난); γένος(후손, 민족, 종족/친족), γεναλογία(족보 > genealogy[족보]), γενεά(출생, 족보, 세대), γενεαλογέω(계보를 살피다), γενέσια(생일 [축하연]), γένεσις(기원, 생애 > Genesis[창세기]), γενετή(출생), γένημα(산출, 산물).

요일 3:1

Ἴδετε ποταπὴν ἀγάπην δέδωκεν ἡμῖν ὁ πατήρ, ἵνα τέκνα θεοῦ κληθῶμεν, καὶ ἐσμέν. διὰ τοῦτο ὁ κόσμος οὐ γινώσκει ἡμᾶς, ὅτι οὐκ ἔγνω αὐτόν.

보라. 아버지께서 우리에게 어떠한 사랑을 주셔서 우리로 하나님의 자녀로 불리게 하셨는가? 우리가 그러하다. 세상이 우리를 알지 못하는 것은 그를 알지 못하기 때문이다.

Ἴδετε[1]
보라. See

ποταπὴν[2]
어떤 what/ what kind of

ἀγάπην
사랑을 love

δέδωκεν[3]
주셨는가? has given

ἡμῖν
우리에게 to us,

ὁ πατήρ,
아버지께서 the Father

ἵνα[4]
~도록 that

τέκνα
자녀라고 children

θεοῦ
하나님의 of God

κληθῶμεν,[5]
우리가 ~ 불리우~ we should be called

καὶ ἐσμέν.[6]
우리가 그러하다. and so we are.

διὰ τοῦτο[7]
이로 인해 For this reason,

ὁ κόσμος
세상이 the world

οὐ γινώσκει
알지 못한다. does not know

ἡμᾶς,
우리를 us,

ὅτι[8]
~ 때문에 for

οὐκ ἔγνω[9]
알지 못했기 ~ it did not know

αὐτόν.
그를 him.

1. Ἴδετε: '보라/보아라'; ιδ + ετε; βλέπω/ὁράω(보다)의 부정과거 명령법 2복. ιδ는 부정과거 εἶδον(보았다; ἐ + ιδ + ον)의 어간이다.
2. ποταπὴν: 의문형용사 ποταπός(어떤 종류의, 어떤 식의).
3. δέδωκεν: '주셨다'. 상태와 결과의 지속성을 부각하는 결과적(resultative) 현재완료이다. 현재 δίδωμι(주다) 또는 διδῶ, 부정과거 ἔδωκα, 미래 δώσω, 현재완료 δέδωκα. 현재는 자음 δ가 중복되고 부정과거는 δ가 하나만 있다. 반면에 현재완료에서 다시 δ가 중복되는데 현재와 차이는 어미가 -κα, -κας, -κε(ν) 변화라는 점이다.
4. ἵνα: 목적('~위하여')과 결과('그래서 ~하도록')가 다 가능한 ἵνα 가정법 부사절.
5. κληθῶμεν: κληθῶμεν = κλε(καλέω의 부정과거 어간) + θῶμεν(부정과거[수] 가정법 1복). 현재 καλέω(부르다), 미래 καλέσω, 부정과거(능) ἐκάλεσα, 현재완료 κέκληκα, 부정과거(수) ἐκλήθην. καλέω > κλῆσις(부름, 소명), κλητός(불리운, called).

1
ὁράω
동명.과능.2복
ποταπός
형의문.목.여단
ἀγάπη
명.목.여단
δίδωμι
동직.완능.3단
ἐγώ
대인칭.여 -복
ὁ
관.주.남단
πατήρ
명.주.남단
ἵνα
접.종
τέκνον
명.주.중복
θεός
명.소.남단
καλέω
동가.과수.1복
καί
접.등
εἰμί
동직.현능.1복
διά
전.목
οὗτος
대지시.목.중단
ὁ
관.주.남단
κόσμος
명.주.남단
οὐ
부
γινώσκω
동직.현능.3단
ἐγώ
대인칭.목 -복
ὅτι
접.종
οὐ
부
γινώσκω
동직.과능.3단
αὐτός
대인칭.목.남단

6. ἐσμέν: εἰμί의 1복; 1:5 참고.

7. διὰ τοῦτο: '이로 인해'. 추론적(inferential) 의미의 전치사구이다. 앞 문장에 대한 추론일 수도 있고 문장 뒷부분에 나오는 ὅτι 절에 대한 것일 수도 있다. ὅτι 절과 연결하면 굳이 번역할 필요 없다.

8. ὅτι: 이유(원인)의 ὅτι 부사절('~ 때문에').

9. οὐκ ἔγνω: '알지 못하였다'. γινώσκω(알다)의 부정과거 1단 ἔγνων; 2:3 참고. 부정과거 변화 ἔγνων, ἔγνως, ἔγνω(sg); ἔγνωμεν, ἔγνωτε, ἔγνωσαν(pl).

요일 3:2

ἀγαπητοὶ νῦν τέκνα θεοῦ ἐσμεν, καὶ οὔπω ἐφανερώθη τί ἐσόμεθα. οἴδαμεν ὅτι ἐὰν φανερωθῇ, ὅμοιοι αὐτῷ ἐσόμεθα, ὅτι ὀψόμεθα αὐτόν, καθώς ἐστιν.

> 사랑하는 자들아. 이제 우리는 하나님의 자녀이다. 우리가 어떻게 될지는 아직 나타나지 않았다. 우리는 안다. 그가 나타나시면 우리도 그와 같이 될 것이다. 그가 계신 그대로 우리가 그를 볼 것이기 때문이다.

ἀγαπητοὶ[1]
사랑하는 자들아. Beloved,

νῦν
이제 now,

τέκνα
자녀~ children

θεοῦ
하나님의 of God

ἐσμεν,
우리는 ~이디. we are

καὶ οὔπω[2]
아직 and ~ not yet

ἐφανερώθη[3]
나타나지 않았다. has ~ appeared;

τί
어떻게 what

ἐσόμεθα.[4]
우리가 ~ 될지 we will/ shall be

οἴδαμεν[5]
우리는 안다. but we know

ὅτι
~ 것을 that

ἐὰν φανερωθῇ,[6]
그가 나타나시면 if/ when he appears

ὅμοιοι αὐτῷ[7]
그와 같이 like him,

ἐσόμεθα,
우리가 ~ 될 ~ we will/ shall be

ὅτι ὀψόμεθα[8]
우리가 ~ 볼 것이기 때문에 because we will/ shall see

αὐτόν,
그를 him

καθώς ἐστιν.[9]
그가 계신 그대로 as he is.

---

1. ἀγαπητοὶ: '사랑하는 자들아'; 2:7 참고.

2. οὔπω: '아직 … (아니다)'. οὔπω(not yet)는 부정어 οὐ(not)에서 온 부사이다.

3. οὔπω ἐφανερώθη: '(그것은) 아직 나타나지 않았다'; ἐ + φανερό + θη; 1:2 참고.

4. τί ἐσόμεθα: '우리가 무엇이 될지/ 될 것인지'. τί ἐσόμεθα는 οὔπω ἐφανερώθη의 진주어이다(가주어 [it]-술어 + 진주어; NAS, RSV, KJV). 또는 본문의 주어가 되는 명사절로 이해할 수도 있다(주어 + 술어; ESV, NIV). 의문대명사 중단 τίς는 '무엇'(what) 또는 '왜'(why)로 쓰이는데 여기서 문장 구성상 (보어 역할) '무엇'의 뜻이다. εἰμί(be)의 미래 ἔσομαι, ἔσῃ, ἔσται(sg); ἐσόμεθα, ἔσεσθε, ἔσονται(pl).

5. οἴδαμεν ὅτι: ὅτι 명사절은 οἴδαμεν(우리가 안다)의 목적어이다.

6. ἐὰν φανερωθῇ: '그가 나타나시면'; 2:28 참고.

7. ὅμοιοι αὐτῷ: '그와 같이'. 일반적으로 ὅμοιος(같은) 다음에는 여격이 온다(예, 마 22:39; 갈 5:21; 계 1:5; 2:18 등). ὅμοιος(같은), ὁμοιότης(같음, 닮음), ὁμοιόω(같게 하다), ὁμοίωμα(같은 것, 형상),

---

왼쪽 여백 주석:

2
ἀγαπητός
형일반 호 남복
νῦν
부
τέκνον
명 주 중복
θεός
명 소 남단
εἰμί
동직 현능.1복
καί
접 등
οὔπω
부
φανερόω
동직 과수 3단
τίς
대의문 주 중단
εἰμί
동직 미중.1복
οἶδα
동직 완능.1복
ὅτι
접 종
ἐάν
접 종
φανερόω
동가 과수.3단
ὅμοιος
형일반 주 남복
αὐτός
대인칭.여 남단
εἰμί
동직 미중.1복
ὅτι
접 종
ὁράω
동직.미중.1복
αὐτός
대인칭 목 남단
καθώς
접 종
εἰμί
동직 현능.3단

όμοίωσις(같게 하는 것), όμοίως(똑같이).

8. ὅτι ὀψόμεθα: 이유(원인)의 ὅτι 부사절; ὀπ(ὁράω/βλέπω, 보다의 미래 어간) + σόμεθα(미래 dep. 1복). 자음 π와 σ이 결합되면 ψ가 된다.

9. καθώς ἐστιν: '그가 계신 것처럼' > '그가 계신(그의 존재) 그대로'.

요일 3:3

καὶ πᾶς ὁ ἔχων τὴν ἐλπίδα ταύτην ἐπ᾽ αὐτῷ ἁγνίζει ἑαυτόν, καθὼς ἐκεῖνος ἁγνός ἐστιν.

그에 대해 이 소망을 가진 자마다, 그가 거룩하신 것처럼 스스로를 거룩하게 한다.

καὶ πᾶς ὁ ἔχων
~ 가진 자마다 And everyone who has
  τὴν ἐλπίδα[1] ταύτην[2]
  이 소망을 this hope
    ἐπ᾽ αὐτῷ[3]
    그에 대해 on/in him
  ἁγνίζει[4]
  거룩하게 한다. purifies

ἑαυτόν,[5]
스스로를 himself
  καθὼς ἐκεῖνος
  그가 ~ 것처럼 as he
    ἁγνός
    거룩~ pure.
  ἐστιν.
  ~하신 is

1. τὴν ἐλπίδα: 3변화 ἐλπίς(소망), ἐλπίδος, ἐλπίδι, ἐλπίδα(sg); ἐλπίδες, ἐλπίδων, ἐλπίσι(ν), ἐλπίδας(pl). 복수 용례는 발견되지 않는다.
2. ταύτην: 지시대명사 ταύτην(이것)는 ἐλπίδα를 꾸며준다(1:5 참고).
3. ἐπ᾽ αὐτῷ: '그에 대해/그에게'; ἐπί(on, towards) + αὐτῷ(him).
4. ἁγνίζει ... ἁγνός: ἁγνίζω(거룩하게 하다), ἁγνός(거룩한, 깨끗한), ἁγνεία(순수함, 죄 없음), ἁγνισμός(정화), ἁγνότης(순수, 올바름), ἁγνῶς(순수하게). 행동이 끝났으나 진행되지 않는 즉각적(instantaneous) 현재로 보는 견해(KMP, 259)도 있고, 진리를 부각하는 격언적(gnomic) 현재로 보는 견해(Wallace, 524)도 있으나, ἁγνίζει에서 진행적 성격의 현재성을 배제하기는 어려울 것 같다.
5. ἑαυτόν: 재귀대명사는 동작 행위자의 재귀적인 면(역할)을 부각한다.

요일 3:4

Πᾶς ὁ ποιῶν τὴν ἁμαρτίαν καὶ τὴν ἀνομίαν ποιεῖ, καὶ ἡ ἁμαρτία ἐστὶν ἡ ἀνομία.

죄를 짓는 자마다 불법을 행한다. 죄는 불법이다.

Πᾶς ὁ ποιῶν
행하는 자마다 Everyone who commits/ practices
  τὴν ἁμαρτίαν
  죄를 sin
    καὶ τὴν ἀνομίαν[1]
    불의도 also lawlessness;
  ποιεῖ,[2]
  행한다. practices

καὶ ἡ ἁμαρτία
그리고 죄는 and sin
  ἐστὶν
  ~이다. is
    ἡ ἀνομία.
    불법~ lawlessness.

1. ἀνομίαν: ἀνομία(불법, 무법, 악의) = ἀ(not, without) + νομία(< νόμος, 법). ἄνομος(불법의, 법에서

우측 여백 주석 (3:3)

3
καί
접.등
πᾶς
형.부정.주.남단
ὁ
관.주.남단
ἔχω
동분.현능.주.남단
ὁ
관.목.여단
ἐλπίς
명.목.여단
οὗτος
대지시.목.여단
ἐπί
전.여
αὐτός
대인칭.여.남단
ἁγνίζω
동직.현능.3단
ἑαυτοῦ
대재귀.목.남단
καθώς
접.종
ἐκεῖνος
대지시.주.남단
ἁγνός
형일반.주.남단
εἰμί
동직.현능.3단

우측 여백 주석 (3:4)

4
πᾶς
형.부정.주.남단
ὁ
관.주.남단
ποιέω
동분.현능.주.남단
ὁ
관.목.여단
ἁμαρτία
명.목.여단
καί
부
ὁ
관.목.여단
ἀνομία
명.목.여단
ποιέω
동직.현능.3단
καί
접.등
ὁ
관.주.여단
ἁμαρτία
명.주.여단

떠난), ἀνόμως(법 없이).

2. ποιεῖ: '행한다'; ποιέ + ει. 현재시제는 과정의 지속성을 부각할 수 있다.

요일 3:5

καὶ οἴδατε ὅτι ἐκεῖνος ἐφανερώθη, ἵνα τὰς ἁμαρτίας ἄρῃ, καὶ ἁμαρτία ἐν αὐτῷ οὐκ ἔστιν.

너희는 안다. 그가 죄를 없애기 위해 나타나셨다는 것과 그 안에 죄가 없다는 것이다.

καὶ οἴδατε[1]
그리고 너희는 ~ 안다. And you know
  ὅτι
  ~는 것을 that
    ἐκεῖνος
    그가 he
      ἐφανερώθη,[2]
      나타나셨다~ appeared
      ἵνα
      ~려고/하려고 in order to

    τὰς ἁμαρτίας
    죄(들)를 sins,
      ἄρῃ,[3]
      없애~/제거하려~ take away
  καὶ ἁμαρτία
  또한 죄가 and ~ sin
    ἐν αὐτῷ
    그 안에 in him.
  οὐκ ἔστιν.
  없다. no ~ is

1. οἴδατε ὅτι: οἴδατε = οἶδ + ατε; 2:11 참고. ὅτι 명사절은 οἴδατε(너희가 안다)의 목적어이다.
2. ἐκεῖνος ἐφανερώθη: 지시대명사 ἐκεῖνος(that, 저 것[사람])은 강조의 뉘앙스를 가지는데 '그(그분)' 로 번역하면 무난하다. ἐφανερώθη(ἐ + φανερό + θη), 1:2 참고.
3. ἵνα ... ἄρῃ: 목적('하기 위해서')의 ἵνα 가정법 부사절이다.

요일 3:6

πᾶς ὁ ἐν αὐτῷ μένων οὐχ ἁμαρτάνει· πᾶς ὁ ἁμαρτάνων οὐχ ἑώρακεν αὐτὸν οὐδὲ ἔγνωκεν αὐτόν.

그 안에 거하는 자마다 죄를 짓지 않는다. 죄를 짓는 자마다 그를 뵌 적도 없고 그를 알지도 못한다.

πᾶς ὁ ἐν αὐτῷ μένων[1]
그 안에 거하는 자마다 Everyone who abides in him
  οὐχ ἁμαρτάνει·[2]
  죄를 짓지 않는다. does not sin;
πᾶς ὁ ἁμαρτάνων
죄를 짓는 자마다 Everyone who sins
  οὐχ ἑώρακεν[3]
  보지도 못했고 has not seen

  αὐτὸν
  그를 him
  οὐδὲ[4] ἔγνωκεν[5]
  알지도 못했다. and has neither known
  αὐτόν.
  그를 him.

1. πᾶς ὁ ἐν αὐτῷ μένων: ὁ μένων(μέν + ων)은 '거하는 자', ἐν αὐτῷ가 덧붙여 '그 안에 거하는 자', πᾶς 가 더해져 '그 안에 거하는 자마다'가 된다.
2. οὐχ ἁμαρτάνει: '죄를 짓지 않는다'. 부정어 οὐ(not)는 강기식 모음을 가진 단어 앞에서 (발음의 용이 함을 위해) οὐχ가 된다. ESV(keeps on sinning), NIV(continues to sin)는 반복적(iterative) 현재로 번 역한다(KMP, 253). 이에 반해, Wallace는 종말론적 시각에서, 당위성을 부각하는 격언적(gnomic) 현

재로 보아야 한다고 주장한다(Wallace, 524-525).

3. οὐχ ἑώρακεν: '보지 못하였다'; ἑ(시상 접두어) + ὁρα(ὁράω, 보다의 어간) + κε(ν) (현재완료 3단).

4. οὐχ ... οὐδὲ ...: 'A도 아니고 B도 아니다'(neither ... nor ...).

5. ἔγνωκεν: '(그는) 알고 있다'; ἔ + γνω + ε(ν); 2:3 참고.

요일 3:7

Παιδία, μηδεὶς πλανάτω ὑμᾶς· ὁ ποιῶν τὴν δικαιοσύνην δίκαιός ἐστιν, καθὼς ἐκεῖνος δίκαιός ἐστιν·

아이들아. 아무도 너희를 속이지 못하게 하라. 의를 행하는 자는, 그가 의로우신 것 같이 의롭다.

Παιδία,
아이들아. Little children,
μηδεὶς[1]
아무도 no one
　　πλανάτω[2]
　　속이지 못하게 하라. let ~ deceive
　　　ὑμᾶς·
　　　너희를 you.
ὁ ποιῶν
행하는 자는 The one who does/ practices
　　τὴν δικαιοσύνην[3]
　　의를 righteousness

δίκαιός
의롭~ righteous
ἐστιν,[4]
~다. is
καθὼς[5] ἐκεῖνος
그가 ~ 것처럼 as he
δίκαιός
의로우~ righteous.
ἐστιν·
~신 is

1. μηδεὶς: μηδείς, μηδεμία, μηδέν(아무도 [아닌], no one). μηδείς = μηδ(μηδέ, and not) + εἷς(one).

2. πλανάτω: πλανά + ετω(명령법 3단); (ά + ε = ά); 1:8 참고.

3. δικαιοσύνην: 2:29 참고.

4. δίκαιός ἐστιν: 뒤따르는 ἐστιν 때문에 δίκαιός의 끝 음절에 액센트가 첨가되었다(2:29).

5. καθὼς: 2:6, 27 참고.

요일 3:8

ὁ ποιῶν τὴν ἁμαρτίαν ἐκ τοῦ διαβόλου ἐστίν, ὅτι ἀπ᾽ ἀρχῆς ὁ διάβολος ἁμαρτάνει. εἰς τοῦτο ἐφανερώθη ὁ υἱὸς τοῦ θεοῦ, ἵνα λύσῃ τὰ ἔργα τοῦ διαβόλου.

죄를 짓는 자는 마귀에게 속하였다. 마귀는 처음부터 죄를 짓기 때문이다. 하나님의 아들은 마귀의 일을 멸하기 위해 나타나셨다.

ὁ ποιῶν
행하는 자는 The one who commits
　　τὴν ἁμαρτίαν
　　죄를 sin
　　　ἐκ τοῦ διαβόλου
　　　마귀에게 속~ of the devil,
ἐστίν,[1]
~한다. is

ὅτι[2]
~ 때문에 for
　　ἀπ᾽ ἀρχῆς
　　태초부터/처음부터 from the beginning.
ὁ διάβολος
마귀는 the devil
　　ἁμαρτάνει.[3]
　　죄를 짓기 ~ sins

7
παιδίον
명.호.중복
μηδείς
대부정주 남단
πλανάω
동명.현능.3단
σύ
대.인칭.목.-복
ὁ
관.주.남단
ποιέω
동분.현능주남단
ὁ
관.목.여단
δικαιοσύνη
명.목.여단
δίκαιος
형일반주 남단
εἰμί
동직.현능.3단
καθώς
접.종
ἐκεῖνος
대지시.주 남단
δίκαιος
형일반주 남단
εἰμί
동직.현능.3단

8
관.주 남단
ποιέω
동분.현능주남단
ὁ
관.목.여단
ἁμαρτία
명.목.여단
ἐκ
전.소
ὁ
관.소.남단
διάβολος
명.소.남단
εἰμί
동직.현능.3단
ὅτι
접.종
ἀπό
전.소
ἀρχή
명.소 여단
ὁ
관.주 남단

διάβολος
명주남단
ἁμαρτάνω
동직.현능.3단
εἰς
전.목
οὗτος
대지시.목.중단
φανερόω
동직.과수.3단
ὁ
관.주.남단
υἱός
명.주.남단
ὁ
관.소.남단
θεός
명.소.남단
ἵνα
접.종
λύω
동.가.능.3단
ὁ
관.목.중복
ἔργον
명.목.중복
ὁ
관.소.남단
διάβολος
명.소.남단

εἰς τοῦτο[4]
이를 위해 for this purpose,

ἐφανερώθη
나타나셨다. appeared

ὁ υἱὸς
아들이 The Son

τοῦ θεοῦ,
하나님의 of God

ἵνα λύσῃ[5]
멸하기/파괴하기 위해 that he might destroy

τὰ ἔργα[6]
일(들)을 the works

τοῦ διαβόλου.
마귀의 of the devil.

1. ἐκ τοῦ διαβόλου ἐστίν: '마귀에게 속한다; 마귀에게서 왔다'. διάβολος(마귀, 비방자)는 διά(분리의 의미) + βάλλω(던지다) = διαβάλλω(너머로 던지다, 비방하다, 모독하다)에서 온다.
2. ὅτι: 이유(원인)의 ὅτι 부사절.
3. ὁ διάβολος ἁμαρτάνει: '마귀는 죄를 짓는다'; ἁμαρτάν + ει. KMP는 지속적(durative) 현재 (has sinned; KMP, 256), Wallace는 진행적(progressive) 현재(Wallace, 520)로 분류한다.
4. εἰς τοῦτο: '이(이것)를 위해'; 목적의 εἰς 구. εἰς τοῦτο는 앞 문장과 관련된 것이 아니라, 뒤의 ἵνα 절을 지칭한다. 즉 εἰς τοῦτο + ἵνα 절 구문이다(ESV, RSV, NIV). 번역할 필요 없다.
5. ἵνα λύσῃ: '파괴하기(멸하기) 위하여'; λύ + σῃ; 목적의 ἵνα 가정법 부사절.
6. τὰ ἔργα: '일(행위)들을'. ἔργον(일, 행위), ἐργάζομαι(일하다), ἐργασία(일, 사업, 이득), ἐργάτης(일꾼).

요일 3:9

9
πᾶς
형부정.주.남단
ὁ
관.주.남단
γεννάω
동분.완수.주.남단
ἐκ
전.소
ὁ
관.소.남단
θεός
명.소.남단
ἁμαρτία
명.목.여단
οὐ
부
ποιέω
동직.현능.3단
ὅτι
접.종
σπέρμα
명.주.중단
αὐτός
대인칭.소.남단
ἐν
전.여
αὐτός
대인칭.여.남단
μένω
동직.현능.3단
καί
접.등
οὐ
부
δύναμαι
동직.현중.3단
ἁμαρτάνω
동부.현능
ὅτι
접.종
ἐκ
전.소
ὁ
관.소.남단
θεός
명.소.남단
γεννάω
동직.완수.3단

Πᾶς ὁ γεγεννημένος ἐκ τοῦ θεοῦ ἁμαρτίαν οὐ ποιεῖ, ὅτι σπέρμα αὐτοῦ ἐν αὐτῷ μένει, καὶ οὐ δύναται ἁμαρτάνειν, ὅτι ἐκ τοῦ θεοῦ γεγέννηται.

하나님에게서 난 자마다 죄를 짓지 않는다. 그의 씨가 그 안에 거하기 때문이다. 또한 죄를 지을 수 없다. 하나님에게서 났기 때문이다.

Πᾶς ὁ γεγεννημένος[1]
난 자마다 Everyone who is born

ἐκ τοῦ θεοῦ[2]
하나님으로부터 of God

ἁμαρτίαν
죄를 sin,

οὐ ποιεῖ,[3]
행하지/짓지 않는다. does not commit

ὅτι[4] σπέρμα[5]
씨가 ~ 때문에 for ~ seed

αὐτοῦ
그의 his

ἐν αὐτῷ
그 안에 in him;

μένει,
거하기/머물기 ~ abides

καὶ οὐ δύναται
또한 ~ 수도 없다. and he cannot

ἁμαρτάνειν,[6]
죄를 지을 ~ sin,

ὅτι[7]
~ 때문에 for

ἐκ τοῦ θεοῦ
하나님으로부터 of God.

γεγέννηται.[8]
났기 ~ he is born

1. ὁ γεγεννημένος: '난 자'; γε + γενν + η + μένος. γεννάω(낳다, 생산하다)의 현재완료(수) 직설법 γεγέννημαι; 2:29 참고. 현재완료는 상태와 결과의 지속성을 부각한다. 명사적(substantival) 분사로 분류된다(KMP, 326).
2. ἐκ τοῦ θεοῦ: '하나님에게서/으로부터'; 기원의 ἐκ 부정사구.
3. ἁμαρτίαν οὐ ποιεῖ: '죄를 행하지/짓지 않는다'.
4. ὅτι: 이유(원인)의 ὅτι 부사절('~때문에').

5. σπέρμα: '씨'. 3변화 중성 σπέρμα는 αἷμα(피, 1:7)와 같은 변화를 갖는다. -μα(피), -ματος, -ματι, -μα(sg); -ματα, -μάτων, -μασι(ν), -ματα(pl).

6. οὐ δύναται ἁμαρτάνειν: '죄를 질 수 없다'. 동사 δύναμαι(can, be able to)는 부정사(ἁμαρτάνειν = ἁμαρτάν + ειν)를 목적어로 받는다. 또는 δύναται를 보충한다는 뜻에서 보충의(complementary) 부정사라 말할 수도 있다(KMP, 362). δύναμαι, δύνασαι/δύνῃ, δύναται(sg); δυνάμεθα, δύνασθε, δύνανται(pl).

7. ὅτι: 이유(원인)의 ὅτι 부사절.

8. γεγέννηται: '났다'; 2:29 참고. 현재완료는 상태와 결과의 지속성을 부각한다.

요일 3:10

ἐν τούτῳ φανερά ἐστιν τὰ τέκνα τοῦ θεοῦ καὶ τὰ τέκνα τοῦ διαβόλου· πᾶς ὁ μὴ ποιῶν δικαιοσύνην οὐκ ἔστιν ἐκ τοῦ θεοῦ καὶ ὁ μὴ ἀγαπῶν τὸν ἀδελφὸν αὐτοῦ.

이로써 하나님의 자녀들과 마귀의 자녀들이 나타난다. 의를 행하지 않는 자마다 하나님께 속하지 않고 또한 그의 형제를 사랑하지 않는 자도 그러하다.

ἐν τούτῳ[1]
이로써 By this

φανερά
나타난/드러난~ manifest

ἐστιν[2]
~다. is/ are

τὰ τέκνα
자녀들과 the children

τοῦ θεοῦ
하나님의 of God

καὶ τὰ τέκνα
자녀들이 and the children

τοῦ διαβόλου·
마귀의 of the devil

πᾶς
~ 자마다 Everyone

ὁ μὴ ποιῶν[3]
행하지 않는 ~ who does not do/ practice

δικαιοσύνην
의를 righteousness

οὐκ ἔστιν
~하지 않는다. is not

ἐκ τοῦ θεοῦ
하나님께 속~ of God

καὶ ὁ μὴ ἀγαπῶν[4]
또한 ~ 사랑하지 않는 자도
and nor the one who does not love

τὸν ἀδελφὸν
형제를 brother

αὐτοῦ.
그의 his

1. ἐν τούτῳ: '이로써'(by this). ἐν τούτῳ는 앞 문장에 대해 추론적으로 사용된 것이다.
2. φανερά ἐστιν: '나타난다'. φανερός(나타난) < φῶς(빛) > φαίνω(비추다, 나타나게 하다), φανερόω(보이게/알게 하다), φανερῶς(명백하게), φανέρωσις(나타남), φωτίζω(빛을 주다, 밝히다).
3. πᾶς ὁ μὴ ποιῶν: '행하지 않는 자마다'. 부정의 μὴ는 직설법(οὐ) 외에서 사용된다.
4. καὶ ὁ μὴ ἀγαπῶν: '사랑하지 않는 자는'. 이 분사구문도 πᾶς ὁ μὴ ποιῶν의 πᾶς에 걸린다. 따라서 '행하지 않는 자마다, 또 사랑하지 않는 자마다'이다.

요일 3:11

Ὅτι αὕτη ἐστὶν ἡ ἀγγελία ἣν ἠκούσατε ἀπ' ἀρχῆς, ἵνα ἀγαπῶμεν ἀλλήλους,

이것이 소식이다. 너희가 처음부터 들은 것, 즉 우리가 서로 사랑해야 한다는 것이다.

10
ἐν
전,여
οὗτος
대지시,여 중단
φανερός
형일반 주 중복
εἰμί
동직 현능.3단
ὁ
관 주 중복
τέκνον
명 주 중복
ὁ
관 소 남단
θεός
명 소 남단
καί
접 등
ὁ
관 주 중복
τέκνον
명 주 중복
ὁ
관 소 남단
διάβολος
명 소 남단
πᾶς
형부정 주 남단
ὁ
관 주 남단
μή
조사
ποιέω
동분 현능 주 남단
δικαιοσύνη
명 목,여단
οὐ
부
εἰμί
동직 현능.3단
ἐκ
전 소
ὁ
관 소 남단
θεός
명 소 남단
καί
접 등
ὁ
관 주 남단
μή
조사
ἀγαπάω
동분 현능 주 남단
ὁ
관 목 남단
ἀδελφός
명 목,남단
αὐτός
대인칭 소 남단

11
ὅτι
접종
οὗτος
대지시.주.여단
εἰμί
동직.현능.3단
ὁ
관.주.여단
ἀγγελία
명.주.여단
ὅς
대관계.목.여단
ἀκούω
동직.과능.2복
ἀπό
전.소
ἀρχή
명.소.여단
ἵνα
접.종
ἀγαπάω
동가.현능.1복
ἀλλήλων
대상호.목.남복

Ὅτι[1] αὕτη
이것이 For it
ἐστὶν
~이다. is
ἡ ἀγγελία[2]
소식~ the message
ἣν[3] ἠκούσατε[4]
너희가 들은 which you heard

ἀπ᾽ ἀρχῆς,
처음부터 from the beginning,
ἵνα[5] ἀγαπῶμεν[6]
우리가 ~ 사랑하라는 that we should love
ἀλλήλους,[7]
서로 one another.

1. Ὅτι: 접속사 Ὅτι는 본래 종속접속사('for')이지만, 여기서는 독립적인 용법('For')으로 쓰였을 것이다 (ESV, RSV, NIV). 이런 경우 Ὅτι는 직전의 문장보다 더 넓은 맥락의 내용과 인과관계 또는 연관성을 가질 수 있다.
2. αὕτη ἐστὶν ἡ ἀγγελία: '이것이 (바로) 소식이다'. 강조적 표현이다(1:5).
3. ἣν: 관계대명사 여단 목적격 ἣν은 ἡ ἀγγελία(소식)을 선행사로 하는 형용사절을 이끈다.
4. ἠκούσατε: '너희가 들었다'; ἐ + ἀκου + σατε; 2:7 참고.
5. ἵνα: 여기서 ἵνα 가정법 구문은 '소식'의 내용을 부연하는(epexegetical) 명사절 역할을 한다('즉, ~하라는'). Wallace는 '즉, ~ 것'(namely, that)의 뜻인 동격의 절(apposition clause)로 소개한다(Wallace, 475-476).
6. ἀγαπῶμεν: ἀγαπά + ωμεν(가정법 1복).
7. ἀλλήλους: '서로(를)'; 1:7 참고.

요일 3:12

12
οὐ
부
καθώς
접.종
Κάϊν
명.주.남단
ἐκ
전.소
ὁ
관.소.남단
πονηρός
형일반.소.남단
εἰμί
동직.미완능.3단
καί
접.등
σφάζω
동직.과능.3단
ὁ
관.목.남단
ἀδελφός
명.목.남단
αὐτός
대인칭.소.남단
καί
접.등
χάριν
전.소
τίς
대의문.소.중단
σφάζω
동직.과능.3단
αὐτός
대인칭.목.남단
ὅτι
접.종
ὁ
관.주.중복
ἔργον
명.주.중복

οὐ καθὼς Κάϊν ἐκ τοῦ πονηροῦ ἦν καὶ ἔσφαξεν τὸν ἀδελφὸν αὐτοῦ· καὶ χάριν τίνος ἔσφαξεν αὐτόν; ὅτι τὰ ἔργα αὐτοῦ πονηρὰ ἦν, τὰ δὲ τοῦ ἀδελφοῦ αὐτοῦ δίκαια.

가인과 같지 말라. 그는 악한 자에게 속하여 그의 형제를 죽였다. 어떤 이유로 그를 죽였는가? 그의 행위가 악했고 그의 형제의 행위는 의로웠기 때문이다.

οὐ καθὼς Κάϊν[1]
가인과 같지 말라/않다. Don't be/ do (You are not) like Kain,
ἐκ τοῦ πονηροῦ
악한 자에게 속~ of the evil
ἦν[2]
~하여 who was
καὶ ἔσφαξεν[3]
죽인 and murdered/ slew
τὸν ἀδελφὸν
형제를 brother.
αὐτοῦ·
그의 his
καὶ χάριν τίνος[4]
어떤 이유로 And for what reason/ why
ἔσφαξεν
죽였는가? did he murder/ slay
αὐτόν;
그를 him?

ὅτι[5]
~ 때문이다. Because
τὰ ἔργα
일(들)이 deeds
αὐτοῦ
그의 his
πονηρὰ[6]
악했~ evil
ἦν,
~고 were
τὰ δὲ τοῦ ἀδελφοῦ
형제의 것(들은)/일(들)은 and ~ brother's
αὐτοῦ
그의 his
δίκαια.
의로웠기 were righteous.

1. οὐ καθὼς Κάϊν: '가인과 같지 말라/않다'. 여기에 명령법 동사(예컨대, '행하라', '되라' 등)가 생략되었을 수 있으나, 부정어 οὐ가 사용되고 있다는 점에서 직설법 εἰμί 동사의 2복 ἐστέ가 생략되었을 가능성이 크다('너희는 가인과 같지 않다').
2. ἐκ τοῦ πονηροῦ ἦν: '악한 자에게 속하였다'.
3. ἔσφαξεν: '죽였다'; ἐ + σφαγ(< σφάζω, 죽이다의 부정과거 어간) + σε(ν). γ와 σ가 결합되면 ξ가 된다. σφάζω(죽이다, 살해하다), σφαγή(도살/도축), σφάγιον(희생제물, 희생자).
4. χάριν τίνος: '무슨 이유(연고)로'. χάρις(은혜, 호의)의 목적격 χάριν은 소유격을 받는 전치사가 된다. 의문대명사 중단 소유격 τίνος와 함께 쓰일 때(χάριν τίνος) '어떤 이유로?', '왜?'라는 뜻의 관용어이다.
5. ὅτι: 이유(원인)의 ὅτι 부사절('~ 때문에').
6. πονηρὰ ... δίκαια: '악한 ... 의로운'. 대조된다.

요일 3:13

Καὶ μὴ θαυμάζετε, ἀδελφοί, εἰ μισεῖ ὑμᾶς ὁ κόσμος.
형제들아. 세상이 너희를 미워해도 이상하게 생각하지 말라.

Καὶ μὴ θαυμάζετε,[1]
이상하게 생각하지 말라. And Do not marvel,

ἀδελφοί,[2]
형제들아. brethren,

εἰ
~면 if

μισεῖ[3]
미워하~ hates

ὑμᾶς
너희를 you.

ὁ κόσμος.
세상이 the world

---

1. μὴ θαυμάζετε: '이상하게 생각하지/놀랍게 여기지 말라'; θαυμάζ + ετε. θαυμάζω(놀라다, 의아하게 여기다), θαῦμα(놀라움, 기이함), θαυμάσιος(놀라운/기이한 일), θαυμαστός(놀라운, 기이한).
2. ἀδελφοί: '형제들아'. 호격 복수는 주격 복수와 같다.
3. εἰ μισεῖ: '미워하거든/미워하면'. 1급 조건문은 조건절의 내용이 사실임을 가정한다.

요일 3:14

ἡμεῖς οἴδαμεν ὅτι μεταβεβήκαμεν ἐκ τοῦ θανάτου εἰς τὴν ζωήν, ὅτι ἀγαπῶμεν τοὺς ἀδελφούς· ὁ μὴ ἀγαπῶν μένει ἐν τῷ θανάτῳ.
우리는 안다. 우리가 죽음에서 생명으로 옮겨졌다. 우리가 형제들을 사랑하기 때문이다. 사랑하지 않는 자는 죽음 안에 거한다.

ἡμεῖς
우리는 We

οἴδαμεν[1]
안다. know

ὅτι[2] μεταβεβήκαμεν[3]
우리가 ~ 옮겨진 것을 that we have passed

ἐκ[4] τοῦ θανάτου
죽음에서 from death

εἰς τὴν ζωήν,
생명으로 into life,

ὅτι ἀγαπῶμεν[5]
우리가 ~ 사랑하기 때문에/사랑하므로 because we love

τοὺς ἀδελφούς·
형제들을 the brethren.

ὁ μὴ ἀγαπῶν[6]
사랑하지 않는 자는 He who does not love

μένει
거한다/머문다. abides

ἐν τῷ θανάτῳ.[7]
죽음에 in death.

ὁ
관.주.남단
μή
조사
ἀγαπάω
동분.현능.주.남단
μένω
동직.현능.3단
ἐν
전.여
ὁ
관.여.남단
θάνατος
명.여.남단

1. ἡμεῖς οἴδαμεν: '우리가 안다'. 인칭대명사의 ἡμεῖς 의 사용은 강조의 의미가 있다.
2. ὅτι: ὅτι 명사절은 οἴδαμεν의 목적어이다.
3. μεταβεβήκαμεν: '옮겨졌다'; μετα + βε + βή(βα < βαίνω, '가다'의 과거 어간) + καμεν. μεταβαίνω(옮기다) = μετά(of change) + βαίνω(go). 미래 μεταβήσομαι, 부정과거 μετάβην, 현재완료 μεταβέβηκα. ἀναβαίνω(올라가다), ἀποβαίνω(~에서 내려오다), διαβαίνω(통과하다), ἐκβαίνω(나가다), ἐμβαίνω(~안으로 가다), ἐπιβαίνω(타다, 오르다), καταβαίνω(내려가다), παραβαίνω(옆으로 지나가다, 위반하다), προβαίνω(계속하다), συμβαίνω(함께 가다), ὑπερβαίνω(넘어가다).
4. ἐκ ... εἰς: 'from ... into'.
5. ὅτι ἀγαπῶμεν: 이유(원인)의 ὅτι 부사절; ἀγαπά + ομεν; ά + ο = ῶ.
6. ὁ μὴ ἀγαπῶν: '사랑하지 않는 자'; 2:10 참고.
7. θανάτῳ: θάνατος(죽음), θανατόω(죽게 하다, 처형하다), θανατηφόρος(죽음을 가져다 주는, 죽이는), θανάσιμος(치명적인, deadly).

요일 3:15

15
πᾶς
형.부정.주.남단
ὁ
관.주.남단
μισέω
동분.현능.주.남단
ὁ
관.목.남단
ἀδελφός
명.목.남단
αὐτός
대.인칭.소.남단
ἀνθρωπο-
κτόνος
명.주.남단
εἰμί
동직.현능.3단
καί
접.등
οἶδα
동직.완능.2복
ὅτι
접.종
πᾶς
형.부정.주.남단
ἀνθρωποκτόνος
명.주.남단
οὐ
부
ἔχω
동직.현능.3단
ζωή
명.목.여단
αἰώνιος
형.일반.목.여단
ἐν
전.여
αὐτός
대.인칭.여.남단
μένω
동분.현능.목.여단

πᾶς ὁ μισῶν τὸν ἀδελφὸν αὐτοῦ ἀνθρωποκτόνος ἐστίν, καὶ οἴδατε ὅτι πᾶς ἀνθρωποκτόνος οὐκ ἔχει ζωὴν αἰώνιον ἐν αὐτῷ μένουσαν.

그의 형제를 미워하는 자마다 살인자이다. 너희는 안다. 살인자마다 그 안에 영생이 거하지 않는다는 것이다.

πᾶς ὁ μισῶν
미워하는 자마다 Everyone who hates
  τὸν ἀδελφὸν
  형제를 brother
    αὐτοῦ
    그의 his
  ἀνθρωποκτόνος[1]
  살인자~ a murderer,
ἐστίν,
~이다. is
καὶ οἴδατε
그리고 너희는 ~ 안다. and you know

ὅτι[2] πᾶς ἀνθρωποκτόνος
살인자마다 ~는 것을 that every murderer
  οὐκ ἔχει
  가지지 않는다/없다~ does not have
    ζωὴν
    생명을 life
    αἰώνιον
    영원한 eternal
      ἐν αὐτῷ
      그 안에 in him.
    μένουσαν.[3]
    거하는 것을/것이 abiding

1. ἀνθρωποκτόνος: ἀνθρωπο(ἄνθρωπος, 사람) + κτόνος(< κτείνω, 죽이다) = ἀνθρωποκτόνος(살인자). 요 8:44; 요일 3:15에만 나온다.
2. οἴδατε ὅτι: ὅτι 명사절은 οἴδατε(너희가 안다)의 목적어이다.
3. οὐκ ἔχει ζωὴν ... ἐν αὐτῷ μένουσαν: 문자적, '(그는) 그 안에 생명이 머무는 것을 갖지 못한다' > '(그는) 그 안에 생명이 머물러 있지 않다(생명의 머묾이 없다)'. μένουσαν = μέν + ουσαν(현재분사 여단 목적격).

요일 3:16

16
ἐν
전.여
οὗτος
대.지시.여.중단

ἐν τούτῳ ἐγνώκαμεν τὴν ἀγάπην, ὅτι ἐκεῖνος ὑπὲρ ἡμῶν τὴν ψυχὴν αὐτοῦ ἔθηκεν, καὶ ἡμεῖς ὀφείλομεν ὑπὲρ τῶν ἀδελφῶν τὰς ψυχὰς θεῖναι.

우리는 사랑을 알았다. 그가 우리를 위해 그의 목숨을 버리셨기 때문이다. 우리도 형제들을 위해 목숨을 버려야 한다.

ἐν τούτῳ[1]
이로써 By this

ἐγνώκαμεν[2]
우리는 ~ 알아왔다/알았다. we have known

τὴν ἀγάπην,
사랑을 the love,

ὅτι[3] ἐκεῖνος[4]
그가 ~ 때문에 that he

ὑπὲρ ἡμῶν[5]
우리를 위하여 for us;

τὴν ψυχὴν[6]
목숨을 life

αὐτοῦ
그의 his

ἔθηκεν,[7]
버리셨기 ~ laid down

καὶ ἡμεῖς[8]
우리도 and we

ὀφείλομεν[9]
~야(해야) 한다. ought to

ὑπὲρ τῶν ἀδελφῶν
형제(들)을 위하여 for the brethren.

τὰς ψυχὰς
목숨(들)을 our lives

θεῖναι.[10]
버려~ lay down

1. ἐν τούτῳ: '이로써'. ἐν τούτῳ는 뒤에 나오는 ὅτι 절이 추론의 근거가 된다(cf. 2:3); '그리스도의 속량 때문에'라는 뜻이다. 번역할 필요 없다.
2. ἐγνώκαμεν: '알아왔다/알았다'; 2:3 참고. 현재완료는 상태와 결과의 지속성을 부각한다.
3. ὅτι: 이유(원인)의 ὅτι 부사절.
4. ἐκεῖνος: '그가'. 지시대명사를 사용한 강조적 표현이다.
5. ὑπὲρ ἡμῶν: ὑπὲρ(on behalf of, 대신하여; for the sake of, 위하여) + ἡμῶν(us).
6. ψυχὴν: ψυχή(영혼/사람, 생명, 목숨)은 여기서 '목숨'의 뜻으로 쓰였다(cf. 계 12:11). ψύχω(숨쉬다, 불다); ψυχικός(육에 속한, 세상적인).
7. ἔθηκεν: '버리셨다'. 기본형은 τίθημι(놓다). μι 동사는 부정과거에서 시상 접두어 ἐ + 어간 + 어미 κα/σα가 된다(ἐ + θε + κα = ἔθηκα). 현재 τίθημι, 미래 θήσω, 부정과거 ἔθηκα, 현재완료 τέθεικα.
8. καὶ ἡμεῖς: '우리도'. 인칭대명사 ἡμεῖς의 사용은 강조적 표현이다. 그리스도를 지칭하는 ἐκεῖνος와 함께 부각된다.
9. ὀφείλομεν: '우리는 ~해야 한다'; 2:6 참고.
10. τὰς ψυχὰς θεῖναι: '목숨을 버리는 것을(버려~)'; θεῖναι = θει(θε + ι[모음 전환, ablaut]) + ναι(부정사); cf. Mounce, 315. θεῖναι는 τίθημι(버리다)의 부정과거 부정사, 현재 부정사 τιθέναι. -μι 동사는 현재에 어간의 자음이 두 개(동일 자음[예, δ-δ] 또는 동일 계열 자음[예, τ-θ])가 되는 반면 부정과거에서는 어간이 하나(δ; θ)가 되는 예가 있다(δίδωμι, τίθημι). 또 현재형의 첫 모음이 부정과거에서 생략되는 경우도 있다(ἵστημι[stand] > ἔστην).

요일 3:17

ὃς δ' ἂν ἔχῃ τὸν βίον τοῦ κόσμου καὶ θεωρῇ τὸν ἀδελφὸν αὐτοῦ χρείαν ἔχοντα καὶ κλείσῃ τὰ σπλάγχνα αὐτοῦ ἀπ' αὐτοῦ, πῶς ἡ ἀγάπη τοῦ θεοῦ μένει ἐν αὐτῷ;

누구든지, 세상의 소유를 가지고 그의 형제의 결핍을 보고도 그 앞에서 그의 마음을 닫으면, 어떻게 하나님의 사랑이 그 안에 거하겠는가?

ὁ
관소남단
κόσμος
명.소.남단
καί
접.등
θεωρέω
동가.현능.3단
ὁ
관.목.남단
ἀδελφός
명.목.남단
αὐτός
대인칭.소.남단
χρεία
명.목.여단
ἔχω
동분.현능.목남단
καί
접.등
κλείω
동가.과능.3단
ὁ
관.목.중복
σπλάγχνον
명.목.중복
αὐτός
대인칭.소.남단
ἀπό
전.소
αὐτός
대인칭.소.남단
πῶς
부
ὁ
관.주.여단
ἀγάπη
명.주.여단
ὁ
관.소.남단
θεός
명.소.남단
μένω
동직.현능.3단
ἐν
전.여
αὐτός
대인칭.여.남단

ὃς δ’ ἂν[1] 누구든지 But/ And whoever	καὶ κλείσῃ[6] 닫으면/막으면 but/ and stop
ἔχῃ[2] 가지고 has	τὰ σπλάγχνα[7] 마음(내장들)을 bowels/ heart
τὸν βίον 소유를/재산을 possessions/ goods	αὐτοῦ 그의 his
τοῦ κόσμου[3] 세상의 of the world	ἀπ’ αὐτοῦ,[8] 그에 대한/그로부터 against/ from him,
καὶ θεωρῇ[4] 보고도 and sees	πῶς[9] 어떻게 how
τὸν ἀδελφὸν 형제가 brother	ἡ ἀγάπη 사랑이 the love
αὐτοῦ 그의 his	τοῦ θεοῦ 하나님의 of God
χρείαν 필요를/결핍을 need	μένει 거하겠는가/머물겠는가? does ~ abide
ἔχοντα[5] 가진 것을 having	ἐν αὐτῷ; 그 안에 in him?

1. ὃς δ’ ἂν: '그런데 누구든지'; 2:5 참고.
2. ἔχῃ: ἔχῃ = ἔχ + ῃ.
3. τὸν βίον τοῦ κόσμου: '세상의 수단/재물'. 여기서 βίος는 '삶의 수단', 즉 '재물/부'를 가리킨다(2:16 참고).
4. θεωρῇ: θεωρῇ = θεωρ + ῇ. θεωρέω(보다, 주목하다), θεωρία(보는 것, 보이는 것).
5. χρείαν ἔχοντα: '필요를/결핍을 가진 것을' > '필요한/결핍한 것이 있는 것을'(2:27 참고).
6. κλείσῃ: κλείσῃ = κλεί + σῃ. κλείω(닫다), κλείς(열쇠, 키).
7. τὰ σπλάγχνα: σπλάγχνον는 본래 사람의 배 부위에 있는 장기(내장)를 가리킨다. 몸의 내부에 감정의 자리가 있다는 생각에 '마음'(heart), '강한 느낌'(deep feeling)의 의미로 쓰이기도 하였다(Friberg).
8. ἀπ’ αὐτοῦ: ἀπό(away/apart from) + αὐτοῦ(him).
9. πῶς ... : 부사 πῶς(how)는 이처럼 의문사로 쓰일 수 있다. 여기서는 반문하는 의도로 쓰였다.

요일 3:18

18
τεκνίον
명.호.중복
μή
조사
ἀγαπάω
동가.현능.1복
λόγος
명.여.남단
μηδέ
조사
ὁ
관.여.여단
γλῶσσα
명.여.여단
ἀλλά
접.등
ἐν
전.여
ἔργον
명.여.중단
καί
접.등
ἀλήθεια
명.여.여단

Τεκνία, μὴ ἀγαπῶμεν λόγῳ μηδὲ τῇ γλώσσῃ, ἀλλ’ ἐν ἔργῳ καὶ ἀληθείᾳ,

자녀들아. 말과 혀로 사랑하지 말자. 도리어 행함과 진리로 하자.

Τεκνία, 자녀들아. Dear children,	ἀλλ’ ἐν 도리어 ~로 (하자.) but in
μὴ ἀγαπῶμεν[1] 사랑하지 말자. let us not love	ἔργῳ 행함/일과 deed
λόγῳ 말과 with word	καὶ ἀληθείᾳ,[3] 진리~ and truth.
μηδὲ τῇ γλώσσῃ,[2] 혀로(만) nor with tongue;	

1. μὴ ἀγαπῶμεν: '(우리) 사랑하지 말자'. 권고의(hortatory) 가정법이다. ἀγαπῶμεν = ἀγαπά + ωμεν.
2. μὴ ... λόγῳ μηδὲ τῇ γλώσσῃ: '말로 아니고 혀로도 아니고'. 수단(means)의 여격이다.
3. ἐν ἔργῳ καὶ ἀληθείᾳ: '행함(일)과 진리(진실함)로'. 수단의 여격인 ἔργῳ와 ἀληθείᾳ는 동격이다. 전치사 ἐν이 둘에 다 관련된다는 점에서 '행함'과 '진리(진실함)'는 분리되지 않을 것이다.

요일 3:19

Καὶ ἐν τούτῳ γνωσόμεθα ὅτι ἐκ τῆς ἀληθείας ἐσμέν. καὶ ἔμπροσθεν αὐτοῦ πείσομεν τὴν καρδίαν ἡμῶν,

이로써 우리가 진리에 속한다는 것을 알 것이다. 또한 그 앞에서 우리 마음에 확신을 갖게 될 것이다.

Καὶ ἐν τούτῳ[1]
이로써 And by this
γνωσόμεθα[2]
우리가 ~ 알 것이다. we shall know
ὅτι
~는 것을 that
ἐκ τῆς ἀληθείας
진리에 속~ of the truth
ἐσμέν.
우리가 ~한다~ we are

καὶ ἔμπροσθεν αὐτοῦ[3]
그 앞에서 and ~ before him.
πείσομεν[4]
확신한다/굳게 한다~ we shall assure
τὴν καρδίαν[5]
마음에/마음을 heart
ἡμῶν,
우리의 our

---

1. ἐν τούτῳ: '이로써'. ἐν τούτῳ는 앞 문장의 추론적 기능을 갖는다('행함과 진리로 사랑함으로써').
2. γνωσόμεθα ὅτι: '우리가 ~것을 알 것이다'; γνο(γινώσκω[알다]의 어간) + σόμεθα(미래 dep. 1복).
3. ἔμπροσθεν αὐτοῦ: '그 앞에서'. ἔμ(ἐν, in) + προσθεν(front) = ἔμπροσθεν(in front, before, 앞에).
4. πείσομεν: πείθω(설득하다, 확신시키다)의 미래 1복. 미래 πείσω, 부정과거(능) ἔπεισα, 현재완료(능) πέποιθα, 현재완료(수) πέπεισμαι, 부정과거(수) ἐπείσθην.
5. τὴν καρδίαν: '마음을'. καρδία(마음, 심장) > cardiac(심장의, of the heart). καρδιογνώστης(마음을 아시는 분).

19
καί
접.등
ἐν
전.여
οὗτος
대지시.여 중단
γινώσκω
동직.미.중.1복
ὅτι
접.종
ἐκ
전.소
ὁ
관.소.여단
ἀλήθεια
명.소.여단
εἰμί
동직.현능.1복
καί
접.등
ἔμπροσθεν
전.소
αὐτός
대인칭.소.남단
πείθω
동직.미.능.1복
ὁ
관.목.여단
καρδία
명.목.여단
ἐγώ
대인칭.소 -복

요일 3:20

ὅτι ἐὰν καταγινώσκῃ ἡμῶν ἡ καρδία, ὅτι μείζων ἐστὶν ὁ θεὸς τῆς καρδίας ἡμῶν καὶ γινώσκει πάντα.

만일 우리 마음이 책망할 것이 있다면 그러하겠는가? 하나님은 우리의 마음보다 크시고 모든 것을 아시는 분이시기 때문이다.

ὅτι[1] ἐὰν
만일 For if
καταγινώσκῃ[2]
책망한다면/정죄한다면... condemns us ...
ἡμῶν
우리의 our
ἡ καρδία,
마음이 heart(s)
ὅτι[3]
~ 때문이다. for
μείζων[4]
더 크~ greater than

ἐστὶν
~시고 is
ὁ θεὸς
하나님은 God
τῆς καρδίας[5]
마음보다 heart(s)
ἡμῶν
우리의 our
καὶ γινώσκει
아시기 ~ and he knows
πάντα.
모든 것을 everything.

20
ὅτι
접.종
ἐάν
접.종
καταγινώσκω
동가.현능.3단
ἐγώ
대인칭.소 -복
ὁ
관.주.여단
καρδία
명.주.여단
ὅτι
접.종
μέγας
형일반.주.남단
εἰμί
동직.현능.3단
ὁ
관.주.남단
θεός
명.주.남단
ὁ
관.소.여단
καρδία
명.소.여단
ἐγώ
대인칭.소 -복
καί
접.등
γινώσκω
동직.현능.3단
πᾶς
형부정.목.중복

---

1. ὅτι: 접속사 ὅτι는 이유(원인)의 의미를 가질 것이다. ὅτι 앞에 내용의 생략이 있을 것으로 추정된다 (예컨대, '마음에 확신하지 못할 것이다').

2. ἐὰν καταγινώσκῃ: '만일 책망한다면'; καταγινώσκ + η. καταγινώσκω([잘못을 찾다] 책망하다, 정죄하다) = κατά(against) + γινώσκω. ἀναγινώσκω(구분하다, 읽다), διαγινώσκω(구별하다, 정확히 알다, 결정하다), ἐπιγινώσκω(인식하다, 제대로 알게 되다), προγινώσκω(미리 알다).

3. ὅτι: 이유(원인)의 ὅτι 부사절.

4. μείζων: μέγας(m)(큰, great), μεγάλη(f), μέγα(n)의 비교급 μείζων(m), μείζονα(f), μεῖζον. 비교급 μείζων(~ 보다 큰)은 소유격 명사/대명사를 취한다.

5. τῆς καρδίας: '마음보다'. 비교(comparison)의 소유격이다(KMP, 102).

요일 3:21

21
ἀγαπητός
형일반.호.남복
ἐάν
접.종
ὁ
관.주.여단
καρδία
명.주.여단
ἐγώ
대인칭.소 -복
μή
조.사
καταγινώσκω
동가.현능.3단
παρρησία
명.목.여단
ἔχω
동직.현능.1복
πρός
전.목
ὁ
관.목.남단
θεός
명.목.남단

Ἀγαπητοί, ἐὰν ἡ καρδία ἡμῶν μὴ καταγινώσκῃ, παρρησίαν ἔχομεν πρὸς τὸν θεὸν

> 사랑하는 자들아. 만일 우리 마음이 책망할 것이 없다면 우리가 하나님 앞에서 담대함을 가지게 된다.

Ἀγαπητοί,
사랑하는 자들아. Beloved,
ἐὰν ἡ καρδία
만일 ~ 마음이 if ~ heart(s)
ἡμῶν
우리(의) our
μὴ καταγινώσκῃ,[1]
책망하지/정죄하지 않는다면 does not condemn us,

παρρησίαν[2]
담대함을 confidence/ boldness
ἔχομεν
우리는 ~ 가진다. we have
πρὸς τὸν θεὸν[3]
하나님께 대하여 toward/ before God

1. ἐὰν ... μὴ καταγινώσκῃ: '만일 책망하지 않는다면'. ἐὰν 가정법은 있음직한 일을 가정한다.
2. παρρησίαν: '담대함을'; 2:28 참고.
3. πρὸς τὸν θεὸν: '하나님께 대하여'. πρὸς + 목적격은 '~대하여'(toward), '함께'(with), '앞에서'(before)의 뜻이 있다.

요일 3:22

22
καί
접.등
ὅς
대관계.목.중단
ἐάν
조.사
αἰτέω
동가.현능.1복
λαμβάνω
동직.현능.1복
ἀπό
전.소
αὐτός
대인칭.소.남단
ὅτι
접.종
ὁ
관.목.여복
ἐντολή
명.목.여복
αὐτός
대인칭.소.남단
τηρέω
동직.현능.1복
καί
접.등
ὁ
관.목.중복

καὶ ὃ ἐὰν αἰτῶμεν, λαμβάνομεν ἀπ᾽ αὐτοῦ, ὅτι τὰς ἐντολὰς αὐτοῦ τηροῦμεν καὶ τὰ ἀρεστὰ ἐνώπιον αὐτοῦ ποιοῦμεν.

> 또한 우리가 구하는 것은 다 그에게서 받게 된다. 우리가 그의 계명들을 지키고 기뻐하시는 것들을 그 앞에서 행하기 때문이다.

καὶ ὃ ἐὰν αἰτῶμεν,[1]
또한 우리가 (구한다면 그) 구하는 것을
And ~ whatever we ask
λαμβάνομεν
우리가 ~ 받는다. we receive
ἀπ᾽ αὐτοῦ,
그로부터 from him,
ὅτι[2]
~ 때문에 because
τὰς ἐντολὰς
계명들을 commandments

αὐτοῦ
그의 his
τηροῦμεν[3]
우리가 ~ 지키고 and keep
καὶ τὰ ἀρεστὰ[4]
기뻐하시는 것들을 and ~ what pleases him
ἐνώπιον αὐτοῦ
그 앞에서 before/ in front of him.
ποιοῦμεν.
행하기 ~ do

1. ὃ ἐὰν αἰτῶμεν: 문자적, '만일 우리가 구한다면 (바로) 그것을' > '우리가 구하는 것을'. 관계대명사 + ἐὰν은 whatever, whoever의 뜻으로 쓰일 수 있다(ESV, NAS, KJV). 관계대명사 중단 목적격 ὃ는 명사절을 이끌며 λαμβάνομεν(우리가 받는다)의 목적어가 된다. αἰτῶμεν = αἰτέ + ωμεν; έ + ω = ῶ. αἰτέω(구하다, 요청하다) > αἴτημα(구한 것/바).
2. ὅτι: 이유(원인)의 ὅτι 부사절.
3. τηροῦμεν ... ποιοῦμεν: '(우리가) 지키고 … 행한다'. 유사어의 사용은 내용의 반복, 강조의 효과가 있다. τηροῦμεν = τηρέ + ομεν; ποιοῦμεν = ποιέ + ομεν.
4. τὰ ἀρεστὰ: '기뻐하는 것들을'. 형용사 ἀρεστός(기뻐하는, 적절한)의 독립적 사용이다. ἀρεσκεία(기뻐함), ἀρέσκω(기쁘게 하다).

요일 3:23

Καὶ αὕτη ἐστὶν ἡ ἐντολὴ αὐτοῦ, ἵνα πιστεύσωμεν τῷ ὀνόματι τοῦ υἱοῦ αὐτοῦ Ἰησοῦ Χριστοῦ καὶ ἀγαπῶμεν ἀλλήλους, καθὼς ἔδωκεν ἐντολὴν ἡμῖν.

이것이 그의 계명이다. 우리가 그의 아들 예수 그리스도의 이름을 믿고, 그가 우리에게 계명을 주신 대로 서로 사랑하는 것이다.

Καὶ αὕτη[1]
(그리고) 이것이 And this
ἐστὶν
~이다. is
ἡ ἐντολὴ
계명~ commandment
αὐτοῦ,
그의 his
ἵνα
즉 ~ 것이다. that
πιστεύσωμεν[2]
우리가 ~ 믿고 we believe
τῷ ὀνόματι
이름을 the name
τοῦ υἱοῦ
아들 of ~ Son

αὐτοῦ
그의 his
Ἰησοῦ Χριστοῦ
예수 그리스도의 Jesus Christ
καὶ ἀγαπῶμεν[3]
사랑하는 ~ and love
ἀλλήλους,
서로 one another
καθὼς ἔδωκεν[4]
그가 ~ 주신 것처럼 just as he gave
ἐντολὴν
계명을 the commandment
ἡμῖν.
우리에게 to us.

1. αὕτη ἐστὶν ἡ ἐντολή: '이것이 (바로) 계명이다'. 지시대명사 + εἰμί 동사는 강조하는 표현이다. αὕτη ἐστιν(1:5; 2:25; 3:11, 23; 5:4, 9, 11, 14); τοῦτό ἐστιν(4:3); οὗτός ἐστιν(2:22; 5:6, 20; 요 1:7).
2. ἵνα πιστεύσωμεν: '즉, 우리가 믿는 것'. ἵνα 가정법 구문은 명사절로 쓰였다. ἡ ἐντολὴ(계명)를 보충 설명한다. 부정과거 가정법은 행위 수행(performance)에 초점을 둔다.
3. ἀγαπῶμεν: ἀγαπά + ομεν. 현재 가정법은 지속성을 부각한다.
4. ἔδωκεν: '주셨다'; έ + δω + κε(ν); 3:1 참고.

오른쪽 난외 주석:

ἀρεστός
형가반목중복
ἐνώπιον
전소
αὐτός
대인칭.소.남단
ποιέω
동직.현능.1복

23
καί
접.등
οὗτος
대지시.주.여단
εἰμί
동직.현능.3단
ὁ
관.주.여단
ἐντολή
명.주.여단
αὐτός
대인칭.소.남단
ἵνα
접.종
πιστεύω
동가.과능.1복
ὁ
관.여.중단
ὄνομα
명.여.중단
ὁ
관.소.남단
υἱός
명.소.남단
αὐτός
대인칭.소.남단
Ἰησοῦς
명.소.남단
Χριστός
명.소.남단
καί
접.등
ἀγαπάω
동가.현능.1복
ἀλλήλων
대상호.목.남복
καθώς
접.종
δίδωμι
동직.과능.3단
ἐντολή
명.목.여단
ἐγώ
대인칭.여.-복

요일 3:24

24
καί
접.등
ὁ
관.주.남단
τηρέω
동분.현능.주남단
ὁ
관.목.여복
ἐντολή
명.목.여복
αὐτός
대인칭.소.남단
ἐν
전.여
αὐτός
대인칭.여.남단
μένω
동직.현능.3단
καί
접.등
αὐτός
대강조.주.남단
ἐν
전.여
αὐτός
대인칭.여.남단
καί
접.등
ἐν
전.여
οὗτος
대지시.여.중단
γινώσκω
동직.현능.1복
ὅτι
접.종
μένω
동직.현능.3단
ἐν
전.여
ἐγώ
대인칭.여.-복
ἐκ
전.소
ὁ
관.소.중단
πνεῦμα
명.소.중단
ὅς
대관계.소.중단
ἐγώ
대인칭.여.-복
δίδωμι
동직.과능.3단

καὶ ὁ τηρῶν τὰς ἐντολὰς αὐτοῦ ἐν αὐτῷ μένει καὶ αὐτὸς ἐν αὐτῷ· καὶ ἐν τούτῳ γινώσκομεν ὅτι μένει ἐν ἡμῖν, ἐκ τοῦ πνεύματος οὗ ἡμῖν ἔδωκεν.

그의 계명을 지키는 자는 주 안에 거하고 주님도 친히 그 안에 거하신다. 그 때문에 우리는 안다. 우리에게 주신 영으로 말미암아 그가 우리 안에 거하신다는 것이다.

καὶ ὁ τηρῶν[1]
(또한) ~ 지키는 자는　And the one who keeps

　τὰς ἐντολὰς
　계명(들)을　commandments

　　αὐτοῦ
　　그의　his

　　ἐν αὐτῷ
　　그 안에　in him,

　μένει
　거하고　abides

καὶ αὐτὸς[2]
그도 직접/친히 (거하신다.)　and he himself

　ἐν αὐτῷ·
　그 안에　in him.

　καὶ ἐν τούτῳ[3]
　이로써　And by this

γινώσκομεν
우리가 ~ 안다.　we know

　ὅτι[4]
　~는 것을　that

　μένει
　그가 거한다~　he abides

　　ἐν ἡμῖν,
　　우리 안에　in us

　　ἐκ τοῦ πνεύματος[5]
　　성령으로 말미암아/인하여　by the Spirit

　　　οὗ[6]
　　　그 whom

　　　　ἡμῖν
　　　　우리에게　us.

　　　ἔδωκεν.
　　　그가 ~ 주신　he gave

---

1. ὁ τηρῶν: '지키는 자는'; τηρέ + ων; έ + ω = ῶ.
2. αὐτὸς ἐν αὐτῷ: '그가 직접 그 안에 (계신다)'. 동사 ἐστιν이 생략되었고 주어가 강조된 표현이다.
3. ἐν τούτῳ: '이로써'. 추론적 의미를 갖는다.
4. γινώσκομεν ὅτι: '~ 것을 우리는 안다'(2:3, 5, 18; 3:24; 4:13; 5:2).
5. ἐκ τοῦ πνεύματος: 전치사 ἐκ는 여기서 기원(origin, 'from') 또는 수단(means, 'by')의 의미일 것이다. 3변화 πνεῦμα(영, 바람)는 -μα, -ματος, -ματι, -μα(sg); -ματα, -μάτων, -ματι(ν), -ματα(pl)로 변화한다. πνεῦμα < πνέω(불다) > πνευματικός(영적인), πνευματικῶς(영적으로).
6. οὗ ἡμῖν ἔδωκεν: '우리에게 주신 그 (성령)'. 관계대명사 중단 소유격 οὗ는 선행사 τοῦ πνεύματος의 격을 따랐다(attraction). 관계대명사 소유격과 여격에서 선행사의 격에 동화된 경우가 많다.

요한일서 4장

요일 4:1

Ἀγαπητοί, μὴ παντὶ πνεύματι πιστεύετε ἀλλὰ δοκιμάζετε τὰ πνεύματα εἰ ἐκ τοῦ θεοῦ ἐστιν, ὅτι πολλοὶ ψευδοπροφῆται ἐξεληλύθασιν εἰς τὸν κόσμον.

> 사랑하는 자들아. 너희는 영을 다 믿지 말고, 도리어 하나님께 속한 지 그 영들을 시험해 보라. 많은 거짓 선지자들이 세상에 나왔기 때문이다.

Ἀγαπητοί,
사랑하는 자들아. Beloved,

   μὴ παντὶ πνεύματι
   영을 다 ~ 말고 not ~ every spirit

   πιστεύετε[1]
   너희는 ~ 믿지 ~ do ~ believe

   ἀλλὰ[2] δοκιμάζετε[3]
   도리어 ~ 시험하라. but test

   τὰ πνεύματα
   그 영들을 the spirits

   εἰ[4]
   ~ 지 whether

ἐκ τοῦ θεοῦ
하나님께 속~ of God,

   ἐστιν,
   ~한~ they are

   ὅτι[5] πολλοὶ ψευδοπροφῆται[6]
   많은 거짓 선지자들이 ~ 때문이다. for many false prophets

   ἐξεληλύθασιν[7]
   나왔기 ~ have gone out

   εἰς τὸν κόσμον.
   세상으로/에 into the world.

1
ἀγαπητός
형일반.호.남복
μή
조사
πᾶς
형부정.여.중단
πνεῦμα
명.여.중단
πιστεύω
동명.현능.2복
ἀλλά
접.등
δοκιμάζω
동명.현능.2복
ὁ
관.목.중복
πνεῦμα
명.목.중복
εἰ
조사
ἐκ
전.소
ὁ
관.소.남단
θεός
명.소.남단
εἰμί
동직.현능.3단
ὅτι
접.종
πολύς
형일반.주.남복
ψευδοπρο-
φήτης
명.주.남복
ἐξέρχομαι
동직.완능.3복
εἰς
전.목
ὁ
관.목.남단
κόσμος
명.목.남단

---

1. μὴ ... πιστεύετε: '너희는 믿지 말라'; πιστεύ + ετε. πιστεύετε 자체는 직설법 2복과 명령법 2복에 다 해당되지만, 부정어 μὴ는 직설법이 아님을 가리켜준다. μὴ + 현재 명령법은 가장 대표적인 금지의 명령법이다(KMP, 209). πιστεύω([~를/을] 믿다)는 εἰς 등의 전치사(예, 5:10, 13)나 ὅτι 명사절(예, 5:1, 5)을 목적어로 취하지 않을 때는 주로 여격 명사/대명사를 취한다(요일 3:23; 요 4:21; 5:24, 46; 6:30; 8:31, 45; 10:37; 12:38 등; 예외, 요일 4:16; 요 11:26).

2. μὴ ... ἀλλὰ ...: 'not ... but ...'

3. δοκιμάζετε: '시험하라'; δοκιμάζ + ετε. δοκιμάζω(시험하다, 검사하다, [검사 후] 승인하다), δοκιμασία(검증, 검증하기), δοκιμή(검증, 검증/공인됨), δοκίμιον(검증하기), δόκιμος(인정된, 받아진).

4. εἰ ἐκ τοῦ θεοῦ ἐστιν: '하나님께 속한지'. ὁράω([~한지] 보다), δοκιμάζω([~인지] 시험하다), ἐπερωτάω([~인지] 묻다) 등과 같은 단어들 다음에 εἰ는 '~인지, 아닌지'(whether)의 의미로 쓰이는 경우가 많다(예, 마 27:49; 막 3:2; 15:36, 44; 눅 23:6).

5. ὅτι: 이유(원인)의 ὅτι 부사절.

6. ψευδοπροφῆται: '거짓 선지자들'. ψευδοπροφήτης = ψευδο(< ψεῦδος, 거짓; < ψευδής, 속이는) + προφήτης(선지자). ψευδοδιδάσκαλος(거짓 선생), ψευδομάρτυρ(거짓 증인), ψευδόχριστος(거짓 그리스도).

7. ἐξεληλύθασιν: '나왔다'; ἐξέρχομαι([~에서] 나오다/나가다), 2:19 참고. 현재완료 ἐξελήλυθα의 3복. 현재완료는 상태와 결과의 지속성을 부각할 수 있다.

요일 4:2

2
ἐν
전.여
οὗτος
대지시.여 중단
γινώσκω
동직.현능.2복/
동명.현능.2복
ὁ
관.목.중단
πνεῦμα
명.목.중단
ὁ
관.소.남단
θεός
명.소.남단
πᾶς
형부정.주.중단
πνεῦμα
명.주.중단
ὅς
대인칭.주.중단
ὁμολογέω
동직.현능.3단
Ἰησοῦς
명.목.남단
Χριστός
명.목.남단
ἐν
전.여
σάρξ
명.여.여단
ἔρχομαι
동분.완능.목.남단
ἐκ
전.소
ὁ
관.소.남단
θεός
명.소.남단
εἰμί
동직.현능.3단

ἐν τούτῳ γινώσκετε τὸ πνεῦμα τοῦ θεοῦ· πᾶν πνεῦμα ὃ ὁμολογεῖ Ἰησοῦν Χριστὸν ἐν σαρκὶ ἐληλυθότα ἐκ τοῦ θεοῦ ἐστιν,

이로써 우리가 하나님의 영을 안다. 예수 그리스도께서 육체로 오신 것을 시인하는 영마다 하나님께 속한 것이다.

———

ἐν τούτῳ[1]	Ἰησοῦν Χριστὸν
이로써 By this	예수 그리스도께서 Jesus Christ
γινώσκετε	ἐν σαρκὶ
너희는 ~ 안다. we know	육체로 in the flesh
τὸ πνεῦμα	ἐληλυθότα[3]
영을 the Spirit	오신 것을 has come
τοῦ θεοῦ·	ἐκ τοῦ θεοῦ
하나님의 of God:	하나님께 속~ of God;
πᾶν πνεῦμα	ἐστιν,[4]
영마다 Every spirit	~한다. is
ὃ ὁμολογεῖ[2]	
시인/고백하는 that confesses	

———

1. ἐν τούτῳ: '이로써'. 여기서 ἐν τούτῳ는 앞 구절('시험하라'의 문장)의 추론적 의미가 있다. 뒤의 문장 (πᾶν πνεῦμα로 시작하는)의 선행적 의미로도 가능하다.
2. ὃ ὁμολογεῖ: '고백하는 (자)'; ὁμολογέ + ει; έ + ει = εῖ. 관계대명사 중단 ὃ 형용사절은 πνεῦμα를 꾸며준다.
3. ἐληλυθότα: '오신 것을'. ἔρχομαι의 현재완료 분사 남단 목적격 ἐληλυθότα는 같은 목적격 '예수 그리스도'의 술어 역할을 하는데 고백의 내용인 간접화법이다(cf. KMP, 314).
4. ἐκ τοῦ θεοῦ ἐστιν: '하나님께 속한다'(3:10, 4:1-4, 6-7; 5:19; 요삼 1:11).

요일 4:3

3
καί
접.등
πᾶς
형부정.주.중단
πνεῦμα
명.주.중단
ὅς
대인칭.주.중단
μή
조사
ὁμολογέω
동직.현능.3단
ὁ
관.목.남단
Ἰησοῦς
명.목.남단
ἐκ
전.소
ὁ
관.소.남단
θεός
명.소.남단
οὐ
부
εἰμί
동직.현능.3단
καί
접.등

καὶ πᾶν πνεῦμα ὃ μὴ ὁμολογεῖ τὸν Ἰησοῦν ἐκ τοῦ θεοῦ οὐκ ἔστιν· καὶ τοῦτό ἐστιν τὸ τοῦ ἀντιχρίστου ὃ ἀκηκόατε ὅτι ἔρχεται, καὶ νῦν ἐν τῷ κόσμῳ ἐστὶν ἤδη.

예수를 시인하지 않는 영마다 하나님께 속하지 않는다. 이것이 적그리스도의 영이다. 올 것이라고 너희가 들었다. 그런데 지금 세상에 이미 있다.

———

καὶ πᾶν πνεῦμα	καὶ τοῦτό[2]
또한 ~ 영마다 and every spirit	이것이/이 자가 (And) This
ὃ μὴ ὁμολογεῖ[1]	ἐστιν
시인/고백하지 않는 that does not confess	~이다. is
τὸν Ἰησοῦν	τὸ τοῦ ἀντιχρίστου[3]
예수를 Jesus	적그리스도의 것(영)~ the thing (spirit) of the antichrist,
ἐκ τοῦ θεοῦ	ὃ ἀκηκόατε[4]
하나님께 속~ of God.	너희가 들어온/들은 which you have heard
οὐκ ἔστιν·	ὅτι ἔρχεται,[5]
~하지 않는다. is not	올 것이라고 (that) is coming

καὶ νῦν
지금 and now

ἐν τῷ κόσμῳ
세상에 in the world.

ἐστὶν
있다. is

ἤδη.
이미 already

οὗτος
대지시.주.중단
εἰμί
동직.현능.3단
ὁ
관.주.중단
ὁ
관.소.남단
ἀντίχριστος
명.소.남단
ὅς
대관계.목.중단
ἀκούω
동직.완능.2복
ὅτι
접.종
ἔρχομαι
동직.현능.3단
καί
접.등
νῦν
부
ἐν
전.여
ὁ
관.여.남단
κόσμος
명.여.남단
εἰμί
동직.현능.3단
ἤδη
부

1. ὁ μὴ ὁμολογεῖ: '고백하지 않는 (자)'. 2절 참고.
2. τοῦτό ἐστιν: 지시대명사 τοῦτό + ἐστιν 은 강조적 표현이다. τοῦτό의 끝 음절에 엑센트가 더해진 것은 뒤따르는 ἐστιν 때문이다.
3. τὸ τοῦ ἀντιχρίστου: 정관사(중단) τὸ는 독립적으로 쓰였으나, 같은 중단인 πνεῦμα를 지칭하는 것이므로 '적그리스도의 영'이 된다.
4. ὃ ἀκηκόατε: 관계대명사 중단 목적격 ὃ는 ἀκηκόατε(너희가 들어왔다)의 목적어이면서 역시 중성 πνεῦμα(직접적으로는 τὸ)를 선행사로 한다. 현재완료(2복) ἀκηκόατε의 사용(cf. 1:1)은 상태의 지속을 부각한다.
5. ὅτι ἔρχεται: ὅτι 명사절은 ἀκηκόατε의 목적어(that 절)이다.

요일 4:4

Ὑμεῖς ἐκ τοῦ θεοῦ ἐστε, τεκνία, καὶ νενικήκατε αὐτούς, ὅτι μείζων ἐστὶν ὁ ἐν ὑμῖν ἢ ὁ ἐν τῷ κόσμῳ.

너희는 하나님께 속한다. 자녀들아. 또한 그들을 이겼다. 너희 안에 계신 분이 세상에 있는 자보다 더 크시기 때문이다.

4
σύ
대인칭.주.-복
ἐκ
전.소
ὁ
관.소.남단
θεός
명.소.남단
εἰμί
동직.현능.2복
τεκνίον
명.호.중복
καί
접.등
νικάω
동직.완능.2복
αὐτός
대인칭.목.남복
ὅτι
접.종
μέγας
형.비반.주.남단
εἰμί
동직.현능.3단
ὁ
관.주.남단
ἐν
전.여
σύ
대인칭.여.-복
ἤ
접.등
ὁ
관.주.남단
ἐν
전.여
ὁ
관.여.남단
κόσμος
명.여.남단

Ὑμεῖς[1]
너희는 You

ἐκ τοῦ θεοῦ
하나님께 속~ of/ from God

ἐστε,
~하고 are

τεκνία,
자녀들아. dear children,

καὶ νενικήκατε[2]
이겨왔다/이겼다. and have overcome

αὐτούς,
그들을 them,

ὅτι[3]
~ 때문에 for

μείζων
더 크~ greater

ἐστὶν
~시기 ~ is

ὁ ἐν ὑμῖν[4]
너희 안에 계신 이가 he who is in you

ἢ[5] ὁ ἐν τῷ κόσμῳ.[6]
세상에 있는 자보다 than who is in the world.

1. Ὑμεῖς: 인칭대명사 Ὑμεῖς의 사용은 강조적인 표현이다. 2절의 '모든 영'과 대조하기 위한 목적이다.
2. νενικήκατε: '너희가 이겨왔다/이겼다'; 2:13 참고.
3. ὅτι: 이유(원인)의 ὅτι 부사절.
4. ὁ ἐν ὑμῖν: '너희 안에 계신 분'. 독립적으로 쓰인 관사(남단) ὁ는 특정한 존재(분)를 가리킨다.
5. ἢ: 접속사 ἢ(than, or)는 비교할 때 주로 쓰인다. 여기서는 μείζων ... ἢ(greater ... than)이다.
6. ὁ ἐν τῷ κόσμῳ: '세상에 있는 자'.

요일 4:5

5
αὐτός
대강조.주.남복
ἐκ
전.소
ὁ
관.소.남단
κόσμος
명.소.남단
εἰμί
동직.현능.3복
διά
전.목
οὖτος
대지시.목.중단
ἐκ
전.소
ὁ
관.소.남단
κόσμος
명.소.남단
λαλέω
동직.현능.3복
καί
접.등
ὁ
관.주.남단
κόσμος
명.주.남단
αὐτός
대인칭.소.남복
ἀκούω
동직.현능.3단

αὐτοὶ ἐκ τοῦ κόσμου εἰσίν, διὰ τοῦτο ἐκ τοῦ κόσμου λαλοῦσιν καὶ ὁ κόσμος αὐτῶν ἀκούει.

그들은 세상에 속한다. 이 때문에 세상에 속하여 말하고 세상은 그들의 말을 듣는다.

αὐτοὶ[1]
그들은 They

   ἐκ τοῦ κόσμου
   세상에 속~ of the world,

  εἰσίν,
  ~한다. are

    διὰ τοῦτο[2]
    이 때문에 therefore

    ἐκ τοῦ κόσμου
    세상에 속하여 of the world,

λαλοῦσιν[3]
말한다. they speak

καὶ ὁ κόσμος
또 세상은 and the world

   αὐτῶν
   그들을/그들의 말을 to them.

  ἀκούει.[4]
  듣는다. listen

---

1. αὐτοὶ: 강조대명사(남복) αὐτοὶ는 인칭대명사 '너희'와 대비하여 '그들'을 강조하기 위해 쓰였다.
2. διὰ τοῦτο: '이 때문에'. 추론적(inferential) 의미이다.
3. ἐκ τοῦ κόσμου λαλοῦσιν: ἐκ τοῦ κόσμου는 '세상으로부터'(from the world; ESV, NAS, NIV) 또는 '세상에 속하여'(of the world; RSV, KJV), 둘 다 가능하다. λαλοῦσιν([그들이] 말한다) = λαλέ + ουσι(ν).
4. αὐτῶν ἀκούει: '그들을/그들의 말을 듣는다'. ἀκούω(듣다)의 목적어는 소유격과 목적격 모두 가능하다.

요일 4:6

6
ἐγώ
대인칭.주-.복
ἐκ
전.소
ὁ
관.소.남단
θεός
명.소.남단
εἰμί
동직.현능.1복
ὁ
관.주.남단
γινώσκω
동분.현능.주.남단
ὁ
관.목.남단
θεός
명.목.남단
ἀκούω
동직.현능.3단
ἐγώ
대인칭.소-.복
ὅς
대관계.주.남단
οὐ
부
εἰμί
동직.현능.3단
ἐκ
전.소
ὁ
관.소.남단
θεός
명.소.남단

ἡμεῖς ἐκ τοῦ θεοῦ ἐσμεν· ὁ γινώσκων τὸν θεὸν ἀκούει ἡμῶν· ὃς οὐκ ἔστιν ἐκ τοῦ θεοῦ οὐκ ἀκούει ἡμῶν. ἐκ τούτου γινώσκομεν τὸ πνεῦμα τῆς ἀληθείας καὶ τὸ πνεῦμα τῆς πλάνης.

우리는 하나님께 속한다. 하나님을 아는 자는 우리의 말을 듣는다. 하나님께 속하지 않는 자는 우리의 말을 듣지 않는다. 그 때문에 우리는 진리의 영과 미혹의 영을 안다.

ἡμεῖς[1]
우리는 We

   ἐκ τοῦ θεοῦ
   하나님께 속~ of/ from God.

  ἐσμεν·
  ~한다. are

ὁ γινώσκων[2]
아는 자는 He who knows

   τὸν θεὸν
   하나님을 God

  ἀκούει
  듣는다. listens

    ἡμῶν·[3]
    우리를/우리의 말을 to us.

ὃς[4] οὐκ ἔστιν
~하지 않는 자는 He who is not

   ἐκ τοῦ θεοῦ
   하나님께 속~ of God

  οὐκ ἀκούει
  듣지 않는다. does not listen

   ἡμῶν.
   우리를/우리의 말을 to us.

   ἐκ τούτου[5]
   이로써/이 때문에 By this

  γινώσκομεν
  우리는 ~ 안다. we know

   τὸ πνεῦμα
   영과 the Spirit

τῆς ἀληθείας
진리의 of truth

καὶ τὸ πνεῦμα
영을 and the spirit

τῆς πλάνης.⁶
미혹의 of error/ falsehood.

---

1. ἡμεῖς: 인칭대명사(1복) ἡμεῖς(우리)도 강조의 목적으로 쓰였다. '너희'(4절), '그들'(5절), '우리'(6절)의 대조/대비의 강조이다.
2. ὁ γινώσκων: '이기는 자는'; γινώσκ + ων. 분사(현재)의 독립적 용법이다.
3. ἀκούει ἡμῶν: 5절의 αὐτῶν ἀκούει와 비교하자.
4. ὃς οὐκ ἔστιν ἐκ: (독립적 분사가 아니라) 직설법을 쓰고자 한다면 관계대명사를 쓰는 것이 타당하다. 관계대명사(남단 주격) ὃς 명사절은 문장의 주부를 형성한다('he who ...').
5. ἐκ τούτου: 문자적, '이(것으)로부터'(from this) > '이것에 비추어 볼 때' > '이로써/이 때문에'(cf. 요 6:66; 19:12).
6. πλάνης: πλάνη(미혹, 방황), πλανάω(미혹하다, 속이다), πλανήτης(방랑자), πλάνος(미혹하는).

요일 4:7

Ἀγαπητοί, ἀγαπῶμεν ἀλλήλους, ὅτι ἡ ἀγάπη ἐκ τοῦ θεοῦ ἐστιν, καὶ πᾶς ὁ ἀγαπῶν ἐκ τοῦ θεοῦ γεγέννηται καὶ γινώσκει τὸν θεόν.

사랑하는 자들아. 우리가 서로 사랑하자. 사랑은 하나님께 속하고 사랑하는 자마다 하나님에게서 났고 하나님을 알기 때문이다.

Ἀγαπητοί,
사랑하는 자들아. Beloved,

ἀγαπῶμεν¹
우리가 ~ 사랑하자. let us love

ἀλλήλους,
서로 one another,

ὅτι²
~ 때문이다. for

ἡ ἀγάπη
사랑은 the love

ἐκ τοῦ θεοῦ
하나님께 속~ of/ from God;

ἔστιν,
~하고 is

καὶ πᾶς ὁ ἀγαπῶν³
사랑하는 자마다 and everyone who loves

ἐκ τοῦ θεοῦ
하나님께로부터 of God

γεγέννηται⁴
났고 has been born

καὶ γινώσκει
알기 ~ and knows

τὸν θεόν.
하나님을 God.

---

1. ἀγαπῶμεν: '사랑합시다'; ἀγαπά + ομεν; ά + ο = ῶ. 권고의 1복 가정법(3:18 참고).
2. ὅτι: 이유(원인)의 ὅτι 부사절('~때문에').
3. πᾶς ὁ ἀγαπῶν: '사랑하는 자마다'(2:23 참고).
4. ἐκ τοῦ θεοῦ γεγέννηται: '하나님으로부터 났다'; 2:29 참고. 현재완료는 상태와 결과의 지속성을 부각한다.

요일 4:8

8
ὁ
관주.남단
μή
조사
ἀγαπάω
동분.현능.주남단
οὐ
부
γινώσκω
동직.과능.3단
ὁ
관목.남단
θεός
명.목.남단
ὅτι
접.종
ὁ
관주.남단
θεός
명.주.남단
ἀγάπη
명.주.여단
εἰμί
동직.현능.3단

ὁ μὴ ἀγαπῶν οὐκ ἔγνω τὸν θεόν, ὅτι ὁ θεὸς ἀγάπη ἐστίν.

사랑하지 않는 자는 하나님을 알지 못한다. 하나님은 사랑이시기 때문이다.

ὁ μὴ ἀγαπῶν
사랑하지 않는 자는 Anyone who does not love
    οὐκ ἔγνω[1]
    알지 못한다. does not know
      τὸν θεόν,
      하나님을 God,

ὅτι[2] ὁ θεὸς
하나님은 ~ 때문이다. for God
    ἀγάπη[3]
    사랑~ love.
ἐστίν.
~이시기 ~ is

---

1. οὐκ ἔγνω: '그는 알지 못하였다/못한다'. 부정과거이지만 현재로 번역할 수 있는 것('does not know'; ESV, NAS, RSV, NIV)은 일반적인 사실을 나타내는 금언적(gnomic) 부정과거로 보기 때문일 것이다. 궁극적, 완성적(성취적) 의미를 가진 결말적(culminative) 부정과거의 의미도 있을 수 있다. γινώσκω(안다, 알게 되다)의 부정과거 ἔγνων은 어근식 부정과거(root aorist)라 하는데(Mounce, 103), 어근의 모음이 지켜진(길어져서) 채, 어미의 첫 모음 역할을 하는 경우이다. ἔγνων, ἔγνως, ἔγνω(sg), ἔγνωμεν, ἔγνωτε, ἔγνωσαν(pl) .
2. ὅτι: 이유-(원인)의 ὅτι 부사절.
3. ὁ θεὸς ἀγάπη ἐστίν: '하나님은 사랑이시다'. 보어 ἀγάπη에 관사가 없는 것은 질적인(qualitative) 면 (질, 본질)에 초점을 두는 것일 수 있다(Wallace, 244-245, 264). 주어의(subject) 주격인 ὁ θεὸς에 대해 ἀγάπη는 술부의(predicate) 주격이라고 한다(KMP, 56).

요일 4:9

9
ἐν
전.여
οὗτος
대지시.여.중단
φανερόω
동직.과수.3단
ὁ
관주.여단
ἀγάπη
명.주.여단
ὁ
관소.남단
θεός
명.소.남단
ἐν
전.여
ἐγώ
대인칭.여.-복
ὅτι
접.종
ὁ
관목.남단
υἱός
명.목.남단
αὐτός
대인칭.소.남단
ὁ
관목.남단
μονογενής
형일반.목.남단
ἀποστέλλω
동직.완능.3단
ὁ
관주.남단
θεός
명.주.남단
εἰς
전.목

ἐν τούτῳ ἐφανερώθη ἡ ἀγάπη τοῦ θεοῦ ἐν ἡμῖν, ὅτι τὸν υἱὸν αὐτοῦ τὸν μονογενῆ ἀπέσταλκεν ὁ θεὸς εἰς τὸν κόσμον, ἵνα ζήσωμεν δι' αὐτοῦ.

이로써 하나님의 사랑이 우리 안에 나타났다. 즉, 하나님께서 그의 아들 독생자를 세상에 보내셔서, 우리가 그를 통하여 살게 하신 것이다.

ἐν τούτῳ[1]
이로써/이 때문에 By this
ἐφανερώθη[2]
나타났다. was manifested
ἡ ἀγάπη
사랑이 the love
    τοῦ θεοῦ
    하나님의 of God
      ἐν ἡμῖν,
      우리 안에 in us,
ὅτι[3]
즉, that
    τὸν υἱὸν
    아들 Son

αὐτοῦ
그의 his
τὸν μονογενῆ[4]
독생자를 only begotten
ἀπέσταλκεν[5]
보내셨다. sent
ὁ θεὸς
하나님께서 God
εἰς τὸν κόσμον,
세상에 into the world,
ἵνα ζήσωμεν[6]
우리가 ~ 살도록 that we might live
δι' αὐτοῦ.[7]
그를 통하여/그에 의하여 through him.

---

1. ἐν τούτῳ: '이로써/이 때문에'. 여기서 ἐν τούτῳ는 앞 내용('하나님은 사랑이시다')의 추론적 의미 ('이 때문에')일 수도 있고 뒤의 ὅτι 절('아들을 보내심')을 가리키는 것일 수도 있다.

2. ἐφανερώθη: '나타났다'; ἐ + φανερο + θη; 1:2 참고.
3. ὅτι: 여기서 ὅτι 명사절은 앞의 내용을 보충 설명하는(epexegetical) 역할을 한다.
4. μονογενῆ: μονογενής(하나 밖에 없는 자식/자녀, 외아들) = μονο(μόνος < only, alone) + γενής(< γενετή, 출생 < γεννάω, 낳다).
5. ἀπέσταλκεν: '보내셨다'. 현재완료의 사용은 결과의 지속성을 강조하려는 목적이 있다. 현재 ἀποστέλλω(보내다), 미래 ἀποστελῶ, 부정과거(능) ἀπέστειλα, 현재완료(능) ἀπέσταλκα, 현재완료(수) ἀπέσταλμαι, 부정과거(수) ἀπεστάλην. 현재완료 변화는 κα,-κας, -κε(sg); -καμεν, -κατε, -καν(pl).
6. ἵνα ζήσωμεν: 목적('하기 위해서')과 결과('그래서 ~게 하셨다')의 ἵνα 가정법; ζά + σωμεν. σ 앞에서 ά 가 ή로 길어졌다. ζάω(살다), ζωή(생명), ζωοποιέω(살게 하다, 살리다).
7. δι' αὐτοῦ: διά(through) + αὐτοῦ(him).

요일 4:10

ἐν τούτῳ ἐστὶν ἡ ἀγάπη, οὐχ ὅτι ἡμεῖς ἠγαπήκαμεν τὸν θεόν, ἀλλ' ὅτι αὐτὸς ἠγάπησεν ἡμᾶς καὶ ἀπέστειλεν τὸν υἱὸν αὐτοῦ ἱλασμὸν περὶ τῶν ἁμαρτιῶν ἡμῶν.

이 안에 사랑이 있다. 즉, 우리가 하나님을 사랑한 것이 아니라 그가 친히 우리를 사랑하셨고, 우리 죄를 위한 화목제물로 그의 아들을 보내신 것이다.

ἐν τούτῳ[1] 이 안에 In this	ἡμᾶς 우리를 us
ἐστὶν 있다. is	καὶ ἀπέστειλεν 보내셨다. and sent
ἡ ἀγάπη, 사랑이 love,	τὸν υἱὸν 아들을 Son
οὐχ ὅτι[2] ἡμεῖς[3] 우리가 ~ 것이 아니고 not that we	αὐτοῦ 그의 his
ἠγαπήκαμεν[4] 사랑해온/사랑한 ~ have loved	ἱλασμὸν[6] 화목제물/속죄제물로 to be the propitiation
τὸν θεόν, 하나님을 God	περὶ τῶν ἁμαρτιῶν 죄(들)에 대한/죄(들) 때문에 for/ regarding ~ sins.
ἀλλ' ὅτι αὐτὸς 그가 직접/친히 but that he himself	ἡμῶν. 우리의 our
ἠγάπησεν[5] 사랑하셨고 loved	

1. ἐν τούτῳ: '이 안에'(in this). ἐν τούτῳ는 9절의 내용(하나님의 사랑의 행위)을 담는다.
2. οὐχ ὅτι ... ἀλλ' ὅτι ... : '즉, A가 아니라 B'. 하나님의 사랑에 대해 보충 부연하는 ὅτι 명사절이다.
3. ἡμεῖς ... αὐτὸς: '우리가 … 그분이 직접 …' 인칭대명사 1복 ἡμεῖς(우리)와 강조대명사 3단 αὐτὸς(그 가 직접)을 통해 주체의 대조가 부각된다.
4. ἠγαπήκαμεν ... ἠγάπησεν: '(우리가) 사랑하였다 … (그분이) 사랑하셨다'; ἠγαπήκαμεν = ἐ + ἀγαπά + καμεν; ἠγάπησεν = ἐ + ἀγαπά + σε(ν). 현재완료와 부정과거의 대비를 통해 우리의 행위(사랑)가 지속되거나 성취된 것(현재완료)이 아닌 것(οὐχ ὅτι)임을 부각하고 하나님 사랑의 수행적, 성취적 역 할(부정과거)을 부각하는 목적이 있을 것이다. 머리에서는 시상 접두어 ἐ와 어간의 첫 모음 ἀ가 단축 되어 ἠ가 되었고, 꼬리에서는 κ(현재완료의)와 σ(부정과거의) 앞에서 ά가 길어져 η가 되었다.
5. ἠγάπησεν ... ἀπέστειλεν: '사랑하셨다 … 보내셨다'; 하나님의 사랑의 확실한 수행성(performance)

ὁ
관목.남단
κόσμος
명목.남단
ἵνα
접종
ζάω
동가.과능.1복
διά
전소
αὐτός
대인칭.소 남단

10
ἐν
전여
οὗτος
대지시.여 중단
εἰμί
동직.현능.3단
ὁ
관주.여단
ἀγάπη
명주.여단
οὐ
부
ὅτι
접종
ἐγώ
대인칭.주.-복
ἀγαπάω
동직.완능.1복
ὁ
관목.남단
θεός
명목.남단
ἀλλά
접등
ὅτι
접종
αὐτός
대강조.주 남단
ἀγαπάω
동직.과능.3단
ἐγώ
대인칭.목.-복
καί
접등
ἀποστέλλω
동직.과능.3단
ὁ
관목.남단
υἱός
명목.남단
αὐτός
대인칭.소 남단
ἱλασμός
명죄.남단
περί
전소
ὁ
관소.여복
ἁμαρτία
명소.여복
ἐγώ
대인칭.소.-복

과 성취성(consummation)을 부각하기 위해 부정과거가 사용되었을 것이다.

6. ἱλασμὸν: '화목제물(로)'; 2:2 참고.

요일 4:11

11
ἀγαπητός
형일반.호.남복
εἰ
접.종
οὕτως
부
ὁ
관.주.남단
θεός
명.주.남단
ἀγαπάω
동직.과능.3단
ἐγώ
대인칭.목.-복
καί
부
ἐγώ
대인칭.주.-복
ὀφείλω
동직.현능.1복
ἀλλήλων
대상호.목.남복
ἀγαπάω
동부.현능

Ἀγαπητοί, εἰ οὕτως ὁ θεὸς ἠγάπησεν ἡμᾶς, καὶ ἡμεῖς ὀφείλομεν ἀλλήλους ἀγαπᾶν.

사랑하는 자들아. 하나님께서 이같이 우리를 사랑하셨으므로 우리도 서로 사랑해야 한다.

―――――――

Ἀγαπητοί,
사랑하는 자들아. Beloved,
  εἰ[1]
  (만일) if
    οὕτως
    이같이/이처럼 so
  ὁ θεὸς
  하나님께서 God
    ἠγάπησεν
    사랑하셨다면/으므로 loved

ἡμᾶς,
우리를 us,
  καὶ ἡμεῖς[2]
  우리도 we also
    ὀφείλομεν[3]
    ~해야 한다. ought to
    ἀλλήλους
    서로 one another.
      ἀγαπᾶν[4]
      사랑~ love

―――――――

1. εἰ: εἰ + 직설법은 1급 조건문으로 조건절의 내용이 사실임을 가정한다.
2. ἡμεῖς: 인칭대명사(1복) ἡμεῖς의 사용은 강조적인 것이다.
3. ὀφείλομεν: '우리가 ~해야만 한다'; 2:6 참고. 부정사를 필요로 한다.
4. ἀγαπᾶν: ἀγαπά + ειν = ἀγαπᾶν. 단축 현상에서 이중모음(dipthong)의 둘째 모음이 ι인 경우, ι가 지켜지는 때(οι나 ι 하기 등)가 많은데, -άω 동사가 현재 부정사 어미 ειν과 단축이 일어나는 경우, ι가 없어지고 ᾶν으로 단축된다.

요일 4:12

12
θεός
명.목.남단
οὐδείς
대부정.주.남단
πώποτε
부
θεάομαι
동직.완중.3단
ἐάν
접.종
ἀγαπάω
동가.현능.1복
ἀλλήλων
대상호.목.남복
ὁ
관.주.남단
θεός
명.주.남단
ἐν
전.여
ἐγώ
대인칭.여.-복
μένω
동직.현능.3단
καί
접.등
ὁ
관.주.여단
ἀγάπη
명.주.여단
αὐτός
대인칭.소.남단

θεὸν οὐδεὶς πώποτε τεθέαται. ἐὰν ἀγαπῶμεν ἀλλήλους, ὁ θεὸς ἐν ἡμῖν μένει καὶ ἡ ἀγάπη αὐτοῦ ἐν ἡμῖν τετελειωμένη ἐστίν.

아무도 어느 때에도 하나님을 보지 못하였다. 우리가 서로 사랑하면 하나님이 우리 안에 거하시고 그의 사랑이 우리 안에 완성된다.

―――――――

    θεὸν
    하나님을 God;
οὐδεὶς[1]
아무도 No one
    πώποτε[2]
    언제라도 at any time
  τεθέαται.[3]
  보지 못했다. has seen
    ἐὰν ἀγαπῶμεν[4]
    만일 우리가 ~ 사랑하면 if we love
      ἀλλήλους,
      서로 one another,
ὁ θεὸς
하나님이 God

  ἐν ἡμῖν
  우리 안에 in us
μένει
거하시고 abides
καὶ ἡ ἀγάπη
사랑이 and ~ love
  αὐτοῦ
  그의 his
    ἐν ἡμῖν
    우리 안에 in us.
    τετελειωμένη
    완성/이뤄지게~ completed/ perfected
  ἐστίν.[5]
  ~된다. is

1. οὐδεὶς: '아무도'; 1:5 참고.
2. πώποτε: '언제든'(at any time); πω(yet) + πότε(when, at some time).
3. τεθέαται: θεάομαι(보다, 주목하다)의 현재완료 3단; τ(어간 중복) + ε(시상 모음) + θέα(어간) + ται(어미); 1:1 참고. 현재완료(1단) τεθέαμαι에서 보듯, 어간의 첫 자음 θ를 같은 계열(치음; δ, τ, θ)의 무성음 τ로 중복한 것이다. 현재완료의 어미는 -μαι, -σαι, -ται(sg); -μεθα, -σθε, -νται(pl)로 변화한다.
4. ἐὰν ἀγαπῶμεν: '만일 우리가 사랑하면'; ἀγαπά + ωμεν. ἐὰν + 가정법(3급 조건문)은 있음직한 것을 가정한다.
5. τετελειωμένη ἐστίν: '이뤄지게 된다'; τε + τελειο + μένη. εἰμί 현재 + 현재완료 분사는 우언법 (periphrastic)으로 현재완료의 의미이다. 성취와 완성의 현재완료적 의미가 있을 것이다(1:4 참고). τελειόω(완성하다, 이루다), 2:5 참고. 신적 수동태(divine passive)로 볼 수 있다(Wallace, 438).

요일 4:13

Ἐν τούτῳ γινώσκομεν ὅτι ἐν αὐτῷ μένομεν καὶ αὐτὸς ἐν ἡμῖν, ὅτι ἐκ τοῦ πνεύματος αὐτοῦ δέδωκεν ἡμῖν.

이로써 우리는 안다. 우리가 그 안에 거하며 그 또한 친히 우리 안에 거하신다. 그가 우리에게 그의 성령으로(성령을 [나눠]) 주셨기 때문이다.

Ἐν τούτῳ[1]
이로써 By this

γινώσκομεν
우리는 안다. we know

ὅτι
~ 것을 that

ἐν αὐτῷ
그 안에 in him

μένομεν
우리가 거한다는 ~ we abide

καὶ αὐτὸς[2]
또한 그도 and he (himself)

ἐν ἡμῖν,
우리 안에 (거하신다는 ~) in us,

ὅτι[3]
~ 때문에 because

ἐκ τοῦ πνεύματος[4]
성령으로 말미암아/ 인하여
of ~ Spirit.

αὐτοῦ
그의 his

δέδωκεν[5]
그가 ~ 주셨기 he has given

ἡμῖν.
우리에게 us

1. Ἐν τούτῳ: '이로써'. 여기서 Ἐν τούτῳ는 추론적이다.
2. αὐτὸς ἐν ἡμῖν: '그도 너희 안에 거하신다'. 강조대명사 3단 주격 αὐτὸς는 강조의 목적으로 쓰였다. μένει(거하신다) 또는 ἐστίν(계신다)가 생략된 문장이다.
3. ὅτι: 첫 번째 ὅτι는 γινώσκομεν(우리는 안다)의 목적어가 되는 명사절이고 두 번째 ὅτι는 이유(원인) 의 부사절로 볼 수도 있고(ESV, NAS, RSV, KSV), 연속된 명사절('또한 ~'; 즉, ~')로 볼 수도 있다 (NIV).
4. ἐκ τοῦ πνεύματος: '성령으로 말미암아/~으로부터'. 제공의 원천(source)을 가리키는 ἐκ이다 (Thayer).
5. δέδωκεν: '주셨다'; 3:1 참고. 현재완료는 상태와 결과의 지속성을 부각한다.

요일 4:14

14
καί
접.등
ἐγώ
대인칭.주.-복
θεάομαι
동직.완중.1복
καί
접.등
μαρτυρέω
동직.현능.1복
ὅτι
접.종
ὁ
관.주.남단
πατήρ
명.주.남단
ἀποστέλλω
동직.완능.3단
ὁ
관.목.남단
υἱός
명.목.남단
σωτήρ
명.목.남단
ὁ
관.소.남단
κόσμος
명.소.남단

καὶ ἡμεῖς τεθεάμεθα καὶ μαρτυροῦμεν ὅτι ὁ πατὴρ ἀπέσταλκεν τὸν υἱὸν σωτῆρα τοῦ κόσμου.

우리는 보았고 증언한다. 아버지께서 아들을 세상의 구주로 보내셨다.

———

καὶ ἡμεῖς[1]
우리도 And we
   τεθεάμεθα[2]
   보았고 have seen
   καὶ μαρτυροῦμεν[3]
   증언한다. and testify
     ὅτι[4] ὁ πατὴρ
     아버지께서 ~ 것을 that the Father

ἀπέσταλκεν
보내셨다는 ~ has sent
   τὸν υἱὸν
   아들을 the Son
   σωτῆρα[5]
   구주로 as the Savior
     τοῦ κόσμου.
     세상의 of the world.

———

1. καὶ ἡμεῖς: '우리도'. 강조적 목적의 인칭대명사이다.
2. τεθεάμεθα: '우리가 보았다'; 12절 참고. 현재완료는 과정과 결과의 지속성을 부각한다.
3. μαρτυροῦμεν: '우리가 증언한다'; 1:2 참고.
4. ὅτι: μαρτυροῦμεν의 목적어가 되는 ὅτι 명사절.
5. τὸν υἱὸν σωτῆρα: 여기서 이중 목적어는 전자(τὸν υἱὸν)가 동사 μαρτυροῦμεν의 목적어가 되고 후자(σωτῆρα)는 전자를 보충하는(성질을 나타내는 보어의) 역할을 한다(Wallace, 185-186).

요일 4:15

15
ὅς
대관계.주.남단
ἐάν
조사
ὁμολογέω
동가.과능.3단
ὅτι
접.종
Ἰησοῦς
명.주.남단
εἰμί
동직.현능.3단
ὁ
관.주.남단
υἱός
명.주.남단
ὁ
관.소.남단
θεός
명.소.남단
ὁ
관.주.남단
θεός
명.주.남단
ἐν
전.여
αὐτός
대인칭.여.남단
μένω
동직.현능.3단
καί
접.등
αὐτός
대강조.주.남단
ἐν
전.여
ὁ
관.여.남단
θεός
명.여.남단

ὃς ἐὰν ὁμολογήσῃ ὅτι Ἰησοῦς ἐστιν ὁ υἱὸς τοῦ θεοῦ, ὁ θεὸς ἐν αὐτῷ μένει καὶ αὐτὸς ἐν τῷ θεῷ.

예수께서 하나님의 아들이심을 시인하는 자마다, 하나님께서 그 안에 거하시고, 그도 하나님 안에 거한다.

———

ὃς ἐὰν[1] ὁμολογήσῃ[2]
고백하는/시인하는 자마다 Whoever confesses
   ὅτι[3] Ἰησοῦς
   예수께서 ~고 that Jesus
     ἐστιν
     ~이시라~ is
     ὁ υἱὸς
     아들~ the Son
       τοῦ θεοῦ,
       하나님의 of God,

ὁ θεὸς
하나님이 God
     ἐν αὐτῷ
     그 안에 in him,
     μένει
     거하신다. abides
   καὶ αὐτὸς[4]
   또한 그도 ~ (거한다.) and he
     ἐν τῷ θεῷ.
     하나님 안에 in God.

———

1. ὃς ἐάν: '누구든 ~다면, ~하는 자마다'. 관계대명사 ὅς + ἐάν은 whoever의 뜻으로 쓰였다(ESV, NAS, RSV, KJV); cf. 3:22.
2. ὁμολογήσῃ: ὁμολογέ + σῃ; 1:9 참고.
3. ὅτι: ὅτι 명사절은 ὁμολογήσῃ의 목적어이다.
4. καὶ αὐτὸς ἐν τῷ θεῷ: '그분도(또한 그분이 직접) 하나님 안에 거하신다'; 4:13 참고.

요일 4:16

καὶ ἡμεῖς ἐγνώκαμεν καὶ πεπιστεύκαμεν **τὴν ἀγάπην** ἣν ἔχει ὁ θεὸς **ἐν ἡμῖν.** Ὁ θεὸς ἀγάπη ἐστίν, καὶ ὁ μένων **ἐν τῇ ἀγάπῃ ἐν τῷ θεῷ** μένει, καὶ ὁ θεὸς **ἐν αὐτῷ** μένει.

우리는 그 사랑을 알고 믿었다. 하나님께서 우리 안에 가지고 계신 사랑이다. 하나님은 사랑이시다. 그 사랑 안에 거하는 자는 하나님 안에 거하고 하나님도 그 안에 거하신다.

καὶ ἡμεῖς[1]
(그리고) 우리는 And we

ἐγνώκαμεν[2]
알았고 have known

καὶ πεπιστεύκαμεν[3]
믿었다. and have believed

τὴν ἀγάπην
사랑을 the love

ἣν[4]
~ㄴ that

ἔχει
가지고 계~/두~ has

ὁ θεὸς
하나님께서 God

ἐν ἡμῖν.
우리 안에 for/ in us.

Ὁ θεὸς
하나님은 God

ἀγάπη
사랑~ love,

ἐστίν,[5]
~이시다. is

καὶ ὁ μένων
(그리고) ~ 거하는 자는 and the one who abides

ἐν τῇ ἀγάπῃ
사랑 안에 in love

ἐν τῷ θεῷ
하나님 안에 in God,

μένει,
거하고 abides

καὶ ὁ θεὸς
하나님께서도 and God

ἐν αὐτῷ
그 안에 in him.

μένει.
거하신다. abides

1. ἡμεῖς: 강조 목적의 인칭대명사 1복 ἡμεῖς의 반복 사용은 4장의 특성이다(4:6, 10, 11, 14, 16, 17, 19).
2. ἐγνώκαμεν: '우리가 알았다'; 2:3 참고.
3. πεπιστεύκαμεν: '우리가 믿었다'; πε + πιστεύ + καμεν. 연이은 현재완료의 사용은 상태의 지속을 부각한다.
4. ἣν: 관계대명사 여단 목적격 ἣν은 τὴν ἀγάπην(사랑을)을 선행사로 한다.
5. Ὁ θεὸς ἀγάπη ἐστίν: '하나님은 사랑이시다'; 4:8의 반복.

요일 4:17

ἐν τούτῳ τετελείωται ἡ ἀγάπη **μεθ᾽ ἡμῶν,** ἵνα **παρρησίαν** ἔχωμεν ἐν τῇ ἡμέρᾳ τῆς κρίσεως, ὅτι καθὼς ἐκεῖνός ἐστιν, καὶ ἡμεῖς ἐσμεν **ἐν τῷ κόσμῳ** τούτῳ.

이로써 그 사랑이 우리 가운데 완전해졌다. 그래서 우리가 심판의 날에 담대함을 갖게 될 것이다. 그가 어떠하신 것처럼 우리도 이 세상에서 그러하기 때문이다.

ἐν τούτῳ[1]
이로써 In this

τετελείωται[2]
온전하여졌다/ 완전해졌다. is completed/ perfected

ἡ ἀγάπη
사랑이 the love

μεθ᾽ ἡμῶν,[3]
우리와 함께/ 우리 가운데 with/ among us

ἵνα[4]
~ 되도록 that

παρρησίαν
담대함을 confidence/ boldness

17
ἐν
전.여
οὗτος
대지시.여.중단
τελειόω
동직.완수.3단
ὁ
관.주.여단
ἀγάπη
명.주.여단
μετά
전.소
ἐγώ
대인칭.소.-복
ἵνα
접.종
παρρησία
명.목.여단
ἔχω
동가.현능.1복
ἐν
전.여
ὁ
관.여.여단
ἡμέρα
명.여.여단
ὁ
관.소.여단
κρίσις
명.소.여단
ὅτι
접.종
καθώς
접.종
ἐκεῖνος
대지시.주.남단
εἰμί
동직.현능.3단
καί
부
ἐγώ
대인칭.주.-복
εἰμί
동직.현능.1복
ἐν
전.여
ὁ
관.여.남단
κόσμος
명.여.남단
οὗτος
대지시.여.남단

ἔχωμεν
우리가 갖게 ~ we may have
ἐν τῇ ἡμέρᾳ
날에 in the day
τῆς κρίσεως,[5]
심판의 of judgment,
ὅτι[6]
~ 때문에 because
καθὼς ἐκεῖνός
그가 ~ 것처럼 as he

ἐστιν,[7]
계신 ~ is,
καὶ ἡμεῖς
우리도 so also
ἐσμεν[8]
그분처럼 있기 ~ are we
ἐν τῷ κόσμῳ τούτῳ.
이 세상에서 in this world.

---

1. ἐν τούτῳ: '이(것) 안에서'. '이(것)'(τούτῳ)는 앞 문장의 내용을 요약한다.
2. τετελείωται: '온전/완전해진다'; τε + τελειο + ται. 여기서 현재완료의 사용은 상태의 완성과 결과의 지속성을 부각하는 목적을 가진다.
3. μεθ' ἡμῶν: μεθ'(μετά) + ἡμῶν.
4. ἵνα … ἔχωμεν: 목적의 ἵνα 가정법이다.
5. κρίσεως: 3변화 κρίσις(심판, 정의), κρίσεως, κρίσει, κρίσιν(sg); κρίσεις, κρίσεων, κρίσεσι, κρίσεις(pl). κρίμα(법령, 심판), κρίνω(심판하다, 판단하다).
6. ὅτι: 이유(원인)의 ὅτι 부사절이다.
7. καθὼς ἐκεῖνός ἐστιν: '그가 계신 것처럼'. ἐκεῖνός는 뒤잇는 ἐστιν 때문에 액센트를 끝 음절에 하나 더 가진다.
8. ἡμεῖς ἐσμεν: '우리가 (그분처럼 그같이) 있다/존재한다'.

요일 4:18

φόβος οὐκ ἔστιν ἐν τῇ ἀγάπῃ, ἀλλ᾽ ἡ τελεία ἀγάπη ἔξω βάλλει τὸν φόβον, ὅτι ὁ φόβος **κόλασιν** ἔχει, ὁ δὲ φοβούμενος οὐ τετελείωται ἐν τῇ ἀγάπῃ.

두려움은 사랑 안에 없고 완전한 사랑은 두려움을 내쫓는다. 두려움은 형벌을 취하기 때문이다. 두려워하는 자는 사랑 안에 완전하게 되지 못하였다.

18
φόβος
명.주.남단
οὐ
부
εἰμί
동직.현능.3단
ἐν
전.여
ὁ
관.여.여단
ἀγάπη
명.여.여단
ἀλλά
접.등
ὁ
관.주.여단
τέλειος
형일반.주.여단
ἀγάπη
명.주.여단
ἔξω
부
βάλλω
동직.현능.3단
ὁ
관.목.남단
φόβος
명.목.남단
ὅτι
접.종
ὁ
관.주.남단

φόβος[1]
두려움은 Fear
οὐκ ἔστιν
없고 is not
ἐν τῇ ἀγάπῃ,
사랑 안에 in love,
ἀλλ᾽ ἡ τελεία[2] ἀγάπη
온전한/ 완전한 사랑은 but perfect love
ἔξω[3]
밖으로 out
βάλλει[4]
내던진다. throws/ casts
τὸν φόβον,
두려움을 fear,

ὅτι[5] ὁ φόβος
두려움은 ~ 때문이다. for fear
κόλασιν[6]
형벌/ 징벌을 punishment.
ἔχει,
가지고 있기 ~ has
ὁ δὲ φοβούμενος[7]
그러나 두려워하는 자는 But/ And the one who fears
οὐ τετελείωται[8]
온전하게/ 완전하게 되지 못하였다.
has not been completed/ perfected
ἐν τῇ ἀγάπῃ.
사랑 안에 in love.

---

1. φόβος: φόβος(두려움, 공포, 경외심) < φοβέω(두려워하다, 경외하다) > φοβερός(두려운), φόβητρον(두려운 일, 두려움).
2. τελεία: τέλειος(완전한, 완성된, 마무리된), τελέω(끝나다, 이루다), τελειωτής(완성자, 이루는 자),

τελειόω(완성하다, 이루다).

3. ἔξω: ἔξω(밖에, 바깥에, 밖으로), ἔξωθεν(밖으로, 밖에), ἐξωθέω(내쫓다, 좌초하다), ἐξώτερος([ἔξω의 최상급,] [상당히] 밖에/으로).

4. βάλλει: '(내)던진다'; βαλλ(βάλλω, 던지다) + ει. 격언적(gnomic) 현재라 할 수 있다.

5. ὅτι: 이유(원인)의 ὅτι 부사절('때문에').

6. κόλασιν: κόλασις(형벌, 교정, 보응) < κολαζω(처벌하다). 3변화 κόλασις, κολάσεως, κολάσει, κόλασιν(sg). 성경(LXX 포함)에는 목적격 단수 κόλασιν의 용례(9회) 외에는 없다.

7. ὁ δὲ φοβούμενος: '그러나 두려워하는 자는'; φοβέ + ομενος. φοβέω의 현재분사 중간태라 할 수 있으나 이태동사 φοβοῦμαι(φοβέομαι, 두려워하다)의 현재분사로 간주될 수 있다.

8. οὐ τετελείωται: '온전하게 되지 못하였다'; 2:5 참고.

요일 4:19

ἡμεῖς ἀγαπῶμεν, ὅτι αὐτὸς πρῶτος ἠγάπησεν ἡμᾶς.

우리는 사랑한다. 그가 우리를 먼저 사랑하셨기 때문이다.

ἡμεῖς 우리는 We	πρῶτος[4] 먼저 first
ἀγαπῶμεν,[1] 사랑한다. love	ἠγάπησεν[5] 사랑하셨기 ~ loved
ὅτι[2] αὐτὸς[3] 그가 ~ 때문에 because he	ἡμᾶς. 우리를 us.

---

1. ἡμεῖς ἀγαπῶμεν: '우리는 사랑한다'. 인칭대명사 1복 ἡμεῖς(우리[가])는 강조적 사용이고 ἀγαπῶμεν(ἀγαπά + ομεν, 사랑한다)는 직설법 동사 1복이다.

2. ὅτι: 이유(원인)의 ὅτι 부사절.

3. αὐτὸς: 강조대명사 3단 주격 αὐτὸς의 사용은 '그가 친히'라는 뉘앙스를 가진다.

4. πρῶτος: πρῶτος(먼저, 첫째의) > proto-(처음의). πρωΐ(일찍), πρώϊμος/πρώιος(이른), πρωϊνός(이른 아침의), πρωτεύω(첫째가 되다), πρωτοκαθεδρία(첫 자리에 앉기), πρωτοκλισία(첫 자리, 상석), πρωτοτόκια(장자의 권리), πρωτότοκος(장자), πρώτως(처음으로).

5. ἠγάπησεν: '사랑하셨다'; 10절 참고.

요일 4:20

ἐάν τις εἴπῃ ὅτι ἀγαπῶ τὸν θεὸν καὶ τὸν ἀδελφὸν αὐτοῦ μισῇ, ψεύστης ἐστίν· ὁ γὰρ μὴ ἀγαπῶν τὸν ἀδελφὸν αὐτοῦ ὃν ἑώρακεν, τὸν θεὸν ὃν οὐχ ἑώρακεν οὐ δύναται ἀγαπᾶν.

만일 누가, 하나님을 사랑한다고 말하며 그의 형제를 미워하면, 그는 거짓말하는 자이다. 볼 수 있는 그의 형제를 사랑하지 않는 자는 볼 수 없는 하나님을 사랑할 수 없기 때문이다.

ἐάν τις[1] 만일 누가 If anyone	τὸν θεὸν 하나님을 God,"
εἴπῃ[2] 말하고 says,	καὶ τὸν ἀδελφὸν 형제를 and ~ brother,
ὅτι[3] ἀγαπῶ[4] 내가 ~ 사랑한다고 "I love	αὐτοῦ 그의 his

<table>
<tr><td>

μισέω
동가.현능.3단
ψεύστης
명.주.남단
εἰμί
동직.현능.3단
ὁ
관.주.남단
γάρ
접.등
μή
조사
ἀγαπάω
동분.현능주남단
ὁ
관.목.남단
ἀδελφός
명.목.남단
αὐτός
대인칭.소.남단
ὅς
대관계.목.남단
ὁράω
동직.완능.3단
ὁ
관.목.남단
θεός
명.목.남단
ὅς
대관계.목.남단
οὐ
부
ὁράω
동직.완능.3단
οὐ
부
δύναμαι
동직.현능.3단
ἀγαπάω
동부.현능

</td><td>

μισῇ,[5]
미워하면 hates

ψεύστης
거짓말하는 자~ a liar.

ἐστίν·
~이다. he is

ὁ γὰρ μὴ ἀγαπῶν
사랑하지 않는 자는 For the one who does not love

 τὸν ἀδελφὸν
 형제를 brother

  αὐτοῦ
  그의 his

</td><td>

ὃν ἑώρακεν,[6]
그가 보아온/ 보는 whom he has seen,

 τὸν θεὸν
 하나님을 God

ὃν οὐχ ἑώρακεν[7]
보지 못한 whom he has not seen.

οὐ δύναται
~할 수 없다. cannot

 ἀγαπᾶν.[8]
 사랑~ love

</td></tr>
</table>

1. ἐάν τις: '만일 누가'(2:1, 15; 4:20; 5:16). 자체의 액센트가 없는 τις는 특정하는 사람을 가리키지 않는 부정(indefinite) 대명사이다.
2. εἴπῃ: '말하면'. 부정과거 가정법 εἴπῃ(εἴπ + ῃ)는 어간이 εἴπ-임을 보여준다.
3. ὅτι: ὅτι 명사절은 εἴπῃ의 목적어인데 여기서 직접화법을 소개한다.
4. ἀγαπῶ: '내가 사랑한다'; ἀγαπά + ω.
5. μισῇ: '미워하면; μισέ + ῃ. μισῇ는 εἴπῃ와 함께 ἐάν 조건문의 술어이다.
6. ὃν ἑώρακεν: 관계대명사 남단 목적격 ὃν 절은 앞의 τὸν ἀδελφὸν(형제를)을 선행사로 하는 형용사절이다. ἑώρακεν, 1:1; 3:6 참고.
7. ὃν οὐχ ἑώρακεν: 두 번째 ὃν 형용사절은 τὸν θεὸν(하나님을)을 수식한다.
8. οὐ δύναται ἀγαπᾶν: '사랑할 수 없다'; δύναται, 3:9 참고; 부정사 ἀγαπᾶν, 11절 참고.

요일 4:21

καὶ ταύτην τὴν ἐντολὴν ἔχομεν ἀπ’ αὐτοῦ, ἵνα ὁ ἀγαπῶν τὸν θεὸν ἀγαπᾷ καὶ τὸν ἀδελφὸν αὐτοῦ.

 우리는 그에게서 이 계명을 받았다. 즉, 하나님을 사랑하는 자는 그의 형제도 사랑하라는 것이다.

<table>
<tr><td>

21
καί
접.등
οὗτος
대지시.목.여단
ὁ
관.목.여단
ἐντολή
명.목.여단
ἔχω
동직.현능.1복
ἀπό
전.소
αὐτός
대인칭.소.남단
ἵνα
접.종
ὁ
관.주.남단
ἀγαπάω
동분.현능주남단
ὁ
관.목.남단
θεός
명.목.남단
ἀγαπάω
동가.현능.3단
καί
부
ὁ
관.목.남단
ἀδελφός
명.목.남단
αὐτός
대인칭.소.남단

</td><td>

καὶ ταύτην τὴν ἐντολὴν
(그리고) ~ 이 계명을 And ~ this commandment

ἔχομεν
우리는 ~ 가진다. we have

 ἀπ’ αὐτοῦ,[1]
 그로부터 from him,

 ἵνα[2] ὁ ἀγαπῶν
 즉, ~ 사랑하는 자는 that the one who loves

</td><td>

  τὸν θεὸν
  하나님을 God

 ἀγαπᾷ[3]
 사랑해야 한다. should love

  καὶ τὸν ἀδελφὸν
  형제도 brother also.

   αὐτοῦ.
   그의 his

</td></tr>
</table>

1. ἀπ’ αὐτοῦ: ἀπ’(ἀπό, from) + αὐτοῦ(him).
2. ἵνα: ἵνα 가정법은 앞의 τὴν ἐντολὴν(계명)을 부연 설명하기(epexegetical) 위한 것이다.
3. ἀγαπᾷ: ἀγαπᾷ = ἀγαπά + ῃ.

요일 5:1

Πᾶς ὁ πιστεύων ὅτι Ἰησοῦς ἐστιν ὁ Χριστὸς ἐκ τοῦ θεοῦ γεγέννηται, καὶ πᾶς ὁ ἀγαπῶν τὸν γεννήσαντα ἀγαπᾷ καὶ τὸν γεγεννημένον ἐξ αὐτοῦ.

예수께서 그리스도이신 것을 믿는 자마다 하나님에게서 났고 낳으신 분을 사랑하는 자마다 그에게서 난 자를 사랑한다.

Πᾶς ὁ πιστεύων[1]
믿는 자마다 Everyone who believes
　ὅτι Ἰησοῦς
　예수께서 ~ 것을 that Jesus
　　ἐστιν
　　~이신 is
　　　ὁ Χριστὸς
　　　그리스도~ Christ
　　　ἐκ τοῦ θεοῦ
　　　하나님께로부터 of God,
γεγέννηται,[2]
났고 has been born

καὶ πᾶς ὁ ἀγαπῶν
사랑하는 자마다 and everyone who loves
　τὸν γεννήσαντα[3]
　낳으신 분을 the One who begot
　ἀγαπᾷ[4]
　사랑한다. loves
　καὶ τὸν γεγεννημένον[5]
　또한 난 자를 also the one who is born
　ἐξ αὐτοῦ.[6]
　그로부터 of him.

---

1. ὁ πιστεύων ὅτι: '~을 믿는 자는'. ὅτι 명사절은 분사 πιστεύων의 목적어이다.
2. ἐκ τοῦ θεοῦ γεγέννηται: '하나님으로부터 났다'; γεγέννηται, 2:29 참고. 현재완료는 결과의 지속성을 부각한다. 피동성 강조를 위한 수동태 사용은 하나님께서 행위(낳는 일)의 주체가 되심을 나타낸다(cf. 요 1:12).
3. τὸν γεννήσαντα: '낳으신 분을'; γεννά + σαντα. 능동형 부정과거 분사 γεννήσαντα는 행위 주체자이신 분(하나님)과 그분의 수행적 사역을 부각한다.
4. ἀγαπᾷ: '(그는) 사랑한다'; ἀγαπά + ει; ᾷ = ά + ει. ά가 이중모음 ει와 단축될 때, 먼저 ά + ε = ά가 되고 둘째 모음 ι는 하기된(subscripted) 것(ᾷ)이다.
5. τὸν γεγεννημένον: '난 자를'. 현재완료 수동태 분사 γεγεννημένον(3:9 참고)은 상태와 결과의 지속성과 주체의 피동성을 부각한다. 또한 τὸν γεννήσαντα(낳으신 분)와 대비된다.
6. ἐξ αὐτοῦ: ἐκ(from, out of) + αὐτοῦ(him).

요일 5:2

ἐν τούτῳ γινώσκομεν ὅτι ἀγαπῶμεν τὰ τέκνα τοῦ θεοῦ, ὅταν τὸν θεὸν ἀγαπῶμεν καὶ τὰς ἐντολὰς αὐτοῦ ποιῶμεν.

이로써 우리는 안다. 하나님을 사랑하고 그의 계명을 지킬 때에, 우리가 하나님의 자녀들을 사랑한다는 것이다.

1
πᾶς
형부정주.남단
ὁ
관주.남단
πιστεύω
동분현능주남단
ὅτι
접종
Ἰησοῦς
명주남단
εἰμί
동직.현능.3단
ὁ
관주.남단
Χριστός
명주.남단
ἐκ
전.소
ὁ
관.소.남단
θεός
명.소.남단
γεννάω
동분.완수.3단
καί
접.등
πᾶς
형부정주.남단
ὁ
관주.남단
ἀγαπάω
동분현능주남단
ὁ
관.목.남단
γεννάω
동분과능목남단
ἀγαπάω
동직.현능.3단
καί
부
ὁ
관.목.남단
γεννάω
동분완수목남단
ἐκ
전.소
αὐτός
대인칭.소.남단

2
ἐν
전.여
οὗτος
대지시.여.중단
γινώσκω
동직.현능.1복

ὅτι
접·종
ἀγαπάω
동직.현능.1복
ὁ
관.목.중복
τέκνον
명.목.중복
ὁ
관.소.남단
θεός
명.소.남단
ὅταν
접·종
ὁ
관.목.남단
θεός
명.목.남단
ἀγαπάω
동가.현능.1복
καί
접·등
ὁ
관.목.여복
ἐντολή
명.목.여복
αὐτός
대인칭.소.남단
ποιέω
동가.현능.1복

ἐν τούτῳ[1]
이로써 By this
γινώσκομεν
우리는 ~ 안다. we know
ὅτι[2] ἀγαπῶμεν[3]
우리가 ~ 사랑한다는 것을 that we love
τὰ τέκνα
자녀들을 the children
τοῦ θεοῦ,
하나님의 of God
ὅταν[4]
~ 때에 when

τὸν θεὸν
하나님을 God
ἀγαπῶμεν[5]
우리가 ~ 사랑하고 we love
καὶ τὰς ἐντολὰς
또한 ~ 계명들을 and ~ commandments
αὐτοῦ
그의 his
ποιῶμεν.
지킬 do/ obey

1. ἐν τούτῳ: '이로써'. 여기서 ἐν τούτῳ는 앞 문장의 추론적 의미('~ 때문에')로 볼 수도 있고 ὅταν 절과 관계가 있다('~ 때에')고 볼 수도 있다.
2. ὅτι: ὅτι 명사절은 γινώσκομεν의 목적어이다.
3. ἀγαπῶμεν: '우리가 사랑한다'; ἀγαπά + ομεν; ά + ο = ῶ.
4. ὅταν: ὅταν(ὅτε + ἄν)은 본래 'whenever'(~때마다)의 뜻이나 때로 단순히 ὅτε의 경우와 같이 'when'(~ 때)의 뜻으로도 쓰인다. Thayer는 ὅταν + 가정법 현재를 '~의 경우에'(in case that)로 간주한다.
5. ἀγαπῶμεν ... ποιῶμεν: ὅταν 절이 두 개의 가정법 동사를 가지고 있다. 가정법 ἀγαπῶμεν은 앞의 직설법(ἀγαπῶμεν)과 형태는 같으나 단축의 과정이 다르다(ἀγαπά + ωμεν). ποιῶμεν = ποιέ + ωμεν.

요일 5:3

3
οὗτος
대지시.주.여단
γάρ
접·등
εἰμί
동직.현능.3단
ὁ
관.주.여단
ἀγάπη
명.주.여단
ὁ
관.소.남단
θεός
명.소.남단
ἵνα
접·종
ὁ
관.목.여복
ἐντολή
명.목.여복
αὐτός
대인칭.소.남단
τηρέω
동가.현능.1복
καί
접·등
ὁ
관.주.여복
ἐντολή
명.주.여복
αὐτός
대인칭.소.남단
βαρύς
형일반.주.여복
οὐ
부
εἰμί
동직.현능.3복

αὕτη γάρ ἐστιν ἡ ἀγάπη τοῦ θεοῦ, ἵνα τὰς ἐντολὰς αὐτοῦ τηρῶμεν, καὶ αἱ ἐντολαὶ αὐτοῦ βαρεῖαι οὐκ εἰσίν.
    이것이 하나님의 사랑이다. 즉, 그의 계명들을 지키는 것이다. 그의 계명들은 무겁지 않다.

αὕτη γάρ[1]
이것이 For this
ἐστιν
~이다. is
ἡ ἀγάπη
사랑~ the love
τοῦ θεοῦ,[2]
하나님의 of God,
ἵνα[3]
즉, ~ 것이다. that
τὰς ἐντολὰς
계명들을 commandments.

αὐτοῦ
그의 his
τηρῶμεν,[4]
우리가 ~ 지키는 ~ we keep
καὶ αἱ ἐντολαὶ
(또한) ~ 계명들은 And ~ commandments
αὐτοῦ
그의 his
βαρεῖαι[5]
무겁지 burdensome/ heavy.
οὐκ εἰσίν.
않다. are not

1. αὕτη γάρ ἐστιν: γάρ가 앞 문장과의 종속성보다는 연계성을 부각한다고 볼 때 대문자 'For'로 번역할 수 있다. αὕτη ἐστιν는 강조적 표현이다('이것이 [바로] ~이다').
2. ἡ ἀγάπη τοῦ θεοῦ: '하나님의 사랑'. 소유격(τοῦ θεοῦ)을 주어적(subjective)으로 볼 것인가('하나님이 주시는 사랑'), 목적어적(objective)으로 볼 것인가('하나님을 사랑하는 것'), 또는 둘 다(plenary)로 볼 것인가 할 때, 뒤따르는 ἵνα 절의 부연적 성격 때문에 목적어적으로 보는 것이 타당할 것이다.

3. ἵνα: ἵνα + 가정법 절은 '하나님의 사랑'에 대해 부연, 보충하는(epexegetical) 내용을 담고 있다. KMP는 선언의(declarative) 종속절로 분류한다(KMP, 414).

4. τηρῶμεν: τηρέ + ωμεν.

5. βαρεῖαι: 형용사 βαρύς, βαρεῖα, βαρύ(무거운, 힘든). βαρύνω(짓누르다, 부담을 지우다), βαρύτιμος(무겁게/상당히 가치 있는).

요일 5:4

ὅτι πᾶν τὸ γεγεννημένον ἐκ τοῦ θεοῦ νικᾷ τὸν κόσμον· καὶ αὕτη ἐστὶν ἡ νίκη ἡ νικήσασα τὸν κόσμον, ἡ πίστις ἡμῶν.

하나님에게서 난 자마다 세상을 이긴다. 이것이 세상을 이긴 승리, 곧 우리의 믿음이다.

ὅτι[1] πᾶν τὸ γεγεννημένον
(왜냐하면) ~ 난 자마다 For everyone who has been born

ἐκ τοῦ θεοῦ
하나님으로부터/께로서 of God

νικᾷ[2]
이긴다. overcomes

τὸν κόσμον·
세상을 the world.

καὶ αὕτη[3]
이것이 And this

ἐστὶν
~이다. is

ἡ νίκη[4]
이김/승리~ the victory

ἡ νικήσασα[5]
이긴 that overcomes

τὸν κόσμον,
세상을 the world,

ἡ πίστις[6]
즉, ~ 믿음 faith.

ἡμῶν.
우리의 our

1. ὅτι: 이유(원인)를 말해주는 ὅτι 절은 앞 부분과 의미의 연계성이 있다.
2. νικᾷ: νικά + ει; ᾷ = ά + ει.
3. αὕτη ἐστὶν: 지시대명사 + εἰμί 동사는 강조적 표현이다.
4. ἡ νίκη: '승리/이김'. νίκη(승리) > νικάω(승리하다).
5. ἡ νικήσασα: '이긴'; νικά + σασα. 독립적 분사 ἡ νικήσασα는 ἡ νίκη(승리)를 수식하는 관형사 역할을 한다.
6. ἡ πίστις: πίστις(믿음, 신실함) > πιστεύω(믿다, 신뢰하다, 맡기다), πιστικός(신뢰할 만한, 순수한), πιστός(믿음직한, 믿는), πιστόω(믿게 하다, 신뢰를 주다).

요일 5:5

Τίς δέ ἐστιν ὁ νικῶν τὸν κόσμον εἰ μὴ ὁ πιστεύων ὅτι Ἰησοῦς ἐστιν ὁ υἱὸς τοῦ θεοῦ;

누가 세상을 이기는 자인가? 예수께서 하나님의 아들이심을 믿는 자가 아닌가?

Τίς δέ[1]
누가 And who

ἐστιν
~인가? is

ὁ νικῶν[2]
이기는 자~ the one who overcomes

τὸν κόσμον
세상을 the world

εἰ μὴ[3] ὁ πιστεύων
믿는 자가 아니면 except the one who believes

ὅτι[4] Ἰησοῦς
예수께서 ~ 것을 that Jesus

ὁ
관·주·남단
πιστεύω
동분·현능·주·남
단
ὅτι
접·종
Ἰησοῦς
명·주·남단
εἰμί
동직·현능·3단
ὁ
관·주·남단
υἱός
명·주·남단
ὁ
관·소·남단
θεός
명·소·남단

ἐστιν
~이신 is
ὁ υἱὸς
아들~ the Son
τοῦ θεοῦ;
하나님의 of God?

_____

1. Τίς δέ: '그러면/또한 누가'.
2. ὁ νικῶν: '이기는 자/승리자'; νικά + ων.
3. εἰ μὴ: '~외에는'; 2:22 참고.
4. ὅτι: ὅτι 명사절은 분사 πιστεύων의 목적어이다.

요일 5:6

6
οὗτος
대지시·주·남단
εἰμί
동직·현능·3단
ὁ
관·주·남단
ἔρχομαι
동분·과능·주·남단
διά
전·소
ὕδωρ
명·소·중단
καί
접·등
αἷμα
명·소·중단
Ἰησοῦς
명·주·남단
Χριστός
명·주·남난
οὐ
부
ἐν
전·여
ὁ
관·여·중단
ὕδωρ
명·여·중단
μόνος
부
ἀλλά
접·등
ἐν
전·여
ὁ
관·여·중단
ὕδωρ
명·여·중단
καί
접·등
ἐν
전·여
ὁ
관·여·중단
αἷμα
명·여·중단
καί
접·등
ὁ
관·주·중단
πνεῦμα
명·주·중단
εἰμί
동직·현능·3단
ὁ
관·주·중단

οὗτός ἐστιν ὁ ἐλθὼν δι᾽ ὕδατος καὶ αἵματος, Ἰησοῦς Χριστός, οὐκ ἐν τῷ ὕδατι μόνον, ἀλλ᾽ ἐν τῷ ὕδατι καὶ ἐν τῷ αἵματι· καὶ τὸ πνεῦμά ἐστιν τὸ μαρτυροῦν, ὅτι τὸ πνεῦμά ἐστιν ἡ ἀλήθεια.

이 분이 예수 그리스도, 물과 피로 오신 분이시다. 물로만 아니라 물과 피로 오셨다. 성령은 증언하시는 분이시다. 성령은 진리이시기 때문이다.

_____

οὗτός¹ 이분이 This ἐστιν ~이시다. is ὁ ἐλθὼν² 오신 분 he who came δι᾽ 통하여 through/ by ὕδατος³ 물과 water καὶ αἵματος,⁴ 피를 and blood Ἰησοῦς Χριστός, 즉, 예수 그리스도~ Jesus Christ οὐκ ἐν τῷ ὕδατι 물로-/물 안에~ 아니라 not in/ by water μόνον,⁵ ~만 only	ἀλλ᾽ ἐν τῷ ὕδατι 물과 but in/ by water καὶ ἐν τῷ αἵματι· 피로/피 안에 and in/ by blood. καὶ τὸ πνεῦμά 또한 성령은 And the Spirit ἐστιν ~이시다. is τὸ μαρτυροῦν, 증언하시는 분~ the one who testifies, ὅτι⁶ τὸ πνεῦμά 성령은 ~ 때문에 because the Spirit ἐστιν ~이시기 is ἡ ἀλήθεια. 진리~ the truth.

_____

1. οὗτός ἐστιν: 지시대명사 + εἰμί의 강조적 표현이다. 뒤따르는 ἐστιν 때문에 οὗτός의 끝 음절에 액센트가 첨가되었다.
2. ὁ ἐλθών: '온 자/오신 분'; ἐλθ(부정과거 어간) + ὼν(분사 어미). 명사적(substantival) 분사이다 (KMP, 327). 제2부정과거 분사는 어미에 액센트를 취한다. -ών, -όντος, -όντι, -όντα(sg); -όντες, -όντων, -οῦσι(ν), -όντας(pl).
3. δι᾽ ὕδατος: διά(through) + ὕδατος(물). 3변화 ὕδωρ(물), ὕδατος, ὕδατι, ὕδωρ(sg); ὕδατα, ὑδάτων, ὕδασιν, ὕδατα(pl). ὕδωρ > ὑδρία(물통, 물항아리), ὑδροποτέω(물을 마시다), ὑδρωπικός(수종증의,

고창병의).

4. αἵματος: 1:7 참고.

5. οὐκ ... μόνον, ἀλλ' ...: 'not .. only, but also ...'

6. ὅτι: 이유(원인)의 ὅτι 부사절(ESV, NAS, RSV, NIV).

요일 5:7

ὅτι τρεῖς εἰσιν οἱ μαρτυροῦντες,

　셋이 증언한다.

ὅτι¹ τρεῖς²
셋이 For three

　εἰσιν
　~이다. are/ there are

　　　οἱ μαρτυροῦντες,³
　　　증언하는 이들~ testifiers:

---

1. ὅτι: 여기서 ὅτι는 큰 맥락에서 앞 부분과 연계하는 접속사 역할을 한다고 볼 수 있고, 또는 논리적으로 8절과 관련된 이유(원인)의 ὅτι로 볼 여지도 있다.

2. τρεῖς: τρεῖς(m/f), τρία(n)(셋) > τρίτος(셋째) > τριάκοντα(30), τριακόσιοι(300), τριετία(3년), τρίμηνος(3개월), τρίς(3회), τρισχίλιοι(3천).

3. μαρτυροῦντες: μαρτυρέ + οντες.

요일 5:8

τὸ πνεῦμα καὶ τὸ ὕδωρ καὶ τὸ αἷμα, καὶ οἱ τρεῖς εἰς τὸ ἕν εἰσιν.

　즉 성령과 물과 피, 이 셋이 하나가 된다.

τὸ πνεῦμα
즉, 성령과 the Spirit

καὶ τὸ ὕδωρ
물과 and the water

καὶ τὸ αἷμα,
피, and the blood;

καὶ οἱ τρεῖς¹
이 셋이 and the three

　εἰς τὸ ἕν²
　하나로/ 하나가 into one.

εἰσιν.
된다. are

---

1. οἱ τρεῖς: '(이) 셋'. 앞의 τρεῖς(셋)을 다시 가리켜 나타내는(anaphoric) 의미에서 정관사가 붙었다.

2. εἰς τὸ ἕν: 전치사 εἰς는 'into, toward'의 의미를 갖는다. εἰμί 동사(복수) + εἰς가 '(합쳐/함께) ~이 되다'로 쓰인 경우이다(cf. 마 19:5; 막 10:8 엡 5:31).

요일 5:9

εἰ τὴν μαρτυρίαν τῶν ἀνθρώπων λαμβάνομεν, ἡ μαρτυρία τοῦ θεοῦ μείζων ἐστίν· ὅτι αὕτη ἐστὶν ἡ μαρτυρία τοῦ θεοῦ, ὅτι μεμαρτύρηκεν περὶ τοῦ υἱοῦ αὐτοῦ.

μαρτυρέω
동분현능주중단
ὅτι
접종
ὁ
관주중단
πνεῦμα
명주중단
εἰμί
동직현능.3단
ὁ
관주.여단
ἀλήθεια
명주.여단

7
ὅτι
접종
τρεῖς
형기수주.남복
εἰμί
동직현능.3복
ὁ
관주남복
μαρτυρέω
동분현능.주남복

8
ὁ
관주중단
πνεῦμα
명주중단
καί
접동
ὁ
관주중단
ὕδωρ
명주중단
καί
접동
ὁ
관주중단
αἷμα
명주중단
καί
접동
ὁ
관주남복
τρεῖς
형기수주.남복
εἰς
전목
ὁ
관목중단
εἰς
형기수목.중단
εἰμί
동직현능.3복

우리가 사람의 증언을 받는다면 하나님의 증언은 더 크시다. 이것이 하나님의 증언, 즉 그의 아들에 대해 증언하신 것이기 때문이다.

<table>
<tr><td>9
εἰ
접.종
ὁ
관.목.여단
μαρτυρία
명.목.여단
ὁ
관.소.남복
ἄνθρωπος
명.소.남복
λαμβάνω
동직.현능.1복
ὁ
관.주.여단
μαρτυρία
명.주.여단
ὁ
관.소.남단
θεός
명.소.남단
μέγας
형일반.주.여단
εἰμί
동직.현능.3단
ὅτι
접.종
οὗτος
대지시.주.여단
εἰμί
동직.현능.3단
ὁ
관.주.여단
μαρτυρία
명.주.여단
ὁ
관.소.남단
θεός
명.소.남단
ὅτι
접.종
μαρτυρέω
동직.완능.3단
περί
전.소
ὁ
관.소.남단
υἱός
명.소.남단
αὐτός
대인칭.소.남단</td></tr>
</table>

εἰ¹
만일 If
　τὴν μαρτυρίαν
　증언을 the testimony
　　τῶν ἀνθρώπων
　　사람(들)의 of men,
　λαμβάνομεν,
　우리가 받는다면, we receive
ἡ μαρτυρία
증언은 the testimony
　τοῦ θεοῦ²
　하나님의 of God
　μείζων³
　더 크~ greater,
ἐστίν·
~다. is

ὅτι⁴ αὕτη⁵
이것이 ~ 때문에 for this
　ἐστὶν
　~이기 is
ἡ μαρτυρία
증언~ the testimony
　τοῦ θεοῦ,
　하나님의 of God
　ὅτι⁶ μεμαρτύρηκεν⁷
　즉, 증언해오신/ 증언하신
　that he has testified
　　περὶ τοῦ υἱοῦ
　　아들에 대하여 concerning ~ Son.
　αὐτοῦ.
　그의 his

---

1. εἰ: εἰ 조건문은 조건절의 내용이 사실임을 가정한다.
2. ἡ μαρτυρία τοῦ θεου: '하나님의 증언/증거'. 주어적(subjective) 소유격('하나님께서 주시는 증거')이라 할 수 있다(Wallace, 114).
3. μείζων: 형용사 μέγας, μεγάλη, μέγα(많은, 큰)의 비교급(3:20; 4:4; 5:9 참고).
4. ὅτι: 이유(원인)의 ὅτι 부사절.
5. αὕτη ἐστίν: 지시대명사 + εἰμί 동사의 강조적 표현. Wallace는 문장에서 주격 대명사가 주어로 우선한다는 서열의 법칙(pecking order)을 지적한다(Wallace, 44).
6. ὅτι: 두 번째 ὅτι는 ἡ μαρτυρία(증언)를 부연하는 ὅτι 명사절이다. Porter는 서술의(recitative) ὅτι 절이라 칭한다(Porter, 238).
7. μεμαρτύρηκεν: '증언해오셨다'; με + μαρτυρέ + κεν; 1:2 참고. 현재완료는 과정의 지속성을 부각한다.

요일 5:10

<table>
<tr><td>10
ὁ
관.주.남단
πιστεύω
동분.현능.주남단
εἰς
전.목
ὁ
관.목.남단
υἱός
명.목.남단
ὁ
관.소.남단
θεός
명.소.남단
ἔχω
동직.현능.3단
ὁ
관.목.여단
μαρτυρία
명.목.여단
ἐν
전.여</td></tr>
</table>

ὁ πιστεύων **εἰς τὸν υἱὸν τοῦ θεοῦ** ἔχει **τὴν μαρτυρίαν ἐν αὐτῷ,** ὁ μὴ πιστεύων **τῷ θεῷ ψεύστην πεποίηκεν αὐτόν,** ὅτι οὐ πεπίστευκεν **εἰς τὴν μαρτυρίαν** ἣν μεμαρτύρηκεν ὁ θεὸς **περὶ τοῦ υἱοῦ αὐτοῦ.**

하나님의 아들을 믿는 자는 그 자신 안에 증거를 가진다. 하나님을 믿지 않는 자는 하나님을 거짓말하는 자로 만들었다. 하나님께서 그의 아들에 대해 증언하신 그 증언을 믿지 않았기 때문이다.

ὁ πιστεύων
믿는 자는 The one who believes
　εἰς¹ τὸν υἱὸν
　아들을 in the Son
　　τοῦ θεοῦ
　　하나님의 of God

ἔχει
가진다. has
　τὴν μαρτυρίαν
　증거를/증언을 the testimony
　　ἐν αὐτῷ,
　　그 안에 in him(self).

ὁ μὴ πιστεύων
믿지 않는 자는 The one who does not believe
　　τῷ θεῷ[2]
　　하나님을 God
　　　　ψεύστην
　　　　거짓말하는 자로 a liar,
　　πεποίηκεν[3]
　　만들어왔다/ 만들었다. has made
　　　　αὐτόν,
　　　　그를 him
ὅτι[4]
~ 때문에 because
　　　　οὐ πεπίστευκεν[5]
　　　　믿지 않아왔기/ 믿지 않았기 ~ he has not believed

εἰς τὴν μαρτυρίαν
증거를/ 증언을 in the testimony
　　ἣν[6]
　　~신 that
　　　　μεμαρτύρηκεν
　　　　증언해오~/ 증언하~ has testified/ witnessed
　　ὁ θεὸς
　　하나님께서 God
　　　　περὶ τοῦ υἱοῦ
　　　　아들에 대하여 concerning ~ Son
　　　　αὐτοῦ.
　　　　그의 his

αὐτός
대인칭.여.남단
ὁ
관.주.남단
μή
조사
πιστεύω
동.분.현능.주.남단
ὁ
관.여.남단
θεός
명.여.남단
ψεύστης
명.목.남단
ποιέω
동.직.완능.3단
αὐτός
대인칭.목.남단
ὅτι
접.종
οὐ
부
πιστεύω
동.직.완능.3단
εἰς
전.목
ὁ
관.목.여단
μαρτυρία
명.목.여단
ὅς
대관계.목.여단
μαρτυρέω
동.직.완능.3단
ὁ
관.주.남단
θεός
명.주.남단
περί
전.소
ὁ
관.소.남단
υἱός
명.소.남단
αὐτός
대인칭.소.남단

1. ὁ πιστεύων εἰς: '~을 믿는 자는'. 특정 대상을 의지하며 믿는다고 할 때 의지한다는 의미(unto)의 전치사 εἰς를 쓰는 경우가 흔하다(Thayer).
2. ὁ μὴ πιστεύων τῷ θεῷ: '하나님을 믿지 않는 자는'. '믿다'(πιστεύω)에 여격을 쓴 경우이다(예, 3:23; 4:1; 요 2:22; 4:21; 5:24 등). 목적어를 쓸 수도 있다(예, 4:16).
3. πεποίηκεν: '만들었다/만들어왔다'; πε + ποιε + κε(ν). 과정과 결과의 지속성을 부각하는 현재완료이다.
4. ὅτι: 이유(원인)의 ὅτι 부사절('때문에').
5. οὐ πεπίστευκεν: '믿지 않았다'; πε + πιστευ + κε(ν).
6. ἣν: 관계대명사 여단 목적격 ἣν은 τὴν μαρτυρίαν(증언)을 선행사로 하고 μεμαρτύρηκεν의 목적어가 된다.

요일 5:11

καὶ αὕτη ἐστὶν ἡ μαρτυρία, ὅτι ζωὴν αἰώνιον ἔδωκεν ἡμῖν ὁ θεός, καὶ αὕτη
ἡ ζωὴ ἐν τῷ υἱῷ αὐτοῦ ἐστιν.

이것이 증언이다. 즉, 하나님께서 우리에게 영생을 주셨고 이 생명이 그의 아들 안에 있는 것이다.

καὶ αὕτη[1]
(그리고) 이것이 And this
　　ἐστὶν
　　~이다. is
　　　　ἡ μαρτυρία,
　　　　증언/증거~ the testimony,
　　ὅτι[2]
　　즉, ~ 것이다. that
　　　　ζωὴν
　　　　생명을 life,
　　　　　　αἰώνιον
　　　　　　영원한 eternal
　　　　ἔδωκεν[3]
　　　　주셨고 gave

　　ἡμῖν
　　우리에게 us
　　ὁ θεός,
　　하나님께서 God
　　καὶ αὕτη ἡ ζωή[4]
　　또한 이 생명이 and this life
　　　　ἐν τῷ υἱῷ
　　　　아들 안에 in ~ Son.
　　　　　　αὐτοῦ
　　　　　　그의 his
　　ἐστιν.
　　있는 ~ is

11
καί
접.등
οὗτος
대지시.주.여단
εἰμί
동.직.현능.3단
ὁ
관.주.여단
μαρτυρία
명.주.여단
ὅτι
접.종
ζωή
명.목.여단
αἰώνιος
형일반.목.여단
δίδωμι
동.직.과능.3단
ἐγώ
대인칭.여.-복
ὁ
관.주.남단
θεός
명.주.남단
καί
접.등
οὗτος
대지시.주.여단
ὁ
관.주.여단
ζωή
명.주.여단

ἐν
전.여
ὁ
관.여.남단
υἱός
명.여.남단
αὐτός
대인칭.소.남단
εἰμί
동직.현능.3단

1. αὕτη ἐστὶν: '이것이 (바로) ~이다'. 지시대명사 + εἰμί 동사의 강조적 표현이다.
2. ὅτι: ὅτι 명사절은 ἡ μαρτυρία(증언)을 부연하고 보충하는 내용을 담는다.
3. ἔδωκεν: '주셨다'; ἐ + δω + κε(ν).
4. αὕτη ἡ ζωὴ: '이 생명이'.

요일 5:12

12
ὁ
관.주.남단
ἔχω
동분.현능주남단
ὁ
관.목.남단
υἱός
명.목.남단
ἔχω
동직.현능.3단
ὁ
관.목.여단
ζωή
명.목.여단
ὁ
관.주.남단
μή
조사
ἔχω
동분.현능주남단
ὁ
관.목.남단
υἱός
명.목.남단
ὁ
관.소.남단
θεός
명.소.남단
ὁ
관.목.여단
ζωή
명.목.여단
οὐ
부
ἔχω
동직.현능.3단

ὁ ἔχων τὸν υἱὸν ἔχει τὴν ζωήν· ὁ μὴ ἔχων τὸν υἱὸν τοῦ θεοῦ τὴν ζωὴν οὐκ ἔχει.

아들이 있는 자는 생명을 가진다. 하나님의 아들이 없는 자는 생명을 가지지 않는다.

———————

ὁ ἔχων[1]
가지고 있는/ 가진 자는 The one who has
  τὸν υἱὸν
  아들을 the Son
  ἔχει
  가진다. has
    τὴν ζωήν·
    생명을 the life;

ὁ μὴ ἔχων
가지고 있지 않은/ 가지지 않은 자는 the one who does not have
  τὸν υἱὸν
  아들을 the Son
    τοῦ θεοῦ
    하나님의 of God
    τὴν ζωὴν
    생명을 the life.
  οὐκ ἔχει.
  가지고 있지 않다. does not have

———————

1. ὁ ἔχων ... ὁ μὴ ἔχων: '가진 자'와 '가지지 않은 자'의 대조가 부각된다.

요일 5:13

13
οὗτος
대지시.목.중복
γράφω
동직.과능.1단
σύ
대인칭.여.-복
ἵνα
접.종
οἶδα
동가.완능.2복
ὅτι
접.종
ζωή
명.목.여단
ἔχω
동직.현능.2복
αἰώνιος
형일반.목.여단
ὁ
관.여.남복
πιστεύω
동분.현능여남복
εἰς
전.목
ὁ
관.목.중단
ὄνομα
명.목.중단
ὁ
관.소.남단
υἱός
명.소.남단

Ταῦτα ἔγραψα ὑμῖν, ἵνα εἰδῆτε ὅτι ζωὴν ἔχετε αἰώνιον, τοῖς πιστεύουσιν εἰς τὸ ὄνομα τοῦ υἱοῦ τοῦ θεοῦ.

내가 이것들을 너희, 곧 하나님의 아들의 이름을 믿는 너희에게 썼다. 너희가 영생을 가지고 있다는 것을 알게 하기 위해서이다.

———————

Ταῦτα
이것들을 these things
ἔγραψα
내가 ~ 썼다. I wrote
  ὑμῖν,[1]
  ~ 너희에게 to you
  ἵνα εἰδῆτε[2]
  너희로 ~ 알게 하기 위하여 so that you may know
    ὅτι
    ~ 것을 that
      ζωὴν
      생명을 life.

      ἔχετε
      너희가 ~ 가지고 있다는 you have
        αἰώνιον,
        영원한 eternal
      τοῖς πιστεύουσιν[3]
      믿는 자들인 ~ who believe
      εἰς τὸ ὄνομα
      이름을 in the name
        τοῦ υἱοῦ
        아들의 of the Son
        τοῦ θεοῦ.
        하나님의 of God.

———————

1. Ταῦτα ἔγραψα ὑμῖν: '이것(들)을 너희에게 쓴다'; 1:4; 2:1, 26; 5:13의 형식(formula).
2. ἵνα εἰδῆτε ὅτι: '너희가 알게 하기 위하여'; 목적의 ἵνα 부사절. ὅτι 명사절은 εἰδῆτε의 목적어이다.

οἶδα(알다)의 가정법 1단은 εἰδῶ(ε + ἰδ + ῶ)이다. 가정법인데도 εἰδῶ에 접두모음 ε가 있는 것은 그 형태가 현재완료임을 보여준다.

3. τοῖς πιστεύουσιν: '믿는 자들에게'. 인칭대명사 ὑμῖν(너희에게)을 부연하고 있는 어구이다.

요일 5:14

καὶ αὕτη ἐστὶν ἡ παρρησία ἣν ἔχομεν πρὸς αὐτόν, ὅτι ἐάν τι αἰτώμεθα κατὰ τὸ θέλημα αὐτοῦ ἀκούει ἡμῶν.

이것이 담대함, 그에 대해 우리가 가지고 있는 것이다. 즉, 만일 우리가 그의 뜻대로 무엇인가를 구하면 우리(우리의 기도)를 들으신다는 것이다.

καὶ αὕτη[1]
(그리고) 이것이 And this
　ἐστὶν
　~이다. is
　　ἡ παρρησία
　　담대함/ 확신~ the confidence/ boldness
　　ἣν ἔχομεν[2]
　　우리가 가지고 있는 that we have
　　　πρὸς αὐτόν,
　　　그에 대해 toward him,
　ὅτι[3]
　즉, ~ 것이다. that

ἐάν τι[4]
만일 ~ 무엇인가를 if ~ anything
　αἰτώμεθα
　우리가 ~ 구하면 we ask
　　κατὰ τὸ θέλημα
　　뜻대로 according to ~ will
　　　αὐτοῦ
　　　그의 his
　ἀκούει[5]
　그가 ~ 들으신다는 he hears
　　ἡμῶν.
　　우리를 us.

1. αὕτη ἐστὶν: 지시대명사 + εἰμί 동사의 강조적 표현.
2. ἣν ἔχομεν: '우리가 가지고 있는'. 관계대명사 여단 목적격 ἣν은 앞의 ἡ παρρησία(담대함)를 선행사로 하고 ἔχομεν의 목적어가 된다.
3. ὅτι: ὅτι 명사절은 ἡ παρρησία를 부연하고 보충하는(epexegetical) 역할을 한다.
4. ἐάν τι αἰτώμεθα: '만일 우리가 무엇인가를 구하면'. 부정대명사 중단 목적격 τις는 가정법 동사 αἰτώμεθα(αἰτέ + ωμεθα)의 목적어이다.
5. ἀκούει: '(그가) 들으신다'. 14절에서 현재시제 동사를 계속 사용하는 이유는 지속적 의미를 부여하기 위한 것이다.

요일 5:15

καὶ ἐὰν οἴδαμεν ὅτι ἀκούει ἡμῶν ὃ ἐὰν αἰτώμεθα, οἴδαμεν ὅτι ἔχομεν τὰ αἰτήματα ἃ ᾐτήκαμεν ἀπ’ αὐτοῦ.

만일 우리가 무엇을 구하든 그가 들으시는 것을 안다면, 그에게 구했던 것들을 또한 받는다는 것도 우리가 안다.

καὶ ἐὰν οἴδαμεν[1]
또한 우리가 ~ 안다면 And if we know
　ὅτι ἀκούει
　그가 들으신다는 것을 that he hears
　　ἡμῶν
　　우리를 us

ὃ ἐὰν αἰτώμεθα[2]
우리가 무엇을 간구하든지
whatever we ask,
οἴδαμεν
우리가 ~ 안다. we know
　ὅτι ἔχομεν
　우리가 가지고 있다는 것을 that we have

ὁ
관.소.남단
θεός
명.소.남단

14
καί
접.등
οὗτος
대지시.주.여단
εἰμί
동직.현능.3단
ὁ
관.주.여단
παρρησία
명.주.여단
ὅς
대관계.목.여단
ἔχω
동직.현능.1복
πρός
전.목
αὐτός
대인칭.목.남단
ὅτι
접.종
ἐάν
접.종
τὶς
대부정.목.중단
αἰτέω
동가.현중.1복
κατά
전.목
ὁ
관.목.중단
θέλημα
명.목.중단
αὐτός
대인칭.소.남단
ἀκούω
동직.현능.3단
ἐγώ
대인칭.소.-복

15
καί
접.등
ἐάν
접.종
οἶδα
동직.완능.1복
ὅτι
접.종
ἀκούω
동직.현능.3단
ἐγώ
대인칭.소.-복
ὅς
대관계.목.중단
ἐάν
조사
αἰτέω
동가.현중.1복

οἶδα
동직.완능.1복
ὅτι
접.종
ἔχω
동직.현능.1복
ὁ
관.목.중복
αἴτημα
명.목.중복
ὅς
대관계.목.중복
αἰτέω
동직.완능.1복
ἀπό
전.소
αὐτός
대인칭.소.남단

τὰ αἰτήματα
구하는 것들을 the requests

ἃ ᾐτήκαμεν[3]
우리가 구해온/ 구한 that we have asked

ἀπ’ αὐτοῦ.[4]
그로부터 from/ of him.

---

1. ἐὰν οἴδαμεν ὅτι: ‘우리가 ~을 안다면’. ὅτι 명사절은 οἴδαμεν의 목적어이다. ἐὰν + 직설법 현재(현재완료 οἴδαμεν이 현재적 의미를 가진다는 점에서)는 ἐὰν 가정법 범주에 든다(Thayer). ἐὰν οἴδαμεν ὅτι의 사용은 요일에서 반복되는 οἴδαμεν ὅτι 방식(formula)과 관련이 있을 것이다(18절 참고).

2. ὃ ἐὰν αἰτώμεθα: ‘우리가 구한 것은 다’. 관계대명사 + ἐὰν은 ‘~은 다/무엇이든 ~하는 것은’(whatever)이다(ESV, RSV, NIV, KJV).

3. ἃ ᾐτήκαμεν: 관계대명사 중복 목적격 ἃ 구문은 형용사절(adjectival clause)로 명사 τὰ αἰτήματα(구하는 것들을)를 꾸며준다. ᾐτήκαμεν = ἐ + αἰτε + καμεν. ᾐ는 접두모음 ἐ와 어간의 앞 부분 αι가 결합된 것이다. 현재완료의 사용은 상태(과정)의 지속을 부각한다(‘[이제까지] 구해온 것’).

4. ἀπ’ αὐτοῦ: ἀπο(from) + αὐτοῦ(him).

요일 5:16

16
ἐάν
접.종
τις
대부정.주.남단
ὁράω
동가.과능.3단
ὁ
관.목.남단
ἀδελφός
명.목.남단
αὐτός
대인칭.소.남단
ἁμαρτάνω
동분.현능.목.남단
ἁμαρτία
명.목.여단
μή
조사
πρός
전.목
θάνατος
명.목.남단
αἰτέω
동직.미능.3단
καί
접.등
δίδωμι
동직.미능.3단
αὐτός
대인칭.여.남단
ζωή
명.목.여단
ὁ
관.여.남복
ἁμαρτάνω
동분.현능.여남복
μή
조사
πρός
전.목
θάνατος
명.목.남단
εἰμί
동직.현능.3단
ἁμαρτία
명.주.여단
πρός
전.목

Ἐάν τις ἴδῃ τὸν ἀδελφὸν αὐτοῦ ἁμαρτάνοντα ἁμαρτίαν μὴ πρὸς θάνατον, αἰτήσει καὶ δώσει αὐτῷ ζωήν, τοῖς ἁμαρτάνουσιν μὴ πρὸς θάνατον. ἔστιν ἁμαρτία πρὸς θάνατον· οὐ περὶ ἐκείνης λέγω ἵνα ἐρωτήσῃ.

만일 누구든, 그의 형제가 죽음에 이르지 않는 죄를 짓는 것을 보면, 간구할 것이다. 하나님께서 그에게 생명을 주실 것이다. 죽음에 이르지 않는 죄를 지은 자들에게 그러하실 것이다. 죽음에 이르는 죄가 있다. 나는 그것에 대해서 구하라 하지 않는다.

Ἐάν τις
만일 누가 If anyone

ἴδῃ[1]
보면 sees

  τὸν ἀδελφὸν
  형제가 brother

  αὐτοῦ
  그의 his

  ἁμαρτάνοντα
  짓는 것을 committing

    ἁμαρτίαν[2]
    죄를 a sin

    μὴ πρὸς θάνατον,[3]
    죽음에 이르지 않는
    not toward/ not leading to death,

αἰτήσει[4]
구할 것이다. he shall ask,

καὶ δώσει[5]
그러면 주실 것이다. and he will give

  αὐτῷ
  그에게 him

ζωήν,
생명을 life

τοῖς ἁμαρτάνουσιν[6]
죄 지은 자들에게/ 자들을 위해
for/ to those who commit sin

  μὴ πρὸς θάνατον.
  죽음에 이르지 않는
  not toward/ not leading to death.

ἔστιν
~ 있다. There is

  ἁμαρτία
  죄가 a sin

  πρὸς θάνατον·
  죽음에 이르는 toward leading to death

  οὐ περὶ ἐκείνης[7]
  그것에 대해서는 ~ 않는다. not ~ about that.

λέγω
나는 ~ 말하지 I am ~ saying

  ἵνα ἐρωτήσῃ.[8]
  구하라고 that he should ask

1. Ἐάν τις ἴδῃ: '만일 누가 보면'. ἴδῃ = ιδ(ὁράω, 보다의 부정과거 어간) + ῃ(가정법 3단).
2. ἁμαρτάνοντα ἁμαρτίαν: '죄짓는 것을'; ἁμαρτάν + οντα. ἁμαρτίαν는 동족의(cognate) 목적격이라 부른다(KMP, 5).
3. μὴ πρὸς θάνατον: '죽음에 이르지 않는'. πρὸς는 '이르는, 향하는'(toward)의 뜻으로 특정 지점을 지향한다.
4. αἰτήσει: '구할 것이다'; αἰτε + σει. 미래 어미 σ 앞에서 ε가 η로 길어졌다. ει는 긴 이중자음이라 액센트가 ή에 찍혔다.
5. δώσει: '주실 것이다'; δω + σει.
6. τοῖς ἁμαρτάνουσιν: '죄를 짓는 자들에게'; ἁμαρτάν + ουσι(ν). ουσι(ν)는 3변화 형태를 가지는 현재분사(능)의 어미(남복 여격)이다.
7. περὶ ἐκείνης: '그것에 대해서(는)'. 지시대명사 여단(소유격) ἐκείνης(그것)는 ἁμαρτία(죄)를 지칭한다.
8. ἵνα ἐρωτήσῃ: 여기서 ἵνα 가정법은 명사절로 λέγω의 목적어로 쓰였다. ἐρωτήσῃ = ἐρωτά + σῃ. ἐρωτάω(구하다, 묻다, 요청하다).

θάνατος
명목남단
οὐ
부
περί
전소
ἐκεῖνος
대지시소여단
λέγω
동직.현능.1단
ἵνα
접종
ἐρωτάω
동가.과능.3단

요일 5:17

πᾶσα ἀδικία ἁμαρτία ἐστίν, καὶ ἔστιν ἁμαρτία οὐ πρὸς θάνατον.

모든 불의는 죄이나 죽음에 이르지 않는 죄가 있다.

πᾶσα ἀδικία[1]
모든 불의는 All unrighteousness
    ἁμαρτία
    죄~ sin,
    ἐστίν,
    ~이다. is

καὶ ἔστιν
또한 ~ 있다. and there is
    ἁμαρτία
    죄가 a sin
    οὐ πρὸς θάνατον.
    죽음에 이르지 않는 not toward/ leading to death.

1. ἀδικία: '불의'; 1:9 참고.

17
πᾶς
형부정.주.여단
ἀδικία
명주여단
ἁμαρτία
명주여단
εἰμί
동직.현능.3단
καί
접종
εἰμί
동직.현능.3단
ἁμαρτία
명주여단
οὐ
부
πρός
전목
θάνατος
명목남단

요일 5:18

Οἴδαμεν ὅτι πᾶς ὁ γεγεννημένος ἐκ τοῦ θεοῦ οὐχ ἁμαρτάνει, ἀλλ᾽ ὁ γεννηθεὶς ἐκ τοῦ θεοῦ τηρεῖ ἑαυτὸν καὶ ὁ πονηρὸς οὐχ ἅπτεται αὐτοῦ.

우리는 안다. 하나님에게서 난 자마다 죄를 짓지 않고, 하나님에게서 나신 분이 그를 지키시며, 악한 자가 그를 건드리지 않는다는 것이다.

Οἴδαμεν
우리는 ~ 안다. We know
    ὅτι[1]
    ~ 것을 that
    πᾶς ὁ γεγεννημένος[2]
    난 자마다 everyone who has been born
    ἐκ τοῦ θεοῦ
    하나님께로부터 of God

οὐχ ἁμαρτάνει,[3]
죄를 짓지 않고 does not sin,
    ἀλλ᾽ ὁ γεννηθεὶς[4]
    또한 ~ 나신 분이 but the One who was born
    ἐκ τοῦ θεοῦ
    하나님께로부터 of God
    τηρεῖ[5]
    지키시며 keeps

18
οἶδα
동직.완능.1복
ὅτι
접종
πᾶς
형부정.주 남단
ὁ
관주 남단
γεννάω
동분완수주남단
ἐκ
전소
ὁ
관소.남단
θεός
명소 남단
οὐ
부
ἁμαρτάνω
동직.현능.3단
ἀλλά
접등

ὁ
관주.남단
γεννάω
동분.과수.주.남단
ἐκ
전.소
ὁ
관.소.남단
θεός
명.소.남단
τηρέω
동직.현능.3단
ἑαυτοῦ
대재귀.목.남단
καί
접.등
ὁ
관주.남단
πονηρός
형일반.주.남단
οὐ
부
ἅπτω
동직.현중.3단
αὐτός
대인칭.소.남단

ἑαυτὸν[6]
그를 him

καὶ ὁ πονηρὸς
악한 자가 and the evil one

οὐχ ἅπτεται[7]
건드리지 않는다는 ~ does not touch/ hold

αὐτοῦ.
그를 him.

___

1. Οἴδαμεν ὅτι: '우리는 ~을 안다'(3:2, 14; 5:15, 18, 19).
2. ὁ γεγεννημένος: '난 자'; 5:4 참고.
3. οὐχ ἁμαρτάνει: '죄를 짓지 않는다'. 현재시제는 진행적(progressive), 반복적(iterative), 습관적 (customary) 등의 뉘앙스를 가진다. 여기서는 강조적, 결단적 의미가 있다.
4. ὁ γεννηθείς: '나신 분'; γεννα + θείς. ὁ γεννηθεὶς은 τὸ γεγεννημένον(난 자; 5:1, 4)과 다르다. 전자 는 단회적인 의미를 가지는 부정과거(수) 분사, 후자는 지속적 의미의 현재완료(수) 분사이다. 부정 과거 수동태 어미의 특징은 θε-라는 것과 이 부분(또는 이중모음)에 액센트를 취한다는 것(-θείς)이 다.
5. τηρεῖ: '지키신다'; τηρέ + ει.
6. ἑαυτόν: 여기서 재귀대명사 남단 ἑαυτόν은 3인칭 대상('그를')를 지칭하기 위해 쓰였다.
7. οὐχ ἅπτεται αὐτοῦ: '그를 건드리지 않는다'; ἅπτ + εται. ἅπτω(고정하다, 붙이다; [중간태] 건드리다, 손대다).

요일 5:19

19
οἶδα
동직.완능.1복
ὅτι
접.종
ἐκ
전.소
ὁ
관.소.남단
θεός
명.소.남단
εἰμί
동직.현능.1복
καί
접.등
ὁ
관주.남단
κόσμος
명.주.남단
ὅλος
형일반.주.남단
ἐν
전.여
ὁ
관.여.남단
πονηρός
형일반.여.남단
κεῖμαι
동직.현수.3단

οἴδαμεν ὅτι ἐκ τοῦ θεοῦ ἐσμεν καὶ ὁ κόσμος ὅλος ἐν τῷ πονηρῷ κεῖται.
우리는 안다. 우리는 하나님께 속하고 모든 세상은 악한 자 안에 놓여있다는 것이다.

___

οἴδαμεν
우리는 ~ 안다. We know

ὅτι
~ 것을 that

ἐκ τοῦ θεοῦ
하나님께 속~ of God,

ἐσμεν
우리가 ~하고 we are

καὶ ὁ κόσμος ὅλος[1]
모든 세상은 and the whole world

ἐν τῷ πονηρῷ
악한 자 안에 in the evil one

κεῖται.[2]
놓여 있다는 ~ lies

___

1. ὁ κόσμος ὅλος: '모든/온 세상'; 2:2 참고.
2. κεῖται: '놓여 있다'; κεῖ + ται. 이태동사 κεῖμαι(놓다, 눕다)는 -μαι, -σαι, -ται(sg); -μεθα, -σθε, -νται(pl)의 어미를 가진다.

요일 5:20

20
οἶδα
동직.완능.1복
δέ
접.등
ὅτι
접.종

οἴδαμεν δὲ ὅτι ὁ υἱὸς τοῦ θεοῦ ἥκει καὶ δέδωκεν ἡμῖν διάνοιαν, ἵνα γινώσκωμεν τὸν ἀληθινόν, καὶ ἐσμὲν ἐν τῷ ἀληθινῷ, ἐν τῷ υἱῷ αὐτοῦ Ἰησοῦ Χριστῷ. οὗτός ἐστιν ὁ ἀληθινὸς θεὸς καὶ ζωὴ αἰώνιος.

또 우리는 안다. 하나님의 아들이 오셔서 우리에게 깨닫는 마음을 주셨다는 것이다. 그래서 우리로 참되신 분을 알게 하셨다. 우리는 참되신 분, 곧 그의 아들 예수 그리스도 안에 있다. 이 분이 참 하나님이시고 영생이다.

οἴδαμεν δὲ
또한 우리는 ~ 안다. And we know
ὅτι ὁ υἱὸς
아들이 ~ 것을 that the Son
τοῦ θεοῦ
하나님의 of God
ἥκει[1]
오셔서 has come
καὶ δέδωκεν[2]
주셨다는 ~ and has given
ἡμῖν
우리에게 us
διάνοιαν,[3]
지각/깨달음을 understanding,
ἵνα[4] γινώσκωμεν
우리로 ~ 알도록 so that we may know
τὸν ἀληθινόν,[5]
참되신 분을/진리를 him who is true.
καὶ ἐσμὲν
우리가 ~ 있다. And we are
ἐν τῷ ἀληθινῷ,
참되신/참이신 분 안에 in him who is true,

ἐν τῷ υἱῷ
즉, ~ 아들 안에 in ~ Son
αὐτοῦ
그의 his
Ἰησοῦ Χριστῷ.
예수 그리스도 Jesus Christ.
οὗτός[6]
이분이 This/ He
ἐστιν
~이시다. is
ὁ
the
ἀληθινὸς
참된 true
θεὸς
하나님과 God
καὶ ζωὴ
생명~ and ~ life.
αἰώνιος.
영원한 eternal

1. ἥκει: '오셨다'. ἥκω(온다, 왔다[have come], 일어난다)는 현재완료적 의미('왔다')로 많이 쓰이기 때문에 완료적(perfective) 현재라 부르기도 한다(KMP, 264).
2. δέδωκεν: '주셨다'; 3:1 참고. 여기서 현재완료는 상태와 결과의 지속성을 부각한다.
3. διάνοιαν: διά(through, on the basis of) + νως(νοῦς, mind, thought) = διάνοια(이해, 지각, 사고, [생각하는] 마음) > διανόημα(생각한 것).
4. ἵνα: ἵνα 가정법은 목적의 부사절이다.
5. τὸν ἀληθινόν: '참되신/참이신 분'; 2:8 참고. 형용사가 독립적으로 사용되었다.
6. οὗτός ἐστιν: 지시대명사 + εἰμί 동사는 강조적 표현이다. 뒤따르는 ἐστιν 때문에 οὗτος의 끝음절에 액센트가 첨가되었다. Wallace는 지시대명사 οὗτος가 근접성(proximity)을 강조하는 것이라 전제하고 선행사에 대한 논란을 소개한다(Wallace, 326-327). 그러나 지시대명사 + εἰμί 동사의 요한식 강조적 표현(formula)으로 보는 것이 타당하다.

요일 5:21

Τεκνία, φυλάξατε ἑαυτὰ ἀπὸ τῶν εἰδώλων.
자녀들아. 우상들에게서 스스로를 지켜라.

(오른쪽 여백 주석)

ὁ
관.주.남단
υἱός
명.주.남단
ὁ
관.소.남단
θεός
명.소.남단
ἥκω
동직.현능.3단
καί
접.등
δίδωμι
동직.완능.3단
ἐγώ
대인칭.여-복
διάνοια
명.목.여단
ἵνα
접.종
γινώσκω
동가.현능.1복
ὁ
관.목.남단
ἀληθινός
형일반.목.남단
καί
접.등
εἰμί
동직.현능.1복
ἐν
전.여
ὁ
관.여.남단
ἀληθινός
형일반.여.남단
ἐν
전.여
ὁ
관.여.남단
υἱός
명.여.남단
αὐτός
대인칭.소.남단
Ἰησοῦς
명.여.남단
Χριστός
명.여.남단
οὗτος
대지시.주.남단
εἰμί
동직.현능.3단
ὁ
관.주.남단
ἀληθινός
형일반.주.남단
θεός
명.주.남단
καί
접.등
ζωή
명.주.여단
αἰώνιος
형일반.주.여단

21
τεκνίον
명.호.중복
φυλάσσω
동명.과능.2복
ἑαυτοῦ
대재귀.목.중복
ἀπό
전.소
ὁ
관.소.중복
εἴδωλον
명.소.중복

Τεκνία,
자녀들아. Dear children,
  φυλάξατε[1]
  지켜라. guard/ keep
    ἑαυτὰ[2]
    자신(들)을 yourselves
      ἀπὸ τῶν εἰδώλων.[3]
      우상으로부터/에게서 from the idols.

---

1. φυλάξατε: '지켜라'; φυλάκ + σατε. 어간 φυλάκ에 부정과거 2복 명령법 σατε가 결합될 때 -κ와 σ-이 -ξ-가 된다. φυλάσσω(지키다, 보호하다), φυλακή(감옥, 지킴, 간수), φυλακίζω(감옥에 가두다), φύλαξ(간수, 지키는 자).

2. ἑαυτὰ: 재귀대명사 중복 목적격은 '자신들을'의 뜻이다. 중복인 것은 중복의 호칭 Τεκνία(자녀들아) 때문이다.

3. ἀπὸ τῶν εἰδώλων: '우상(들)으로부터'. εἴδωλον(우상, 형상)은 εἰδῶ/οἶδα(보다)에서 왔다. εἰδωλεῖον(우상의 전), εἰδωλόθυτος(우상에게 바쳐진), εἰδωλολατρεία(우상숭배), εἰδωλολάτρης(우상숭배자).

제2부
요한이서:
절별 본문(헬), 직역, 구문(헬) 배열, 해설, 분해

요한이서

요이 1:1

Ὁ πρεσβύτερος ἐκλεκτῇ κυρίᾳ καὶ τοῖς τέκνοις αὐτῆς, οὓς ἐγὼ ἀγαπῶ ἐν
ἀληθείᾳ, καὶ οὐκ ἐγὼ μόνος ἀλλὰ καὶ πάντες οἱ ἐγνωκότες τὴν ἀλήθειαν,

장로는 택함을 받은 여인과 그 자녀들, 내가 진리 안에서 사랑하는 이들에게 쓴다. 나 뿐 아니라 진리를
아는 모든 자들도 그러하다.

Ὁ πρεσβύτερος[1]
장로는 The elder

    ἐκλεκτῇ
    선택된/택함 받은 chosen/ elect

  κυρίᾳ[2]
  여인과 to the ~ lady

  καὶ τοῖς τέκνοις
  자녀들에게 쓴다/편지한다. and ~ children,

    αὐτῆς,
    그녀의 her

     οὓς[3] ἐγὼ
     내가 ~는 whom I

ἀγαπῶ[4]
사랑하~ love

  ἐν ἀληθείᾳ,
  진리 안에서/ 참으로 in truth,

  καὶ οὐκ ἐγὼ
  나~ 아니라 and not ~ I,

    μόνος
    ~만/~뿐 only

  ἀλλὰ καὶ πάντες[5] οἱ ἐγνωκότες[6]
  아는 모든 자들 또한 사랑한다. but also all who know/ have known

    τὴν ἀλήθειαν,
    진리를 the truth,

---

1. Ὁ πρεσβύτερος: '장로(는)'. '나이든'(old aged)의 뜻을 가진 πρέσβυς의 비교급(Thayer)으로 '(책임
있는 연장자) 장로'로 사용되었다(cf. Thayer). Wallace는 Ὁ를 독자들에게 잘 알려진 친숙한(familiar)
정관사의 예로 설명한다(Wallace, 225). πρεσβεία(나이, [연장자인] 대사), πρεσβεύω(더 나이가 많다,
대사 역할을 하다), πρεσβυτέριον(장로회, 공의회), πρεσβύτης(노인[남]), πρεσβῦτις(노인[여]).

2. ἐκλεκτῇ κυρίᾳ: '선택된 여인에게'. 관사가 없이 형용사-명사로 구성된 어구로 형용사는 한정적인
(attributive) 역할을 한다(Wallace, 310; cf. 명사-형용사 경우[예, 계 1:15], Wallace, 311). ἐκλεκτός(선
택된, 뛰어난) < ἐκλέγω(선택하다) = ἐκ(from) + λέγω(말하다; 본래는 '모으다, 뽑다'의 뜻도 있음) >
ἐκλογή(선택, 선출). κύριος(주인, Mr.)의 여성형 κυρία는 여인을 높여 부르는 말('lady')이다.

3. οὓς: 관계대명사 남복 목적격 οὓς는 앞의 κυρίᾳ(여인)과 τοῖς τέκνοις(자녀들) 모두를 선행사로 취하
기 때문인데, 문법적인 것(gender)에서 벗어나 포괄적이고 대표적인 특성의 남성 관계대명사를 사용
한 것일 수 있다(cf. Wallace, 338).

4. ἐγὼ ἀγαπῶ: '내가 사랑한다'; ἀγαπά + ω. 인칭대명사 ἐγὼ는 강조적 목적을 가진다.

5. καὶ οὐκ ἐγὼ μόνος ἀλλὰ καὶ πάντες: '나 뿐 아니라 모든 자들(이)'.

6. οἱ ἐγνωκότες: '알고 있는/아는 자들'; ἐ + γνω + κότες. 현재완료 분사의 사용은 상태와 과정의 지속
성을 부각한다. 여기서는 독립적으로 사용되었다.

1
ὁ
관.주.남단
πρεσβύτερος
형일반.주.남단
ἐκλεκτός
형일반.여.여단
κυρία
명.여.여단
καί
접.등
ὁ
관.여.중복
τέκνον
명.여.중복
αὐτός
대인칭.소.여단
ὅς
대관계.목.남복
ἐγώ
대인칭.주.-단
ἀγαπάω
동직.현능.1단
ἐν
전.여
ἀλήθεια
명.여.여단
καί
접.등
οὐ
부
ἐγώ
대인칭.주.-단
μόνος
형일반.주.남단
ἀλλά
접.등
καί
부
πᾶς
형부정.주.남복
ὁ
관주.남복
γινώσκω
동분.완능.주.남복
ὁ
관.여.여단
ἀλήθεια
명.목.여단

요이 1:2

διὰ τὴν ἀλήθειαν τὴν μένουσαν ἐν ἡμῖν καὶ μεθ᾽ ἡμῶν ἔσται εἰς τὸν αἰῶνα.

우리 안에 거하는 진리 때문이다. 그 진리가 영원히 우리와 함께 있을 것이다.

διὰ[1] τὴν ἀλήθειαν
진리 때문에 because of the truth

τὴν μένουσαν[2]
거하는 which abides

ἐν ἡμῖν
우리 안에 in us

καὶ μεθ᾽ ἡμῶν[3]
우리와 함께 and ~ with us

ἔσται[4]
그 진리가 있을 것이다. it will be

εἰς τὸν αἰῶνα.[5]
영원히 forever.

1. διὰ τὴν: διά + 목적격은 '때문에'(because of).
2. τὴν μένουσαν: '거하는'; μέν + ουσαν. 여단 목적격 분사 어미를 취한 것은 ἀλήθειαν을 수식하는 독립적 용법의 분사이기 때문이다.
3. μεθ᾽ ἡμῶν: μετά(with) + ἡμῶν(us).
4. ἔσται: εἰμί(be)의 미래 ἔσομαι, ἔσῃ, ἔσται(sg); ἐσόμεθα, ἔσεσθε, ἔσονται(pl).
5. εἰς τὸν αἰῶνα: '영원히'; 2:17 참고.

요이 1:3

ἔσται μεθ᾽ ἡμῶν χάρις ἔλεος εἰρήνη παρὰ θεοῦ πατρὸς καὶ παρὰ Ἰησοῦ Χριστοῦ τοῦ υἱοῦ τοῦ πατρὸς ἐν ἀληθείᾳ καὶ ἀγάπῃ.

은혜와 긍휼과 평화가, 하나님 아버지로부터 그리고 아들 예수 그리스도로부터, 진리와 사랑 가운데 우리와 함께 있을 것이다.

ἔσται
있을 것이다. will be

μεθ᾽ ἡμῶν
우리와 함께 with us,

χάρις[1]
은혜와 Grace,

ἔλεος[2]
긍휼과/자비와 mercy,

εἰρήνη[3]
평화가 and peace

παρὰ θεοῦ[4] πατρὸς
하나님 아버지로부터 from God the Father

καὶ παρὰ Ἰησοῦ Χριστοῦ
또한 ~ 예수 그리스도로부터 and from Jesus Christ

τοῦ υἱοῦ
아들 the Son

τοῦ πατρὸς[5]
아버지의 of the Father

ἐν
~ 가운데/ ~으로 in

ἀληθείᾳ
진리와 truth

καὶ ἀγάπῃ.[6]
사랑 ~ and love.

1. χάρις: χάρις(은혜, 호의), χαρίζομαι(은혜/호의를 베풀다), χάριν(~위하여/이유로), χάρισμα(은혜/호의의 선물), χαριτόω(은혜롭게 하다, 은혜/호의를 보이다).
2. ἔλεος: ἔλεος(자비, 동정) > ἐλεεινός(측은한, 비참한), ἐλεέω(자비를 베풀다), ἐλεημοσύνη(관대함, 자비를 베품), ἐλεήμων(자비로운).
3. εἰρήνη: εἰρήνη(평화) > εἰρηνεύω(평화롭게 하다, 평화를 지키다), εἰρηνικη(평화로운, 평화를 전하는), εἰρηνοποιέω(평화를 만들다/이루다), εἰρηνοποιός(화평자, [평화의] 중재자).

4. παρὰ θεοῦ: '하나님으로부터/에게서'.

5. Ἰησοῦ Χριστοῦ τοῦ υἱοῦ τοῦ πατρὸς: '하나님의 아들 예수 그리스도(의)'. 동격(apposition)의 소유격이다.

6. ἐν ἀληθείᾳ καὶ ἀγάπῃ: '진리와 사랑 안에서/~으로'. 처소(in)나 수단(by), 둘 다 가능하다.

요이 1:4

Ἐχάρην λίαν ὅτι εὕρηκα ἐκ τῶν τέκνων σου περιπατοῦντας ἐν ἀληθείᾳ, καθὼς ἐντολὴν ἐλάβομεν παρὰ τοῦ πατρός.

> 내가 크게 기뻐한 것은, 우리가 아버지로부터 계명을 받은 것처럼, 그대의 자녀들 가운데 진리 안에서 행하는 자들을 발견했던 것이다.

4
χαίρω
동직.과수.1단
λίαν
부
ὅτι
접.종
εὑρίσκω
동직.완능.1단
ἐκ
전.소
ὁ
관.소중복
τέκνον
명.소중복
σύ
대인칭소.-단
περιπατέω
동분현능목남복
ἐν
전.여
ἀλήθεια
명.여여단
καθώς
접.종
ἐντολή
명.목여단
λαμβάνω
동직.과능.1복
παρά
전.소
ὁ
관.소남단
πατήρ
명.소남단

Ἐχάρην[1]
나는 ~ 기뻐하였다. I rejoiced
　λίαν[2]
　크게 greatly
ὅτι[3] εὕρηκα[4]
내가 ~ 발견한 ~ 것이 to find/ have found
　ἐκ τῶν τέκνων[5]
　자녀들 가운데 of ~ children
　　σου
　　너의/당신의 your
περιπατοῦντας[6]
행하는 자들을 living/ walking

ἐν ἀληθείᾳ,
진리로/ 안에서 in the truth,
　καθὼς[7]
　~ 것처럼 just as
ἐντολὴν
계명을 a commandment
ἐλάβομεν
우리가 ~ 받은 we have received
　παρὰ τοῦ πατρός.
　아버지로부터 from the Father.

1. Ἐχάρην: '기뻐하였다'; ἐ + χαίρ + ην > ἐ + χαρ + (ε) + ην. 유음동사 χαίρω(기뻐하다)는 부정과거에서 이중모음(αι)이 짧아지면서(α) 수동태 어미(ην)를 취한 경우-(예, 부정과거[수] ἐγράφην)인데 의미는 능동이다. χαρά(기쁨), συγχαίρω(함께 기뻐하다).

2. λίαν: '크게, 극히'.

3. ὅτι: 기뻐하게 된 이유를 말해주는 ὅτι 부사절(for)로 볼 여지도 있고 또는 Ἐχάρην를 부연, 설명하는 (epexegetical) 명사절(that ~)로 볼 수도 있다. 이때는 부연하는 부정사(infinitive) 같이 쓰이는 경우이다(cf. Wallace, 678).

4. εὕρηκα: '발견하였다'. 여기서 현재완료는 과정과 결과의 지속성을 부각한다. 현재 εὑρίσκω(발견하다, 찾다), 미래 εὑρήσω, 부정과거 εὗρον; 현재완료 εὕρηκα, 부정과거(수) εὑρέθην.

5. ἐκ τῶν τέκνων: '자녀들 가운데'. 집합 명사 앞에 쓰인 ἐκ는 '~ 중에서'의 의미가 있다(Thayer).

6. περιπατοῦντας: '행하는/사는 자들을'; περι + πατέ + οντας; 요일 1:6 참고.

7. καθὼς: καθὼς 부사절은 περιπατοῦντας을 꾸며주는 것('받은 대로 [그같이] 행하는 …')으로 보는 것이 타당하다.

요이 1:5

καὶ νῦν ἐρωτῶ σε, κυρία, οὐχ ὡς ἐντολὴν γράφων σοι καινὴν ἀλλ᾽ ἣν εἴχομεν ἀπ᾽ ἀρχῆς, ἵνα ἀγαπῶμεν ἀλλήλους.

> 내가 이제 그대에게 구한다. 여인이여. 그대에게 새 계명을 쓰는 것이 아니다. 우리가 처음부터 가진 것, 즉 우리가 서로 사랑하자는 것이다.

5
καί
접.등
νῦν
부
ἐρωτάω
동직.현능.1단
σύ
대인칭.목.-단

καὶ νῦν
이제 And now
ἐρωτῶ[1]
내가 ~ 구한다. I ask
σε,
네게 you,
κυρία,[2]
여인이여. dear lady,
οὐχ ὡς[3]
아니라 not as
ἐντολὴν
계명을 a ~ commandment
γράφων
쓰는 것이 writing

σοι
네게 to you
καινὴν
새 new
ἀλλ᾽ ἣν[4]
그것은 ~ 것(계명)이다. but the one
εἴχομεν
우리가 ~ 가진 we have had
ἀπ᾽ ἀρχῆς,[5]
처음부터 from the beginning,
ἵνα ἀγαπῶμεν[6]
우리 ~ 사랑하자/사랑하는 것이다. that we love
ἀλλήλους.
서로 one another.

1. ἐρωτῶ: '나는 요청한다'; ἐρωτά + ω.
2. κυρία: '여인이여'. 여성(2변화) κυρία의 호격은 주격과 같다.
3. οὐχ ὡς ... ἀλλ᾽: 'not as ... but ...'
4. ἣν εἴχομεν: 관계대명사 여단 목적격 ἣν은 ἐντολὴν(계명)을 선행사로 취하고 καινὴν(새로운, 새)과 대조를 이루는 형용사절을 이끌며, 술어 εἴχομεν(ἐ + ἔχ + ομεν)의 목적어가 된다.
5. ἀπ᾽ ἀρχῆς: '처음부터'; ἀπό + ἀρχῆς; 요일 1:1 참고.
6. ἵνα ἀγαπῶμεν: '즉, 우리가 서로 사랑하자는 것(이다)'; ἀγαπά + ωμεν. ἵνα 가정법은 명사절로 앞의 ἐντολὴν(계명)을 부연, 설명하는(epexegetical) 기능을 가지고 있다.

요이 1:6

καὶ αὕτη ἐστὶν ἡ ἀγάπη, ἵνα περιπατῶμεν κατὰ τὰς ἐντολὰς αὐτοῦ· αὕτη ἡ ἐντολή ἐστιν, καθὼς ἠκούσατε ἀπ᾽ ἀρχῆς, ἵνα ἐν αὐτῇ περιπατῆτε.

이것이 사랑이다. 즉, 그의 계명대로 우리가 사는 것이다. 이것이 계명이다. 처음부터 너희가 들은 것처럼, 너희가 그 안에서 사는 것이다.

καὶ αὕτη[1]
이것이 And this
ἐστὶν
~이다. is
ἡ ἀγάπη,
사랑~ love,
ἵνα περιπατῶμεν[2]
즉, 우리가 ~ 사는/행하는 것이다. that we live/ walk
κατὰ τὰς ἐντολὰς
계명대로/계명을 따라
according to~commandments.
αὐτοῦ·
그의 his
αὕτη[3]
이것이 This

ἡ ἐντολή
계명~ the commandment,
ἐστιν,
~이다. is
καθὼς ἠκούσατε
너희가 들은 것처럼 just as you have heard
ἀπ᾽ ἀρχῆς,
처음부터 from the beginning,
ἵνα
~ 것이다. that
ἐν αὐτῇ
그 안에 in it.
περιπατῆτε.[4]
너희가 ~ 사는/행하는 you should live/ walk

1. αὕτη ἐστὶν: '이것이 (바로) ~이다'. 지시대명사 + εἰμί 동사는 강조하는 표현이다.
2. ἵνα περιπατῶμεν: '즉, 우리가 사는/행하는 것(이다)'; περιπατέ + ωμεν. ἵνα 가정법은 ἡ ἀγάπη에 대해 부연, 설명한다.
3. αὕτη ... ἐστιν: 지시대명사 + εἰμί 동사의 강조 표현.
4. ἵνα ... περιπατῆτε: '즉, 너희가 사는/행하는 것(이다)'; περιπατέ + ητε. ἡ ἐντολή를 부연, 설명한다.

요이 1:7

Ὅτι πολλοὶ πλάνοι ἐξῆλθον εἰς τὸν κόσμον, οἱ μὴ ὁμολογοῦντες Ἰησοῦν Χριστὸν ἐρχόμενον ἐν σαρκί· οὗτός ἐστιν ὁ πλάνος καὶ ὁ ἀντίχριστος.

미혹하는 자들이 많이 세상으로 나왔다. 예수 그리스도께서 육체로 오신 것을 시인하지 않는 자들, 이들이 속이는 자이고 적그리스도이다.

Ὅτι[1] πολλοὶ πλάνοι[2]
많은 미혹하는 자들이 For many deceivers

ἐξῆλθον[3]
나왔다. came out/ have gone out

εἰς τὸν κόσμον,
세상으로 into the world,

οἱ μὴ ὁμολογοῦντες[4]
즉, ~ 고백하지 않는/부인하는 자들이다. those who do not confess

Ἰησοῦν Χριστὸν
예수 그리스도께서 Jesus Christ

ἐρχόμενον[5]
오신 것을 as coming

ἐν σαρκί·
육체로 in the flesh.

οὗτός[6]
이 자는 This

ἐστιν
~이다. is

ὁ πλάνος
속이는 자이고 the deceiver

καὶ ὁ ἀντίχριστος.
적그리스도~ and antichrist.

1. Ὅτι: 접속사 Ὅτι(For)는 앞 부분과 연계적(인과) 관계를 보여주기 위한 것이지만, 문맥상 근접 내용(5-6절)과 연계된 것으로 보이지는 않는다.
2. πλάνοι: πλάνος(미혹하는, 속이는), πλανάω(길을 잃게 하다, 속이다), πλάνη(방황), πλανήτης(방황하는 자).
3. ἐξῆλθον: '(그들이) 나갔다'; ἐξ(< ἐκ) + ε(시상접두모음) + ελθ(부정과거 어간) + ον.
4. ὁμολογοῦντες: ὁμολογέ + οντες; 요일 1:9 참고.
5. ἐρχόμενον: '오신 것을'; ἐρχ + όμενον. 간접화법의 내용(요일 4:2 참고)이다.
6. οὗτός ἐστιν: 지시대명사 + εἰμί 동사의 강조적 표현이다. 뒤의 ἐστιν 때문에 οὗτός에 액센트를 덧붙였다. 선행되는 것(πλάνοι; οἱ μὴ ὁμολογοῦντες)이 복수이지만 지시대명사는 대표적 의미의 단수로 쓰인 경우('그런 사람')이다(Wallace, 332).

요이 1:8

βλέπετε ἑαυτούς, ἵνα μὴ ἀπολέσητε ἃ εἰργασάμεθα ἀλλὰ μισθὸν πλήρη ἀπολάβητε.

스스로 삼가라. 우리가 수고한 것들을 너희가 잃지 않게, 또 너희가 충분한 보상을 받을 수 있게 말이다.

ἀπό
전.소
ἀρχή
명.소.여단
ἵνα
접.종
ἐν
전.여
αὐτός
대인칭.여.여단
περιπατέω
동.가.현능.2복

7
ὅτι
접.종
πολύς
형일반주.남복
πλάνος
명.주.남복
ἐξέρχομαι
동.직.과능.3복
εἰς
전.목
ὁ
관.목.남단
κόσμος
명.목.남단
ὁ
관.주.남복
μή
조사
ὁμολογέω
동.분.현능.주.남복
Ἰησοῦς
명.목.남단
Χριστός
명.목.남단
ἔρχομαι
동.분.현중.목.남단
ἐν
전.여
σάρξ
명.여.여단
οὗτος
대지시.주.남단
εἰμί
동.직.현능.3단
ὁ
관.주.남단
πλάνος
명.주.남단
καί
접.등
ὁ
관.주.남단
ἀντίχριστος
명.주.남단

8
βλέπω
동.명.현능.2복
ἑαυτοῦ
대재귀.목.남복
ἵνα
접.종
μή
조사

βλέπετε[1]
너희는 ~ 삼가라. Watch/ Look to
ἑαυτούς,[2]
스스로 yourselves,
ἵνα
~도록 so that
μὴ ἀπολέσητε[3]
너희가 잃지 않고 you may not lose

ἃ εἰργασάμεθα[4]
우리가 일한/수고한 것들을
what we have worked for,
ἀλλὰ μισθὸν[5]
또한 ~ 보상을 but ~ a ~ reward.
πλήρη[6]
충분한 full
ἀπολάβητε.[7]
받을 수 있~ that you may receive/ win

---

1. βλέπετε: '(너희는) 보아라/삼가라'; βλέπ + ετε. βλέπω(보다, 주의하다) > βλέμμα(보는 것, 응시).
   ἀναβλέπω(위를 보다, 시력이 회복되다), ἀποβλέπω(주의해서 보다), διαβλέπω(통해서/명확히 보다),
   ἐμβλέπω(응시하다, 고려하다), ἐπιβλέπω(우러러보다, 관심을 갖고 보다), περιβλέπω(주위를 보다, 둘
   러보다), προβλέπω(제공하다).
2. ἑαυτούς: '스스로를'.
3. ἵνα μὴ ἀπολέσητε: 목적('~하기 위해')과 결과('그래서 ~ 하라')의 ἵνα 가정법(부사절); ἀπολ(부정과
   거 어간) + ε(매개모음) + σητε(부정과거 가정법 2복). ἀπόλλυμι(파괴하다, 멸망하다, 잃다)의 부정과
   거는 ἀπώλεσα(1st)/ἀπωλόμην(2nd)이다. ἀπόλλυμι > ἀπώλεια(파괴, 멸망).
4. ἃ εἰργασάμεθα: '우리가 일한 것들을'; ἐ + ἐργάζ + σάμεθα. 관계대명사 중복 목적격 ἃ는 μὴ
   ἀπολέσητε의 목적어가 되는 명사절을 이끈다. ἐργάζομαι(일하다) < ἔργον(일, 행위) > ἐργασία(일,
   사업, 이득), ἐργάτης(일꾼).
5. μισθὸν: μισθός(보상), μισθόω(고용하다), μισθαποδοσία(삯의 지불, 보상), μίσθιος(고용된),
   μίσθωμα(삯, 대금), μισθωτός(고용인).
6. πλήρη: πλήρης(충만한, 가득한) < πληρόω([가득] 채우다, 성취하다, 완성하다) > πλήρωμα(채워진
   것/채우는 것, 충만), πληροφορία(충만함, 풍부), πληροφορέω(가득 가져오다, 가득 채우다).
7. ἀπολάβητε: ἀπολάβ + ητε. ἀπολαμβάνω(받다, 다시 취하다, 회복하다)의 부정괴기는 ἀπέλαβον(ἀπο
   + ε + λαβ + ον)이다. ἀναλαμβάνω(위로 취하다, 일으키다), ἀντιλαμβάνω(잡다, 쥐다),
   ἐπιλαμβάνω([손으로] 잡다), καταλαμβάνω([얻기 위해] 잡다, 손아귀에 넣다), μεταλαμβάνω([함께]
   참여하다, 취하다), παραλαμβάνω(취하다, 데리고 가다/있다), προλαμβάνω(미리 취하다, 기대하다),
   προσλαμβάνω([더하여] 취하다, [자신에게로] 취하다), συλλαμβάνω(붙잡다), συμπαραλαμβάνω([~
   을] 같이 데리고 가다), συμπεριλαμβάνω(온전히 포용하다), συναντιλαμβάνομαι(함께 붙잡다/하다),
   ὑπολαμβάνω([밑에서] 위로 취하다, 답변하다).

요이 1:9

Πᾶς ὁ προάγων καὶ μὴ μένων ἐν τῇ διδαχῇ τοῦ Χριστοῦ θεὸν οὐκ ἔχει· ὁ
μένων ἐν τῇ διδαχῇ, οὗτος καὶ τὸν πατέρα καὶ τὸν υἱὸν ἔχει.

지나치게 나아가 그리스도의 가르침에 거하지 않는 자마다 하나님을 모시고 있지 않다. 그 가르침에 거
하는 자, 이런 이가 아버지와 아들을 모시고 있다.

Πᾶς ὁ
~ 자마다 Everyone who
προάγων[1]
지나치게 나간 자와 goes ahead
καὶ μὴ μένων
거하지/머물러 있지 않는 ~ and does not abide

ἐν τῇ διδαχῇ[2]
가르침에 in the teaching
τοῦ Χριστοῦ
그리스도의 of Christ,
θεὸν
하나님을 God.

οὐκ ἔχει·
가지지/모시지 않는다. does not have

ὁ μένων
거하는/머무는 자, The one who abides

ἐν τῇ διδαχῇ,
가르침 안에 in the teaching,

οὗτος[3]
이 사람은 this man/ he

καὶ τὸν πατέρα
아버지와 both the Father

καὶ τὸν υἱὸν
아들을 and the Son.

ἔχει.
소유한다/모신다. has

1. ὁ προάγων: '먼저 간 자'; προαγ + ων. προάγω(먼저 가다, 전진하다, 앞으로 이끌다), ἀνάγω(위로 이끌다), ἀπάγω(데려 가다, 그릇되게 이끌다), διάγω(~ 통해 이끌다, 살다), εἰσάγω(데려 오다), ἐξάγω(데리고 나가다), ἐπάγω(~로 이끌다), ἐπανάγω(되돌아오다, [배에서] 떼다), ἐπισυνάγω(함께 모이다), κατάγω([~ 아래로] 이끌다), μετάγω(옮기다), παράγω(옆에서 이끌다, 잘못 이끌다, 지나가다), περιάγω(둘레로 이끌다, 돌아 다니다), προσάγω(~에게로 이끌다), συνάγω(함께 모으다), ὑπάγω(가다, 물러나다, 떠나다).

2. διδαχή: διδαχή(교훈, 가르침) < διδάσκω(가르치다) > διδακτικός(가르치기에 능한), διδακτός(가르친, 교훈이 된), διδασκαλία(가르침, 교훈), διδάσκαλος(선생, 랍비).

3. οὗτος: ὁ μένων(머무는 자)를 강조하기 위해 지시대명사 οὗτος를 첨가한 것이다. 잉여의(pleonastic/redundant) 사용이라 부르지만(Walllace, 330), 특정(예, 강조 등)의 목적이 있다.

요이 1:10

εἴ τις ἔρχεται **πρὸς ὑμᾶς καὶ ταύτην τὴν διδαχὴν** οὐ φέρει, μὴ λαμβάνετε αὐτὸν εἰς οἰκίαν καὶ χαίρειν αὐτῷ μὴ λέγετε·

누구든지 너희에게 오면서 이 가르침을 가지고 오지 않으면 그를 집에 영접하지 말고 그에게 인사도 하지 말라.

εἴ τις[1]
누구든지 If anyone

ἔρχεται
와서 comes

πρὸς ὑμᾶς
너희에게 to you

καὶ ταύτην τὴν διδαχὴν
이 가르침(교훈)을 this teaching,

οὐ φέρει,[2]
가지고 오지 않으면 and does not bring

μὴ λαμβάνετε[3]
영접하지 말라. do not receive

αὐτὸν
그를 him

εἰς οἰκίαν[4]
집에 into your house

καὶ χαίρειν[5]
인사를 and ~ to greet

αὐτῷ
그에게 him.

μὴ λέγετε·
너희는 ~ 하지/말하지 말라. do not say

1. εἴ τις: 1급 조건문(εἴ + 직설법)은 조건절의 내용이 사실임을 가정한다.

2. φέρει: 현재 φέρω(운반하다, 견디다), 미래 οἴσω, 부정과거(능) ἤνεγκα, 현재완료(능) ἤνεγκον, 현재완료(수) ἐνήνοχα/ἐνήνεγμαι, 부정과거(수) ἠνέχθην.

3. μὴ λαμβάνετε... μὴ λέγετε ...: '영접하지(받지) 말라 … 말하지 말라'. μὴ + 현재 명령법의 금지는 계속적인 상태를 정지하려는 목적을 가진다(Wallace, 725).

4. οἰκίαν: οἰκία/οἶκος(집) > οἰκέω(거주하다), οἰκεῖος(집에 속한 [가솔]), οἰκετεία/οἰκέτης([집의] 가솔, 노예들) οἴκημα/οἰκητήριον(거주지), οἰκοδεσποτέω(집의 주인이 되다, 주인 역할을 하

다), οἰκοδεσπότης(집의 주인), οἰκοδομέω(집을 짓다), οἰκοδομή/οἰκοδομία(건물 짓기, 건물), οἰκοδόμος(건축가), οἰκονομέω(집안을 관리하다), οἰκονομία(경영) > economy(경제), οἰκονόμος(집 관리자), οἰκουμένη(세계, 세상, 거주하는 땅), οἰκουργός(집 돌보기/일하기), οἰκουρός(집 지키는 사람).

5. χαίρειν: '인사하기'. 당시 사람을 만나 인사할 때 χαίρω(기뻐하다)의 명령형 동사가 쓰였는데, 개인(단수)에게는 χαῖρε, 복수의 인물들에게는 χαίρετε였다. 편지의 초두에 인사말로 쓸 때는 부정사 χαίρειν(greetings)을 사용하였다. 바울은 이것을 같은 어원의 χάρις(은혜)로 바꾸고 유대인의 인사말 (שׁלﬣﬦ)인 εἰρήνη(평화)를 추가하였다. χαρά(기쁨), συγχαίρω(함께 기뻐하다).

요이 1:11

ὁ λέγων γὰρ **αὐτῷ** χαίρειν κοινωνεῖ **τοῖς ἔργοις αὐτοῦ τοῖς πονηροῖς**.

그에게 인사하는 자는 그의 악한 일들에 참여하는 것이다.

ὁ λέγων γὰρ¹ — ~ 하는 자는 For the one who says
αὐτῷ — 그에게 him
χαίρειν — 인사를 to greet
κοινωνεῖ² — 교제한다/참여한다. shares/ takes part in

τοῖς ἔργοις — 일들에 works
αὐτοῦ — 그의 his
τοῖς πονηροῖς. — 즉, 악한 wicked

1. ὁ λέγων γὰρ: 종속 접속사 γὰρ(for) 문장은 11절이 10절의 논리상의 이유임을 보여준다.
2. κοινωνεῖ: κοινωνέ + ει. κοινωνέω(참여하다, 나누다, 교제하다), κοινωνία(사귐, 참여) < κοινός(공통의, 보통의, common) > κοινωνός(동료, 참여자), κοινωνικός(사회의, 사회적인).

요이 1:12

Πολλὰ ἔχων ὑμῖν γράφειν οὐκ ἐβουλήθην **διὰ χάρτου καὶ μέλανος**, ἀλλ' ἐλπίζω γενέσθαι **πρὸς ὑμᾶς καὶ στόμα πρὸς στόμα** λαλῆσαι, ἵνα ἡ χαρὰ ἡμῶν ᾖ πεπληρωμένη.

너희들에게 쓸 것이 많으나, 종이와 먹으로 쓰길 원하지 않는다. 너희들에게 나아가 대면하여(입과 입으로) 말하게 되길 소망한다. 그래서 우리의 기쁨이 충만하게 되기를 원한다.

Πολλὰ — 많이 much
ἔχων¹ — 가지고 있으나 Having
ὑμῖν — 너희에게 to you,
γράφειν — 쓸 것이 to write
οὐκ ἐβουλήθην² — 나는 ~ 원하지 않는다. I do not want to write

διὰ³ — ~ 통하여/~으로 with
χάρτου⁴ — 종이와 paper (papyrus)
καὶ μέλανος,⁵ — 먹(잉크)~ and ink (black).
ἀλλ' ἐλπίζω — 그보다는 ~ 소망한다. Instead I hope
γενέσθαι⁶ — (가게) 되기를 to come (become)

πρὸς ὑμᾶς
너희에게 to you
καὶ στόμα
또한 입과 and ~ mouth/ face
πρὸς στόμα
입으로 to mouth/ to face,
λαλῆσαι,[7]
말하게 되기를 (to) talk

ἵνα[8] ἡ χαρὰ[9]
그래서 ~ 기쁨이 so that ~ joy
ἡμῶν
우리의 our
ᾖ πεπληρωμένη.[10]
충만하게 되기를 ~ may be fulfilled/ complete.

σύ
대인칭목.-복
καί
접등
στόμα
명.목.중단/
명.주.중단
πρός
전목
στόμα
명.목.중단
λαλέω
동부.과능
ἵνα
접종
ὁ
관.주.여단
χαρά
명.주.여단
ἐγώ
대인칭.소.-복
εἰμί
동가.현능.3단
πληρόω
동분.완수.주여단

1. ἔχων ... γράφειν: 현재분사 ἔχων(ἔχ + ων)는 양보적 의미(concession)의 종속절을 이끌고 부정사 γράφειν(γράφ + ειν)는 ἔχων의 목적어가 된다.
2. οὐκ ἐβουλήθην: '나는 원하지 않았다/않는다'; ἐ + βουλ(η) + θην. βούλομαι(원하다, 갈구하다)의 부정과거(수)에 어미 θην 앞에 η가 있는 것은, 본래 어간에 있는 η가 현재시제에서 생략된 것이라 보기도 한다(Wallace, 282). 부정과거 수동태 ἐβουλήθην은 이태동사로 쓰여 능동의 의미를 가진다. 부정과거를 현재로 번역할 수 있는 것(NAS, NIV)은 독자적 시점을 염두에 두고 작성하고 있는 서신적(epistolary) 부정과거로 보기 때문이다.
3. διὰ: διὰ + 소유격은 대개 '통하여'(through)의 의미인데 여기서는 방식(manner)의 의미(Thayer), 또는 수단(means)의 의미(KMP, 402)일 수 있다.
4. χάρτου: χάρτης(종이)는 그 위에 쓰기 위한 파피루스(papyrus) 한 장(sheet)을 가리키고 가죽으로 된 쓰는 것은 μεμβράνα라고 한다(LN).
5. καὶ μέλανος: μέλας(검은), λευκός(흰), κόκκινος(진홍의), ἐρυθρός(빨간), πυρρός(불같이 붉은), χλωρός(녹색의), πορφυροῦς(자주색의).
6. ἐλπίζω γενέσθαι: '나는 ~ 되기를 소망한다'; 부정과거 부정사(dep.) γενέσθαι(γεν + έσθαι)는 ἐλπίζω의 목적어로 쓰였다.
7. στόμα πρὸς στόμα λαλῆσαι: '입과 입을 대하여/대면하여 말하기를'(to talk face to face). 부정과거 부정사 λαλῆσαι(λαλέ + σαι) 역시 ἐλπίζω의 목적이다.
8. ἵνα: 목적의 ἵνα 가정법 부사절이다.
9. ἡ χαρὰ: '기쁨(이)'; 요일 1:4 참고.
10. ᾖ πεπληρωμένη: '충만하게 되기를'. 현재(εἰμί의 가정법 현재 ᾖ) + 현재완료(수동태 πεπληρωμένη = πε + πληρο + [ω] + μένη) 의 우언법(periphrastic)으로 현재완료의 의미이다. 상태의 지속적 의미를 부각하고 있다.

요이 1:13

Ἀσπάζεταί σε τὰ τέκνα τῆς ἀδελφῆς σου τῆς ἐκλεκτῆς.
택함을 받은 네 자매의 자녀들이 그대에게 문안한다.

13
ἀσπάζομαι
동직 현중.3단
σύ
대인칭 목.-단
ὁ
관.주.중복
τέκνον
명.주.중복
ὁ
관.소.여단
ἀδελφή
명.소.여단
σύ
대인칭.소.-단
ὁ
관.소.여단
ἐκλεκτός
형일반.소.여단

Ἀσπάζεταί[1]
문안한다. greet
σε
네게 you.
τὰ τέκνα
자녀들이 The children

τῆς ἀδελφῆς
자매의 of ~ sister,
σου
네/너의 your
τῆς ἐκλεκτῆς.[2]
선택된/택함 받은 chosen/ elect

1. Ἀσπάζεταί σε: '문안한다'. 이태동사 ἀσπάζομαι(문안하다) > ἀσπασμός([문안]인사).
2. τῆς ἐκλεκτῆς: '선택된 자(여인)의/~인'; 1절 참고.

제3부
요한삼서:
절별 본문(헬), 직역, 구문(헬) 배열, 해설, 분해

요삼 1:1

Ὁ πρεσβύτερος Γαΐῳ τῷ ἀγαπητῷ, ὃν ἐγὼ ἀγαπῶ ἐν ἀληθείᾳ.

장로는 사랑하는 가이오, 내가 진리 안에서 사랑하는 자에게 쓴다.

Ὁ πρεσβύτερος
장로는 The elder
　　Γαΐῳ[1]
　　가이오에게 쓴다/편지한다. to ~ Gaius,
　　　　τῷ ἀγαπητῷ,
　　　　사랑하는 the beloved

ὃν ἐγὼ
내가 whom I
　　ἀγαπῶ[2]
　　사랑하는 love
　　　　ἐν ἀληθείᾳ.
　　　　진리 안에서/참으로 in truth.

---

1. Γαΐῳ: Γάϊος(가이오)는 분음부호(diaeresis) ϊ를 가진다. 이중모음 αι와 달리 발음을 α와 ι의 발음을 따로 하기 위한 것이다. 고대 헬라인들이 이중모음 αι를 나눠 발음하지 않았다는 뜻이다.
2. ὃν ἐγὼ ἀγαπῶ: 관계대명사 ὃν은 Γαΐῳ를 수식하는 형용사절을 이끌고, 인칭대명사 ἐγὼ는 강조의 목적을 가진다. ἀγαπῶ = ἀγαπά + ω.

요삼 1:2

Ἀγαπητέ, περὶ πάντων εὔχομαί σε εὐοδοῦσθαι καὶ ὑγιαίνειν, καθὼς εὐοδοῦταί σου ἡ ψυχή.

사랑하는 자여. 그대의 영혼이 잘 됨 같이, 그대가 모든 일에 잘 되고 건강하기를 기도한다.

Ἀγαπητέ,[1]
사랑하는 자여. Beloved,
　　περὶ πάντων
　　모든 것에 대하여 regarding all things
εὔχομαί[2]
나는 ~ 기도한다. I pray
　　σε
　　네/그대가 that you
　　　　εὐοδοῦσθαι[3]
　　　　잘 되고 may go well

καὶ ὑγιαίνειν,[4]
건강하기를 and be healthy,
καθὼς
~ 것처럼 just as
　　εὐοδοῦταί
　　잘 된 ~ is well,
　　σου
　　네/ 그대의 your
　　　　ἡ ψυχή.
　　　　영혼/혼이 soul

---

1. Ἀγαπητέ: '사랑하는 자여'. 남성 2변화 -ος의 호격 어미는 ε이다.
2. εὔχομαί σε: εὔχομαι(기도하다) + 여격(기도의 대상) + 목적격(기도의 내용). 뒤따르는 σε 때문에 εὔχομαι의 끝 음절에 액센트가 첨가되었다. εὔχομαι(기도하다, 원하다), εὐχή(기도, 서약); προσεύχομαι(기도하다, 서원하다), προσευχή(기도, 기도의 장소).

3. εὐοδοῦσθαι: εὐοδο(어간) + εσθαι(부정사[수] 어미). εὐοδόω(좋은/성공적인 여정을 제공하다) = εὐ(좋은) + οδόω(< ὁδός, 길). 수동태 εὐοδοῦμαι(εὐοδόομαι)는 '번성하다, 성공하다'이다(cf. Thayer).

4. ὑγιαίνειν: ὑγιαίν + ειν. ὑγιαίνω(건강하다), ὑγιής(건강한) > hygiene(위생).

요삼 1:3

3
χαίρω
동직.과수.1단
γάρ
접.등
λίαν
부
ἔρχομαι
동분.현중.소.남복
ἀδελφός
명.소.남복
καί
접.등
μαρτυρέω
동분.현능.소.남복
σύ
대인칭.소.-단
ὁ
관.여.여단
ἀλήθεια
명.여.여단
καθώς
접.종
σύ
대인칭.주.-단
ἐν
전.여
ἀλήθεια
명.여.여단
περιπατέω
동직.현능.2단

ἐχάρην γὰρ λίαν ἐρχομένων ἀδελφῶν καὶ μαρτυρούντων σου τῇ ἀληθείᾳ, καθὼς σὺ ἐν ἀληθείᾳ περιπατεῖς

내가 크게 기뻐한 것은, 형제들이 와서 그대의 진실함, 즉 그대가 진리 안에서 사는 것에 대해 증언하였을 때였다.

___

ἐχάρην[1] γὰρ
나는 ~ 기뻐했다. For I rejoiced
  λίαν
  크게 greatly
ἐρχομένων
와서 when ~ came
ἀδελφῶν[2]
형제들이 the brothers
καὶ μαρτυρούντων[3]
증언했을 때 and testified

σου
너의 your
τῇ ἀληθείᾳ,
진실(진실성)에 대해 to ~ faithfulness,
καθὼς σὺ
네가 ~ 것대로 as indeed you
  ἐν ἀληθείᾳ
  진리 안에서 in the truth.
  περιπατεῖς[4]
  사는/행하는 are living/ walking

___

1. ἐχάρην: '기뻐하였다'; 요이 1:4 참고.
2. ἐρχομένων ἀδελφῶν: '형제들이 왔을 때'. 소유격 독립 분사 구문으로 소유격 분사(술어)와 소유격 명사(주어)가 필요하다. 종속절(분사구문)의 주어('형제들')가 주절과 무관할 때(주어나 다른 요소로도) 사용된다.
3. μαρτυρούντων: μαρτυρέ + οντων; 요일 1:2 참고.
4. περιπατεῖς: '(네가) 살다/행하다'; περιπατέ + εις; 요일 1:6 참고.

요삼 1:4

4
μέγας
형일반.목.여단
οὗτος
대지시.소.중복
οὐ
부
ἔχω
동직.현능.1단
χαρά
명.목.여단
ἵνα
접.종
ἀκούω
동가.현능.1단
ὁ
관.목.중복
ἐμός
형소유.목.중복
τέκνον
명.목.중복
ἐν
전.여
ἀλήθεια
명.여.여단
περιπατέω
동분.현능.목.중복

μειζοτέραν τούτων οὐκ ἔχω χαράν, ἵνα ἀκούω τὰ ἐμὰ τέκνα ἐν ἀληθείᾳ περιπατοῦντα.

나의 자녀들이 진리 안에서 살고 있다는 것을 듣는 것보다 더 큰 기쁨이 내게 없다.

___

μειζοτέραν[1] τούτων
이보다 더 큰 greater than this,
οὐκ ἔχω
나는 ~ 가지고 있지 않다. I don't have
  χαράν,
  기쁨을 joy
    ἵνα[2] ἀκούω
    내가 ~ 듣는 것보다 that I hear

τὰ ἐμὰ[3] τέκνα
나의 자녀들이 that my children
  ἐν ἀληθείᾳ
  진리 안에서 in the truth.
  περιπατοῦντα.[4]
  살고/행하고 있다는 것을
  are living/ walking

___

1. μειζοτέραν: μέγας(m), μεγάλη(f), μέγα(n)(큰, 거대한)의 비교급은 μείζων(m), μείζονα(μείζω) (f), μεῖζον(n)이다. 비교급에는 다른 형태의 μειζοτέρος(m), μειζοτέρα(f), μειζοτέρον(n)도 쓰인다.

μειζοτέραν은 μειζοτέρα(f)의 단수 목적격이다.

2. ἵνα: ἵνα 명사절은 τούτων(이것들)을 부연, 설명하는 역할을 한다.

3. ἐμὰ: 소유형용사 ἐμός(m), ἐμή(f), ἐμόν(n)(나의)은 보통 강조를 위해 사용된다.

4. περιπατοῦντα: περιπατέ + οντα.

요삼 1:5

Ἀγαπητέ, πιστὸν ποιεῖς ὃ ἐὰν ἐργάσῃ εἰς τοὺς ἀδελφοὺς καὶ τοῦτο ξένους,

사랑하는 자여. 그대가 형제들과 나그네 된 자들을 위해 수고하는 것은 다, 신실한 일을 행하는 것이다.

Ἀγαπητέ,
사랑하는 자여. Beloved,
   πιστὸν[1]
   신실한 것, a faithful thing,
   ποιεῖς[2]
   네가 ~ 행하고 있다. you do
      ὃ ἐὰν ἐργάσῃ[3]
      즉, 네가 ~ 수고하는 모든 것을
      whatever you work

εἰς[4]
~ 위하여 for
   τοὺς ἀδελφοὺς
   형제들과 the brothers
   καὶ τοῦτο ξένους,[5]
   (특히) 나그네 된 자들을
   ~ and especially strangers.

1. πιστὸν: 형용사 πιστός(신실한)가 명사적('신실한 것/일')으로 사용되었다.

2. ποιεῖς: ποιέ + εις.

3. ὃ ἐὰν ἐργάσῃ: '즉, 네가 수고하는 것들은 다'. ὃ ἐὰν(whatever)은 요일 3:22 참고. 관계대명사 ὃ 구문은 선행사 πιστὸν(신실한 것)을 부연한다('즉, …').

4. εἰς: 목적을 위한 εἰς(for)이다.

5. τοὺς ἀδελφοὺς καὶ τοῦτο ξένους: '형제들, 특히 나그네 된 자들'. 앞에 정관사(τοὺς)가 하나만 있고 뒤의 것(ξένους)이 앞의 것(ἀδελφοὺς)의 범주에 포함된 경우이다(Wallace, 281). 여기서 καὶ τοῦτο는 '이(것) 또한'(this too), '특히'(especially), 또는 '이것에 대해서는 특히'(and at that, especially(Wallace, 335; cf. Thayer, Zerwick)의 부사적 용례로 볼 수 있다.

요삼 1:6

οἳ ἐμαρτύρησάν σου τῇ ἀγάπῃ ἐνώπιον ἐκκλησίας, οὓς καλῶς ποιήσεις προπέμψας ἀξίως τοῦ θεοῦ·

그들은 교회 앞에서 그대의 사랑을 증언하였다. 그대가 그들을 잘 전송하면, 하나님께 합당하게 행하는 것이 될 것이다.

οἳ[1]
이들은 These men/ who
   ἐμαρτύρησάν[2]
   증언하였다. testified
     σου
     너의 your
     τῇ ἀγάπῃ
     사랑에 대해 to ~ love
     ἐνώπιον[3] ἐκκλησίας,
     교회 앞에서 before the church.

οὓς[4]
그들을 them
   καλῶς[5]
   잘 well
   ποιήσεις[6]
   네가 ~ 행할 것이다/행하는 것이다. you will do
   προπέμψας[7]
   전송하면/전송하여 by sending
   ἀξίως τοῦ θεοῦ·[8]
   하나님께 합당하게 befitting worthy of God

우측 여백 파싱 (요삼 1:5, v.5)

5
ἀγαπητός
형일반.호.남단
πιστός
형일반 목.중단
ποιέω
동직.현능.2단
ὅς
대관계.목.중단
ἐάν
조사
ἐργάζομαι
동가.과중.2단
εἰς
전.목
ὁ
관.목 남복
ἀδελφός
명.목 남복
καί
접.등
οὗτος
대지시.목 중단
ξένος
형일반 목 남복

우측 여백 파싱 (요삼 1:6, v.6)

6
ὅς
대관계 주.남복
μαρτυρέω
동직 과능.3복
σύ
대인칭.소.-단
ὁ
관.여 여단
ἀγάπη
명.여 여단
ἐνώπιον
전.소
ἐκκλησία
명.소.여단
ὅς
대관계.목 남복
καλῶς
부
ποιέω
동직.미능.2단
προπέμπω
동분과능주남단
ἀξίως
부
ὁ
관.소 남단
θεός
명.소 남단

1. οἵ: 관계대명사 남복 주격 οἵ는 앞의 형제들과 나그네 된 자들을 선행사로 한다.
2. ἐμαρτύρησάν σου: ἐμαρτύρησάν(증언하였다) = ἐ + μαρτυρέ + σαν. 뒤따르는 σου 때문에 ἐμαρτύρησάν의 끝 음절에 액센트가 첨가되었다.
3. ἐνώπιον: '앞에서'(요일 3:22).
4. οὕς: 관계대명사 남복 목적격 οὕς는 주절의 주어 οἵ(이들)를 선행사로 하고 προπέμψας의 목적어가 된다.
5. καλῶς: καλῶς(잘, 좋게, 바르게) < καλός(좋은, 유익한, 뛰어난) > καλοποιέω(잘/바르게 하다).
6. ποιήσεις: '네가 행할 것이다'; ποιέ + σεις. ποιήσεις를 명령적(imperatival) 미래로 볼 여지도 있다 (NIV).
7. προπέμψας: 부정과거 분사 προπέμψας(πρό + πέμπ + σας)는 조건적(condition; if)의 의미가 있다. προπέμπω(미리/앞서 보내다) < πέμπω(보내다) > ἀναπέμπω(올려 보내다), ἐκπέμπω(내보내다), μεταπέμπω(잇따라 보내다), συμπέμπω(함께 보내다).
8. ἀξίως τοῦ θεοῦ: '하나님께 합당하게'. ἀξίως(합당하게, 적합하게), ἄξιος(상응하는, 가치 있는, 적합한), ἀξιόω(적합하다, 상응하다). 6b절은 οὕς καλῶς ... προπέμψας(그들을 잘 전송하면/전송하여)와 ποιήσεις ... ἀξίως τοῦ θεοῦ(네가 하나님께 합당하게 행하는 것이다/행해야 한다)으로 구분해 볼 수 있다.

요삼 1:7

7
ὑπέρ
전.소
γάρ
접.등
ὁ
관.소.중단
ὄνομα
명.소.중단
ἐξέρχομαι
동.직.과능.3복
μηδείς
대부정.목.중단
λαμβάνω
동분.현능.주남복
ἀπό
전.소
ὁ
관.소.남복
ἐθνικός
형일반.소.남복

ὑπὲρ γὰρ τοῦ ὀνόματος ἐξῆλθον μηδὲν λαμβάνοντες ἀπὸ τῶν ἐθνικῶν.

> 그들은 이방인들에게 아무 것도 받지 않으면서 그(주의) 이름을 위하여 나섰기(나갔기) 때문이다.

ὑπὲρ γὰρ¹ τοῦ ὀνόματος
그(주의) 이름을 위하여 ~ 때문이다.
For ~ for the sake of the name,
ἐξῆλθον
그들이 ~ 나갔기 they went out

μηδὲν²
아무 것도 ~ 않고 nothing
λαμβάνοντες³
받지 ~ accepting
ἀπὸ τῶν ἐθνικῶν.⁴
이방인들에게서 from the Gentiles.

1. ὑπὲρ γὰρ: 종속 접속사 γὰρ는 7절이 앞 절의 이유(원인)임을 보여준다. ὑπὲρ는 여기서 '~ 때문에, ~ 위하여'의 의미이다.
2. μηδὲν: '아무 것도'(nothing); 요일 3:7 참고.
3. λαμβάνοντες: λαμβάν + οντες.
4. ἐθνικῶν: ἐθνικός(나라의, 민족의, 이방인의), ἐθνικῶς(이방인처럼), ἔθνος(민족, 나라, 이방인).

요삼 1:8

8
ἐγώ
대인칭.주.-복
οὖν
접.등
ὀφείλω
동.직.현능.1복
ὑπολαμβάνω
동부.현능

ἡμεῖς οὖν ὀφείλομεν ὑπολαμβάνειν τοὺς τοιούτους, ἵνα συνεργοὶ γινώμεθα τῇ ἀληθείᾳ.

> 그러므로 우리는 이런 이들을 영접해야 한다. 우리가 진리에 대한 동역자들이 되기 위해서이다.

ἡμεῖς οὖν[1]
그러므로 우리는 Therefore we

ὀφείλομεν
해야 한다. ought to

ὑπολαμβάνειν[2]
지원해야/영접해야 support/ receive

τοὺς τοιούτους,[3]
이런 이들을 such men,

ἵνα[4]
~ 위해 that

συνεργοὶ[5]
동역자들이 fellow workers

γινώμεθα[6]
우리가 ~ 되기 ~ we may be

τῇ ἀληθείᾳ.[7]
진리에 대해/진리와 함께 하는
to/ with the truth.

ὁ 관.목.남복
τοιοῦτος 형지시.목.남복
ἵνα 접.종
συνεργός 형일반.주.남복
γίνομαι 동가.현중.1복
ὁ 관.여.여단
ἀλήθεια 명.여.여단

---

1. ἡμεῖς οὖν: 인칭대명사 ἡμεῖς은 강조의 목적이 있다. 접속사 οὖν(그러므로, 그래서)은 추론적(inferential) 의미의 접속사이다.
2. ὀφείλομεν ὑπολαμβάνειν: '우리가 영접해야 한다'. ὀφείλω(must; ought to)는 부정사를 동반한다(요일 2:6 참고). ὑπολαμβάνειν = ὑπολαμβάν + ειν. ὑπολαμβάνω(위로 취하다, 환영하다)의 동족어는 요이 1:8 참고.
3. τοὺς τοιούτους: 형용사 τοιοῦτος(그러한, such). '그러한 자들을'.
4. ἵνα: 목적('~ 위해')과 결과('그래서 ~이다')의 ἵνα 가정법 부사절이다.
5. συνεργοὶ: συνεργός(동역자, 동료), συνεργέω(동역하다, 함께 일하다). ἔργον(일, 행위) > ἐργάζομαι(일하다), ἐργασία(일, 사업, 이득), ἐργάτης(일꾼).
6. γινώμεθα: γιν + ώμεθα.
7. τῇ ἀληθείᾳ: '진리에 대해'(to the truth); 여기서 여격은 언급(reference)의 여격('to the truth), 또는 유대(association)의 여격(with the truth)으로 볼 수 있을 것이다.

요삼 1:9

Ἔγραψά τι τῇ ἐκκλησίᾳ· ἀλλ᾽ ὁ φιλοπρωτεύων αὐτῶν Διοτρέφης οὐκ ἐπιδέχεται ἡμᾶς.

> 내가 교회에 썼던 것이 있다. 그러나 그들 가운데 첫째 되기를 사랑하는 디오드레베가 우리를 받아들이지 않고 있다.

Ἔγραψά[1]
내가 ~ 썼다. I wrote

τι
무엇인가를 something

τῇ ἐκκλησίᾳ·
교회에 to the church,

ἀλλ᾽ ὁ φιλοπρωτεύων[2]
그러나 ~ 첫째가 되기를 사랑하는 자인 but ~ who loves to be first

αὐτῶν
그들 가운데 among them,

Διοτρέφης
디오드레베가 Diotrephes,

οὐκ ἐπιδέχεται[3]
받아들이지 않는다. does not accept

ἡμᾶς.
우리를 us.

9
γράφω 동직.과능.1단
τίς 대부정.목.중단
ὁ 관.여.여단
ἐκκλησία 명.여.여단
ἀλλά 접.등
ὁ 관.주.남단
φιλοπρωτεύω 동분.현능.주.남단
αὐτός 대인칭.소.남복
Διοτρέφης 명.주.남단
οὐ 부
ἐπιδέχομαι 동직.현중.3단
ἐγώ 대인칭.목.-복

---

1. Ἔγραψά τι: '내가 무엇을 썼다'; ἐ + γραφ + σα. Ἔγραψά의 끝 음절에 액센트가 하나 더 있는 것은 뒤따르는 부정대명사 τι 때문이다. 독자의 관점에서 기록하는 서신의(epistolary) 부정과거(예, 요일 2:21, 26)는 아니다(cf. KMP, 294).
2. ὁ φιλοπρωτεύων: φιλοπρωτεύω(첫째가 되는 것을 좋아하다) = φιλο(< φιλέω, 사랑하다) + πρωτεύω(< πρῶτος, 첫째의).
3. ἐπιδέχεται: ἐπιδέχομαι(환대하다, 인정하다).

요삼 1:10

διὰ τοῦτο, ἐὰν ἔλθω, ὑπομνήσω αὐτοῦ τὰ ἔργα ἃ ποιεῖ λόγοις πονηροῖς
φλυαρῶν ἡμᾶς, καὶ μὴ ἀρκούμενος ἐπὶ τούτοις οὔτε αὐτὸς ἐπιδέχεται τοὺς
ἀδελφοὺς καὶ τοὺς βουλομένους κωλύει καὶ ἐκ τῆς ἐκκλησίας ἐκβάλλει.

이 때문에, 만일 내가 가면, 그가 한 일들을 기억나게 할 것이다. 그는 악한 말들로 우리를 헐뜯고 또 이것
으로 만족하지 않았다. 그 자신이 형제들을 받아들이지 않고 또한 그렇게 받아들이는 자들을 금하고 교
회 밖으로 쫓아낸다.

διὰ τοῦτο,[1]
이 때문에 For this reason,

ἐὰν ἔλθω.[2]
만일 내가 가면 if I come,

ὑπομνήσω[3]
기억하게 할 것이다. I will call attention

αὐτοῦ
그의 his

τὰ ἔργα
일/행위들을 to ~ deeds

ἃ[4] ποιεῖ
그가 행한 which he does,

λόγοις[5]
말(들)로 with ~ words

πονηροῖς
악한 malicious

φλυαρῶν[6]
헐뜯고/셈하고 하던
talking against/ disparaging

ἡμᾶς,
우리를 us.

καὶ μὴ ἀρκούμενος[7]
만족하지 않고 And satisfied

ἐπὶ τούτοις
이것(들)으로도 with these things/ this,

οὔτε αὐτὸς[8]
또한 그 자신 ~ 않는다. he himself does not

ἐπιδέχεται
받아들이지 accept

τοὺς ἀδελφοὺς
형제들을 the brothers,

καὶ τοὺς βουλομένους[9]
그렇게 하고자 하는 이들을 and ~ those who want to

κωλύει[10]
금하고 stops/ forbids

καὶ ἐκ τῆς ἐκκλησίας
교회 밖으로 and ~ of the church.

ἐκβάλλει.[11]
내쫓고 있다. puts them out

---

1. διὰ τοῦτο: '이 때문에'. 추론적(inferential) 의미가 있다.
2. ἐὰν ἔλθω: '만일 내가 가면'; ἔλθ + ω. ἐάν 가정법은 미래에 있음직한 것을 가정한다.
3. ὑπομνήσω: '기억하게 할 것이다'; ὑπο + μνη(어간) + σω(미래 어미). ὑπομιμνήσκω(기억하게 하다), ὑπόμνησις(기억하게 하기, 기억) < μνημονεύω(기억하다), μνῆμα(죽은 자의 기억/기념비, 무덤), μνεία(기억, 언급), μνημεῖον(기념비, 무덤). ἀναμιμνήσκω(기억하게 하다, 권고하다), ἐπαναμιμνήσκω(다시 기억하게 하다).
4. ἃ: 관계대명사 ἅ는 τὰ ἔργα를 수식하는 형용사절을 이끈다.
5. λόγοις: '말(들)로'. 수단(means)의 여격이다.
6. φλυαρῶν: φλυαρέ + ων. φλυαρέω(어리석은 말을 하다, 헐뜯다), φλύαρος(어리석은 말을 하는 것).
7. μὴ ἀρκούμενος ἐπί: '~에 대해 만족하지 않고'; ἀρκούμενος = ἀρκέ + ομενος(분사[수] 어미). ἀρκέω(충분하다, 강하다), 수동태 ἀρκοῦμαι(ἀρκέ + ομαι)는 '만족하다'.
8. οὔτε αὐτός: '그 자신 또한 ~ 않는다'. 강조하기 위해 강조대명사 αὐτὸς가 사용된다.
9. βουλομένους: βούλομαι(원하다, 갈구하다), 요이 1:12 참고.
10. κωλύει: κωλύω(금하다, 거절하다) > ἀκωλύτως(방해 없이), διακωλύω(금하다, ~하지 않게 하다).
11. ἐκ ... ἐκβάλλει: '~ 밖으로 내쫓다'. ἐκβάλλω(내쫓다) = ἐκ(out of) + βάλλω(던지다). ἐκβολή(내버림).

요삼 1:11

Ἀγαπητέ, μὴ μιμοῦ τὸ κακὸν ἀλλὰ τὸ ἀγαθόν. ὁ ἀγαθοποιῶν ἐκ τοῦ θεοῦ ἐστιν· ὁ κακοποιῶν οὐχ ἑώρακεν τὸν θεόν.

> 사랑하는 자여. 악한 것을 본받지 말고 선한 것을 본받으라. 선을 행하는 자는 하나님께 속한다. 악을 행하는 자는 하나님을 뵌 적이 없다.

Ἀγαπητέ,
사랑하는 자여. Beloved,

μὴ μιμοῦ[1]
본받지 말라. do not imitate

τὸ κακὸν
악한 것을 what is evil,

ἀλλὰ τὸ ἀγαθόν.[2]
도리어 선한 것을 (본받으라.) but what is good.

ὁ ἀγαθοποιῶν[3]
사랑을 행하는 자는 The one who does good

ἐκ τοῦ θεοῦ
하나님께 of/ from God;

ἐστιν·
속한다. is

ὁ κακοποιῶν[4]
악을 행하는 자는 the one who does evil

οὐχ ἑώρακεν[5]
본 적이 없다. has not seen

τὸν θεόν.
하나님을 God.

---

1. μὴ μιμοῦ: '본받지/모방하지 말라'; μιμε + ου. μιμέομαι(모방하다), μιμητής(흉내내는 사람) > mimic(흉내내다, 흉내쟁이).
2. τὸ κακὸν ... τὸ ἀγαθόν: 형용사를 독립적으로 사용하며 '악한 것'과 '선한 것'을 대조한다.
3. ὁ ἀγαθοποιῶν: '선을 행하는 자'; ἀγαθοποιέ(ἀγαθός, 선한 + ποιέω, 행하다) + ων. εἰρηνοποιέω(평화롭게 하다), ζωοποιέω(살게 하다), κακοποιέω(악을 행하다, 해를 끼치다), καλοποιέω(잘하다, 바르게 하다), μοσχοποιέω([우상] 소를 만들다), ὁδοποιέω(길을 만들다/내다), ὀχλοποιέω(무리를 모으다), περιποιέω([자신을] 보호하다, 구입하다), προσποιέω(가장하다, ~할 것처럼 하다), συζωοποιέω(함께 살리다).
4. ὁ κακοποιῶν: '악을 행하는 자(는)'; κακο(< κακός) + ποιέ + ων. κακοποιός(악을 행하는 것, 행악자).
5. οὐχ ἑώρακεν: '본 적도 없다'; 요일 1:1 참고. 지속적인 상태와 결과의 의미를 가진 현재완료이다.

요삼 1:12

Δημητρίῳ μεμαρτύρηται ὑπὸ πάντων καὶ ὑπὸ αὐτῆς τῆς ἀληθείας· καὶ ἡμεῖς δὲ μαρτυροῦμεν, καὶ οἶδας ὅτι ἡ μαρτυρία ἡμῶν ἀληθής ἐστιν.

> 데메드리오는 모든 사람에게서, 또 진리 자체에 의해서도 증거를 받았다. 우리도 그에 대해 증언한다. 그대는 우리 증언이 참되다는 것을 안다.

Δημητρίῳ
데메드리오에게(는) Demetrius

μεμαρτύρηται[1]
증거가 주어졌다(증거되었다). has been testified

ὑπὸ[2] πάντων
모든 사람에게서, from everyone,

καὶ ὑπὸ αὐτῆς τῆς ἀληθείας·[3]
그리고 진리 자체에 의해서도
and from the truth itself.

καὶ ἡμεῖς δὲ[4]
우리도 We also

μαρτυροῦμεν,[5]
증언한다. testify him,

καὶ οἶδας
너는 ~ 안다. and you know

ὅτι[6] ἡ μαρτυρία
증언이 ~ 것을 that ~ testimony

ἡμῶν
우리의 our

ἀληθής
참~ true.

ἐστιν.
~되다는 is

ὅτι
접종
ὁ
관.주.여단
μαρτυρία
명.주.여단
ἐγώ
대인칭.소.-복
ἀληθής
형일반.주.여단
εἰμί
동직.현능.3단

1. μεμαρτύρηται: '증거가 주어졌다/증거되었다'; με + μαρτυρέ + (η) + ται. 현재완료는 상태와 결과의 지속성을 부각한다.
2. ὑπὸ: 여기서 ὑπὸ는 수동태 동사와 함께 행위자(agent)를 가리키는 '~에 의하여'(by)의 의미로 쓰인다. 수동태의 행위자를 가리킬 때 ὑπὸ + 소유격이 가장 많이 사용되고 그 다음이 ἀπὸ + 소유격이고, παρὰ + 소유격 용례는 드문 편이다(Wallace, 433).
3. αὐτῆς τῆς ἀληθείας: '진리 자체(에 의해서도)'. 강조대명사 αὐτῆς은 뒤따르는 τῆς ἀληθείας(진리)를 강조한다.
4. καὶ ἡμεῖς δὲ: '그리고(δὲ) 우리도(καὶ ἡμεῖς)'(and we also).
5. μαρτυροῦμεν: '(우리가) 증언한다'; μαρτυρέ + ομεν.
6. οἶδας ὅτι: ὅτι 명사절은 οἶδας(너는 안다)의 목적어이다.

요삼 1:13

13
πολύς
형일반.목.중복
ἔχω
동직.미완능.1단
γράφω
동부.과능
σύ
대인칭.여.-단
ἀλλά
접.등
οὐ
부
θέλω
동직.현능.1단
διά
전.소
μέλας
형일반.소.중단
καί
접.등
κάλαμος
명.소.남단
σύ
대인칭.여.-단
γράφω
동부.현능

Πολλὰ εἶχον γράψαι σοι ἀλλ᾽ οὐ θέλω διὰ μέλανος καὶ καλάμου σοι γράφειν·

그대에게 쓸 것이 많다. 그러나 나는 그대에게 먹과 붓으로 쓰기를 원하지 않는다.

Πολλὰ 많이 much	**διὰ** ~으로/ ~ 통하여 with
εἶχον[1] 있다/가지고 있다. I had	**μέλανος** 먹과 ink
γράψαι[2] 쓸 것이 to write	**καὶ καλάμου** 붓~ and pen.
σοι 네게 to you,	**σοι** 네게 to you
ἀλλ᾽ οὐ θέλω[3] 그러나 ~ 원하지 않는다. but I don't want	**γράφειν·** 쓰는 것을 to write

1. εἶχον: '가지고 있다'; ἐ+ εχ + ον. 서신적(epistolary) 부정과거가 쓰는 일 자체를 부각한다면(예, 요이 1:12), 서신적 미완료는 서신을 쓸 때의 지속적인 상태나 결과의 뉘앙스를 갖고 있을 것이다.
2. γράψαι: 부정과거 부정사 γράψαι(γράφ + σαι)는 εἶχον의 목적어이다
3. οὐ θέλω … γράφειν: '쓰기를 원치 않는다'; γράφειν = γράφ + ειν. θέλω(원하다)는 주로 부정사를 목적어로 필요로 한다. 부정과거 부정사 γράψαι가 행동의 수행(performance)에 초점을 둔다면 현재 부정사 γράφειν는 지속적 뉘앙스를 가지고 있을 것이다.

요삼 1:14

ἐλπίζω
동직.현능.1단
δέ
접.등
εὐθέως
부
σύ
대인칭.목.-단

ἐλπίζω δὲ εὐθέως σε ἰδεῖν, καὶ στόμα πρὸς στόμα λαλήσομεν.

그대를 속히 보기를 소망한다. 우리가 대면하여(입과 입으로) 말할 것이다.

ἐλπίζω δὲ
나는 ~ 소망한다. (And) I hope
εὐθέως[1]
속히 soon,
σε
너를 you
ἰδεῖν,[2]
보기를 to see

καὶ στόμα
입과 and ~ mouth (face)
πρὸς στόμα
입으로 to mouth (to face).
λαλήσομεν.[3]
우리가 ~ 말할 것이다. we will talk

ὁράω
동부.과능
καί
접.등
στόμα
명.목.중단/
명.주.중단
πρός
전.목
στόμα
명.목.중단
λαλέω
동직.미능.1복

1. εὐθέως: '속히'. εὐθύς(곧은, 직접적인, 바른)의 부사(곧게, 바로). εὐθύτης(곧음), εὐθύνω(곧게 하다).
2. ἰδεῖν: '보기를'; ἰδ + ειν. 제2부정과거 부정사의 특징은 현재와 다른 부정과거 어간을 취하고 어미는 현재(기본적인) 부정사 어미를 가지고 있고, 그 어미에 액센트가 있다는 것이다(ἰδεῖν). 반면에 제1부정과거 부정사는 끝 앞음절(penult)에 가진다(예, εὐοδοῦσθαι).
3. λαλήσομεν: '우리가 말할 것이다'; λαλέ + σομεν.

요삼 1:15

Εἰρήνη σοι. ἀσπάζονταί σε οἱ φίλοι. ἀσπάζου τοὺς φίλους κατ᾿ ὄνομα.
평화가 그대에게! 친구들이 그대에게 문안한다. 그대도 친구들의 이름을 불러 문안하라.

15
εἰρήνη
명.주.여단
σύ
대인칭.여 -단
ἀσπάζομαι
동직.현충.3복
σύ
대인칭.목 -단
ὁ
관.주.남복
φίλος
형일반.주.남복
ἀσπάζομαι
동명.현충.2단
ὁ
관.목.남복
φίλος
형일반.목.남복
κατά
전.목
ὄνομα
명.목.중단

Εἰρήνη
평화가 Peace be
σοι.[1]
네게 to you
ἀσπάζονταί[2]
문안한다. greet
σε
네게 you.

οἱ φίλοι.[3]
친구들이 The friends
ἀσπάζου[4]
문안하라. Greet
τοὺς φίλους
친구들에게 the friends,
κατ᾿ ὄνομα.[5]
이름을 따라/ 이름으로 by name.

1. Εἰρήνη σοι: '평화가 그대에게'. 기원문 형식(formula)이다.
2. ἀσπάζονταί σε: '(그들이) 네게 문안한다'. 뒤따르는 σε 때문에 ἀσπάζονταί 끝음절에 액센트가 더해졌다.
3. οἱ φίλοι: '친구들이'. Wallace는 친숙한(familiar) 존재임을 전제하는 정관사라 분류한다(요이 1:1 참고; Wallace, 225). φίλος(친구, 사랑하는 자, 가까운 사람), φιλόθεος(하나님 사랑), φιλονεικία(다투기를 좋아함), φιλόνεικος(다투기를 좋아하는), φιλονεξια/φιλόξενος(나그네 사랑, 환대), φιλοπρωτεύω(첫째 되기를 좋아하다), φιλοσοφία(지혜 사랑) > philosophy(철학), φιλόσοφος(철학자) > philosopher(철학자), φιλόστοργος([부모와 자녀/형제간의] 사랑하는), φιλότεκνος(자식 사랑), φιλοτιμέομαι(명예를 사랑하다, 열망하다), φιλοφρόνως(친절히, 친근하게), φιλόφρων(친절한, 친근한).
4. ἀσπάζου: '문안하라'; ἀσπάζ + ου.
5. κατ᾿ ὄνομα: '이름을 따라'; κατά + ὄνομα.

제4부
유다서:
절별 본문(헬), 직역, 구문(헬) 배열, 해설, 분해

유다서

유 1:1

Ἰούδας Ἰησοῦ Χριστοῦ δοῦλος, ἀδελφὸς δὲ Ἰακώβου, τοῖς ἐν θεῷ πατρὶ ἠγαπημένοις καὶ Ἰησοῦ Χριστῷ τετηρημένοις κλητοῖς·

> 예수 그리스도의 종, 야고보의 형제 유다는 하나님 아버지 안에서 사랑을 받은 자들과 예수 그리스도를 위해 지키심을 받은 자들, 즉 부르심을 받은 이들에게 쓴다.

Ἰούδας[1]
유다는 Jude,

　Ἰησοῦ Χριστοῦ
　　예수 그리스도의 of Jesus Christ

δοῦλος,
　종, a servant

ἀδελφὸς δὲ[2]
　또한 ~ 형제 and brother

　Ἰακώβου,
　　야고보의 of James,

τοῖς ἐν θεῷ πατρὶ ἠγαπημένοις[3]
하나님 아버지 안에서 사랑을 얻은 자들,
To those who are loved in God the Father

　καὶ Ἰησοῦ Χριστῷ[4]
　예수 그리스도를 위해 and ~ for Jesus Christ

τετηρημένοις[5]
지키심을 받은 자들, kept

κλητοῖς·[6]
즉, 부르심을 받은 이들에게... and called:

1. Ἰούδας ... δοῦλος, ἀδελφὸς: '종 또한 형제인 유다'. 주격인 δοῦλος(종), ἀδελφὸς(형제)와 Ἰούδας(유다)는 동격 관계이다. 이때 인사말 첫 부분에 나오는 주격 Ἰούδας(유다)를 절대 주격(nominative absolute)이라 한다.
2. ἀδελφὸς δὲ: '또한 형제'. 여기서 후치사 δὲ는 '또한'(and)의 뜻이다.
3. τοῖς ... ἠγαπημένοις: '사랑을 입은 자들에게'; ἐ + ἀγαπα + μένοις > ἠγαπη + μένοις. 어간의 -α가 현재완료(수) 어미 μένοις 앞에서 η로 길어졌다. 현재완료 수동태 분사는 어미 앞의 매개모음(o)이 없다. 현재완료는 상태와 결과의 지속을 부각한다.
4. Ἰησοῦ Χριστῷ: '예수 그리스도를 위해'; 여기서 Ἰησοῦ도 여격이다. '~을 위하여'(for)의 여격은 이익(interest)의 여격이다(Wallace, 144). 한편, KMP는 동작자(agency)의 여격('~에 의하여'[by])으로 분류한다(KMP, 133).
5. τετηρημένοις: '지키심을 받은 자들'; τε + τηρε + μένοις > τετετηρη + μένοις. 정관사 τοῖς가 이끄는 ἠγαπημένοις와 병행관계에 있는 또 하나의 현재완료 분사이다.
6. κλητοῖς: '부르심을 입은 자들'. κλητός(불리운, called) < καλέω(부르다) > κλῆσις(부름, 소명). 앞의 두 개의 현재완료 분사(ἠγαπημένοις, τετηρημένοις)가 κλητοῖς를 수식하는 관계('사랑을 입고 지킴을 받은 부르심을 입은 자들에게')라 볼 수도 있고, 또는 κλητοῖς가 이 둘을 부연하는 동격(apposition)의 관계('즉, 부르심을 받은 이들에게')라 볼 수도 있겠다.

1
Ἰούδας
명.주.남단
Ἰησοῦς
명.소.남단
Χριστός
명.소.남단
δοῦλος
명.주.남단
ἀδελφός
명.주.남단
δέ
접.등
Ἰάκωβος
명.소.남단
ὁ
관.여.남복
ἐν
전.여
θεός
명.여.남단
πατήρ
명.여.남단
ἀγαπάω
동분완수여남복
καί
접.등/부
Ἰησοῦς
명.여.남단
Χριστός
명.여.남단
τηρέω
동분완수여남복
κλητός
형일반.여.남복

유 1:2

ἔλεος ὑμῖν καὶ εἰρήνη καὶ ἀγάπη πληθυνθείη.

긍휼과 평화와 사랑이 너희에게 많아지기를!

ἔλεος[1]
긍휼과/자비와 mercy

ὑμῖν
너희에게 to you.

καὶ εἰρήνη
평화와 and peace,

καὶ ἀγάπη
사랑이 and love

πληθυνθείη.[2]
많아지기를/증대되기를... May ~ be multiplied

1. ἔλεος: '자비/긍휼'; 요이 1:3 참고.
2. πληθυνθείη: '더욱 많아지기를'; πληθυν + θείη. 어미의 -ει-가 어미를 길게 끌어주는 희구법 (optative)의 특징을 보여준다. 부정과거(수) 직설법 3단 어미는 θη이다. 희구법은 바람이나 기대 (요청), 또는 반대로 혐오를 표할 때 쓰는데 코이네 헬라어에는 많이 약화되었다(Wallace, 481). πληθύνω(증가하다, 증대하다), πλῆθος(무리, 많은 수).

유 1:3

Ἀγαπητοί, πᾶσαν σπουδὴν ποιούμενος γράφειν ὑμῖν περὶ τῆς κοινῆς ἡμῶν σωτηρίας ἀνάγκην ἔσχον γράψαι ὑμῖν παρακαλῶν ἐπαγωνίζεσθαι τῇ ἅπαξ παραδοθείσῃ τοῖς ἁγίοις πίστει.

사랑하는 이들이여. 우리의 공통된 구원에 대해 너희에게 쓰려고 열심을 다하던 차에, 성도들에게 단번에 주어진 믿음을 위해 힘써 싸울 것을 권히면서 너희에게 쓰는 것이 필요히다는 것을 느꼈다.

Ἀγαπητοί,
사랑하는 이들이여. Beloved,

πᾶσαν σπουδὴν[1]
열심(노력)을 다~ every effort

ποιούμενος[2]
~하던 차에 while I was making

γράφειν[3]
쓰려고 to write

ὑμῖν
너희에게 to you

|περὶ
대하여 about

τῆς κοινῆς[4]
공통된 common

ἡμῶν
우리의 our

σωτηρίας[5]
구원에 salvation,

ἀνάγκην[6]
필요를/필요다는 것을 a need (it necessary)

ἔσχον[7]
나는 ~ 가졌다/느꼈다. I had (found)

γράψαι[8]
쓰는 것이 to write

ὑμῖν
너희에게 to you,

παρακαλῶν[9]
권하면서 urging/ encouraging you

ἐπαγωνίζεσθαι[10]
힘써 싸우기를 to contend

τῇ[11]
~ 위해 for

ἅπαξ[12]
단번에 once for all

παραδοθείσῃ[13]
주어진 that was ~ delivered/ entrusted

τοῖς ἁγίοις[14]
성도들에게 to the saints.

πίστει.
믿음을 ~ the faith

1. σπουδὴν: σπουδή(부지런함, 서두름, 열심) < σπουδάζω(서두르다, 열심을 다하다) > σπουδαῖος(열

심의, 부지런한, 적극적인), σπουδαίως(서둘러서, 부지런히).

2. ποιούμενος: ποιέ + ομενος(현재분사 중간태 어미). 중간태는 동작의 주체(주어)를 강조하거나 재귀적인(reflexive) 의미의 뉘앙스를 줄 수 있다.

3. γράφειν: '쓰는/쓰기 위한'; γράφ + ειν. σπουδὴν(열심)이 어떤 것인지 부연하는(epexegetical) 부정사이다.

4. κοινῆς: κοινός(공통의, 보통의, 평범한), κοινωνέω(함께 나누다/참여하다), κοινωνία(코이노니아, 나눔, 사귐), κοινωνικός(사회적인/사교적인), κοινωνός(동반자, 동료, 참여자), κοινόω(평범하게 하다, 더럽히다/불결하게 하다).

5. σωτηρίας: σωτηρία(구원), σῴζω(구원하다), σωτήρ(구원자), σωτήριος(구원하는).

6. ἀνάγκην: ἀνάγκη(필요, [내적] 강압/의무, [외적] 난관/고난), ἀναγκάζω(필요하게 하다, 강제하다), ἀναγκαῖος(필요한, 불가피한), ἀναγκαστῶς(힘/강제에 의해, 마지못해).

7. ἔσχον: '나는 가졌다'. 현재 ἔχω, 미래 ἕξω, 부정과거(능) ἔσχον, 현재완료 ἔσχηκα. 본래 어간은 σεχ인데 부정과거에서 모음이 생략된 형태(zero vowel gradation)의 어간(σχ)이 살아난 것이다(KMP, 144).

8. γράψαι: γράφ + σαι. 앞의 현재 부정사 γράφειν는 진행적, 지속적 뉘앙스를 가진 반면, 부정과거 부정사 γράψαι는 수행적 뉘앙스를 부각할 것이다.

9. παρακαλῶν: παρακαλέ + ων. παρακαλέω(부르다, 권하다, 요청하다, 변호하다) = παρά(beside, from) + καλέω(부르다, 소환하다). 목적을 나타내는(appealing) 분사로 쓰였다(KMP, 145). παράκλησις(소환, 탄원, 권면, 위로), παράκλητος(탄원자, 옹호자/변호자, 위로자).

10. ἐπαγωνίζεσθαι: '(힘써) 싸우기를'; ἐπ(ἐπί, on/at) + αγωνίζ + εσθαι. ἐπαγωνίζομαι([~을 위해] 다투다, 겨루다) < ἀγών(시합 장소, 시합/경기, 싸움), ἀγωνία(고통) > ἀγωνίζομαι(시합/다툼에 들어가다, 다투다), ἀνταγωνίζομαι(싸우다, 몸부림치다), καταγωνίζομαι([대항하여] 다투다, 극복하다), συναγωνίζομαι(함께하여 싸우다).

11. τῇ … πίστει: '믿음을 위해'. ἐπαγωνίζομαι는 여격('~을 위해')을 취한다.

12. ἅπαξ: '단번에/한번에'.

13. παραδοθείσῃ: '주어진'; παρα + δο(부정과거 어간) + θείσῃ(부정과거 수동태 분사). παραδίδωμι(넘겨주다) = παρά(toward, to) + δίδωμι(주다). δίδωμι 계열의 동사는 부정과거에서 하나의 자음으로 된 어간(δο)을 가진다.

14. τοῖς ἁγίοις: '성도들에게'. 형용사 ἅγιος가 독립적으로 쓰였다(요일 2:20 참고).

유 1:4

παρεισέδυσαν γάρ τινες ἄνθρωποι, οἱ πάλαι προγεγραμμένοι εἰς τοῦτο τὸ κρίμα, ἀσεβεῖς, τὴν τοῦ θεοῦ ἡμῶν χάριτα μετατιθέντες εἰς ἀσέλγειαν καὶ τὸν μόνον δεσπότην καὶ κύριον ἡμῶν Ἰησοῦν Χριστὸν ἀρνούμενοι.

어떤 사람들이 몰래 들어왔기 때문이다. 그들은 이런 심판에 이른다고 오래 전에 쓰여 있는 자들, 즉 경건하지 않는 자들이다. 우리 하나님의 은혜를 방탕으로 바꾸고 유일하신 주재, 곧 우리 주 예수 그리스도를 부인하는 자들이다.

παρεισέδυσαν¹ γάρ
몰래 들어왔기 때문이다. For ~ have crept in unnoticed

τινες ἄνθρωποι,²
어떤 사람들, certain people

οἱ πάλαι προγεγραμμένοι³
오래 전에 쓰여 있는 (이들)
who were long beforehand designated

εἰς τοῦτο τὸ κρίμα,⁴
이런 심판에 이른다고 for this condemnation,

ἀσεβεῖς,⁵
즉, ~ 경건하지 않은 자들이 ungodly people,

τὴν τοῦ θεοῦ ἡμῶν χάριτα⁶
우리 하나님의 은혜를 the grace of our God

4
παρεισδύω
동직.과능.3복
γάρ
접등
τίς
형부정.주.남복
ἄνθρωπος
명주.남복
ὅς
관주.남복
πάλαι
부
προγράφω
동분.완수.주.남복
εἰς
전.목
οὗτος
대지시.목.중단
ὁ
관.목.중단
κρίμα
명.목.중단
ἀσεβής
형일반.주.남복

ὁ
관 목 여단
ὁ
관소 남단
θεός
명소 남단
ἐγώ
대인칭 소 -복
χάρις
명 목 여단
μετατίθημι
동분현능주남복
εἰς
전 목
ἀσέλγεια
명 목 여단
καί
접 동
ὁ
관 목 남단
μόνος
형용반 목 남단
δεσπότης
명 목 남단
καί
접 동
κύριος
명 목 남단
ἐγώ
대인칭 소 -복
Ἰησοῦς
명 목 남단
Χριστός
명 목 남단
ἀρνέομαι
동분현중주남복

μετατιθέντες[7]
바꾸고 turn/ pervert

εἰς
~으로 into

ἀσέλγειαν[8]
부도덕/방탕~
licentiousness/ sensuality

καὶ τὸν μόνον δεσπότην[9]
또한 유일하신 주재 and ~ only Master

καὶ κύριον
곧 ~ 주 and Lord,

ἡμῶν
우리 our

Ἰησοῦν Χριστὸν
예수 그리스도를 Jesus Christ

ἀρνούμενοι.[10]
부인하는 deny

---

1. παρεισέδυσαν: παρ(παρά)+ εισ(εἰς) + ε(시상접두사) + δυ(δυν) + σαν. δύνω 계열의 동사는 현재에 ν 가 들어간 경우로 부정과거에서는 ν가 빠진다(Mounce, 251). παρεισδύνω(몰래/비밀히 들어오다) = παρά(to the side of, near) + εἰς(into) + δύνω(들어가다). Cf. παρεισέρχομαι(몰래 들어오다).

2. τινες ἄνθρωποι: 부정(특정하지 않는)대명사 τινες(어떤) 때문에, '어떤 사람들'이 된다.

3. οἱ πάλαι προγεγραμμένοι: πάλαι(오래 전에)의 동족어, 요일 2:7 참고. προγεγραμμένοι = προ(πρό) + γε + γραμ(< γράφ) + μένοι. 현재완료 수동태에서 순음 계열(β, π, φ)이 어미의 μ-를 만나면 μμ로 동화된다(φ + μ = μμ). προγράφω(미리/전에 쓰다, 공개적으로 묘사하다).

4. τὸ κρίμα: κρίμα(심판, 판단, 법령), κρίνω(심판하다, 판단하다), κρίσις(판단, 판결, 정의).

5. ἀσεβεῖς: '즉 경건하지 않은 자들이'; ἀ(not, without) + σεβ(< σέβω, 경외하다, 예배하다) + εῖς(ε + ες). οἱ προγεγραμμένοι과 동격 관계에서 그들에 대해 부연해준다. 3변화 형용사 ἀσεβής(m/f), ἀσεβές(n)(경건하지 않는, 불경건/불신앙의)는 ἀληθής, ἀληθές의 변화를 따른다(요일 2:8의 ἀληθής 참고). ἀσεβέω(경건하지 않다, 불신을 행하다), ἀσέβεια(불경건, 불신), ἀσεβής(불경건한, 불신앙의). Cf. εὐσέβεια(경건), θεοσέβεια(하나님에 대한 경외).

6. τὴν τοῦ θεοῦ ἡμῶν χάριτα: '우리 하나님의 은혜를'. 소유격 τοῦ θεοῦ ἡμῶν(우리 하나님의)이 τὴν χάριτα(은혜를)를 꾸며준다.

7. μετατιθέντες: '바꾸고'; μετα(μετά, transfer) + τιθε(< τίθημι, 두다[put]의 현재 어간) + ντες(분사 남 복 주격). μετατίθημι(바꾸다, 옮기다).

8. ἀσέλγειαν: ἀσέλγεια(부도덕함, 음탕/방탕함).

9. τὸν μόνον δεσπότην: '유일하신 주재(를)'. δεσπότης(주인, 주재). '주인(master)' 뜻의 동의어 κύριος 는 소유권, δεσπότης는 권한(힘)을 강조하는 어의적 의미가 담긴다(LN).

10. ἀρνούμενοι: '부인하는'; ἀρνε(ἀρνέομαι, 부인하다) + ομενοι.

유 1:5

5
ὑπομιμνήσκω
동부 과능
δέ
접 동
σύ
대인칭 목 -복
βούλομαι
동직 현중.1단
οἶδα
동분완능목남복
σύ
대인칭 목 -복
ἅπαξ
부
πᾶς
형부정.목 중복
ὅτι
접 종
Ἰησοῦς
명 주 남단

Ὑπομνῆσαι δὲ ὑμᾶς βούλομαι, εἰδότας ὑμᾶς ἅπαξ πάντα ὅτι Ἰησοῦς λαὸν ἐκ γῆς Αἰγύπτου σώσας τὸ δεύτερον τοὺς μὴ πιστεύσαντας ἀπώλεσεν,

주님께서 그의 백성을 이집트 땅에서 구원하신 것과, 그 다음에는 믿지 않은 자들을 멸하신 모든 일을 너희가 이미 알고 있었으나, 나는 너희에게 다시 기억나게 하기를 원한다.

Ὑπομνῆσαι[1] δὲ
기억하게/생각나게 하기를 Now ~ to remind

ὑμᾶς
너희를/에게 you,

βούλομαι,[2]
나는 ~ 원한다. I want

εἰδότας[3]
알고 있으나 although ~ know

ὑμᾶς
너희가 you

ἅπαξ
단번에/이미 once

πάντα
모든 것을 all this,
ὅτι⁴ Ἰησοῦς
예수(구원자)/주님께서 ~ 것을 that Jesus
λαὸν
백성을 a people
ἐκ γῆς Αἰγύπτου
이집트 땅으로부터
out of the land of Egypt

σώσας⁵
구원하신 후 after saving
τὸ δεύτερον⁶
두 번째로는/그후에
afterward (secondly)
τοὺς μὴ πιστεύσαντας
믿지 않은 자들을
those who did not believe.
ἀπώλεσεν,⁷
멸하신 ~ destroyed

λαός
명.목.남단
ἐκ
전소
γῆ
명.소.여단
Αἴγυπτος
명.소.여단
σῴζω
동분.과능주남단
ὁ
관.목.중단
δεύτερος
형서수.목.중단
ὁ
관.목.남복
μή
조사
πιστεύω
동분.과능목남복
ἀπόλλυμι
동직.과능.3단

---

1. Ὑπομνῆσαι: '기억하기를'; ὑπο + μνη(어간) + σαι(부정사 어미); 요삼 1:10 참고.
2. βούλομαι: '나는 원한다'; 요이 1:12 참고.
3. εἰδότας ὑμᾶς: '너희가 알고 있으나'. 양보(concession)의 분사 구문이다. 목적격 분사 구문으로 쓰인 것은 Ὑπομνῆσαι의 목적어 ὑμᾶς를 계속 이어 부연하고 있기 때문이다('너희, 즉 ... 알고 있기는 한 [그] 너희를 기억나게 하기를 원한다').
4. ὅτι: ὅτι 명사절은 πάντα(모든 것을)를 부연, 설명하는(epexegetical) 역할을 한다.
5. σώσας: '구원하신 후'; σώ(< σῴζω, 구원하다) + σας(부정과거 분사). 부정과거 분사의 부사절은 '~후에'로 번역할 수 있다. σωτήρ(구원자), σωτηρία(구원, 건짐), σωτήριος(구원하는).
6. τὸ δεύτερον: 중성 τὸ δεύτερον(두 번째로)이 중성 πρῶτον처럼(예, 마 5:24; 6:33 등) 부사적으로 쓰인 경우이다(Thayer).
7. ἀπώλεσεν: '멸하셨다'. ἀπόλλυμι(멸하다, 파괴하다, 잃다)의 부정과거는 두 가지인데 ἀπώλεσα(1st)와 ἀπωλόμην(2nd)이다. ἀπώλεια(파괴, 멸망).

유 1:6

ἀγγέλους τε τοὺς μὴ τηρήσαντας τὴν ἑαυτῶν ἀρχὴν ἀλλ᾽ ἀπολιπόντας τὸ ἴδιον οἰκητήριον εἰς κρίσιν μεγάλης ἡμέρας δεσμοῖς ἀϊδίοις ὑπὸ ζόφον τετήρηκεν,

또한 그들의 영역을 지키지 않고 자신의 처소를 떠난 천사들을 큰 날의 심판(의 때)까지 영원한 결박으로 흑암 아래 가두셨다.

6
ἄγγελος
명.목.남복
τέ
접.등
ὁ
관.목.남복
μή
조사
τηρέω
동분.과능.목남복
ὁ
관.목.여단
ἑαυτοῦ
대재귀.소.남복
ἀρχή
명.목.여단
ἀλλά
접.등
ἀπολείπω
동분.과능.목남복
ὁ
관.목.중단
ἴδιος
형일반.목.중단
οἰκητήριον
명.목.중단
εἰς
전.목
κρίσις
명.목.여단
μέγας
형일반.소.여단
ἡμέρα
명.소.여단
δεσμός
명.여.남복

ἀγγέλους¹ τε²
또한 ~ 천사들을 And the angels
τοὺς μὴ τηρήσαντας³
지키지 않고 who did not keep
τὴν ἑαυτῶν ἀρχὴν⁴
자기 자리를/영역을
their own domain/ position,
ἀλλ᾽ ἀπολιπόντας⁵
떠난 and left
τὸ ἴδιον⁶ οἰκητήριον⁷
자신의 처소/거주지를
their own dwelling/ abode,

εἰς κρίσιν⁸
심판까지 until the judgment
μεγάλης ἡμέρας
큰 날의 of the great day.
δεσμοῖς⁹
결박으로 in ~ chains
ἀϊδίοις¹⁰
영원한 eternal
ὑπὸ ζόφον¹¹
흑암 아래에 under darkness/ gloom
τετήρηκεν,¹²
지키셨다/가두셨다. he has kept

---

1. ἀγγέλους: ἄγγελος(천사, 전령) < ἀγγέλλω(전하다, 전달하다), ἀγγελία(메시지, 소식).

좌측 여백 어휘:
ἀΐδιος
형일반.여.남복
ὑπό
전.목
ζόφος
명.목.남단
τηρέω
동직.완능.3단

2. τε: 여기서 소사(particle) τε는 δέ(and, 또한)처럼 쓰였다(Thayer).

3. τοὺς μὴ τηρήσαντας: '지키지 않은 자들을'; τηρέ + σαντας. 부정과거 분사 남성 어미는 -σας, -σαντος, -σαντι, -σαντα(sg); -σσαντες, -σάντων, -σασι(ν), -σαντας(pl)로 변화된다. τοὺς μὴ τηρήσαντας는 ἀγγέλους의 동격으로 부연하는 내용('즉, 지키지 않은 자들')이라고 할 수도 있고 분사의 관형적 용례('지키지 않는 천사들')로 볼 수도 있다.

4. τὴν ἑαυτῶν ἀρχὴν: '자신의 영역을'. ἀρχή는 주로 '시작, 처음, 기원'로 쓰이지만 여기서는 '처음의 자리, 영역'의 뜻이다.

5. ἀπολιπόντας: '떠난'; ἀπο + λιπ + όντας. 제2부정과거 어간을 취하는 부정과거 분사는 그 어미에 액센트를 취한다. ἀπολιπόντας는 동격인 μὴ τηρήσαντας와 함께 τοὺς에 호응하며 ἀγγέλους를 꾸며준다. ἀπολείπω([뒤에 두고] 떠나다) = ἀπο(from) + λείπω(떠나다).

6. ἴδιον: ἴδιος(자신의, 개인의).

7. οἰκητήριον: οἰκητήριον(거주지) < οἰκέω(거주하다); 요 1:10 참고.

8. κρίσιν: 3변화 κρίσις(심판), 요일 4:17 참고.

9. δεσμοῖς: δεσμός(묶음, 끈, 족쇄, 투옥) < δέω(묶다) > δεσμεύω(사슬로 묶다), δέσμιος(묶임, 죄수, 포로), δεσμοφύλαξ(간수, 교도관), δεσμωτήριον(감옥), δεσμώτης(죄수).

10. ἀΐδιοις: ἀΐδιοις(영원한) < ἀεί(영속적으로, 항상); Thayer.

11. ὑπὸ ζόφον: '흑암 아래에'. ζόφος(흑암, [밑의/지하세계의] 어둠).

12. τετήρηκεν: '가두셨다/지키셨다'; τε + τηρε + κεν. 여기서 현재완료는 결과의 지속성을 부각한다. 완료된 행동을 말하는 완성적(consummative) 현재완료로 분류된다(Wallace, 577).

유 1:7

ὡς Σόδομα καὶ Γόμορρα καὶ αἱ περὶ αὐτὰς πόλεις τὸν ὅμοιον τρόπον τούτοις ἐκπορνεύσασαι καὶ ἀπελθοῦσαι ὀπίσω σαρκὸς ἑτέρας, πρόκεινται δεῖγμα πυρὸς αἰωνίου δίκην ὑπέχουσαι.

소돔과 고모라와 주변 도시들이 그처럼 음란에 빠지고 다른 육체를 좇아 나아갔을 때, 영원한 불의 징벌을 받는 본보기로 삼으신 것과 같다.

좌측 여백 어휘:
7
ὡς
접.종
Σόδομα
명.주.중복
καί
접.등
Γόμορρα
명.주.여단/ 명.주.중복
καί
접.등
ὁ
관.주.여복
περί
전.목
αὐτός
대인칭.목.여복
πόλις
명.주.여복
ὁ
관.목.남단
ὅμοιος
형일반.목.남단
τρόπος
명.목.남단
οὗτος
대지시.여.남복
ἐκπορνεύω
동분과능주.여복
καί
접.등
ἀπέρχομαι
동분과능주.여복
ὀπίσω
전.소
σάρξ
명.소.여단
ἕτερος
형부정.소.여단
πρόκειμαι
동직.현수.3복
δεῖγμα
명.목.중단

ὡς[1]
~ 것같이 Just as

Σόδομα
소돔과 Sodom

καὶ Γόμορρα
고모라와 and Gomorrah

καὶ αἱ περὶ αὐτὰς πόλεις[2]
주변의/ 이웃의 도시들이(을) and the surrounding cities

τὸν ὅμοιον τρόπον[3]
그와 같이/그처럼 in the same way

τούτοις[4]
이런 일(들)에 in these things

ἐκπορνεύσασαι[5]
음란에 빠지고 indulged in sexual immorality

καὶ ἀπελθοῦσαι[6]
나아간/ 간 and went

ὀπίσω[7] σαρκὸς
육체(들)를 좇아 after ~ flesh,

ἑτέρας,[8]
다른 different/ strange

πρόκεινται[9]
삼계 된 ~/(본보기가) 되었던 ~ are exhibited

δεῖγμα[10]
본보기로(가) as an exemple,

πυρὸς[11]
불의 of ~ fire

αἰωνίου
영원한 eternal

δίκην[12]
징벌을 a punishment

ὑπέχουσαι.[13]
받는/겪는 in undergoing

1. ὡς: 종속 접속사로 앞의 문장과 연결시켜 준다.

2. αἱ περὶ αὐτὰς πόλεις: περὶ αὐτὰς(이들 주변의[에 있는])는 αἱ πόλεις (도시들)을 관형적으로 꾸며준다('the cities around them').

3. τὸν ὅμοιον τρόπον: ὅμοιος은 주로 '같은, 닮은'의 뜻으로 쓰이는데(예, 요일 3:2), 여기서는 τρόπος(방식)와 함께 목적격으로 쓰이면서 부사적 의미로 사용되었다('그것[그런 것/방식]과 같이/~처럼').

4. τούτοις: '이런 것들에'. 지시대명사 τούτοις가 가리키는 것이 본문에 명시되고 있지 않으나, 독자들의 구약 지식을 전제하고 있다고 볼 수 있다.

5. ἐκπορνεύσασαι: ἐκπορνεύω(음란에 빠지다)의 부정과거 분사의 사용은 실제 일어난 사건을 부각해준다.

6. ἀπελθοῦσαι: ἀπ(ἀπό) + ελθ + οῦσαι. ἀπέρχομαι(ἀπ[ἀπό, off; after] + ἔρχομαι)는 '떠나다'(go away), '따르다'(go after)의 의미가 있는데, 여기서는 후자로 쓰였다.

7. ὀπίσω: ἀπέρχομαι가 '따르다'의 의미로 쓰일 때, 소유격을 취하는 전치사 ὀπίσω(뒤에)와 함께 쓰일 때가 있다(막 1:20; 요 12:19; 유 1:7; LXX 욥 21:33); cf. Thayer. ὄπισθεν(뒤로부터).

8. ἑτέρας: ἕτερος(다른, 또 다른) > ἑτέρως(다르게), ἑτερόγλωσσος(다른 언어, 외국어), ἑτεροδιδασκαλέω(다른 것을 가르치다), ἑτεροζυγέω(다른 자와 멍에를 메다). ἕτερος > hetero-(다른).

9. πρόκεινται: '놓여졌다/삼게 되었다'; πρό(before, in front of) + κει(< κεῖμαι) + νται. πρόκειμαι(앞에 놓이다). 이태동사 κεῖμαι(놓다, 눕다) 계열의 동사는 -μαι, -σαι, -ται(sg); -μεθα, -σθε, -νται(pl)의 어미를 가진다.

10. δεῖγμα: δεῖγμα(본보기, 예) < δεικνύω/δείκνυμι(보이다, 전시하다), δειγματίζω(예를 보이다).

11. πυρὸς: πῦρ(불), πυρός, πυρί, πῦρ(sg). 단수만 사용된다. 동족어는 계 6:4 참고.

12. δίκην: δίκη(선고, 처벌, 재판).

13. ὑπέχουσαι: ὑπ(ὑπό, under) + εχ(ἔχω, to have) + ουσαι. ὑπέχω(밑에 두다/잡다, 겪다).

유 1:8

Ὁμοίως μέντοι καὶ οὗτοι ἐνυπνιαζόμενοι σάρκα μὲν μιαίνουσιν κυριότητα δὲ ἀθετοῦσιν δόξας δὲ βλασφημοῦσιν

그런데 이와 같이, 이들도 꿈을 꾸면서 육체를 더럽히고 권위를 거부하며 또한 영광을 모독하고 있다.

Ὁμοίως μέντοι[1]
그런데 이와 같이 Yet in the same manner,

καὶ οὗτοι[2]
이 사람들도/이들도 these people also,

ἐνυπνιαζόμενοι[3]
꿈을 꾸고 있는/꾸면서 who are dreaming,

σάρκα μὲν[4]
육체를 the flesh,

μιαίνουσιν[5]
더럽히고 defile

κυριότητα[5] δὲ
또한 권위를 and authority

ἀθετοῦσιν[7]
거부하며/부인하며 reject

δόξας[8] δὲ
또한 영광을 and ~ the glorious ones.

βλασφημοῦσιν[9]
훼방한다/비방한다. blaspheme

1. Ὁμοίως μέντοι: '그런데/그럼에도 이와 같이'. ὁμοίως(이처럼, 똑같이); μέντοι(그러나, 그런데, 그럼에도).

2. οὗτοι: 지시대명사 οὗτοι 사용은 강조적 표현이다.

3. ἐνυπνιαζόμενοι: ἐν + υπνιαζ + όμενοι. ἐνυπνιάζω(꿈꾸다), ἐνύπνιον(꿈) = ἐν(in) + ὕπνιον(< ὕπνος, 잠 > hypnosis, 최면)

4. μὲν ... δὲ: 'not only, but also; both ... and'.

5. μιαίνουσιν: μιαίν(μιαίνω, 염색하다, 더럽히다) + ουσι(ν). μίασμα(더럽힘[의 결과], 부패), μιασμός(더럽힘[의 행위], 오염).

6. κυριότητα: κυριότης(주재권, 권위, 권력)는 3변화로 -ης, -ητος, -ητι, -ητα(sg); -ητες, -ήτων, -ησι, -ητας(pl)로 변화한다.

7. ἀθετοῦσιν: ἀθετέ + ουσι(ν). ἀθετέω(치우다, 무효로 하다, 거부하다) = ἀ(not, without) + θετέω(θετος < τίθημι, put/place) > ἀθέτησις(무효, 취소, 제거).

8. δόξας: δόξα(영광), δοξάζω(영광을 돌리다, 영예롭게 하다).

9. βλασφημοῦσιν: βλασφημέ + ουσι(ν). βλασφημέω([신성]모독하다, 비방하다), βλασφημία([신성]모독, 비방), βλάσφημος(모독하는, 비방하는).

유 1:9

9
ὁ
관주남단
δέ
접등
Μιχαήλ
명주남단
ὁ
관주남단
ἀρχάγγελος
명주남단
ὅτε
접종
ὁ
관여남단
διάβολος
명여남단
διακρίνω
동분현중주남단
διαλέγομαι
동직미완중3단
περί
전소
ὁ
관소중단
Μωϋσῆς
명소남단
σῶμα
명소중단
οὐ
부
τολμάω
동직.과능.3단
κρίσις
명목.여단
ἐπιφέρω
동부.과능
βλασφημία
명소.여단
ἀλλά
접등
λέγω
동직.과능.3단
ἐπιτιμάω
동회.과능.3단
σύ
대인칭.여--단
κύριος
명주남단

Ὁ δὲ Μιχαὴλ ὁ ἀρχάγγελος, ὅτε τῷ διαβόλῳ διακρινόμενος διελέγετο περὶ τοῦ Μωϋσέως σώματος, οὐκ ἐτόλμησεν κρίσιν ἐπενεγκεῖν βλασφημίας ἀλλ᾽ εἶπεν, ἐπιτιμήσαι σοι κύριος.

천사장 미가엘은 모세의 시신에 대해 마귀와 변론하며 다툴 때에 차마 비방(모독)의 판결을 내리지 못하고 단지 말하기를, "주께서 너를 꾸짖으시길 원하노라" 하였다.

Ὁ δὲ Μιχαὴλ
미가엘이 But Michael

ὁ ἀρχάγγελος,[1]
천사장 the archangel,

ὅτε[2]
~ 때에 when

τῷ διαβόλῳ[3]
마귀와 with the devil,

διακρινόμενος[4]
변론하며 contending

διελέγετο[5]
다툴 he disputed

περὶ τοῦ Μωϋσέως σώματος,
모세의 몸(시신)에 대해
about the body of Moses,

οὐκ ἐτόλμησεν[6]
감히/차마 ~ 못하였고 did not dare

κρίσιν
판결을 a judgment

ἐπενεγκεῖν[7]
내리지 ~ pronounce/ bring upon

βλασφημίας
훼방/비방의 of blasphemy/ revilement

ἀλλ᾽ εἶπεν,
단지 말하였다. and said,

ἐπιτιμήσαι[8]
꾸짖으시길 원한다." rebuke

σοι
너를 you."

κύριος.
"주님이 "The Lord

---

1. ἀρχάγγελος: ἀρχάγγελος(천사장) = ἀρχ(< ἄρχω, 첫째가 되다, 시작하다) + ἄγγελος(천사).

2. ὅτε: ὅτε는 시간 부사(불변화사)인데 여기서는 접속사(when, while) 역할을 한다.

3. τῷ διαβόλῳ: 유대(asociation)의 여격('with ~')이라 할 수 있다.

4. διακρινόμενος: διακριν + όμενος. διακρίνω(분리/구별하다; [중/수] 논쟁/반박/반대하다, 물러나다/떠나다). διάκρισις(구별, 판단, 논쟁).

5. διελέγετο: '다투었다/논쟁하였다'; δι(διά) + ε + λεγ + ετο. 이태동사 διαλέγομαι(다르게 생각하다, 논쟁하다, 논하다) = διά(분리의 διά) + λέγομαι(< λέγω, 말하다).

6. οὐκ ἐτόλμησεν: '감히 못하였다'; ἐ + τολμά + σεν. τολμάω(감히 …하다, 담대하다, 참다). τολμηρότερον(더 담대하게), τολμητής(대담한 사람).

7. ἐπενεγκεῖν: ἐπ(ἐπί) + ενεγκ(φέρω의 부정과거 어간) + εῖν(부정사). ἐπιφέρω(가져[데려]오다, 가[부과]하다, 더하다) = ἐπί(upon) + φέρω(bring, carry).

8. ἐπιτιμῆσαι: '그가 꾸짖으시기를…'; ἐπιτιμέ + σαι(부정과거 희구법 3단). 희구법은 어미가 길어지는

특성이 있는데 부정과거 직설법 3단 어미 σε가 σαι로 길어졌다. ἐπιτιμάω(가치를 두다/정하다 > [긍정적] 존경하다; [부정적] 꾸짖다) = ἐπί(upon) + τιμάω(가치를 인정하다, 존경하다).

유 1:10

οὗτοι δὲ ὅσα μὲν οὐκ οἴδασιν βλασφημοῦσιν, ὅσα δὲ φυσικῶς ὡς τὰ ἄλογα ζῷα ἐπίστανται, ἐν τούτοις φθείρονται.

> 그런데 이들은, 그들이 알지 못하는 것들도 비방한다. 이성 없는 짐승처럼 본능으로 아는 것들, 그것들로 멸망하게 된다.

οὗτοι δὲ[1]
그런데 이 사람들은 But these people
ὅσα[2] μὲν[3] οὐκ οἴδασιν[4]
알지 못하는 것들마다/~ 것(들)인데도
whatever they don't understand,
βλασφημοῦσιν,
훼방/비방/모독한다. blespheme
ὅσα δὲ[5]
또한 ~ 것들(~에 대해서는), and the things
φυσικῶς[6]
본능으로 by nature/ instinctively

ὡς τὰ ἄλογα[7] ζῷα[8]
이성 없는 짐승처럼
like unreasoning animals,
ἐπίστανται,[9]
아는/이해하는 ~ that they do understand
ἐν τούτοις
이것들 가운데/ 이것들로 by these things
φθείρονται.[10]
멸망한다/망한다. they are destroyed.

---

1. οὗτοι δὲ: 강조 목적의 지시대명사 οὗτοι의 사용이 반복되고 있다(8, 10, 12, 16, 19절).
2. ὅσα: 관계대명사 중복 목적격 ὅσα(~만큼 많이/크게)에 οὐκ οἴδασιν(그들이 알지 못하였다)가 더하여, '그들이 알지 못하는 것들은 다'가 된다.
3. μὲν ... δὲ: 8절 참고. 여기서는 '한편으로 … 또 다른 한편으로 …'의 뜻(Zerwick)이다.
4. οἴδασιν: 현재완료 형태이나 현재적 의미를 가지는 οἶδα(알다), οἶδας, οἶδεν(sg); οἴδαμεν, οἴδατε, οἴδασι(ν)(pl).
5. ὅσα δὲ: 10절의 두 번째 ὅσα는 앞의 ὅσα와 같은 목적격을 취하고 있으나 전자와 같이 βλασφημοῦσιν의 목적어는 아니다. 언급(reference)의 목적격('~에 대해서는')이라 할 수 있다.
6. φυσικῶς: φυσικῶς(본능으로), φυσικός(본능의, 본능에 따른), φυσιόω(본능을 따르다) < φύσις(자연, 본성) > physi-(자연의).
7. ἄλογα: ἄλογος(이성이 없는, 어리석은) = ἀ(not, without) + λόγος(말, 이성).
8. ζῷα: ζῷον(살아있는 존재, 동물)< ζάω(살다) > ζῳογονέω(생명을 주다, 살리다), ζῳοποιέω(살리다).
9. ἐπίστανται: ἐπίσταμαι(집중하다, 친분이 있다, 이해하다/알다) < ἐφίστημι([~에] 두다, 가까이 가다, 일어나다). ἐπίσταμαι 변화, -μαι, -σαι, -ται(sg); -μεθα, -σθε, -νται(pl).
10. φθείρονται: '멸망한다'; φθείρ + ονται(직설법[수] 3복). φθείρω(파멸시키다, 더럽히다), φθαρτός(부패하기 쉬운, 잘 썩는), φθορά(부패, 파괴).

유 1:11

οὐαὶ αὐτοῖς, ὅτι τῇ ὁδῷ τοῦ Κάϊν ἐπορεύθησαν καὶ τῇ πλάνῃ τοῦ Βαλαὰμ μισθοῦ ἐξεχύθησαν καὶ τῇ ἀντιλογίᾳ τοῦ Κόρε ἀπώλοντο.

> 그들에게 화가 있다. 그들이 가인의 길로 나아갔고 발람의 삯의 미혹에 부어졌고 고라의 반역으로 패망하였기 때문이다.

10
οὗτος
대지시.주.남복
δέ
접.등
ὅσος
대관계.목.중복
μέν
조사
οὐ
부
οἶδα
동직.완능.3복
βλασφημέω
동직.현능.3복
ὅσος
대관계.목.중복
δέ
접.등
φυσικῶς
부
ὡς
접.종
ὁ
관.주.중복
ἄλογος
형일반.주.중복
ζῷον
명.주.중복
ἐπίσταμαι
동직.현중.3복
ἐν
전.여
οὗτος
대지시.여.중복
φθείρω
동직.현수.3복

11
οὐαί
감탄
αὐτός
대인칭.여.남복
ὅτι
접.종

ό
관.여.여단
όδός
명.여.여단
ό
관.소.남단
Κάϊν
명.소.남단
πορεύομαι
동직.과수.3복
καί
접.등
ό
관.여.여단
πλάνη
명.여.여단
ό
관.소.남단
Βαλαάμ
명.소.남단
μισθός
명.소.남단
ἐκχέω
동직.과수.3복
καί
접.등
ό
관.여.여단
ἀντιλογία
명.여.여단
ό
관.소.남단
Κόρε
명.소.남단
ἀπόλλυμι
동직.과중.3복

οὐαὶ[1]
화가 있다. Woe
αὐτοῖς,
그들에게 to them!
ὅτι[2]
~ 때문이다. For
τῇ ὁδῷ[3]
길로 in the way
τοῦ Κάϊν
가인의 of Cain
ἐπορεύθησαν[4]
나아갔고 they proceeded/ walked

καὶ τῇ πλάνη[5]
실패/미혹에 and ~ to the error
τοῦ Βαλαὰμ μισθοῦ[6]
발람의 삯의/~을 위한
of Balaam for the sake of gain
ἐξεχύθησαν[7]
부어졌고 they were poured out/ given themselves up
καὶ τῇ ἀντιλογίᾳ[8]
반역으로/반박의 말로 and ~ in the rebellion
τοῦ Κόρε
고라의 of Korah.
ἀπώλοντο.[9]
패망하였다. they perished

1. οὐαὶ αὐτοῖς: '그들에게 화가 있다'. οὐαί(화로다)는 애도나 비난할 때 쓰는 감탄사이다. 보통 여격('~에게'; 수신자의 여격)과 함께 쓰이는데(마 11:21; 고전 9:16; 유 1:11), 목적격과 함께 쓰인 경우(계 8:13; 12:12)도 있다.
2. ὅτι: 이유(원인)의 ὅτι 부사절.
3. τῇ ὁδῷ: '길로'. 장소(place)의 처격(locative) 또는 영역(sphere)의 여격일 것이다('~로/에로').
4. ἐπορεύθησαν: ἐ + πορευ + θησαν(부정과거[수]). 이태동사 πορεύομαι(가다, 나아가다)는 부정과거에서 두 형태 ἐπορευσάμην(중), ἐπορεύθην(수)을 보여주지만 둘 다 능동태 의미로 같다('갔었다'). πορεία(여행, 나아감, 추구).
5. τῇ πλάνῃ: '미혹에'; 요일 4:6 참고. 규칙(rule)의 여격일 수 있다('~ 따라').
6. τοῦ Βαλαὰμ μισθοῦ: '발람의 삯의'. 가격(price)과 가치(value)의 소유격('~에 해당되는'; '~ 가치가 되는')이라 할 수 있다(Wallace, 122; KMP, 103).
7. ἐξεχύθησαν: '부어졌다'; ἐξ(ἐκ) + ε + χυ + θησαν. ἐκχέω(붓다, 흘리다, 내놓다) = ἐκ(out) + χέω(붓다). χέω의 어간은 χε(현재, 미래) 또는 χυ(부정과거, 현재완료)이다(cf. Mounce, 256).
8. τῇ ἀντιλογίᾳ: ἀντιλογία(반대, 반박) = ἀντι(against) + λογία(< λόγος, 말). αἰσχρολογία(더러운/부끄러운 말), ἀπολογία(변호), εὐλογία(찬양, 축복), ματαιολογία(빈 말), μωρολογία(어리석은 말), ὁμολογία(동의, 고백), πολυλογία(많은 말), χρηστολογία(좋은/타당한 말).
9. ἀπώλοντο: '패망하였다/멸망하였다'. ἀπόλλυμι(멸하다)의 중간태는 '멸망하다'가 된다(cf. 능동태['멸하다'], 5절).

유 1:12

12
οὗτος
대지시.주.남복
εἰμί
동직.현능.3복
ό
관.주.남복
ἐν
전.여
ό
관.여.여복
ἀγάπη
명.여.여복
σύ
대인칭.소.-복
σπιλάς
명.주.여복

οὗτοί εἰσιν οἱ ἐν ταῖς ἀγάπαις ὑμῶν σπιλάδες συνευωχούμενοι ἀφόβως,
ἑαυτοὺς ποιμαίνοντες, νεφέλαι ἄνυδροι ὑπὸ ἀνέμων παραφερόμεναι,
δένδρα φθινοπωρινὰ ἄκαρπα δὶς ἀποθανόντα ἐκριζωθέντα,

이들은, 함께 만찬을 할 때에 아무런 두려움 없이 자신들만을 먹이는, 너희 애찬에 있는 암초들이다. 바람에 의해 없어지고 마는 물기 없는 구름들이고, 두 번 죽어 뿌리가 뽑힌 열매 없는 늦가을 나무들이다.

οὗτοί[1]
이들은 These

εἰσιν
~이다. are

οἱ
~이며,

ἐν ταῖς ἀγάπαις[2]
애찬에서 at ~ love feasts,

ὑμῶν
너희의 your

σπιλάδες[3]
암초(들)이고 hidden reefs

συνευωχούμενοι[4]
함께 만찬할 때
as they feast with you

ἀφόβως,[5]
두려움 없이 without fear,

ἑαυτούς
자신들을 themselves;

ποιμαίνοντες,[6]
먹이는 feeding

νεφέλαι[7]
구름(들)~ clouds,

ἄνυδροι[8]
수분/물이 없는 waterless

ὑπὸ ἀνέμων[9]
바람에 의해 by winds;

παραφερόμεναι,[10]
없어지는 swept along

δένδρα[11]
나무(들)이며 trees

φθινοπωρινὰ[12]
늦가을 late autumn

ἄκαρπα[13]
열매 없는, without fruit,

δὶς[14]
두 번 twice

ἀποθανόντα[15]
죽어 dead,

ἐκριζωθέντα,[16]
뿌리가 뽑힌 uprooted;

συνευωχέομαι
동분현수주남복
ἀφόβως
부
ἑαυτοῦ
대재귀.목.남복
ποιμαίνω
동분현능주남복
νεφέλη
명 주.여복
ἄνυδρος
형일반 주.여복
ὑπό
전.소
ἄνεμος
명 소.남복
παραφέρω
동분현수주여복
δένδρον
명 주.중복
φθινοπωρινός
형일반 주.중복
ἄκαρπος
형일반 주 중복
δίς
부
ἀποθνήσκω
동분과능주중복
ἐκριζόω
동분과수주중복

---

1. οὗτοί εἰσιν: '이들은 (바로) ~이다'. 지시대명사의 강조적 표현이다. 뒤따르는 εἰσιν 때문에 οὗτοί의 끝 음절에 액센트가 첨가된다.

2. ἀγάπαις: ἀγάπη(사랑)가 복수로 사용되어 그리스도인들의 아가페 성찬/애찬(feasts)의 의미가 되었다(Thayer). ἀγαπάω(사랑하다) > ἀγαπητός(사랑스러운).

3. οἱ ... σπιλάδες: σπιλάς(바다 속의 바위, 암초)의 복수 주격. 성경에는 여기에만 쓰인다(hapax legomenon).

4. συνευωχούμενοι: συνευωχέ + ομενοι. συνευωχέομαι(함께 만찬을 하다) = σύν(with) + ευωχέομαι(< εὐωχέω, 잘 먹이다, 성찬을 하게 하다).

5. ἀφόβως: ἀφόβως(두려움 없이) = ἀ(without) + φόβως(< φόβος, 두려움).

6. ποιμαίνοντες: ποιμαίν + οντες. ποιμαίνω(먹이다, 목양하다, 다스리다), ποιμήν(목자), ποίμνη/ποίμνιον(양떼).

7. νεφέλαι: νεφέλη(구름), νέφος(구름, [구름 같은] 많은 무리).

8. ἄνυδροι: ἄνυδρος(물이 없는) = ἄν(without) + υδρος(< ὕδωρ, 물). ὑδρία(물 용기/항아리), ὑδροποτέω(물을 마시다), ὑδρωπικός(수종증의).

9. ἀνέμων: ἄνεμος(바람)의 어원은 ἄημι(불다), ἀήρ(공기)와 관련 있다(Thayer); ἀνεμίζω (바람에 날리다).

10. παραφερόμεναι: παραφερ + όμεναι. παραφέρω(운반해 가다/가버리다, 없애다) = παρά(from beside, 옆[거기]에서부터) + φέρω(운반하다).

11. δένδρα: δένδρον(나무), ξύλον(나무, 목재), ὕλη(숲), συκῆ(무화과나무), συκάμινος(뽕나무), συκομορέα(sycamore-fig 나무), φοῖνιξ(야자수, 종려나무), ἐλαία(올리브나무); LN.

12. φθινοπωρινὰ: φθινοπωρινός([열매도 없고 잎도 시들어가는 늦은] 가을의) = φθιν(φθινω < φθίω, 쇠하다, 줄어들다) + οπωρινός(ὀπώρα, [열매를 맺는] 가을); cf. Thayer; hapax legemenon.

13. ἄκαρπα: ἄκαρπος(열매가 없는) = ἀ(no) + καρπός(열매).

14. δὶς: δίς(두 번) < δύο(둘). ἅπαξ(단번에), τρίς(세 번), πεντάκις(다섯 번), ἑπτάκις(일곱 번), ἑβδομηκοντάκις(일흔 번); LN.

15. ἀποθανόντα ... ἐκριζωθέντα: 12절 앞 부분의 세 개의 연속된 현재 분사(συνευωχούμενοι, ποιμαίνοντες, παραφερόμεναι)는 그들의 지속적인 문제를 지적하는 내용이고, 반면에 두 개의 부정과거 분사는 그들이 받게 될 확실한 심판에 대해 말해준다. ἀποθανόντα = ἀπο + θαν(θνήσκω의 부정과거 어간) + όντα. ἀποθνήσκω(죽다)는 = ἀπό(off, [ceasing] from) + θνήσκω/θνήσκω(죽다).

16. ἐκριζωθέντα: ἐκ + ριζο + θέντα(부정과거[수] 분사). ἐκριζόω(뿌리째 뽑다) = ἐκ(out of) + ριζόω(뿌리박다). ῥίζα(뿌리).

유 1:13

κύματα ἄγρια θαλάσσης ἐπαφρίζοντα τὰς ἑαυτῶν αἰσχύνας, ἀστέρες πλανῆται οἷς ὁ ζόφος τοῦ σκότους εἰς αἰῶνα τετήρηται.

자신들의 수치를 거품으로 내뱉는 바다의 거친 파도이고, 짙은 흑암이 영원히 예치된, 유랑하는 별이다.

13
κῦμα
명.주.중복
ἄγριος
형일반.주.중복
θάλασσα
명.소.여단
ἐπαφρίζω
동분.현능.주.중복
ὁ
관.목.여복
ἑαυτοῦ
대재귀.소.중복
αἰσχύνη
명.목.여복
ἀστήρ
명.주.남복
πλανήτης
명.주.남복
ὅς
대관계.여.남복
ὁ
관.주.남단
ζόφος
명.주.남단
ὁ
관.소.중단
σκότος
명.소.중단
εἰς
전.목
αἰών
명.목.남단
τηρέω
동직.완수.3단

κύματα[1]
파도/물결이고 waves

ἄγρια[2]
거친/ 흉포한 wild/ raging

θαλάσσης[3]
바다의 of the sea,

ἐπαφρίζοντα[4]
거품을 내는 foaming up

τὰς ἑαυτῶν αἰσχύνας,[5]
자기 자신의 수치(들)의 their own shame;

ἀστέρες[6]
별들~ stars,

πλανῆται[7]
방랑하는/유랑하는 wandering

οἷς[8] ὁ ζόφος
흑암이 ~된 for whom ~ the ~ darkness (gloom)

τοῦ σκότους[9]
어두운/짙은 black (dark)

εἰς αἰῶνα
영원히 forever.

τετήρηται.[10]
보존/예치~ has been reserved

1. κύματα: 3변화 중성 κῦμα(파도)의 어간은 -ματ로 요일 1:7의 αἷμα와 변화 형태가 같다. -μα, -ματος, -ματι, -μα(sg); -ματα, -μάτων, -μασι(ν), -ματα(pl).

2. ἄγρια: ἄγριος(들에 사는, 맹렬한, 길들여지지 않은) < ἀγρός(들) > ἀγραυλέω(들에 살다), ἀγριέλαιος(들/야생 올리브).

3. θαλάσσης: θάλασσα(바다); cf. ἅλας(소금), ταράσσω(뒤흔들다, 동요하다); cf. Thayer.

4. ἐπαφρίζοντα: ἐπαφρίζω(거품을 내뿜다) = ἐπι(ἐπί, up, upward) + ἀφρίζω(거품을 내다) < ἀφρός(거품).

5. αἰσχύνας: αἰσχύνη(수치), αἰσχρός(수치스러운), αἰσχρότης(불명예, 비열), αἰσχύνω(수치를 주다), αἰσχρολογία(더러운 말).

6. ἀστέρες: 3변화 ἀστήρ, -έρος(별 > astrology[점성학])의 남복 주격. 어간은 ἀστέρ-이다. ἀστήρ의 어원은 분명하지 않으나 부정의 ἀ(not) + στήρ(< στερεόω, 고정하다, 강하게 하다), 즉 '고정되지 않은 (흩어져 있는) 것'이라는 뜻으로 추정된다(LSJ; Thayer). ἀστήρ(별) > ἀστραπή(빛나는), ἀστράπτω(비추다), ἄστρον(별자리, 성좌).

7. πλανῆται: πλανήτης(방황하는 자), πλάνος(미혹하는, 속이는), πλανάω(길을 잃게 하다, 속이다), πλάνη(방황). πλανήτης는 μαθητή(제자), προφήτης(선지자)처럼 남성이면서 1변화 여성형 어미, -ης, -ου, -ῃ, -ην(sg); -αι, -ῶν, -αις, -ας(pl)를 갖는다. ἀστέρες와 동격인 πλανῆται는 이를 부연한다.

8. οἷς: 관계대명사 남복 여격 οἷς의 선행사는 ἀστέρες(별들)이고 이익(interest)의 여격('~을 위하여, for')이라 할 수 있다.

9. ὁ ζόφος τοῦ σκότους: '어두움의 흑암' > '가장 진한 어두움'(Thayer).

10. τετήρηται: '지켜졌다/보존되었다'; τε + τηρε + ται. 현재완료는 여기서 결과의 지속성을 부각한다.

유 1:14

Προεφήτευσεν δὲ καὶ τούτοις ἕβδομος ἀπὸ Ἀδὰμ Ἐνὼχ λέγων, ἰδοὺ ἦλθεν κύριος ἐν ἁγίαις μυριάσιν αὐτοῦ

아담의 칠대 손 에녹이 이런 이들에 대해서도 예언하였다. "보라. 주님께서 그의 수많은 성도들과 함께 오셨다.

14
προφητεύω
동직.과능.3단
δέ
접 등
καί
부
οὗτος
대지시.여 남복
ἕβδομος
형서수.주 남단
ἀπό
전.소
Ἀδάμ
명.소 남단
Ἐνώχ
명.주 남단
λέγω
동분.현능.주남단
ἰδού
감탄
ἔρχομαι
동직.과능.3단
κύριος
명.주 남단
ἐν
전.여
ἅγιος
형일반.여.여복
μυριάς
명.여.여복
αὐτός
대인칭.소 남단

Προεφήτευσεν δὲ[1] 예언하였다. And ~ prophesied,	ἰδοὺ[5] "보라. "Behold,
καὶ τούτοις[2] 이것들에 대해서도 about these things:	ἦλθεν[6] 오셨다. came
ἕβδομος[3] 칠대 째의/칠대 손 the seventh	κύριος 주님께서 the Lord
ἀπὸ Ἀδὰμ 아담으로부터/의 from Adam,	ἐν ἁγίαις μυριάσιν[7] 수많은 거룩한 자들(성도들)과 with ~ holy myriads,
Ἐνὼχ 에녹 Enoch,	αὐτοῦ 그의 his
λέγων,[4] 말하며, saying,	

1. Προεφήτευσεν: '(그가) 예언하였다'; προ + ε + φητεύ + σε(ν). προφητεύω(예언하다) = πρό(before, 미리) + φητεύω(< φημί, 말하다, 선언하다). προφήτης(선지자/예언자), προφητεία(예언), προφητικός(예언의), προφῆτις(여선지자); ψευδοπροφήτης(거짓 선지자).
2. τούτοις: '이것들에 대해서'. 언급(reference)의 여격이다.
3. ἕβδομος: 서수 ἕβδομος(m)(일곱의), ἑβδόμη(f), ἕβδομον(n). 기수 7은 ἑπτά이다.
4. λέγων: '말하며'; λέγ + ων. 분사 λέγων은 주동사(προεφήτευσεν)의 동작을 보조하는 상황의 (circumstantial) 분사로 직접화법의 내용을 소개한다.
5. ἰδού: βλέπω/ὁράω(보다)의 부정과거형 εἶδον(보았다)의 명령법 중간태 2단(ἰδοῦ)에서 유래한 단어로 감탄사로 쓰인다.
6. ἦλθεν: '오셨다'; ἐ + ελθ + ε(ν). KMP는 미래적(futuristic) 부정과거로 분류한다(KMP, 296; Wallace, 564).
7. μυριάσιν: 3변화 μυριάς(일만, 헤아리기 어렵게 많은 수), άδος, άδι, άδα(sg); άδες, άδων, άσι(ν), άδας(pl).

유 1:15

ποιῆσαι κρίσιν κατὰ πάντων καὶ ἐλέγξαι πᾶσαν ψυχὴν περὶ πάντων τῶν ἔργων ἀσεβείας αὐτῶν ὧν ἠσέβησαν καὶ περὶ πάντων τῶν σκληρῶν ὧν ἐλάλησαν κατ' αὐτοῦ ἁμαρτωλοὶ ἀσεβεῖς.

모든 것대로(모든 사람을) 심판하시되, 경건하지 않게 행한 그들의 모든 불경건한 행위에 대해서와 경건하지 않은 죄인들이 주를 거스려 말한 모든 완악한 말들에 대해, 각 사람에게 선고를 내리시기 위해서이다."

15
ποιέω
동부.과능
κρίσις
명.목.여단
κατά
전.소
πᾶς
형부정.소.남복/
형부정.소.중복
καί
접 등
ἐλέγχω
동부.과능
πᾶς
형부정.목.여단
ψυχή
명.목.여단

περί
전.소
πᾶς
형부정.소.중복
ὁ
관.소.중복
ἔργον
명.소.중복
ἀσέβεια
명.소.여단
αὐτός
대인칭.소.남복
ὅς
대관계.소.중복
ἀσεβέω
동직.과능.3복
καί
접.등
περί
전.소
πᾶς
형부정.소.중복
ὁ
관.소.중복
σκληρός
형일반.소.중복
ὅς
대관계.소.중복
λαλέω
동직.과능.3복
κατά
전.소
αὐτός
대인칭.소.남단
ἁμαρτωλός
형일반.주.남복
ἀσεβής
형일반.주.남복

ποιῆσαι[1]
~하시고 to execute

κρίσιν
심판/판결~ judgment

κατὰ πάντων[2]
모든 것대로/모든 사람을 against all,

καὶ ἐλέγξαι
선고를 내리기 위해 and to convict

πᾶσαν ψυχὴν[3]
각 사람을/에게 everyone

περὶ πάντων τῶν ἔργων
모든 ~ 행위(일들)에 대해
regarding all ~ deeds

ἀσεβείας[4]
불경건한 것의 of ungodliness

αὐτῶν
그들의 their

ὧν ἠσέβησαν[5]
경건하지 않게 행한
that they have committed,

καὶ περὶ πάντων τῶν σκληρῶν[6]
또한 ~ 모든 완악한/거친 말들에 대해
and regarding all the harsh words

ὧν
~한 that

ἐλάλησαν[7]
말~ have spoken

κατ᾽ αὐτοῦ[8]
그(주)를 거스러
against him."

ἁμαρτωλοὶ[9]
죄인들이 sinners

ἀσεβεῖς.
경건하지 않은 ungodly

---

1. ποιῆσαι ... ἐλέγξαι: ποιέ + σαι; ἐλέγχ + σαι. 부정과거 부정사 ποιῆσαι(행하시기 위해)와 ἐλέγξαι(선고를 내리시기 위해)는 14절의 주동사 ἦλθεν(오셨다)의 목적을 말해주는 부정사들(목적의 부정사)이다. ἐλέγχω(드러내다, 책망하다, 선고를 내리다), ἐλεγμός(책망, 교정), ἐλεγξις(논박, 책망), ἔλεγχος(입증, 판결).

2. κατὰ πάντων ... περὶ πάντων τῶν ἔργων ... περὶ ...: '모든 것을 따라 ⋯ 모든 행위에 대해 ⋯ ~에 대해'는 판결(κρίσιν)의 준거가 되는 비슷한 내용으로 일종의 반복적인 강조 방식이라 할 수 있다.

3. πᾶσαν ψυχή: '각 사람을'. ψυχή(사람, 목숨, 영혼)는 여기서 '사람'의 뜻이다.

4. ἀσεβείας: ἀσέβεια(불경건, 불신앙) = ἀ(not, without) + σέβεια(σεβής < σέβω, 예배하다, 경외하다) . KMP는 한정의(attributive) 소유격으로 구분한다(KMP, 91; 'ungodly acts'). 동족어는 4절의 ἀσεβέω(경건하지 않다, 불신을 행하다) 참고.

5. ὧν ἠσέβησαν: '경건하지 않게 행한'; ἐ + ασεβέ + σαν. 관계대명사 ὧν 절은 τῶν ἔργων을 수식하는 형용사절로 불경건의 실상을 부연, 반복하여 강조하는 목적이 있다.

6. σκληρῶν: σκληρός(불쾌한, 힘든, 거친, 무자비한) > σκληροκαρδία(마음의 굳음), σκληρότης(굳음, 완고함), σκληροτράχηλος(목이 굳은, 완고한), σκληρύνω(굳게 하다, 굳히다).

7. ὧν ἐλάλησαν: '그들이 말한'; ἐ + λαλέ + σαν. τῶν σκληρῶν을 수식한다. 관계대명사 ὧν 절은 앞의 ὧν 절과 평행이 된다.

8. κατ᾽ αὐτοῦ: κατά(against) + αὐτοῦ(him).

9. ἁμαρτωλοὶ: ἁμαρτωλός(죄인) < ἁμαρτία(죄) > ἁμαρτάνω(죄를 짓다, 잘못하다), ἁμάρτημα(죄, 악한 행위).

유 1:16

16
οὗτος
대지시.주.남복
εἰμί
동직.현능.3복
γογγυστής
명.주.남복
μεμψίμοιρος
형일반.주.남복
κατά
전.목

οὗτοί εἰσιν γογγυσταὶ μεμψίμοιροι κατὰ τὰς ἐπιθυμίας ἑαυτῶν πορευόμενοι, καὶ τὸ στόμα αὐτῶν λαλεῖ ὑπέρογκα, θαυμάζοντες πρόσωπα ὠφελείας χάριν.

이들은, 만족하지 못하고 불평하는 자들이고 자신들의 정욕을 따라 나아가는 자들이다. 그들의 입은 부풀려 말하고 이익을 얻기 위해 외모로 판단한다.

οὗτοί¹
이들은 These
εἰσιν
~이다. are
γογγυσταί²
불평하는 자들~ grumblers,
μεμψίμοιροι³
만족하지 못하고 being dissatisfied,
κατὰ τὰς ἐπιθυμίας
정욕(들)을 따라 according to ~ lusts;
ἑαυτῶν
자신들의 their own
πορευόμενοι,⁴
나아가는 proceeding/ walking

καὶ τὸ στόμα
그리고 ~ 입은 and ~ mouth
αὐτῶν
그들의 their
λαλεῖ⁵
말한다. speaks
ὑπέρογκα,⁶
부풀려/과도하게 excessively/ arrogantly,
θαυμάζοντες
보면서(판단하면서) by seeing/ judging only
πρόσωπα⁷
외모를 face/ countenance
ὠφελείας⁸ χάριν.⁹
이익을 얻으려고 to gain advantage.

ὁ 관.목.여복
ἐπιθυμία 명.목.여복
ἑαυτοῦ 대재귀.소.남복
πορεύομαι 동분.현중.주.남복
καί 접.등
ὁ 관.주.중단
στόμα 명.주.중단
αὐτός 대인칭.소.남복
λαλέω 동직.현능.3단
ὑπέρογκος 형일반.목.중복
θαυμάζω 동분.현능.주.남복
πρόσωπον 명.목.중복
ὠφέλεια 명.소.여단
χάριν 전.소

1. οὗτοί: 지시대명사 οὗτοί + εἰσιν의 강조적 표현이 계속된다(8, 10, 12, 16, 19절).
2. γογγυσταί: γογγυστής(불평하는/투덜대는 자들) < γογγύζω(불평하다/투덜대다) > γογγυσμός(불평하는/투덜대는).
3. μεμψίμοιροι: μεμψίμοιρος(불만족한, [계속] 불평하는/책잡는; hapax) = μεμψί(< μέμφομαι, 불평하다/책잡다) + μοιρος(μοῖρα, [자신의] 몫, 부분, 운); Thayer.
4. πορευόμενοι: '나아가는'; πορευ + όμενοι. 계속 진행되는 것을 나타내는 현재분사이다.
5. λαλεῖ: '말한다'; λαλέ + ει; έ + ε = εῖ.
6. ὑπέρογκα: 형용사 ὑπέρογκος(m/f)(과도한, 과장된), ὑπέρογκον(n) = ὑπέρ(above, beyond) + ὄγκος(무게/짐, 중요성); Thayer.
7. πρόσωπα: πρός(before) + ωπον('보다'의 어근 οπ에서) = πρόσωπον(얼굴, 외모).
8. ὠφελείας: ὠφέλεια(유익함, 이익), ὠφελέω(돕다, 유익하다).
9. χάριν: '~ 때문에'(on account of), '~ 위해서'(for the sake of). χάρις(은혜, 호의)의 목적격 χάριν은 소유격을 취하는 전치사가 된다(요일 3:12 참고). 앞 단어 ὠφελείας는 전치사 χάριν의 소유격 명사이다.

유 1:17

Ὑμεῖς δέ, ἀγαπητοί, μνήσθητε τῶν ῥημάτων τῶν προειρημένων ὑπὸ τῶν ἀποστόλων τοῦ κυρίου ἡμῶν Ἰησοῦ Χριστοῦ

그러나 너희, 사랑하는 이들아, 기억하라. 우리 주 예수 그리스도의 사도들이 이전에 말한 말들을 기억하라.

Ὑμεῖς δέ,¹
(그러나) 너희는 But you,
ἀγαπητοί,
사랑하는 이들이여. beloved,
μνήσθητε²
기억하라. remember
τῶν ῥημάτων³
말들을 the words
τῶν προειρημένων⁴
이전에 말한 of saying beforehand

ὑπὸ τῶν ἀποστόλων
사도들이 by the apostles
τοῦ κυρίου
주 of ~ Lord
ἡμῶν
우리 our
Ἰησοῦ Χριστοῦ
예수 그리스도의 Jesus Christ,

17
σύ 대인칭.주.-복
δέ 접.등
ἀγαπητός 형일반.호.남복
μιμνήσκομαι 동명.과수.2복
ὁ 관.소.중복
ῥῆμα 명.소.중복
ὁ 관.소.중복
προλέγω 동분.완수.소.중복
ὑπό 전.소
ὁ 관.소.남복
ἀπόστολος 명.소.남복
ὁ

관.소.남단
κύριος
명.소.남단
ἐγώ
대인칭.소.-복
Ἰησοῦς
명.소.남단
Χριστός
명.소.남단

1. Ὑμεῖς δέ: '그러나 너희는'. 인칭대명사 2복 Ὑμεῖς(너희)의 사용은 반복되어 사용된 지시대명사 οὗτοί(이들)와 대조하기 위한 것이다. 19-20절에도 이 둘의 대조가 다시 등장한다.
2. μνήσθητε: '기억하라'. μιμνήσκω(기억하게 하다, 기억하다)의 부정과거(수) 명령법(2복) μνήσθητε 는 '기억하게 하다'의 수동적 의미 '기억하다'의 명령법 '기억하라'로 쓰였다. 수동태(-θη-)의 경우, 뒤따르는 대상어('~을')에 소유격을 쓸 때가 많다(눅 1:72; 23:42; 24:8; 행 11:16; 벧후 3:2; 유 1:17). μνεία/μνήμη(기억, 회상, 언급), μνῆμα/μνημεῖον(기념, 기념비, 비석), μνημονεύω(기억하다, 언급하다, 생각하다), μνημόσυνον(기억됨, 기억되는 것).
3. ῥημάτων: ῥῆμα(말, 말해진 것) < ῥέω(흐르다, 말하다) 또는 ἐρῶ(말하다); LSJ. ῥήτωρ(연사, 연설가), ῥητῶς([말할 때] 명확히). 3변화(중) ῥῆμα는 -μα, -ματος, -ματι, -μα(sg); -ματα, -μάτων, -μασι(ν), -ματα(pl)을 한다.
4. προειρημένων: προ + ε + ερη + μένων. προλέγω(미리 말하다, 예측하다)의 직설법 현재완료(능) προείρηκα, 현재완료(수) προείρημαι. 현재완료 분사는 상태와 결과의 지속성을 부각한다.

유 1:18

18
ὅτι
접.종
λέγω
동직.미완료.능.3복
σύ
대인칭.여.-복
ἐπί
전.소
ἔσχατος
형일반.소.남단
χρόνος
명.소.남단
εἰμί
동직.미.중.3복
ἐμπαίκτης
명.주.남복
κατά
전.목
ὁ
관.목.여복
ἑαυτοῦ
대재귀.소.남복
ἐπιθυμία
명.목.여복
πορεύομαι
동분.현중.주.남복
ὁ
관.소.여복
ἀσέβεια
명.소.여복

ὅτι ἔλεγον ὑμῖν ἐπ' ἐσχάτου χρόνου ἔσονται ἐμπαῖκται κατὰ τὰς ἑαυτῶν ἐπιθυμίας πορευόμενοι τῶν ἀσεβειῶν.

그들이 너희에게 말하였다. "마지막 때에 경건하지 않은 자신의 정욕을 따라 나아가면서 조롱하는 자들이 있을 것이다."

—————

ὅτι[1] ἔλεγον
즉, ~ 말한 것을 that they said
 ὑμῖν
 너희에게 to you,
 ἐπ' ἐσχάτου χρόνου[2]
 "마지막 때에 "In the last time
ἔσονται[3]
있을 것이다." there will be

ἐμπαῖκται[4]
조롱하는 자들이 scoffers,
 κατὰ τὰς ἑαυτῶν ἐπιθυμίας
 자기 자신들의 정욕(들)을 따라
 according to their own ~ lusts."
πορευόμενοι[5]
나아가며 who will proceed
 τῶν ἀσεβειῶν.
 경건하지 않은 (것들의) ungodly

—————

1. ὅτι: ὅτι 절은 앞 문장의 τῶν ῥημάτων(말들)을 부연하여 설명하는 역할을 한다.
2. ἐπ' ἐσχάτου χρόνου: '마지막 때에'. ἐπ' ἐσχάτου χρόνου = ἐπ'(ἐπί, in/at) + ἐσχάτου χρόνου(last time). 시간의 ἐπί 로 '~의 때에'(at the time of)의 의미로 볼 수 있다(KMP, 404). χρόνος(때, 시간, 기간) > chrono-(시간의). χρονίζω(오랜 기간을 보내다, 지체하다), χρονοτριβέω(시간을 보내다/빈둥대다), μακροχρόνιος(오랜 기간의).
3. ἔσονται: εἰμί(be)의 미래형은 ἔσομαι, ἔσῃ, ἔσται(sg); ἐσόμεθα, ἔσεσθε, ἔσονται(pl)이다.
4. ἐμπαῖκται: ἐμπαίκτης(조롱하는/비웃는 자) < ἐμπαίζω(조롱하다, 속이다) = ἐμ(ἐν, in/among) + παίζω(놀다, play). ἐμπαιγμονή(조롱), ἐμπαιγμός(조롱하는).
5. πορευόμενοι: πορευ + όμενοι.

유 1:19

19
οὗτος
대지시.주.남복
εἰμί
동직.현.능.3복
ὁ
관.주.남복

Οὗτοί εἰσιν οἱ ἀποδιορίζοντες, ψυχικοί, πνεῦμα μὴ ἔχοντες.

이들은, 분열을 일으키는 자들이고 육에 속한 자들이고 성령이 없는 자들이다.

—————

Οὗτοί[1]
이들은 These

εἰσιν
~이다. are

οἱ ἀποδιορίζοντες,[2]
분열을 일으키는 이들이고
the ones who cause divisions,

ψυχικοί,[3]
육에 속한 자들/세상적인 자들이며 worldly people,

πνεῦμα
성령을/이 the Spirit.

μὴ ἔχοντες.[4]
지니고 있지 않는/없는 자들~ having not

ἀποδιορίζω
동분.현능.주.남복
ψυχικός
형일반.주.남복
πνεῦμα
명.목.중단
μή
조사
ἔχω
동분.현능.주.남복

---

1. Οὗτοί: 지시대명사의 강조적 표현.
2. οἱ ἀποδιορίζοντες: '분리하는 자들, 분열을 일으키는 자들'; ἀπο + διορίζ + οντες. ἀποδιορίζω([경계를 그려] 나누다/분리하다) = ἀπο(from) + διορίζω(경계를 긋다, 분리하다/구분하다 < ὅρος, 경계/한계; cf. ὄρος, 산); Thayer; hapax.
3. ψυχικοί: ψυχικός(육에 속한, 세상적인) < ψυχή(영혼/사람, 생명, 목숨) > ψύχω(숨쉬다, 불다).
4. μὴ ἔχοντες: '가지고 있지 않는'. οἱ ἀποδιορίζοντες의 동격으로 이를 부연한다.

유 1:20

Ὑμεῖς δέ, ἀγαπητοί, ἐποικοδομοῦντες ἑαυτοὺς τῇ ἁγιωτάτῃ ὑμῶν πίστει, ἐν πνεύματι ἁγίῳ προσευχόμενοι,

그러나 너희, 사랑하는 이들아, 너희는 가장 거룩한 믿음으로 스스로를 세우고 성령 안에서 기도하며,

Ὑμεῖς δέ,[1]
그러나 너희는 But you,

ἀγαπητοί,
사랑하는 이들이여. beloved,

ἐποικοδομοῦντες[2]
건축하며/세우며 building ~ up

ἑαυτοὺς
스스로를 yourselves

τῇ ἁγιωτάτῃ
가장 거룩한 in/ on ~ most holy

ὑμῶν
너희의 your

πίστει,[3]
믿음으로 faith

ἐν πνεύματι
성령으로 and ~ in the ~ Spirit,

ἁγίῳ
거룩한 Holy

προσευχόμενοι,[4]
기도하며 praying

20
σύ
대인칭.주.-복
δέ
접.등
ἀγαπητός
형일반.호.남복
ἐποικοδομέω
동분.현능.주.남복
ἑαυτοῦ
대재귀.목.남복
ὁ
관.여.여단
ἅγιος
andfss
σύ
대인칭.소.-복
πίστις
명.여.여단
ἐν
전.여
πνεῦμα
명.여.중단
ἅγιος
형일반.여.중단
προσεύχομαι
동분.현중.주.남복

---

1. Ὑμεῖς δέ: '그러나 너희는', Οὗτοί(이들)와 대조하는 목적으로 인칭대명사 Ὑμεῖς를 사용하였다(17절 참고).
2. ἐποικοδομοῦντες: '건축하며(하면서)'; ἐπ(ἐπί, upon) + οικοδομέ + οντες. ἐποικοδομέω([~위에] 건축하다) < οἰκοδομέω(건축하다/건설하다) > ἀνοικοδομέω(다시 건축하다), συνοικοδομέω(함께 건축하다); 요 1:10 참고.
3. τῇ ἁγιωτάτῃ πίστει: '가장 거룩한 믿음으로'. 형용사의 비교급 어미는 -τερος, -τέρα, -τερον이고, 최상급일 경우에는 -τατος, -τάτη, -τατον이 된다. ἅγιος(거룩한)의 비교급(여)은 ἁγιωτέρα, 최상급은 ἁγιωτάτη이다. 끝에서 두 번째 음절(피널트; 어간의 마지막 모음)이 짧은 경우 어미 앞의 매개모음이 길게 된다(ο > ω).
4. προσευχόμενοι: προσευχ + όμενοι. προσεύχομαι(기도하다, 기도를 드리다), προσευχή(기도, 기도의 자리).

유 1:21

21
ἑαυτοῦ
대재귀.목.남복
ἐν
전.여
ἀγάπη
명.여.여단
θεός
명.소.남단
τηρέω
동명.과능.2복
προσδέχομαι
동분.현정.주남복
ὁ
관.목.중단
ἔλεος
명.목.중단
ὁ
관.소.남단
κύριος
명.소.남단
ἐγώ
대인칭.소.-복
Ἰησοῦς
명.소.남단
Χριστός
명.소.남단
εἰς
전.목
ζωή
명.목.여단
αἰώνιος
형일반.목.여단

ἑαυτοὺς ἐν ἀγάπη θεοῦ τηρήσατε προσδεχόμενοι τὸ ἔλεος τοῦ κυρίου ἡμῶν Ἰησοῦ Χριστοῦ εἰς ζωὴν αἰώνιον.

하나님의 사랑으로 스스로를 지키라. 그리하여 영생에 이르는 우리 주 예수 그리스도의 긍휼을 기다리라.

ἑαυτοὺς
스스로를 yourselves
ἐν ἀγάπῃ[1]
사랑으로 in the love
θεοῦ
하나님의 of God,
τηρήσατε[2]
지키라. keep
προσδεχόμενοι[3]
기다리며 waiting for

τὸ ἔλεος
긍휼을/자비를 the mercy
τοῦ κυρίου
주님 of ~ Lord
ἡμῶν
우리 our
Ἰησοῦ Χριστοῦ
예수 그리스도의 Jesus Christ
εἰς ζωὴν αἰώνιον.
영생에 이르도록/이르는 to eternal life.

1. ἐν ἀγάπη: '사랑 안에서, 사랑으로'. 전치사 ἐν은 장소적 의미(in)나 수단의 의미(with), 모두 가능하다.
2. τηρήσατε: '지켜라'; τηρέ + σατε.
3. προσδεχόμενοι: '기다리며'; προσδεχ + όμενοι. προσδέχομαι(받아들이다, 환영하다, 기다리다) = προσ(πρός, toward) + δέχομαι(받다, 영접하다, 인정하다)

유 1:22

22
καί
접.등
ὅς
대관계.목.남복
μέν
조사
ἐλεάω
동명.현능.2복
διακρίνω
동분.현중.목남복

καὶ οὓς μὲν ἐλεᾶτε διακρινομένους,

의심하는 자들을 긍휼히 여겨라.

καὶ οὓς[1] μὲν[2]
~ 자들을 And ~ on those who
ἐλεᾶτε[3]
긍휼히 여겨라. have mercy
διακρινομένους,[4]
의심하는 ~ doubt;

1. οὓς: 관계대명사 남복 목적격 οὓς는 독립적으로 사용되었다('those who'; ESV, NIV).
2. μὲν ... δὲ: 'not only ... but also ...'
3. ἐλεᾶτε: '긍휼히 여겨라'; ἐλεά + ετε. ἐλεάω(자비/긍휼을 보이다). ἐλεάω/ἐλεέω(자비를 베풀다), ἔλεος(자비, 동정), ἐλεεινός(측은한, 비참한), ἐλεημοσύνη(관대함, 자비를 베품), ἐλεήμων(자비로운).
4. διακρινομένους: διακριν + όμενους; 9절 참고.

유 1:23

23
ὅς
대관계.목.남복
δέ
접.등

οὓς δὲ σῴζετε ἐκ πυρὸς ἁρπάζοντες, οὓς δὲ ἐλεᾶτε ἐν φόβῳ μισοῦντες καὶ τὸν ἀπὸ τῆς σαρκὸς ἐσπιλωμένον χιτῶνα.

그들을 붙잡아 불에서 건져내라(구원하라). 육체에 의해 더렵혀진 옷이라도 미워하되, 두려움으로 그들을 긍휼히 여겨라.

σῴζω
동명 현능.2복
ἐκ
전소
πῦρ
명 소 중단
ἁρπάζω
동분 현능.주남복
ὅς
대관계.목.남복
δέ
접 등
ἐλεάω
동명 현능. 2복
ἐν
전.여
φόβος
명 여 남단
μισέω
동분 현능.주.남복
καί
부
ὁ
관 목 남단
ἀπό
전 소
ὁ
관 소 여단
σάρξ
명 소 여단
σπιλόω
동분.완수.목.남단
χιτών
명 목 남단

οὓς δὲ[1]
또한 ~ 그들을 them (some),
σῴζετε[2]
구원하라/건지라. save
ἐκ πυρὸς
불에서 out of the fire;
ἁρπάζοντες,[3]
붙잡아 snatching them
οὓς δὲ
그들을 on some
ἐλεᾶτε
긍휼히 여겨라. show mercy

ἐν φόβῳ
두려움으로/~ 가운데 with fear,
μισοῦντες[4]
미워하며 hating
καὶ τὸν
~이라도 even the
ἀπὸ τῆς σαρκὸς[5]
그 육체에 의해 by the flesh
ἐσπιλωμένον
더럽혀진 stained
χιτῶνα.[6]
옷(망토)~ garment

1. οὓς δὲ ... οὓς δὲ: 22절에서 언급한 자들을 계속 지칭하고 있다.
2. σῴζετε: '구원하라/건지라'; σῴζ + ετε; 5절 참고.
3. ἁρπάζοντες: ἁρπάζ + οντες. ἁρπάζω(잡아채다, 붙잡다, 떠나가다), ἁρπαγή(탐욕, 노략질), ἁρπαγμός(붙잡음, 약탈), ἅρπαξ(약탈하는, 탐욕스러운).
4. μισοῦντες: μισέ + οντες; έ + ο = οῦ.
5. ἀπὸ τῆς σαρκὸς: '그 육체로'. ἀπὸ가 수동태 동사 다음에 사용될 때 '~에 의하여'(by)의 의미가 되는 경우이다(cf. Thayer).
6. τὸν ... ἐσπιλωμένον χιτῶνα: '더럽혀진 옷을'. ἐσπιλωμένον = ἐ + σπιλο + μένον. 현재완료 분사의 특징 두 가지는 부정과거 분사와 달리 시상접두모음(ἐ)이 존속하고, 수동형 어미 앞에서 어간의 모음이 길어지는 것이다(o > ω). σπιλόω(더럽히다) < σπίλος(얼룩, 흠). χιτών(안에 입는 옷); cf. ἱμάτιον(겉에 입는 옷/망토). 3변화 χιτών, χιτῶνος, χιτῶνι, χιτῶνα(sg); χιτῶνες, χιτώνων, χιτῶσι(ν), χιτῶνας(pl).

유 1:24

Τῷ δὲ δυναμένῳ φυλάξαι ὑμᾶς ἀπταίστους καὶ στῆσαι κατενώπιον τῆς δόξης αὐτοῦ ἀμώμους ἐν ἀγαλλιάσει,
너희를 넘어지지 않게 지키시고 큰 기쁨으로 그의 영광 앞에 흠이 없게 세우시기에 능하신 분,

24
ὁ
관 여 남단
δέ
접 등
δύναμαι
동분 중현.여남단
φυλάσσω
동부 과능
σύ
대인칭.목.~복
ἀπταιστος
형일반 목 남복
καί
접 등
ἵστημι
동부 과능
κατενώπιον
전 소
ὁ
관 소 여단
δόξα
명 소 여단
αὐτός
대인칭 소 남단
ἄμωμος
형일반 목 남복
ἐν
전 여
ἀγαλλίασις
명 여 여단

Τῷ δὲ δυναμένῳ[1]
능력을 가지신 분께 Now to him who is able
φυλάξαι[2]
지키실 to keep
ὑμᾶς
너희를 you
ἀπταίστους[3]
넘어지지 않게 from stumbling
καὶ στῆσαι[4]
또한 세우실 and to present you

κατενώπιον[5] τῆς δόξης
영광 앞에 in the presence of ~ glory
αὐτοῦ
그의 his
ἀμώμους[6]
흠이 없게 blameless
ἐν ἀγαλλιάσει,[7]
큰 기쁨/즐거움으로 with great joy,

1. Τῷ δὲ δυναμένῳ: δυναμένῳ = δυνα + μένω. 기원의 대상이 여격으로 사용된 경우이다. 이태동사 δύναμαι, 요일 3:9 참고.
2. φυλάξαι: φυλακ(φυλάσσω, 지키다의 어간) + σαι; κ + σ = ξ. 요일 5:21 참고. 구개음(γ, κ, χ)은 σ와 만나면 ξ가 된다(자음접변).
3. ἀπταίστους: ἄπταιστος(넘어지지 않는, 굳게 선) = ἀ(not) + πταιστος(< πταίω, 넘어트리다, 발이 걸리다); hapax.
4. στῆσαι: ἵστημι(세우다, 서다)의 미래 στήσω, 부정과거(능) ἔστησα/ἔστην, 현재완료(능) ἔστηκα, 부정과거(수) ἐστάθην. 현재 부정사 στῆναι, 부정과거 부정사 στῆσαι.
5. κατενώπιον: κατενώπιον(~ 앞에; ~의 판단/눈 앞에) = κατ(κατά, down to, undeer) + ενώπιον(~ [눈] 앞에).
6. ἀμώμους: '흠이 없게'. 방식(manner)의 목적격으로 부사처럼 쓰였다. ἄμωμος(흠이 없는, 책망할 것이 없는) = ἀ(not) + μῶμος(책망, 수치, 흠).
7. ἀγαλλιάσει: ἀγαλλίασις([엄청난] 기쁨, 환희) < ἀγαλλιάω(심히 기뻐하다, 기뻐 어쩔 줄 모르다).

유 1:25

25
μόνος
형일반 여 남단
θεός
명 여 남단
σωτήρ
명 여 남단
ἐγώ
대인칭소 -복
διά
전소
Ἰησοῦς
명소 남단
Χριστός
명소 남단
ὁ
관소 남단
κύριος
명소 남단
ἐγώ
대인칭소 -복
δόξα
명주 여단
μεγαλωσύνη
명주 여단
κράτος
명주 중단
καί
접등
ἐξουσία
명주 여단
πρό
전소
πᾶς
형부정소 남단
ὁ
관소 남단
αἰών
명소 남단
καί
접등
νῦν
부
καί
접등
εἰς
전목
πᾶς
형부정.목 남복
ὁ
관 목 남복
αἰών
명 목 남복
ἀμήν
불

μόνῳ θεῷ σωτῆρι ἡμῶν διὰ Ἰησοῦ Χριστοῦ τοῦ κυρίου ἡμῶν δόξα μεγαλωσύνη κράτος καὶ ἐξουσία πρὸ παντὸς τοῦ αἰῶνος καὶ νῦν καὶ εἰς πάντας τοὺς αἰῶνας, ἀμήν.

우리의 구원자, 유일하신 하나님께, 우리 주 예수 그리스도로 말미암아 영광과 위엄과 능력과 권세가, 영원 전과 지금과 영원무궁히 있으시기를! 아멘.

μόνῳ θεῷ
유일하신 하나님, to the only God

σωτῆρι[1]
구원자께 Savior

ἡμῶν
우리의 our

διὰ Ἰησοῦ Χριστοῦ
예수 그리스도로 말미암아/~를 통하여
through Jesus Christ

τοῦ κυρίου
주 Lord,

ἡμῶν
우리 our

δόξα
영광과 be glory,

μεγαλωσύνη[2]
위엄과 majesty,

κράτος[3]
능력과 power,

καὶ ἐξουσία[4]
권세가 and authority,

πρὸ παντὸς τοῦ αἰῶνος[5]
영원/만고 전부터 before all time

καὶ νῦν
지금과 and now

καὶ εἰς πάντας τοὺς αἰῶνας,[6]
영원무궁히 and forever.

ἀμήν.
아멘. Amen.

1. σωτῆρι: 3변화 σωτήρ(구원자)는 σωτήρ, σωτῆρος, σωτῆρι, σωτῆρα(sg) 형태를 가진다. 복수는 단 한 곳(느 9:27, σωτήρας)에만 쓰였다.
2. μεγαλωσύνη: μεγαλωσύνη(위엄, 장엄) < μέγας(큰, 거대한). μεγαλωσύνη는 주로 하나님께 쓰였다(예, 히 1:3; 8:1; 유 1:25). 17회 사용 가운데 예외는 LXX 슥 11:3이다.
3. κράτος: κράτος(힘, 강함), κραταιός(강력한), κραταιόω(강하게 하다), κρατέω(강하다, 붙잡다), κράτιστος(가장 강력한, 존귀한).
4. ἐξουσία: ἐξουσία(권세, 능력) < ἔξεστι(ν)(합당하다, 적합하다) = ἐξ(ἐκ, from) + εστι(εἰμι, be).
5. πρὸ παντὸς τοῦ αἰῶνος: 문자적, '모든 영원 이전부터'. 유다서에서만 나오는 표현이다.
6. εἰς πάντας τοὺς αἰῶνας: 문자적, '모든 영원에로' > '영원무궁히'. 이 표현은 LXX 단 3:52에 1회 나온다.

제5부
요한계시록:
절별 본문(헬), 직역, 구문(헬) 배열, 해설, 분해

계 1:1

Ἀποκάλυψις Ἰησοῦ Χριστοῦ ἦν ἔδωκεν αὐτῷ ὁ θεὸς δεῖξαι τοῖς δούλοις αὐτοῦ ἃ δεῖ γενέσθαι ἐν τάχει, καὶ ἐσήμανεν ἀποστείλας διὰ τοῦ ἀγγέλου αὐτοῦ τῷ δούλῳ αὐτοῦ Ἰωάννῃ,

> 예수 그리스도의 계시이다. 하나님께서 속히 일어나야 할 일(들)을 그의 종들에게 보이시려고 그(예수)에게 주셨고 그의 천사를 보내셔서 그의 종 요한에게 알려 주신 것이다.

Ἀποκάλυψις[1]
계시이다. Revelation

    Ἰησοῦ Χριστοῦ[2]
    예수 그리스도의 of Jesus Christ

ἦν[3]
~신 which

    ἔδωκεν[4]
    주시고 gave

    αὐτῷ
    그에게 him

ὁ θεὸς
하나님께서 God

    δεῖξαι[5]
    보이시려고/보이기 위해 to show

    τοῖς δούλοις
    종들에게 to ~ servants

    αὐτοῦ
    그의 his

ἃ[6] δεῖ[7]
~ 하는 것들을 what must

γενέσθαι[8]
되어져야/일어나야 take place

ἐν τάχει,
속히/곧 soon

καὶ ἐσήμανεν[9]
알려 주~ and he made it known

    ἀποστείλας[10]
    보내셔서 by sending

    διὰ τοῦ ἀγγέλου[11]
    천사를 통하여 angel

    αὐτοῦ
    그의 his

τῷ δούλῳ
종 to ~ servant

αὐτοῦ
그의 his

Ἰωάννῃ,
요한에게 John

1
ἀποκάλυψις
명.주.여단
Ἰησοῦ
명.소.남단
Χριστός
명.소.남단
ὅς
대관계.목.여단
δίδωμι
동직.과능.3단
αὐτός
대인칭.여 남단
ὁ
관.주.남단
θεός
명.주.남단
δείκνυμι
동부.과능
ὁ
관.여.남복
δοῦλος
명.여.남복
αὐτός
대인칭.소.남단
ὅς
대관계.목.중복
δεῖ
동직.현능.3단
γίνομαι
동부.과중
ἐν
전.여
τάχος
명.여.중단
καί
접.등
σημαίνω
동직.과능.3단
ἀποστέλλω
동분.과능.주남단
διά
전.소
ὁ
관.소.남단
ἄγγελος
명.소.남단
αὐτός
대인칭.소.남단
ὁ
관.여.남단
δοῦλος
명.여.남단
αὐτός
대인칭.소.남단
Ἰωάννης
명.여.남단

---

1. Ἀποκάλυψις: 전치사 ἀπό(~부터)와 καλύπτω(덮다, 숨기다)의 명사형 κάλυψις(덮음)의 합성어, '숨긴 것을 드러냄, 계시'. 주격 명사가 문장으로부터 독립된 경우 절대(absolute) 주격이라 한다(KMP, 59).
2. Ἰησοῦ Χριστοῦ: 소유격 '예수 그리스도의'는 목적의 소유격('예수 그리스도에 대한')이나 주격의 소유격('예수 그리스도가 주는')이 모두 가능하다. 제한 없는/무조건적(plenary) 소유격이라 한다(Wallace, 120-121).
3. ἦν ἔδωκεν: 관계대명사 ἦν의 선행사는 '계시'이다. 목적격 ἥ은 ἔδωκεν의 목적어이다. δίδωμι(주다)의 부정과거 ἔδωκα.
4. ἔδωκεν ... ἐσήμανεν: '주셨다 … 알려주셨다'. ὁ θεὸς이 주어가 되고 관계대명사 ἦν을 목적어로 가지는 두 동사이다.

5. δεῖξαι: '보이시려고'; ἔδωκεν의 목적어가 되는 부정사(부정과거); δεικ(< δεικνύω, 보이다) + σαι. δεῖγμα(본, 보여진 것, sample), δειγματίζω(예를 만들다/보이다, 드러내다).

6. ἃ: '~ 것들(을)'. 관계대명사 중복 목적격 ἃ는 선행사가 없이 그 자체, 독립적으로 사용되었다.

7. δεῖ: δέω(원하다)에서 온 단어인데, 이같이 3단 형태('해야만 한다', '할 필요가 있다')로 쓰인다. 영어처럼 가주어(it is obliged/necessary)가 포함된 형태이고 진주어는 목적격으로 쓰인 명사(대명사)가 된다. 여기서는 관계대명사 ἃ가 주어 역할을 한다.

8. γενέσθαι: '있게 되는, 일어나는'; γίνομαι(되다)의 부정과거 부정사; γεν(부정과거 어간) + έσθαι(부정사 dep. 어미).

9. ἐσήμανεν: σημαίνω는 '신호(sign)를 주다, 알려주다'의 뜻이다. 표적(σημεῖον, sign)이 여기서 왔다. 유음동사로 부정과거에서 모음 ι가 생략되었다.

10. ἀποστείλας: 유음동사 ἀποστέλλω는 부정과거형(ἀπέστειλα)에서 λ 하나가 생략된 대신 모음이 길어진다. 부정과거분사 ἀποστείλας는 '그의 천사'를 목적어로 두고 있으나 전치사 διά를 써서 '천사를 통해 알려주신 계시'라는 점을 말하려는 것 같다. 이 동사 뒤에 διά를 쓴 경우는 수동태로 쓰인 LXX에 3:13(ἀπεστάλη διὰ ...) 외에 없다.

11. διὰ τοῦ ἀγγέλου: '천사를 통하여'; 1:9과 비교.

계 1:2

ὃς ἐμαρτύρησεν τὸν λόγον τοῦ θεοῦ καὶ τὴν μαρτυρίαν Ἰησοῦ Χριστοῦ ὅσα εἶδεν.

요한은 하나님의 말씀과 예수 그리스도의 증거, 즉 그가 본 모든 것을 증언하였다.

2
ὅς
대관계.주.남단
μαρτυρέω
동직.과능.3단
ὁ
관.목.남단
λόγος
명.목.남단
ὁ
관.소.남단
θεός
명.소.남단
καί
접.등
ὁ
관.목.여단
μαρτυρία
명.목.여단
Ἰησοῦς
명.소.남단
Χριστός
명.소.남단
ὅς
대관계.목.중복
ὁράω
동직.과능.3단

ὃς[1]
그는(요한은) who
　ἐμαρτύρησεν
　증언하였다. bore witness
　　τὸν λόγον
　　말씀과 to the word
　　　τοῦ θεοῦ
　　　하나님의 of God

καὶ τὴν μαρτυρίαν
증인을 and to the testimony
　Ἰησοῦ Χριστοῦ
　예수 그리스도의 of Jesus Christ
　　ὅσα[2]
　　~ 모든 even to all that
　　　εἶδεν.
　　　그가 본 he saw

1. ὅς: 관계대명사 남단 ὅς는 바로 앞의 Ἰωάννη를 선행사로 취한다.

2. ὅσα εἶδεν: 관계대명사 중복 목적격 ὅσα(~만큼 많이/크게)에 동사 εἶδεν(그가 보았다)이 더하여, '그가 본 것은 모두/다'가 된다. 앞의 말씀과 증언을 수식한다.

계 1:3

Μακάριος ὁ ἀναγινώσκων καὶ οἱ ἀκούοντες τοὺς λόγους τῆς προφητείας καὶ τηροῦντες τὰ ἐν αὐτῇ γεγραμμένα, ὁ γὰρ καιρὸς ἐγγύς.

이 예언의 말씀을 읽는 자와, 그 말씀을 듣고 그 안에 기록된 것을 지키는 자들은 복이 있다. 때가 가까웠기 때문이다.

3
μακάριος
형일반.주.남단
ὁ
관.주.남단
ἀναγινώσκω
동분.현능.주.남단
καί
접.등
ὁ
관.주.남복

Μακάριος[1]
복이 있다. Blessed

ὁ ἀναγινώσκων[2]
읽는 자와 he who reads (aloud)

καὶ οἱ
~ 자들이 and those who

ἀκούοντες[3]
듣고 hear

τοὺς λόγους
말씀(들)을 the words

τῆς προφητείας[4]
예언의 of prophecy

καὶ τηροῦντες[5]
지키는 ~ and keep

τὰ ἐν αὐτῇ γεγραμμένα,[6]
그 안에 기록된/쓰여진 것들을 what is written in it

ὁ γὰρ καιρὸς
때가 ~ 때문이다. for the time

ἐγγύς.
가까웠기 is near

ἀκούω
동분현능주남복
ὁ
관목 남복
λόγος
명목 남복
ὁ
관소 여단
προφητεία
명소 여단
καί
접 등
τηρέω
동분현능주남복
ὁ
관목 중복
ἐν
전 여
αὐτός
대인칭.여.여단
γράφω
동분완수목중복
ὁ
관.주 남단
γάρ
접 등
καιρός
명주 남단
ἐγγύς
부

1. Μακάριος: '복 있는'; 마 5:3-11 참조. μακαρίζω(축복하다), μακαρισμός(복됨).

2. ἀναγινώσκων: ἀνά(위로, 다시) + γινώσκω(알다)의 합성어 ἀναγινώσκω(읽다, 다시 알다)의 현재분사 주격 남단이다.

3. ὁ ἀναγινώσκων καὶ οἱ ἀκούοντες ... καὶ τηροῦντες: '읽는 자와 듣고 지키는 자들'. '읽는 자'는 단수(ὁ)인 반면, '듣는 자(들)'과 '지키는 자(들)'이 복수이고 그 앞에 정관사(οἱ)가 하나인 것은 당시 한 사람이 읽고(낭독하고) 다른 이들은 이를 듣는 교회의 모습을 그려준다. 듣는 자들은 또한 지켜야 한다는 것을 강조한다. 정관사와 함께 독립적으로 사용된 분사들을 명사적(substantival) 분사라 하기도 한다(KMP, 326).

4. τοὺς λόγους τῆς προφητείας: '예언의 말씀(들)을', '예언, 즉 말씀들을'. 동격(apposition)의 소유격이다(Wallace, 99). 한편으로 Wallace는 τῆς προφητείας의 정관사 τῆς가 일종의 지시적(deictic) 역할('this')을 한다고 보았다('이 예언의 말씀[들]을')(Wallace, 221).

5. τηροῦντες: τηρέω의 현재분사 주격 남복 τηροῦντες은 어간 τηρέ와 분사어미 οντες가 만나 축약된 것이다(έ + ο = οῦ).

6. τὰ ἐν αὐτῇ γεγραμμένα: τὰ γεγραμμένα는 문자적으로 '기록된 것들'이다. γεγραμμένα는 현재완료(수) 분사이다. 어간 자음 φ(순음)가 현재완료(수) 분사 어미 μένον을 만나 동화되었다(-μμένον). ἐν αὐτῆς는 '그 안에 (있는)'인데 인칭대명사 αὐτῇ가 여성인 것은 προφητεία(예언)를 지칭하기 때문이다.

계 1:4

Ἰωάννης ταῖς ἑπτὰ ἐκκλησίαις ταῖς ἐν τῇ Ἀσίᾳ· χάρις ὑμῖν καὶ εἰρήνη ἀπὸ ὁ ὢν καὶ ὁ ἦν καὶ ὁ ἐρχόμενος καὶ ἀπὸ τῶν ἑπτὰ πνευμάτων ἃ ἐνώπιον τοῦ θρόνου αὐτοῦ

요한은 아시아에 있는 일곱 교회에게 쓴다. 은혜와 평화가 너희에게 있기를… 지금도 계시고 전에도 계셨고 또한 늘 오시는 분으로부터, 그리고 그의 보좌 앞에 있는 일곱 영으로부터…

Ἰωάννης
요한은 (쓴다.) John (writes)

ταῖς ἑπτὰ ἐκκλησίαις
일곱 교회에게 to the seven churches

ταῖς ἐν τῇ Ἀσίᾳ·
아시아에 있는 that are in Asia

χάρις
은혜와 grace

ὑμῖν
여러분에게 to you

καὶ εἰρήνη[1]
평화가 (있기를 원한다.) and peace

ἀπὸ[2]
~으로부터/에게서 나오는 from

ὁ ὢν[3][4]
지금도 계시고 him who is

καὶ ὁ ἦν[5]
전에도 계셨고 and who was

καὶ ὁ ἐρχόμενος[6]
늘 오시는 분~ and who is coming

4
Ἰωάννης
명주 남단
ὁ
관.여.여복
ἑπτά
형기수
ἐκκλησία
명.여.여복
ὁ
관.여.여복
ἐν
전.여
ὁ
관.여.여단
Ἀσία
명.여.여단
χάρις
명.주 여단
ὑμεῖς
대인칭.여 -복
καί
접.등
εἰρήνη
명주 여단
ἀπό
전.소
ὁ
관.주 남단

εἰμί
동분현능주남단
καί
접.등
ὁ
관.주.남단
εἰμί
동직.미완능.3단
καί
접.등
ὁ
관.주.남단
ἔρχομαι
동분.현능중주남단
καί
접.등
ἀπό
전.소
ὁ
관.소.중복
ἑπτά
형기수
πνεῦμα
명.소.중복
ὅς
대관계.주.중복
ἐνώπιον
전.소
ὁ
관.소.남단
θρόνος
명.소.남단
αὐτός
대인칭.소.남단

καὶ ἀπὸ τῶν ἑπτὰ πνευμάτων[7]
또한 일곱 영으로부터/에게서 나오는
and from the seven spirits

ἃ ἐνώπιον τοῦ θρόνου
보좌 앞에 있는 who are before ~ throne

αὐτοῦ
그의 his

1. χάρις ὑμῖν καὶ εἰρήνη ...: '은혜와 평화가 너희에게'. 전형적인 기원문 형식이다('~이 너희에게 [있기를]'). ὑμῖν이 중간에 있으나, 앞의 은혜와 뒤의 평화 모두에 연결된다.
2. ἀπό ... καὶ ἀπό ... καὶ ἀπό ...: 세 개의 ἀπὸ는 은혜와 평화의 원천이 어디에 있는지 말해준다. 여기서는 성부, 성령, 성자 순이다.
3. ἀπὸ ὁ ὢν καὶ ὁ ἦν καὶ ὁ ἐρχόμενος: ἀπὸ(from) + 소유격이 적합한 부분에 요한은 의도적으로 주격 호칭들을 배열하고 있다. 호칭들이 하나님과 관련된 것이기 때문일 것이다. 특히 ὁ ὢν은 전통적으로 하나님의 이름이다. 변경될 수 없는 이름이라 여겼을 것이다. ὁ ἦν καὶ ὁ ἐρχόμενο 은 ὁ ὢν의 용례를 따른 것이다(cf. Wallace, 62-64).
4. ὁ ὢν: εἰμί의 현재분사 ὢν은 출 3:14의 אֶהְיֶה אֲשֶׁר אֶהְיֶה('나는 스스로 있는 자이다')의 LXX ἐγώ εἰμι ὁ ὢν에서 온다. 하나님의 이름, '있는(존재하는) 자'를 가리킨다. 현재적 의미이다.
5. ὁ ἦν: εἰμί의 미완료 ἦν에 정관사(ὁ)를 붙인 특이한 경우이다. '예전에도 늘 존재하셨던 분'이라는 점을 강조한다. 직설법 동사 ἦν(미완료)에 정관사 ὁ를 붙인 것은 이례적이다. ὁ ὢν의 패턴을 잇기 위한 것이다(cf. Wallace, 237).
6. ὁ ἐρχόμενος: ἐρχόμενος는 ἔρχομαι(오다, 가다)의 현재분사이다. 미래적 의미('올 것이다')로도 사용되곤 하지만, 여기서는 재림의 의미보다는 언제든 '찾아 오시는 분'(현재분사)이라는 뜻으로 쓰였을 것이다(Cf. LXX 시 117:26; 눅 19:38).
7. τῶν ἑπτὰ πνευμάτων: 성령을 일곱 영으로 가리킨 이유는 일곱 교회 모두에 보냄을 받으셨기 때문일 것이다(4:5; 5:6). 성령께서 보냄 받지 않은 교회는 없다.

계 1:5

5
καί
접.등
ἀπό
전.소
Ἰησοῦς
명.소.남단
Χριστός
명.소.남단
ὁ
관.주.남단
μάρτυς
명.주.남단
ὁ
관.주.남단
πιστός
형일.반.주.남단
ὁ
관.주.남단
πρωτότοκος
형일.반.주.남단
ὁ
관.소.남복
νεκρός
형일.반.소.남복
καί
접.등
ὁ
관.주.남단
ἄρχων
명.주.남단

καὶ ἀπὸ Ἰησοῦ Χριστοῦ, ὁ μάρτυς, ὁ πιστός, ὁ πρωτότοκος τῶν νεκρῶν καὶ ὁ ἄρχων τῶν βασιλέων τῆς γῆς. Τῷ ἀγαπῶντι ἡμᾶς καὶ λύσαντι ἡμᾶς ἐκ τῶν ἁμαρτιῶν ἡμῶν ἐν τῷ αἵματι αὐτοῦ,

또한 신실한 증인되시고 죽은 자들 가운데서 먼저 나신 분이시며 땅의 왕들의 통치자이신 예수 그리스도로부터… 우리를 사랑하시고 우리를 그의 피로 우리의 죄에서 풀어 주신 그분께,

καὶ ἀπὸ Ἰησοῦ Χριστοῦ,
또한 ~ 예수 그리스도으로부터/에게서 나오는
and from Jesus Christ

ὁ μάρτυς,
증인, the ~ witness

ὁ πιστός,[1]
신실하신 faithful ~

ὁ πρωτότοκος[2]
먼저 나신 분, the first-born

τῶν νεκρῶν
죽은 자들 가운데서 of/from the dead

καὶ ὁ ἄρχων[3]
또한 ~ 통치자/지배자이신 and the ruler

τῶν βασιλέων[4]
왕들의 of the kings

τῆς γῆς.
땅의 of the earth

Τῷ
그에게 To him

ἀγαπῶντι[5]
사랑하시고 who loves

ἡμᾶς
우리를 us

καὶ λύσαντι
풀어 주신/해방시키신 and has freed/ loosed

ἡμᾶς
우리를 us

ἐκ τῶν ἁμαρτιῶν
죄(들)로부터 from ~ sins

ἡμῶν
우리의 our

ἐν τῷ αἵματι[6]
피로 by ~ blood

αὐτοῦ,
그의 his

ὁ
관.소.남.복
βασιλεύς
명.소.남.복
ὁ
관.소.여.단
γῆ
명.소.여.단
ὁ
관.여.남.단
ἀγαπάω
동분.현능.여.남.단
ἐγώ
대인칭.목.-복
καί
접.등
λύω
동분.과능.여.남.단
ἐγώ
대인칭.목.-복
ἐκ
전.소
ὁ
관.소.여.복
ἁμαρτία
명.소.여.복
ἐγώ
대인칭.소.-복
ἐν
전.여
ὁ
관.여.중.단
αἷμα
명.여.중.단
αὐτός
대인칭.소.남.단

---

1. ὁ μάρτυς, ὁ πιστός: '증인이자 신실하신 분'(πιστός의 독립적 용법, 동격)도 가능하고 '신실하신 증인'(관형적 용법)도 가능하다(cf. LXX 89:38). 쉼표를 강조하면 전자가 된다. 주격 ὁ μάρτυς, ὁ πιστός은 앞의 소유격의 Ἰησοῦ Χριστοῦ를 보조(수식)하는데 병치된(in apposition) 주격이라 한다(Wallace, 62). πιστός(믿음직한, 믿는) < πίστις(믿음, 신실함) > πιστεύω(믿다, 신뢰하다, 맡기다), πιστικός(신뢰할 만한, 순수한), πιστόω(믿게 하다, 신뢰를 주다).

2. πρωτότοκος: '먼저 나신 분'. πρωτο(첫, first)와 τόκος(낳다, τίκτω의 형용사형)의 합성어이다.

3. ἄρχων: ἄρχων(통치자, 지배자) < ἄρχω(첫째이다, 지배하다), ἄρχομαι(시작하다). 3변화 ἄρχων, ἄρχοντος, ἄρχοντι, ἄρχοντα(sg); ἄρχοντες, ἀρχόντων, ἄρχουσι, ἄρχοντας(pl).

4. βασιλέων: 종속(subordination)의 소유격('over')이라 할 수 있다(Wallace, 103). 3변화 βασιλεύς(왕), βασιλέως, βασιλεῖ, βασιλέα(sg); βασιλεῖς, βασιλέων, βασιλεῦσι(ν), βασιλεῖς(pl). 동족어, βασιλεία(왕권, 왕국), βασίλειος(왕의), βασιλεύω(왕이 되다, 통치하다), βασιλικός(왕에게 속한, 왕의), βασιλίσκος(왕의 지소사), βασίλισσα(여왕).

5. Τῷ ἀγαπῶντι ... καὶ λύσαντι: '사랑하시는 분 … 그리고 풀어 주신 분께'. 여격을 취하는 두 분사는 다 그의 사역(사랑하심과 풀어 주심)과 관련된 그리스도를 지칭한다. 현재분사(ἀγαπῶντι)는 계속적 의미를, 부정과거분사(λύσαντι)는 특정 사건을 부각한다. ἀγαπάω(사랑하다), ἀγάπη(사랑), ἀγαπητός(사랑하는).

6. αἵματι: 3변화 중성 αἷμα(피), αἵματος, αἵματι, αἷμα(sg); αἵματα, αἱμάτων, αἵμασι(ν), αἵματα(pl).

계 1:6

καὶ ἐποίησεν ἡμᾶς βασιλείαν, ἱερεῖς τῷ θεῷ καὶ πατρὶ αὐτοῦ, αὐτῷ ἡ δόξα καὶ τὸ κράτος εἰς τοὺς αἰῶνας [τῶν αἰώνων]· ἀμήν.

또 우리를 그의 하나님 아버지께 그의 나라와 제사장이 되게 하신 그분께 영광과 능력이 영원하시기를 간구한다. 아멘.

6
καί
접.등
ποιέω
동직.과능.3단
ἐγώ
대인칭.목.-복
βασιλεία
명.목.여.단
ἱερεύς
명.목.남.복
ὁ
관.여.남.단
θεός
명.여.남.단
καί
접.등
πατήρ
명.여.남.단
αὐτός
대인칭.소.남.단
αὐτός
대인칭.여.남.단
ὁ
관.주.여.단
δόξα
명.주.여.단
καί
접.등
ὁ
관.주.중.단
κράτος
명.주.중.단

καὶ ἐποίησεν[1]
그가 ~ 만드셨다/되게 하셨다. and he made

ἡμᾶς
우리를 us

βασιλείαν,
나라와 a kingdom,

ἱερεῖς[2]
제사장들로/이 priests

τῷ θεῷ
하나님 to God

καὶ πατρὶ[3]
아버지께 and ~ Father

αὐτοῦ,
그의 his

αὐτῷ
(바로) 그에게 to him be

ἡ δόξα
영광과 the glory

καὶ τὸ κράτος[4]
권능/능력이 (있으시기를…) and the dominion

εἰς τοὺς αἰῶνας
영원히 forever

[τῶν αἰώνων]·
[영원의] and ever.

ἀμήν.
아멘. Amen.

1. ἐποίησεν: '삼으셨다/만드셨다'; ἐ + ποιε + σε(ν). ποιέω(만들다)와 같은 -έω 동사의 ε는 부정과거(또는 미래) 어미 σ를 만날 때 길어진다. ποιέω(만들다, 행하다/하다) > ποίημα(행한 것, 일), ποίησις(만들기/행하기), ποιητής(제작자, 수행자).

2. ἱερεῖς: ἱερεύς, - έως(제사장)의 목적격 남복. ἱερατεία, ἱεράτευμα은 '제사장직', ἱερατεύω는 '제사장직을 수행하다', ἱερός은 '거룩한, 신에 속한', Ἱεροσόλυμα은 예루살렘.

3. πατρί: 3변화 πατήρ(아버지). πατρός, πατρί, πατέρα(sg); πατέρες, πατέρων, πατράσι(ν), πατέρας(pl). 파생어는 요일 2:12 참고.

4. κράτος: κράτος(힘, 강함); 유 1:25 참고.

계 1:7

Ἰδοὺ ἔρχεται μετὰ τῶν νεφελῶν, καὶ ὄψεται αὐτὸν πᾶς ὀφθαλμὸς καὶ οἵτινες αὐτὸν ἐξεκέντησαν, καὶ κόψονται ἐπ᾽ αὐτὸν πᾶσαι αἱ φυλαὶ τῆς γῆς. ναί, ἀμήν.

보라. 그가 구름과 함께 오실 것이다. 모든 눈과 그를 찌른 자들이 볼 것이다. 땅의 모든 족속이 그(분) 때문에 애곡할 것이다. 그렇다. 아멘. '

Ἰδοὺ[1]
보라. Behold,

ἔρχεται
그가 ~ 오신다/오실 것이다. he is coming

μετὰ τῶν νεφελῶν,
구름(들)과 함께 with the clouds

καὶ ὄψεται[2]
(그러면) ~ 볼 것이다. and ~ will see

αὐτὸν
그를 him

πᾶς ὀφθαλμὸς
모든 눈과 every eye

καὶ οἵτινες[3]
~ 자들이 and everyone who

αὐτὸν
그를 him

ἐξεκέντησαν,
찌른/찔렀던 pierced

καὶ κόψονται[4]
(가슴을 치며) 슬퍼할/애곡할 것이다. will mourn/ wail

ἐπ᾽ αὐτὸν
그분/그 때문에 over him/ because of him

πᾶσαι αἱ φυλαὶ
모든 종족(들)이 all the tribes

τῆς γῆς.
땅의 of the earth

ναί,
예/그렇다. Indeed

ἀμήν.
아멘. Amen.

1. Ἰδοὺ: '보라'. βλέπω/ὁράω(보다)의 부정과거형 εἶδον(보았다)의 명령법 중간태 2단(ἰδοῦ)에서 유래한 단어로 감탄사로 쓰인다.

2. ὄψεται ... ὀφθαλμός: ὁράω(보다)의 미래 3단 이태동사(dep). ὄψεται는 '보는 것'을 뜻하는 어간 ὀπ + σεται(미래 어미)이다. ὀφθαλμός(눈)의 앞 부분에 ὀπ의 흔적을 볼 수 있다.

3. οἵτινες ... ἐξεκέντησαν: '찔렸던 자들이 (다)'. 관계대명사 οἵτινες는 ὅς + τινες(τις)로 '누구든지 (그들은)'의 뜻이다. ἐξεκέντησαν은 ἐκκεντέω(찌르다)의 부정과거(직) 3복이다. ἐκ(~으로, 철저히) + κεντέω(찌르다).

4. κόψονται: '슬퍼할/통곡할 것이다'. κόπτω(치다, 자르다)가 중간태(κόπτομαι)에서 재귀적 의미인 '가슴을 치다, 통곡하다'가 된다.

계 1:8

Ἐγώ εἰμι τὸ ἄλφα καὶ τὸ ὦ, λέγει κύριος ὁ θεός, ὁ ὢν καὶ ὁ ἦν καὶ ὁ ἐρχόμενος, ὁ παντοκράτωρ.

"나는 알파와 오메가이다." 주 하나님께서 말씀하셨다. "지금도 있고 전에도 있었고 또한 올(오는) 이, 전능자이다."

Ἐγώ[1]
나는 I

εἰμι
~이다. am

τὸ ἄλφα
알파와 the Alpha

καὶ τὸ ὦ,[2]
오메가~ and the Omega

λέγει
말씀하셨다. says

κύριος ὁ θεός,[3]
주 하나님께서 the Lord God

ὁ ὢν
지금 있고 who is

καὶ ὁ ἦν
전에도 있었고 and who was

καὶ ὁ ἐρχόμενος,
늘 오는 이, and who is coming

ὁ παντοκράτωρ.[4]
전능자이다. the Almighty

1. Ἐγώ εἰμι: 강조법('나는 ~이다')으로 요한문헌에서 하나님과 그리스도의 자기 선언과 관련이 있다(예, 요 6:35, 48, 51; 8:12; 10:7, 9; 11:25; 14:6 등).
2. τὸ ἄλφα καὶ τὸ ὦ: '알파와 오메가'. 흥미롭게도 알파는 단어의 철자를 오메가는 알파벳을 사용하였다. 시작과 마지막이란 뜻이다.
3. κύριος ὁ θεός: '주 하나님'이란 표현은 구약의 '여호와 하나님'(אלהים יהוה)의 헬라어 상응어이다. 따라서 성부에게 쓰인다(막 12:29; 눅 1:32, 68; 행 2:39; 3:22 등).
4. παντοκράτωρ: παντο(πᾶς, 모든) + κράτωρ(능력자; κρατέω, 힘이 있다)의 합성어로 '모든 능력을 가지신 분'(almighty)이다. 구약 צבאות יהוה(만군의 여호와)의 LXX 상응어이다(예, 삼하 5:10; 7:8, 27).

계 1:9

Ἐγὼ Ἰωάννης, ὁ ἀδελφὸς ὑμῶν καὶ συγκοινωνὸς ἐν τῇ θλίψει καὶ βασιλείᾳ καὶ ὑπομονῇ ἐν Ἰησοῦ, ἐγενόμην ἐν τῇ νήσῳ τῇ καλουμένῃ Πάτμῳ διὰ τὸν λόγον τοῦ θεοῦ καὶ τὴν μαρτυρίαν Ἰησοῦ.

너희의 형제이고 예수 안에서 환난과 나라와 오래 참음에 함께 하는 자인 나 요한은 하나님의 말씀과 예수의 증언 때문에 밧모라 하는 섬에 있었다.

Ἐγὼ Ἰωάννης,[1]
나 요한은 I John

ὁ ἀδελφὸς
형제와 brother

ὑμῶν
너희의 your

καὶ συγκοινωνὸς[2]
함께 하는 자/동료인 and companion/ fellow partaker

ἐν τῇ θλίψει
환난과 in the suffering/ tribulation

καὶ βασιλείᾳ[3]
나라/왕국과 and kingdom

καὶ ὑπομονῇ[4]
인내/오래 참음에 and perseverance

ἐν Ἰησοῦ,
예수 안에서 in Jesus

ἐγενόμην[5]
있었다(있게 되었다). was

ἐν τῇ νήσῳ[6]
섬에 on the island

τῇ καλουμένῃ[7]
불리는 called

Πάτμῳ
밧모라 Patmos

Ἰησοῦς
명.여.남단
γίνομαι
동직.과중.1단
ἐν
전.여
ὁ
관.여.여단
νῆσος
명.여.여단
ὁ
관.여.여단
καλέω
동분현수여여단
Πάτμος
명.여.남단
διά
전.목
ὁ
관.목.남단
λόγος
명.목.남단
ὁ
관.소.남단
θεός
명.소.남단
καί
접.등
ὁ
관.목.여단
μαρτυρία
명.목.여단
Ἰησοῦς
명.소.남단

διὰ
~ 때문에 because of
τὸν λόγον[8]
말씀과 the word
τοῦ θεοῦ
하나님의 of God

καὶ τὴν μαρτυρίαν
증언 ~ and the testimony
Ἰησοῦ.
예수의 of Jesus

---

1. Ἐγὼ Ἰωάννης: '(바로) 나 요한은'. Ἐγὼ를 넣어 뒤의 요한을 강조한다.
2. συγκοινωνός: συγ(σύν, 함께) + κοινωνός(동반자, 파트너)의 합성어. σύν의 ν이 연구개음 κ를 만나 γ로 동화(자음접변)를 일으켰다.
3. ἐν τῇ θλίψει καὶ βασιλείᾳ: '환난과 나라에'. 전치사 ἐν 하나(또 정관사 하나)에 함께 연계되어 있으나, 같은 내용을 뜻하는 것은 아니다. 다만 저자와 독자가 환난과 나라에 함께 연대하고 있음을 보여주려는 표현일 수 있다(Wallace, 287). θλῖψις(환난), θλίψεως, θλίψει, θλῖψιν(sg); θλίψεις, θλίψεων, θλίψεσι, θλίψεις(pl). < θλίβω(좁게 하다, 고난을 가하다).
4. ὑπομονή: ὑπομονή(인내)는 ὑπο(아래에) + μονή(머무는 것; μένω, 머물다)이다.
5. ἐγενόμην: '있었다'; γίνομαι(되다)의 부정과거 어간은 γεν이다.
6. νήσω: νῆσος(섬), νησίον(작은 섬).
7. καλουμένη: καλέω(부르다)의 현재분사 수동태로 '불리는'이다. καλουμένη는 καλε + ομένη의 축약이다(ε + ο = ου). καλέω(부르다) > κλῆσις(부름, 소명), κλητός(불리운, called).
8. διὰ τὸν λόγον: '말씀 때문에'; 1:1과 비교.

계 1:10

10
γίνομαι
동직.과중.1단
ἐν
전.여
πνεῦμα
명.여.중단
ἐν
전.여
ὁ
관.여.여단
κυριακός
형일반.여.여단
ἡμέρα
명.여.여단
καί
접.등
ἀκούω
동직.과능.1단
ὀπίσω
전.소
ἐγώ
대인칭.소.-단
φωνή
명.목.여단
μέγας
형일반.목.여단
ὡς
접.종
σάλπιγξ
명.소.여단

ἐγενόμην ἐν πνεύματι ἐν τῇ κυριακῇ ἡμέρᾳ καὶ ἤκουσα ὀπίσω μου φωνὴν μεγάλην ὡς σάλπιγγος

나는 주일에 성령 안에 있었고, 내 뒤에서 나팔 소리 같은 큰 음성을 들었다.

ἐγενόμην[1]
있게 되었고/있었고 I was
ἐν πνεύματι
성령 안에서 in the Spirit
ἐν τῇ κυριακῇ ἡμέρᾳ[2]
주님의 날/주일에 on the Lord's day
καὶ ἤκουσα[3]
들었다. and I heard
ὀπίσω μου[4]
내 뒤에서 behind me

φωνὴν μεγάλην[5]
큰 소리/음성을 a loud voice
ὡς σάλπιγγος[6]
나팔 소리 같은 like/ as of a trumpet

---

1. ἐγενόμην ἐν ...: 9절에 이어 반복되는 표현('~에 있었다')이다.
2. κυριακῇ ἡμέρᾳ: '주님의 날', 즉 주일이라는 표현은 신약에서 이곳에만 쓰인다.
3. ἤκουσα: '나는 들었다'; ἐ(시상접두어) + ἀκου(어간) + σα(부정과거 어미).
4. ὀπίσω μου: '내 뒤에'. ὀπίσω(뒤에), ὄπισθεν(뒤로부터).
5. μεγάλην: μέγας(m), μεγάλη(f), μέγα(n) 변화로 μεγάλην은 여단 목적격이다. μέγας > mega-(great).
6. ὡς σάλπιγγος: 접속사 ὡς(같은)는 관계대명사 ὅς에서 온 것으로 비교의 의미를 가진 부사이다(Friberg). 소유격 σάλπιγγος는 주격 σάλπιγξ이 소유격 어미 -ος가 되면서 주격 어미 ς가 탈락된 것이다.

계 1:11

λεγούσης· ὃ βλέπεις γράψον εἰς βιβλίον καὶ πέμψον ταῖς ἑπτὰ ἐκκλησίαις, εἰς Ἔφεσον καὶ εἰς Σμύρναν καὶ εἰς Πέργαμον καὶ εἰς Θυάτειρα καὶ εἰς Σάρδεις καὶ εἰς Φιλαδέλφειαν καὶ εἰς Λαοδίκειαν.

이같이 말씀하셨다. "네가 보는 것을 두루마리(책)에 쓰라, 그리고 일곱 교회, 즉 에베소, 서머나, 버가모, 두아디라, 사데, 빌라델비아, 라오디게아에 있는 교회들에 보내라."

λεγούσης·[1]
말하는 saying

ὃ βλέπεις
네가 보는 것을 what you see

γράψον[2]
기록하라. Write

εἰς βιβλίον
두루마리/책에 in a book/ on a scroll

καὶ πέμψον
그리고 ~ 보내라. and send it

ταῖς ἑπτὰ ἐκκλησίαις,
일곱 교회에 to the seven churches

εἰς Ἔφεσον
에베소와 to Ephesus

καὶ εἰς Σμύρναν
서머나와 and to Smyrna

καὶ εἰς Πέργαμον
버가모와 and to Pergamum

καὶ εἰς Θυάτειρα
두아디라와 and to Thyatira

καὶ εἰς Σάρδεις
사데와 and to Sardis

καὶ εἰς Φιλαδέλφειαν
빌라델비아와 and to Philadephia

καὶ εἰς Λαοδίκειαν.
라오디게아에 있는 and to Laodicea

1. λεγούσης: '말하는 (나팔 소리)', '(그것이) 말하는데'. 현재분사 여성단수 소유격으로 앞의 σάλπιγγος의 술어 역할을 하며 직접화법을 이끈다.
2. γράψον ... καὶ πέμψον: '기록하라 ... 또한 보내라'. 두 개의 부정과거 명령법 비슷한 어미변화를 가진다. γράφ + σον= γράψον; πέμπ + σον = πέμψον. 순음 β, π, φ + σ = ψ.

계 1:12

Καὶ ἐπέστρεψα βλέπειν τὴν φωνὴν ἥτις ἐλάλει μετ᾽ ἐμοῦ, καὶ ἐπιστρέψας εἶδον ἑπτὰ λυχνίας χρυσᾶς

그래서 나는 내게 말하는 음성을 알아보려고 돌아보았다. 내가 돌아볼 때에, 일곱 금 촛대를 보았다.

Καὶ ἐπέστρεψα[1]
그래서 ~ 돌이켰다/돌아보았다. And I turned (around)

βλέπειν[2]
알아보려고 to see

τὴν φωνὴν
소리/음성을 the voice

ἥτις[3]
~는 that

ἐλάλει[4]
말하~ was speaking

μετ᾽ ἐμοῦ,
내게 with/ to me

καὶ ἐπιστρέψας[5]
돌아볼 때에 And when I turned

εἶδον
보았다. I saw

ἑπτὰ λυχνίας[6]
일곱 ~촛대를 seven ~ lampstands

χρυσᾶς[7]
금~ golden

1. ἐπέστρεψα: '내가 돌이켰다/돌아보았다'. ἐπι(~위에, ~에게로) + στρέφω(돌리다, 뒤집다) = ἐπιστρέφω(~향하여 돌리다, 돌이키다). 부정과거(직) 어미에 φ + σα = ψα가 있다.

11
λέγω
동분.현능.소.여단
ὅς
대관계.목.중단
βλέπω
동직.현능.2단
γράφω
동명.과능.2단
εἰς
전.목
βιβλίον
명.목.중단
καὶ
접.등
πέμπω
동명.과능.2단
ὁ
관.여.여복
ἑπτά
형기수
ἐκκλησία
명.여.여복
εἰς
전.목
Ἔφεσος
명.목.여단
καὶ
접.등
εἰς
전.목
Σμύρνα
명.목.여단
καὶ
접.등
εἰς
전.목
Πέργαμος
명.목.여단/명.목.중단
καὶ
접.등
εἰς
전.목
Θυάτειρα
명.목.중복
καὶ
접.등
εἰς
전.목
Σάρδεις
명.목.여복
καὶ
접.등
εἰς
전.목
Φιλαδέλφεια
명.목.여단
καὶ
접.등
εἰς
전.목
Λαοδίκεια
명.목.여단

12
καὶ
접.등
ἐπιστρέφω
동직.과능.1단
βλέπω
동부.현능.
ὁ
관.목.여단
φωνή
명.목.여단
ὅστις
대관계.주.여단
λαλέω
동직.미완능.3단
μετά
전.소

ἐγώ
대인칭소.-단
καί
접.등
ἐπιστρέφω
동분가능주남단
ὁράω
동직.능.1단
ἑπτά
형기수
λυχνία
명.목.여복
χρυσοῦς
형일반.목.여복

2. βλέπειν: 부정사로 '보기 위해서', '알아보려고'.

3. ἥτις: 관계대명사 ἥτις(관계대명사 여단 ἥ + 부정대명사 τις)는 '누구든지, 무엇이든지'의 뜻이지만 단순 관계대명사로도 쓰인다. 선행사는 τὴν φωνήν이다.

4. ἐλάλει: λαλέω(말하다, 대화하다)의 미완료 3단; ἐλάλε + ε = ἐλάλει(말하고 있었다).

5. ἐπιστρέψας: 앞의 ἐπέστρεψα는 부정과거(직)이고 ἐπιστρέψας는 부정과거 분사이다. 분사라서 시상접두(매개)모음 ε가 빠졌고 남단 주격 σας가 붙었다.

6. λυχνίας: λυχνία(촛대, 등대) < λύχνος(램프, 등).

7. χρυσᾶς: 금을 뜻하는 χρυσίον, χρυσός에서 온 형용사, χρυσεα(f)의 복수 목적격이다. χρύσεος(m), χρύσεα(f), χρύσεον(n)이 단축되어, χρυσοῦς(m), χρυσῇ(f), χρυσοῦν(n)이 된다(Thayer). χρυσόω(금으로 만들다).

계 1:13

13
καί
접.등
ἐν
전.여
μέσος
형일반.여.중단
ὁ
관.소.여복
λυχνία
명.소.여복
ὅμοιος
형일반.목.남단
υἱός
명.목.남단
ἄνθρωπος
명.소.남단
ἐνδύω
동분.완중.목.남단
ποδήρης
형일반.목.남단
καί
접.등
περιζώννυμι
동분.완중.목.남단
πρός
전.여
ὁ
관.여.남복
μαστός
명.여.남복
ζώνη
명.목.여단
χρυσοῦς
형일반.목.여단

καὶ ἐν μέσῳ τῶν λυχνιῶν ὅμοιον υἱὸν ἀνθρώπου ἐνδεδυμένον ποδήρη καὶ περιεζωσμένον πρὸς τοῖς μαστοῖς ζώνην χρυσᾶν.

그리고 그 촛대들 사이에 발에 닿는 옷을 입고 가슴에 금띠를 띠고 계신 인자 같은 분이 계신 것을 보았다.

καὶ ἐν μέσῳ[1] τῶν λυχνιῶν
또 촛대(들) 사이에
and in the middle of the lampstands

ὅμοιον υἱὸν ἀνθρώπου[2]
인자 같은 분을 one like a Son of man

ἐνδεδυμένον[3]
옷을 입고 clothed

ποδήρη[4]
발에까지 내려오게
in a robe down to the feet

καὶ περιεζωσμένον[5]
띠고 계신 and girded

πρὸς τοῖς μαστοῖς[6]
가슴에 round his breast

ζώνην[7]
~띠를 with a ~ girdle

χρυσᾶν.
금~ golden

---

1. ἐν μέσῳ: '~ 사이에/중간에'(1:13; 2:1; 4:6; 5:6; 6:6; 22:2; cf. 요 8:3). μέσος([한] 가운데, 중간의).

2. ὅμοιον υἱὸν ἀνθρώπου: '인자 같은 분'. 형용사 ὅμοιον이 목적격인 이유는 12절의 εἶδον(보았다)의 목적어가 되기 때문이다. '사람의 아들, 인자(人子)'는 그리스도를 가리키는 대표적인 명칭이다(단 7:13-14).

3. ἐνδεδυμένον: ἐνδύω/ἐνδύνω(입다, 들어가다)의 현재완료 중간태 분사로 '인자 같은 이'(목적격)를 꾸며 주므로 일치를 위해 목적격으로 쓰였다. 입고 있는 상태를 가리킨다.

4. ποδήρη: ποδήρης는 발에 끌리는(닿는) 긴 옷을 가리킨다. ποδ-가 발을 가리킨다. LXX에서 제사장의 겉옷이 '포데레'였다(출 25:7; 28:4, 31 등). 이런 긴 옷을 στολή('스톨레')라고도 한다.

5. περιεζωσμένον: περι(둘레에) + ζώννυμι(둘러싸다, 묶다) = περιζώννυμι(둘러싸다, [띠를] 띠다, 묶다)의 현재완료 deponent(이태) 분사이다.

6. μαστοῖς: 제사장의 띠는 일할 때 허리에 띠는 띠와 달리 μαστός(가슴, 젖) 부근에 띤다(Rogers).

7. ζώνην: ζώννυμι(묶다)에서 파생한 ζώνη는 '띠, 벨트'이다.

계 1:14

14
ὁ
관.주.여단
δέ
접.등
κεφαλή
명.주.여단

ἡ δὲ κεφαλὴ αὐτοῦ καὶ αἱ τρίχες λευκαὶ ὡς ἔριον λευκὸν ὡς χιὼν καὶ οἱ ὀφθαλμοὶ αὐτοῦ ὡς φλὸξ πυρός

그의 머리와 머리카락은 흰 양털과 흰 눈처럼 희었다. 그의 두 눈은 불꽃 같았다.

ἡ δὲ κεφαλὴ[1]
그런데 ~ 머리와 And ~ head

αὐτοῦ
그의 his

καὶ αἱ τρίχες[2]
머리카락은 and (his) hair

λευκαὶ[3]
흰 white

ὡς ἔριον[4]
양털과 같고 (were) like ~ wool

λευκὸν
흰 white

ὡς χιών
눈과 같았다. like snow

καὶ οἱ ὀφθαλμοὶ
또 ~ 두 눈은 and ~ eyes

αὐτοῦ
그의 his

ὡς φλὸξ[5]
~꽃/화염과 같았다. (were) like a flame

πυρὸς[6]
불~/불의 of fire

αὐτός
대인칭.소.남단
καί
접.등
ὁ
관.주.여복
θρίξ
명.주.여복
λευκός
형일반.주.여복
ὡς
접.종
ἔριον
명.주.중단
λευκός
형일반.주.중단
ὡς
접.종
χιών
명.주.여단
καί
접.등
ὁ
관.주.남복
ὀφθαλμός
명.주.남복
αὐτός
대인칭.소.남단
ὡς
접.종
φλόξ
명.주.여단
πῦρ
명.소.중단

1. κεφαλή: κεφαλή(머리, 우두머리)의 파생어는 κεφάλαιον(중심 내용, 총액), κεφαλιόω(머리를 치다), 지소사 κεφαλίς(작은 머리, 두루마리/책의 장)가 있다.
2. τρίχες: 3변화(여) θρίξ(머리카락)는 어간은 τριχ-이다. 따라서 소유격 단수는 τριχός, 주격 복수는 τρίχες이다. θ와 τ는 δ와 함께 치음이다. ξ는 어간의 χ와 ς(주격 단수 어미)의 합이다.
3. λευκαὶ: λευκός(흰) > λευκαίνω(희게 하다).
4. ἔριον: ἔριον(양모, 양털)은 본래 ἔρος의 지소사이다(Thayer).
5. φλὸξ: '태우다, 불을 붙이다'를 뜻하는 φλογίζω 또는 φλέγω에서 온다.
6. πυρὸς: '불의'; πῦρ(불), πυρός, πυρί, πῦρ(sg). 성경에 단수의 예만 나온다.

계 1:15

καὶ οἱ πόδες αὐτοῦ ὅμοιοι χαλκολιβάνῳ ὡς ἐν καμίνῳ πεπυρωμένης καὶ ἡ φωνὴ αὐτοῦ ὡς φωνὴ ὑδάτων πολλῶν,

그의 두 발은 용광로에서 제련된 것처럼 빛나는 청동과 같았다. 그의 음성은 많은 물 소리와 같았다.

καὶ οἱ πόδες[1]
두 발은 and ~ feet

αὐτοῦ
그의 his

ὅμοιοι χαλκολιβάνῳ[2]
광택이 나는/빛나는 청동과 같고 like burnished bronze

ὡς
~ 것 같이 as if

ἐν καμίνῳ[3]
용광로에 in a furnace

πεπυρωμένης[4]
제련된 ~ refined

καὶ ἡ φωνὴ
음성은 and ~ voice

αὐτοῦ
그의 his

ὡς φωνὴ
소리와 같았다. (were) like the sound

ὑδάτων[5] πολλῶν,[6]
많은 물(의) of many waters

15
καί
접.등
ὁ
관.주.남복
πούς
명.주.남복
αὐτός
대인칭.소.남단
ὅμοιος
형일반.주.남복
χαλκολιβανον
명.여.남단/
명.여.중단
ὡς
접.종
ἐν
전.여
κάμινος
명.여.여단
πυρόω
동분.완수.소.여단
καί
접.등
ὁ
관.주.여단
φωνή
명.주.여단
αὐτός
대인칭.소.남단
ὡς
접.종
φωνή
명.주.여단
ὕδωρ
명.소.중복
πολύς
형일반.소.중복

1. πόδες: 3변화 πούς(발), ποδός, ποδί, πόδα(sg); πόδες, ποδῶν, ποσί(ν), πόδας(pl).
2. χαλκολιβάνῳ: '광을 낸 주석, 질 높은 황동'(Friberg)을 가리키는데 어원은 χαλκο-(주석) + λίβανος(유향)로 보이지만 확실하지 않다.
3. καμίνῳ: κάμινος는 (제련을 위한) '용광로, 풀무'.
4. πεπυρωμένης: πυρόω(불을 내다)의 현재완료 분사(수) 여단 소유격으로 '불로 태워진, 제련된'.
5. ὑδάτων: '물(들)의'. ὕδωρ, ὕδατος, ὕδατι, ὕδατα(sg); ὕδατα, ὑδάτων, ὕδασιν, ὕδατα(pl). ὕδωρ > ὑδρία(물통, 물항아리), ὑδροποτέω(물을 마시다), ὑδρωπικός(수종증의, 고창병의).
6. πολλῶν: '많은'; πολύς(m), πολλή(f), πολύ(n). 중성변화, πολύ(n), πολλοῦ, πολλῷ, πολύ(sg); πολλά, πολλῶν, πολλοῖς, πολλά(pl). 남성과 여성 변화는 5:11 참고.

계 1:16

16
καί
접.등
ἔχω
동분.현능.주.남단
ἐν
전.여
ὁ
관.여.여단
δεξιός
형일반.여.여단
χείρ
명.여.여단
αὐτός
대인칭.소.남단
ἀστήρ
명.목.남복
ἑπτά
형기수
καί
접.등
ἐκ
전.소
ὁ
관.소.중단
στόμα
명.소.중단
αὐτός
대인칭.소.남단
ῥομφαία
명.주.여단
δίστομος
형일반.주.여단
ὀξύς
형일반.주.여단
ἐκπορεύομαι
동분.현중.주.여단
καί
접.등
ὁ
관.주.여단
ὄψις
명.주.여단
αὐτός
대인칭.소.남단
ὡς
접.종
ὁ
관.주.남단
ἥλιος
명.주.남단
φαίνω
동직.현능.3단
ἐν
전.여
ὁ
관.여.여단
δύναμις
명.여.여단
αὐτός
대인칭.소.남단

καὶ ἔχων ἐν τῇ δεξιᾷ χειρὶ αὐτοῦ ἀστέρας ἑπτὰ καὶ ἐκ τοῦ στόματος αὐτοῦ ῥομφαία δίστομος ὀξεῖα ἐκπορευομένη καὶ ἡ ὄψις αὐτοῦ ὡς ὁ ἥλιος φαίνει ἐν τῇ δυνάμει αὐτοῦ.

> 그의 오른손에 일곱 별을 가지고 계셨고 그의 입에서 양 날의 예리한 검이 나오고 있었다. 그리고 그의 얼굴은 태양이 힘있게 비취는 것 같았다.

καὶ ἔχων[1]
가지시고 and he held

   ἐν τῇ δεξιᾷ[2] χειρὶ
   오른손에 in ~ right hand

     αὐτοῦ
     그의 his

   ἀστέρας[3] ἑπτὰ
   일곱 별을 seven stars

   καὶ ἐκ τοῦ στόματος
   입에서 out of ~ mouth

     αὐτοῦ
     그의 his

ῥομφαία[4]
검/칼이 and a ~ sword

   δίστομος[5] ὀξεῖα
   양 날의 예리한 sharp two-edged

ἐκπορευομένη[6]
나오고 있고 came

   καὶ ἡ ὄψις[7]
   얼굴은 and ~ face

     αὐτοῦ
     그의 his

   ὡς ὁ ἥλιος
   해가/태양이 ~ 것 같았다. (was) like the sun

   φαίνει
   비취는 ~ shining

     ἐν τῇ δυνάμει[8]
     힘으로/강하게 in ~ strength

      αὐτοῦ.
      그의 its

---

1. ἔχων: '가지시고'; Wallace는 히브리어 어법의 영향으로 분사가 독립적으로 직설법 술어처럼 쓰인 경우로 본다(1:16; 4:7; 10:2; 11:1; 12:2; 17:5; 21:12, 14, 19; 19:12; Wallace, 653; cf. KMP, 338-339).

2. δεξιᾷ: 형용사 δεξιός(오른쪽의)는 δέχομαι(받다, 취하다)에서 온다(LSJ). 반의어는 ἀριστερός(왼쪽의)이다.

3. ἀστέρας: 3변화 ἀστήρ, -έρος(별 > astrology[점성학])의 남복 목적격. 어간은 ἀστέρ-이다. ἀστήρ(별) > ἀστραπή(빛나는), ἀστράπτω(비추다), ἄστρον(별자리, 성좌).

4. ῥομφαία: ῥομφαία는 양날의 큰 칼(장검)을 가리킨다. 반면에 μάχαιρα는 단검인데 일반적으로 검을 지칭하기도 한다. λόγχη는 창, ξύλον은 곤봉이다.

5. δίστομος ὀξεῖα: δίστομος(양면의)는 δί(둘) + στομος(στόμα, 입)이다. ὀξεῖα는 ὀξύς, εῖα, υ(날카로운, 빠른)의 여단 주격이다.

6. ἐκπορευομένη: '나오며'; ἐκ + πορευο + μένη. 역시 분사가 ἔχων처럼 직설법 술어처럼 쓰인 경우이다. ἐκπορεύομαι(나오다, 나가다, 떠나다) = ἐκ(out of) + πορεύομαι(come, go). εἰσπορεύομαι(들어가다), ἐμπορεύομαι(여행하다, 무역하다), ἐπιπορεύομαι(여행가다, 나아오다), παραπορεύομαι(옆으로 가다, 통과하다), προσπορεύομαι(가까이 가다, 접근하다), συμπορεύομαι(함께 가다).

7. ὄψις: ὀπ-는 '보는 것'을 뜻하는 어간이다. ὄψις는 '외관, 얼굴', '보는 것, 환상'.

8. δυνάμει: 3변화 δύναμις(힘, 능력), δυνάμεως, δυνάμει, δύναμιν(sg); δυνάμεις, δυνάμεων, δυνάμεσιν, δυνάμεις(pl). δύναμαι(할 수 있다, 강하다), δυναμόω(강하게/견고하게 하다), δυνάστης(힘 있는 자, 지배자), δυνατέω(힘을 보이다, 강력하다), δυνατός(힘 있는, 할 수 있는).

계 1:17

Καὶ ὅτε εἶδον αὐτόν, ἔπεσα πρὸς τοὺς πόδας αὐτοῦ ὡς νεκρός, καὶ ἔθηκεν τὴν δεξιὰν αὐτοῦ ἐπ᾽ ἐμὲ λέγων· μὴ φοβοῦ· ἐγώ εἰμι ὁ πρῶτος καὶ ὁ ἔσχατος

내가 그를 볼 때에 그의 발 앞에 죽은 자 같이 엎드렸다. 그리고 그가 그의 오른손을 내 위에 얹으시며 말씀하셨다, "두려워하지 말라. 나는 처음과 마지막이다.

Καὶ ὅτε εἶδον¹
내가 ~ 볼 때에 And when I saw

αὐτόν,
그를 him

ἔπεσα²
엎드렸다. I fell

πρὸς τοὺς πόδας
발 앞에 at ~ feet

αὐτοῦ
그의 his

ὡς νεκρός,
죽은 자 같이 as though dead.

καὶ ἔθηκεν³
그가 ~ 얹으셨다. But he laid

τὴν δεξιὰν
오른손을 ~ right hand

αὐτοῦ
그의 his

ἐπ᾽ ἐμὲ⁴
내 위에 on me

λέγων.⁵
말씀하시며 saying

μὴ φοβοῦ·⁶
두려워하지 말라. Do not be afraid

ἐγώ⁷
나는 I

εἰμι
~이다. am

ὁ πρῶτος⁸
처음인 the first

καὶ ὁ ἔσχατος⁹
나중/마지막이고 and the last

1. ὅτε εἶδον: '내가 볼 때에'; ὅτε는 시간 부사(불변화사)이나 여기서는 접속사(when, while) 역할을 한다.
2. ἔπεσα: '내가 엎드렸다'. 기본형은 πίπτω(떨어지다)이고 제2부정과거형은 ἔπεσον인데 ἔπεσα도 쓰였다(LXX 단 8:17; 행 22:7; 계 19:10; 22:8).
3. ἔθηκεν: '그가 놓으셨다/얹으셨다'. 기본형은 τίθημι(놓다). μι 동사는 부정과거에서 시상접두어 ἐ + 어간 + 어미 κα/σα가 된다(ἐ + θε + κα = ἔθηκα).
4. ἐπ᾽ ἐμὲ: '내 위에'. ἐπί(~위에) + ἐμὲ(인칭대명사 1단 목적격)로 모음 ι가 생략되고 생략부호(᾽)가 남는다. '에페메'라고 발음한다.
5. λέγων: '말하며'. 현재분사 λέγων은 직접화법을 소개하는 서술적 용법의 분사인데 또한 주동사 ἔθηκεν에 동반되는 다른 동작이라는 점에서 상황의(circumstantial) 분사라 할 수 있다.
6. μὴ φοβοῦ: '두려워하지 말라'. μὴ + 현재 명령법은 (계속적인 행동의) 금지 명령이다. φοβοῦμαι(두려워하다) < φόβος(두려움, 경외) > φόβητρον(공포, 무서운 일).
7. ἐγώ εἰμι: '나는 (바로) ~이다', 그리스도의 신적(강조적) 선언(1:17; 2:23; 22:16; Cf. 21:6).
8. ὁ πρῶτος: '처음인 자(존재)'. πρῶτος(첫째), δεύτερος(둘째), τρίτος(셋째), τέταρτος(넷째), πέμπτος(다섯째), ἕκτος(여섯째), ἕβδομος(일곱째), ὄγδοος(여덟째), ἔνατος(아홉째), δέκατος(열째); 21:19-20 참조.
9. ὁ ἔσχατος: '마지막인 자(존재)'; 1:17; 2:8; 22:13. ἔσχατος(마지막, 끝의) > eschatology(종말론), ἐσχάτως(마지막으로, 극히).

계 1:18

18
καί
접 등
ὁ
관·주·남단
ζῶν
동분·현능·주남단
καί
접 등
γίνομαι
동직·과능·1단
νεκρός
형일반·주·남단
καί
접 등
ἰδού
감탄
ζάω
동분·현능·주남
단
εἰμί
동직·현능·1단
εἰς
전·목
ὁ
관·목·남복
αἰών
명·목·남복
ὁ
관·소·남복
αἰών
명·소·남복
καί
접 등
ἔχω
동직·현능·1단
ὁ
관·목·여복
κλείς
명·목·여복
ὁ
관·소·남단
θάνατος
명·소·남단
καί
접 등
ὁ
관·소·남단
ᾅδης
명·소·남단

καὶ ὁ ζῶν, καὶ ἐγενόμην νεκρὸς καὶ ἰδοὺ ζῶν εἰμι εἰς τοὺς αἰῶνας τῶν αἰώνων καὶ ἔχω τὰς κλεῖς τοῦ θανάτου καὶ τοῦ ᾅδου.

나는 산 자이다. 내가 전에 죽었으나, 보라. 내가 영원히 살아 있다. 나는 죽음과 음부의 열쇠(들)를 가지고 있다.

καὶ ὁ ζῶν,[1]
산/살아 있는 자~ and the living one

καὶ ἐγενόμην
내가 전에 ~었으나 I was

νεκρὸς
죽~ dead

καὶ ἰδοὺ
보라. and behold

ζῶν
살아 alive

εἰμι
내가 ~ 있다. I am

εἰς τοὺς αἰῶνας
영원히 forever

τῶν αἰώνων[2]
(영원의) and ever

καὶ ἔχω
나는 ~ 가지고 있다. and I have

τὰς κλεῖς[3]
열쇠(들)를 the keys

τοῦ θανάτου[4]
죽음/사망과 of death

καὶ τοῦ ᾅδου.[5]
하데스/음부의 and Hades

---

1. ζῶν: ζάω(살다)의 현재분사로 ά + ων = ῶν 축약이 일어났다.
2. εἰς τοὺς αἰῶνας τῶν αἰώνων: 문자적으로, '영원의 영원으로'는 '영원무궁히'의 관용적 표현이다.
3. κλεῖς: 3변화(여) κλείς, κλειδός(열쇠)는 목적격 복수가 될 때 κλεῖς이 된다(εί + ες = εῖς).
4. θανάτου: θάνατος(죽음), θανατόω(죽게 하다, 처형하다), θανατηφόρος(죽음을 가져다 주는, 죽이는), θανάσιμος(치명적인, deadly).
5. ᾅδου: 남성 1변화 ᾅδης, ου(ᾅδης; 하데스, 음부)는 μαθητής(제자)식의 어미 변화를 한다. ᾅδης/ᾅδης는 부정의 α(privative)와 ὁράω(보다)의 부정과거 부정사 ἰδεῖν(보이는 것)에서 온다('보이지 않는 것, not to be seen'; Thayer). 헬라 신화에서 Hades(Pluto)는 지하의 신으로 불리워진다.

계 1:19

19
γράφω
동명·과능·2단
οὖν
접 등
ὅς
대관계·목·중복
ὁράω
동직·과능·2단
καί
접 등
ὅς
대관계·주·중복
εἰμί
동직·현능·3복
καί
접 등
ὅς
대관계·주·중복
μέλλω
동직·현능·3단
γίνομαι
동부·과중
μετά
전·목
οὗτος
대지시·목·중복

γράψον οὖν ἃ εἶδες καὶ ἃ εἰσὶν καὶ ἃ μέλλει γενέσθαι μετὰ ταῦτα.

그러므로 네가 본 것(들)과 현재 있는 것(들)과 그 (일들) 뒤에 앞으로 일어날 일(들)을 쓰라."

γράψον οὖν[1]
그러므로 ~ 기록하라. Write therefore

ἃ εἶδες[2]
네가 본 것(들)과 what you have seen

καὶ ἃ εἰσὶν
현재 있는 일(들)과 what is (now)

καὶ ἃ μέλλει[3]
앞으로 ~ 일(들)을 and what is going

γενέσθαι
되어질/일어날 to take place

μετὰ ταῦτα.[4]
그 (일들) 뒤에 after these things

---

1. οὖν: 추론의 등위접속사 οὖν(그러므로, 그 결과로)은 후치사로 문장의 두 번째 자리에 위치한다.
2. ἃ εἶδες καὶ ἃ εἰσὶν καὶ ἃ μέλλει ...: '네가 본 것들과 (현재) 있는 것들과 장차 일어날 것들'. 관계대명사 중복(중성복수) ἃ는 εἶδες(네가 보았다)의 목적격, εἰσὶν(있다)의 주격, μέλλει(~하려한다)의 주격으로 사용되고 있다. 세 번 반복되어 '~한 모든 것들'의 의미를 담는다.
3. μέλλει γενέσθαι: '일어날/있게 될 것이다'. μέλλει(is going to)는 γενέσθαι(γεν + έσθαι)와 같은 부정

사(보충의 부정사; KMP, 362)를 목적어로 필요로 한다. γενέσθαι의 액센트가 동사의 일반 규칙과 같이 γένεσθαι가 아닌 이유는 제2부정과거 부정사의 예외 때문이다. 제2부정과거 어간에 액센트가 오지 않고 어미에 있다.

4. μετὰ ταῦτα: '이 일(들) 후에'; μετὰ + 목적격은 '~후에'.

계 1:20

τὸ μυστήριον τῶν ἑπτὰ ἀστέρων οὓς εἶδες ἐπὶ τῆς δεξιᾶς μου καὶ τὰς ἑπτὰ λυχνίας τὰς χρυσᾶς· οἱ ἑπτὰ ἀστέρες ἄγγελοι τῶν ἑπτὰ ἐκκλησιῶν εἰσιν καὶ αἱ λυχνίαι αἱ ἑπτὰ ἑπτὰ ἐκκλησίαι εἰσίν.

　네가 본, 내 오른손의 일곱 별과 일곱 금 촛대의 비밀은 다음과 같다. 일곱 별은 일곱 교회의 사자(천사)이다. 일곱 촛대는 일곱 교회이다.

τὸ μυστήριον[1]
비밀은 (다음과 같다.) (As for) the mystery

　τῶν ἑπτὰ ἀστέρων
　일곱 별과 of the seven stars

　　οὓς εἶδες[2]
　　네가 본 that you saw

　　　ἐπὶ τῆς δεξιᾶς
　　　오른손에서 in ~ right hand

　　　　μου
　　　　나의 my

　　καὶ τὰς ἑπτὰ λυχνίας
　　일곱 ~ 촛대의 and the seven ~ lampstands

　　　τὰς χρυσᾶς·
　　　금~ golden

οἱ ἑπτὰ ἀστέρες
일곱 별은 The seven stars

ἄγγελοι
사자(전령)/천사들~ the messengers/ angels

　τῶν ἑπτὰ ἐκκλησιῶν
　일곱 교회의 of the seven churches

εἰσιν
~이고 are

καὶ αἱ λυχνίαι
촛대는 and the ~ lampstands

　αἱ ἑπτὰ
　일곱 seven

　　ἑπτὰ ἐκκλησίαι
　　일곱 교회~ the seven churches

εἰσίν.
~이다. are

---

1. μυστήριον: '비밀, 신비'의 뜻인 μυστήριον은 μυέω(개시하다, 가르치다)에서 파생하였다. Wallace는 참고(reference)의 목적격('~에 대해서는'[as for ~])으로 간주한다(Wallace, 204; ESV, NAS, RSV).
2. οὓς εἶδες: 관계대명사 목적격 남복 οὓς는 ἀστέρων(별들)을 선행사로 가진다.

20
ὁ
관.주.중단
μυστήριον
명.주.중단
ὁ
관.소.남복
ἑπτά
형.기수
ἀστήρ
명.소.남복
ὅς
대관계.목.남복
ὁράω
동.직.과능.2단
ἐπί
전.소
ὁ
관.소.여단
δεξιός
형.일반.소.여단
ἐγώ
대.인칭.소.-단
καί
접.등
ὁ
관.목.여복
ἑπτά
형.기수
λυχνία
명.목.여복
ὁ
관.목.여복
χρυσοῦς
형.일반.목.여복
ὁ
관.주.남복
ἑπτά
형.기수
ἀστήρ
명.주.남복
ἄγγελος
명.주.남복
ὁ
관.소.여복
ἑπτά
형.기수
ἐκκλησία
명.소.여복
εἰμί
동.직.현능.3복
καί
접.등
ὁ
관.주.여복
λυχνία
명.주.여복
ὁ
관.주.여복
ἑπτά
형.기수
ἑπτά
형.기수
ἐκκλησία
명.주.여복
εἰμί
동.직.현능.3복

계 2:1

Τῷ ἀγγέλῳ τῆς ἐν Ἐφέσῳ ἐκκλησίας γράψον· Τάδε λέγει ὁ κρατῶν τοὺς ἑπτὰ ἀστέρας ἐν τῇ δεξιᾷ αὐτοῦ, ὁ περιπατῶν ἐν μέσῳ τῶν ἑπτὰ λυχνιῶν τῶν χρυσῶν·

에베소에 있는 교회의 사자(천사)에게 쓰라. 그 오른손에 일곱 별을 쥐고 있는 이, 일곱 금 촛대 사이를 거니는 이가 이것들을 말한다.

———————

Τῷ ἀγγέλῳ[1]
사자(전령)/천사에게 To the messenger/ angel

τῆς ἐν Ἐφέσῳ ἐκκλησίας
에베소에 있는/에베소 교회의
of the church in Ephesus

γράψον·
쓰라/편지하라. write

Τάδε
이것(들)을 these things

λέγει[2]
말씀하셨다. says

ὁ κρατῶν[3]
잡고/쥐고 있는 이가 The one who holds

τοὺς ἑπτὰ ἀστέρας
일곱 별을 the seven stars

ἐν τῇ δεξιᾷ
오른손에 in ~ right hand

αὐτοῦ,
그의 his

ὁ περιπατῶν[4-5]
거니는 이가 the one who walks

ἐν μέσῳ τῶν ἑπτὰ λυχνιῶν
일곱 촛대 사이에 among the seven ~ lampstands

τῶν χρυσῶν·
금으로 된 golden

———————

1. ἀγγέλῳ: ἄγγελος는 ἀγγέλλω(전하다, 전달하다)에서 오는데 보통 천사를 가리키지만 메신저(전령)로도 쓰인다.
2. Τάδε λέγει: '이것들을 말씀하신다'. Τάδε λέγει 형식(formula)은 앞으로 나올 예언적 내용을 소개하는 역할을 한다(2:1, 8, 12, 18; 3:1, 7, 14; Wallace, 328). τάδε = τά(정관사 중복) + δέ. 기본형 ὅδε, ἥδη, τόδε.
3. κρατῶν: κρατέω(잡다, 힘이 있다)의 현재분사 남단 주격으로 정관사와 함께 '잡고 있는 분(이)'이다 (-έ + ων = -ῶν). κράτος(힘, 능력), κραταιός(강한), κραταιόω(강하게 하다).
4. περιπατῶν: περιπατέω(걷다, 돌아다니다, 살다)는 περι(둘레에) + πατέω(걷다, 밟다; πάτος, 길)이다(έ + ων = ῶν).
5. ὁ κρατῶν ... ὁ περιπατῶν: '잡고 있는 분이자 … 거니시는 분'. 정관사 ὁ와 함께 쓰인 독립적 분사구문(주어)이다.

계 2:2

οἶδα τὰ ἔργα σου καὶ τὸν κόπον καὶ τὴν ὑπομονήν σου καὶ ὅτι οὐ δύνῃ βαστάσαι κακούς, καὶ ἐπείρασας τοὺς λέγοντας ἑαυτοὺς ἀποστόλους καὶ οὐκ εἰσὶν καὶ εὗρες αὐτοὺς ψευδεῖς,

'나는, 너의 행위(들), 즉 너의 수고와 인내, 그리고 악한 자들을 참을 수 없었던 것과 스스로 사도라 하지만 그렇지 않은 자들을 시험하고 그들의 거짓된 것을 드러낸 것을 안다.

2
οἶδα
동직.완능.1단
ὁ
관.목.중복
ἔργον
명.목.중복
σύ
대인칭.소.-단
καί
접.등
ὁ
관.목.남단
κόπος
명.목.남단
καί
접.등
ὁ
관.목.여단
ὑπομονή
명.목.여단
σύ
대인칭.소.-단
καί
접.등
ὅτι
접.종
οὐ
부
δύναμαι
동직.현중.2단
βαστάζω
동부.과능
κακός
형일반.목.남복
καί
접.등
πειράζω
동직.과능.2단
ὁ
관.목.남복
λέγω
동분.현능.목.남복
ἑαυτοῦ
대재귀.목.남복
ἀπόστολος
명.목.남복
καί
접.등
οὐ
부
εἰμί
동직.현능.3복
καί
접.등
εὑρίσκω
동직.과능.2단
αὐτός
대인칭.목.남복
ψευδής
형일반.목.남복

οἶδα[1]
내가 ~ 안다. I know

τὰ ἔργα
행위(들)/일(들)과 works/ deeds

σου[2]
너의 your

καὶ τὸν κόπον[3]
수고와/고통과 and ~ toil

καὶ τὴν ὑπομονήν
인내를/오래참음을 and perseverance

σου
너의 your

καὶ ὅτι
또 ~ 것을 and that

οὐ δύνῃ[4]
네가 ~ 수 없어 you cannot

βαστάσαι[5]
참을 endure

κακούς,[6]
악한/나쁜 자들을 evil men

καὶ ἐπείρασας[7]
시험하고 but you tested

τοὺς λέγοντας[8]
말하는 자들을 those who call

ἑαυτοὺς[9]
스스로 themselves

ἀποστόλους
사도(들)라 apostles

καὶ οὐκ εἰσὶν
그들은 (사도들이) 아니다./아닌데
and they are not

καὶ εὗρες[10]
밝혀낸/드러낸 ~ and you found

αὐτοὺς
그들을 them

ψευδεῖς,[11]
거짓된 것으로 (to be) false

---

1. οἶδα: '(나는) 안다'; 일곱 교회에 주시는 말씀 초두에 모두 나온다(2:2, 9, 13, 19; 3:1, 8, 15). οἶδα 는 현재완료 형태(εἴδω > οἶδα)를 가지지만 현재적 의미로 쓰이는 동사이다. οἶδα, οἶδας, οἶδεν(sg); οἴδαμεν, οἴδατε, οἴδασι(pl).

2. τὰ ἔργα σου: '너의 행위를'; οἶδα의 목적어. 교회를 집단적으로 보고 인칭대명사 소유격 단수 σου(너의)가 쓰였다. 일곱 교회를 지칭할 때 모두 기본적으로 단수('너')로 되어 있다. ἔργον(일, 행위), ἐργάζομαι(일하다), ἐργασία(일, 사업, 이득), ἐργάτης(일꾼).

3. κόπον: κόπος(수고, 고생; 때림), κοπιάω(피곤해지다, 지치다, 수고하다) < κόπτω(치다, 가격하다).

4. δύνῃ: δύναμαι(can)는 부정사를 목적어('~을')로 받는다. δύναμαι, δύνασαι/δύνῃ, δύναται(sg); δυνάμεθα, δύνασθε, δύνανται(pl).

5. βαστάσαι: δύνῃ의 목적어. βαστάζω(잡다, 담당하다, 참다)가 부정사 부정과거 어미 σαι 앞에서 ζ가 생략되었다.

6. κακούς: 관사를 사용하지 않아 불특정한 '악한 자들'이다.

7. ἐπείρασας: πειράζω(시험하다)가 부정과거 어미 σας 앞에서 ζ가 생략되었다. πειρασμός(시험, 유혹), πεῖρα(시도, 시험).

8. τοὺς λέγοντας: 정관사와 현재분사의 목적격으로 목적어 '말하는 자들을'.

9. ἑαυτοὺς: '스스로를, 자칭'; 재귀대명사는 동작 행위자의 재귀적인 면(역할)을 부각한다.

10. εὗρες: '(네가) 발견하였다'. εὑρίσκω(찾다, 발견하다)의 부정과거 어간은 εὑρ이다. 시상접두어 ἐ가 내포된다.

11. ψευδεῖς: 형용사 ψευδής, ές(거짓의)는 3변화 ἀληθής, ές(참된)의 유형의 변화와 같다. 남/여는 ψευδής, ψευδοῦς, ψευδεῖ, ψευδῆ(sg); ψευδεῖς, ψευδῶν, ψευδέσι(ν), ψευδεῖς(pl). 중성은 ψευδές, ψευδοῦς, ψευδεῖ, ψευδές(sg); ψευδῆ, ψευδῶν, ψευδέσι(ν), ψευδῆ(pl). ψεύδομαι(속이다), ψεῦδος(거짓).

계 2:3

καὶ ὑπομονὴν ἔχεις καὶ ἐβάστασας διὰ τὸ ὄνομά μου καὶ οὐ κεκοπίακες.

또 네가 인내하며 나의 이름을 위하여 견디고 또한 지치지 않은 것을 안다.

καὶ ὑπομονὴν 또한 인내를/오래참음을 perseverance	**διὰ τὸ ὄνομά** 이름을 위하여 for ~ name's sake
ἔχεις 가지고 and you have	μου 나의 my
καὶ ἐβάστασας 견디고/감당하고 and have endured	καὶ οὐ κεκοπίακες.[1] 지치지 않은/낙심하지 ~ and have not grown weary

1. κεκοπίακες: κοπιάω(피곤해지다, 피로하다)의 현재완료 분사 2단. 지속적인 상태를 부각하고 있다.

3
καί
접.등
ὑπομονή
명.목.여단
ἔχω
동.직.현능.2단
καί
접.등
βαστάζω
동.직.과능.2단
διά
전.목
ὁ
관.목.중단
ὄνομα
명.목.중단
ἐγώ
대인칭.소.-단
καί
접.등
οὐ
부
κοπιάω
동.직.완능.2단

계 2:4

ἀλλ᾿ ἔχω κατὰ σοῦ ὅτι τὴν ἀγάπην σου τὴν πρώτην ἀφῆκες.

그러나 네게 책망할 것이 있다. 네가 첫 사랑을 버렸다.

ἀλλ᾿ ἔχω 그러나 내가 ~ 있다/가지고 있다. But I have	σου 너의 your
κατὰ σοῦ[1] 네게 책망할 것이/을 this against you	τὴν πρώτην[3] 첫 first
ὅτι[2] ~ 것에 대해 that	ἀφῆκες.[4] 버린 ~ you have left
τὴν ἀγάπην 사랑을 love	

1. κατὰ σοῦ: 여기서 κατὰ는 against 의미이다.
2. ὅτι: ἔχω의 직접 목적어가 되는 ὅτι 명사절이다(Wallace, 454).
3. τὴν ἀγάπην σου τὴν πρώτην: '너의 첫 사랑을'. '첫 사랑'은 수직적 관계(하나님)나 수평적 관계(형제)의 의미 모두 가능하다.
4. ἀφῆκες: ἀφίημι의 부정과거 2단으로 '네가 버렸다'. ἀφίημι(허락하다, 사하다, 버리다, 가게 하다)의 변화는 다소 복잡한데 현재와 부정과거의 중요한 차이는 현재는 ἀφι-이고 부정과거는 ἀφ- 또는 ἀφε-가 된다는 점이다. 직설법 현재 1단은 ἀφίημι, 부정과거 1단은 ἀφῆκα이다. 부정과거형의 어미는 -κα, -κας, -κε(ν)(sg); -καμεν, -κατε, -καν(pl)이다(cf. Mounce, 162).

4
ἀλλά
접.등
ἔχω
동.직.현능.1단
κατά
전.소
σύ
대인칭.소.-단
ὅτι
접.종
ὁ
관.목.여단
ἀγάπη
명.목.여단
σύ
대인칭.소.-단
ὁ
관.목.여단
πρῶτος
형서수.목.여단
ἀφίημι
동.직.과능.2단

계 2:5

μνημόνευε οὖν πόθεν πέπτωκας καὶ μετανόησον καὶ τὰ πρῶτα ἔργα ποίησον· εἰ δὲ μή, ἔρχομαί σοι καὶ κινήσω τὴν λυχνίαν σου ἐκ τοῦ τόπου αὐτῆς, ἐὰν μὴ μετανοήσης.

그러므로 어디서 떨어졌는지 생각하라. 그리고 회개하라. 첫 행위(일)들을 행하라. 그렇지 않고 또 회개하지 않으면, 내가 네게 와서 네 촛대를 그 자리에서 옮길 것이다.

5
μνημονεύω
동.명.현능.2단
οὖν
접.등
πόθεν
부
πίπτω
동.직.완능.2단
καί
접.등
μετανοέω
동.명.과능.2단

καί
접.등
ὁ
관.목.중복
πρῶτος
형.수.목.중복
ἔργον
명.목.중복
ποιέω
동명.과능.2단
εἰ
접.종
δέ
접.등
μή
조사
ἔρχομαι
동직.현능.1단
σύ
대인칭.여.-단
καί
접.등
κινέω
동직.미능.1단
ὁ
관.목.여단
λυχνία
명.목.여단
σύ
대인칭.소.-단
ἐκ
전.소
ὁ
관.소.남단
τόπος
명.소.남단
αὐτός
대인칭.소.여단
ἐάν
접.종
μή
조사
μετανοέω
동가.과능.2단

μνημόνευε[1] οὖν
그러므로 ~ 기억하고/생각하고 Remember therefore
πόθεν πέπτωκας
어디서 떨어졌는지 from where you have fallen
καὶ μετανόησον[2]
회개하며/돌이키며 and repent
καὶ τὰ πρῶτα ἔργα[3]
처음의/처음에 했던 행위/일들을 the first works/
ποίησον·
행하라/하라. and do
εἰ δὲ μή,[4]
그렇지 않으면 or else/ If not
ἔρχομαί[5]
내가 와서 I will come

σοι[6]
네게 to you
καὶ κινήσω
옮길 것이다. And remove
τὴν λυχνίαν
촛대를 lampstands
σου
너의 your
ἐκ τοῦ τόπου
자리/장소에서 out of/ from ~ place
αὐτῆς,
그(촛대)의 its
ἐὰν μὴ μετανοήσῃς.[7]
만일 회개하지/돌이키지 않으면 unless you repent

---

1. μνημόνευε ... πέπτωκας: '기억하라 … 떨어졌다'. μνημόνευε의 현재 명령법은 해결될 때까지 계속 기억(생각)해야 하기 때문일 것이다. 현재완료 πέπτωκας는 떨어진 상태(또는 그 결과)가 지속되고 있음을 보여준다. μνημονεύω(기억하다), μνῆμα(죽은 자의 기억/기념비, 무덤), μνεία(기억, 언급), μνημεῖον(기념비, 무덤). πίπτω(떨어지다).

2. μετανόησον ... ποίησον: 두 개의 부정과거 명령은 신속한 결단(행동의 수행)을 촉구한다. μετα(exchange) + νοέω(생각하다) = μετανοέω(생각을 바꾸다, 회개하다). μετάνοια(회개).

3. τὰ πρῶτα ἔργα: '첫 행위들'은 4절의 '첫 사랑'과 관련이 있을 것이다.

4. εἰ δὲ μή: '그렇게 하지(그렇지) 않으면'이라는 관용어(요 14:2, 11; 계 2:16).

5. ἔρχομαί ... κινήσω: 미래적 의미의 현재(ἔρχομαί, 올 것이다)와 미래 동사(κινήσω, 옮길/제거할 것이다). κινέω의 έ가 미래어미 σω 앞에서 ή로 길어졌다.

6. σοι : '네게'. 목적지/(목적)대상(destination)의 여격이라 분류한다(Wallace, 148). 보통 자동사인 ἔρχομαι 같이 이동과 관련된 동사와 함께 온다.

7. εἰ δὲ μή ... ἐὰν μὴ μετανοήσῃς: 조건적 부정 표현이 중복되면서 회개할 것을 더욱 강조한다.

계 2:6

ἀλλὰ τοῦτο ἔχεις, ὅτι μισεῖς τὰ ἔργα τῶν Νικολαϊτῶν ἃ κἀγὼ μισῶ.
그렇지만 네게 이것, 즉 내가 미워하는 니골라파의 행위(들)을 미워하는 것이 있다.

6
ἀλλά
접.등
οὗτος
대지시.목.중단
ἔχω
동직.현능.2단
ὅτι
접.종
μισέω
동직.현능.2단
ὁ
관.목.중복
ἔργον
명.목.중복
ὁ
관.소.남복
Νικολαΐτης
명.소.남복
ὅς
대관계.목.중복
καί+ἐγώ
부+대인칭.-단
μισέω
동직.현능.1단

ἀλλὰ τοῦτο[1]
그러나 ~ 이것을/이것이 But ~ this
ἔχεις,
네가 ~ 가지고 있다/네게 있다. you have
ὅτι[2] μισεῖς[3]
즉, 네가 ~ 미워하는 것이 that you hate
τὰ ἔργα
행위/일(들)을 the works/ deeds

τῶν Νικολαϊτῶν[4]
니골라당/니골라파의 of the Nicolaitans
ἃ[5] κἀγὼ
나도 which I also
μισῶ.
미워하는 hate

---

1. τοῦτο: '이것, 즉 ~을'. 지시대명사 목적격 중단 τοῦτο는 ὅτι-절을 가리킨다.

2. ὅτι: τοῦτο의 동격(apposition)이 되는 ὅτι 명사절이다('즉, ~것을'[namely, that]; Wallace, 459).

3. μισεῖς ... μισῶ: μισέω(미워하다)는 -έω동사로 현재에서 단축이 일어난다. μισέ + εις = μισεῖς; μισέ + ω = μισῶ.

4. τὰ ἔργα τῶν Νικολαϊτῶν: '니골라파(당)의 행위들'은 칭찬 받은 '너의 행위들'(2절)과 대조된다.
5. ἅ: 관계대명사 중복 목적격 ἅ의 선행사는 앞의 τὰ ἔργα(행위들)이다.

계 2:7

Ὁ ἔχων οὖς ἀκουσάτω τί τὸ πνεῦμα λέγει ταῖς ἐκκλησίαις. Τῷ νικῶντι δώσω αὐτῷ φαγεῖν ἐκ τοῦ ξύλου τῆς ζωῆς, ὅ ἐστιν ἐν τῷ παραδείσῳ τοῦ θεοῦ.

귀 있는 자는 성령이 교회들에게 말씀하시는 것을 들으라. 이기는 자에게는, 내가 하나님의 낙원에 있는 생명나무로부터 먹을 수 있게 해줄 것이다.'

Ὁ ἔχων 가진 자는 He who has	**δώσω**[6] 내가 ~ 줄/할 것이다. I will give/ grant
οὖς[1-2] 귀를 an ear	**αὐτῷ** 그에게 to him
ἀκουσάτω[3] 듣게 하라/들으라. let him hear	**φαγεῖν**[7] 먹을 수 있게 to eat
τί[4] ~ 것을 what	**ἐκ τοῦ ξύλου** 나무로부터 from the tree
τὸ πνεῦμα 성령이 the Spirit	**τῆς ζωῆς,** 생명(의) of life
λέγει 말씀하시는 ~ says	**ὅ ἐστιν** 있는 which is
ταῖς ἐκκλησίαις. 교회들에게 to the churches	**ἐν τῷ παραδείσῳ**[8] 낙원에 in the paradise
Τῷ νικῶντι[5] 이기는/승리하는 자에게 (to him) who overcomes	**τοῦ θεοῦ.** 하나님의 of God

---

1. Ὁ ἔχων οὖς ...: '귀를 가진 자는/귀 있는 자는'. 일곱 교회 모두에서 반복되는 문장(2:7, 11, 17, 29; 3:6, 13, 22)이다. 역시 집단적 단수로 쓰였다.
2. οὖς: 3변화 중성명사 οὖς, ὠτός(귀)의 변화는 οὖς, ὠτός, ὠτί, οὖς(sg); ὦτα, ὤτων, ὠσί, ὦτα(pl)이다.
3. ἀκουσάτω: '들으라/듣게 하라'. 3단 명령법은 '~로 듣게 하라'(let him hear) 또는 '~는 들으라'(Hear!; 2단 명령법처럼)로 번역한다. 그런데 3단/복 명령법은 단순한 권고나 허락(permission)의 의미가 아니라 당위적 명령(must/should)이라 할 수 있다('I command him to ...', Wallace, 486).
4. τί: 의문대명사 목적격 중단 τί는 ἀκουσάτω과 λέγει의 목적어(what) 역할을 한다.
5. νικῶντι: 교회를 가리키는 2인칭 단수 '너'(2, 4, 5, 6절)와 '귀 있는 자'(7절)를 단수로 쓴 것처럼, 현재분사 여격 νικῶντι(이기는 자에게)를 단수로 쓴 것도 교회를 집합적 단위(의미)로 본 때문이다(ά + οντι = ῶντι). '이기는 자'에 대한 구절도 반복된다(2:7, 11, 17, 26; 3:5, 12, 21). νικάω(승리하다) < νίκη(승리).
6. δώσω: δίδωμι(주다, 부여하다)의 미래 δώσω, 부정과거 ἔδωκα, 현재완료 δέδωκα, 부정과거(수) ἐδόθην.
7. φαγεῖν: '먹는 것을/먹게'. ἐσθίω(먹다)의 부정과거 어간 φαγ + 부정사 어미 εῖν.
8. παραδείσῳ: παράδεισος(낙원)의 어원은 페르시아에서 온 것('벽으로 둘러싼 특별한 정원')으로 추정된다(Thayer).

우측 여백 주석:

7
ὁ 관.주.남단
ἔχω 동분.현능.주.남단
οὖς 명.목.중단
ἀκούω 동명.과능.3단
τίς 대의문.목.중단
ὁ 관.주.중단
πνεῦμα 명.주.중단
λέγω 동직.현능.3단
ὁ 관.여.여복
ἐκκλησία 명.여.여복
ὁ 관.여.남단
νικάω 동분.현능.여.남단
δίδωμι 동직.미능.1단
αὐτός 대.인칭.여.남단
ἐσθίω 동부.과능
ἐκ 전.소
ὁ 관.소.중단
ξύλον 명.소.중단
ὁ 관.소.여단
ζωή 명.소.여단
ὅς 대.인칭.주.중단
εἰμί 동직.현능.3단
ἐν 전.여
ὁ 관.여.남단
παράδεισος 명.여.남단
ὁ 관.소.남단
θεός 명.소.남단

계 2:8

Καὶ τῷ ἀγγέλῳ τῆς ἐν Σμύρνῃ ἐκκλησίας γράψον· Τάδε λέγει ὁ πρῶτος
καὶ ὁ ἔσχατος, ὃς ἐγένετο νεκρὸς καὶ ἔζησεν·

서머나에 있는 교회의 사자(천사)에게 쓰라. 처음과 마지막인 이, 죽었으나 살아난 이가 이것들을 말한
다.

8
καί
접.등
ὁ
관.여.남단
ἀγγέλος
명.여.남단
ὁ
관.소.여단
ἐν
전.여
Σμύρνα
명.여.남단
ἐκκλησία
명.소.여단
γράφω
동명.과능.2단
ὅδε
대지시.목.중복
λέγω
동직.현능.3단
ὁ
관.주.남단
πρῶτος
형서수.주.남단
καί
접.등
ὁ
관.주.남단
ἔσχατος
형일반.주.남단
ὅς
대관계.주.남단
γίνομαι
동직.과중.3단
νεκρός
형일반.주.남단
καί
접.등
ζάω
동직.과능.3단

Καὶ τῷ ἀγγέλῳ	ὁ πρῶτος
사자(전령)/천사에게 And ~ to the messenger/ angel	처음과 The first
τῆς ἐν Σμύρνῃ ἐκκλησίας	καὶ ὁ ἔσχατος,[1]
서머나에 있는/서머나 교회의	마지막/나중이신 이가 and the last
of the church in Smyrna	ὃς
γράψον·	~ 분, who
쓰라/편지하라. write	ἐγένετο
Τάδε	~셨으나 was
이것(들)을 these things	νεκρὸς
λέγει	죽으~ dead
말씀하신다. says	καὶ ἔζησεν·[2]
	사신 and came to life

1. ὁ πρῶτος καὶ ὁ ἔσχατος: '처음이자 마지막이신 분'. 역사의 시작과 마지막, 주관자라는 뜻의 이름은
   그리스도에 대해 반복된 명칭(1:17; 22:13)이다.
2. ἔζησεν: '사셨다'. ζάω(살다)의 부정과거형(ἐ + ζα + σεν= ἔζησεν)은 그리스도의 부활을 가리킨다.
   ζωή(생명), ζωοποιέω(살게 하다, 살리다). KMP는 기동의(inceptive) 부정과거('came to life')로 분류
   한다(KMP, 292).

계 2:9

οἶδά σου τὴν θλῖψιν καὶ τὴν πτωχείαν, ἀλλὰ πλούσιος εἶ, καὶ τὴν
βλασφημίαν ἐκ τῶν λεγόντων Ἰουδαίους εἶναι ἑαυτοὺς καὶ οὐκ εἰσὶν ἀλλὰ
συναγωγὴ τοῦ σατανᾶ.

'나는 너의 환난과 가난을 안다. 그러나 네가 부요하다. 스스로 유대인(들)이라 하는 자들의 비방이 있음
을 안다. 그러나 그들은 유대인(들)이 아니다. 사탄의 회당이다.

9
οἶδα
동직.완능.1단
σύ
대인칭.소.-단
ὁ
관.목.여단
θλῖψις
명.목.여단
καί
접.등
ὁ
관.목.여단
πτωχεία
명.목.여단
ἀλλά
접.등
πλούσιος
형일반.주.남단
εἰμί
동직.현능.2단
καί
접.등
ὁ
관.목.여단
βλασφημία
명.목.여단
ἐκ
전.소
ὁ
관.소.남복
λέγω
동분.현능소남복
Ἰουδαῖος
형일반.목.남복

οἶδά[1]	ἐκ τῶν λεγόντων
내가 ~ 안다. I know	말하는 자들의 of those who say
σου	Ἰουδαίους
너의 your	유대인~ Jews
τὴν θλῖψιν[2]	εἶναι
환난과 ~ tribulation	~이라고 they are
καὶ τὴν πτωχείαν,[3]	ἑαυτοὺς
가난/빈곤을 and (your) poverty	스스로 by themselves
ἀλλὰ πλούσιος[4]	καὶ οὐκ εἰσὶν
그러나 ~ 부요/부요한 but ~ rich	그들은 (유대인들이) 아니고 and are not
εἶ,	ἀλλὰ συναγωγὴ[6]
너는 ~하다/ 이다. you are	회당/집단이다. but are a synagogue
καὶ τὴν βλασφημίαν[5]	τοῦ σατανᾶ.[7]
또 신성모독/비방을 (안다.) the slander	사탄의 of Satan

1. οἶδά: οἶδα의 반복(2:2, 9, 13, 19; 3:1, 8, 15)에 다시 주의하자. 끝 모음 ά의 엑센트(에큐트)는 뒤잇는 σου에 없는 엑센트를 보완하기 위한 것이다.
2. θλῖψιν: 3변화 θλῖψις, εως(압력, 환난)는 θλίβω(압력/환난을 가하다)에서 온다. θλῖψις, θλίψεως, θλίψει, θλῖψιν.
3. πτωχείαν: πτωχεία(가난, 구걸), πτωχεύω(구걸하다), πτωχός(가난한, 구걸하는).
4. πλούσιος: πλουσίως(부유한), πλουτέω(부유하다), πλουτίζω(부유하게 만들다, 풍요롭게 하다), πλοῦτος(부귀, 부).
5. βλασφημίαν: βλασφημία(신성모독, 비방)의 형용사는 βλάσφημος, 동사는 βλασφημέω.
6. συναγωγή: συναγωγή(회당, 모이는 장소)는 συν(함께) + ἀγωγή(이끎, 데려옴; ἄγω, 인도하다)이다. συνάγω(함께 모으다).
7. σατανᾶς: σατανᾶς/σατάν(사탄). 히브리어 שָׂטָן의 헬라어 음역이다. LXX은 σατανᾶς 대신에 διάβολος(마귀)로 쓰고 σατανᾶς의 용례는 없다. NT에서만 발견된다(36회). διάβολος는 NT에서도 36회 사용된다.

계 2:10

μηδὲν φοβοῦ ἃ μέλλεις πάσχειν. ἰδοὺ μέλλει βάλλειν ὁ διάβολος ἐξ ὑμῶν εἰς φυλακὴν ἵνα πειρασθῆτε καὶ ἕξετε θλῖψιν ἡμερῶν δέκα. γίνου πιστὸς ἄχρι θανάτου, καὶ δώσω σοι τὸν στέφανον τῆς ζωῆς.

　너는 고난받게 될 것을 두려워하지 말라. 보라. 마귀가 너희 가운데 몇을 감옥에 던져 시험을 받게 할 것이다. 너희가 십 일간 환난을 받을 것이다. 죽기까지 신실하라. 내가 생명의 관을 네게 줄 것이다.

μηδὲν φοβοῦ[1]
두려워하지 말라. Do not fear
　ἃ[2] μέλλεις
　될 것(들)을 what you are about
　πάσχειν.[3]
　고난받게 to suffer
ἰδοὺ
보라. Behold
μέλλει
~ 것이다. is about
　βάλλειν[4]
　던질 to throw
ὁ διάβολος[5]
마귀가 the devil
　ἐξ ὑμῶν[6]
　너희에게서 (몇을) some of you
　εἰς φυλακὴν[7]
　감옥에 into prison
　ἵνα πειρασθῆτε[8]
　시험을 받게/받도록 that you may be tested

καὶ ἕξετε[9]
또한 너희는 ~ 받을/당할 것이다. and you will have
　θλῖψιν
　환난을 tribulation
　ἡμερῶν δέκα.[10]
　십 일간 fourteen days
γίνου[11-12]
~하라. Be
　πιστὸς
　신실/충성~ faithful
　ἄχρι θανάτου,[13]
　죽을 때까지/죽기까지 until death
καὶ δώσω
그러면 내가 ~ 줄 것이다. and I will give
　σοι
　네게 you
　τὸν στέφανον[14]
　승리의 관(월계관)을 the crown
　τῆς ζωῆς.
　생명의 of life.

1. μηδὲν φοβοῦ: '두려워하지 말라'. φοβοῦ의 목적어는 관계대명사 ἃ의 종속절인데 부정(금지) 명령과 강조의 목적으로 μηδὲν(하나도 ~말라)을 쓰고 있다. -οῦ는 dep. 현재명령법 어미이다.
2. ἃ μέλλεις πάσχειν: '네가 고난받게 될 것들을'. 관계대명사 중복 목적격 ἃ는 선행사가 없이 독자적으로 명사절을 이끄는데, μηδὲν φοβοῦ(두려워하지 말라)의 목적어가 된다.

σύ
대인칭.여단
ὁ
관.목.남단
στέφανος
명.목.남단
ὁ
관.소.여단
ζωή
명.소.여단

3. πάσχειν: πάσχω(고난받다)의 부정사; πάσχ + ειν. πάσχα(유월절, Passover < פֶּסַח).

4. βάλλειν: βάλλω(던지다)의 부정사; βάλλ + ειν. 미래 βαλῶ, 부정과거(능) ἔβαλον, 현재완료 βέβληκα, 부정과거(수) ἐβλήθην.

5. διάβολος: διάβολος(마귀, 비방자)는 διά(분리의 의미) + βάλλω(던지다) = διαβάλλω(너머로 던지다, 비방하다, 모독하다)에서 온다.

6. ἐξ ὑμῶν: '너희로부터 나온 자들'.

7. φυλακήν: φυλακή(감옥), φυλακίζω(투옥하다), φύλαξ(지키는 자, 경비), φυλάσσω(지키다, 경비하다).

8. ἵνα πειρασθῆτε: ἵνα-가정법은 결과의 부사절이다. πειράζω는 가정법 부정과거(수) 어미 θῆτε 앞에서 ζ가 생략되고 σ가 보완된다.

9. ἕξετε: ἔχω의 미래(직)는 ἕξω이다(2복, '너희가 받을 것이다').

10. ἡμερῶν δέκα: '십일 동안'. 시간의 소유격이다.

11. γίνου: γίνομαι(되다, dep.)의 현재명령법('되라, 하라')으로 보어(πιστός)를 필요로 한다.

12. γίνου ... καὶ δώσω: 조건 명령법은 명령법 + καί 직설법 미래로 구성된다('~하라, 그러면 ~할 것이다', Wallace, 489).

13. ἄχρι θανάτου: '죽을 때까지, 죽음에 이를 때까지'(until/ unto death).

14. στέφανον: στέφανος는 우승자가 받는 승리의 월계관이다.

계 2:11

ὁ
관.주.남단
ἔχω
동분.현능.주.남단
οὖς
명.목.중단
ἀκούω
동명.과능.3단
τίς
대.의문.목.중단
ὁ
관.주.중단
πνεῦμα
명.주.중단
λέγω
동직.현능.3단
ὁ
관.여.여복
ἐκκλησία
명.여.여복
ὁ
관.주.남단
νικάω
동분.현능.주.남단
οὐ
부
μή
조사
ἀδικέω
동가.과수.3단
ἐκ
전.소
ὁ
관.소.남단
θάνατος
명.소.남단
ὁ
관.소.남단
δεύτερος
형.서수.소.남단

Ὁ ἔχων οὖς ἀκουσάτω τί τὸ πνεῦμα λέγει ταῖς ἐκκλησίαις. Ὁ νικῶν οὐ μὴ ἀδικηθῇ ἐκ τοῦ θανάτου τοῦ δευτέρου.

> 귀 있는 자는 성령이 교회들에게 말씀하시는 것을 들으라. 이기는 자는 둘째 죽음으로부터 해함을 받지 않을 것이다.'

Ὁ ἔχων
가진 자는 He who has
 οὖς
 귀를 an ear
 ἀκουσάτω
 듣게 하라. let him hear
  τί
  ~ 것을 what
   τὸ πνεῦμα
   성령이 the Spirit
   λέγει
   말씀하시는 ~ says
    ταῖς ἐκκλησίαις.
    교회들에게 to the churches

Ὁ νικῶν
이기는 자는 He who overcomes
 οὐ μὴ ἀδικηθῇ[1]
 해함/상함을 받지 않을 것이다. shall not be hurt
  ἐκ τοῦ θανάτου[2]
  사망/죽음으로부터 by the ~ death
   τοῦ δευτέρου.[3]
   둘째 second

---

1. οὐ μὴ ἀδικηθῇ: '(결코) 해함을 받지 않을 것이다'. 부정어의 중복은 강한 부정의 뜻을 가진다. οὐ μή + 부정과거 가정법 또는 직설법 미래를 사용한다(예, 요 6:35). ἀδικηθῇ는 ἀδικέ(어간) + θῇ(가정법 부정과거 수동태 3단 어미)이다(ε > η, before θ). ἀδικέω(잘못하다, 해를 가하다) = ἀ(not) + δικέω(<δίκη, 의, 정의) > ἀδίκημα(비행, 악행), ἀδικία(불의), ἄδικος(불의한), ἀδίκως(부당하게).

2. ἐκ τοῦ θανάτου τοῦ δευτέρου: '둘째 사망으로(때문에)'. 둘째 사망은 불못의 심판(20:6, 14; 21:8)이다. ἐκ가 수동태(예, ἀδικηθῇ) 다음에 나올 때 동작(술어)의 이유('~때문에')의 뜻으로 사용될 수 있다(Thayer). Thayer는 계시록에서 2:11; 8:11; 9:2, 18; 18:1, 3, 19; 19:21을 그 예로 들고 있다.

3. δευτέρου: δύο(둘) > δεύτερος(둘째, second) > δευτεραῖος(둘째 날). 서수는 6:3 참고.

계 2:12

Καὶ τῷ ἀγγέλῳ τῆς ἐν Περγάμῳ ἐκκλησίας γράψον· Τάδε λέγει ὁ ἔχων τὴν ῥομφαίαν τὴν δίστομον τὴν ὀξεῖαν·

버가모에 있는 교회의 사자(천사)에게 쓰라. 양 날의 예리한 검을 가진 이가 이것들을 말한다.

Καὶ τῷ ἀγγέλῳ
또한 ~ 사자(전령)/천사에게
And ~ to the messenger/ angel

τῆς ἐν Περγάμῳ ἐκκλησίας
버가모에 있는/버가모 교회의
of the church in Pergamum

γράψον·
쓰라/편지하라. write

Τάδε
이것들을 these things

λέγει
말씀하셨다. says

ὁ ἔχων
가지신 이가 The one who has

τὴν ῥομφαίαν[1]
검/칼을 the ~ sword

τὴν δίστομον
양 날의 two-edged

τὴν ὀξεῖαν·
예리한 sharp

---

1. τὴν ῥομφαίαν τὴν δίστομον τὴν ὀξεῖαν: 1:16의 표현(ῥομφαία δίστομος ὀξεῖα, 예리한 양날의 검)의 반복이다. 이번에는 한정되어 정관사('그 ~')가 사용된다.

계 2:13

οἶδα ποῦ κατοικεῖς, ὅπου ὁ θρόνος τοῦ σατανᾶ, καὶ κρατεῖς τὸ ὄνομά μου καὶ οὐκ ἠρνήσω τὴν πίστιν μου καὶ ἐν ταῖς ἡμέραις Ἀντιπᾶς ὁ μάρτυς μου ὁ πιστός μου, ὃς ἀπεκτάνθη παρ᾽ ὑμῖν, ὅπου ὁ σατανᾶς κατοικεῖ.

'나는 네가 어디에 거하는지 안다. 그곳은 사탄의 권좌가 있는 곳이다. 네가 나의 이름을 붙잡고 있다. 나의 신실한 증인 안디바가, 사탄이 거하는 그곳에서 너희 중에 죽임을 당한 그 날(들)에도, 너는 나에 대한 믿음을 부인하지 않았다.

οἶδα
내가 ~ 안다. I know

ποῦ
네가 어디에 where

κατοικεῖς,[1]
거주하는지/살고 있는지 you dwell

ὅπου[2] ὁ θρόνος
즉, ~ 보좌/왕좌가 있는 곳이다.
where the throne ~ is

τοῦ σατανᾶ,
사탄의 of Satan

καὶ κρατεῖς[3]
그러나 네가 ~ 굳게 잡고/붙잡고 (And) you hold fast

τὸ ὄνομά
이름을 name

μου
나의 my

καὶ οὐκ ἠρνήσω[4]
저버리지/부인하지 않았다. and did not deny

τὴν πίστιν[5]
믿음을 faith

μου
나의/나에 대한 my

καὶ ἐν ταῖς ἡμέραις
그 날(들)에도 even in the days

Ἀντιπᾶς
안디바가 Antipas

ὁ μάρτυς
증인, witness,

μου
나의 my

ὁ πιστός
신실한 자 faithful one

μου,[6]
나의 my

ὃς[7]
~던 who

ἀπεκτάνθη[8]
죽임을 당했~ was killed

παρ᾽ ὑμῖν,
너희 가운데 among you

ὅπου[9] ὁ σατανᾶς
사탄이 ~ 곳에서 where Satan

κατοικεῖ.
거주하는 dwells

---

1. κατοικεῖς: '네가 거주한다/거주하고 있다'. κατα(down) + οικέω(거주하다; οἶκος, 집) = κατοικέω(거주하다; ἐ + εις = εἶς). κατοικίζω(거하게 하다), κατοικητήριον(거주지), κατοικία(거주).

2. ὅπου: 종속접속사로 '어디에'(where), '어디로'(whither).

3. κρατεῖς: '네가 굳게 잡고 있다'. κρατέω(힘을 갖다, 붙잡다), κραταιόω(강하게 하다), κραταιός(힘센), κράτος(힘), κράτιστος(가장 힘센).

4. οὐκ ἠρνήσω: '네가 부인하지 않았다'; ἐ(과거 접두어)+ ἀρνέ(ἀρνέομαι의 어간) + σω(부정과거 dep. 2단 어미). ἀρνέομαι(부인하다, 거절하다).

5. πίστιν: πίστις(믿음, 신실함) > πιστεύω(믿다, 신뢰하다, 맡기다), πιστικός(신뢰할 만한, 순수한), πιστός(믿음직한, 믿는), πιστόω(믿게 하다, 신뢰를 주다).

6. ὁ μάρτυς μου ὁ πιστός μου: '나의 증인이며 나의 신실한 자'. 그리스도의 이름(1:5, ὁ μάρτυς, ὁ πιστός)과 비교하라. 그리스도를 닮은 자임을 강조한다. 병치된(in apposition) 주격으로 Ἀντιπᾶς를 수식한다.

7. ὅς: 관계대명사 남단 주격 ὅς는 안디바를 선행사로 가진다.

8. ἀπεκτάνθη: ἀποκτείνω(죽이다)의 부정과거 수동태 3단 '그가 죽임을 당했다'. 부정과거 어간은 ἀπο-κτάν이므로 ἀπ(ο) + ε + κτάν + θη = ἀπεκτάνθη.

9. ὅπου ὁ σατανᾶς κατοικεῖ: 사탄과 관련된 ὅπου 절이 두 번 반복, 강조된다.

계 2:14

ἀλλ᾽ ἔχω κατὰ σοῦ ὀλίγα ὅτι ἔχεις ἐκεῖ κρατοῦντας τὴν διδαχὴν Βαλαάμ, ὃς ἐδίδασκεν τῷ Βαλὰκ βαλεῖν σκάνδαλον ἐνώπιον τῶν υἱῶν Ἰσραὴλ φαγεῖν εἰδωλόθυτα καὶ πορνεῦσαι.

그러나 네게 책망할 것이 조금 있다. 네가 있는 그곳에 발람의 교훈을 붙잡는 자들이 있다. 발람은, 이스라엘 자손들 앞에 올무를 던져 그들로 우상제물을 먹고 음행하게, 발락을 가르친 자이다.

ἀλλ᾽ ἔχω
그러나 내가 ~ (가지고) 있다. But I have

κατὰ σοῦ
네게 (책망할 것을/일이) against you

ὀλίγα[1]
조금 a few things

ὅτι[2] ἔχεις
즉, 네가 ~ 가지고/네게 있는 것에 대해 because you have

ἐκεῖ[3]
그곳에서 there

κρατοῦντας[4]
붙잡는/지키는 자들을/이 some who hold

τὴν διδαχὴν
교훈/가르침을 (to) the teaching

Βαλαάμ,[5]
발람의 of Balaam

|ὃς ἐδίδασκεν[6]
가르쳤던 who taught

τῷ Βαλὰκ
발락에게 Balak

βαλεῖν[7]
던질/놓을 것을 to put

σκάνδαλον[8]
올무/장애물을 a stumbling block

ἐνώπιον τῶν υἱῶν
아들들/자손들 앞에
before the children

Ἰσραὴλ[9]
이스라엘의 of Israel

φαγεῖν[10]
먹고 to eat

εἰδωλόθυτα[11]
우상의 제물(들)을
things sacrified to idols

καὶ πορνεῦσαι.[12]
음행/간음하도록
and to commit fornication

1. ὀλίγα: 형용사 ὀλίγος(적은)가 목적격(중복)으로 사용되어 -α로 끝난다.
2. ὅτι: ὀλίγα의 동격이 되는 ὅτι 명사절이다(6절 참고).
3. ἐκεῖ: ἐκεῖ(there, 거기에) > ἐκεῖθεν(거기로부터), ἐκεῖνος(거기에 있는 것/사람), ἐκεῖσε(거기로).
4. κρατοῦντας: ἐ + ο = οῦ의 모음 축약이 일어났다.
5. Βαλαάμ: 발람에 대해서는 민 22-25장; 31:16; 벧후 2:15; 유 1:11을 참고하라.
6. ἐδίδασκεν: '가르쳤다'; ἐ + διδασκ + ε(ν). 미완료 사용은 발람의 가르침이 일정 기간 반복되었음을 뜻한다. διδάσκω(가르치다) > διδαχή(가르쳐진 것[교훈], 가르치는 일) > διδακτικός(가르치기에 능한), διδακτός(가르친, 교훈이 된), διδασκαλία(가르침, 교훈), διδάσκαλος(선생, 랍비).
7. βαλεῖν: 부정과거 부정사 βαλεῖν(어간 βαλ + εῖν)은 ἐδίδασκεν의 목적어로 쓰였다.
8. σκάνδαλον: '덫, 함정, 발부리에 걸리는 것(방해물)'. 동사 σκανδαλίζω(걸려 넘어지게 하다) > scandal.
9. τῶν υἱῶν Ἰσραήλ: 문자적으로는 '이스라엘의 아들들'이지만, 관용적으로 이스라엘의 후손들을 뜻한다.
10. φαγεῖν ... πορνεῦσαι: '먹고 ... 마시게'. 두 개의 결과의 부정사(부정과거)는 τῶν υἱῶν(아들들/자손들)의 서술적 기능을 한다. 그런 점에서 ἐδίδασκεν(가르쳤다)의 목적어인 βαλεῖν(던질 것을)과 역할이 다르고 그 결과(또는 목적)에 대한 것이다.
11. εἰδωλόθυτα: εἰδωλόθυτος(우상제물) = εἰδωλό(εἴδωλον, 우상, 이미지) + θυτος(바쳐진 것; θύω, 제물을 바치다).
12. πορνεῦσαι: πορνεύω(음행하다; 성을 팔다)의 부정과거 부정사; πορνεύ + σαι. πορνεία(음행), πόρνη(음행녀), πόρνος(음행남).

계 2:15

οὕτως ἔχεις καὶ σὺ κρατοῦντας τὴν διδαχὴν [τῶν] Νικολαϊτῶν ὁμοίως.

이와 같이, 네게 니골라파의 교훈을 붙잡는 자들이 있다.

οὕτως
이와 같이 Thus/ Likewise

ἔχεις
있다/가지고 있다. have

καὶ σὺ[1]
네게/너도 you also

κρατοῦντας
붙잡는 자들이/을 some who hold

τὴν διδαχὴν
교훈/가르침을 (to) the teaching

[τῶν] Νικολαϊτῶν
나골라당/니골라파의 of Nicolaitans

ὁμοίως.[2]
그처럼 in the same way

1. καὶ σὺ: '바로 너도'. 인칭대명사 2단 '너'가 강조된다.
2. οὕτως ... ὁμοίως: 비슷한 의미의 부사 두 개, οὕτως(그와 같이, 그런 식으로), ὁμοίως(이처럼, 똑같이)가 쓰였다.

계 2:16

16
μετανοέω
동명.과능.2단
οὖν
접.등
εἰ
접.종
δέ
접.등
μή
조사
ἔρχομαι
동직.현중.1단
σύ
대인칭.여 –단
ταχύς
부
καί
접.등
πολεμέω
동직.미능.1단
μετά
전.소
αὐτός
대인칭.소 남복
ἐν
전.여
ὁ
관.여.여단
ῥομφαία
명.여.여단
ὁ
관.소.중단
στόμα
명.소.중단
ἐγώ
대인칭.소 –단

μετανόησον οὖν· εἰ δὲ μή, ἔρχομαί σοι ταχὺ καὶ πολεμήσω μετ' αὐτῶν ἐν τῇ ῥομφαίᾳ τοῦ στόματός μου.

그러므로 회개하라. 그렇지 않으면 내게 네게 속히 와서, 내 입의 검으로 그들과 싸울 것이다.

──────────

μετανόησον¹ οὖν·
그러므로 회개하라/돌이켜라. Repent therefore
εἰ δὲ μή,²
그렇지 않으면 If not/ Otherwise
ἔρχομαί³
내가 ~ 와서 I will come
σοι
네게 to you
ταχὺ⁴
속히/곧 soon/ quickly

καὶ πολεμήσω⁵
싸울 것이다/전쟁을 할 것이다. And war
μετ' αὐτῶν⁶
그들과 against them
ἐν τῇ ῥομφαίᾳ⁷
검으로/칼로 with the sword
τοῦ στόματός
입의 of ~ mouth
μου.
내 my

──────────

1. μετανόησον: '회개하라'는 명령은 2-3장에서 네 번 쓰인다(2:5, 16; 3:3, 19). 어간 끝모음 ε가 σ 앞에 서 η로 길어졌다.
2. εἰ δὲ μή, ἔρχομαί σοι ... καὶ πολεμήσω: εἰ δὲ μή(그렇지 않으면)와 ἔρχομαί σοι(네게 올 것이다) 다음 에 미래 동사를 쓰는 패턴은 5절에 나왔다. 경고의 내용이다.
3. ἔρχομαί σοι: '내가 네게 올 것이다'. 후접하는 σοι(네게) 때문에 ἔρχομαι(내가 올 것이다)에 엑센트가 덧붙었다.
4. ταχὺ: ταχύς, ταχεῖα, ταχυ(빠르게, 신속히).
5. πολεμήσω: '내가 전쟁할 것이다'. πολεμέω(전쟁하다, 싸우다), πόλεμος(전쟁, 다툼).
6. μετ' αὐτῶν: '그들과 함께'; μετά + αὐτῶν.
7. τῇ ῥομφαίᾳ τοῦ στόματός μου: '나의 양날의 검'은 2:12(역시 1:16)을 참고하라.

계 2:17

17
ὁ
관.주 남단
ἔχω
동분.현능.주남단
οὖς
명.목.중단
ἀκούω
동명.과능.3단
τίς
대의문.목.중단
ὁ
관.주.중단
πνεῦμα
명.주.중단
λέγω
동직.현능.3단
ὁ
관.여.여복
ἐκκλησία
명.여.여복
ὁ
관.여.남단
νικάω
동분.현능.여남단
δίδωμι
동직.미능.1단
αὐτός
대인칭.여 남단

Ὁ ἔχων οὖς ἀκουσάτω τί τὸ πνεῦμα λέγει ταῖς ἐκκλησίαις. Τῷ νικῶντι δώσω αὐτῷ τοῦ μάννα τοῦ κεκρυμμένου καὶ δώσω αὐτῷ ψῆφον λευκήν, καὶ ἐπὶ τὴν ψῆφον ὄνομα καινὸν γεγραμμένον ὃ οὐδεὶς οἶδεν εἰ μὴ ὁ λαμβάνων.

귀 있는 자는 성령이 교회들에게 말씀하시는 것을 들으라. 이기는 자에게, 내가 감춰진 만나를 줄 것이다. 또한 받은 자 외에는 아무도 알지 못하는 새 이름이 그 위에 기록된 흰 돌을 줄 것이다.'

──────────

Ὁ ἔχων
가지고 있는 자는 He who has
οὖς
귀를 an ear
ἀκουσάτω
듣게 하라. let him hear
τί
~ 것을 what

τὸ πνεῦμα
성령이 the Spirit
λέγει
말씀하시는 ~ says
ταῖς ἐκκλησίαις.
교회들에게 to the churches
Τῷ νικῶντι
이기는 자, (to him) who overcomes

δώσω
내가 ~ 줄 것이다. I will give

αὐτῷ
그에게 to him

τοῦ μάννα[1]
만나를 some of the ~ manna

τοῦ κεκρυμμένου[2]
감춰진 hidden

καὶ δώσω
또한 ~ 줄 것이다. and I will give

αὐτῷ
그에게 him

ψῆφον[3]
돌/조약돌을 a ~ stone

λευκήν,
흰 white

καὶ ἐπὶ τὴν ψῆφον
그 돌/조약돌 위에 on the stone

ὄνομα
이름이 with a ~ name

καινὸν
새 new

γεγραμμένον[4]
기록된/쓰여 있는 written

ὃ[5] οὐδεὶς[6]
아무도 which no one

οἶδεν
알지 못하는 knows

εἰ μὴ[7] ὁ λαμβάνων.[8]
받은 자 외에는
except him who receives it.

ὁ
관.소.중단
μάννα
명.소.중단
ὁ
관.소.중단
κρύπτω
동분완수소중단
καί
접.등
δίδωμι
동직.미능.1단
αὐτός
대인칭.여.남단
ψῆφος
명.목.여단
λευκός
형일반.목.여단
καί
접.등
ἐπί
전.목
ὁ
관.목.여단
ψῆφος
명.목.여단
ὄνομα
명.목.중단
καινός
형일반.목.중단
γράφω
동분완수목중단
ὅς
대관계.목.중단
οὐδείς
대부정.주.남단
οἶδα
동직.완능.3단
εἰ
접.종
μή
조사
ὁ
관주.남단
λαμβάνω
동분.현능.주남단

1. τοῦ μάννα: 소유격으로 쓰인 이유는 만나와 관련된 어떤 것(some of the manna, ESV, NAS, RSV)을 말하려는 것이다.
2. κεκρυμμένου: κρύπτω(숨기다)의 현재완료(수) 분사는 한 동안 계속 숨겨져 있는 상태를 부각한다. 어간 자음 π(순음)가 완료(수동) 분사 어미 μένον을 만나 동화되었다(-μμένου).
3. ψῆφον: ψῆφος(작은 돌, 자갈)는 투표하는 데 사용하기도 했다. ψηφίζω(산출하다, 세다).
4. γεγραμμένον: 현재완료(수) 분사로 어간 자음 φ(순음)가 완료(수동) 분사 어미 μένον을 만나 동화되었다(-μμένον).
5. ὅ: 관계대명사 중단 주격 ὅ의 선행사는 ὄνομα이다.
6. οὐδεὶς: οὐδείς(아무도 … [없다]) = οὐδε(부정어) + εἰς(하나).
7. εἰ μὴ: '~외에는'이라는 관용적 표현(9:4; 13:17; 14:3; 19:12; 21:27)이다.
8. ὁ λαμβάνων: '받는 자'. 현재분사 남단 주격(λαμβάν + ων = λαμβάνων)으로 독립적 용법이다. 현재 λαμβάνω(취하다, 받다, 잡다), 미래 λήμψομαι(λήψομαι), 부정과거 ἔλαβον, 부정과거(수) ἐλήφθην(ἐλάμφθην), 현재완료 εἴληφα.

계 2:18

Καὶ τῷ ἀγγέλῳ τῆς ἐν Θυατείροις ἐκκλησίας γράψον· Τάδε λέγει ὁ υἱὸς τοῦ θεοῦ, ὁ ἔχων τοὺς ὀφθαλμοὺς αὐτοῦ ὡς φλόγα πυρὸς καὶ οἱ πόδες αὐτοῦ ὅμοιοι χαλκολιβάνῳ·

두아디라에 있는 교회의 사자(천사)에게 쓰라. 하나님의 아들, 불꽃과 같은 눈(들)을 가진 이, 또 그 발(들)이 빛나는 청동 같은 이가 이것들을 말한다.

Καὶ τῷ ἀγγέλῳ
사자(전령)/천사에게 And ~ to the messenger/ angel

τῆς ἐν Θυατείροις ἐκκλησίας
두아디라에 있는/두아디라 교회의
of the church in Thyatira

γράψον·
쓰라/편지하라. write

Τάδε
이것(들)을 these things

λέγει
말씀하신다. says

ὁ υἱὸς
아들, The Son

τοῦ θεοῦ,[1]
하나님의 of God

ὁ ἔχων
가지신 이가 who has

18
καί
접.등
ὁ
관.여.남단
ἄγγελος
명.여.남단
ὁ
관.소.여단
ἐν
전.여
Θυάτειρα
명.여.남복
ἐκκλησία
명.소.여단
γράφω
동명.과능.2단
ὅδε
대지시.목.중복
λέγω
동직.현능.3단
ὁ
관주.남단
υἱός
명.주.남단
ὁ
관.소.남단

τοὺς ὀφθαλμοὺς[2]
눈(들)을 eyes
  αὐτοῦ
  그의 (his)
  ὡς φλόγα
  ~꽃/화염과 같은 like a flame
   πυρὸς
   불~/불의 of fire

καὶ οἱ πόδες[3]
또 ~ 두 발이 and ~ feet
  αὐτοῦ
  그의 his
  ὅμοιοι χαλκολιβάνῳ·
  광택이 나는 청동과 같으신 이가
  are like burnished bronze.

---

1. ὁ υἱὸς τοῦ θεοῦ: 이 표현은 1:6 ('그의 아버지 하나님')과 관련이 있다.
2. ὀφθαλμοὺς ... ὡς φλόγα πυρός: '불꽃(불의 화염) 같은 눈'(1:14). ὀφθαλμοὺς(눈)가 목적격이라 φλόγα(화염)도 목적격으로 일치된다. φλόξ, φλογός, φλογί, φλόγα.
3. οἱ πόδες ... χαλκολιβάνῳ: '풀무불에 단련된 발'(1:15 해설 참고).

계 2:19

οἶδά σου τὰ ἔργα καὶ τὴν ἀγάπην καὶ τὴν πίστιν καὶ τὴν διακονίαν καὶ τὴν ὑπομονήν σου, καὶ τὰ ἔργα σου τὰ ἔσχατα πλείονα τῶν πρώτων.

'나는 너의 행위(들), 즉 사랑과 믿음, 너의 섬김과 인내, 또한 너의 나중 행위(들)가 처음 것(들)보다 더 많은 것을 안다.

οἶδά
내가 ~ 안다. I know
  σου
  너의 your
  τὰ ἔργα
  행위/일(들)과 ~ works/ deeds
  καὶ τὴν ἀγάπην
  사랑과 and ~ love
  καὶ τὴν πίστιν
  믿음과 and faith
  καὶ τὴν διακονίαν[1]
  섬김/봉사와 and service

καὶ τὴν ὑπομονήν
인내/오래참음과 and perseverance
  σου,
  너의 your
  καὶ τὰ ἔργα
  또한 ~ 행위/일(들)을 and ~ works/ deeds
  σου
  너의 your
  τὰ ἔσχατα
  나중의 last
  πλείονα[2] τῶν πρώτων.
  처음의 것들보다 더 많은
  are greater than the first ones.

---

1. διακονίαν: διακονία(섬김, 봉사, 직무), διακονέω(섬기다, 직무를 수행하다), διάκονος(섬기는 자, 집사).
2. πλείονα: ὀλίγος(적은)의 반대말. πολύς, πολλή, πολύ(많은)는 소유격(~보다) 함께 비교급 '더 많은'의 뜻이 된다.

계 2:20

ἀλλ᾽ ἔχω κατὰ σοῦ ὅτι ἀφεῖς τὴν γυναῖκα Ἰεζάβελ, ἡ λέγουσα ἑαυτὴν προφῆτιν καὶ διδάσκει καὶ πλανᾷ τοὺς ἐμοὺς δούλους πορνεῦσαι καὶ φαγεῖν εἰδωλόθυτα.

그러나 네게 책망할 것이 있다. 네가 여인 이세벨을 용납한 것이다. 스스로 선지자라 하면서, 내 종들이 음행하고 우상제물(들)을 먹도록 가르치며 현혹하고 있다.

ἀλλ' ἔχω
그러나 내가 ~ 가지고 있다. But I have
　　κατὰ σοῦ
　　네게 (책망할 것을) this against you,
ὅτι ἀφεῖς[1]
놔두고 있는/용납한 것에 대해 that you tolerate
　　τὴν γυναῖκα[2] Ἰεζάβελ,
　　여인 이세벨을 the woman Jezebel
ἡ λέγουσα[3]
말하는 이 여인은 who calls
　　ἑαυτὴν[4]
　　스스로 herself
　　προφῆτιν
　　선지자라고 a prophetess

καὶ διδάσκει
가르치고 and she teaches
καὶ πλανᾷ[5]
현혹하고 있다. and misleads
　　τοὺς ἐμοὺς δούλους
　　내 종들을 my servants
πορνεῦσαι[6]
음행/간음하고 to commit fornication
καὶ φαγεῖν
먹게/먹도록 an to eat
　　εἰδωλόθυτα.
　　우상의 제물들을 things sacrificed to idols

---

1. **ὅτι ἀφεῖς:** ἔχω의 직접 목적어가 되는 ὅτι-명사절이다. ἀφίημι의 현재(직) 2단, ἀφεῖς는 ἀφέω의 2단 형태에서 나온다(Thayer).
2. **γυναῖκα:** 3변화 γυνή(여자, 아내), γυναικός, γυναικί, γυναῖκα(sg); γυναῖκες, γυναικῶν, γυναιξίν, γυναίκας(pl).
3. **ἡ λέγουσα:** 여성 관사와 분사로 '말하는(부르는) 여인'.
4. **ἑαυτὴν:** 재귀대명사 ἑαυτοῦ, ἑαυτῆς, ἑαυτοῦ(자신의)의 목적격 여단으로 λέγουσα의 목적어이다.
5. **πλανᾷ:** '현혹하고/미혹하고 있다'. -άω 동사 πλανάω(길을 잃게 하다, 속이다)의 직설법 현재 3단; πλανά + ει = πλανᾷ. πλάνη(방황), πλανήτης(방황자), πλάνος(방황하는, 미혹하는).
6. **πορνεῦσαι καὶ φαγεῖν:** πορνευ + σαι; φαγ + εῖν. 두 개의 부정과거 부정사는 결과(result)의 부정사라 할 수 있다(KMP, 365).

계 2:21

καὶ ἔδωκα αὐτῇ χρόνον ἵνα μετανοήσῃ, καὶ οὐ θέλει μετανοῆσαι ἐκ τῆς πορνείας αὐτῆς.

내가 그녀에게 돌이킬 기회를 주었다. 그러나 그녀의 음행에서 돌이키려 하지 않았다.

καὶ ἔδωκα
내가 ~ 주었다. And I gave
　　αὐτῇ
　　그녀에게 her
　　χρόνον[1]
　　기회를/시간을 time
　　　　ἵνα μετανοήσῃ,[2]
　　　　회개할/돌이킬 to repent

καὶ οὐ θέλει[3]
그러나 ~ 하지(원하지) 않는다. but she does not want
　　μετανοῆσαι
　　회개하려/돌이키려 to repent
　　ἐκ τῆς πορνείας[4]
　　음행/음란에서 of ~ fornication/ immorality
　　αὐτῆς.
　　그녀의 her

---

1. **χρόνον:** χρόνος(시간, 기간)에서 chronicle(연대기), chronology(연대표)가 나온다. χρονίζω(지체하다), χρονοτριβέω(시간을 보내다/낭비하다).

20
ἀλλά
접등
ἔχω
동직.현능.1단
κατά
전소
σύ
대인칭.소.-단
ὅτι
접종
ἀφίημι
동직.현능.2단
ὁ
관.목.여단
γυνή
명.목.여단
Ἰεζάβελ
명.목.여단
ὁ
관.주.여단
λέγω
동분.현능.주.여단
ἑαυτοῦ
대재귀.목.여단
προφῆτις
명.목.여단
καί
접등
διδάσκω
동직.현능.3단
καί
접등
πλανάω
동직.현능.3단
ὁ
관.목.남복
ἐμός
형소유.목.남복
δοῦλος
명.목.남복
πορνεύω
동부.과능
καί
접등
ἐσθίω
동부.과능
εἰδωλόθυτος
형일반.목.중복

21
καί
접등
δίδωμι
동직.과능.1단
αὐτός
대인칭.여.여단
χρόνος
명.목.남단
ἵνα
접종
μετανοέω
동가.과능.3단
καί
접등
οὐ
부
θέλω
동직.현능.3단
μετανοέω
동부.과능
ἐκ
전소
ὁ
관.소.여단
πορνεία
명.소.여단
αὐτός
대인칭.소.여단

2. ἵνα μετανοήσῃ: 목적을 위한 ἵνα-부사절 '회개하기 위해서(위한)'.
3. θέλει: θέλω(원하다)는 늘 목적어('~하기를')인 부정사가 필요하다.
4. πορνείας: πορνεία(음행); 14절 참고.

계 2:22

ἰδοὺ βάλλω αὐτὴν εἰς κλίνην καὶ τοὺς μοιχεύοντας μετ᾽ αὐτῆς εἰς θλῖψιν
μεγάλην, ἐὰν μὴ μετανοήσωσιν ἐκ τῶν ἔργων αὐτῆς,

보라. 만일 그들이 그녀의 행위(들)에서 돌이키지 않으면, 내가 그녀를 병상에 던지고 그녀와 함께 간음
하는 자들을 큰 환난 속에 던질 것이다.

<table>
<tr><td>ἰδού
보라. Behold</td><td>μετ᾽ αὐτῆς
그녀와 함께 with her</td></tr>
<tr><td>βάλλω
내가 ~ 던질 것이다. I will throw</td><td>εἰς θλῖψιν μεγάλην,
큰 환난에 into great tribulation</td></tr>
<tr><td>αὐτὴν
그녀를 her</td><td>ἐὰν μὴ μετανοήσωσιν
만일 회개하지/돌이키지 않으면 unless they repent</td></tr>
<tr><td>εἰς κλίνην[1]
병상에/병에 걸리게, on a sickbed</td><td>ἐκ τῶν ἔργων
행위(들)로부터 of ~ deeds</td></tr>
<tr><td>καὶ τοὺς μοιχεύοντας[2]
또한 간음하는 자들을 and those who commit</td><td>αὐτῆς,
그녀의 her</td></tr>
</table>

---

1. κλίνην: κλίνη는 식사하거나 누울 수 있는 긴 의자를 가리킨다. κλίνω(기대다, 구푸리다).
2. μοιχεύοντας: μοιχεύ + οντας. μοιχεύω(간음하다), μοιχάω(간음하다), μοιχός(간음한 남자),
   μοιχαλίς(간음한 여자), μοιχεία(간음).

계 2:23

καὶ τὰ τέκνα αὐτῆς ἀποκτενῶ ἐν θανάτῳ. καὶ γνώσονται πᾶσαι αἱ
ἐκκλησίαι ὅτι ἐγώ εἰμι ὁ ἐραυνῶν νεφροὺς καὶ καρδίας, καὶ δώσω ὑμῖν
ἑκάστῳ κατὰ τὰ ἔργα ὑμῶν.

내가 그녀의 자녀들을 죽음에 이르게 죽일 것이다. 모든 교회는, 내가 폐부와 마음을 살피는 이인 것을
알게 될 것이다. 내가 너희 각 사람에게 너희의 행위(들)를 따라 줄(갚을) 것이다.

<table>
<tr><td>καὶ τὰ τέκνα
자녀들을 And ~ children</td><td>πᾶσαι αἱ ἐκκλησίαι
모든 교회(들)는 all the churches</td></tr>
<tr><td>αὐτῆς
그녀의 her</td><td>ὅτι ἐγώ[3]
내가 ~ 것을 that</td></tr>
<tr><td>ἀποκτενῶ[1]
내가 ~ 죽일 것이다. I will kill</td><td>εἰμι
~라는 I am</td></tr>
<tr><td>ἐν θανάτῳ.
(죽음에 이르게) (into death)</td><td>ὁ ἐραυνῶν[4]
살피는 자 he who searches</td></tr>
<tr><td>καὶ γνώσονται[2]
그래서 ~ 알게 될 것이다. And ~ will know</td><td>νεφροὺς[5]
(사람의) 속과/폐부와 (inner) minds</td></tr>
</table>

καὶ καρδίας,
마음을 and hearts

καὶ δώσω
또 내가 ~ 줄 것이다. and I will give

ὑμῖν ἑκάστῳ[6]
너희 각 사람에게 to each of you

κατὰ τὰ ἔργα[7]
행위들/일들에 따라/행한 대로
according to ~ works/ deeds

ὑμῶν.
너희(의) your

---

1. ἀποκτενῶ: '내가 죽일 것이다'. 유음동사 ἀποκτείνω(죽이다)는 미래에서 모음이 짧아지고(ει > ε), 유음 ν 때문에 미래어미의 σ 생략, έ 첨가된 후, 단축이 일어났다(έ + ω = ῶ).

2. ἀποκτενῶ ... καὶ γνώσονται ... καὶ δώσω: 미래에 대한 약속으로 세 개의 미래형 동사(죽일 것이다, 알 것이다, 줄 것이다)가 쓰였다. γινώσκω(안다, 알게 되다) > γνώμη(의도, 의견, 의지, 결정), γνωρίζω(알게 하다), γνῶσις(지식), γνώστης(전문가, 숙련인), γνωστός(알려진).

3. ἐγώ εἰμι: ἐγώ εἰμι 강조적 표현.

4. ἐραυνῶν: ἐραυνάω 또는 ἐρευνάω(알렉산더 이전)로 쓰이는데 '찾다, 추구하다, 묻다'의 뜻(Thayer).

5. νεφροὺς καὶ καρδίας: νεφρός(신장)은 신약에서 속의 뜻, 생각, 목적, 감정 등을 가리키는데 καρδία(마음)와 함께 자주 쓰인다(시 7:10; 렘 11:20; 17:10; LN, Thayer).

6. ἑκάστῳ: '각 사람에게'. ἕκαστος(each, every), ἑκάστοτε(언제나, 항상).

7. κατὰ τὰ ἔργα: 심판의 근거인 '행한(행위) 대로'는 롬 2:6; 고후 11:15; 딤후 1:9; 4:14; 계 2:23; 18:6; 20:12, 13에 나온다.

계 2:24

ὑμῖν δὲ λέγω τοῖς λοιποῖς τοῖς ἐν Θυατείροις, ὅσοι οὐκ ἔχουσιν τὴν διδαχὴν ταύτην, οἵτινες οὐκ ἔγνωσαν τὰ βαθέα τοῦ σατανᾶ ὡς λέγουσιν· οὐ βάλλω ἐφ' ὑμᾶς ἄλλο βάρος,

그러나 두아디라에 남아 있는 너희, 즉 그 교훈을 받지 않은 이들과 그들이 말하는 사탄의 깊은 것(들)을 알지 못하는 이들에게 내가 말한다. 내가 너희에게 다른 짐을 지울 것이 없다.

ὑμῖν δὲ
그러나 ~ 너희, But ~ to you

λέγω
내가 ~ 말한다. I say

τοῖς λοιποῖς[1]
남아 있는 자들, the rest of you

τοῖς ἐν Θυατείροις,
두아디라에 in Thyatira

ὅσοι[2] οὐκ ἔχουσιν
즉, ~ 갖지/받지 않은 자들,
who do not have/ hold

τὴν διδαχὴν ταύτην,
이 교훈/가르침을 this teaching

οἵτινες οὐκ ἔγνωσαν
알지 못하는 자들에게 who have not known

τὰ βαθέα[3]
깊은 것(들)을 the deep things

τοῦ σατανᾶ
사탄의 of Satan

ὡς λέγουσιν·
그들이 말하는 것과 같은
as they call them

οὐ βάλλω
내가 ~ 지울 것이 없다. I do not lay

ἐφ' ὑμᾶς
너희에게 upon you

ἄλλο βάρος,[4]
다른 짐을 any other burden

---

1. τοῖς λοιποῖς: '남은 자들에게'. λοιπός(남은 것/자) < λείπω(남기다). 사람(남은 자들)을 가리킬 때 주

εἰμί
동직.현능.1단
ὁ
관.주.남단
ἐραυνάω
동분.현능.주남단
νεφρός
명.목.남복
καί
접.등
καρδία
명.목.여복
καί
접.등
δίδωμι
동직.미능.1단
σύ
대인칭.여.-복
ἕκαστος
형부정.여.남단
κατά
전.목
ὁ
관.목.중복
ἔργον
명.목.중복
σύ
대인칭.소.-복

24
σύ
대인칭.여.-복
δέ
접.등
λέγω
동직.현능.1단
ὁ
관.여.남복
λοιπός
형일반.여.남복
ὁ
관.여.남복
ἐν
전.여
Θυάτιρα
명.여.중복
ὅσος
대관계.주.남복
οὐ
부
ἔχω
동직.현능.3복
ὁ
관.목.여단
διδαχή
명.목.여단
οὗτος
대지시.목.여단
ὅστις
대관계.주.남복
οὐ
부
γινώσκω
동직.과능.3복
ὁ
관.목.중복
βαθύς
형일반.목.중복
ὁ
관.소.남단
Σατανᾶς
명.소.남단

로 복수로 사용된다(예, 2:24; 9:20; 11:13; 12:17; 19:21; 20:5).

2. ὅσοι ... οἵτινες: 관계대명사 복수 ὅσοι(ὅσος, as many as)와 οἵτινες(ὅστις, whoever)의 연속적 사용은 강조적 의미('~하는 자들은 누구든지')이다.

3. βαθέα: βαθύς, εῖα, ύ(깊은)의 목적격 중복. 남성(3변화) βαθύς(m), βαθέως, βαθεῖ, βαθύν(sg); βαθεῖς, βαθέων, βαθέσι, βαθεῖς(pl). 여성(1변화) βαθεῖα(f), βαθείας, βαθείᾳ, βαθεῖαν(sg); βαθεῖαι, βαθειῶν, βαθείαις, βαθείας(pl). 중성(3변화) βαθύ(n), βαθέως, βαθεῖ, βαθύ(sg); βαθέα, βαθέων, βαθέσι, βαθέα(pl). 동족어, βαθέως(깊게), βάθος(깊이, 빈곤), βαθύνω(깊게 하다).

4. τὰ βαθέα ... ἄλλο βάρος: βαθέα(깊은 것들)과 βάρος(다른 짐)은 일종의 단어 유희이다. 발음이 비슷하고 어구의 음절수(4)가 같다.

계 2:25

25
πλήν
접·동
ὅς
대관계.목.중단
ἔχω
동직.현능.2복
κρατέω
동명.과능.2복
ἄχρι
전·소
ὅς
대관계.소.중단
ἄν
조사
ἥκω
동가.과능.1단/
동직.미능.1단

πλὴν ὃ ἔχετε κρατήσατε ἄχρι[ς] οὗ ἂν ἥξω.

다만, 내가 올 때까지 너희가 갖고 있는 것을 붙잡으라.

―――――

πλὴν[1]
그러나/다만 But/ Nevertheless

ὃ ἔχετε
너희가 갖고 있는 것을 what you have

κρατήσατε[2]
굳게 잡으라. hold fast

ἄχρι[ς] οὗ ἂν[3] ἥξω.[4]
내가 올 때까지 until I come

―――――

1. πλὴν: 접속사 역할의 부사 πλὴν(however, but, except)은 여기서 '그러나, 다만'의 뜻이다.

2. κρατήσατε: '굳게 잡으라'. κρατέω(붙잡다, 잡다)는 일곱 교회 말씀에 자주 강조된다(2:1, 13, 14, 15, 25; 3:11). 부정과거 명령법 2복 어미 σατε 앞에서 ε가 η로 길어졌다. Wallace는 ἄχρι와 함께 하는 부정과거는 진행적(progressive) 의미가 있을 수 있지 않느냐는 질문을 던진다(Wallace, 568).

3. ἄχρι[ς] οὗ ἂν: ἄχρι οὗ ἂν (+ 절) 또는 ἄχρι οὗ (+ 절)는 '~때까지, until'의 뜻이다(행 7:18; 고전 15:25).

4. ἥξω: '내가 올 것이다'. ἥκω(온다, 왔다[have come], 일어난다). '일어나다(happen)'의 경우는 주로 미래적인 의미로 쓰인다(요 2:4; 벧후 3:10; Friberg).

계 2:26

26
καί
접·동
ὁ
관·주·남단
νικάω
동분.현능·주남단
καί
접·동
ὁ
관·주·남단
τηρέω
동분.현능·주남단
ἄχρι
전·소
τέλος
명.소·중단
ὁ
관·목·중복
ἔργον
명.목·중복
ἐγώ
대인칭·소·-단
δίδωμι
동직.미능.1단

Καὶ ὁ νικῶν καὶ ὁ τηρῶν ἄχρι τέλους τὰ ἔργα μου, δώσω αὐτῷ ἐξουσίαν ἐπὶ τῶν ἐθνῶν

이기는 자와 끝까지 나의 일(들)을 지키는 자, 그에게 내가 만국(열방) 위의 권세를 줄 것이다.

―――――

Καὶ ὁ νικῶν[1-2]
이기는 자와 And he who overcomes

καὶ ὁ τηρῶν
지키는 자는 and he who keeps

ἄχρι τέλους[3]
끝까지 until the end

τὰ ἔργα
행위(들)/일(들)을 works/ deeds

μου,

나의 my

δώσω
줄 것이다. I will give

αὐτῷ
그에게 him

ἐξουσίαν[4]
권세를 authority

ἐπὶ τῶν ἐθνῶν[5]
민족들/열방들 위의 (~을 다스리는)
over the nations

αὐτός
대인칭.여.남단
ἐξουσία
명.목.여단
ἐπί
전.소
ὁ
관.소.중복
ἔθνος
명.소.중복

1. ὁ νικῶν καὶ ὁ τηρῶν …: '이기는 자는 또 지키는 자는'; 독립적(independent) 주격이다. 이어지는 문장의 술어 δώσω (내가 줄 것이다)의 주어가 달라진다. 독립적 주격 명사/분사는 보통 이어지는 문장의 다른 격의 대명사와 관련되는데, 여기서는 간접목적어 αὐτῷ(그에게)이다. 이런 경우를 nominative pendens(현수적 주격)라고도 한다. 보통 주격 부분이 강조된다(Wallace, 52).
2. ὁ νικῶν: '이기는 자는'. 현재분사 νικῶν = νικά + ων.
3. ἄχρι τέλους: ἄχρι + 소유격(τέλους), '끝까지, 끝이 될 때까지'. τέλος, τέλους, τέλει, τέλος.
4. ἐξουσίαν: ἐξουσία(권세, 능력) < ἔξεστι(ν)(합당하다, 적합하다) = ἐξ(ἐκ, from) + εστι(εἶμι, be).
5. ἐθνῶν: 단수는 민족/나라, 복수로는 열방/열국(또는 이방[인들])이다. 3변화 ἔθνος, ἔθνους, ἔθνει, ἔθνος(sg); ἔθνη, ἐθνῶν, ἔθνεσιν, ἔθνη(pl).

계 2:27

27
καί
접.동
ποιμαίνω
동직.미능.3단
αὐτός
대인칭.목.남복
ἐν
전.여
ῥάβδος
명.여.여단
σιδηροῦς
형일반.여.여단
ὡς
접.종
ὁ
관.주.중복
σκεῦος
명.주.중복
ὁ
관.주.중복
κεραμικός
형일반.주.중복
συντρίβω
동직.현수.3단

καὶ ποιμανεῖ αὐτοὺς ἐν ῥάβδῳ σιδηρᾷ ὡς τὰ σκεύη τὰ κεραμικὰ συντρίβεται,

철장으로 질그릇을 부수듯이, 그가 그들을 이끌 것이다.

καὶ ποιμανεῖ[1]
또 ~ 목양할/다스릴/이끌 것이다. and he will rule

αὐτοὺς
그들을 them

ἐν ῥάβδῳ
~장/지팡이로 with a rod

σιδηρᾷ[2]
철~/철로 만든 of iron

ὡς τὰ σκεύη
그릇을 ~ 것 같이 as the vessels

τὰ κεραμικὰ[3]
질~/도기로 된 of the potter

συντρίβεται,[4]
부수는 ~ are broken to pieces

1. ποιμανεῖ: '목양할/다스릴 것이다'. 유음동사 ποιμαίνω(먹이다, 목양하다, 다스리다)가 미래에서 모음 ι 생략, 미래어미의 σ 대신에 ε 첨가, 단축이 일어났다(έ + ει = εῖ). ποιμήν(목자), ποίμνη/ποίμνιον(양 떼).
2. ἐν ῥάβδῳ σιδηρᾷ: '철로 된 지팡이'는 견고한 왕권을 가리킨다(12:5; 특히 19:15); 수단의 여격('철로 된 지팡이로').
3. κεραμικὰ: κεραμικός(진흙/점토로 된)에서 ceramic(도자기)이 나온다. κεραμεύς(도공), κεράμιον(도기), κέραμος(진흙/점토).
4. συντρίβεται: '부수어진다'. ὡς τὰ σκεύη συντρίβεται는 '그릇(들)이 부수어지듯이'. συν(together, completely) + τρίβω(문지르다) = συντρίβω(함께 문지르다, 부서뜨리다, 조각내다). 중성 복수(τὰ σκεύη)는 3단과 3복을 모두 술어로 취할 수 있다.

계 2:28

28
ὡς
부
καί+ἐγώ
부+대인칭.주-단
λαμβάνω
동직.완능.1단
παρά
전.소

ὡς κἀγὼ εἴληφα παρὰ τοῦ πατρός μου, καὶ δώσω αὐτῷ τὸν ἀστέρα τὸν πρωϊνόν.

내가 내 아버지로부터 받은 것 같이, 내가 그에게 샛별을 줄 것이다.

ὁ
관.소.남단
πατήρ
명.소.남단
ἐγώ
대인칭.소.-단
καί
접.등
δίδωμι
동직.미능.1단
αὐτός
대인칭.여.남단
ὁ
관.목.남단
ἀστήρ
명.목.남단
ὁ
관.목.남단
πρωϊνός
형일반.목.남단

ὡς κἀγὼ
내가 ~ 것 같이 Just as I
εἴληφα[1]
받은 received
παρὰ τοῦ πατρός
아버지로부터 from ~ Father
μου,
나의 my

καὶ δώσω
또한 ~ 줄 것이다. I will also give
αὐτῷ
그에게 him
τὸν ἀστέρα
별을 the ~ star
τὸν πρωϊνόν.[2]
샛~/이른 아침의 morning

---

1. εἴληφα: '받았다'. 상태와 결과의 지속성을 부각하는 현재완료(결과적)일 것이다.
2. τὸν ἀστέρα τὸν πρωϊνόν: '이른 별'(샛별)은 새벽녘에 보이는 별(금성)이다. 예수 자신을 가리키는 표현이기도 하다(22:16). πρωϊνός(이른, 이른 아침의)는 신약에서 계 2:28; 22:16에만 나온다(구약 LXX에는 10회). πρωΐ(일찍), πρώϊμος(이른).

계 2:29

29
ὁ
관.주.남단
ἔχω
동분.현능.주남단
οὖς
명.목.중단
ἀκούω
동명.과능.3단
τίς
대의문.목.중단
ὁ
관.주.중단
πνεῦμα
명.주.중단
λέγω
동직.현능.3단
ὁ
관.여.여복
ἐκκλησία
명.여.여복

Ὁ ἔχων οὖς ἀκουσάτω τί τὸ πνεῦμα λέγει ταῖς ἐκκλησίαις.
귀 있는 자는 성령이 교회들에게 말씀하시는 것을 들으라.'

Ὁ ἔχων
가지고 있는 자는 He who has
οὖς
귀를 an ear
ἀκουσάτω
듣게 하라. let him hear
τί
⸱⸱ 것을 what

τὸ πνεῦμα
성령이 the Spirit
λέγει
말씀하시는 ~ says
ταῖς ἐκκλησίαις.
교회들에게 to the churches.

요한계시록 3장

계 3:1

Καὶ τῷ ἀγγέλῳ τῆς ἐν Σάρδεσιν ἐκκλησίας γράψον· Τάδε λέγει ὁ ἔχων τὰ ἑπτὰ πνεύματα τοῦ θεοῦ καὶ τοὺς ἑπτὰ ἀστέρας· οἶδά σου τὰ ἔργα ὅτι ὄνομα ἔχεις ὅτι ζῇς, καὶ νεκρὸς εἶ.

> 사데에 있는 교회의 사자(천사)에게 쓰라. 하나님의 일곱 영과 일곱 별을 가지고 있는 이가 이것들을 말한다. '나는 너의 행위(들)를 안다. 즉, 네가 살아 있다는 이름을 가졌으나 죽은 자이다.

Καὶ τῷ ἀγγέλῳ
또 사자(전령)/천사에게 And ~ to the angel
  τῆς ἐν Σάρδεσιν[1] ἐκκλησίας
  사데에 있는 교회의 of the church in Sadis
γράψον·
쓰라. write
  Τάδε
  이것(들)을 these things
λέγει
말씀하신다. says
ὁ ἔχων
가지고 계신 이가 He who has
  τὰ ἑπτὰ πνεύματα
  일곱 영과 the seven Spirits
    τοῦ θεοῦ
    하나님의 of God
  καὶ τοὺς ἑπτὰ ἀστέρας·
  일곱 별과 and the seven stars

οἶδά
내가 안다. I know
  σου
  네 your
  τὰ ἔργα
  행위들/일들을 works/ deeds
ὅτι
즉, that
  ὄνομα
  이름을 a name
ἔχεις
가졌으나 you have
  ὅτι ζῇς,[2]
  살아 있다는 that you are alive
  καὶ νεκρὸς
  죽은 자~ but ~ dead
εἶ.
~이다. you are

---

1. Σάρδεσιν: 사데(Σάρδεις)의 이름은 홍옥수(sard, sardius)와 관련이 있다.
2. ὅτι ζῇς: ὄνομα(이름)를 수식하는 형용사절이다. 직설법(현) 단수, ζῶ(ά + ω), ζῇς(ά + εις), ζῇ(ά + ει).

계 3:2

γίνου γρηγορῶν καὶ στήρισον τὰ λοιπὰ ἃ ἔμελλον ἀποθανεῖν, οὐ γὰρ εὕρηκά σου τὰ ἔργα πεπληρωμένα ἐνώπιον τοῦ θεοῦ μου.

> 깨어 있으라. 곧 죽게 된, 그 남은 것들을 굳게 하라. 내 하나님 앞에, 온전하게 된 너의 행위(들)를 발견하지 못하였기 때문이다.

1
καί
접.등
ὁ
관.여.남단
ἄγγελος
명.여.남단
ὁ
관.소.여단
ἐν
전.여
Σάρδεις
명.여.여복
ἐκκλησία
명.소.여단
γράφω
동/명.과능.2단
ὅδε
대지시.목.중복
λέγω
동직.현능.3단
ὁ
관.주.남단
ἔχω
동분.현능.주남단
ὁ
관.목.중복
ἑπτά
형기수
πνεῦμα
명.목.중복
ὁ
관.소.남단
θεός
명.소.남단
καί
접.등
ὁ
관.목.남복
ἑπτά
형기수
ἀστήρ
명.목.남복
οἶδα
동직.완능.1단
σύ
대인칭.소.-단
ὁ
관.목.중복
ἔργον
명.목.중복
ὅτι
접.종
ὄνομα
명.목.중단
ἔχω
동직.현능.2단
ὅτι
접.종
ζάω
동직.현능.2단
καί
접.등
νεκρός
형일반.주.남단
εἰμί
동직.현능.2단

2
γίνομαι
동명 현중.2단
γρηγορέω
동분 현능.주남
단
καί
접등
στηρίζω
동명.과능.2단
ὁ
관 목.중복
λοιπός
형일반 목 중복
ὅς
대관계 주 중복
μέλλω
동직.미완능3복
ἀποθνήσκω
동부 과능
οὐ
부
γάρ
접등
εὑρίσκω
동직 완능.1단
σύ
대인칭소.-단
ὁ
관목.중복
ἔργον
명 목 중복
πληρόω
동분완수목중복
ἐνώπιον
전소
ὁ
관 소남단
θεός
명 소남단
ἐγώ
대인칭소.-단

γίνου
있으라/~있게 되라. Be
γρηγορῶν[1]
깨어 watchful
καὶ στήρισον[2]
또 ~ 굳게 하라. and strengthen
τὰ λοιπὰ
남은 것(들)을 what remains
ἃ ἔμελλον[3]
곧, ~된/하는 that are about
ἀποθανεῖν,[4]
죽게/죽으려 to die
οὐ γὰρ εὕρηκά[5]
발견하지/찾지 못했기 때문이다. For I have not found

σου
네 your
τὰ ἔργα
행위들/일들을 works/ deeds
πεπληρωμένα[6]
이뤄진/온전하게 된 completed
ἐνώπιον τοῦ θεοῦ
하나님 앞에서
in the sight of ~ God
μου.
내 my

---

1. γίνου γρηγορῶν: 문자적, '깨어 있는 상태로 있으라'. 주님은 '깨어 있으라'고 자주 말씀하셨다(마 24:42; 25:13; 26:38, 41; 막 13:35, 37; 14:34, 38). γρηγορέω(깨다, 깨어 지키다), 현재분사 γρηγορῶν = γρηγορέ + ων. KMP는 γίνου가 εἰμί 동사의 ἴσθι(명령법 2단) 대신 쓰였다고 보고 현재 우언법 (periphrastic)으로 간주한다(KMP, 341).
2. στήρισον: '굳게 하라'; στηρι + σον. 부정과거 명령법 2단 어미 σον 앞에서 ζ가 생략되었다. στηρίζω(세우다, 고정하다, 정착시키다), στηριγμός(견고함, 고정).
3. ἃ ἔμελλον: 관계대명사 ἃ의 선행사는 '남은 것들'(τὰ λοιπά)이다(형용사절). μέλλω(be about to)는 대부분 부정사를 목적어로 한다.
4. ἀποθανεῖν: ἀποθνήσκω(죽다)의 부정과거 어간은 ἀποθαν이다. ειν이 붙어 부정사가 되었다.
5. εὕρηκά σου: εὑρίσκω(발견하다, 찾다)의 현재완료 εὕρηκα에 애큐트(acute)가 둘이 되어 뒤에 오는 σου를 포용한다.
6. πεπληρωμένα: 현재완료(수) 분사 πεπληρωμένα는 수행된 결과를 가리킨다. πληρόω([가득] 채우다, 성취하다, 완성하다) > πλήρωμα(채워진 것/채우는 것, 충만), πλήρης(가득한, 충만한), πληροθορία(충만함, 풍부), πληροφορέω(가득 가져오다, 가득 채우다).

계 3:3

3
μνημονεύω
동명 현능.2단
οὖν
접등
πῶς
부
λαμβάνω
동직 완능.2단
καί
접등
ἀκούω
동직 과능.2단
καί
접등
τηρέω
동명 현능.2단
καί
접등
μετανοέω
동명 과능.2단
ἐάν
접종
οὖν
접등
μή
조사

μνημόνευε οὖν πῶς εἴληφας καὶ ἤκουσας καὶ τήρει καὶ μετανόησον. ἐὰν οὖν μὴ γρηγορήσῃς, ἥξω ὡς κλέπτης, καὶ οὐ μὴ γνῷς ποίαν ὥραν ἥξω ἐπὶ σέ.

그러므로 네가 어떻게 받았고 들었는지 생각하라. 이를 지키라. 그리고 회개하라. 만일 네가 깨어 있지 않으면, 내가 도적 같이 올 것이다. 어느 시간에 네게로 올 지 네가 결코 알지 못할 것이다.

μνημόνευε οὖν
그러므로 ~ 생각하고 Remember therefore
πῶς
어떻게 what
εἴληφας[1]
받았고 you received
καὶ ἤκουσας
들었는지 and heard

καὶ τήρει[2]
지키며 and keep
καὶ μετανόησον.
회개하라/돌이키라. and repent
ἐὰν οὖν μὴ γρηγορήσῃς,[3]
(그러므로) 만일 깨어 있지 않으면
If (therefore) you will not watch/ awake
ἥξω
내가 ~ 올 것이다. I will come

ὡς κλέπτης,[4]
도적/도둑 같이 like a thief
καὶ οὐ μὴ γνῷς[5]
또 ~ 네가 결코 알지 못할 것이다. and you will not know
ποίαν ὥραν
어느 시간에 at what hour

ἥξω[6]
내가 올지 I will come
ἐπὶ σέ.
네게 upon/to you

γρηγορέω
동.가.현능.2단
ἥκω
동직.미능.1단
ὡς
접.종
κλέπτης
명.주.남단
καί
접.등
οὐ
부
μή
조사
γινώσκω
동.가.능.2단
ποῖος
형의문.목.여단
ὥρα
명.목.여단
ἥκω
동직.미능.1단
ἐπί
전.목
σύ
대인칭.목.-단

1. εἴληφας καὶ ἤκουσας: '받았고 들었다'. 현재완료 εἴληφας(받았다)는 과정적 의미, 부정과거 ἤκουσας(들었다)는 경험적 의미에 초점을 둔 것일 수 있다.
2. τήρει: τηρέω(지키다)의 명령법(현) 2단은 ε + ε = ει의 축약이 일어난다. 액센트 위치로 직설법(현) 3 단(τηρεῖ)과 차별된다.
3. ἐὰν οὖν μὴ γρηγορήσῃς: '그러므로 만일 깨어 있지 않으면'. ἐὰν-절(가정법동사) + 주절(미래동사)은 미래에 있을 만한 일을 가정한다.
4. κλέπτης: κλέπτης(도둑), κλέπτω(훔치다).
5. οὐ μὴ γνῷς: '결코 알지 못할 것이다'. οὐ μὴ + 부정과거 가정법은 가장 강한 부정을 위한 것이다 (Wallace, 468-469).
6. ποίαν ὥραν ἥξω: '어느 시간에 내가 올지'는 그리스도의 평소의 말씀과 일치한다(마 24:42-44; 25:13; 눅 12:39-40). ἥκω가 미래에서 ἥξω가 된다(κ + σ = ξ).

계 3:4

ἀλλ᾽ ἔχεις ὀλίγα ὀνόματα ἐν Σάρδεσιν ἃ οὐκ ἐμόλυναν τὰ ἱμάτια αὐτῶν, καὶ περιπατήσουσιν μετ᾽ ἐμοῦ ἐν λευκοῖς, ὅτι ἄξιοί εἰσιν.

그러나 사데에 그들의 옷을 더럽히지 않은 적은 수의 사람(이름)들을 네가 보유하고(가지고) 있다. 그들이 흰 옷을 입고 나와 함께 다닐 것이다. 이것이 그들에게 합당하기 때문이다.

ἀλλ᾽ ἔχεις
그러나 너는 ~ 가지고 있다. But you have
ὀλίγα ὀνόματα[1]
적은 이름(들)을/적은 수의 사람들을/몇 사람을
a few names/ people
ἐν Σάρδεσιν
사데에 in Sardis
ἃ οὐκ ἐμόλυναν[2]
더럽히지 않은 who have not soiled
τὰ ἱμάτια[3]
옷들을 garments/ clothes
αὐτῶν,
그들의 their

καὶ περιπατήσουσιν[4]
그들은 ~ 다닐/거닐 것이다. and they will walk
μετ᾽ ἐμοῦ
나와 함께 with me
ἐν λευκοῖς,[5]
흰 옷(들)을 입고 dressed in white
ὅτι
~ 때문이다. for
ἄξιοί[6]
합당한/적절한 worthy
εἰσιν.
그들에게 ~하기 they are

ἀλλά
접.등
ἔχω
동직.현능.2단
ὀλίγος
형일반.목.중복
ὄνομα
명.목.중복
ἐν
전.여
Σάρδεις
명직.여복
ὅς
대관계.주.중복
οὐ
부
μολύνω
동직.능.3복
ὁ
관.목.중복
ἱμάτιον
명.목.중복
αὐτός
대인칭.소.남복/
대인칭.소.중복
καί
접.등
περιπατέω
동직.미능.3복
μετά
전.소
ἐγώ
대인칭.소.-단
ἐν
전.여
λευκός
형일반.여.여복
ὅτι
접.종
ἄξιος
형일반.주.남복
εἰμί
동직.현능.3복

1. ὀλίγα ὀνόματα: '적은 수의 사람들'을 가리킨다. ὄνομα(이름)가 복수(ὀνόματα)로 쓰일 때 '이름을 불러 합산된 사람들'을 가리키기도 한다(행 1:15; 계 11:13, Thayer).
2. ἃ οὐκ ἐμόλυναν: '더럽혀지지 않은'. 관계대명사 ἃ의 선행사는 ὀνόματα이다. μολύνω(더럽히다, 훼손하다), μολυσμός(더럽힘, 오염). 유음동사 μολύνω의 부정과거는 어간의 ν 뒤에서 부정과거 어미의 σ가 탈락하였다(유음동사).
3. ἱμάτια: ἱμάτιον은 겉옷으로 안에 입는 χίτων과 구별된다. χίτων 위에 ἱμάτιον을 입는다.

4. περιπατήσουσιν: '그들은 다닐/거닐 것이다'. σ 앞에서 ε가 η로 길어졌다. 단어의 의미는 2:1 해설 참조.

5. ἐν λευκοῖς: '흰 옷을 입고'(cf. 요 20:12).

6. ἄξιοί εἰσιν: '합당하다'. 액센트가 없는 εἰσιν 때문에 ἄξιοί에 애큐트를 덧붙였다. ἄξιος(합당한, 적합한), ἀξιόω(합당하게/맞게 생각하다), ἀξίως(적합하게, 마땅히).

계 3:5

Ὁ νικῶν οὕτως περιβαλεῖται ἐν ἱματίοις λευκοῖς καὶ οὐ μὴ ἐξαλείψω τὸ ὄνομα αὐτοῦ ἐκ τῆς βίβλου τῆς ζωῆς καὶ ὁμολογήσω τὸ ὄνομα αὐτοῦ ἐνώπιον τοῦ πατρός μου καὶ ἐνώπιον τῶν ἀγγέλων αὐτοῦ.

이기는 자는 이와 같이 흰 옷을 입을 것이다. 내가 그의 이름을 생명책(생명의 두루마리)에서 지우지 않을 것이다. 또한 내가 그의 이름을, 내 아버지 앞과 그의 천사들 앞에서 시인할 것이다.

왼쪽 여백 파싱:

5
ὁ 관주 남단
νικάω 동분현능주남단
οὕτω 부
περιβάλλω 동직 미중 3단
ἐν 전.여
ἱμάτιον 명.여.중복
λευκός 형일반 여 중복
καί 접.등
οὐ 부
μή 조사
ἐξαλείφω 동직.미능.1단
ὁ 관목.중단
ὄνομα 명.목.중단
αὐτός 대인칭 소 남단
ἐκ 전.소
ὁ 관소.여단
βίβλος 명.소.여단
ὁ 관소.여단
ζωή 명.소.여단
καί 접.등
ὁμολογέω 동직.미능.1단
ὁ 관목.중단
ὄνομα 명.목.중단
αὐτός 대인칭 소 남단
ἐνώπιον 전.소
ὁ 관소.남단
πατήρ 명.소.남단
ἐγώ 대인칭 소 -단
καί 접.등
ἐνώπιον 전.소
ὁ 관소.남복
ἄγγελος 명.소.남복
αὐτός 대인칭 소 남단

Ὁ νικῶν
이기는 자는 He who overcomes

οὕτως
이와 같이 likewise/ thus

περιβαλεῖται[1]
입을 것이고 will be dressed

ἐν ἱματίοις
옷(들)을 in ~ garments

λευκοῖς
흰 white ~

καὶ οὐ μὴ ἐξαλείψω[2]
내가 ~ 지우지 않을 것이다. and I will not blot out

τὸ ὄνομα
이름을 ~ name

αὐτοῦ
그의 his

ἐκ τῆς βίβλου
두루마리/책에서 out of the book

τῆς ζωῆς
생명(의) of life

καὶ ὁμολογήσω[3]
또한 ~ 시인/인정할 것이다. and confess/acknowledge

τὸ ὄνομα
이름을 name

αὐτοῦ
그의 his

ἐνώπιον τοῦ πατρός
아버지 앞과 before ~ Father

μου
내 my

καὶ ἐνώπιον τῶν ἀγγέλων
천사들 앞에서 and before ~ angels

αὐτοῦ.
그의 his

---

1. περιβαλεῖται: '입을 것이다'; περι + βαλ(어간) + σεται > περι + βαλ + ε(매개모음) + εται. 미래(중) 3단 περιβαλεῖται는 유음동사로 미래 어미 σ가 λ 앞에서 탈락하고 그 보상으로 매개모음 ε가 들어간 후 단축이 일어났다(ε + ε = ει). περιβάλλω(입다, 두르다, 에워싸다) = περί(둘레에) + βάλλω(던지다, 감다). Wallace는 사역(causative) 중간태의 예('[he] will cause himself to be clothed')로 든다 (Wallace, 424).

2. οὐ μὴ ἐξαλείψω: '(내가) 결코 지우지 않을 것이다'; ἐξαλείφ + σω; φ + σ = ψ. 부정의 의지를 강조한다. ἐκ(완전히) + αλείφω(기름을 바르다) = ἐξαλείφω(온통 바르다, 완전히 없애다/제거하다).

3. ὁμολογήσω τὸ ὄνομα αὐτοῦ: '내가 그의 이름을 시인할 것이다'; ὁμολογήσω = ὁμολογέ + σω. 그리스도의 말씀(마 7:23; 10:32; 눅 12:8) 참고. ὁμολογέω(시인하다, 고백하다) < ὁμόλογος(함께 말함, 동의함); LSJ > ὁμολογία(시인, 인정, 고백), ὁμολογουμένως(이구동성으로, 자인하는 것과 같이).

계 3:6

Ὁ ἔχων **οὖς** ἀκουσάτω τί τὸ πνεῦμα λέγει **ταῖς ἐκκλησίαις.**

귀 있는 자는 성령이 교회들에게 말씀하시는 것을 들으라.'

Ὁ ἔχων[1]
가지고 있는 자는 He who has
  οὖς
  귀를 an ear
  ἀκουσάτω
  듣게 하라. let him hear
    τί
    ~ 것을 what

τὸ πνεῦμα
성령께서 the Spirit
  λέγει
  말씀하시는 ~ says
  ταῖς ἐκκλησίαις.
  교회들에게 to the churches

1. Ὁ ἔχων ... ἀκουσάτω: '가지고 있는 자는/로 … 들으라/듣게 하라'. 3단 명령법은 '그로 듣게 하라'(let him hear) 또는 '~는 ~ 하라'(Hear [it]!; 2단 명령법처럼)로 번역할 수 있지만, 당위적 명령(must/should)에 해당된다('I command him to ...', Wallace, 486).

계 3:7

Καὶ τῷ ἀγγέλῳ τῆς ἐν Φιλαδελφείᾳ ἐκκλησίας γράψον· Τάδε λέγει ὁ ἅγιος, ὁ ἀληθινός, ὁ ἔχων τὴν κλεῖν Δαυίδ, ὁ ἀνοίγων καὶ οὐδεὶς κλείσει καὶ κλείων καὶ οὐδεὶς ἀνοίγει·

빌라델비아에 있는 교회의 사자(천사)에게 쓰라. 거룩한 이, 참된 이, 다윗의 열쇠를 가진 이, 그가 열면 아무도 닫을 수 없고 그가 닫으면 아무도 열 수 없는 이가 이것들을 말한다.

Καὶ τῷ ἀγγέλῳ
또 ~ 사자(전령)/천사에게 And ~ to the angel
  τῆς ἐν Φιλαδελφείᾳ[1] ἐκκλησίας
  빌라델비아에 있는 교회의
  of the church in Philadelphia
γράψον·
쓰라. write
  Τάδε
  이것(들)을 these things
λέγει
말씀하셨다. says
ὁ ἅγιος,[2]
거룩하신 이, He who is holy
ὁ ἀληθινός,[3]
참되신 이, who is true,
ὁ ἔχων
가지고 계신 이, who has

τὴν κλεῖν
열쇠를 the key
  Δαυίδ,[4]
  다윗의 of David
ὁ
~ 이가 who
  ἀνοίγων[5-6]
  열면 opens
  καὶ οὐδεὶς
  아무도 and no one
    κλείσει[7]
    닫을 수 없고 will shut
  καὶ κλείων
  닫으면 and who shuts
  καὶ οὐδεὶς
  아무도 no one
    ἀνοίγει·
    열 수 없는 opens

1. Φιλαδελφείᾳ: φιλ(φίλος, 사랑하는) + αδελφία(ἀδελφός, 형제).
2. ὁ ἅγιος: '거룩하신 분(이)'. 형용사 ἅγιος(거룩한, 경외할 만한)의 독립적 용법; '거룩하신 분'. ἁγιάζω(거룩하게 하다, 정화하다), ἁγιασμός(정화, 성화), ἁγιότης(거룩함, 신성함), ἁγιωσύνη(거룩성,

정결성).

3. ὁ ἀληθινός: 형용사 ἀληθινός(참된/진실된)의 독립적 용법; '참되신 분'. ἀλήθεια(진리, 참됨), ἀληθεύω(진실을 말하다/가르치다), ἀληθής(참인, 진실한), ἀληθῶς(참되게).

4. ὁ ἔχων τὴν κλεῖν Δαυίδ: '다윗의 열쇠를 가지신 분'은 1:18('죽음과 음부의 열쇠(들)를 가지신 분')과 관련된다.

5. ἀνοίγων: ἀνά(위로, 다시) + οἴγω(열다) = ἀνοίγω(열다, 펼치다) > ἄνοιξις(여는 것, opening).

6. ὁ ἀνοίγων καὶ οὐδεὶς κλείσει καὶ κλείων καὶ οὐδεὶς ἀνοίγει·: 문자적, '여시는 분, 그러나 아무도 닫을 수 없다. 닫으시는 분, 그러나 아무도 열 수 없다'.

7. κλείσει: '닫을 것이다'; κλεί + σει. κλείω(닫다), κλείς(열쇠, 키).

계 3:8

οἶδά σου τὰ ἔργα, ἰδοὺ δέδωκα ἐνώπιόν σου θύραν ἠνεῳγμένην, ἣν οὐδεὶς δύναται κλεῖσαι αὐτήν, ὅτι μικρὰν ἔχεις δύναμιν καὶ ἐτήρησάς μου τὸν λόγον καὶ οὐκ ἠρνήσω τὸ ὄνομά μου.

'나는 너의 행위(들)를 안다. 보라. 내가 네 앞에, 누구도 닫을 수 없는 열린 문을 두었다. 네가 적은 능력을 가지고도 내 말을 지켰고 내 이름을 부인하지 않았기 때문이다.

οἶδά
내가 ~ 안다. I know

σου
네 your

τὰ ἔργα,
행위들/일들은 works/ deeds

ἰδού
보라. Behold

δέδωκα[1]
내가 ~ 두었다. I have given/ set

ἐνώπιόν σου
네 앞에 before you

θύραν
문을 an ~ door

ἠνεῳγμένην,[2]
열린 open

ἣν[3] οὐδεὶς
아무도 ~ 없는 that no one

δύναται
~ 수 can

κλεῖσαι
닫을 ~ shut

αὐτήν,
(그것을) (it)

ὅτι
~ 때문이다. for

μικρὰν
적은 little

ἔχεις
네가 ~ 가지고 있으면서 you have

δύναμιν
능력/힘을 a ~ power

καὶ ἐτήρησάς[4]
지켰고 and have kept

μου
내 my

τὸν λόγον
말/말씀을 word

καὶ οὐκ ἠρνήσω
부인하지 않기 ~ and have not denied

τὸ ὄνομά
이름을 name

μου.
내 my

---

1. δέδωκα: '내가 두었다'. 결과적(resultative) 의미의 현재완료. 현재 δίδωμι 또는 διδῶ, 부정과거 ἔδωκα, 미래 δώσω, 현재완료 δέδωκα.

2. ἠνεῳγμένην: 현재완료분사 수동태('열린, 열려 있는'). ἀνοίγω의 현재완료(직)는 ἠνέῳγα이다.

3. ἣν:선행사는 θύραν(문)이다.

4. ἐτήρησάς μου: 후접하는 μου 때문에 ἐτήρησάς(ἐ + τηρε + σας)에 애큐트가 하나 더 첨가되었다.

계 3:9

ἰδοὺ διδῶ ἐκ τῆς συναγωγῆς τοῦ σατανᾶ τῶν λεγόντων ἑαυτοὺς Ἰουδαίους εἶναι, καὶ οὐκ εἰσὶν ἀλλὰ ψεύδονται. ἰδοὺ ποιήσω αὐτοὺς ἵνα ἥξουσιν καὶ προσκυνήσουσιν ἐνώπιον τῶν ποδῶν σου καὶ γνῶσιν ὅτι ἐγὼ ἠγάπησά σε.

보라. 내가, 사탄의 회당, 즉 스스로 유대인(들)이라 부르나 실제는 그렇지 않고 거짓을 말하는 자들 가운데 몇 명을 네게 주겠다. 보라. 내가 그들에게 행하여, 그들이 와서 네 발 앞에 절하게 할 것이다. 또한 내가 너를 사랑하는 것을 그들이 알게 할 것이다.

ἰδοὺ
보라. Behold

διδῶ[1]
내가 ~ 주겠다. I will cause/ make

　ἐκ τῆς συναγωγῆς[2]
　회당/집단에서 (몇을) those of the synagogue

　　τοῦ σατανᾶ
　　사탄의 of Satan

　　τῶν λεγόντων
　　부르는 who say

　　　ἑαυτοὺς
　　　스스로 (by themselves)

　　　Ἰουδαίους
　　　유대인(들)~ Jews

　　εἶναι,[3]
　　~이라고 that they are

καὶ οὐκ εἰσὶν
그런데 그들은 (유대인이) 아니고 and are not

ἀλλὰ ψεύδονται.[4]
도리어 거짓말하는 자들이다. but lie

ἰδοὺ
보라. Behold

ποιήσω
내가 ~ 하겠다. I will make

αὐτοὺς
그들을 them

ἵνα[5-6]
~ 있게 (to)

ἥξουσιν
그들이 와서 come

καὶ προσκυνήσουσιν
절하고 and bow

ἐνώπιον τῶν ποδῶν
발 앞에 before ~ feet

σου
네 your

καὶ γνῶσιν[7]
그들이 ~ 알 수 ~ and learn

ὅτι ἐγὼ[8]
내가 ~ 것을 that I

ἠγάπησά[9]
사랑하는 have loved

σε.
너를 you

---

1. διδῶ: '내가 준다/주겠다'. 미래적(futuristic) 현재이다. 현재(직) 1단은 δίδωμι 또는 διδῶ이다.
2. ἐκ τῆς συναγωγῆς: '회당에서부터 온 이들을'.
3. εἶναι: εἰμί(be) 동사가 목적어로 쓰일 때는 부정사가 된다.
4. ψεύδονται: '(그들이) 거짓말한다/거짓을 행한다'. ψεύδομαι(거짓말하다, 속이다), ψευδής(거짓의, 속이는), ψεῦδος/ψεῦσμα(거짓말, 거짓), ψεύστης(거짓말쟁이).
5. ἵνα ἥξουσιν: '그들이 오기 위해'. 목적의 ἵνα-부사절. ἥξουσιν(올 것이다) = ἥκ + σουσι(ν).
6. ἵνα ἥξουσιν καὶ προσκυνήσουσιν ... καὶ γνῶσιν: 요한문헌(특히 계시록)에 ἵνα + 직설법 미래가 자주 등장한다(Wallace, 699). 여기서는 앞의 두 개(ἥξουσιν, προσκυνήσουσιν)가 직설법 미래이고 마지막 것(γνῶσιν)이 가정법 부정과거이다. προσκυνήσουσιν = προσκυνέ + σουσιν < προς(앞에, 앞으로) + κυνέω(입을 대다, 키스하다) = προσκυνέω(절하다, 경배하다) > προσκυνητής(예배자).
7. γνῶσιν: γνο(부정과거 어간) + ῶσιν(가정법 3복 어미).
8. ὅτι ἐγὼ ...: '내가 ~ 것을'. γνῶσιν의 목적어가 되는 ὅτι-명사절. 1인칭 주격 '나'를 강조하기 위해 인칭대명사 1인칭 ἐγὼ가 사용된다.
9. ἠγάπησά σε: '너를 사랑하였다'. 후접된 σε 때문에 ἠγάπησα(ἐ + ἀγαπα + σα)에 애큐트가 하나 더 첨가된 것이다.

9
ἰδού
감탄
δίδωμι
동가.현능.1단
ἐκ
전.소
ὁ
관.소.여단
συναγωγή
명.소.여단
ὁ
관.소.남단
Σατανᾶς
명.소.남단
ὁ
관.소.남복
λέγω
동분.현능.소.남복
ἑαυτοῦ
대재귀.목.남복
Ἰουδαῖος
형.일반.목.남복
εἰμί
동부.현능
καί
접.등
σύ
부
εἰμί
동직.현능.3복
ἀλλά
접.등
ψεύδομαι
동직.현중.3복
ἰδού
감탄
ποιέω
동직.미능.1단
αὐτός
대.인칭.목.남복
ἵνα
접.종
ἥκω
동직.미능.3복
καί
접.등
προσκυνέω
동직.미능.3복
ἐνώπιον
전.소
ὁ
관.소.남복
πούς
명.소.남복
σύ
대.인칭.소.-단
καί
접.등
γινώσκω
동가.과능.3복
ὅτι
접.종
ἐγώ
대.인칭.주.-단
ἀγαπάω
동직.과능.1단
σύ
대.인칭.목.-단

계 3:10

ὅτι ἐτήρησας τὸν λόγον τῆς ὑπομονῆς μου, κἀγώ σε τηρήσω ἐκ τῆς ὥρας τοῦ πειρασμοῦ τῆς μελλούσης ἔρχεσθαι ἐπὶ τῆς οἰκουμένης ὅλης πειράσαι τοὺς κατοικοῦντας ἐπὶ τῆς γῆς.

네가 나의 인내의 말을 지켰으므로, 내가 너를 시험의 때에 지킬 것이다. 곧 땅 위에 거주하는 자들을 시험하려고 온 세상에 오게 될 때이다.

ὅτι ἐτήρησας[1] 네가 ~ 지켰으므로 Because you have kept	τοῦ πειρασμοῦ[5] 시험의 of trial
τὸν λόγον 말/말씀을 word	τῆς μελλούσης[6] 곧 ~ 될/올 that is going
τῆς ὑπομονῆς 인내/오래참음의 of ~ perseverance	ἔρχεσθαι 오게/닥쳐 to come
μου, 내 my	ἐπὶ τῆς οἰκουμένης[7] ὅλης 온 세상 위에 upon the whole world
κἀγώ[2] 나도 I also	πειράσαι[8] 시험하려고 to test
σε 너를 you	τοὺς κατοικοῦντας 거주하는/사는 자들을 those who dwell
τηρήσω[3] 지킬 것이다. will keep	ἐπὶ τῆς γῆς. 땅 위에 on the earth
ἐκ τῆς ὥρας[4] ~ 때에 from the hour	

1. ὅτι ἐτήρησας: '네가 지켰으므로'. ὅτι-절은 이유를 가리키는 부사절이다. ἐ + τηρε + σας.
2. κἀγώ: καί + ἐγώ로 주어('나 또한')가 강조된다.
3. τηρήσω: '(내가) 지킬 것이다'. 9절의 ποιήσω에 이어 두 번째 약속(미래형)이다.
4. ἐκ τῆς ὥρας: 문자적, '~ 때로부터'(from the hour).
5. πειρασμοῦ: '시험의'. πειρασμός(시험, 유혹), πειράζω(시험하다, 유혹하다), πεῖρα(시도, 시험).
6. τῆς μελλούσης: μελλ + ούσης. μέλλω는 'is going/about to'로 부정사가 필요하다. 현재분사가 여성인 이유는 τῆς ὥρας를 수식하기 때문이다.
7. οἰκουμένης ὅλης: '온 세상(의)'. οἰκουμένη(세계, 세상, 거주하는 땅)는 οἰκέω(거주하다)의 현재분사 수동태 주격 여단이 명사화된 것이다(Thayer).
8. πειράσαι: πειράσαι = πειρα + σαι. 부정과거 부정사는 끝앞음절에 액센트를 가진다. 명사형 πειρασμοῦ와 동사형 πειράσαι가 반복 강화 효과를 준다.

계 3:11

ἔρχομαι ταχύ· κράτει ὃ ἔχεις, ἵνα μηδεὶς λάβῃ τὸν στέφανόν σου.

내가 속히 올 것이다. 아무도 네 승리의 관을 빼앗지 않게, 네가 가진 것을 굳게 잡으라.

ἔρχομαι 내가 ~ 올 것이다. I am coming	ἵνα μηδεὶς[3] 아무도 ~ 못하게 so that no one
ταχύ· 속히/곧 soon/ quickly	λάβῃ 빼앗지 may take
κράτει[1] 굳게 잡으라. hold fast	τὸν στέφανόν 월계관/승리의 관을 ~ crown
ὃ ἔχεις,[2] 네가 가진/받은 것을 what you have	σου. 네 your

1. κράτει: '굳게 잡으라'. κρατέω(붙잡다)의 직설법(3단)은 κρατεῖ(ε + ει = ει)이고 κράτει(ε + ε = ει)는 명령법(2단)이다. 액센트 위치가 다르다.
2. ὃ ἔχεις: '네가 가진 것을'. 관계대명사 명사절로 κράτει의 목적어이다.
3. ἵνα μηδεὶς λάβῃ: '아무도 빼앗지 못하게'. 목적의 ἵνα 부사절. μηδεὶς는 부정어 μηδ(μη, no) + εἷς(one) 의 합성어('no one'). λάβῃ는 λαβ(부정과거 어간) + ῃ(가정법 3단 어미).

계 3:12

Ὁ νικῶν ποιήσω αὐτὸν στῦλον ἐν τῷ ναῷ τοῦ θεοῦ μου καὶ ἔξω οὐ μὴ ἐξέλθῃ ἔτι καὶ γράψω ἐπ' αὐτὸν τὸ ὄνομα τοῦ θεοῦ μου καὶ τὸ ὄνομα τῆς πόλεως τοῦ θεοῦ μου, τῆς καινῆς Ἰερουσαλὴμ ἡ καταβαίνουσα ἐκ τοῦ οὐρανοῦ ἀπὸ τοῦ θεοῦ μου, καὶ τὸ ὄνομά μου τὸ καινόν.

이기는 자는, 내가 그를 내 하나님의 성전에 기둥이 되게 할 것이다. 그가 더 이상 밖으로 나가지 않을 것이다. 또 내가 그 위에, 내 하나님의 이름과 내 하나님의 성, 즉 하늘에서, 내 하나님으로부터 내려 오는 새 예루살렘의 이름과 나의 새 이름을 쓸 것이다.

Ὁ νικῶν[1]
이기는 자는 He who overcomes

ποιήσω
내가 ~ 만들겠다/되게 하겠다. I will make

αὐτὸν
그를 him

στῦλον[2]
기둥으로/이 a pillar

ἐν τῷ ναῷ
성전에서 in the temple

τοῦ θεοῦ
하나님의 of ~ God

μου
내 my

καὶ ἔξω
또 ~ 밖으로 and ~ (out) from it

οὐ μὴ ἐξέλθῃ[3]
나가지 않을 것이다. he will not go out

ἔτι
더 이상 anymore

καὶ γράψω
또 내가 ~ 쓰겠다/기록하겠다. and I will write

ἐπ' αὐτὸν
그 위에 on him

τὸ ὄνομα
이름과 the name

τοῦ θεοῦ
하나님의 of ~ God

μου
내 my

καὶ τὸ ὄνομα
이름과 and the name

τῆς πόλεως[4]
도시/도성, of the city

τοῦ θεοῦ
하나님의 of ~ God

μου,
내 my

τῆς καινῆς Ἰερουσαλὴμ[5]
즉, 새 예루살렘의 the new Jerusalem

ἡ καταβαίνουσα[6]
내려 오는 which comes down

ἐκ τοῦ οὐρανοῦ
하늘에서 out of heaven

ἀπὸ τοῦ θεοῦ
하나님으로부터 from ~ God

μου,
내 my

καὶ τὸ ὄνομά[7]
이름을 and ~ name

μου
나의/내 my

τὸ καινόν.
새로운/새 new

στέφανος
명.목.남단
οὗ
대인칭.소.-단

12
ὁ
관.주.남단
νικάω
동분.현능.주남단
ποιέω
동직.미능.1단
αὐτός
대인칭.목.남단
στῦλος
명.목.남단
ἐν
전.여
ὁ
관.여.남단
ναός
명.여.남단
ὁ
관.소.남단
θεός
명.소.남단
ἐγώ
대인칭.소.-단
καί
접.등
ἔξω
부
οὐ
부
μή
조.사
ἐξέρχομαι
동가.과능.3단
ἔτι
부
καί
접.등
γράφω
동직.미능.1단
ἐπί
전.목
αὐτός
대인칭.목.남단
ὁ
관.목.중단
ὄνομα
명.목.중단
ὁ
관.소.남단
θεός
명.소.남단
ἐγώ
대인칭.소.-단
καί
접.등
ὁ
관.목.중단
ὄνομα
명.목.중단
ὁ
관.소.여단
πόλις
명.소.여단
ὁ
관.소.남단

1. Ὁ νικῶν: '이기는 자는'; νικά + ων. 독립적(independent) 주격이다. 이어지는 술어 ποιήσω(내가 행 할 것이다)의 주어가 달라진다. 이런 경우를 현수적 주격(casus pendens 또는 nominative pendens)

이라고 한다. 주어 부분이 강조된다(Wallace, 52; KMP, 60).

2. στῦλον: στῦλος(기둥), στοά(콜로네이드, 행각), θεμέλιος(기초석), ἀκρογωνιαῖος(모퉁이돌), τοῖχος(벽), θύρα(문).

3. ἔξω οὐ μὴ ἐξέλθῃ: '(그가) 밖으로 나가지 않을 것이다'. 두 측면에서 강조된다. 부정어 두 개(οὐ 와 μὴ)의 강한 부정, 그리고 ἐξέλθῃ와 ἔξω의 ἐξ(ἐκ, out of)의 반복 사용. ἔξω(밖에, 바깥에, 밖으로), ἔξωθεν(밖으로, 밖에), ἐξωθέω(내쫓다, 좌초하다), ἐξώτερος([ἔξω의 최상급,] [상당히] 밖에/으로).

4. πόλεως: 3변화 πόλις, πόλεως, πόλει, πόλιν(sg); πόλεις, πόλεων, πόλεσι, πόλεις(pl).

5. Ἰερουσαλήμ: 예루살렘을 가리키는 헬라어는 두 가지로 여성 Ἰερουσαλήμ과 중성 Ἰεροσόλυμα(예, 갈 1:17)이다. 전자는 히브리어(יְרוּשָׁלַיִם) 의 음역에 기반하고 거룩성(ἱερός-)을 강조하는 후자는 중간기 이후의 이름일 것이다.

6. ἡ καταβαίνουσα: '[바로] 그 내려오는'; καταβαίν + ουσα. 예루살렘의 격(소유격)을 따르지 않고 주격으로 쓴 것은 따로 강조하려는 목적 때문일 것이다. καταβαίνω(내려가다) = κατά(아래로) + βαίνω(가다).

7. τὸ ὄνομά μου: '나의 이름을'. 뒤따르는 μου 때문에 ὄνομα에 애큐트가 첨가된다.

계 3:13

Ὁ ἔχων οὖς ἀκουσάτω τί τὸ πνεῦμα λέγει ταῖς ἐκκλησίαις.
    귀 있는 자는 성령이 교회들에게 말씀하시는 것을 들으라.'

Ὁ ἔχων
가지고 있는 자는 He who has
   οὖς
   귀를 an ear
   ἀκουσάτω
   듣게 하라. let him hear
      τί
      ~ 것을 what

τὸ πνεῦμα
성령께서 the Spirit
   λέγει
   말씀하시는 ~ says
      ταῖς ἐκκλησίαις.
      교회들에게 to the churches

계 3:14

Καὶ τῷ ἀγγέλῳ τῆς ἐν Λαοδικείᾳ ἐκκλησίας γράψον· Τάδε λέγει ὁ ἀμήν ὁ μάρτυς ὁ πιστὸς καὶ ἀληθινός, ἡ ἀρχὴ τῆς κτίσεως τοῦ θεοῦ·
    라오디게아에 있는 교회의 사자(천사)에게 쓰라. 아멘이 되는 이, 신실하고 참된 증인, 하나님의 창조의 시작인 이가 이것들을 말한다.

Καὶ τῷ ἀγγέλῳ
또 ~ 사자(전령)/천사에게 And ~ to the angel
   τῆς ἐν Λαοδικείᾳ ἐκκλησίας
   라오디게아에있는 교회의 of the church in Laodicea
γράψον·
쓰라. write
   Τάδε
   이것(들)을 these things

λέγει
말씀하셨다. says
ὁ ἀμήν,
아멘이신 이, The Amen
ὁ μάρτυς[1]
증인이신 이, the ~ witness
   ὁ πιστὸς
   신실하고 faithful

καὶ ἀληθινός,
참된 and true

ἡ ἀρχὴ
시작/처음이신 이가　the beginning

τῆς κτίσεως
창조의　of ~ creation

τοῦ θεοῦ.[2]
하나님의　God's

---

1. ὁ μάρτυς ὁ πιστὸς καὶ ἀληθινός: 1:5(ὁ μάρτυς, ὁ πιστός), 3:7(ὁ ἅγιος, ὁ ἀληθινός)의 종합된 표현이다.

2. ἡ ἀρχὴ τῆς κτίσεως τοῦ θεοῦ·: '하나님의 창조의 시작'. κτίσεως은 종속(subordination)의 소유격이다. 창조 세계(κτίσις)를 그 밑에 부속시키는 ἀρχή(첫째, 머리, 시효) 되심을 강조한다(1:5 참조). 반면에 τοῦ θεοῦ(하나님의)는 주어적(subjective) 소유격이다('하나님께서 창조하신').

계 3:15

οἰδά σου τὰ ἔργα ὅτι οὔτε ψυχρὸς εἶ οὔτε ζεστός. ὄφελον ψυχρὸς ἦς ἢ ζεστός.

'나는 너의 행위(들)를 안다. 즉, 너는 차지도 아니하고 덥지도 아니하다. 네가 차든지, 덥든지 하기를 원한다.

οἰδά[1]
나는 ~ 안다. I know

　σου
　네 your

　τὰ ἔργα
　행위들/일들을 works/ deeds

ὅτι
즉, that

　οὔτε[2] ψυχρὸς[3]
　차지도 아니하고 neither cold

εἶ
너는 ~하다. you are

οὔτε ζεστός.
뜨겁지도 아니~ nor hot

ὄφελον[4]
내가 ~ 원한다. I wish

　ψυχρὸς[5]
　차든지 cold

ἦς
네가 ~ 하기를 you were

ἢ ζεστός.
뜨겁든지 or hot

---

1. οἰδά σου τὰ ἔργα: '네 행위를 안다'는 말씀이 반복된다(2:2, 9; 3:1, 8, 15).

2. οὔτε ... οὔτε ...: '~도 아니하고, ~도 아니하고'.

3. ψυχρὸς ... ζεστός: 둘('차가운'과 '뜨거운')은 반의어이다.

4. ὄφελον: ὀφείλω(owe; ought to)의 부정과거형(ὤφελον)에서 왔고 감탄적 의미('would that, 원하기로는/원컨대')로 쓰인다. 미완료 동사와 함께 희구적인 내용을 담는다(예, 고후 11:1; Thayer).

5. ψυχρὸς … ἢ ζεστός: ψυχρός(차가운)는 ψύχω(불다, 불어서 식히다)에서, ζεστός(뜨거운, 끓는)는 ζέω(열로 끓다)에서 온다. ἢ는 '또는'(or).

ὁ
관주.남단
ἀμήν
불변
ὁ
관주.남단
μάρτυς
명.주.남단
ὁ
관주.남단
πιστός
형일반.주.남단
καί
접.등
ἀληθινός
형일반.주.남단
ὁ
관주.여단
ἀρχή
명.주.여단
ὁ
관.소.여단
κτίσις
명.소.여단
ὁ
관.소.남단
θεός
명.소.남단

15
οἶδα
동직.완능.1단
σύ
대인칭.소-단
ὁ
관목.중복
ἔργον
명.목.중복
ὅτι
접.종
οὔτε
접.등
ψυχρός
형일반.주.남단
εἰμί
동직.현능.2단
οὔτε
접.등
ζεστός
형일반.주.남단
ὄφελον
조사
ψυχρός
형일반.주.남단
εἰμί
동직.미완능.2단
ἤ
접.등
ζεστός
형일반.주.남단

계 3:16

16
οὕτω
부
ὅτι
접.종
χλιαρός
형일반.주.남단
εἰμί
동직.현능.2단
καί
접.등
οὔτε
접.등
ζεστός
형일반.주.남단
οὔτε
접.등
ψυχρός
형일반.주.남단
μέλλω
동직.현능.1단
σύ
대인칭.목.-단
ἐμέω
동부.과능
ἐκ
전.소
ὁ
관.소.중단
στόμα
명.소.중단
ἐγώ
대인칭.소.-단

οὕτως ὅτι χλιαρὸς εἶ καὶ οὔτε ζεστὸς οὔτε ψυχρός, μέλλω σε ἐμέσαι ἐκ τοῦ στόματός μου.

네가 이와 같이 미지근하여 덥지도 차지도 아니하니, 내가 너를 내 입에서 토해낼 것이다.

———

οὕτως
이와 같이 So

ὅτι
~ 때문에 because

χλιαρὸς[1]
미지근~ lukewarm

εἶ
네가 ~하기 you are

καὶ οὔτε ζεστὸς
즉, 덥지도/뜨겁지도 아니하고 and neither hot

οὔτε ψυχρός,
차지도 아니~ not cold

μέλλω
내가 ~낼 것이다. I am about

σε
너를 you

ἐμέσαι[2]
토해~ to spit

ἐκ τοῦ στόματός
입에서 out of ~ mouth

μου.
내 my

———

1. χλιαρὸς: '미지근한'. ψυχρός와 ζεστός의 중간 상태.
2. ἐμέσαι: ἐμέ + σαι. ἐμέω(토하다, 내뱉다).

계 3:17

17
ὅτι
접.종
λέγω
동직.현능.2단
ὅτι
접.종
πλούσιος
형일반.주.남단
εἰμί
동직.현능.1단
καί
접.등
πλουτέω
동직.완능.1단
καί
접.등
οὐδείς
대부정.목.중단
χρεία
명.목.여단
ἔχω
동직.현능.1단
καί
접.등
οὐ
부
οἶδα
동직.완능.2단
ὅτι
접.종
σύ
대인칭.주.-단
εἰμί
동직.현능.2단
ὁ
관.주.남단
ταλαίπωρος
형일반.주.남단
καί
접.등

ὅτι λέγεις ὅτι πλούσιός εἰμι καὶ πεπλούτηκα καὶ οὐδὲν χρείαν ἔχω, καὶ οὐκ οἶδας ὅτι σὺ εἶ ὁ ταλαίπωρος καὶ ἐλεεινὸς καὶ πτωχὸς καὶ τυφλὸς καὶ γυμνός,

너는, '나는 부자이다. 부유하여 부족한 것이 없다'고 말한다. 그러나 네가 비참하고 가련하고 가난하고 눈 멀고 벌거벗은 자인 것을 네가 알지 못하고 있다.

———

ὅτι λέγεις
네가 ~ 말하기 때문이다/말한다. For you say

ὅτι[1]
~라고 (that)

πλούσιός[2]
부자 rich

εἰμι
나는 ~이고 I am

καὶ πεπλούτηκα[3]
부유하여 and I have prospered

καὶ οὐδὲν χρείαν[4]
부족한 것을 ~ 없다~
and ~ need of nothing

ἔχω,
가지고 있지 I have

καὶ οὐκ οἶδας
그러나 네가 ~ 알지 못한다. and you do not know

ὅτι σὺ
네가 ~ 것을 that you

εἶ
~인 are

ὁ
~ 자~ the person who is

ταλαίπωρος[5]
비참하고 wretched

καὶ ἐλεεινὸς[6]
가련하고 and pitiful

καὶ πτωχὸς[7]
가난하고 and poor

καὶ τυφλὸς[8]
눈 멀고 and blind

καὶ γυμνός,[9]
벌거벗은 ~ and naked

———

1. ὅτι: 접속사 ὅτι는 이유(원인)의 종속절을 이끈다.

2. πλούσιός εἰμι: '나는 부요하다'. 뒤따르는 εἰμι 때문에 πλούσιος에 애큐트가 첨가된다.
3. πεπλούτηκα: 현재완료형(πε + πλουτε + κα)은 부유한 상태가 지속되어 왔음을 뜻한다. 또는 그 결과(resultant state)를 부각하는 강조의(intensive) 현재완료라 할 수도 있다(KMP, 298). πλουτέω(부유하다), 2:9 참고.
4. οὐδὲν χρείαν: ἔχω + χρείαν은 '필요하다'로 주로 소유격을 취하는데(21:23; 22:5), 3:17처럼 목적격(οὐδὲν)을 취하는 경우도 있다. KJV, NAS는 이를 문자적으로 'I have need of nothing'(나는 아무 것도 필요한 것을 가지지 않는다)로 번역하였으나, ESV, RSV처럼 관용구로 보고 'I need nothing'(나는 아무 것도 필요하지 않다)으로 번역하는 것이 좋다.
5. ταλαίπωρος: ταλαίπωρος(비참한, 가련한) = ταλάω(견디다, 고난을 받다) + πωρος(화석화된, 굳은). ταλαιπωρέω(고난을 견디다, 힘들게 일하다), ταλαιπωρία(고난, 비참함).
6. ἐλεεινὸς: ἐλεεινός(측은한, 비참한) < ἔλεος(자비, 동정). ἐλεάω/ἐλεέω(자비를 베풀다), ἐλεημοσύνη(관대함, 자비를 베풂), ἐλεήμων(자비로운).
7. πτωχὸς: πτωχός(가난한) > πτωχεύω(가난하다, 구걸하다), πτωχεία(가난함).
8. τυφλὸς: τυφλός(눈이 먼), τυφλόω(눈이 멀게 하다) < τύφω(연기를 내다/일으키다) < τῦφος(연기) > τυφόω(연기로 감싸다 > 자만하게 하다); Thayer.
9. γυμνός: γυμνός(헐벗은, 벗은), γυμνάζω([벗은 채] 운동/훈련하다), γυμνασία(훈련, 운동), γυμνότης(벗은 상태).

계 3:18

συμβουλεύω σοι ἀγοράσαι παρ' ἐμοῦ χρυσίον πεπυρωμένον ἐκ πυρὸς ἵνα πλουτήσῃς, καὶ ἱμάτια λευκὰ ἵνα περιβάλῃ καὶ μὴ φανερωθῇ ἡ αἰσχύνη τῆς γυμνότητός σου, καὶ κολλ[ο]ύριον ἐγχρῖσαι τοὺς ὀφθαλμούς σου ἵνα βλέπῃς.

나는, 네가 내게서, 부요할 수 있게 불로 정련된 금과, 입어 너의 벌거벗은 수치가 보이지 않게 할 흰 옷을 살 것과, 볼 수 있게 네 눈에 안약을 바를 것을 권한다.

συμβουλεύω[1]
내가 ~ 권한다. I counsel

  σοι
  네게 you

  ἀγοράσαι[2]
  살 것과 to buy

    παρ' ἐμοῦ[3]
    내게서 from me

    χρυσίον[4]
    금과 gold

      πεπυρωμένον[5]
      정련된 refined

        ἐκ πυρὸς
        불로 by fire

  ἵνα πλουτήσῃς,[6]
  부요할 수 있게 that you may be rich

  καὶ ἱμάτια
  옷을 and ~ garments

    λευκὰ
    흰 white ~

  ἵνα
  ~게 that

  περιβάλῃ[7]
  입고 you may clothe

  καὶ μὴ φανερωθῇ[8]
  보이지 않~ and ~ may not revealed

    ἡ αἰσχύνη[9]
    수치가 the shame

    τῆς γυμνότητός[10]
    벌거벗은 of ~ nakedness

      σου,
      너의/네 your

  καὶ κολλ[ο]ύριον
  안약을/눈연고를 and ~ with eyesalve

  ἐγχρῖσαι[11]
  바를 것을 anoint

    τοὺς ὀφθαλμούς
    눈(들)에 eyes

      σου
      네 your

  ἵνα βλέπῃς.
  볼 수 있게 that you may see

ὁ
관.목.남복
ὀφθαλμός
명.목.남복
σύ
대인칭 소-단
ἵνα
접.종
βλέπω
동가.현능.2단

1. συμβουλεύω: συμβουλεύω(권고하다, 조언하다) = συμ(συν, together) + βουλεύω(조언하다, 결의하다).

2. ἀγοράσαι: ἀγοράζ + σαι. ἀγοράζω(사다)의 ζ는 부정과거 어간의 σ 앞에서 생략된다. ἀγορά(시장, 광장), ἀγοραῖος(시장과 관련된).

3. παρ' ἐμοῦ: '내게서'; παρά(from) + ἐμοῦ.

4. χρυσίον: χρυσίον(금, 금전), χρυσός (금) > χρύσεος(금으로 된), χρυσοδακτύλιος(금반지를 한), χρυσόω(금으로 단장하다).

5. πεπυρωμένον: πυρόω(불을 피우다/놓다, 제련하다)의 현재완료 수동태('불로 제련된')이다. 결과의 지속성을 부각하는 현재완료이다.

6. ἵνα πλουτήσῃς: 목적의 ἵνα-부사절, '부자가 될 수 있게'.

7. ἵνα περιβάλῃ: 역시 목적의 ἵνα-부사절, '입을 수 있게'; περιβάλ + ῃ. περιβάλλω(두르다, 입다, 포위하다)는 περι(around) + βάλλω(던지다, 놓다). KMP는 부정과거 가정법 중간태 2단은 재귀적인 (reflexive) 것으로 본다(KMP, 195; Wallace, 417).

8. φανερωθῇ: φανερόω(보이다, 알리다)의 부정과거 가정법 수동태 어미 θῇ 앞에서 o가 ω로 길어진다. φανερός(명백한), φανερῶς(명백하게), φανέρωσις(나타남).

9. αἰσχύνη: αἰσχύνη(수치), αἰσχρός(수치스러운), αἰσχρότης(불명예, 비열), αἰσχύνω(수치를 주다), αἰσχρολογία(더러운 말).

10. γυμνότητός σου: 뒤따르는 σου 때문에 γυμνότητος 뒤에 액센트가 첨가된다.

11. ἐγχρῖσαι: ἐγχρι + σαι. ἐγ(ἐν, on) + χρίω(기름을 바르다) = ἐγχρίω(칠하다, 기름을 바르다). 부정사 ἐγχρῖσαι는 앞의 ἀγοράσαι와 함께 συμβουλεύω의 목적어이다. 현재 부정사는 지속적인 뉘앙스를 가진다면, 부정과거 부정사는 사건(동작)의 수행적 뉘앙스가 있다.

계 3:19

19
ἐγώ
대인칭 주-단
ὅσος
대관계 목 남복
ἐάν
조사
φιλέω
동가.현능.1단
ἐλέγχω
동직.현능.1단
καί
접.등
παιδεύω
동직.현능.1단
ζηλεύω
동명.현능.2단
οὖν
접.등
καί
접.등
μετανοέω
동명.과능.2단

ἐγὼ ὅσους ἐὰν φιλῶ ἐλέγχω καὶ παιδεύω· ζήλευε οὖν καὶ μετανόησον.

나는 사랑하는 자들을 책망하고 징계한다. 그러므로 열심을 내라. 그리고 회개하라.

ἐγὼ[1]
내가 I

ὅσους ἐὰν φιλῶ
사랑하는 자들을/자들마다 those whom I love

ἐλέγχω[2]
책망하고 rebuke

καὶ παιδεύω·[3]
징계한다. and discipline

ζήλευε[4] οὖν
그러므로 열심을 내고 Therfore be zealous

καὶ μετανόησον.
회개하라/돌이키라. and repent

1. ἐγὼ ὅσους ἐὰν: ἐγὼ를 써서 주어를 강조한다. ὅσους ἐὰν는 '~는 자들을 다'(as many as)인데 역시 강조하는 방식이다.

2. ἐλέγχω: '내가 책망한다'. ἐλέγχω(드러내다, 책망하다), ἐλεγμός(책망, 교정), ἔλεγξις(논박, 책망), ἔλεγχος(입증, 판결).

3. παιδεύω: '내가 징계한다'. παιδεύω(교육/훈련하다), παιδάριον(작은 소년), παιδεία(교육, 훈련), παιδευτής(교육자, 훈련가), παιδίον(아이, 소년), παιδίσκη(소녀), παίζω (아이처럼 놀다).

4. ζήλευε οὖν: '그러므로 네가 열심을 내라'; ζηλευ + ε(명령법 2단). ζηλεύω(열심을 내다, 시기하다), ζῆλος(열심, 시기심), ζηλόω(추구하다, 열심으로 찾다, 시기하다), ζηλωτής(열심당원, zealot). οὖν은 추론적 의미('그러므로')를 가진다.

계 3:20

Ἰδοὺ ἔστηκα ἐπὶ τὴν θύραν καὶ κρούω· ἐάν τις ἀκούσῃ τῆς φωνῆς μου
καὶ ἀνοίξῃ τὴν θύραν, [καὶ] εἰσελεύσομαι πρὸς αὐτὸν καὶ δειπνήσω μετ'
αὐτοῦ καὶ αὐτὸς μετ' ἐμοῦ.

> 보라. 내가 문에 서서 두드리고 있다. 만일 누구든지 내 음성을 듣고 문을 열면, 내가 그에게로 들어갈 것이다. 내가 그와 함께 먹고 그는 나와 함께 먹을 것이다.

Ἰδοὺ 보라. Behold	καὶ ἀνοίξῃ 열면 and opens
ἔστηκα[1] 내가 ~ 서서 I have stood/ stand	τὴν θύραν, 문을 the door
ἐπὶ τὴν θύραν 문에 at the door	[καὶ] εἰσελεύσομαι[4] 내가 ~ 들어가 I will come in
καὶ κρούω·[2] 두드린다. and knock	πρὸς αὐτὸν[5] 그에게로 to him
ἐάν τις[3] 만일 누구든지 if anyone	καὶ δειπνήσω[6] 먹을 것이다. and eat
ἀκούσῃ 듣고 hears	μετ' αὐτοῦ 그와 함께 with him
τῆς φωνῆς 음성을 voice	καὶ αὐτὸς 그리고 그는 (~ 먹을 것이다.) and he
μου 내 my	μετ' ἐμοῦ. 나와 함께 with me

---

1. ἔστηκα: '내가 서 있다'. ἵστημι(세우다, 서다)의 현재완료 1단. 현재 상태(present state)를 강조하는 현재완료이다(KMP, 301).
2. κρούω: '치다, 두드리다'. 주님은 제자들에게 두드리라고 하신 바 있다(마 7:7-8).
3. ἐάν τις ἀκούσῃ ... καὶ ἀνοίξῃ: '만일 누구든지 듣고 ... 열면'. ἐάν τις와 관련된 두 개의 부정과거 가정법 동사들이다. 동작의 수행에 초점이 있다.
4. εἰσελεύσομαι: '내가 들어갈 것이다'; εἰσ + ἐλεύσομαι(ἔρχομαι의 미래). εἰσ(into) + ἔρχομαι(가다/오다) = εἰσέρχομαι(들어가다).
5. πρὸς αὐτὸν: '그에게로'(toward him). Wallace는 εἰσελεύσομαι + πρὸς를 해석할 때, '내가 그의 안(속)으로 들어간다'(I will come into him)가 아니라 '내가 들어가 그에게로 간다'(I will come in to him; ESV, NAS, RSV, KJV)로 해야 한다고 그 차이점을 강조한다(Wallace, 380-382).
6. δειπνήσω: '내가 먹을 것이다'; δειπνέ + σω. δειπνέω(음식을 먹다, 정찬을 들다), δεῖπνον(정찬, 저녁 식사).

계 3:21

Ὁ νικῶν δώσω αὐτῷ καθίσαι μετ' ἐμοῦ ἐν τῷ θρόνῳ μου, ὡς κἀγὼ
ἐνίκησα καὶ ἐκάθισα μετὰ τοῦ πατρός μου ἐν τῷ θρόνῳ αὐτοῦ.

> 이기는 자는, 내가 이겨 내 아버지와 함께 그의 보좌에 앉은 것처럼, 나와 함께 내 보좌에 앉게 해줄 것이다.

μετά
전.소
ἐγώ
대인칭.소.-단
ἐν
전.여
ὁ
관.여.남단
θρόνος
명.여.남단
ἐγώ
대인칭.소.-단
ὡς
접.종
καί+ἐγώ
부+대인칭.주.-단
νικάω
동직.과능.1단
καί
접.등
καθίζω
동직.과능.1단
μετά
전.소
ὁ
관.소.남단
πατήρ
명.소.남단
ἐγώ
대인칭.소.-단
ἐν
전.여
ὁ
관.여.남단
θρόνος
명.여.남단
αὐτός
대인칭.소.남단

Ὁ νικῶν[1]
이기는 자는 He who overcomes
  δώσω
  내가 ~ 줄/해줄 것이다. I will grant
    αὐτῷ
    그에게 him
  καθίσαι
  앉게 to sit down
    μετ᾽ ἐμοῦ
    나와 함께 with me
    ἐν τῷ θρόνῳ
    보좌에 on ~ throne
     μου,
     내 my

ὡς κἀγώ[2]
나도 ~처럼/같이 just as I
  ἐνίκησα
  이겨 overcame
  καὶ ἐκάθισα[3]
  앉은 것~ and sat down
    μετὰ τοῦ πατρός
    아버지와 함께 with ~ Father
    μου
    내 my
    ἐν τῷ θρόνῳ
    보좌에 on ~ throne
    αὐτοῦ.
    그의 his

---

1. Ὁ νικῶν: '이기는 자는'; 2:26; 3:12 참고.
2. κἀγὼ ἐνίκησα: '나도 이겼다'. κἀγὼ는 강조('나도')된 표현이다. ἐ + νικά + σα = ἐνίκησα.
3. καθίσαι ... ἐκάθισα: 반복된 동사 καθίζω는 καθ(κατά, 아래에) + ίζω(동사화 어미)로 '아래에 있게 하다'에서 '앉게 하다, 앉다'가 되었을 것이다(LSJ).

계 3:22

Ὁ ἔχων οὖς ἀκουσάτω τί τὸ πνεῦμα λέγει ταῖς ἐκκλησίαις.
  귀 있는 자는 성령이 교회들에게 말씀하시는 것을 들으라.'"

22
ὁ
관.주.남단
ἔχω
동분.현능.주.남단
οὖς
명.목.중단
ἀκούω
동명.과능.3단
τίς
대의문.목.중단
ὁ
관.주.중단
πνεῦμα
명.주.중단
λέγω
동직.현능.3단
ὁ
관.여.여복
ἐκκλησία
명.여.여복

Ὁ ἔχων
가지고 있는 자는 He who has
  οὖς
  귀를 an ear
  ἀκουσάτω
  듣게 하라. let him hear
    τί
    ~ 것을 what
     τὸ πνεῦμα
     성령께서 the Spirit
     λέγει
     말씀하시는 ~ says
      ταῖς ἐκκλησίαις.
      교회들에게 to the churches.

계 4:1

Μετὰ ταῦτα εἶδον, καὶ ἰδοὺ θύρα ἠνεῳγμένη ἐν τῷ οὐρανῷ, καὶ ἡ φωνὴ ἡ πρώτη ἣν ἤκουσα ὡς σάλπιγγος λαλούσης μετ' ἐμοῦ λέγων· ἀνάβα ὧδε, καὶ δείξω σοι ἃ δεῖ γενέσθαι μετὰ ταῦτα.

이 일(들) 후에 나는 보았다. 보라. 하늘에 문이 열려 있고 처음 내가 들었던, 내게 말하던 그 나팔 소리 같은 음성이 말하고 있었다. "이리로 올라오라. 내가 이 일(들) 후에 일어나야 할 일들을 네게 보일 것이다."

Μετὰ ταῦτα[1] 이 일(들) 후에 After this	λαλούσης 말하던 speaking
εἶδον,[2] 보았다. I looked,	μετ' ἐμοῦ 내게/나와 with/ to me,
καὶ ἰδοὺ[3] 보라. and behold,	λέγων.[6] 말하고 있었다. said,
θύρα 문이 a door	ἀνάβα[7-8] 올라오라. "Come up
ἠνεῳγμένη[4] 열려 있고 standing open	ὧδε,[9] 이리로 here,
ἐν τῷ οὐρανῷ, 하늘에 in heaven,	καὶ δείξω[10] (그러면) 내가 ~ 보일 것이다. and I will show
καὶ ἡ φωνὴ 음성이/소리가 and the ~ voice	σοι 네게 you
ἡ πρώτη[5] 처음의 first	ἃ δεῖ ~야 할 일들을 what must
ἣν ἤκουσα 내가 들은 which I have heard,	γενέσθαι[11] 일어나/되어져~ take place
ὡς σάλπιγγος 나팔 (소리와) 같은 like the a trumpet,	μετὰ ταῦτα. 이(들) 후에 after this."

---

1. Μετὰ ταῦτα: '이 일(들) 후에'. 계시록에는 단수인 Μετὰ τοῦτο(7:1)보다 복수인 Μετὰ ταῦτα를 쓰는 경우가 많다(계 1:19; 7:9; 9:12; 15:5; 18:1; 20:3).
2. εἶδον: '나는 보았다'. 계시록에서 가장 많이 나오는 단어일 것이다. ὁράω의 부정과거로 어간은 ιδ이다.
3. ἰδοὺ: '보라'. 감탄사로 ὁράω의 제2부정과거 중간태 명령법 ἰδού에서 유래한다.
4. ἠνεῳγμένη: 부정과거 ἠνέῳξα에서 σ가 빠지고(ἠνέῳγ), 수동태어미 μένη가 붙은 경우이다. 현재완료 수동태분사로 이미 열려 있는 상태를 가리킨다.
5. ἡ φωνὴ ἡ πρώτη: '처음의 음성이/소리가'. 1:10의 나팔 소리 같은 음성을 가리킨다.
6. λέγων: '말하고 있다/있었다'. 현재분사 λέγων이 ἡ φωνῇ의 서술적 역할을 하고 있다. 현재분사의 사

1
μετά
전.목
οὗτος
대.지시.목.중복
ὁράω
동직.과능.1단
καί
접.등
ἰδού
감탄
θύρα
명.주.여단
ἀνοίγω
동분.완수.주.여.단
ἐν
전.여
ὁ
관.여.남단
οὐρανός
명.여.남단
καί
접.등
ὁ
관.주.여단
φωνή
명.주.여단
ὁ
관.주.여단
πρῶτος
형수.주.여단
ὅς
대관계.목.여단
ἀκούω
동직.과능.1단
ὡς
접.종
σάλπιγξ
명.소.여단
λαλέω
동분.현능.소.여단
μετά
전.소
ἐγώ
대인칭.소.-단
λέγω
동분.현능.주.남단
ἀναβαίνω
동명.과능.2단
ὧδε
부
καί
접.등
δείκνυμι
동직.미능.1단
σύ
대인칭.여.-단
ὅς
대관계.목.중복
δεῖ
동직.현능.3단
γίνομαι
동부.과중

μετά
전목
οὗτος
대지시목 중복

용은 생생함을 부각할 수 있다.

7. ἀνάβα ... καὶ δείξω: 조건 명령법(명령법 + καὶ 직설법 미래)으로 볼 수 있다(2:10 참고, '~하라, 그러면 ~할 것이다').

8. ἀνάβα: '올라오라'. ἀνα(위로) + βα(βαίνω[가다]의 부정과거 어간) + ε(명령법 2단 모음) = ἀνάβα.

9. ὧδε: '이곳으로(hither), 이곳에(here)'.

10. δείξω: '내가 보일 것이다'. δείκνυμι(보이다)의 어간 δείκν에서 미래어미 σω 앞에서 ν가 탈락하고 자음(κ + σ = ξ)이 축약되었다.

11. ἃ δεῖ γενέσθαι: '속히 되어져야 할 일들을'. 1:1과 22:6과 같은 표현이다.

계 4:2

2
εὐθέως
부
γίνομαι
동직.과중.1단
ἐν
전.여
πνεῦμα
명.여.중단
καί
접.등
ἰδού
감탄
θρόνος
명.주.남단
κεῖμαι
동직.미완수.3단
ἐν
전.여
ὁ
관.여.남단
οὐρανός
명.여.남단
καί
접.등
ἐπί
전.목
ὁ
관.목.남단
θρόνος
명.목.남단
κάθημαι
동분.현.중.주.남단

Εὐθέως ἐγενόμην ἐν πνεύματι, καὶ ἰδοὺ θρόνος ἔκειτο ἐν τῷ οὐρανῷ, καὶ ἐπὶ τὸν θρόνον καθήμενος,

그러자, 곧 내가 성령 안에 있게 되었다. 보라. 한 보좌가 하늘에 놓였고 그 보좌 위에 앉으신 이가 있었다.

Εὐθέως[1] 곧 Immediately	ἔκειτο[3] 놓였고 stood/ there was
ἐγενόμην[2] 있게 되었다. I was	ἐν τῷ οὐρανῷ, 하늘에 in heaven,
ἐν πνεύματι, 영/성령 안에서 in the Spirit,	καὶ ἐπὶ τὸν θρόνον 보좌 위에 and ~ on the throne.
καὶ ἰδοὺ 보라. and behold,	καθήμενος,[4] 앉으신 이가 (있었다.) with one who sits
θρόνος 보좌 하나가 a throne	

---

1. Εὐθέως: '속히'. εὐθύς(곧은, 직접적인, 바른)의 부사(곧게, 바로). εὐθύτης(곧음), εὐθύνω(곧게 하다).

2. ἐγενόμην ἐν πνεύματι: '나는 영/성령 안에 있게 되었다/있었다'; 1:10 참조.

3. ἔκειτο: '(그것이) 놓여 있었다.' 이태동사 κεῖμαι(놓다, 눕다)의 미완료로 ἐ(과거 접두어) + κει(어간) + (ε)το = ἔκειτο. 이태동사 κεῖμαι의 미완료 어미는 -μην, -σο, -το(sg); -μεθα, -σθε, -ντο(pl). 현재와 미완료 외에는 성경에서 발견되지 않는다.

4. καθήμενος: κάθημαι(앉다)의 현재분사 중간태이다. '(한) 앉으신 분'. κάθημαι는 -μαι, -σαι, -ται(sg); -μεθα, -σθε, -νται(pl)의 변화를 한다.

계 4:3

3
καί
접.등
ὁ
관.주.남단
κάθημαι
동분.현.중.주.남단
ὅμοιος
형일반.주.남단
ὅρασις
명.여.여단
λίθος
명.여.남단
ἴασπις
명.여.여단

καὶ ὁ καθήμενος ὅμοιος ὁράσει λίθῳ ἰάσπιδι καὶ σαρδίῳ, καὶ ἶρις κυκλόθεν τοῦ θρόνου ὅμοιος ὁράσει σμαραγδίνῳ.

앉으신 이는 그 모양이 벽옥(재스퍼)와 홍옥수와 같고 보좌 둘레에 녹보석(에메랄드) 같은 무지개가 있었다.

καὶ ὁ καθήμενος¹
그 앉으신 이는 And he who sat there
ὅμοιος ὁράσει²
모양이 ~와 같았다. was like ~ in appearance,
λίθῳ ἰάσπιδι³
벽옥/재스퍼와 and jasper
καὶ σαρδίῳ,
홍옥수~ and carnelian

καὶ ἶρις
또 무지개가 ~ 있었다. and there was a rainbow
κυκλόθεν⁴ τοῦ θρόνου
보좌 둘레에 around the throne
ὅμοιος ὁράσει
모양이 ~와 같은 like ~ in appearance.
σμαραγδίνῳ.
녹보석/에메랄드~ an emerald

καί 접등
σάρδιον 명.여.중단
καί 접등
ἶρις 명.주.여단
κυκλόθεν 전.소
ὁ 관.소.남단
θρόνος 명.소.남단
ὅμοιος 형일반.주.남단
ὁράσις 명.여.여단
σμαραγδίνος 형일반.여.남단

1. ὁ καθήμενος: '앉으신 분이(이가)'; 분사의 독립적 용법.
2. ὁράσει: ὅρασις(모양, 모습)는 ὁράω(보다)에서 왔다. ὁρατός(보이는), ὅραμα(보이는 것, 장관). 3변화 ὅρασις, ὁράσεως, ὁράσει, ὅρασιν.
3. λίθῳ ἰάσπιδι καὶ σαρδίῳ: '벽옥과 홍옥수'. 여격인 ὁράσει와 동격이다. ὅμοιος(같은) 다음에 여격이 온다. λίθος ἴασπις(재스퍼로 된 돌) = 벽옥; 21:11). σάρδιον(홍옥수).
4. κυκλόθεν: κύκλος(원, 둘레) + θεν(부터) = κυκλόθεν(둘레에, 둘레로부터). κυκλόω(포위하다, 두르다).

계 4:4

Καὶ κυκλόθεν τοῦ θρόνου θρόνους εἴκοσι τέσσαρες, καὶ ἐπὶ τοὺς θρόνους εἴκοσι τέσσαρας πρεσβυτέρους καθημένους περιβεβλημένους ἐν ἱματίοις λευκοῖς καὶ ἐπὶ τὰς κεφαλὰς αὐτῶν στεφάνους χρυσοῦς.

또 보좌 둘레에 있는 이십사 보좌들과, 그 보좌들 위에 흰 옷을 입고 앉아 있는 이십사 장로들과, 그들의 머리 위에 금으로 된 승리의 관들을 보았다.

Καὶ κυκλόθεν τοῦ θρόνου
그리고 보좌 둘레에 And around the throne
θρόνους
보좌들을 (보았다.) were ~ thrones
εἴκοσι τέσσαρες,¹
이십사 twenty-four
καὶ ἐπὶ τοὺς θρόνους
또 그 보좌들 위에 and ~ on the thrones
εἴκοσι τέσσαρας
이십사 twenty-four
πρεσβυτέρους²
장로들을 (보았다.) elders
καθημένους
앉아 있는 sat

περιβεβλημένους³
입고 clothed
ἐν ἱματίοις
옷을 in ~ garments
λευκοῖς
흰 white
καὶ ἐπὶ τὰς κεφαλὰς⁴
또 ~ 머리에 and ~ on ~ heads
αὐτῶν
그들의 their
στεφάνους⁵
월계관/승리의 관(들)을 (보았다.) there were crowns
χρυσοῦς.
금으로 된 golden

4
καί 접등
κυκλόθεν 전.소
ὁ 관.소.남단
θρόνος 명.소.남단
θρόνος 명.목.남복
εἴκοσι 형기수
τέσσαρες 형기수.주.남복
καί 접등
ἐπί 전.목
ὁ 관.목.남복
θρόνος 명.목.남복
εἴκοσι 형기수
τέσσαρες 형기수.목.남복
πρεσβύτερος 형일반.목.남복
κάθημαι 동분.현중목.남복
περιβάλλω 동분.현중목.남복
ἐν 전.여
ἱμάτιον 명.여.중복
λευκός 형일반.여.중복
καί 접등
ἐπί 전.목
ὁ 관.목.여복
κεφαλή 명.목.여복
αὐτός 대인칭.소.남복
στέφανος 명.목.남복
χρυσοῦς 형일반.목.남복

1. εἴκοσι τέσσαρες: εἴκοσι(20) + τέσσαρες(4). 3변화 τέσσαρες, τεσσάρων, τέσσαρσι, τέσσαρας.
2. πρεσβυτέρους: '장로들을'. πρεσβύτερος(더 늙은, 장로)는 πρέσβυς(나이든, 늙은)의 비교급이다.
3. περιβεβλημένους: '입고 있는'. περιβάλλω(두르다, 입다)는 3:5, 18 참조. 현재완료형은 입고 있는 상태를 부각한다.
4. κεφαλάς: κεφαλή(머리), κεφαλιόω(머리에 상처를 내다), κεφαλίς([책의] 장), κεφάλαιον(중점), κεφαλαιόω(머리 아래로 모으다, 요약하다).
5. στεφάνους: '승리의 관/월계관들을'. στέφανος(월계관, [승리의] 관), στεφανόω(월계관을 씌우다). στέφω(~을 감다, put round)에서 유래한다(Thayer).

계 4:5

Καὶ ἐκ τοῦ θρόνου ἐκπορεύονται ἀστραπαὶ καὶ φωναὶ καὶ βρονταί, καὶ ἑπτὰ λαμπάδες πυρὸς καιόμεναι ἐνώπιον τοῦ θρόνου, ἅ εἰσιν τὰ ἑπτὰ πνεύματα τοῦ θεοῦ,

그 보좌로부터 번개(들)와 소리(들)와 천둥(들)이 나오고 있었다. 그리고 그 보좌 앞에 일곱 등불이 켜져 있는데 이는 하나님의 일곱 영이시다.

Καὶ ἐκ τοῦ θρόνου
(그리고) 보좌에서/로부터 From the throne
ἐκπορεύονται[1]
나온다/나오고 있었다. proceed/ came
ἀστραπαί[2]
번개(들)와 flashes of ligntning,
καὶ φωναί[3]
소리(들)와 and sounds
καὶ βρονταί,[4]
천둥(들)이 peals of thunder,
καὶ ἑπτὰ λαμπάδες[5]
그리고 일곱 등불이/램프가 (있었다.) and there were seven lamps

πυρὸς
불이 of fire
καιόμεναι
켜진 burning
ἐνώπιον τοῦ θρόνου,
보좌 앞에 before the throne,
ἅ εἰσιν[6]
~이신 which are
τὰ ἑπτὰ πνεύματα
일곱 영~ the seven spirits
τοῦ θεοῦ,
하나님의 of God.

1. ἐκπορεύονται: '(그것들이) 나오고 있다'. 1:16 참조.
2. ἀστραπαί: ἀστραπή(번개, 광선), ἀστράπτω(번개치다, 번쩍이다). 참고 ἀστήρ(별).
3. φωναί: '소리/뇌성(들)'.
4. βρονταί: '천둥/우레(들)'.
5. λαμπάδες: 3변화 λαμπάς(램프), λαμπάδος, λαμπάδι, λαμπάδα(sg); λαμπάδες, λαμπάδων, λαμπάσι, λαμπάδας(pl).
6. ἅ εἰσιν: 관계대명사 ἅ의 선행사는 ἑπτὰ λαμπάδες(일곱 등불)이다.

계 4:6

καὶ ἐνώπιον τοῦ θρόνου ὡς θάλασσα ὑαλίνη ὁμοία κρυστάλλῳ. Καὶ ἐν μέσῳ τοῦ θρόνου καὶ κύκλῳ τοῦ θρόνου τέσσαρα ζῷα γέμοντα ὀφθαλμῶν ἔμπροσθεν καὶ ὄπισθεν.

또 그 보좌 앞에 수정처럼 보이는 유리 바다 같은 것이 있었다. 또 그 보좌 가운데와 보좌 둘레에 앞뒤에 눈(들)으로 가득한 네 생물이 있었다.

καὶ ἐνώπιον τοῦ θρόνου
또 보좌 앞에 and before the throne
ὡς θάλασσα
바다 같은 것이 (있었고) there was, as it were, a sea
ὑαλίνη[1]
유리 of glass
ὁμοία κρυστάλλῳ.[2]
수정과 같은 like crystal.

Καὶ ἐν μέσῳ[3] **τοῦ θρόνου**
보좌 가운데와 And in the center of the throne
καὶ κύκλῳ[4] **τοῦ θρόνου**
보좌 둘레에 and around the throne,
τέσσαρα
네 four
ζῷα[5]
생물이 (있었다.) living creatures

γέμοντα[6]
가득찬 full

 ὀφθαλμῶν
 눈(들)으로 of eyes

  ἔμπροσθεν[7]
  앞과 in front

  καὶ ὄπισθεν.[8]
  뒤에 and behind.

우측 열:
θρόνος
명.소.남단
καί
접.등
κύκλος
전.소
ὁ
관.소.남단
θρόνος
명.소.남단
τέσσαρες
형기수.주.중복
ζῷα
명.주.중복
γέμω
동분현능주중복
ὀφθαλμός
명.소.남복
ἔμπροσθεν
부
καί
접.등
ὄπισθεν
부

---

1. ὑαλίνη: ὑάλινος(유리로 된, 투명한), ὕαλος(유리, 투명한 돌).
2. κρυστάλλῳ: κρύσταλλος(크리스탈, 수정); κρύος(얼음)에서 온다(Thayer; LSJ). κρυσταλλίζω(투명하게 되다/빛나다).
3. ἐν μέσῳ: '~의 사이에'(in the middle of , among)의 뜻이다(1:13; 2:1; 5:6; 6:6; 22:2).
4. κύκλῳ: κύκλος(원, 둘레)의 여격 형태가 전치사('주위에, 둘레에')가 되었다.
5. ζῷα: '생물들이'. ζῷον(살아있는 존재, 동물)은 ζάω(살다)에서 온다. ζωογονέω(생명을 주다, 살리다), ζωοποιέω(살리다).
6. γέμοντα: '가득찬'; γέμ + οντα. γέμω(차다, 채워지다), γεμίζω(채우다).
7. ἔμπροσθεν: ἔμπροσθεν(in front, before, 앞에) = ἔμ(ἐν, in) + προσθεν(front).
8. ὄπισθεν: '뒤에'. ὀπίσω도 비슷한 뜻('뒤에')을 가진다.

계 4:7

καὶ τὸ ζῷον τὸ πρῶτον ὅμοιον λέοντι καὶ τὸ δεύτερον ζῷον ὅμοιον μόσχῳ καὶ τὸ τρίτον ζῷον ἔχων τὸ πρόσωπον ὡς ἀνθρώπου καὶ τὸ τέταρτον ζῷον ὅμοιον ἀετῷ πετομένῳ.

 첫째 생물은 사자 같고 둘째 생물은 송아지 같고 셋째 생물은 사람 같은 얼굴을 가지고 있고 넷째 생물은 날아가는 독수리 같았다.

καὶ τὸ ζῷον
(그런데) ~ 생물은 And the ~ living creature

 τὸ πρῶτον
 첫째 first

  ὅμοιον λέοντι[1]
  사자 같고 was like a lion,

καὶ τὸ δεύτερον ζῷον
둘째 생물은 and the second living creature

 ὅμοιον μόσχῳ[2]
 송아지 같고 like an ox,

καὶ τὸ τρίτον[3] ζῷον
셋째 생물은 the third living creature

ἔχων[4]
가진 (존재였다)/가졌다. had

 τὸ πρόσωπον[5]
 얼굴을 a face

  ὡς ἀνθρώπου
  사람 같은 like that of a man,

καὶ τὸ τέταρτον[6] ζῷον
넷째 생물은 and the fourth living creature

 ὅμοιον ἀετῷ
 독수리 (같았다.) like a ~ eagle.

  πετομένῳ[7]
  날아가는 flying

우측 열:
7
καί
접.등
ὁ
관.주.중단
ζῷον
명.주.중단
ὁ
관.주.중단
πρῶτος
형서수.주.중단
ὅμοιος
형일반.주.중단
λέων
명.여.남단
καί
접.등
ὁ
관.주.중단
δεύτερος
형서수.주.중단
ζῷον
명.주.중단
ὅμοιος
형일반.주.중단
μόσχος
명.여.남단
καί
접.등
ὁ
관.주.중단
τρίτος
형서수.주.중단
ζῷον
명.주.중단
ἔχω
동분현능주남단
ὁ
관.목.중단
πρόσωπον
명.목.중단
ὡς
접.종

---

1. λέοντι: 3변화 λέων(사자), λέοντος, λέοντι, λέοντα(sg); λέοντες, λεόντων, λέουσι, λέοντας(pl).
2. μόσχῳ: μόσχος는 본래 '새싹, 후손, 송아지'의 의미가 있는데 성경에는 '송아지'의 뜻으로 쓰인다(Thayer).
3. τρίτον: '셋째'. τρίτος(셋째) < τρεῖς(m/f), τρία(n)(셋) > τριάκοντα(30), τριακόσιοι(300), τριετία(3년), τρίμηνος(3개월), τρίς(3회), τρισχίλιοι(3천).

216 요한서신, 유다서, 요한계시록 (SGGNT 10)

ἄνθρωπος
명.소.남단
καί
접.등
ὁ
관.주.중단
τέταρτος
형수.주-중단
ζῷον
명.주.중단
ὅμοιος
형일반.주-중단
ἀετός
명.여.남단
πέτομαι
동분.현중.여.남단

4. ἔχων: '가진/가졌다'. Wallace는 히브리어 어법의 영향으로 분사가 독립적으로 직설법 술어처럼 쓰인 경우로 본다(Wallace, 653).

5. πρόσωπον: πρόσωπον(얼굴, 외모) = πρός(before) + ωπον('보다'의 어근 οπ에서).

6. τέταρτον: '넷째'. τέταρτος(넷째) < τέσσαρες(m/f), τέσσαρα(n)(넷) > τεταρταῖος(넷째 날), τετράγωνος(정사각형의), τετράδιον(네 명의 군사/보초), τετρακόσιοι(4백), τετρακισχίλιοι(4천), τετράμηνος(네 달), τετραπλῶς(네 배), τετράπους(네 발의), τετραρχέω(분봉왕이 되다, 1/4의 지배자가 되다), τετράρχης(분봉왕, 1/4의 지배자).

7. πετομένῳ: πετο + μένῳ. 이태동사 πέτομαι(날다)의 분사('나는, 날아가는'). πετεινός(나는, 날개가 있는); 복수 τά πετεινά는 '새들(조류)'.

계 4:8

8
καί
접.등
ὁ
관.주.중.중복
τέσσαρες
형기수.주-중복
ζῷον
명.주.중복
εἷς
형기수.주-중단
κατά
전.목
εἷς
형기수.목.중단
αὐτός
대인칭.소.중복
ἔχω
동분.현능.주.남단
ἀνά
전.목
πτέρυξ
명.목.여복
ἕξ
형기수
κυκλόθεν
부
καί
접.등
ἔσωθεν
부
γέμω
동직.현능.3복
ὀφθαλμός
명.소.남복
καί
접.등
ἀνάπαυσις
명.목.여단
οὐ
부
ἔχω
동직.현능.3복
ἡμέρα
명.소.여단
καί
접.등
νύξ
명.소.여단
λέγω
동분.현능.주.남복
ἅγιος
형일반.주.남단
ἅγιος
형일반.주.남단
ἅγιος
형일반.주.남단
κύριος
명.주.남단
ὁ
관.주.남단
θεός
명.주.남단

καὶ τὰ τέσσαρα ζῷα, ἓν καθ' ἓν αὐτῶν ἔχων ἀνὰ πτέρυγας ἕξ, κυκλόθεν καὶ ἔσωθεν γέμουσιν ὀφθαλμῶν, καὶ ἀνάπαυσιν οὐκ ἔχουσιν ἡμέρας καὶ νυκτὸς λέγοντες· ἅγιος ἅγιος ἅγιος κύριος ὁ θεὸς ὁ παντοκράτωρ, ὁ ἦν καὶ ὁ ὢν καὶ ὁ ἐρχόμενος.

그리고 네 생물은 각각 여섯 날개씩 가지고 있고 그 둘레와 안에 눈(들)으로 가득하였다. 또한 밤낮으로 쉬지 않으며 말하였다. "거룩하다, 거룩하다, 거룩하다. 주 하나님, 곧 전능하신 분, 전에도 계셨고 지금도 계시고 또한 오시는 이시다."

καὶ τὰ τέσσαρα ζῷα,
(그리고) 네 생물은 And the four living creatures,

ἓν καθ' ἓν[1-2] αὐτῶν
각각 each of them

ἔχων
가지고 있는 having

ἀνὰ[3] πτέρυγας ἕξ,
각기 여섯 날개씩 (each) six wings,

κυκλόθεν
둘레와 round

καὶ ἔσωθεν[4]
그 안에 and within,

γέμουσιν
가득하다. are full

ὀφθαλμῶν,
눈(들)으로 of eyes

καὶ ἀνάπαυσιν[5]
쉼을/쉬지 and ~ cease

οὐκ ἔχουσιν
가지지 않았다/않았다. they do not

ἡμέρας
낮 day

καὶ νυκτὸς[6]
밤으로 and night

λέγοντες·[7]
말하는 데/것을 to say,

ἅγιος ἅγιος ἅγιος
거룩하다, 거룩하다, 거룩하다. "Holy, holy, holy,

κύριος ὁ θεὸς[8]
"주 하나님 is the Lord

ὁ παντοκράτωρ,[9]
곧, 전능하신 분, Almighty,

ὁ ἦν
전에도 계셨고 who was

καὶ ὁ ὢν
지금도 계시고 and is

καὶ ὁ ἐρχόμενος.
늘 오시는 이는 and is coming."

---

1. ἓν καθ' ἕν: '하나씩, 각기'(one by one). κατά(~을 따라)가 강한 숨표의 ἕν(하나)을 만나 καθ'가 됐다.

2. ἕν: '하나'(one)는 남성 εἷς, 여성 μία, 중성 ἕν이 각기 다르다. εἷς와 ἕν은 3변화를 하고 μία는 2변화를 한다. εἷς, ἑνός, ἑνί, ἕνα(m); μία, μιᾶς, μιᾷ, μίαν(f); ἕν, ἑνός, ἑνί, ἕν(n).

3. ἀνά: 전치사 ἀνά는 숫자와 함께 목적격을 취할 때 '각기 ~씩, ~ 비율로'의 의미가 있다(LSJ).

4. ἔσωθεν: ἔσω(안에) + θεν(부터) = ἔσωθεν(from the inside, 안에서).

5. ἀνάπαυσιν: ἀνάπαυσις(쉼, 휴식) = ἀνά('완전히'의 의미, LSJ) + παῦσις(멈춤, 중지). ἀναπαύω(쉬게 하다).

6. ἡμέρας καὶ νυκτὸς: 문자적, '낮밤으로' > '밤낮으로'. 시간의 소유격은 보통 시간의 종류(kind)를 가리키는데, 여기서는 '~의 동안에, ~하는 중에'(during, at, within)의 의미이다(Wallace, 123-124, 203). 3변화 νύξ(밤), νυκτός, νυκτί, νύκτα(sg); νύκτες, νυκτῶν, νυξί, νύκτας(pl).

7. λέγοντες: 현재분사 λέγοντες는 직접화법을 소개한다. 주동사에 이어 내용을 보조하며 전개하는 일종의 상황의(circumstantial) 분사이다.

8. κύριος ὁ θεὸς: '주 하나님'; 1:8 설명 참조.

9. ὁ παντοκράτωρ, ὁ ἦν καὶ ὁ ὢν καὶ ὁ ἐρχόμενος: 전능하신 분, 전에도 계셨고 지금도 계시고 늘 오시는 분'; 1:8 설명 참조.

ὁ
관.주.남단
παντοκράτωρ
명.주.남단
ὁ
관.주.남단
εἰμί
동.직.미완료.3단
καί
접.등
ὁ
관.주.남단
εἰμί
동.분.현능.주.남단
καί
접.등
ὁ
관.주.남단
ἔρχομαι
동.분.현중.주.남단

계 4:9

Καὶ ὅταν δώσουσιν τὰ ζῷα δόξαν καὶ τιμὴν καὶ εὐχαριστίαν τῷ καθημένῳ ἐπὶ τῷ θρόνῳ τῷ ζῶντι εἰς τοὺς αἰῶνας τῶν αἰώνων,

생물들이 보좌에 앉으신 이, 영원히 사시는 이에게 영광과 존귀과 감사를 드릴 때에,

9
καί
접.등
ὅταν
접.종
δίδωμι
동.직.미능.3복
ὁ
관.주.중복
ζῷον
명.주.중복
δόξα
명.목.여단
καί
접.등
τιμή
명.목.여단
καί
접.등
εὐχαριστία
명.목.여단
ὁ
관.여.남단
κάθημαι
동.분.현중.여.남단
ἐπί
전.여
ὁ
관.여.남단
θρόνος
명.여.남단
ὁ
관.여.남단
ζάω
동.분.현능.여.남단
εἰς
전.목
ὁ
관.목.남복
αἰών
명.목.남복
ὁ
관.소.남복
αἰών
명.소.남복

Καὶ ὅταν[1]		τῷ καθημένῳ	
~ 때에 And when		앉으신 이에게 to him who sits	
δώσουσιν[2]		ἐπὶ τῷ θρόνῳ	
드릴 give		보좌 위에 on the throne,	
τὰ ζῷα		τῷ ζῶντι[5]	
생물들이 the living creatures		사시는 이에게 to him who lives	
δόξαν		εἰς τοὺς αἰῶνας	
영광과 glory		영원히 forever	
καὶ τιμὴν[3]		τῶν αἰώνων,	
존귀와 and honor		(영원의) and ever,	
καὶ εὐχαριστίαν[4]			
감사를 and thanks			

1. ὅταν: ὅταν(ὅτε + ἄν)은 본래 'whenever'(~때마다)의 뜻이나 때로 단순히 ὅτε의 경우와 같이 'when'(~ 때)의 뜻으로도 쓰인다. 여기서 ESV; RSV; NIV는 전자로, NAS; KJV는 후자로 번역했다. Porter는 ὅταν이 가정법과 함께 쓰이지 않은 예외적인 것들에 포함시킨다(Porter, 241).

2. δώσουσιν: '(그들이) 드릴 것이다'. μι 동사의 미래형에서 중복된 자음 하나가 생략되는 경우이다 (δίδωμι > δώσω, τίθημι > θήσω).

3. τιμὴν: τιμή(가치, 공경), τιμάω(가치를 정하다, 공경하다), τίμιος(가치 있는, 고귀한), τιμότης(가치 있는 것, 귀중함).

4. εὐχαριστίαν: εὐχαριστία(감사, 감사함), εὐχαριστέω(감사하다), εὐχάριστος(감사하는).

5. ζῶντι: ζά + οντι = ζῶντι. ζάω(살다)의 현재분사 여격이다('살아계신/사시는 분께').

계 4:10

πεσοῦνται οἱ εἴκοσι τέσσαρες πρεσβύτεροι ἐνώπιον τοῦ καθημένου ἐπὶ τοῦ θρόνου καὶ προσκυνήσουσιν τῷ ζῶντι εἰς τοὺς αἰῶνας τῶν αἰώνων καὶ βαλοῦσιν τοὺς στεφάνους αὐτῶν ἐνώπιον τοῦ θρόνου λέγοντες·

이십사 장로들은 보좌에 앉으신 이 앞에 엎드려 그 영원히 사시는 이에게 경배하고 그들의 승리의 관(들)을 그 보좌 앞에 던지며 말하였다.

10
πίπτω
동.직.미중.3복
ὁ
관.주.남복
εἴκοσι
형.기.수
τέσσαρες
형.기.수.주.남복
πρεσβύτερος
형.일반.주.남복

ἐνώπιον
전소
ὁ
관소남단
κάθημαι
동분현중소남단
ἐπί
전소
ὁ
관소남단
θρόνος
명소남단
καί
접등
προσκυνέω
동직.미능.3복
ὁ
관여남단
ζάω
동분현능여남단
εἰς
전목
ὁ
관목남복
αἰών
명목남복
ὁ
관소남복
αἰών
명소남복
καί
접등
βάλλω
동직.미능.3복
ὁ
관목남복
στέφανος
명목남복
αὐτός
대인칭소남복
ἐνώπιον
전소
ὁ
관소남단
θρόνος
명소남단
λέγω
동분현능주남복

πεσοῦνται[1]
엎드려 fall down

οἱ εἴκοσι τέσσαρες πρεσβύτεροι
이십사 장로들은 the twenty-four elders

ἐνώπιον τοῦ καθημένου
앉으신 이 앞에 before him who sits

ἐπὶ τοῦ θρόνου
보좌에 on the throne,

καὶ προσκυνήσουσιν[2]
경배하고 and worship

τῷ ζῶντι
사시는 이에게 him who lives

εἰς τοὺς αἰῶνας
영원히 forever

τῶν αἰώνων
(영원의) and ever,

καὶ βαλοῦσιν[3]
던질 것이다/던졌다. and cast

τοὺς στεφάνους
월계관/승리의 관(들)을 ~ crowns

αὐτῶν
그들의 their

ἐνώπιον τοῦ θρόνου
보좌 앞에 before the throne,

λέγοντες·
말하며 saying,

1. πεσοῦνται: '(그들이) 엎드릴 것이다'. πεσοῦνται(πίπτω, 떨어지다, 내려 앉다)는 자리에서 내려와 엎드리는 모습을 그려준다. πίπτω의 미래형은 πεσοῦμαι.
2. προσκυνήσουσιν: '경배할 것이다'; 3:9 참고. προσκυνέω(경배/예배하다) + 여격은 일반적으로 참된 신성의 대상에 대한 경배할 때 사용하고(4:10; 7:11; 11:16; 19:10; 22:9), 거짓된 대상은 보통 목적격을 사용한다(9:20; 13:8, 12; 14:9, 11; 20:4); Wallace, 172.
3. βαλοῦσιν: '던질 것이다'. 유음동사 βάλλω(던지다)는 미래에서 어미의 σ와 함께 자음 하나가 생략되고 그 대신 첨가된 모음(ε)과 어미가 단축된다(βαλ + ε + ουσιν).

계 4:11

ἄξιος εἶ, ὁ κύριος καὶ ὁ θεὸς ἡμῶν, λαβεῖν τὴν δόξαν καὶ τὴν τιμὴν καὶ τὴν δύναμιν, ὅτι σὺ ἔκτισας τὰ πάντα καὶ διὰ τὸ θέλημά σου ἦσαν καὶ ἐκτίσθησαν.

"우리 주 하나님이여, 영광과 존귀와 능력을 받으시는 것이 합당하십니다. 주께서 만물을 지으셨기 때문입니다. 주의 뜻대로 만물이 있게 되었고 또한 창조되었기 때문입니다."

11
ἄξιος
형일반.주남단
εἰμί
동직.현능.2단
ὁ
관주남단
κύριος
명주남단
καί
접등
ὁ
관주남단
θεός
명주남단
ἐγώ
대인칭소-복
λαμβάνω
동부.과능
ὁ
관목여단
δόξα
명목여단
καί
접등
ὁ
관목여단
τιμή
명목여단
καί
접등
ὁ
관목여단
δύναμις
명목여단
ὅτι
접종
σύ
대인칭.주-단

ἄξιος[1]
합당/당연~ "Worthy

εἶ,
~하시다. are you,

ὁ κύριος
주님이신 Lord

καὶ ὁ θεὸς
하나님께서 and God,

ἡμῶν,
"우리의 our

λαβεῖν[2]
받으시는 것이 to receive

τὴν δόξαν
영광과 glory

καὶ τὴν τιμὴν
존귀와 and honor

καὶ τὴν δύναμιν,
능력/힘을 and power,

ὅτι[3] σὺ
주님이 ~ 때문이다." for you

ἔκτισας[4]
지으셨기/창조하셨기 created

τὰ πάντα
모든 것/만물을 all things,

καὶ διὰ τὸ θέλημά[5]
또한 ~ 뜻 때문에/뜻으로
and because of ~ will

σου
당신/주님의 your

ἦσαν
(만물이) 있게 되었고 they existed

καὶ ἐκτίσθησαν.[6]
지음을 받았기/창조되었기 ~ and were created."

---

1. ἄξιος: ἄξιος(합당한, 적합한), ἀξιόω(합당/적합하다), ἀξίως(적합하게, 맞게).
2. λαβεῖν: '받으시는 것이'. λαμβάνω의 제2부정과거 어간 λαβ에 부정사 어미(εῖν)가 결합한 경우이다.
3. ὅτι: 이유(원인)의 ὅτι 부사절.
4. ἔκτισας: '창조하셨다/지으셨다'. κτίζω(창조하다)의 ἐ(과거시상 접두어) + κτι(어간) + σας(부정과거 어미). κτίσις(창조), κτίσμα (피조물), κτίστης(창조자).
5. θέλημά σου: '주(당신)의 뜻'. 뒤따르는 σου 때문에 액센트가 끝(얼티마)에 추가되었다. θέλημα(뜻, 목적), θέλησις(의지, 뜻), θέλω(원하다, 목적하다).
6. ἐκτίσθησαν: '지음을 받았다'; ἐ + κτι + (σ)θησαν(수동태 어미).

κτίζω
동직.과능.2단
ὁ
관.목.중복
πᾶς
형부정.목.중복
καί
접.등
διά
전.목
ὁ
관.목.중단
θέλημα
명.목.중단
σύ
대인칭.소.-단
εἰμί
동직.미완능.3복
καί
접.등
κτίζω
동직.과수.3복

계 5:1

Καὶ εἶδον ἐπὶ τὴν δεξιὰν τοῦ καθημένου ἐπὶ τοῦ θρόνου βιβλίον γεγραμμένον ἔσωθεν καὶ ὄπισθεν κατεσφραγισμένον σφραγῖσιν ἑπτά.

또 나는 보좌에 앉으신 이의 오른손에 있는 두루마리(책)를 보았다. 그 안과 밖에 글이 쓰여 있고 일곱 인으로 봉해져 있었다.

Καὶ εἶδον
그리고 나는 ~ 보았다. And I saw
  ἐπὶ τὴν δεξιὰν
  오른손에 (있는) in the right hand
    τοῦ καθημένου
    앉으신 이의 of him who sat
      ἐπὶ τοῦ θρόνου
      보좌에 on the throne
βιβλίον
두루마리를/책을 a scroll/ book

γεγραμμένον[1]
쓰여있고 written
  ἔσωθεν
  안과 inside
  καὶ ὄπισθεν
  뒤/밖에 and on the back
κατεσφραγισμένον[2]
봉인된 sealed
  σφραγῖσιν[3] ἑπτά.
  일곱 인으로 with seven seals.

1. γεγραμμένον: '쓰여있는'. 현재완료 수동태 분사 γεγραμμένον는 어간의 순음 φ가 어미의 μ을 만나 μ로 동화되었다.
2. κατεσφραγισμένον: '봉인된'. κατα(강화적 의미, up) + σφραγίζω(인으로 봉하다/치다) = κατασφραγίζω (밀봉하다, seal up). 역시 현재완료 수동태 분사로 봉해진 상태를 가리킨다. γεγραμμένον과 함께 '두루마리/책'을 꾸며준다.
3. σφραγῖσιν: σφραγίς(인). 3변화 σφραγίς, -ῖδος, -ῖδι, -ῖδα(sg); -ῖδες, -ίδων, -ῖσι(ν), -ῖδας(pl).

1
καί
접.등
ὁράω
동.직.과능.1단
ἐπί
전.목
ὁ
관.목.여단
δεξιός
형일반.목.여단
ὁ
관.소.남단
κάθημαι
동분현중소남단
ἐπί
전.소
ὁ
관.소.남단
θρόνος
명.소.남단
βιβλίον
명.목.중단
γράφω
동분.완수.목.중단
ἔσωθεν
부
καί
접.등
ὄπισθεν
부
κατασφραγίζω
동분.완수.목.중단
σφραγίς
명.여.여복
ἑπτά
형.기수

계 5:2

καὶ εἶδον ἄγγελον ἰσχυρὸν κηρύσσοντα ἐν φωνῇ μεγάλῃ· τίς ἄξιος ἀνοῖξαι τὸ βιβλίον καὶ λῦσαι τὰς σφραγῖδας αὐτοῦ;

또 나는 큰 소리로 외치는(선포하는) 힘센 천사를 보았다. "누가 그 두루마리(책)를 펴고 그 인들을 떼기에 합당한가?"

καὶ εἶδον
또 ~ 보았다. And I saw
  ἄγγελον
  천사를 a ~ angel
    ἰσχυρὸν[1]
    힘쎈/강한 strong

κηρύσσοντα[2]
선포하는/전하는 proclaiming
  ἐν φωνῇ[3]
  소리로/음성으로 with a ~ voice,
    μεγάλῃ·
    큰 loud

2
καί
접.등
ὁράω
동.직.과능.1단
ἄγγελος
명.목.남단
ἰσχυρός
형일반.목.남단
κηρύσσω
동분.현능.목.남단
ἐν
전.여
φωνή
명.여.여단
μέγας
형일반.여.여단
τίς
대의문.주.남단

τίς
누가 "Who is
ἄξιος[4]
합당한/적합한가? worthy
ἀνοῖξαι
열고 to open
τὸ βιβλίον
두루마리를/책을 the scroll/ book

καὶ λῦσαι
풀기/떼기에 and break
τὰς σφραγῖδας
봉인(들)을 seals?"
αὐτοῦ;
그것의 its

---

1. ἰσχυρὸν: ἰσχυρός(강한, 힘 있는), ἰσχύς(강력, 힘), ἰσχύω(강하다, 힘 있다).
2. κηρύσσοντα: '선포하는'(현재 분사); κηρύσσω(선포하다, 알리다), κήρυγμα(선포된 것, 메시지), κῆρυξ(선포자, 전달자).
3. φωνῇ μεγάλῃ: '큰 소리'는 계시록에 자주 등장한다(1:10; 2:22 참조). '큰 소리로'(14:7, 9, 15; 19:17).
4. ἄξιος ἀνοῖξαι ... καὶ λῦσαι ...: '… 열고 … 풀기에 합당한'. ἄξιος(합당한)는 부정사를 목적어로 취하는 경우가 많다(4:11; 5:2, 4, 9, 12).

계 5:3

καὶ οὐδεὶς ἐδύνατο ἐν τῷ οὐρανῷ οὐδὲ ἐπὶ τῆς γῆς οὐδὲ ὑποκάτω τῆς γῆς ἀνοῖξαι τὸ βιβλίον οὔτε βλέπειν αὐτό.

하늘이나 땅 위에나 땅 아래에나 아무도 그 두루마리(책)를 펴고 이를 보는 것을 할 수 없었다.

καὶ οὐδεὶς[1]
(그런데) 아무도 And no one
ἐδύνατο[2]
할 수 없었다. was able
ἐν τῷ οὐρανῷ[3]
하늘이나 in heaven
οὐδὲ[4] ἐπὶ τῆς γῆς
땅 위에서나 or on earth
οὐδὲ ὑποκάτω[5] τῆς γῆς
땅 아래에서 or under the earth

ἀνοῖξαι
열거나 to open
τὸ βιβλίον
두루마리를/책을 the scroll/ book
οὔτε βλέπειν
보는 것을 or to look into
αὐτό.
그것을 it,

---

1. οὐδεὶς: οὐ(부정어) + δ(매개자음) + εἶς(one), '아무도 (~아닌)'.
2. ἐδύνατο ... ἀνοῖξαι ... βλέπειν: ἐδύνατο(할 수 있었다)는 부정사 ἀνοῖξαι와 βλέπειν을 목적어로 한다. βλέπειν이 현재(부)인 것은 행동의 지속성과 관련이 있다.
3. ἐν τῷ οὐρανῷ ··· ἐπὶ τῆς γῆς ··· ὑποκάτω τῆς γῆς: '하늘에서 ··· 땅 위에서 ··· 땅 아래에 ··· 하늘과 땅 위와 땅 아래는 우주의 전 범위를 가리킨다(5:3, 13).
4. οὐδὲ ... οὐδὲ ...: neither ... nor ...
5. ὑποκάτω: ὑπό(under) + κάτω(κατά, down, downwards) = ὑποκάτω(under, underneath).

계 5:4

καὶ ἔκλαιον πολύ, ὅτι οὐδεὶς ἄξιος εὑρέθη ἀνοῖξαι τὸ βιβλίον οὔτε βλέπειν αὐτό.

그래서 나는 몹시 울었다. 그 두루마리(책)를 펴거나 이를 보기에 합당한 자가 아무도 없었기(발견되지 않았기) 때문이었다.

καὶ ἔκλαιον[1]
그래서 ~ 울었다. and I wept/ began to weep

πολύ,[2]
많이 much

ὅτι οὐδεὶς
아무도 ~ 때문에 because no one

ἄξιος[3]
적합한 자가 worthy

εὑρέθη[4]
발견되지 않았기 ~ was found

ἀνοῖξαι
열고 to open

τὸ βιβλίον
두루마리를/책을 the scroll/ book

οὔτε βλέπειν
보는 것에 or to look into

αὐτό.
그것을 it.

πολύς
형일반.목.중단
ὅτι
접.종
οὐδείς
대부정.주.남단
ἄξιος
형일반.주.남단
εὑρίσκω
동직.과수.3단
ἀνοίγω
동부.과능
ὁ
관.목.중단
βιβλίον
명.목.중단
οὔτε
접.등
βλέπω
동부.현능
αὐτός
대인칭.목.중단

1. ἔκλαιον: '내가 울었다/울기 시작했다'. 미완료는 과거의 시작된 동작 또는 계속된 동작을 가리킨다. κλαίω(울다, 애곡하다), κλαυθμός(애통, 애곡).
2. πολύ: 형용사 πολύ(많은)는 부사적으로 쓰였다(크게, 많이).
3. ἄξιος: '적합한'은 두 개의 부정사('여는 것'과 '보는 것')로 꾸밈을 받는다.
4. εὑρέθη: '발견되었다'. εὑρίσκω(발견하다, 찾다)의 εὑρ(제2부정과거 어간; 2시상 접두어 ἐ가 흡수됨) + ε(매개모음) + θη(부정과거 수동태 어미).

계 5:5

καὶ εἷς ἐκ τῶν πρεσβυτέρων λέγει μοι· μὴ κλαῖε, ἰδοὺ ἐνίκησεν ὁ λέων ὁ ἐκ τῆς φυλῆς Ἰούδα, ἡ ῥίζα Δαυίδ, ἀνοῖξαι τὸ βιβλίον καὶ τὰς ἑπτὰ σφραγῖδας αὐτοῦ.

장로 가운데 한 사람이 내게 말하였다. "울지 말라. 보라. 유다 지파에서 나오신 사자, 다윗의 뿌리가 승리하셨다. 그는 그 일곱 인들을 떼시고 두루마리(책)를 여실 수 있으시다."

καὶ εἷς
그러자 ~ 하나가 Then one

ἐκ τῶν πρεσβυτέρων[1]
장로들 가운데 of the elders

λέγει
말하였다. said

μοι·
내게 to me,

μὴ κλαῖε,[2]
울지 말라. "Do not weep;

ἰδοὺ
보라. behold,

ἐνίκησεν[3]
승리하셨다/이기셨다. has conquered/ triumphed

ὁ λέων
사자, the Lion

ὁ ἐκ τῆς φυλῆς Ἰούδα,[4]
즉, 유다 지파에서 나오신 이, of the tribe of Judah,

ἡ ῥίζα[5]
뿌리이신 이가 the Root

Δαυίδ,
다윗의 of David,

ἀνοῖξαι[6]
열 수 있도록/있게 so as to open

τὸ βιβλίον
두루마리와/책과 the scroll/ book

καὶ τὰς ἑπτὰ σφραγῖδας
일곱 봉인들을 and ~ seven seals."

αὐτοῦ.
그것의 its

5
καί
접.등
εἷς
형기수.주.남단
ἐκ
전.소
ὁ
관.소.남복
πρεσβύτερος
형일반.소.남복
λέγω
동직.현능.3단
ἐγώ
대인칭.여.-단
μή
조사
κλαίω
동명.현능.2단
ἰδού
감탄
νικάω
동직.과능.3단
ὁ
관.주.남단
λέων
명.주.남단
ὁ
관.주.남단
ἐκ
전.소
ὁ
관.소.여단
φυλή
명.소.여단
Ἰούδας
명.소.남단
ὁ
관.주.여단
ῥίζα
명.주.여단

Δαυίδ
명.소.남단
ἀνοίγω
동부.가능
ὁ
관.목.중단
βιβλίον
명.목.중단
καί
접.등
ὁ
관.목.여복
ἑπτά
형기수
σφραγίς
명.목.여복
αὐτός
대인칭.소.중단

1. πρεσβυτέρων: '장로들(의)'; 4:4 참고.
2. μὴ κλαῖε: '울지 말라'. 금지를 뜻할 때는 μὴ + 현재 명령법과 μὴ + 부정과거 가정법이 주로 쓰인다. μὴ + 현재 명령법의 금지는 계속적인 상태를 정지하려는 목적이 있다(Wallace, 725). μὴ + 부정과거 명령법은 8회 있다(Wallace, 487). μὴ + 부정과거 가정법이 일반적이다.
3. ἐνίκησεν: '승리하였다'. 어간 νικα의 α가 σ 앞에서 η로 길어졌다. 행위의 중단을 부각하는 결말적 (culminative) 부정과거일 수 있다(KMP, 293).
4. ὁ ἐκ τῆς φυλῆς Ἰούδα: '유다 지파에서 나오신 분'. 관사가 독립적으로 쓰였고 ἐκ 전치사구가 관형적 역할을 한다.
5. ῥίζα: ῥίζα(뿌리), ῥιζόω(뿌리를 박게 하다).
6. ἀνοῖξαι: '여는/떼는 것'; ἀνοιγ + σαι. 결과(result)의 부정사로 간주된다(KMP, 365).

계 5:6

6
καί
접.등
ὁράω
동직.과능.1단
ἐν
전.여
μέσος
형일반.여.중단
ὁ
관.소.남단
θρόνος
명.소.남단
καί
접.등
ὁ
관.소.중복
τέσσαρες
형기수.소.중복
ζῷον
명.소.중복
καί
접.등
ἐν
전.여
μέσος
형일반.여.중단
ὁ
관.소.남복
πρεσβύτερος
형일반.소.남복
ἀρνίον
명.주.중단
ἵστημι
동분.완능.주.중단
ὡς
접.종
σφάζω
동분.완수.주.중단
ἔχω
동분.현능.주.남단
κέρας
명.목.중복
ἑπτά
형기수
καί
접.등
ὀφθαλμός
명.목.남복
ἑπτά
형기수
ὅς
대관계.주.남복
εἰμί
동직.현능.3복
ὁ
관.주.중복
ἑπτά
형기수

Καὶ εἶδον ἐν μέσῳ τοῦ θρόνου καὶ τῶν τεσσάρων ζῴων καὶ ἐν μέσῳ τῶν πρεσβυτέρων ἀρνίον ἑστηκὸς ὡς ἐσφαγμένον ἔχων κέρατα ἑπτὰ καὶ ὀφθαλμοὺς ἑπτὰ οἵ εἰσιν τὰ [ἑπτὰ] πνεύματα τοῦ θεοῦ ἀπεσταλμένοι εἰς πᾶσαν τὴν γῆν.

또 나는, 보좌와 네 생물 사이와 장로들 사이에 죽임을 당하신 것 같은 어린 양이 서 계신 것을 보았다. 그는 일곱 뿔과 일곱 눈을 가지고 계셨다. 그 눈들은 모든 땅으로 보냄을 받은 하나님의 일곱 영들이다.

Καὶ εἶδον
그리고 ~ 보았다. And I saw
  ἐν μέσῳ
  ~ 사이에 between/ in the midst of
    τοῦ θρόνου
    보좌와 the throne
    καὶ τῶν τεσσάρων ζῴων
    네 생물 and the four living creatures
  καὶ ἐν μέσῳ
  그리고 ~ 사이에 and among/ in the midst of
    τῶν πρεσβυτέρων
    장로들 the elders,
ἀρνίον[1]
한 어린 양이 a Lamb
  ἑστηκὸς[2]
  서 계셨고 standing,
  ὡς ἐσφαγμένον[3]
  죽임을 당하신 것 같은 as if it had been slain,

ἔχων
가지고 계셨다. having
  κέρατα[4] ἑπτὰ
  일곱 뿔과 seven horns
  καὶ ὀφθαλμοὺς ἑπτὰ
  일곱 눈을 and seven eyes,
    οἵ[5] εἰσιν
    (그 눈들은) ~이신 which are
      τὰ [ἑπτὰ] πνεύματα[6]
      [일곱] 영(들) the seven spirits
        τοῦ θεοῦ
        하나님의 of God
        ἀπεσταλμένοι[7]
        보냄을 받은 sent out
          εἰς πᾶσαν τὴν γῆν.
          모든 땅으로 into all the earth.

---

1. ἀρνίον: 계시록에는 주로 ἀρνίον이 쓰인다(요한복음에는 1회, 21:15). 요 1:29, 36의 ἀμνός는 계시록에 없다. 둘 다 어린 양(lamb)을 뜻한다. 구약(LXX)에는 ἀμνός가 주로 쓰인다(단 네 곳만 예외, 시 113:4, 6; 렘 11:19; 27:45).
2. ἑστηκὸς: '서 계셨다'. 현재완료(분사)는 장면의 생생함과 더불어 지속적 상태를 가리킬 수 있다.
3. ἐσφαγμένον: '죽임을 당한'(현재완료 수동태 분사). σφάζω의 어간이 σφαγ이다. σφάζω(죽이다, 살해하다), σφαγή(도살/도축), σφάγιον(희생제물, 희생자).
4. κέρατα: '뿔들을'. 3변화 중성명사 κέρας, -ατος, -ατι, -ας(sg); κέρατα, -ατων, -ασι, -ατα(pl).

5. οἵ: 관계대명사 οἵ의 선행사는 '일곱 눈'이다.
6. τὰ [ἑπτὰ] πνεύματα: '일곱 영들'. 성령이 복수로 기재된 것은 그 역할(일곱 교회에 보내심 받은 사역) 때문일 것이다(1:4; 4:5; 5:6).
7. ἀπεσταλμένοι: '보냄을 받은'; 완료형 수동태 분사는 이뤄진 상태 또는 계속된 상태를 가리킨다.

계 5:7

καὶ ἦλθεν καὶ εἴληφεν ἐκ τῆς δεξιᾶς τοῦ καθημένου ἐπὶ τοῦ θρόνου.

그가 나아와 보좌에 앉으신 이의 오른손에서 두루마리(책)를 취하셨다.

καὶ ἦλθεν	τοῦ καθημένου
그리고 오셔서/나아와 And he went	앉으신 이의 of him who sat
καὶ εἴληφεν[1]	καὶ
취하셨다. and took it	접 등
ἐκ τῆς δεξιᾶς	ἐπὶ τοῦ θρόνου.
오른손에서 from the right hand	보좌에 on the throne.

---

1. εἴληφεν: '(그가) 받으셨다'. 책을 받아 들고 있는 상태(결과)를 부각하려고 현재완료를 썼을 수 있다. KMP는 생생함(vividness)을 부각하는 극적인(dramatic) 현재완료로 분류한다(KMP, 301). 현재 λαμβάνω, 미래(능) λήμψομαι(λήψομαι), 제2부정과거(능) ἔλαβον, 현재완료 εἴληφα, 부정과거(수) ἐλήφθην.

계 5:8

Καὶ ὅτε ἔλαβεν τὸ βιβλίον, τὰ τέσσαρα ζῷα καὶ οἱ εἴκοσι τέσσαρες πρεσβύτεροι ἔπεσαν ἐνώπιον τοῦ ἀρνίου ἔχοντες ἕκαστος κιθάραν καὶ φιάλας χρυσᾶς γεμούσας θυμιαμάτων, αἵ εἰσιν αἱ προσευχαὶ τῶν ἁγίων,

두루마리(책)를 취하실 때, 네 생물과 이십사 장로들이 어린 양 앞에 엎드렸다. 그들은 각기 하프(수금)와, 성도들의 기도(들)인 향으로 가득 찬 금 대접(들)을 가지고 있었다.

Καὶ ὅτε[1] ἔλαβεν	κιθάραν[3]
(그리고) 취하실 때 And when he had taken	하프/수금과 a harp,
τὸ βιβλίον,	καὶ φιάλας[4]
책을/두루마리를 the scroll/ book,	대접(들)을 and ~ bowls
τὰ τέσσαρα ζῷα	χρυσᾶς
네 생물과 the four living creatures	금 golden
καὶ οἱ εἴκοσι τέσσαρες πρεσβύτεροι	γεμούσας
이십사 장로들이 and twenty-four elders	가득 찬 full of
ἔπεσαν[2]	θυμιαμάτων,[5]
엎드렸다. fell down	향(들)이/으로 incense,
ἐνώπιον τοῦ ἀρνίου	αἵ[6] εἰσιν
어린 양 앞에 before the Lamb,	~인 (향들) which are
ἔχοντες	αἱ προσευχαὶ
가지고 having/ holding	기도(들)~ the prayers
ἕκαστος	τῶν ἁγίων,
각각 each	성도들의 of the saints.

πνεῦμα
명 주.정.복
ὁ
관 소.남단
θεός
명 소.남단
ἀποστέλλω
동분.완.수.주.남복
εἰς
전.목
πᾶς
형부.정.목.여단
ὁ
관.목.여단
γῆ
명.목.여단

7
καί
접 등
ἔρχομαι
동직.과능.3단
καί
접 등
λαμβάνω
동직.완능.3단
ἐκ
전.소
ὁ
관 소.여단
δεξιός
형일반.소.여단
ὁ
관 소.남단
κάθημαι
동분.현중.소.남단
ἐπί
전.소
ὁ
관 소.남단
θρόνος
명 소.남단

8
καί
접 등
ὅτε
접 종
λαμβάνω
동직.과능.3단
ὁ
관.목.중단
βιβλίον
명.목.중단
ὁ
관 주.중복
τέσσαρες
형기수.주.중복
ζῷον
명 주.중복
καί
접 등
ὁ
관 주.남복
εἴκοσι
형기수
τέσσαρες
형기수.주.남복
πρεσβύτερος
형일반.주.남복
πίπτω
동직.과능.3복
ἐνώπιον
전.소
ὁ
관 소.중단
ἀρνίον
명.소.중단
ἔχω
동분.현능.주.남복
ἕκαστος
형부.정 주.남단

κιθάρα
명.목.여단
καί
접.등
φιάλη
명.목.여복
χρυσοῦς
형일반.목.여복
γέμω
동분.현능.목.여복
θυμίαμα
명.소.충복
ὅς
대관계.주.여복
εἰμί
동직.현능.3복
ὁ
관.주.여복
προσευχή
명.주.여복
ὁ
관.소.남복
ἅγιος
형일반.소.남복

1. ὅτε: '~ 때'. 시간을 가리키는 부사로 접속사 역할을 한다.
2. ἔπεσαν: '엎드렸다'. πίπτω(엎드리다)는 계시록에서 경배적 의미로 쓰이는 경우가 많다(1:17; 4:10; 5:8, 14; 7:11; 11:16; 19:4, 10; 22:8).
3. κιθάραν: κιθάρα(하프, 수금), αὐλός(피리, 플루트), σάλπιγξ(나팔, 트럼펫), κύμβαλον(꽹과리, 심벌즈, 타악기), χαλκὸς ἠχῶν(울리는 징).
4. φιάλας: φιάλη(대접)는 안이 넓고 얕은 그릇(볼)으로 음식이나 음료수를 담는다(LN).
5. θυμιαμάτων: θυμίαμα(향, 태워진 것), θυμιατήριον(향로, 향 제단), θυμιάω(향을 피우다); 참고, θυμομαχέω(화를 크게 내다), θυμός(분노, 격분), θυμόω(격분하게 하다).
6. αἵ: 관계대명사 여복의 선행사는 문법적으로는 '대접들'인데 의미적으로는 향들'이라 할 수 있다.

계 5:9

9
καί
접.등
ᾄδω
동직.현능.3복
ᾠδή
명.목.여단
καινός
형일반.목.여단
λέγω
동분.현능.주.남복
ἄξιος
형일반.주.남단
εἰμί
동직.현능.2단
λαμβάνω
동부.과능
ὁ
관.목.중단
βιβλίον
명.목.중단
καί
접.등
ἀνοίγω
동부.과능
ὁ
관.목.여복
σφραγίς
명.목.여복
αὐτός
대인칭.소.중단
ὅτι
접.종
σφάζω
동직.과수.2단
καί
접.등
ἀγοράζω
동직.과능.2단
ὁ
관.여.남단
θεός
명.여.남단
ἐν
전.여
ὁ
관.여.중단
αἷμα
명.여.중단
σύ
대인칭.소.-단
ἐκ
전.소
πᾶς
형부정.소.여단
φυλή
명.소.여단
καί
접.등

καὶ ᾄδουσιν ᾠδὴν καινὴν λέγοντες· ἄξιος εἶ λαβεῖν τὸ βιβλίον καὶ ἀνοῖξαι τὰς σφραγῖδας αὐτοῦ, ὅτι ἐσφάγης καὶ ἠγόρασας τῷ θεῷ ἐν τῷ αἵματί σου ἐκ πάσης φυλῆς καὶ γλώσσης καὶ λαοῦ καὶ ἔθνους

그들이 새 노래로 노래하며 말하였다. "주님은 두루마리(책)를 취하고 그 인들을 떼기에 합당하십니다. 주님은 죽임을 당하셨고, 그 피로 모든 지파, 방언, 백성, 민족 가운데서 사람들을 사셔서 하나님께 드리셨기 때문입니다.

καὶ ᾄδουσιν[1] 그리고 ~ 노래했다/불렀다. And they sang	ὅτι[3] ~ 때문이다. for
ᾠδὴν 노래를 a ~ song,	ἐσφάγης[4] (주는) 죽임을 당하셨고 you were slain,
καινὴν 새 new	καὶ ἠγόρασας[5] 사셨기/속량하셨기 and purchased
λέγοντες· 말하며 saying,	τῷ θεῷ 하나님께 (드려) for God
ἄξιος[2] 합당/적합~ "Worthy	ἐν τῷ αἵματί 피로 by ~ blood
εἶ 주(당신)는 ~하시다. are you	σου 당신의/주의 your
λαβεῖν 취하고 to take	ἐκ πάσης 모든 ~ 가운데서 people from every
τὸ βιβλίον 두루마리를/책을 the scroll/ book	φυλῆς 종족(지파)과 tribe
καὶ ἀνοῖξαι 열기/떼기에 and open	καὶ γλώσσης[6] 혀/언어와 and tongue/ language
τὰς σφραγῖδας 봉인(들)을 seals,	καὶ λαοῦ 백성과 and people
αὐτοῦ, 그것의 its	καὶ ἔθνους 민족/나라 and nation.

1. ᾄδουσιν ᾠδὴν: '노래하다'(ᾄδω, ἀείδω), '노래'(ᾠδή, ἀοιδή).
2. ἄξιος ... λαβεῖν ... καὶ ἀνοῖξαι: '... 취하기에 ... 열기에 합당하신'. ἄξιος(합당한)는 부정사 두 개를 목적어로 취한다('~하기에 합당한'). 부정과거 부정사는 동작의 발생에 초점을 둔다.

3. ὅτι: 이유(원인)의 ὅτι 부사절.
4. ἐσφάγης: '(그가) 죽임을 당하셨다'(부정과거 수동태 2단); 6절 참고.
5. ἠγόρασας: '(그가) 사셨다/속량하셨다'. ἀγοράζω(사다, 장사하다)가 과거시상 접두어(ε) 때문에 길 어지고(ἠ) 부정과거 어미 σας를 만나 ζα가 탈락하였다('사셨다').
6. γλώσσης: γλῶσσα(혀, 언어), κεφαλή(머리), θρίξ(머리카락), μέτωπον(이마), πρόσωπον(얼굴), στόμα(입), ὀδούς(이), ὀφθαλμός(눈), οὖς(귀).

계 5:10

καὶ ἐποίησας αὐτοὺς τῷ θεῷ ἡμῶν βασιλείαν καὶ ἱερεῖς, καὶ βασιλεύσουσιν ἐπὶ τῆς γῆς.

> 또 그들을 우리 하나님께 나라와 제사장(들)이 되게 하셨습니다. 그래서 그들이 땅에서 왕 노릇할 것입니다."

καὶ ἐποίησας
또 ~ 만드셨기/삼았기 And you have made
  αὐτοὺς
  그들을 them
  τῷ θεῷ
  하나님께 to ~ God,
    ἡμῶν
    우리의 our

βασιλείαν
나라와 a kingdom
καὶ ἱερεῖς,[1]
제사장(들)으로 and priests
καὶ βασιλεύσουσιν[2]
그래서 그들이 다스릴/왕노릇 할 것이다. and they will reign
  ἐπὶ τῆς γῆς.
  땅에서 on the earth."

1. ἱερεῖς: '제사장들을/으로'; 1:6 참고.
2. βασιλεύσουσιν: '(그들이) 다스릴 것이다'. βασιλεύω(왕 노릇하다, 다스리다); βασιλεία(왕국, 왕권), βασίλειος(왕의), βασιλεύς(왕), βασιλικός(왕에 속한, 왕의), βασίλισσα(여왕, 퀸).

계 5:11

Καὶ εἶδον, καὶ ἤκουσα φωνὴν ἀγγέλων πολλῶν κύκλῳ τοῦ θρόνου καὶ τῶν ζῴων καὶ τῶν πρεσβυτέρων, καὶ ἦν ὁ ἀριθμὸς αὐτῶν μυριάδες μυριάδων καὶ χιλιάδες χιλιάδων

> 또 내가 보고 들었다. 보좌와 생물들과 장로들을 둘러선 많은 천사들의 음성이 있었다. 그 수는 만만이고 천천이었다.

Καὶ εἶδον,
또 보았고 And I looked
καὶ ἤκουσα
들었다. and heard
  φωνὴν
  소리를/음성을 the voice
    ἀγγέλων πολλῶν[1]
    많은 천사들의 of many angels
      κύκλῳ
      둘러선/주위에 around

τοῦ θρόνου
보좌와 the throne
καὶ τῶν ζῴων
생물들과 and the living creatures
καὶ τῶν πρεσβυτέρων,
장로들의/의 and the elders;
  καὶ ἦν
  그리고 ~이었다. and ~ was
    ὁ ἀριθμὸς[2]
    수/숫자는 the number

ὁ
관.소.남복
πρεσβύτερος
형일반.소.남복
καί
접.등
εἰμί
동직.미완능.3
단
ὁ
관.주.남단
ἀριθμός
명.주.남단
αὐτός
대인칭.소.남복
μυριάς
명.주.여복
μυριάς
명.소.여복
καί
접.등
χιλιάς
명.주.여복
χιλιάς
명.소.여복

αὐτῶν
그들의 of them

μυριάδες
만 myriads

μυριάδων[3]
만의 of myriads,

καὶ χιλιάδες
천 and thousands

χιλιάδων[4]
천의 of thousands,

---

1. πολλῶν: '많은'. 남성변화, πολύς(m), πολλοῦ, πολλῷ, πολύν(sg); πολλοί, πολλῶν, πολλοῖς, πολλούς(pl). 여성변화는 πολλή(f), πολλῆς, πολλῇ, πολλήν(sg); πολλαί, πολλῶν, πολλαῖς, πολλάς(pl). 중성변화는 1:15 참고.
2. ἀριθμὸς: ἀριθμός(수) > ἀριθμέω(수를 세다).
3. μυριάδες μυριάδων: '만의 만'. 3변화 μυριάς(일만), -άδος, -άδι, -άδα(sg); -άδες, -άδων, -άσι, -άδας(pl).
4. χιλιάδες χιλιάδων: '천의 천'. 3변화 χιλιάς(일천)도 μυριάς와 같은 변화를 가진다.

계 5:12

12
λέγω
동분.현능.주남복
φωνή
명.여.여단
μέγας
형일반.여.여단
ἄξιος
형일반.주.중단
εἰμί
동직.현능.3단
ὁ
관.주.중단
ἀρνίον
명.주.중단
ὁ
관.주.중단
σφάζω
동분.완수.주중단
λαμβάνω
동부.과능
ὁ
관.목.여단
δύναμις
명.목.여단
καί
접.등
πλοῦτος
명.목.남단
καί
접.등
σοφία
명.목.여단
καί
접.등
ἰσχύς
명.목.여단
καί
접.등
τιμή
명.목.여단
καί
접.등
δόξα
명.목.여단
καί
접.등
εὐλογία
명.목.여단

λέγοντες φωνῇ μεγάλῃ· ἄξιόν ἐστιν τὸ ἀρνίον τὸ ἐσφαγμένον λαβεῖν τὴν δύναμιν καὶ πλοῦτον καὶ σοφίαν καὶ ἰσχὺν καὶ τιμὴν καὶ δόξαν καὶ εὐλογίαν.

그들이 큰 음성으로 말하였다. "죽임을 당하신 어린 양은 능력과 부귀와 지혜와 힘과 존귀와 영광과 찬송을 받으시기에 합당하십니다."

λέγοντες
말하는 saying

φωνῇ
소리로/음성으로 with a ~ voice,

μεγάλῃ.[1]
큰 loud

ἄξιόν[2]
합당/적합~ "Worthy

ἐστιν
~하시다. is

τὸ ἀρνίον
어린 양은 the Lamb

τὸ ἐσφαγμένον
죽임을 당하신 who was slain,

λαβεῖν
받으시기에 to receive

τὴν δύναμιν
능력과 power

καὶ πλοῦτον[3]
부귀와 and wealth

καὶ σοφίαν[4]
지혜와 and wisdom

καὶ ἰσχὺν[5]
힘과 and strength

καὶ τιμὴν
존귀와 and honor

καὶ δόξαν
영광과 and glory

καὶ εὐλογίαν.[6]
찬송/찬양을 and blessing/ praise!"

---

1. φωνῇ μεγάλῃ: '큰 음성으로'. 어떤 방식(how)으로 하느냐와 관련된 방식(manner)의 여격이다 (Wallace, 162).
2. ἄξιον: ἄξιόν(합당한)은 주어 τὸ ἀρνίον(어린 양)을 따라 중성이다. 뒤따르는 ἐστιν 때문에 액센트가 더 첨가된다.
3. πλοῦτον: πλοῦτος(부, 부유함), πλούσιος(부유한), πλουσίως(풍부하게), πλουτέω(부유하다), πλουτίζω(부유하게 만들다).

4. σοφίαν: σοφία(지혜), σοφίζω(지혜롭게 하다) < σοφός(숙련된, 지혜로운).
5. ἰσχὺν: ἰσχύς(힘), ἰσχυρός(힘센), ἰσχύω(힘이 세다).
6. εὐλογίαν: εὐ(좋은) + λογία(말) = εὐλογία(좋은 말, 찬양). εὐλογέω(찬양하다, 복을 빌다), εὐλογητός(복된, 찬양 받을).

계 5:13

καὶ πᾶν κτίσμα ὃ ἐν τῷ οὐρανῷ καὶ ἐπὶ τῆς γῆς καὶ ὑποκάτω τῆς γῆς καὶ ἐπὶ τῆς θαλάσσης καὶ τὰ ἐν αὐτοῖς πάντα ἤκουσα λέγοντας· τῷ καθημένῳ ἐπὶ τῷ θρόνῳ καὶ τῷ ἀρνίῳ ἡ εὐλογία καὶ ἡ τιμὴ καὶ ἡ δόξα καὶ τὸ κράτος εἰς τοὺς αἰῶνας τῶν αἰώνων.

또 모든 피조물, 즉 하늘에 있는 것과 땅 위에 있는 것과 땅 아래 있는 것과 바다 위에 있는 것과 그들 안에 있는 모든 것들이 말하는 것을 들었다. "보좌에 앉으신 이와 어린 양께 찬송과 존귀와 영광과 권능이 영원무궁할 것입니다."

καὶ πᾶν κτίσμα
그리고 ~ 모든 피조물, And every creature

ὃ
즉 which is

ἐν τῷ οὐρανῷ[1]
하늘에 있는 것과 in heaven

καὶ ἐπὶ τῆς γῆς
땅 위에 있는 것과 and on earth

καὶ ὑποκάτω τῆς γῆς
땅 아래 있는 것과 and under the earth

καὶ ἐπὶ τῆς θαλάσσης
바다 위에 있는 것과 and in the sea,

καὶ τὰ ἐν αὐτοῖς πάντα
그들 안에 있는 모든 것들이 and all things in them,

ἤκουσα
들었다. I heard

λέγοντας·
말하는 것을 saying,

τῷ καθημένῳ
앉으신 이와 "To him who sits

ἐπὶ τῷ θρόνῳ
보좌 위에 on the throne

καὶ τῷ ἀρνίῳ
어린 양에서 and to the Lamb

ἡ εὐλογία
찬송/찬양과 be blessing

καὶ ἡ τιμὴ
존귀와 and honor

καὶ ἡ δόξα
영광과 and glory

καὶ τὸ κράτος[2]
권능이 (있으시기를/있으시다!) and might

εἰς τοὺς αἰῶνας
영원히 forever

τῶν αἰώνων.
(영원의) and ever!"

---

1. ὃ ἐν τῷ οὐρανῷ ... καὶ τὰ ἐν αὐτοῖς πάντα: 모든 존재를 가리키는데 3절에 비해 더해진 것은 '모든 피조물'을 망라하려 했기 때문이다.
2. τὸ κράτος: '권능, 능력'; 1:6 참고.

계 5:14

καὶ τὰ τέσσαρα ζῷα ἔλεγον· ἀμήν. καὶ οἱ πρεσβύτεροι ἔπεσαν καὶ προσεκύνησαν.

그리고 네 생물들이 말하였다. "아멘." 또 장로들이 엎드려 경배하였다.

13
καί
접 등
πᾶς
형부정.목.중단
κτίσμα
명.목.중단
ὅς
대인칭.주.중단
ἐν
전.여
ὁ
관.여.남단
οὐρανός
명.여.남단
καί
접 등
ἐπί
전.소
ὁ
관.소.여단
γῆ
명.소.여단
καί
접 등
ἀκούω
전.소
ὁ
관.소.여단
γῆ
명.소.여단
καί
접 등
ὑποκάτω
전.소
ὁ
관.소.여단
θάλασσα
명.소.여단
καί
접 등
ὁ
관.목.중복
ἐν
전.여
αὐτός
대인칭.여.중복
πᾶς
형부정.목.중복
ἀκούω
동직.과능.1단
λέγω
동분.현능.목.남복
ὁ
관.여.남단
κάθημαι
동분.현중.여.남단
ἐπί
전.여
ὁ
관.여.남단
θρόνος
명.여.남단
καί
접 등
ὁ
관.여.중단
ἀρνίον
명.여.중단

καὶ τὰ τέσσαρα ζῷα
그리고 네 생물들이 And the four living creatures

ἔλεγον·
말하였다. said,

ἀμήν.
아멘 "Amen!"

καὶ οἱ πρεσβύτεροι
또 장로들이 and the elders

ἔπεσαν
엎드려 fell down

καὶ προσεκύνησαν.
경배하였다. and worshiped.

계 6:1

Καὶ εἶδον ὅτε ἤνοιξεν τὸ ἀρνίον μίαν ἐκ τῶν ἑπτὰ σφραγίδων, καὶ ἤκουσα ἑνὸς ἐκ τῶν τεσσάρων ζῴων λέγοντος ὡς φωνὴ βροντῆς· ἔρχου.

또 나는 보았다. 어린 양이 일곱 인 가운데 하나를 떼실 때, 네 생물 가운데 하나가 천둥 소리 같이 "오라" 하는 것을 들었다.

Καὶ εἶδον[1]
그리고 ~ 보았다. And I saw/ watched

ὅτε
~ 때에 when

ἤνοιξεν[2]
여실/떼실 opened

τὸ ἀρνίον
어린 양이 the Lamb

μίαν[3]
하나를 one

ἐκ τῶν ἑπτὰ σφραγίδων,
일곱 봉인/인 가운데서 of the seven seals,

καὶ ἤκουσα[4]
그리고 ~ 들었다. I heard

ἑνὸς[5-6]
하나가 one

ἐκ τῶν τεσσάρων ζῴων
네 생물 가운데 of the four living creatures

λέγοντος
말하는 것을 saying

ὡς φωνὴ
소리 같이 as with a voice

βροντῆς·
벼락/천둥(의) of thunder,

ἔρχου.[7]
오라/오너라. "Come!"

---

1. Καὶ εἶδον: '또 나는 보았다'. 계속 반복되는 표현(Καὶ εἶδον)에 주목하자.
2. ἤνοιξεν: '(그가) 열었다'. ε(시상 접두어) + ἀνοίγ(어간) + σεν(부정과거 어미) = ἤνοιξεν('그가 열었다'). 연구개음 γ, κ, χ가 σ을 만나면 ξ가 된다(자음접변).
3. μίαν: '하나'는 남성(εἷς), 여성(μία), 중성(ἕν)이 있다. '봉인/인'(σφραγίς)이 여성이므로 '하나'도 여성이다('봉인 하나'). 기수 εἷς(m), μία(f), ἕν(n)(하나), δύο(둘), τρεῖς(m/f), τρία(n)(셋), τέσσαρες(m/f), τέσσαρα(n)(넷), πέντε(다섯), ἕξ(여섯), ἑπτά(일곱), ὀκτώ(여덟), ἐννέα(아홉), δέκα(열).
4. ἤκουσα: '나는 들었다'. 계시록에서 ἤκουσα도 εἶδον처럼 많이 반복된다.
5. ἑνὸς: 중성인 것은 ζῷον(생물)이 중성이기 때문이다. 중성 ἕν(one), ἑνός, ἑνί, ἕν.
6. ἑνὸς ... λέγοντος: '하나가 말하는 것을'. 동사 ἤκουσα가 소유격을 목적어로 받은 경우이다.
7. ἔρχου: '오라'; ἔρχ + ου. 이태동사(dep.) ἔρχομαι의 명령법 현재 2단 어미는 -ου이다.

계 6:2

καὶ εἶδον, καὶ ἰδοὺ ἵππος λευκός, καὶ ὁ καθήμενος ἐπ᾽ αὐτὸν ἔχων τόξον καὶ ἐδόθη αὐτῷ στέφανος καὶ ἐξῆλθεν νικῶν καὶ ἵνα νικήσῃ.

또 나는 보았다. 보라. 흰 말과 활을 가지고 그 위에 탄 자가 있다. 승리의 관이 그에게 주어졌고 그는 이기고 또 이기려고 나갔다.

καί
접 동
ἰδού
감탄
ἵππος
명 주 남단
λευκός
형일반·주 남단
καί
접 동
ὁ
관·주 남단
κάθημαι
동분현중·주남단
ἐπί
전 목
αὐτός
대인칭·목 남단
ἔχω
동분현능·주남단
τόξον
명·목 중단
καί
접 동
δίδωμι
동직·과수·3단
αὐτός
대인칭·여 남단
στέφανος
명 주 남단
καί
접 동
ἐξέρχομαι
동직·과능·3단
νικάω
동분현능·주남단
καί
접 동
ἵνα
접 종
νικάω
동가·과능·3단

καὶ εἶδον,
또 보았다. I looked,
καὶ ἰδοὺ[1]
(그런데 보라.) and behold,
ἵππος[2]
말과 a ~ horse,
λευκός,[3]
흰 white
καὶ ὁ καθήμενος
탄 자가 (있는 것을) and he who sat
ἐπ᾽ αὐτὸν
그 위에 on it
ἔχων
가지고 had

τόξον
활을 a bow,
καὶ ἐδόθη[4]
그런데 ~ 주어졌고 and ~ was given
αὐτῷ
그에게 to him,
στέφανος
월계관/승리의 관이 a crown
καὶ ἐξῆλθεν[5]
그는 ~ 나갔다. and he came out
νικῶν
이기고/승리하고 conquering,
καὶ ἵνα νικήσῃ.[6]
또한 이기려고/승리하려고 and to conquer.

1. ἰδού: '보라'; 1:7 참고. 반복 사용된 것(6:2, 5, 8 등)은 장면에 주목하게 하기 위한 것이다.
2. ἵππος: ἵππος(말), ἱππεύς(말 탄 자), ἱππικός(승마의, 마병대). Hippopotamus(하마)는 말(ἵππος)과 강(ποταμός)이 합쳐진 것이다.
3. λευκός: λευκός(흰), μέλας(검은), κόκκινος(진홍의), ἐρυθρός(빨간), πυρρός(불같이 붉은), χλωρός(녹색의), πορφυροῦς(자주색의).
4. ἐδόθη: '(그것이) 주어졌다'. ἐ(접두어) + δο(어간) + θη(부정과거 수동태 어미).
5. ἐξῆλθεν: '(그는) 나갔다'. ἐκ(밖으로; 모음 앞에서 ἐξ) + ἦλθεν(나갔다; ἔρχομαι의 부정과거 3단).
6. νικῶν καὶ ἵνα νικήσῃ: 현재분사(과정, '이기면서')와 ἵνα 가정법(목적, '이기기 위해').

계 6:3

3
καί
접 동
ὅτε
접 종
ἀνοίγω
동직·과능·3단
ὁ
관·목 여단
σφραγίς
명·목 여단
ὁ
관·목 여단
δεύτερος
형서수·목 여단
ἀκούω
동직·과능 1단
ὁ
관·소 중단
δεύτερος
형서수·소 중단
ζῷον
명·소 중단
λέγω
동분현능·소중단
ἔρχομαι
동명·현중·2단

Καὶ ὅτε ἤνοιξεν τὴν σφραγῖδα τὴν δευτέραν, ἤκουσα τοῦ δευτέρου ζῴου λέγοντος· ἔρχου.

또 둘째 인을 떼실 때에, 나는 둘째 생물이 "오라" 하는 것을 들었다.

Καὶ ὅτε ἤνοιξεν
그리고 ~ 떼실 때에 When he opened
τὴν σφραγῖδα
봉인/인을 the ~ seal,
τὴν δευτέραν,[1]
둘째 second
ἤκουσα
나는 ~ 들었다. I heard

τοῦ δευτέρου ζῴου
둘째 생물이 the second living creature
λέγοντος·
말하는 것을 saying,
ἔρχου.
오라/오너라. "Come.!"

1. δευτέραν: 서수 πρῶτος(첫째), δεύτερος(둘째), τρίτος(셋째), τέταρτος(넷째), πέμπτος(다섯째), ἕκτος(여섯째), ἕβδομος(일곱째), ὄγδοος(여덟째), ἔνατος(아홉째), δέκατος(열째).

계 6:4

καὶ ἐξῆλθεν ἄλλος ἵππος πυρρός, καὶ τῷ καθημένῳ ἐπ’ αὐτὸν ἐδόθη αὐτῷ λαβεῖν τὴν εἰρήνην ἐκ τῆς γῆς καὶ ἵνα ἀλλήλους σφάξουσιν καὶ ἐδόθη αὐτῷ μάχαιρα μεγάλη.

그러자 다른 붉은 말과 그 위에 탄 자가 나갔다. 서로 죽일 수 있게 땅에서 평화를 취하는 것이 그에게 주어졌다. 또한 큰 검이 그에게 주어졌다.

καὶ ἐξῆλθεν
그러자 ~ 나갔다/나왔다. And ~ went out,

ἄλλος ἵππος
다른 ~ 말이 another, a ~ horse

πυρρός,[1]
붉은 red

καὶ τῷ καθημένῳ
탄 자, and to him who sat

ἐπ’ αὐτὸν
그 위에 on it,

ἐδόθη
주어졌다. it was given

αὐτῷ
그에게 to him

λαβεῖν[2]
취하는 것이 to take

τὴν εἰρήνην
평화를 peace

ἐκ τῆς γῆς
땅에서/땅으로부터 from the earth,

καὶ ἵνα
그래서 ~ 되도록/있게 and that

ἀλλήλους[3]
서로 one another,

σφάξουσιν[4]
죽이게/죽일 수 ~ they should slay

καὶ ἐδόθη
또한 ~ 주어졌다. and ~ was given

αὐτῷ
그에게 to him.

μάχαιρα[5] **μεγάλη.**
큰 검/칼이 a great sword

---

1. πυρρός: πῦρ(불)에서 나온 단어([불처럼] '붉은'); πυρέσσω(고열로 아프다), πυρετός(고열), πύρινος(불처럼 빛나는, 불같은), πυρόω(불로 태우다), πυρράζω(붉게 빛나다), πύρωσις(불타는 것).
2. λαβεῖν: λαβεῖν(취하는 것) 명사절은 ἐδόθη의 진주어가 된다. λαβ(λαμβάνω, '취하다'의 부정과거 어간) + εῖν(부정사 어미).
3. ἀλλήλους: 재귀대명사 '서로'(one another)는 소유격 ἀλλήλων; 여격 ἀλλήλοις, -αις, -οις; 목적격 ἀλλήλους, -ας, -α가 있다.
4. σφάξουσιν: '(그들이) 죽일 것이다'. σφάζω(도살하다)의 σφαγ(어간) + σουσι(ν)(미래 3복)로 γ와 σ이 ξ로 결합된다(5:6 참조).
5. μάχαιρα: 단검 또는 일반적인 칼을 가리킨다(1:16 참조).

계 6:5

Καὶ ὅτε ἤνοιξεν τὴν σφραγῖδα τὴν τρίτην, ἤκουσα τοῦ τρίτου ζῴου λέγοντος· ἔρχου. καὶ εἶδον, καὶ ἰδοὺ ἵππος μέλας, καὶ ὁ καθήμενος ἐπ’ αὐτὸν ἔχων ζυγὸν ἐν τῇ χειρὶ αὐτοῦ.

또 셋째 인을 떼실 때에, 나는 세 번째 생물이 "오라" 하는 것을 들었다. 또 나는 보았다. 보라. 검은 말과 그의 손에 저울을 가지고 그 위에 탄 자가 있다.

<table>
<tr><td>

τρίτος
형서수.목.여단
ἀκούω
동직.과능.1단
ὁ
관.소.중단
τρίτος
형서수.소.중단
ζῷον
명.소.중단
λέγω
동분.현능.소.중단
ἔρχομαι
동명.현중.2단
καί
접.등
ὁράω
동직.과능.1단
καί
접.등
ἰδού
감탄
ἵππος
명.주.남단
μέλας
형일반.주.남단
καί
접.등
ὁ
관.주.남단
κάθημαι
동분.현충.주남단
ἐπί
전.여
αὐτός
대인칭.목.남단
ἔχω
동분.현능.주남단
ζυγός
명.목.남단
ἐν
전.여
ὁ
관.여.여단
χείρ
명.여.여딘
αὐτός
대인칭.소.남단

6
καί
접.등
ἀκούω
동직.과능.1단
ὡς
접.종
φωνή
명.목.여단
ἐν
전.여
μέσος
형일반.주.여.중단
ὁ
관.소.중복
τέσσαρες
형기수.소.중복
ζῷον
명.소.중복
λέγω
동분.현능.목.여단
χοῖνιξ
명.주.여단
σῖτος
명.소.남단
δηνάριον
명.소.중단
καί
접.등
τρεῖς
형기수.주.여복
χοῖνιξ
명.주.여복
κριθή
명.소.여복
δηνάριον
명.소.중단

</td><td>

Καὶ ὅτε ἤνοιξεν
그리고 ~ 떼실/여실 때에 When he opened
   τὴν σφραγῖδα
   봉인/인을 the ~ seal,
     τὴν τρίτην,
     셋째 third
ἤκουσα
나는 ~ 들었다. I heard
   τοῦ τρίτου ζῴου
   셋째 생물이 the third living creature
     λέγοντος·
     말하는 것을 saying,
ἔρχου.
오라/오너라. "Come!"
καὶ εἶδον,
나는 보았다. And I saw,
καὶ ἰδοὺ
(그런데 보라.) and behold,

</td><td>

ἵππος
말과 a ~ horse,
  μέλας,[1]
  검은 black
καὶ ὁ καθήμενος
탄 자가 (있는 것을) and he who sat
  ἐπ' αὐτὸν
  그 위에 on it
  ἔχων
  가지고 had
    ζυγὸν[2]
    저울을 a pair of scales
      ἐν τῇ χειρὶ[3]
      손에 in ~ hand.
       αὐτοῦ.
       그의 his

</td></tr>
</table>

---

1. μέλας: μέλας(검은).
2. ζυγόν: ζυγός는 '멍에'(마 11:29-30; 행 15:10; 갈 5:1; 딤전 6:1), '저울'(계 6:5)의 뜻이다. ζεύγνυμι(멍에를 메다)에서 온다(Thayer). ζεῦγος(함께 멍에 맨 쌍), ζευκτηρία(함께 묶은 것), συζεύγνυμι(함께 멍에를 메다).
3. χειρὶ: 3변화 χείρ(손), χειρός, χειρί, χεῖρα(sg); χεῖρες, χερῶν, χερσί, χεῖρας(pl).

계 6:6

καὶ ἤκουσα ὡς φωνὴν ἐν μέσῳ τῶν τεσσάρων ζῴων λέγουσαν· χοῖνιξ σίτου δηναρίου καὶ τρεῖς χοίνικες κριθῶν δηναρίου, καὶ τὸ ἔλαιον καὶ τὸν οἶνον μὴ ἀδικήσῃς.

또 나는, 네 생물 가운데에서 말하는 소리 같은 것을 들었다. "한 데나리온에 밀 한 되이고 한 데나리온에 보리 석 되이다. 그리고 올리브유와 포도주는 해하지 말라."

<table>
<tr><td>

καὶ ἤκουσα
또한 ~ 들었다. And I heard
  ὡς φωνὴν
  음성/소리 같은 것을 like a voice
    ἐν μέσῳ τῶν τεσσάρων ζῴων
    네 생물 가운데에서
    in the midst of four living creatures
      λέγουσαν·
      말하는 saying,
χοῖνιξ[1]
한 되이고 "A quart
  σίτου
  밀 of wheat
    δηναρίου[2]
    한 데나리온에 for a denarius,

</td><td>

καὶ τρεῖς[3] χοίνικες[4]
세/석 되이다. and three quarts
  κριθῶν
  보리 of barley
    δηναρίου,
    한 데나리온에 for a denarius,
  καὶ τὸ ἔλαιον[5]
  그리고 올리브유와 and ~ the oil
  καὶ τὸν οἶνον
  포도주는 and the wine."
μὴ ἀδικήσῃς.[6]
해치지 말아라. do not harm

</td></tr>
</table>

1. χοῖνιξ σίτου: χοῖνιξ는 한 되(1L) 조금 넘는 정도의 양이다(Friberg). σῖτος(밀), σῦκον(무화과), ἐλαία(올리브), κριθή(보리).
2. δηναρίου: 가격(price)의 소유격 또는 측량(measure)의 소유격으로 불린다(KMP, 103). δηνάριον(데 나리온, 로마 은화, 하루 품삯), δραχμή(드라크마, 헬라 은화, 하루 품삯), ἀσσάριον(앗사리온, 데나리 온의 1/16 동전), κοδράντης(콰드란스, 데나리온의 1/64 동전), λεπτόν(렙돈, 데나리온의 1/128 동 전), στατήρ(스타테르, 세겔, 2 드라크마 은전), μνᾶ(므나, 100 데라리온), τάλαντον(달란트, 600 데 나리온).
3. τρεῖς: τρεῖς(셋; m/f)/τρία(n), τριῶν, τρισί(ν), τρεῖς(m/f)/τρία(n).
4. σίτου ... χοίνικες: 지중해 지역은 밀과 보리가 주식이다.
5. ἔλαιον ... οἶνον: 올리브유와 포도주는 지중해성 기후의 주요 산물이다. ἔλαιον(올리브유), ἐλαία(올 리브, 감람나무), ἐλαιών(올리브 숲). οἶνος(포도주), οἰνοπότης(대주가), οἰνοφλυγία(포도주에 취함).
6. μὴ ἀδικήσῃς: 금지의 가정법. ἀδικέω(해하다)의 ε가 어미의 σ 앞에서 η로 길어진다. 부정의 α + δικαιόω(의롭게/정당하게 하다) = ἀδικέω(불의하게 하다, 해하다). δίκη(의, 옳음).

계 6:7

Καὶ ὅτε ἤνοιξεν τὴν σφραγῖδα τὴν τετάρτην, ἤκουσα φωνὴν τοῦ τετάρτου ζῴου λέγοντος· ἔρχου.

또 넷째 인을 떼실 때에, 나는 네 번째 생물이 "오라" 하는 음성을 들었다.

Καὶ ὅτε ἤνοιξεν 그리고 ~ 떼실/여실 때에 When he opened	φωνὴν 음성을/소리를 the voice
τὴν σφραγῖδα 봉인/인을 the ~ seal,	τοῦ τετάρτου ζῴου 넷째 생물이 ~ of the fourth living creature
τὴν τετάρτην, 넷째 fourth	λέγοντος·[1] 말하는 saying,
ἤκουσα 나는 ~ 들었다. I heard	ἔρχου. 오라/오너라. "Come!"

1. λέγοντος: 6:1, 3, 5, 7에 반복되는데 모두 ἤκουσα(내가 들었다)와 관련되어(목적의 명사절) 쓰였다.

계 6:8

καὶ εἶδον, καὶ ἰδοὺ ἵππος χλωρός, καὶ ὁ καθήμενος ἐπάνω αὐτοῦ ὄνομα αὐτῷ [ὁ] θάνατος, καὶ ὁ ᾅδης ἠκολούθει μετ' αὐτοῦ καὶ ἐδόθη αὐτοῖς ἐξουσία ἐπὶ τὸ τέταρτον τῆς γῆς ἀποκτεῖναι ἐν ῥομφαίᾳ καὶ ἐν λιμῷ καὶ ἐν θανάτῳ καὶ ὑπὸ τῶν θηρίων τῆς γῆς.

또 나는 보았다. 보라. 회녹색(청황색) 말과 그 위에 탄 자가 있다. 그의 이름은 죽음인데 음부(하데스)가 그 뒤를 따랐다. 또 검과 기근과 죽음과 땅의 짐승(들)으로 땅의 사분의 일을 죽이는 권세가 그들에게 주 어졌다.

κάθημαι
동분.현중.주남단
ἐπάνω
전.소
αὐτός
대인칭.소.남단
ὄνομα
명.주.중단
αὐτός
대인칭.여.남단
ὁ
관.주.남단
θάνατος
명.주.남단
καί
접.등
ὁ
관.주.남단
ᾅδης
명.주.남단
ἀκολουθέω
동직.미완능.3단
μετά
전.소
αὐτός
대인칭.소.남단
καί
접.등
δίδωμι
동직.과수.3단
αὐτός
대인칭.여.남복
ἐξουσία
명.주.여단
ἐπί
전.목
ὁ
관.목.중단
τέταρτος
형서수.목.중단
ὁ
관.소.여단
γῆ
명.소.여단
ἀποκτείνω
동부.과능
ἐν
전.여
ῥομφαία
명.여.여단
καί
접.등
ἐν
전.여
λιμός
명.여.여단/
명.여.남단
καί
접.등
ἐν
전.여
θάνατος
명.여.남단
καί
접.등
ὑπό
전.소
ὁ
관.소.중복
θηρίον
명.소.중복
ὁ
관.소.여단
γῆ
명.소.여단

καὶ εἶδον,
그리고 보았다. I looked,
καὶ ἰδοὺ
(그런데 보라.) and behold,
ἵππος
말과 a ~ horse
χλωρός,[1]
창백한/회녹색의 pale
καὶ ὁ καθήμενος
탄 자가 (있는 것을) and he who sat
ἐπάνω[2] αὐτοῦ
그 위에 upon it;
ὄνομα
이름은 a name
αὐτῷ
그에게 (주어진) to him
[ὁ] θάνατος,[3]
죽음이었다. was Death,
καὶ ὁ ᾅδης[4]
그리고 하데스/음부가 and Hades
ἠκολούθει[5]
따랐다. followed
μετ᾽ αὐτοῦ[6]
그 뒤를/그와 함께 (with) him.

καὶ ἐδόθη
또한 ~ 주어졌다. And ~ was given
αὐτοῖς
그들에게 to them
ἐξουσία
권세가 authority
ἐπὶ[7] τὸ τέταρτον
사분의 일을 over a fourth
τῆς γῆς
땅의 of the earth,
ἀποκτεῖναι
죽이는 to kill
ἐν[8] ῥομφαίᾳ
검/칼과 with sword
καὶ ἐν λιμῷ[9]
기근/흉년과 and with famine
καὶ ἐν θανάτῳ
역병/죽음으로 and death/ pestilence
καὶ ὑπὸ τῶν θηρίων[10]
또한 짐승들로 and by wild beasts
τῆς γῆς.
땅의 of the earth.

---

1. χλωρός: 녹색을 가리키는 χλωρός는 창백한 병색의 색깔이기도 하다.

2. ἐπάνω: '위에(over), 넘어서서(beyond)'. ἐπάνω는 ἐπί(on, upon)와 ἄνω(above, up)가 결합된 단어이다.

3. ὄνομα αὐτῷ [ὁ] θάνατος: "그에게 주어진 이름은 죽음이다"는 "그의 이름이 죽음이다"라는 뜻의 관용적 표현이다(예, 계 9:11; 요 1:6; 3:1).

4. ᾅδης: ᾅδης(Ἅιδης, 하데스, 음부)는 ὁράω(보다)의 부정과거 부정사 ἰδεῖν(본 것)에 부정의 접두어 α가 첨가된 데('보이지 않는 것')에서 나온 것으로 추정된다(Thayer).

5. ἠκολούθει: ἐ + ἀκολουθε + ει. ἀκολουθέω(따르다, 추종하다)의 미완료 ἠκολούθει는 진행적 상태('따르고 있었다')를 알려준다.

6. μετ᾽ αὐτοῦ: 전치사 μετά 다음에 모음이 올 때(μετά + αὐτοῦ) 끝모음이 생략되고 생략부호가 들어간다.

7. ἐξουσία ἐπί ...: '~에 대한 권세'(계 2:26; 13:7; 14:18; 22:14; 마 28:18).

8. ἐν... ἐν ... ἐν ...: 세 번 나오는 ἐν 어구는 여기서 수단의 여격('~으로')이다.

9. λιμῷ: λιμός(기근, 굶주림), πεινάω(굶주리다), πρόσπεινος(배고픈), νῆστις([한 동안] 굶주린 상태), νηστεία(금식), ἀσιτία(먹을 게 없음); LN.

10. θηρίων: θηρίον(짐승); θήρα(사냥, 덫), θηρεύω(사냥하다), θηριομαχέω(짐승과 싸우다).

계 6:9

9
καί
접.등
ὅτε
접.종
ἀνοίγω
동직.과능.3단

Καὶ ὅτε ἤνοιξεν τὴν πέμπτην σφραγῖδα, εἶδον ὑποκάτω τοῦ θυσιαστηρίου τὰς ψυχὰς τῶν ἐσφαγμένων διὰ τὸν λόγον τοῦ θεοῦ καὶ διὰ τὴν μαρτυρίαν ἣν εἶχον.

또 나는 보았다. 다섯째 인을 떼실 때에, 하나님의 말씀과 그들이 가진 증언 때문에 죽임을 당한 영혼들이 제단 아래 있었다.

Καὶ ὅτε ἤνοιξεν
그리고 ~ 떼실/여실 때에 When he opened

τὴν πέμπτην¹ σφραγῖδα,
다섯째 봉인/인을 the fifth seal,

εἶδον
나는 ~ 보았다. I saw

ὑποκάτω τοῦ θυσιαστηρίου²
제단 아래에 (있는) under the alter

τὰς ψυχὰς³
영혼들을 the souls

τῶν ἐσφαγμένων⁴
죽임을 당한 of those who had been slain

διὰ τὸν λόγον
말씀과 because of the word

τοῦ θεοῦ
하나님의 of God,

καὶ διὰ τὴν μαρτυρίαν
증언 때문에 because of the witness

ἣν εἶχον.⁵
그들이 가진 they had borne

1. πέμπτην: πέμπτος(다섯째) < πέντε(다섯) > πεντάκις(다섯 배), πεντακισχίλιοι(5천), πεντακόσιοι(5백), πεντεκαιδέκατος(15번째), πεντήκοντα(오십), πεντηκοστή(50번째, 오순절).
2. θυσιαστηρίου: θυσία(희생제물) + στήριον(장소; from ἵστημι, '세우다/서다') = θυσιαστήριον(제단) < θύω(희생시키다/하다).
3. ψυχὰς: ψυχή는 계시록에서 사람(6:9; 20:4), 목숨(8:9; 12:11), 생물(16:3), 영혼(18:14)으로 쓰인다.
4. ἐσφαγμένων: '죽임을 당한'; ἐ + σφαγ(σφάζω, 죽이다의 어간) + μένων. 접두어(ἐ)가 있는 것은 현재 완료 분사임을, -μένων는 수동태임을 가리킨다. 죽음 당한 상태(결과)를 강조하기 위한 것으로 보인다.
5. ἣν εἶχον: '그들이 가진'. 관계대명사 ἣν의 선행사는 μαρτυρίαν(증언)이다. 미완료 εἶχον(가지고 있었다)은 지속적 소유를 말한다.

계 6:10

καὶ ἔκραξαν φωνῇ μεγάλῃ λέγοντες· ἕως πότε, ὁ δεσπότης ὁ ἅγιος καὶ ἀληθινός, οὐ κρίνεις καὶ ἐκδικεῖς τὸ αἷμα ἡμῶν ἐκ τῶν κατοικούντων ἐπὶ τῆς γῆς;

그들이 큰 소리로 외쳤다. "거룩하고 참되신 대주재여, 어느 때까지 땅 위에 거하는 자들을 심판하지 않으시고 우리의 피를 갚지 않으시렵니까?"

καὶ ἔκραξαν¹
그리고 그들이 ~ 외쳤다. They cried out

φωνῇ²
소리로/음성으로 with a ~ voice,

μεγάλῃ
큰 loud

λέγοντες·³
말하며 saying,

ἕως πότε,
언제까지/어느 때까지 "How long,

ὁ δεσπότης⁴
주인님/대주재여! O Sovereign Lord,

ὁ ἅγιος καὶ ἀληθινός,⁵
거룩하고 참되신 holy and true,

οὐ κρίνεις⁶
심판하지 않고 will not you judge

καὶ ἐκδικεῖς⁷
갚지 않으시렵니까? and avenge

τὸ αἷμα
피를 blood

ἡμῶν
우리의 our

ἐκ τῶν κατοικούντων⁸
거주하는 자들에게 on those who dwell

ἐπὶ τῆς γῆς;
땅 위에 on the earth?"

ὁ 관.목.여단
πέμπτος 형서수.목.여단
σφραγίς 명.목.여단
ὁράω 동직.과능.1단
ὑποκάτω 전.소
ὁ 관.소.중단
θυσιαστήριον 명.소.중단
ὁ 관.목.여복
ψυχή 명.목.여복
ὁ 관.소.남복
σφάζω 동분.완수.소.남복
διά 전.목
ὁ 관.목.남단
λόγος 명.목.남단
ὁ 관.소.남단
θεός 명.소.남단
καί 접.등
διά 전.목
ὁ 관.목.여단
μαρτυρία 명.목.여단
ὅς 대관계.목.여단
ἔχω 동직.미완능.3복

10
καί 접.등
κράζω 동직.과능.3복
φωνή 명.여.여단
μέγας 형일반.여.여단
λέγω 동분.현능.주.남복
ἕως 부/전
πότε 부
ὁ 관.주.남단
δεσπότης 명.주.남단
ὁ 관.주.남단
ἅγιος 형일반.주.남단
καί 접.등
ἀληθινός 형일반.주.남단
οὐ 부
κρίνω 동직.현능.2단
καί 접.등
ἐκδικέω 동직.현능.2단

1. ἔκραξαν: ἐ(시상 접두어) + κραγ(어간) + σαν(부정과거 3복 어미) = ἔκραξαν(그들이 외쳤다). κράζω(외치다); ἀνακράζω(외치다, 소리를 높이다), κραυγάζω(외치다), κραυγή(외침, 아우성).
2. φωνῇ: 방식 또는 수단의 여격('~로').
3. λέγοντες: 주 동사(ἔκραξαν)의 동작을 보조하는 상황의(circumstantial) 분사, 또는 중복 사용된 잉여의(redundant) 분사로 볼 수 있다(Wallace, 649). 직접화법을 이끈다.
4 δεσπότης: '주인, 마스터' 뜻의 동의어 κύριος는 소유권, δεσπότης는 권한(힘)을 강조하는 어의적 의미를 가진다(LN).
5. ὁ ἅγιος καὶ ἀληθινός: '거룩하고 참되신 분'(3:7 참조).
6. οὐ κρίνεις: '주(당신)께서 심판하지 않으십니다'. κρίνω(심판하다, 판단하다), κρίμα(심판, 판단, 법령), κρίσις(판단, 판결, 의의).
7. ἐκδικεῖς: ἐκ(out of, utterly) + δίκη(의, 옳음) > ἐκδικέω(벌하다, 갚다; 6절 참조). ἔκδικος(벌하는, 갚는).
8. κατοικούντων: κατ(κατά) + οἰκέ + οντων; ε + ο = ου; 2:13; 3:10 참고.

계 6:11

καὶ ἐδόθη αὐτοῖς ἑκάστῳ στολὴ λευκὴ καὶ ἐρρέθη αὐτοῖς ἵνα ἀναπαύσονται ἔτι χρόνον μικρόν, ἕως πληρωθῶσιν καὶ οἱ σύνδουλοι αὐτῶν καὶ οἱ ἀδελφοὶ αὐτῶν οἱ μέλλοντες ἀποκτέννεσθαι ὡς καὶ αὐτοί.

또 각각 그들에게 흰 두루마기와 함께 말씀이 주어졌다. "그들처럼 죽게 될 그들의 동료 종들과 형제들의 수가 찰 때까지 아직은 잠시 쉬라"는 말씀이었다.

καὶ ἐδόθη
그리고 ~ 주어졌다. And ~ was ~ given
    αὐτοῖς
    그들에게 to them
    ἑκάστῳ[1]
    각각 each
στολὴ[2]
두루마기가/긴 옷이 a ~ robe
    λευκὴ
    흰 white
    καὶ ἐρρέθη[3]
    그리고 ~ 말씀이 주어졌다. and told
    αὐτοῖς
    그들에게 them
    ἵνα ἀναπαύσονται[4]
    쉬라는 that they should rest
        ἔτι
        좀 더/아직은 (yet/ still)
        χρόνον μικρόν,[5]
        잠시 for a while

ἕως
~ 때까지 until
    πληρωθῶσιν[6]
    채워질/그 수가 찰 should be completed,
    καὶ οἱ σύνδουλοι[7]
    동료 종들과 the number of ~ fellow servants
        αὐτῶν
        그들의 their
    καὶ οἱ ἀδελφοὶ
    형제들 and ~ brothers,
        αὐτῶν
        그들의 their
        οἱ μέλλοντες[8]
        즉, ~될 자들이 who were
            ἀποκτέννεσθαι[9]
            죽게 ~ to be killed
            ὡς καὶ αὐτοί.
            그들처럼 as they themselves had been.

1. αὐτοῖς ἑκάστῳ: '그들 각자에게'.
2. στολή: '두루마기/긴 옷'. στέλλω(준비시키다, 정돈하다)에서 왔는데 용품(장비)의 뜻인 στολή는 겉

에 입는 긴 옷이다(Thayer; 1:13 참조).

3. ἐρρέθη: '말해졌다, 말씀이 주어졌다'. λέγω는 부정과거 수동태에서 어간(ρε)의 ρ이 중복된다(ρρε).

4. ἀναπαύσονται: ἀνα + παυ + σονται. 합성어, ἀνα(up, again) + παύω(멈추게/쉬게 하다) = ἀναπαύω(멈추게/쉬게 하다). 중간태에서 '쉬다'가 된다. ἵνα + 미래는 요한문헌에 종종 등장한다 (Wallace, 699).

5. χρόνον μικρόν: '짧은 시간 동안, 잠시'. 시간의 목적격은 시간의 길이(duration)와 관련된다.

6. ἕως πληρωθῶσιν: '채워질 때까지'. ἕως [ἄν] + 부정과거 가정법 형식으로 미래에 이뤄질 때(사건)를 가리킨다(Thayer). 특정되지 않은 부정(indefinite)의 시간을 가리키는 가정법이라고도 한다(Wallace, 480). πληρόω의 ο가 θ 앞에서 ω로 길어졌다.

7. σύνδουλοι: σύν(함께) + δοῦλος(종) = σύνδουλος(함께 된 종). δουλαγωγέω(노예로 이끌다/만들다), δουλεία(노예됨, 구속), δουλεύω(노예가 되다/ 섬기다), δουλόω(노예로 만들다/삼다), καταδουλόω(노예가 되게 하다/만들다), ὀφθαλμοδουλεία(눈가림의 종노릇).

8. οἱ μέλλοντες: '~하려 하는 자들'. μέλλω(하려 한다)는 부정사를 취한다.

9. ἀποκτέννεσθαι: ἀποκτένν + εσθαι. ἀποκτείνω(죽이다)의 다른 형태는 ἀποκτέννω이다. 후자에서 나온 부정사(현) 수동태이다.

계 6:12

Καὶ εἶδον ὅτε ἤνοιξεν τὴν σφραγῖδα τὴν ἕκτην, καὶ σεισμὸς μέγας ἐγένετο καὶ ὁ ἥλιος ἐγένετο μέλας ὡς σάκκος τρίχινος καὶ ἡ σελήνη ὅλη ἐγένετο ὡς αἷμα

또 나는 보았다. 여섯째 인을 떼실 때에, 큰 지진이 일어나고 해는 검은 상복처럼 검게 되고 달 전체가 피 같이 되며

Καὶ εἶδον
그리고 나는 ~ 보았다. And I looked,

ὅτε ἤνοιξεν
떼실/여실 때에 when he opened

τὴν σφραγῖδα
봉인/인을 the ~ seal,

τὴν ἕκτην,[1]
여섯째 sixth

καὶ σεισμὸς[2] μέγας
큰 지진도/이 a great earthquake

ἐγένετο
일어나고 there was

καὶ ὁ ἥλιος[3]
해는 and the sun

ἐγένετο
되었고 became

μέλας
검게 black

ὡς σάκκος[4]
옷(상복/마대)처럼 as sackcloth

τρίχινος[5]
검은 털로 된 of hair,

καὶ ἡ σελήνη[6] ὅλη
달 전체가 the full moon

ἐγένετο
되었다. became

ὡς αἷμα
피 같이 like blood,

1. ἕκτην: '여섯째'. 형용사로 성(gender)을 취한다. ἕκτος(m), ἕκτη(f), ἕκτον(n). ἕξ(여섯), ἑξήκοντα(60), ἑξακόσιοι(600).

2. σεισμὸς: σεισμός(지진), σείω(뒤흔들다, 불안하게 하다).

3. ἥλιος: ἥλιος(해), σελήνη(달), ἀστήρ(별), φωστήρ(발광체).

4. σάκκος: 본래 머리털로 만든 마대나 천, 또는 상복을 뜻한다.

5. τρίχινος: τρίχινος(털로 된)의 명사는 어간이 τριχ인 3변화 θρίξ(머리털, 짐승의 털)이다(τ > θ; χ + ς = ξ).

6. σελήνη: σελήνη(달)의 어원은 σέλας(빛남)이다(Thayer). σεληνιάζομαι(미치다, 간질에 걸리다).

계 6:13

καὶ οἱ ἀστέρες τοῦ οὐρανοῦ ἔπεσαν εἰς τὴν γῆν, ὡς συκῆ βάλλει τοὺς ὀλύνθους αὐτῆς ὑπὸ ἀνέμου μεγάλου σειομένη,

하늘의 별들이 땅에 떨어졌다. 무화과 나무가 거센 바람에 흔들려 설익은 열매가 떨어지는 것과 같았다.

13
καί
접.등
ὁ
관.주.남복
ἀστήρ
명.주.남복
ὁ
관.소.남단
οὐρανός
명.소.남단
πίπτω
동직.과능.3복
εἰς
전.목
ὁ
관.목.여단
γῆ
명.목.여단
ὡς
접.종
συκῆ
명.주.여단
βάλλω
동직.현능.3단
ὁ
관.목.남복
ὄλυνθος
명.목.남복
αὐτός
대인칭.소.여단
ὑπό
전.소
ἄνεμος
명.소.남단
μέγας
형일반.소.남단
σείω
동분.현수.주.여단

καὶ οἱ ἀστέρες	βάλλει
그리고 ~ 별들이 and the stars	떨어뜨리는 것 ~ sheds
τοῦ οὐρανοῦ	τοὺς ὀλύνθους[2]
하늘의 of the sky	늦게 열리는 것(열매)들을 winter fruit
ἔπεσαν	αὐτῆς
떨어졌다. fell	그것(무화과)의 its
εἰς τὴν γῆν,	ὑπὸ ἀνέμου[3] μεγάλου
땅으로 to the earth	매우 센/거센 바람에 by a great wind.
ὡς συκῆ[1]	σειομένη,[4]
무화과가 ~ 같이 as the fig tree	흔들려 when shaken

1. συκῆ: συκῆ(무화과나무), σῦκον(무화과); ξύλον(나무), ἐλαία(올리브나무), ἄμπελος(포도나무), φοῖνιξ(종려나무).
2. ὀλύνθους: ὄλυνθος(늦게 열리는 것, 익지 않은 무화과)는 겨울에 자라 다 익기 전인 봄에 떨어지는 무화과를 가리킨다(LSJ). 지중해 지역에서 무화과는 본래 햇빛이 많고 건조한 여름에 무르익어 가을에 수확할 때 가장 맛이 나는 과수이다.
3. ἀνέμου: ἄνεμος(바람) < ἀήρ(공기) > ἀνεμίζω (바람에 날리다); 유 1:12 참고.
4. σειομένη: σειο + μένη. σείω(흔들다, 휘젓다)의 현재분사 수동태('흔들린'); σεισμός(흔들기, 지진).

14
καί
접.등
ὁ
관.주.남단
οὐρανός
명.주.남단
ἀποχωρίζω
동직.과수.3단
ὡς
접.종
βιβλίον
명.주.중단
ἑλίσσω
동분.현수.주.중단
καί
접.등
πᾶς
형부정.주.중단
ὄρος
명.주.중단
καί
접.등
νῆσος
명.주.여단

계 6:14

καὶ ὁ οὐρανὸς ἀπεχωρίσθη ὡς βιβλίον ἑλισσόμενον καὶ πᾶν ὄρος καὶ νῆσος ἐκ τῶν τόπων αὐτῶν ἐκινήθησαν.

하늘은 두루마리가 말리듯이 찢어지고 각 산과 섬은 그 자리에서 옮겨졌다.

καὶ ὁ οὐρανὸς	καὶ νῆσος
그리고 하늘은 And the sky	섬은 and island
ἀπεχωρίσθη[1]	ἐκ τῶν τόπων
떠나갔고/찢어졌고 departed	자리에서 from ~ place.
ὡς βιβλίον	αὐτῶν
두루마리가 like a scroll	그들의 its
ἑλισσόμενον[2]	ἐκινήθησαν.[4]
말리듯이 that is rolled up,	옮겨졌다. was removed
καὶ πᾶν ὄρος[3]	
모든 산과 and every mountain	

1. ἀπεχωρίσθη: '떠나갔다'; ἀπ(ἀπό) + ε + χωρίζ + θη. ἀπό(from) + χωρίζω(분리하다) = ἀποχωρίζω(분리하다, 나누다).
2. ἑλισσόμενον: ἑλισσ + όμενον. ἑλίσσω(말다, 맞접다; 히 1:12; 계 6:14)의 현재분사 수동태('말린').
3. ὄρος: 3변화 ὄρος(산), ὄρους, ὄρει, ὄρος(sg); ὄρη, ὀρέων, ὄρεσιν, ὄρη(pl). ὁροθεσία(경계를 정함).

4. ἐκινήθησαν: '옮겨졌다'; ἐ + κινέ + θησαν. κινέω(옮기다, 치우다)의 부정과거 수동태(3복, '옮겨졌다'); κίνησις(움직임).

계 6:15

Καὶ οἱ βασιλεῖς **τῆς γῆς** καὶ οἱ μεγιστᾶνες καὶ οἱ χιλίαρχοι καὶ οἱ πλούσιοι καὶ οἱ ἰσχυροὶ καὶ πᾶς δοῦλος καὶ ἐλεύθερος ἔκρυψαν **ἑαυτοὺς εἰς τὰ σπήλαια καὶ εἰς τὰς πέτρας τῶν ὀρέων**

땅의 왕들과 권력자들과 장군들과 부자들과 힘센 자들과 모든 종과 자유인이 동굴과 산들의 바위 틈에 자신들을 숨겼다.

Καὶ οἱ βασιλεῖς
그리고 ~ 왕들과 And the kings

　　τῆς γῆς
　　땅의 of the earth

καὶ οἱ μεγιστᾶνες[1]
권력자/거물들과 and the great ones

καὶ οἱ χιλίαρχοι[2]
천부장/장군들과 and the generals

καὶ οἱ πλούσιοι
부자들과 and the rich

καὶ οἱ ἰσχυροὶ
힘센 자/장사들과 and the strong,

καὶ πᾶς δοῦλος
모든 종과 and every slave

καὶ ἐλεύθερος[3]
자유인이 and free man,

　　ἔκρυψαν[4]
　　숨겼다/숨었다. hid

　　ἑαυτοὺς
　　자신들을 themsleves

　　εἰς τὰ σπήλαια[5]
　　동굴/굴(들)과 in the caves

καὶ εἰς τὰς πέτρας[6]
바위(들)에 and among the rocks

　　τῶν ὀρέων[7]
　　산의 of the mountains,

---

1. μεγιστᾶνες: '큰/위대한 자들, 거물들'. μεγιστάν(거물) < μέγας(큰, 위대한) > μέγιστος(매우 중요한).
2. χιλίαρχοι: χιλιάς(천) + ἀρχός(지도자, 지휘자) = χιλίαρχος(천부장).
3. ἐλεύθερος: 형용사 ἐλεύθερος('자유한')가 독립적으로 쓰였다('자유인'). ἐλευθερία(자유), ἐλευθερόω(자유하게 하다).
4. ἔκρυψαν: κρύπτω(숨기다)의 부정과거(ἐ + κρύπτ + σαν). κρύπτη(지하실, 저장고), κρυπτός(숨긴, cryptic).
5. σπήλαια: σπήλαιον은 사람이 드나들 수 있는 동굴을 가리킨다(LN). 동물의 굴(den)은 φωλεός(눅 9:58)이다.
6. πέτρας: πέτρα(바위)에서 베드로(Πέτρος)의 이름이 나왔다. πετρώδης(바위로 된).
7. ὀρέων: '산들의'. 3변화(중) ὄρος(산), ὄρους, ὄρει, ὄρος(sg); ὄρη, ὀρέων, ὄρεσι, ὄρη(pl).

계 6:16

καὶ λέγουσιν τοῖς ὄρεσιν καὶ ταῖς πέτραις· πέσετε ἐφ᾽ ἡμᾶς καὶ κρύψατε ἡμᾶς ἀπὸ προσώπου τοῦ καθημένου ἐπὶ τοῦ θρόνου καὶ ἀπὸ τῆς ὀργῆς τοῦ ἀρνίου,

그리고 산들과 바위들에게 말하였다. "우리 위에 떨어져 보좌 위에 앉으신 이의 얼굴과 어린 양의 진노로부터 우리를 숨겨주라.

ἐκ
전.소
ὁ
관.소.남복
τόπος
명.소.남복
αὐτός
대인칭.소.중복
κινέω
동직.과수.3복

15
καί
접.등
ὁ
관.주.남복
βασιλεύς
명.주.남복
ὁ
관.소.여단
γῆ
명.소.여단
καί
접.등
ὁ
관.주.남복
μεγιστάν
명.주.남복
καί
접.등
ὁ
관.주.남복
χιλίαρχος
명.주.남복
καί
접.등
ὁ
관.주.남복
πλούσιος
형일반.주.남복
καί
접.등
ὁ
관.주.남복
ἰσχυρός
형일반.주.남복
καί
접.등
πᾶς
형부정.주.남단
δοῦλος
명.주.남단
καί
접.등
ἐλεύθερος
형일반.주.남단
κρύπτω
동직.과능.3복
ἑαυτοῦ
대재귀.목.남복
ὁ
관.목.중복
σπήλαιον
명.목.중복
καί
접.등
εἰς
전.목
ὁ
관.목.여복
πέτρα
명.목.여복
ὁ
관.소.중복
ὄρος
명.소.중복

16
καί
접.등
λέγω
동직.현능.3복
ὁ
관.여.중복
ὄρος
명.여.중복
καί
접.등
ὁ
관.여.여복
πέτρα
명.여.여복
πίπτω
동명.과능.2복
ἐπί
전.목
ἐγώ
대인칭.목.-복
καί
접.등
κρύπτω
동명.과능.2복
ἐγώ
대인칭.목.-복
ἀπό
전.소
πρόσωπον
명.소.중단
ὁ
관.소.남단
κάθημαι
동분.현중.소남단
ἐπί
전.소
ὁ
관.소.남단
θρόνος
명.소.남단
καί
접.등
ἀπό
전.소
ὁ
관.소.여단
ὀργή
명.소.여단
ὁ
관.소.중단
ἀρνίον
명.소.중단

17
ὅτι
접.종
ἔρχομαι
동직.과능.3단
ὁ
관.주.여단
ἡμέρα
명.주.여단
ὁ
관.주.여단
μέγας
형일반.주.여단
ὁ
관.소.여단
ὀργή
명.소.여단
αὐτός
대인칭.소.남복
καί
접.등
τίς
대의문.주.남단
δύναμαι
동직.현중.3단
ἵστημι
동부.과수

καὶ λέγουσιν
그리고 ~ 말한다/말했다. and said
　　τοῖς ὄρεσιν
　　산(들)과 to the mountains
　καὶ ταῖς πέτραις·
　바위(들)에게 and the rocks,
πέσετε[1]
떨어져 "Fall
　　ἐφ' ἡμᾶς[2]
　　우리 위에 on us
καὶ κρύψατε
숨기라/숨겨주라. and hide

ἡμᾶς
우리를 us
　　ἀπὸ προσώπου[3]
　　얼굴로부터 from the face
　　　τοῦ καθημένου
　　　앉으신 이의 of him who sits
　　　　ἐπὶ τοῦ θρόνου
　　　　보좌 위에 on the throne
　　καὶ ἀπὸ τῆς ὀργῆς[4]
　　또한 ~ 진노로부터 and from the wrath
　　　τοῦ ἀρνίου,
　　　어린 양의 of the Lamb,

1. πέσετε: πίπτω(떨어지다)의 부정과거 어간이 πεσ이고 제2부정과거 명령법(2복)은 πέσετε이다(πεσ + ετε).
2. ἐφ' ἡμᾶς: ἐπί + ἡμᾶς. 모음 중복으로 ι가 생략되고 π는 강한 숨표의 모음(ἡ) 앞에서 φ로 변화된다.
3. ἀπὸ προσώπου: '얼굴/낯으로부터'.
4. ὀργῆς: ὀργή(화, 분노), ὀργίζω(화를 북돋운다), ὀργίλος(화내기 쉬운)

계 6:17

ὅτι ἦλθεν ἡ ἡμέρα ἡ μεγάλη τῆς ὀργῆς αὐτῶν, καὶ τίς δύναται σταθῆναι;
그분들의 큰 진노의 날이 왔기 때문이다. 누가 설 수 있겠는가?"

ὅτι[1]
~ 때문이다. for
ἦλθεν
왔기 has come,
ἡ ἡμέρα
날이 the ~ day
　ἡ μεγάλη
　큰 great
　τῆς ὀργῆς
　진노의 of ~ wrath

αὐτῶν,
그들/그분들의 their
καὶ τίς
(그리고) 누가 and who
δύναται[2]
~ 수 있는가? can
　σταθῆναι;[3]
　설 ~ stand?"

1. ὅτι: 종속접속사 ὅτι는 이유(원인)의 부사절을 이끈다.
2. δύναται: 부정사가 뒤따르는 δύναμαι(할 수 있다)의 어미는 μαι, σαι, ται(sg); μεθα, σθε, νται(pl)이다.
3. σταθῆναι: ἵστημι(세우다, 서다)의 부정과거 수동태 부정사(στα + θῆναι).

계 7:1

Μετὰ τοῦτο εἶδον τέσσαρας ἀγγέλους ἑστῶτας ἐπὶ τὰς τέσσαρας γωνίας τῆς γῆς, κρατοῦντας τοὺς τέσσαρας ἀνέμους τῆς γῆς ἵνα μὴ πνέῃ ἄνεμος ἐπὶ τῆς γῆς μήτε ἐπὶ τῆς θαλάσσης μήτε ἐπὶ πᾶν δένδρον.

이 일 후에 나는 네 천사가 땅의 네 모퉁이에 서서 땅의 네(사방의) 바람을 붙잡고 있는 것을 보았다. 땅 위에나 바다 위에나 모든 나무 위에 바람이 불지 못하게 하고 있었다.

Μετὰ τοῦτο[1]
이 일 후에 After this

εἶδον
보았다. I saw

  τέσσαρας ἀγγέλους
  네 천사들을 four angels

    ἑστῶτας[2]
    서서 standing

      ἐπὶ τὰς τέσσαρας γωνίας[3]
      네 모퉁이에 at the four corners

      τῆς γῆς,
      땅의 of the earth,

    κρατοῦντας[4]
    붙잡고 있는 (것을) holding back

      τοὺς τέσσαρας ἀνέμους
      네 바람(들)을 the four winds

τῆς γῆς
땅의 of the earth,

ἵνα
~도록/게 that

  μὴ πνέῃ[5]
  불지 못하~ no ~ might blow

ἄνεμος
바람이 wind

  ἐπὶ τῆς γῆς
  땅 위에나 on earth

  μήτε ἐπὶ τῆς θαλάσσης
  바다 위에나 or sea

  μήτε ἐπὶ πᾶν δένδρον.[6]
  모든 나무 위에 or on any tree

---

1. Μετὰ τοῦτο: '이 일 후에'(6:12-17의 여섯째 인의 사건 후에).
2. ἑστῶτας: '서서'; ἑστῶτας = ἑ + στω+ τας. ἵστημι(세우다, 서다)의 현재완료 분사는 서 있는 상태 (결과)인 것을 시사한다. ἵστημι의 현재완료 직설법은 ἕστηκα이고, 현재완료 분사는 ἑστηκώς인데, ἑστώς로도 쓰인다. ἑστῶτας는 후자(ἑστώς)의 남복 목적격 형태이다.
3. γωνίας: γωνία(모퉁이, 모서리).
4. κρατοῦντας: '붙잡고 있는'; κρατέ + οντας(2:14 참고). κρατέω(붙잡다, 힘을 갖다), κραταιός(힘센), κραταιόω(강하게 하다), κράτιστος(가장 센), κράτος(힘, 능력).
5. ἵνα μὴ πνέῃ: '불지 못하도록'. ἵνα + 가정법(목적)에서 부정어(μὴ)와 현재형(πνέῃ)은 지속하지 못하 게 하는 뜻이 있다.
6. δένδρον: 나무의 언급은 재앙(해함)과 관련이 있다(3절 참고).

2
καί
접.등
ὁράω
동직.과능.1단
ἄλλος
형부정.목.남단
ἄγγελος
명.목.남단
ἀναβαίνω
동분.현능.목.남단
ἀπό
전.소
ἀνατολή
명.소.여단
ἥλιος
명.소.남단
ἔχω
동분.현능.목.남단
σφραγίς
명.목.여단
θεός
명.소.남단
ζάω
동분.현능.소.남단
καί
접.등
κράζω
동직.과능.3단
φωνή
명.여.여단
μέγας
형일반.여.여단
ὁ
관.여.남복
τέσσαρες
형기수.여.남복
ἄγγελος
명.여.남복
ὅς
대관계.여.남복
δίδωμι
동직.과수.3단
αὐτός
대인칭.여.남복
ἀδικέω
동부.과능
ὁ
관.목.여단
γῆ
명.목.여단
καί
접.등
ὁ
관.목.여단
θάλασσα
명.목.여단

계 7:2

Καὶ εἶδον ἄλλον ἄγγελον ἀναβαίνοντα ἀπὸ ἀνατολῆς ἡλίου ἔχοντα σφραγῖδα θεοῦ ζῶντος, καὶ ἔκραξεν φωνῇ μεγάλῃ τοῖς τέσσαρσιν ἀγγέλοις οἷς ἐδόθη αὐτοῖς ἀδικῆσαι τὴν γῆν καὶ τὴν θάλασσαν

또 나는 해 돋는 데에서 올라오고 있는 다른 천사를 보았다. 살아 계신 하나님의 인을 가지고 있었다. 그가 땅과 바다를 해롭게 하는 권세가 주어진 네 천사들에게 큰 소리로 외치며

Καὶ εἶδον[1]
또한 ~ 보았다. And I saw
  ἄλλον ἄγγελον
  다른 천사를 another angel
    ἀναβαίνοντα[2]
    올라오는 ascending
    ἀπὸ ἀνατολῆς[3]
    돋는 쪽에서 from the rising
      ἡλίου
      해의/해가 of the sun,
    ἔχοντα
    가지고 having
      σφραγῖδα
      인을 the seal
      θεοῦ
      하나님의 of the ~ God,
        ζῶντος,[4]
        살아계신 living

καὶ ἔκραξεν
그리고 (그 천사가) ~ 외쳤다. and he called out
  φωνῇ
  소리로 with a ~ voice
    μεγάλῃ
    큰 loud
  τοῖς τέσσαρσιν ἀγγέλοις
  네 천사들에게 to the four angels
    οἷς ἐδόθη[5]
    주어진 who had been given
      αὐτοῖς
      그들에게 (to them)
      ἀδικῆσαι[6]
      해하는 것이 to harm
        τὴν γῆν
        땅과 earth
        καὶ τὴν θάλασσαν
        바다를 and sea,

1. εἶδον: 7장에서 세 번 등장한다(1, 2, 9절).
2. ἀναβαίνοντα: 현재분사 ἀναβαίνοντα는 관형적('올라오는'; 천사를 수식함), 또는 서술적('올라오는 것을'; 천사의 술어가 됨) 해석이 가능하다.
3. ἀνατολῆς: ἀνατολή(동쪽, 일어남)는 ἀνατέλλω(일으키다, 일어나게 하다)에서 왔다(Thayer).
4. ζῶντος: ζάω(살다)의 현재분사 남단 소유격(ζά + οντος).
5. οἷς ἐδόθη αὐτοῖς: '그들에게 주어진'. 관계대명사 여격(복)은 선행사 ἀγγέλοις 때문이다. αὐτοῖς로 반복 강조된다.
6. ἀδικῆσαι: ἀδικῆσαι = ἀδικέ(어간) + σαι(부정과거 부정사 어미).

계 7:3

3
λέγω
동분.현능.주.남단
μή
조사
ἀδικέω
동가.과능.2복
ὁ
관.목.여단

λέγων· μὴ ἀδικήσητε τὴν γῆν μήτε τὴν θάλασσαν μήτε τὰ δένδρα, ἄχρι σφραγίσωμεν τοὺς δούλους τοῦ θεοῦ ἡμῶν ἐπὶ τῶν μετώπων αὐτῶν.

말하였다. "우리 하나님의 종들의 이마에 인칠 때까지 땅이나 바다나 나무들을 해치지 말라."

λέγων·
말하며 saying,

μὴ ἀδικήσητε[1]
해하지 말라." "Do not harm

τὴν γῆν
"땅이나 the earth

μήτε τὴν θάλασσαν
바다나 or the sea

μήτε τὰ δένδρα,
나무들을 or the trees,

ἄχρι σφραγίσωμεν[2]
인칠 때까지 until we have sealed

τοὺς δούλους
종들을 the servants

τοῦ θεοῦ
하나님의 of ~ God

ἡμῶν
우리(의) our

ἐπὶ τῶν μετώπων[3]
이마(들)에 on ~ foreheads."

αὐτῶν.
그들의 their

γῆ
명.목.여단
μήτε
접.등
ὁ
관.목.여단
θάλασσα
명.목.여단
μήτε
접.등
ὁ
관.목.중복
δένδρον
명.목.중복
ἄχρι
접.종
σφραγίζω
동.가.과능.1복
ὁ
관.목.남복
δοῦλος
명.목.남복
ὁ
관.소.남단
θεός
명.소.남단
ἐγώ
대인칭.소.-복
ἐπί
전.소
ὁ
관.소.중복
μέτωπον
명.소.중복
αὐτός
대인칭.소.남복

1. μὴ ἀδικήσητε: '해하지 말라'. μὴ + 가정법 부정과거는 금지의 가정법이다.
2. ἄχρι σφραγίσωμεν: '인칠 때까지'. ἄχρι + 부정과거 가정법 부사절은 7:3; 15:8; 20:3, 5에 있다. σφραγίζω(인치다, 봉인하다) < σφραγίς(인, 봉인).
3. μετώπων: μετά(between, midst) + ὤψ(눈, 얼굴) = μέτωπον(눈과 눈 사이; 이마; LSJ).

계 7:4

Καὶ ἤκουσα τὸν ἀριθμὸν τῶν ἐσφραγισμένων, ἑκατὸν τεσσεράκοντα τέσσαρες χιλιάδες, ἐσφραγισμένοι ἐκ πάσης φυλῆς υἱῶν Ἰσραήλ·

그리고 나는 인을 받은 자들의 수를 들었다. 이스라엘 자손의 각 지파 가운데 십사만사천 명이 인을 받은 자들이다.

Καὶ ἤκουσα
그리고 ~ 들었다. And I heard

τὸν ἀριθμὸν
수/숫자를 the number

τῶν ἐσφραγισμένων,[1]
인이 찍힌/인을 받은 자들의 of the sealed,

ἑκατὸν τεσσεράκοντα τέσσαρες χιλιάδες,[2]
십사만사천 명이 a hundred and forty-four thousand

ἐσφραγισμένοι
인이 찍힌/인을 받은 (자들이다.) sealed

ἐκ πάσης φυλῆς[3]
각 지파로부터 from every tribe

υἱῶν
자손들/아들들의 of the sons

Ἰσραήλ.[4]
이스라엘 of Israel,

4
καί
접.등
ἀκούω
동직.과능.1단
ὁ
관.목.남단
ἀριθμός
명.목.남단
ὁ
관.소.남복
σφραγίζω
동분.완수-소.남복
ἑκατόν
형.기수
τεσσεράκοντα
형.기수
τέσσαρες
형.기수.주.여복
χιλιάς
명.주.여복
σφραγίζω
동분.완수-주.남복
ἐκ
전.소
πᾶς
형.부정.소.여단
φυλή
명.소.여단
υἱός
명.소.남복
Ἰσραήλ
명.소.남단

1. ἐσφραγισμένων: ἐ + σφραγιζ + μένων. 어미 (σ)μένων과 접두어(ἐ)는 현재완료 분사(수동)의 표식이다.
2. ἑκατὸν τεσσεράκοντα τέσσαρες χιλιάδες: 144(100 + 40 + 4)의 천 배 = 144,000. 헬라어의 숫자 전개는 하나씩 더하는 방식이다.
3. ἐκ πάσης φυλῆς: '각 지파로부터'. ἐκ은 출신을 가리킨다.
4. υἱῶν Ἰσραήλ: 문자적, '이스라엘의 아들들'인데, 이스라엘 후손들을 가리킨다.

계 7:5

ἐκ φυλῆς Ἰούδα δώδεκα χιλιάδες ἐσφραγισμένοι, ἐκ φυλῆς Ῥουβὴν δώδεκα χιλιάδες, ἐκ φυλῆς Γὰδ δώδεκα χιλιάδες,

유다 지파에서 만이천 명이 인을 받은 자들이다. 르우벤 지파에서 만이천 명, 갓 지파에서 만이천 명이,

5
ἐκ
전.소
φυλή
명.소.여단
Ἰούδας
명.소.남단

<table>
<tr><td>

δώδεκα
형기수
χιλιάς
영.주.여복
σφραγίζω
동분.완수.주.남복
ἐκ
전.소
φυλή
명.소.여단
Ῥουβὴν
명.소.남단
δώδεκα
형기수
χιλιάς
영.주.여복
ἐκ
전.소
φυλή
명.소.여단
Γὰδ
명.소.남단
δώδεκα
형기수
χιλιάς
영.주.여복

</td><td>

ἐκ φυλῆς
지파에서 from the tribe

Ἰούδα
유다 of Judah

δώδεκα χιλιάδες[1]
만이천 명이 twelve thousand

ἐσφραγισμένοι,
인이 찍힌/인을 받은 (자들이다.) were sealed,

ἐκ φυλῆς
지파에서 from the tribe

</td><td>

Ῥουβὴν
르우벤 of Reuben,

δώδεκα χιλιάδες,
만이천 명이 twelve thousand

ἐκ φυλῆς
지파에서 of the tribe

Γὰδ
갓 of God,

δώδεκα χιλιάδες,
만이천 명이 twelve thousand

</td></tr>
</table>

1. δώδεκα χιλιάδες: '12의 천 배'(문자적, '천이 열둘'). δώδεκα = δύο(둘) + δέκα(십).

계 7:6

ἐκ φυλῆς Ἀσὴρ δώδεκα χιλιάδες, ἐκ φυλῆς Νεφθαλὶμ δώδεκα χιλιάδες, ἐκ φυλῆς Μανασσῆ δώδεκα χιλιάδες,

아셀 지파에서 만이천 명, 납달리 지파에서 만이천 명, 므낫세 지파에서 만이천 명,

<table>
<tr><td>

6
ἐκ
전.소
φυλή
명.소.여단
Ἀσήρ
명.소.남단
δώδεκα
형기수
χιλιάς
영.주.여복
ἐκ
전.소
φυλή
명.소.여단
Νεφθαλίμ
명.소.남단
δώδεκα
형기수
χιλιάς
영.주.여복
ἐκ
전.소
φυλή
명.소.여단
Μανασσῆ
명.소.남단
δώδεκα
형기수
χιλιάς
영.주.여복

</td><td>

ἐκ φυλῆς
지파에서 of the tribe

Ἀσὴρ
아셀 of Asher,

δώδεκα χιλιάδες,
만이천 명이 twelve thousand

ἐκ φυλῆς
지파에서 of the tribe

Νεφθαλὶμ
납달리 of Naphtali,

</td><td>

δώδεκα χιλιάδες,
만이천 명이 twelve thousand

ἐκ φυλῆς
지파에서 of the tribe

Μανασσῆ
므낫세 of Manasseh,

δώδεκα χιλιάδες,
만이천 명이 twelve thousand

</td></tr>
</table>

계 7:7

ἐκ φυλῆς Συμεὼν δώδεκα χιλιάδες, ἐκ φυλῆς Λευὶ δώδεκα χιλιάδες, ἐκ φυλῆς Ἰσσαχὰρ δώδεκα χιλιάδες,

시므온 지파에서 만이천 명, 레위 지파에서 만이천 명, 잇사갈 지파에서 만이천 명,

<table>
<tr><td>

7
ἐκ
전.소
φυλή
명.소.여단
Συμεών
명.소.남단
δώδεκα
형기수
χιλιάς
영.주.여복
ἐκ
전.소
φυλή
명.소.여단
Λευί
명.소.남단
δώδεκα
형기수
χιλιάς
영.주.여복
ἐκ
전.소
φυλή
명.소.여단

</td><td>

ἐκ φυλῆς
지파에서 of the tribe

Συμεὼν
시므온 of Simeon,

δώδεκα χιλιάδες,
만이천 명이 twelve thousand

ἐκ φυλῆς
지파에서 of the tribe

Λευὶ[1]
레위 of Levi,

</td><td>

δώδεκα χιλιάδες,
만이천 명이 twelve thousand

ἐκ φυλῆς
지파에서 of the tribe

Ἰσσαχὰρ
잇사갈 of Issachar,

δώδεκα χιλιάδες,
만이천 명이 twelve thousand

</td></tr>
</table>

1. Λευὶ: 단 지파 대신 레위 지파가 들어갔다.

계 7:8

ἐκ φυλῆς Ζαβουλὼν δώδεκα χιλιάδες, ἐκ φυλῆς Ἰωσὴφ δώδεκα χιλιάδες, ἐκ φυλῆς Βενιαμὶν δώδεκα χιλιάδες ἐσφραγισμένοι.

스불론 지파에서 만이천 명, 요셉 지파에서 만이천 명, 베냐민 지파에서 만이천 명이 인을 받은 자들이다.

ἐκ φυλῆς 지파에서 of the tribe	δώδεκα χιλιάδες, 만이천 명이 twelve thousand
Ζαβουλὼν 스불론 of Zebulun,	ἐκ φυλῆς 지파에서 of the tribe
δώδεκα χιλιάδες, 만이천 명이 twelve thousand	Βενιαμὶν 베냐민 of Benjamin.
ἐκ φυλῆς 지파에서 of the tribe	δώδεκα χιλιάδες 만이천 명이 twelve thousand
Ἰωσὴφ[1] 요셉 Joseph,	ἐσφραγισμένοι. 인이 찍힌/인을 받은 (자들이다.) were sealed.

1. Ἰωσὴφ: 요셉의 아들 에브라임 대신에 요셉 지파가 들어갔다.

계 7:9

Μετὰ ταῦτα εἶδον, καὶ ἰδοὺ ὄχλος πολύς, ὃν ἀριθμῆσαι αὐτὸν οὐδεὶς ἐδύνατο, ἐκ παντὸς ἔθνους καὶ φυλῶν καὶ λαῶν καὶ γλωσσῶν ἑστῶτες ἐνώπιον τοῦ θρόνου καὶ ἐνώπιον τοῦ ἀρνίου περιβεβλημένους στολὰς λευκὰς καὶ φοίνικες ἐν ταῖς χερσὶν αὐτῶν,

이 일(들) 후에 나는 보았다. 그런데 보라. 아무도 셀 수 없는 많은 무리가 있다. 모든 민족과 종족과 백성과 방언(언어)에서 나온 이들이다. 그들이 흰 옷(두루마기)을 입고 손에 종려 가지들을 들고 보좌 앞과 어린 양 앞에 서 있었다.

Μετὰ ταῦτα[1] 이 일(들) 후에 Affter these things/ this	οὐδεὶς 누구도/아무도 ~ 없~ no one
εἶδον, 나는 ~ 보았다. I looked,	ἐδύνατο, (할) 수 could
καὶ ἰδοὺ (그런데 보라.) and behold,	ἐκ παντὸς 모든 ~로부터 나오는 from every
ὄχλος[2] πολύς, 많은 무리가 (있는 것을) a great multitude	ἔθνους 민족과/나라와 nation
ὃν[3] ~는 which	καὶ φυλῶν 종족(들)과 and all tribes
ἀριθμῆσαι 셀 number,	καὶ λαῶν 백성(들)과 and peoples
αὐτὸν 그것을 (it)	καὶ γλωσσῶν[4] 언어(들)~ and tongues,

καί 접.등
γλῶσσα 명.소.여복
ἵστημι 동분완능.주.남복
ἐνώπιον 전.소
ὁ 관.소.남단
θρόνος 명.소.남단
καί 접.등
ἐνώπιον 전.소
ὁ 관.소.중단
ἀρνίον 명.소.중단
περιβάλλω 동분완중.목.남복
στολή 명.목.여복
λευκός 형일반.목.여복
καί 접.등
φοῖνιξ 명.주.남복
ἐν 전.여
ὁ 관.여.여복
χείρ 명.여.여복
αὐτός 대인칭.소.남복

ἑστῶτες[5]
서서 standing

ἐνώπιον τοῦ θρόνου
보좌 앞과 before the throne

καὶ ἐνώπιον τοῦ ἀρνίου
어린 양 앞에서 and before the Lamb,

περιβεβλημένους[6]
입은 clothed

στολὰς
두루마기/긴 옷을 in ~ robes,

λευκὰς
흰 white

καὶ φοίνικες[7]
종려나무(들)가 ~ (있었다.) and palm brances

ἐν ταῖς χερσὶν
손에 (들고) are in ~ hands.

αὐτῶν,
그들의 their

---

1. Μετὰ ταῦτα: '이 일들 후에'. 1절은 단수였으나 9절은 복수이다(4:1; 7:9; 15:5; 18:1; 19:1).
2. ὄχλος: ὄχλος(무리, 군중), ὀχλέω(소란/문제/고난을 일으키다), ὀχλοποιέω(무리를 모으다). εἶδον의 목적어가 되는 목적격을 취하지 않고 주격으로 사용된 ὄχλος는 일종의 병치된(in apposition) 주격일 수 있다(Wallace, 62).
3. ὃν ἀριθμῆσαι ... ἐδύνατο: 관계대명사 목적격(남단) ὃν의 선행사는 ὄχλος(무리)이다. ἐδύνατο(ἐ + δύνα + το)는 부정사(ἀριθμῆσαι)를 필요로 한다.
4. παντὸς ἔθνους καὶ φυλῶν καὶ λαῶν καὶ γλωσσῶν: 모든 족속, 민족, 언어를 어우르는 표현이다(5:9; 13:7; 14:6).
5. ἑστῶτες: '서서'. ἵστημι(서게 하다, 서다)의 현재완료 분사는 '서 있는' 상태(결과)를 가리킨다.
6. περιβεβλημένους: '입은'. 역시 지속적 상태(결과)를 가리키는 현재완료 분사를 사용한다(참고, 4:4; 7:9, 13; 10:1; 11:3; 12:1; 17:4; 18:16; 19:13).
7. φοίνικες: φοῖνιξ는 야자수(종려나무)이다. Φοῖνιξ(뵈닉스, 행 27:12)는 야자수와 관련이 많은 곳일 것이다. 3변화 φοῖνιξ, φοίνικος, φοίνικι, φοίνικα(sg); φοίνικες, φοινίκων, φοίνιξι, φοίνικας(pl).

계 7:10

10
καί 접.등
κράζω 동직.현능.3복
φωνή 명.여.여단
μέγας 형일반.여.여단
λέγω 동분현능.주.남복
ὁ 관.주.여단
σωτηρία 명.주.여단
ὁ 관.여.남단
θεός 명.여.남단
ἐγώ 대인칭.소.-복
ὁ 관.여.남단
κάθημαι 동분현중.여.남단
ἐπί 전.여
ὁ 관.여.남단
θρόνος 명.여.남단
καί 접.등
ὁ 관.여.중단
ἀρνίον 명.여.중단

καὶ κράζουσιν φωνῇ μεγάλῃ λέγοντες· ἡ σωτηρία τῷ θεῷ ἡμῶν τῷ καθημένῳ ἐπὶ τῷ θρόνῳ καὶ τῷ ἀρνίῳ.

그들이 큰 소리로 외치며 말하였다. "구원이 보좌에 앉으신 우리 하나님과 어린 양께 있습니다."

καὶ κράζουσιν
그리고 ~ 외쳤다. And they cry out

φωνῇ
소리로 with a ~ voice,

μεγάλῃ
큰 loud

λέγοντες·
말하며 saying,

ἡ σωτηρία[1]
"구원이 "Salvation

τῷ θεῷ[2]
하나님께 belongs to ~ God

ἡμῶν
우리 our

τῷ καθημένῳ
앉으신 who sits

ἐπὶ τῷ θρόνῳ
보좌 위에 on the throne,

καὶ τῷ ἀρνίῳ.
또한 어린 양께 (있다)." and to the Lamb."

---

1. σωτηρία: σωτηρία(구원), σῴζω(구원하다), σωτήρ(구원자), σωτήριος(구원하는).
2. ἡ σωτηρία τῷ θεῷ ... καὶ τῷ ἀρνίῳ: '구원이 하나님께, 그리고 어린 양께 있다'. εἰμί(있다)의 3단 ἐστί(ν)가 생략된 것이고 소유의 여격이다.

계 7:11

Καὶ πάντες οἱ ἄγγελοι εἱστήκεισαν κύκλῳ τοῦ θρόνου καὶ τῶν πρεσβυτέρων καὶ τῶν τεσσάρων ζῴων καὶ ἔπεσαν ἐνώπιον τοῦ θρόνου ἐπὶ τὰ πρόσωπα αὐτῶν καὶ προσεκύνησαν τῷ θεῷ

또 모든 천사들이 그 보좌와 장로들과 네 생물 둘레에 서 있었다. 그들이 보좌 앞에 그들의 얼굴을 대고 엎드려 하나님께 경배하며

Καὶ πάντες οἱ ἄγγελοι
(그리고) 모든 천사들이 And all the angels
 εἱστήκεισαν[1]
 서 있었다. were standing
  κύκλῳ
  둘러/주위에 around
   τοῦ θρόνου
   보좌와 the throne
   καὶ τῶν πρεσβυτέρων
   장로들과 and around the elders
   καὶ τῶν τεσσάρων ζῴων
   네 생물을/의 and the four living creatures,

καὶ ἔπεσαν[2]
그리고 ~ 엎드려 and they fell
 ἐνώπιον τοῦ θρόνου
 보좌 앞에 before the throne
 ἐπὶ τὰ πρόσωπα
 얼굴(들)을 대고 on ~ faces
  αὐτῶν
  그들의 their
καὶ προσεκύνησαν[3]
경배하였다. and worshiped
 τῷ θεῷ
 하나님께 God,

1 εἱστήκεισαν: '서 있었다'. 과거완료는 보통 과거에 있는 지속된 결과에 대해 알려주지만, KMP는 상태동사 ἵστημι의 과거완료형인 εἱστήκεισαν을 과거 상태(past state)를 기술하는 과거완료 동사로 분류한다(KMP, 306). 그 때 어떤 일이 일어났는지를 묘사하는 부정과거 동사들('엎드렸다', '경배하였다')이 이어진다.
2. ἔπεσαν ... ἐπὶ τὰ πρόσωπα: '얼굴을 대고 엎드렸다'.
3. ἔπεσαν ... προσεκύνησαν: '엎드려 … 절하다' (5:14; 19:10; 22:8; 마 2:11; 18:26; 행 10:25; 고전 14:25). 두 단어는 함께 쓰일 때 최고의 경배를 표한다.

계 7:12

λέγοντες· ἀμήν, ἡ εὐλογία καὶ ἡ δόξα καὶ ἡ σοφία καὶ ἡ εὐχαριστία καὶ ἡ τιμὴ καὶ ἡ δύναμις καὶ ἡ ἰσχὺς τῷ θεῷ ἡμῶν εἰς τοὺς αἰῶνας τῶν αἰώνων· ἀμήν.

말하였다. "아멘. 찬송과 영광과 지혜와 감사와 존귀와 능력과 힘이 우리 하나님께 영원무궁히 있습니다."

 λέγοντες·
 말하며 saying,
 ἀμήν,
 "아멘. "Amen,
ἡ εὐλογία
찬송/복과 blessing
καὶ ἡ δόξα
영광과 and glory
καὶ ἡ σοφία
지혜와 and wisdom

καὶ ἡ εὐχαριστία
감사와 and thanksgiving
καὶ ἡ τιμὴ
존귀와 and honor
καὶ ἡ δύναμις
능력과 and power
καὶ ἡ ἰσχὺς
힘이 and might
 τῷ θεῷ
 하나님께 (있습니다). be to ~ God

11
καί
접.등
πᾶς
형.부정주.남복
ὁ
관.주.남복
ἄγγελος
명.주.남복
ἵστημι
동직.과완능.3복
κύκλος
전.소
ὁ
관.소.남단
θρόνος
명.소.남단
καί
접.등
ὁ
관.소.남복
πρεσβύτερος
형일반.소.남복
καί
접.등
ὁ
관.소.중복
τέσσαρες
형기수.소.중복
ζῷον
명.소.중복
καί
접.등
πίπτω
동직.과능.3복
ἐνώπιον
전.소
ὁ
관.소.남단
θρόνος
명.소.남단
ἐπί
전.목
ὁ
관.목.중복
πρόσωπον
명.목.중복
αὐτός
대인칭.소.남복
καί
접.등
προσκυνέω
동직.과능.3복
ὁ
관.여.남단
θεός
명.여.남단

12
λέγω
동분.현능.주.남복
ἀμήν
불변
ὁ
관.주.여단
εὐλογία
명.주.여단
καί
접.등
ὁ
관.주.여단
δόξα
명.주.여단
καί
접.등
ὁ
관.주.여단
σοφία
명.주.여단
καί
접.등

ὁ
관.주.여단
εὐχαριστία
명.주.여단
καί
접.등
ὁ
관.주.여단
τιμή
명.주.여단
καί
접.등
ὁ
관.주.여단
δύναμις
명.주.여단
καί
접.등
ὁ
관.주.여단
ἰσχύς
명.주.여단
ὁ
관.여.남단
θεός
명.여.남단
ἐγώ
대인칭.소.-복
εἰς
전.목
ὁ
관.목.남복
αἰών
명.목.남복
ὁ
관.소.남복
αἰών
명.소.남복
ἀμήν
불변

ἡμῶν
우리 our

εἰς τοὺς αἰῶνας
영원히 forever

τῶν αἰώνων·
(영원의) and ever!

ἀμήν.
아멘." Amen."

계 7:13

Καὶ ἀπεκρίθη εἷς ἐκ τῶν πρεσβυτέρων λέγων μοι· οὗτοι οἱ περιβεβλημένοι τὰς στολὰς τὰς λευκὰς τίνες εἰσὶν καὶ πόθεν ἦλθον;

그러자 장로들 가운데 한 사람이 응답하여 내게 말하였다. "이 흰 옷을 입은 이 사람들이 누구입니까? 그리고 어디서 왔습니까?"

13
καί
접.등
ἀποκρίνομαι
동직.과수.3단
εἷς
형기수.주.남단
ἐκ
전.소
ὁ
관.소.남복
πρεσβύτερος
형일반.소.남복
λέγω
동분.현능.주.남단
ἐγώ
대인칭.여.-단
οὗτος
대지시.주.남복
ὁ
관.주.남복
περιβάλλω
동분.완중.주.남복
ὁ
관.목.여복
στολή
명.목.여복
ὁ
관.목.여복
λευκός
형일반.목.여복
τίς
대의문.주.남복
εἰμί
동직.현능.3복
καί
접.등
πόθεν
부
ἔρχομαι
동직.과능.3복

Καὶ ἀπεκρίθη[1]
그러자 ~ 응답하였다. And ~ answered/ addressed,

εἷς
한 사람이 one

ἐκ τῶν πρεσβυτέρων
장로들 가운데 of the elders

λέγων
말하며 saying

μοι·
내게 to me,

οὗτοι οἱ περιβεβλημένοι
입은 이 사람들은 these who are clothed

τὰς στολὰς
두루마기를/긴 옷을 in ~ robes,

τὰς λευκὰς
"흰 white

τίνες
누구~ "Who

εἰσὶν
~입니까? are

καὶ πόθεν
또 어디서 and whence

ἦλθον;
왔습니까?" did they come/?"

---

1. ἀπεκρίθη: '(그가) 응답하였다'. 이태동사 ἀποκρίνομαι(대답하다)는 부정과거일 때 많은 경우 수동태 형태를 취한다(예외, 마 27:12; 막 14:61; 눅 3:16 등).

계 7:14

14
καί
접.등
λέγω
동직.완능.1단

καὶ εἴρηκα αὐτῷ· κύριέ μου, σὺ οἶδας. καὶ εἶπέν μοι· οὗτοί εἰσιν οἱ ἐρχόμενοι ἐκ τῆς θλίψεως τῆς μεγάλης καὶ ἔπλυναν τὰς στολὰς αὐτῶν καὶ ἐλεύκαναν αὐτὰς ἐν τῷ αἵματι τοῦ ἀρνίου.

그래서 내가 그에게 말하였다. "장로님(내 주여). 당신이 아시지요." 그러자 그가 내게 말하였다. "이들은 큰 환난에서 나오는 이들입니다. 어린 양의 피로 그들의 옷을 씻어 희게 하였습니다.

καὶ εἴρηκα[1]
그래서 내가 ~ 말하였다. I said

αὐτῷ·
그에게 to him,

κύριέ[2]
장로님/어르신(주어). "Sir,

μου,
"(내) (my)

σὺ
당신이 you

οἶδας.
아시지요." know."

καὶ εἶπέν
그러자 그가 ~ 말하였다. And he said
　μοι·
　내게 to me,
οὗτοί³
"이들은 "These
　εἰσιν
　~입니다. are
　　οἱ ἐρχόμενοι
　　나오는 자들~ they who have come
　　　ἐκ τῆς θλίψεως
　　　환난에서 out of the ~ tribulation.
　　　　τῆς μεγάλης
　　　　큰 great

καὶ ἔπλυναν⁴
(또한) 씻었고 And they have washed
　τὰς στολὰς
　두루마기(들)를 robes
　　αὐτῶν
　　그들의 their
καὶ ἐλεύκαναν⁵
희게 하였습니다. and made ~ white
　αὐτὰς
　그것들을 them
　　ἐν τῷ αἵματι
　　피에/피로 in the blood
　　　τοῦ ἀρνίου.⁶
　　　어린 양의 of the Lamb.

αὐτός	대인칭.여.남단
κύριος	명.호.남단
ἐγώ	대인칭.소.-단
σύ	대인칭.주.-단
οἶδα	동직.완능.2단
καί	접.등
λέγω	동직.과능.3단
ἐγώ	대인칭.여.-단
οὗτος	대지시.주.남복
εἰμί	동직.현능.3복
ὁ	관.주.남복
ἔρχομαι	동분.현중주.남복
ἐκ	전.소
ὁ	관.소.여단
θλῖψις	명.소.여단
ὁ	관.소.여단
μέγας	형일반.소.여단
καί	접.등
πλύνω	동직.과능.3복
ὁ	관.목.여복
στολή	명.목.여복
αὐτός	대인칭.소.여복
καί	접.등
λευκαίνω	동직.과능.3복
αὐτός	대인칭.목.여복
ἐν	전.여
ὁ	관.여.중단
αἷμα	명.여.중단
ὁ	관.소.중단
ἀρνίον	명.소.중단

1. εἴρηκα: '내가 말하였다'. λέγω(말하다)의 현재완료 사용은 연속적 뉘앙스가 있을 것이다. 생생함을 부각하는 극적인(daramtic) 현재완료로 분류되기도 한다(KMP, 301). Wallace는 부정과거적(aoristic) 또는 역사적(historical) 현재완료라 칭한다(Wallace, 578).
2. κύριέ μου: '나의 주님'. 후속되는 μου 때문에 κύριε의 ε에 애큐트를 더했다; κύρι + ε(남단 호격) = κύριε(주여!).
3. οὗτοί εἰσιν: '이들은 (바로) ~이다'. 강조적 표현이다. 후접하는 εἰσιν 때문에 οὗτοι의 οι에 애큐트를 더했다.
4. ἔπλυναν: '(그들이) 씻었다'; ἔ + πλυν + αν. 유음동사라 어미(부정과거)에 σ가 생략되었다. 몸의 일부를 씻을 때 νίπτω(씻다), 신체 외 다른 것을 씻을 때 πλύνω(씻다), 몸 전체를 씻을 때는 λούω이다 (LN).
5. ἐλεύκαναν: '(그들이) 희게 하였다'. λευκός(흰, 밝은)에서 온 유음동사 λευκαίνω(희게 하다)는 부정과거에서 어간의 ν 때문에 부정과거 어미의 σ가 탈락하고 어간의 모음이 짧아진다(ἐ + λευκαιν + σαν = ἐλεύκαναν).
6. ἐν τῷ αἵματι τοῦ ἀρνίου: '어린 양의 피로'(7:14; 12:11; Cf. 1:5; 5:9; 19:13).

계 7:15

δια τοῦτό εἰσιν ἐνώπιον τοῦ θρόνου τοῦ θεοῦ καὶ λατρεύουσιν αὐτῷ ἡμέρας καὶ νυκτὸς ἐν τῷ ναῷ αὐτοῦ, καὶ ὁ καθήμενος ἐπὶ τοῦ θρόνου σκηνώσει ἐπ᾽ αὐτούς.

이 때문에 그들이 하나님의 보좌 앞에 있습니다. 그들이 그의 성전에서 밤낮으로 그분께 예배합니다. 보좌에 앉으신 이가 그들 위에 장막을 치실 것입니다.

　δια τοῦτό¹
　이 때문에/이로써 Therefore
εἰσιν
있습니다. they are
　ἐνώπιον τοῦ θρόνου
　보좌 앞에 before the throne
　　τοῦ θεοῦ
　　하나님의 of God,
καὶ λατρεύουσιν²
그리고 ~ 예배합니다. and serve

　αὐτῷ
　그에게 him
　ἡμέρας
　낮과 day
καὶ νυκτὸς³
밤에 and night
　ἐν τῷ ναῷ
　성전에서 in ~ temple;
　　αὐτοῦ,
　　그의 his

15	
διά	전.목
οὗτος	대지시.목.중단
εἰμί	동직.현능.3복
ἐνώπιον	전.소
ὁ	관.소.남단
θρόνος	명.소.남단
ὁ	관.소.남단
θεός	명.소.남단
καί	접.등
λατρεύω	동직.현능.3복
αὐτός	대인칭.여.남단
ἡμέρα	명.소.여단

καί
접.등
νύξ
명.소.여단
ἐν
전.여
ὁ
관.여.남단
ναός
명.여.남단
αὐτός
대인칭.소.남단
καί
접.등
ὁ
관.주.남단
κάθημαι
동분.현중.주.남단
ἐπί
전.소
ὁ
관.소.남단
θρόνος
명.소.남단
σκηνόω
동직.미능.3단
ἐπί
전.목
αὐτός
대인칭.목.남복

καὶ ὁ καθήμενος
또한 ~ 앉으신 이가 and he who sits

ἐπὶ τοῦ θρόνου
보좌에 on the throne

σκηνώσει[4]
장막을 치실 것입니다. will spread his tabernacle

ἐπ' αὐτούς.
그들 위에 over them.

---

1. διὰ τοῦτό εἰσιν: διὰ τοῦτο는 추론적 의미('이 때문에')를 가진다. τοῦτό에 에큐트가 더해진 것은 액센트 없이 뒤따르는 εἰσιν 때문이다.

2. λατρεύουσιν: λατρεύ + ουσιν. λατρεύω(섬기다, 예배하다), λατρεία(섬김, 예배).

3. ἡμέρας καὶ νυκτός: '밤낮으로'(4:8; 7:15; 12:10; 14:11; 20:10). 시간의 소유격은 시간의 종류를 부각한다('~ 때에').

4. σκηνώσει: '장막을 치실 것이다'. σκηνόω는 LXX(창 13:12; 사 5:17; 8:11) 외에 요한문헌에만 등장하는 단어(요 1:14; 계 7:15; 12:12; 13:6; 21:3)로 '장막을 치다, 장막에 거하다'의 의미이다. σκηνή(장막, 텐트).

계 7:16

16
οὐ
부
πεινάω
동직.미능.3복
ἔτι
부
οὐδέ
접.등
διψάω
동직.미능.3복
ἔτι
부
οὐδέ
접.등
μή
조사
πίπτω
동가.과능.3단
ἐπί
전.목
αὐτός
대인칭.목.남복
ὁ
관.주.남단
ἥλιος
명.주.남단
οὐδέ
접.등
πᾶς
형부정주.중단
καῦμα
명.주.중단

οὐ πεινάσουσιν ἔτι οὐδὲ διψήσουσιν ἔτι οὐδὲ μὴ πέσῃ ἐπ' αὐτοὺς ὁ ἥλιος οὐδὲ πᾶν καῦμα,

그들이 더 이상 배고프거나, 더 이상 목마르지 않을 것입니다. 태양이나 그 어떤 뜨거운 열도 그들 위에 떨어지지 않을 것입니다.

οὐ πεινάσουσιν[1]
그들은 ~ 배고프지도 않고 They shall not hunger

ἔτι
더 이상 anymore,

οὐδὲ διψήσουσιν[2]
목마르지 않을 것입니다. neither thirst

ἔτι
더 이상 anymore

οὐδὲ μὴ πέσῃ[3]
결코 떨어지지(해하지) 않을 것입니다. shall not strike

ἐπ' αὐτοὺς
그들 위에 them,

ὁ ἥλιος
태양이나 the sun

οὐδὲ πᾶν καῦμα,[4]
그 어떤 뜨거운 열도 nor any scorching heat.

---

1. οὐ πεινάσουσιν: '(그들은) 배고프지 않을 것이다'; πεινάσ + ουσιν. πεινάω(배고프다, 굶주리다)는 미래 어미의 σ 앞에서 어간의 α가 η로 길어지지 않는다.

2. οὐδὲ διψήσουσιν: '목마르지도 않을 것이다'; διψή + σουσιν. διψάω(목마르다)는 σ 앞에서 어간의 α가 η로 길어졌다. 목마르거나 주리지 않을 것이라는 주님의 약속(요 4:13-15; 6:35; 7:37)의 계시록 성취(계 7:16; 21:6; 22:17)로 볼 수 있다.

3. οὐδὲ μὴ πέσῃ: '결코 떨어지지 않을 것이다'. 강한 부정을 위해 οὐ μή + 가정법을 사용한 경우이다.

4. καῦμα: καῦμα(열) < καίω(불을 붙이다, 태우다), καυματίζω(열로 태우다).

계 7:17

ὅτι τὸ ἀρνίον τὸ ἀνὰ μέσον τοῦ θρόνου ποιμανεῖ αὐτοὺς καὶ ὁδηγήσει αὐτοὺς ἐπὶ ζωῆς πηγὰς ὑδάτων, καὶ ἐξαλείψει ὁ θεὸς πᾶν δάκρυον ἐκ τῶν ὀφθαλμῶν αὐτῶν.

왜냐하면 보좌 가운데 계신 어린 양께서 그들을 목양하시고(이끄시고) 생명수의 샘으로 인도하실 것이고, 하나님께서 그들의 눈에서 모든 눈물을 씻어 주실 것이기 때문입니다."

ὅτι[1]
왜냐하면 For

τὸ ἀρνίον
어린 양께서 the Lamb

   τὸ ἀνὰ μέσον[2] τοῦ θρόνου
   보좌 가운데 계신 in the midst of the throne

ποιμανεῖ[3]
목양하시고/목자가 되시고 will be ~ shepherd,

   αὐτοὺς
   그들을/에게 (to them)/ their

καὶ ὁδηγήσει
인도하실 것입니다. and he will guide

   αὐτοὺς
   그들을 them

   ἐπὶ
   ~으로 to

ζωῆς
생명의/생명~ living

πηγὰς
근원/샘(들)~ springs

   ὑδάτων,[4]
   물의/~수(들)의 of ~ water,

καὶ ἐξαλείψει[5]
그리고 ~ 씻어주실 것입니다. and ~ will wipe away

ὁ θεὸς
하나님께서 God

   πᾶν δάκρυον
   모든 눈물을 every tear

   ἐκ τῶν ὀφθαλμῶν
   눈(들)에서 from ~ eyes."

   αὐτῶν.
   그들의 their

---

1. ὅτι: 이유(원인)의 종속접속사로 볼 수도 있고 독립적으로 볼 수도 있다.
2. ἀνὰ μέσον: 두 전치사가 함께 '가운데, 사이에'의 관용구로 쓰인다(마 13:25; 막 7:31; 고전 6:5).
3. ποιμανεῖ ... καὶ ὁδηγήσει: '(그가) 목양하실 것이고 인도하실 것이다'. 유음동사 ποιμαίνω(목양하다)는 미래에서 어간 모음이 축약되고(αι > α) 매개모음 ε가 첨가되고 모음끼리 단축된다(ε + ει = ει). ποιμήν(목자), ποίμνη(양떼), ποίμνιον(양떼); πρόβατον(양). ὁδηγέω(인도하다)는 어미 σει 앞에서 모음이 길어졌다(ε > η). ὁδηγέω = ὁδός(길) + ἡγέομαι(이끌다). ὁδηγός(인도자, 가이드).
4. πηγὰς ὑδάτων: πηγή(샘, 물의 근원). ὕδωρ(물), ὕδατος, ὕδατι, ὕδωρ(sg); ὕδατα, ὑδάτων, ὕδασι, ὕδατα(pl).
5. ἐξαλείψει ... πᾶν δάκρυον: '모든 눈물을 씻어주실 것이다'; ἐξαλείφ + σει(3:5 참고). δάκρυον (눈물), δακρύω(눈물 흘리다). 눈물을 닦아 주실 것(3:5; 7:17; 21:4)의 성취는 21:4이다.

우측 파싱 난

17
ὅτι
접.종

τὸ
관.주.중단
ἀρνίον
명.주.중단
τὸ
관.주.중단
ἀνά
전.목
μέσος
형일반.목.중단
ὁ
관.소.남단
θρόνος
명.소.남단
ποιμαίνω
동.직.미능.3단
αὐτός
대인칭.목.남복
καί
접.등
ὁδηγέω
동.직.미능.3단
αὐτός
대인칭.목.남복
ἐπί
전.목
ζωή
명.소.여단
πηγή
명.목.여복
ὕδωρ
명.소.중복
καί
접.등
ἐξαλείφω
동.직.미능.3단
ὁ
관.주.남단
θεός
명.주.남단
πᾶς
형부정.목.중단
δάκρυον
명.목.중단
ἐκ
전.소
ὁ
관.소.남복
ὀφθαλμός
명.소.남복
αὐτός
대인칭.소.남복

계 8:1

Καὶ ὅταν ἤνοιξεν τὴν σφραγῖδα τὴν ἑβδόμην, ἐγένετο σιγὴ ἐν τῷ οὐρανῷ ὡς ἡμιώριον.

일곱째 인을 떼셨을 때, 하늘에 반 시간 동안 고요함(정적)이 있었다(일어났다).

———————

Καὶ ὅταν[1] ἤνοιξεν
떼셨을/여셨을 때 And when he opened

τὴν σφραγῖδα
봉인/인을 the ~ seal,

τὴν ἑβδόμην,[2]
일곱째 seventh

ἐγένετο[3]
있었다. There was

σιγὴ[4]
고요함/정적이 silence

ἐν τῷ οὐρανῷ
하늘에 in heaven

ὡς ἡμιώριον.[5]
반 시간 동안 for about half an hour.

———————

1. ὅταν: ὅταν(ὅτε + ἄν) + 직설법 부정과거가 ὅτε(when)의 의미로 쓰였다(Thayer).
2. ἑβδόμην: ἕβδομος(일곱의)는 형용사로 격, 성, 수의 변화가 있다(목적격 여단). 기수 7은 ἑπτά이다.
3. ἐγένετο: γίνομαι(되다)의 부정과거 어간은 γεν이다(ἐ + γεν + ετο = ἐγένετο).
4. σιγὴ: σιγή(침묵, 조용함), σιγάω(침묵하다).
5. ὡς ἡμιώριον: ὡς(약) ἡμιώριον(반시간 동안). ἡμί(반, half) + ὥρα(시간) = ἡμιώριον(반시간), ἥμισυς(반), ἡμιθανής(반죽음).

계 8:2

Καὶ εἶδον τοὺς ἑπτὰ ἀγγέλους οἳ ἐνώπιον τοῦ θεοῦ ἑστήκασιν, καὶ ἐδόθησαν αὐτοῖς ἑπτὰ σάλπιγγες.

그리고 나는 하나님 앞에 서 있던(있는) 일곱 천사들을 보았다. 그들에게 일곱 나팔이 주어졌다.

———————

Καὶ εἶδον
그리고 나는 ~ 보았다. And I saw

τοὺς ἑπτὰ ἀγγέλους
일곱 천사들을 the seven angels

οἳ[1]
~ 는 who

ἐνώπιον τοῦ θεοῦ
하나님 앞에 before God,

ἑστήκασιν,[2]
서있~ stand

καὶ ἐδόθησαν[3]
그리고 ~ 주어졌다. and ~ were given

αὐτοῖς
그들에게 to them.

ἑπτὰ σάλπιγγες.[4]
일곱 나팔이 seven trumpets

1
καί
접.등
ὅταν
접.종
ἀνοίγω
동직.과능.3단
ὁ
관.목.여단
σφραγίς
명.목.여단
ὁ
관.목.여단
ἕβδομος
형서수.목.여단
γίνομαι
동직.과중.3단
σιγή
명.주.여단
ἐν
전.여
ὁ
관.여.남단
οὐρανός
명.여.남단
ὡς
부
ἡμιώριον
명.목.중단

2
καί
접.등
ὁράω
동직.과능.1단
ὁ
관.목.남복
ἑπτά
형기수
ἄγγελος
명.목.남복
ὅς
대관계.주.남복
ἐνώπιον
전.소
ὁ
관.소.남단
θεός
명.소.남단
ἵστημι
동직.완능.3복
καί
접.등

δίδωμι
동직.과수.3복
αὐτός
대인칭.여.남복
ἑπτά
형기수
σάλπιγξ
명.주.여복

1. οἵ: ἀγγέλους(천사들)를 선행사(남복)로 한다.
2. ἑστήκασιν: '(그들이) 서 있었다'. ἵστημι(ἱστάνω, 세우다, 서다)의 부정과거(직, 1단)는 ἔστησα이고 현재완료는 ἕστηκα이다. 지속적 상태(결과)를 가리킨다.
3. ἐδόθησαν: '(그것들이) 주어졌다'. δίδωμι(주다)는 부정과거에서 하나의 자음으로 된 어간(δο)을 가진다; ἐ + δο +θησαν(수동태).
4. σάλπιγγες: '나팔들이'. 3변화 σάλπιγξ(나팔), σάλπιγγος, σάλπιγγι, σάλπιγγα(sg); σάλπιγγες, σαλπίγγων, σάλπιγξι, σάλπιγγας(pl).

계 8:3

3
καί
접.등
ἄλλος
형부정.주.남단
ἄγγελος
명.주.남단
ἔρχομαι
동직.과능.3단
καί
접.등
ἵστημι
동직.과수.3단
ἐπί
전.소
ὁ
관.소.중단
θυσιαστήριον
명.소.중단
ἔχω
동분.현능.주.남단
λιβανωτός
명.목.남단
χρυσοῦς
형일반.목.남단
καί
접.등
δίδωμι
동직.과수.3단
αὐτός
대인칭.여.남단
θυμίαμα
명.주.중복
πολύς
형일반.주.중복
ἵνα
접.종
δίδωμι
동직.미능.3단
ὁ
관.여.여복
προσευχή
명.여.여복
ὁ
관.소.남복
ἅγιος
형일반.소.남복
πᾶς
형부정.소.남복
ἐπί
전.목
ὁ
관.목.중단
θυσιαστήριον
명.목.중단
ὁ
관.목.중단
χρυσοῦς
형일반.목.중단
ὁ
관.목.중단
ἐνώπιον
전.소

Καὶ ἄλλος ἄγγελος ἦλθεν καὶ ἐστάθη ἐπὶ τοῦ θυσιαστηρίου ἔχων λιβανωτὸν χρυσοῦν, καὶ ἐδόθη αὐτῷ θυμιάματα πολλά, ἵνα δώσει ταῖς προσευχαῖς τῶν ἁγίων πάντων ἐπὶ τὸ θυσιαστήριον τὸ χρυσοῦν τὸ ἐνώπιον τοῦ θρόνου.

또 다른 천사가 와서 금 향로를 가지고 제단 앞에 섰다. 많은 향이 그에게 주어졌다. 보좌 앞에 있는 금 제단 앞에서, 모든 성도들의 기도와 함께 올려 드리기 위한 것이었다.

Καὶ ἄλλος ἄγγελος[1]
그리고 다른 천사가 And another angel
ἦλθεν[2]
와서 came
καὶ ἐστάθη[3]
섰다. and stood
ἐπὶ τοῦ θυσιαστηρίου[4]
제단 앞에 at the altar,
ἔχων
가지고 holding
λιβανωτὸν[5]
향로를 a ~ censer,
χρυσοῦν,
금 golden
καὶ ἐδόθη
주어졌다. and ~ was given

αὐτῷ
그에게 to him,
θυμιάματα πολλά,
많은 향(들)이 much incense
ἵνα δώσει[6]
드리기 위해서 that he might offer
ταῖς προσευχαῖς[7]
기도(들)와 함께 the prayers
τῶν ἁγίων πάντων
모든 성도들의 of all the saints
ἐπὶ τὸ θυσιαστήριον
제단 앞에 on the ~ altar
τὸ χρυσοῦν
금 golden
τὸ ἐνώπιον τοῦ θρόνου.[8]
보좌 앞에 있는 before the throne.

1. ἄλλος ἄγγελος: 일곱 천사(2절)와 다른 천사.
2. ἦλθεν: '(그가) 왔다'. ἔρχομαι(가다, 오다)의 부정과거 어간은 ελθ이다(ἐ + ελθ + εν = ἦλθεν).
3. ἐστάθη: '(그가) 섰다'. ἵστημι의 부정과거 어간은 στα이다(ἐ + στα + θη[수] = ἐστάθη).
4. θυσιαστηρίου: 5:8 참고.
5. λιβανωτόν: λιβανωτός(향로) < λίβανος(향나무, 향).
6. ἵνα δώσει: '(그가) 드리기 위해'. ἵνα + 미래 직설법은 계시록의 특징이다(Wallace, 699).
7. προσευχαῖς: προσευχή(기도) < προσεύχομαι(기도하다) = πρός(향하여) + εὔχομαι(기도하다, 바라다). '함께'(with)라는 뜻으로 해석된다는 점에서 유대(association)의 여격 또는 동반(accompaniment)의 여격으로 볼 수 있다.
8. τὸ ἐνώπιον τοῦ θρόνου: '보좌 앞에 있는'. τὸ 전치사구는 τὸ θυσιαστήριον(제단)을 수식한다.

계 8:4

καὶ ἀνέβη ὁ καπνὸς τῶν θυμιαμάτων ταῖς προσευχαῖς τῶν ἁγίων ἐκ χειρὸς τοῦ ἀγγέλου ἐνώπιον τοῦ θεοῦ.

성도들의 기도와 함께 향의 연기가 천사의 손에서 하나님 앞으로 올라갔다.

καὶ ἀνέβη[1]
그리고 ~ 올라갔다. And ~ went up

ὁ καπνὸς[2]
연기가 the smoke

τῶν θυμιαμάτων
향(들)의 of the incense,

ταῖς προσευχαῖς[3]
기도(들)와 함께 with the prayers

τῶν ἁγίων
성도들의 of the saints,

ἐκ χειρὸς
손에서 from the hand

τοῦ ἀγγέλου
그 천사의 of the angel

ἐνώπιον τοῦ θεοῦ.
하나님 앞으로 before God.

1. ἀνέβη: '(그것이) 올라갔다'. ἀνά(위로) + βαίνω(가다) = ἀναβαίνω(올라가다). 제2부정과거 ἀνέβην, ἀνέβης, ἀνέβη(sg).
2. ὁ καπνὸς: '연기가'; καπνός(연기), νεφέλη(구름), ἀτμίς(증기).
3. ταῖς προσευχαῖς: '기도와 함께'. 유대(association)의 여격으로 볼 수 있다(Wallace, 160).

계 8:5

καὶ εἴληφεν ὁ ἄγγελος τὸν λιβανωτὸν καὶ ἐγέμισεν αὐτὸν ἐκ τοῦ πυρὸς τοῦ θυσιαστηρίου καὶ ἔβαλεν εἰς τὴν γῆν, καὶ ἐγένοντο βρονταὶ καὶ φωναὶ καὶ ἀστραπαὶ καὶ σεισμός.

천사가 향로를 취해, 제단의 불로 채우고 땅에 던졌다. 그러자 천둥(들)과 소리(들)와 번개(들)와 지진이 일어났다.

καὶ εἴληφεν[1]
그리고 ~ 가지고/취하여 And ~ took

ὁ ἄγγελος
그 천사가 the angel

τὸν λιβανωτὸν
향로를 the censer

καὶ ἐγέμισεν[2]
채워 and filled

αὐτὸν
그것을 it

ἐκ τοῦ πυρὸς
불로 with fire

τοῦ θυσιαστηρίου[3]
제단의 of the altar

καὶ ἔβαλεν[4]
던졌다/쏟았다. and threw it

εἰς τὴν γῆν,
땅에 to the earth,

καὶ ἐγένοντο[5]
그러자 ~ 일어났다. and there were

βρονταὶ
천둥(들)과 thunderpeals,

καὶ φωναὶ
소리(들)와 and voices,

καὶ ἀστραπαὶ
번개(들)와 flashed of lightning,

καὶ σεισμός.
지진이 and an earthquake.

1. εἴληφεν: '(그가) 취하였다'. 5:7 참고. 현재완료는 갖고 있는 상태(결과)를 부각할 것이다. 생생함을 부각하는 극적인(daramtic) 현재완료로 분류되기도 한다(KMP, 301).
2. ἐγέμισεν ... ἐκ: '~으로 ~을 채웠다'. γεμίζω(채우다), γέμω(차다, 담다).
3. τοῦ θυσιαστηρίου: '제단의'(of the altar; NAS; KJV), '제단으로부터'(from the altar; ESV, RSV,

φωνή
명.주.여복
καί
접.등
ἀστραπή
명.주.여복
καί
접.등
σεισμός
명.주.남단

NIV). 후자는 분리(separation)의 소유격('from')이라 할 수 있다(cf. Wallace, 109).

4. ἔβαλεν: '(그가) 던졌다'. βάλλω(던지다)의 제2부정과거 어간은 βαλ이다(ἐ+ βαλ + εν).

5. ἐγένοντο: '일어났다'(3복); 8:1과 비교(3단).

계 8:6

6
καί
접.등
ὁ
관.주.남복
ἑπτά
형.기수
ἄγγελος
명.주.남복
ὁ
관.주.남복
ἔχω
동분.현능주남복
ὁ
관.목.여복
ἑπτά
형.기수
σάλπιγξ
명.목.여복
ἑτοιμάζω
동직.과능.3복
αὐτός
대인.칭.목.남복
ἵνα
접.종
σαλπίζω
동가.과능.3복

Καὶ οἱ ἑπτὰ ἄγγελοι οἱ ἔχοντες τὰς ἑπτὰ σάλπιγγας ἡτοίμασαν αὐτοὺς ἵνα σαλπίσωσιν.

그리고 일곱 나팔을 가지고 있는 일곱 천사들이 나팔 불 준비가 되었다.

Καὶ οἱ ἑπτὰ ἄγγελοι
그리고 일곱 천사들이 And the seven angels
  οἱ ἔχοντες
  가지고 있는 who had
    τὰς ἑπτὰ σάλπιγγας
    일곱 나팔(들)을 the seven trumpets

ἡτοίμασαν[1]
준비하였다/준비를 하였다. prepared
  αὐτοὺς
  자신들을 themselves
  ἵνα σαλπίσωσιν.[2]
  나팔을 불려고/불 to blow them.

---

1. ἡτοίμασαν: '그들이 준비하였다'; ε + ἑτοιμαζ + σαν. ἑτοιμάζω(준비하다), ἑτοιμασία(준비), ἕτοιμος(준비된), ἑτοίμως(기꺼이, 선뜻).

2. ἵνα σαλπίσωσιν: '나팔을 불려고'; σαλπίζ + σωσιν. ἵνα + 부정과거 가정법, 목적의 부사절이다.

계 8:7

7
καί
접.등
ὁ
관.주.남단
πρῶτος
형.서수.주 남단
σαλπίζω
동직.과능.3단
καί
접.등
γίνομαι
동직.과중.3단
χάλαζα
명.주.여단
καί
접.등
πῦρ
명.주.중단
μίγνυμι
동분.완수주중복
ἐν
전.여
αἷμα
명.여.중단
καί
접.등
βάλλω
동직.과수 3단
εἰς
전.목
ὁ
관.목.여단
γῆ
명.목.여단
καί
접.등
ὁ
관.주.중단
τρίτος
형.서수.주 중단
ὁ
관.소.여단

Καὶ ὁ πρῶτος ἐσάλπισεν· καὶ ἐγένετο χάλαζα καὶ πῦρ μεμιγμένα ἐν αἵματι καὶ ἐβλήθη εἰς τὴν γῆν, καὶ τὸ τρίτον τῆς γῆς κατεκάη καὶ τὸ τρίτον τῶν δένδρων κατεκάη καὶ πᾶς χόρτος χλωρὸς κατεκάη.

첫째 천사가 나팔을 불었다. 그러자 피가 섞인 우박과 불이 땅에 던져졌다. 땅의 삼분의 일이 타버리고 나무(들)의 삼분의 일이 타버리고 모든 푸른 풀이 타버렸다.

Καὶ ὁ πρῶτος
(그리고) 첫번째 천사가 And the first
  ἐσάλπισεν·
  나팔을 불었다. blew his trumpet,
  καὶ ἐγένετο
  그러자 ~ 있었고 and there were
χάλαζα[1]
우박과 hail
  καὶ πῦρ
  불이 and fire,
    μεμιγμένα[2]
    섞인/혼합된 mixed
      ἐν αἵματι
      피가/피와 with blood,
  καὶ ἐβλήθη[3]
  던져졌다/부어졌다. and these were thrown
    εἰς τὴν γῆν,
    땅에 to the earth.

καὶ τὸ τρίτον[4]
그리고 삼분의 일이 And a third
  τῆς γῆς
  땅의 of the earth
κατεκάη[5]
타버리고 was burned up,
καὶ τὸ τρίτον
삼분의 일이 and a third
  τῶν δένδρων
  나무(들)의 of the trees
κατεκάη
타버리고 were burned up,
καὶ πᾶς χόρτος[6]
모든 ~ 풀이 and all ~ grass
  χλωρὸς[7]
  푸른/녹색의 green
κατεκάη.
타버렸다. was burned up.

1. χάλαζα: χάλαζα(우박), χαλάω(내리다, 늦추다).
2. μεμιγμένα: μίγνυμι(섞다)의 현재완료(με의 추가) 수동태 분사(어미 -μένα). μίγμα(섞인 것).
3. ἐβλήθη: '(그것이) 던져졌다'; ἐ(시상 접두어) + βλη(βάλλω, '던지다'의 부정과거 어간) + θη(수).
4. τὸ τρίτον τῆς γῆς: '땅의 삼분의 일을'. 정관사(중)와 함께 서수를 쓰면 '~분의 일'이 된다('삼분의 일'). τρίτος, τρίτη, τρίτον(셋째). 여기서 소유격 τῆς γῆς(땅의)를 부분(partitive) 소유격이라 한다 (KMP, 96).
5. κατεκάη: '(그것이) 태워졌다'. κατά(완전히) + καίω(타다) = κατακαίω(전소하다). 부정과거(능) κατέκαυσα, 부정과거(수) κατεκάην.
6. χόρτος: χόρτος(풀); χορτάζω(풀로 먹이다, 음식으로 만족시키다), χόρτασμα(먹이, 음식).
7. χλωρὸς: '풀색의'와 '창백한'(6:8)의 뜻이 있다.

계 8:8

Καὶ ὁ δεύτερος ἄγγελος ἐσάλπισεν· καὶ ὡς ὄρος μέγα πυρὶ καιόμενον ἐβλήθη εἰς τὴν θάλασσαν, καὶ ἐγένετο τὸ τρίτον τῆς θαλάσσης αἷμα

둘째 천사가 나팔을 불었다. 그러자 불이 붙은 큰 산 같은 것이 바다에 던져졌다. 바다의 삼분의 일이 피가 되고,

Καὶ ὁ δεύτερος ἄγγελος
또 두번째 천사가 And the second angel
  ἐσάλπισεν·
  나팔을 불었다. blew his trumpet,
καὶ ὡς ὄρος μέγα
그러자 큰 산 같은 것이 and something like a great mountain,
  πυρὶ
  불이/에 with fire,
  καιόμενον[1]
  붙은/타고 있는 burning
  ἐβλήθη
  던져졌다. was thrown

  εἰς τὴν θάλασσαν,
  바다에 into the sea,
  καὶ ἐγένετο
  그리고 ~ 되고 and ~ became
  τὸ τρίτον
  삼분의 일이 a third
  τῆς θαλάσσης
  바다의 of the sea
  αἷμα
  피가 blood;

1. πυρὶ καιόμενον: '불이 붙은'(8:8; 21:8; 히 12:18) 또는 '불로 태워진'(18:8; 마 13:40).

계 8:9

καὶ ἀπέθανεν τὸ τρίτον τῶν κτισμάτων τῶν ἐν τῇ θαλάσσῃ τὰ ἔχοντα ψυχὰς καὶ τὸ τρίτον τῶν πλοίων διεφθάρησαν.

바다에 있는 생명을 가진 피조물(들)의 삼분의 일이 죽고 선박의 삼분의 일이 파괴되었다.

  καὶ ἀπέθανεν[1]
  죽고 and ~ died,
τὸ τρίτον
삼분의 일이 a third
  τῶν κτισμάτων[2]
  피조물(들)의 of the creatures

  τῶν ἐν τῇ θαλάσσῃ
  바다에 있는 in the sea
  τὰ ἔχοντα[3]
  즉, 가지고 있는 것들이 which had
  ψυχὰς
  생명을 life,

ὁ
관소중복
ἐν
전여
ὁ
관여여단
θάλασσα
명여여단
ὁ
관주중복
ἔχω
동분현능주중복
ψυχή
명목여복
καί
접등
ὁ
관주중단
τρίτος
형서수주중단
ὁ
관소중복
πλοῖον
명소중복
διαφθείρω
동직과수.3복

καὶ τὸ τρίτον
삼분의 일이 and a third
τῶν πλοίων[4]
배의 of the ships
διεφθάρησαν.[5]
파괴되었다. were destroyed.

---

1. ἀπέθανεν: '(그것이) 죽었다'. ἀποθνήσκω(죽다)의 부정과거 3단(ἀπο + ε + θαν + ε[ν]).
2. κτισμάτων: '피조물들의'. 3변화 κτίσμα(피조물), κτίσματος, κτίσματι, κτίσμα(sg); κτίσματα, κτισμάτων, κτίσμασι, κτίσματα(pl). κτίζω(창조하다), κτίσις(창조), κτίστης(창조자).
3. τὰ ἔχοντα: '가지고 있는 것들이'. 관사와 분사가 함께 쓰이는 명사절이다.
4. πλοίων: '배들의'. πλοῖον(배) < πλέω(항해하다); πλοιάριον(작은 배), πλοός(항해).
5. διεφθάρησαν: '(그것들이) 파괴되었다'. διαφθείρω(더럽히다, 파괴하다)의 제2부정과거(1단) διεφθάρην; διά(철저히) + φθείρω(더럽히다, 파괴하다). διαφθορά(오염, 파괴).

계 8:10

10
καί
접등
ὁ
관주남단
τρίτος
형서수주남단
ἄγγελος
명주남단
σαλπίζω
동직과능 3단
καί
접등
πίπτω
동직과능.3단
ἐκ
전소
ὁ
관소남단
οὐρανός
명소남단
ἀστήρ
명주남단
μέγας
형일반주남단
καίω
동분현수주남단
ὡς
접종
λαμπάς
명주여단
καί
접등
πίπτω
동직과능 3단
ἐπί
전목
ὁ
관목중단
τρίτος
형서수목중단
ὁ
관소남복
ποταμός
명소남복
καί
접등
ἐπί
전목
ὁ
관목여복
πηγή
명목여복
ὁ
관소중복
ὕδωρ
명소중복

Καὶ ὁ τρίτος ἄγγελος ἐσάλπισεν· καὶ ἔπεσεν ἐκ τοῦ οὐρανοῦ ἀστὴρ μέγας καιόμενος ὡς λαμπὰς καὶ ἔπεσεν ἐπὶ τὸ τρίτον τῶν ποταμῶν καὶ ἐπὶ τὰς πηγὰς τῶν ὑδάτων,

셋째 천사가 나팔을 불었다. 그러자 하늘에서 횃불 같이 타는 거대한 별이 떨어졌다. 강(들)의 삼분의 일과 물의 샘(들) 위에 떨어졌다.

Καὶ ὁ τρίτος ἄγγελος
또 세번째 천사가 And the third angel
ἐσάλπισεν·
나팔을 불었다. blew his trumpet,
καὶ ἔπεσεν[1]
그러자 ~ 떨어졌다. and ~ fell
ἐκ τοῦ οὐρανοῦ
하늘에서 from heaven,
ἀστὴρ
별이 a ~ star,
μέγας
거대한 great
καιόμενος[2]
타는 burning

ὡς λαμπὰς[3]
횃불과 같이 like a torch,
καὶ ἔπεσεν
그리고 ~ 떨어졌다. and it fell
ἐπὶ τὸ τρίτον
삼분의 일 위에와 on a third
τῶν ποταμῶν[4]
강(들)의 of the rivers
καὶ ἐπὶ τὰς πηγὰς
근원/샘 위에 and on the fountains
τῶν ὑδάτων,
물(들)의 of water.

---

1. ἔπεσεν: '(그것이) 떨어졌다'; ἐ + πεσ(πίπτω의 부정과거 어간) + σε(ν); 1:17 참조.
2. καιόμενος: '타는/타고 있는'. 현재(수) 분사는 타고 있는 상태를 가리킨다.
3. λαμπάς: 3변화 4:5 참고. λαμπάς(램프, 횃불), λαμπρός(빛나는, 밝은), λαμπρότης(빛남), λαμπρῶς(화려하게), λάμπω(빛나다).
4. ποταμῶν: '강들의'. ποταμός(시내, 강). hippo-potamus(하마).

계 8:11

καὶ τὸ ὄνομα τοῦ ἀστέρος λέγεται ὁ Ἄψινθος, καὶ ἐγένετο τὸ τρίτον τῶν
ὑδάτων εἰς ἄψινθον καὶ πολλοὶ τῶν ἀνθρώπων ἀπέθανον ἐκ τῶν ὑδάτων
ὅτι ἐπικράνθησαν.

별의 이름은 '쑥'이라 불렸다. 물(들)의 삼분의 일이 쑥이 되었다. 많은 사람이 쓰게 된 물 때문에 죽었다.

καὶ τὸ ὄνομα
이름은 The name
    τοῦ ἀστέρος[1]
    그 별의 of the star
    λέγεται
    불렸다. Is called
      ὁ Ἄψινθος,[2]
      쑥이라 Wormwood,
    καὶ ἐγένετο
    그리고 ~ 되었다. and ~ became
τὸ τρίτον
삼분의 일이 a third
    τῶν ὑδάτων
    물(들)의 of the waters

εἰς ἄψινθον
쑥이 wormwood,
καὶ πολλοὶ
많은 수가 and many
    τῶν ἀνθρώπων
    사람(들)의 people
    ἀπέθανον
    죽었다. died
      ἐκ τῶν ὑδάτων
      물(들)로 인해서 from the water,
    ὅτι ἐπικράνθησαν.[3]
    (그 물들이) 쓰게 되었으므로
    because it was made bitter.

---

1. ἀστέρος: 3변화(1:16 참고) ἀστήρ(별), ἀστέρος, ἀστέρι, ἀστέρα(sg); ἀστέρες, ἀστέρων, ἄστρασι, ἀστέρας(pl).
2. Ἄψινθος: Ἄψινθος(쑥)의 어원은 알려져 있지 않다.
3. ὅτι ἐπικράνθησαν: '(그들이) 쓰게 되었으므로'. 이유(원인)의 ὅτι 부사절. ἐ(시상 접두어) + πικραν(부정과거 어간) + θησαν(수동태) = ἐπικράνθησαν(쓰게 되었다). πικραίνω(쓰게 하다), πικρία(씀, 쓰라림), πικρός(쓴), πικρῶς(쓰라리게).

계 8:12

Καὶ ὁ τέταρτος ἄγγελος ἐσάλπισεν· καὶ ἐπλήγη τὸ τρίτον τοῦ ἡλίου καὶ
τὸ τρίτον τῆς σελήνης καὶ τὸ τρίτον τῶν ἀστέρων, ἵνα σκοτισθῇ τὸ τρίτον
αὐτῶν καὶ ἡ ἡμέρα μὴ φάνῃ τὸ τρίτον αὐτῆς καὶ ἡ νὺξ ὁμοίως.

넷째 천사가 나팔을 불었다. 그러자 해의 삼분의 일과 달의 삼분의 일과 별(들)의 삼분의 일이 타격을 받았다. 그(이들의) 삼분의 일이 어두워지고 낮 삼분의 일은 빛을 비추지 않고 밤 삼분의 일도 그와 같았다.

Καὶ ὁ τέταρτος ἄγγελος
또 네번째 천사가 And the fourth angel
    ἐσάλπισεν·
    나팔을 불었다. blew his trumpet,
    καὶ ἐπλήγη[1]
    타격을 받아 and ~ struck,
τὸ τρίτον
삼분의 일과 a third
    τοῦ ἡλίου
    해의 of the sun

καὶ τὸ τρίτον
삼분의 일과 and a third
    τῆς σελήνης
    달의 of the moon,
καὶ τὸ τρίτον
삼분의 일과 and a third
    τῶν ἀστέρων,
    별(들)의 of the stars,
    ἵνα
    ~되었다. so that

우측 난외 주석:

11
καί
접 등
ὁ
관 주 중단
ὄνομα
명 주 중단
ὁ
관 소 남단
ἀστήρ
명 소 남단
λέγω
동직 현수. 3단
ὁ
관 주 남단
Ἄψινθος
명 주 남단
καί
접 등
γίνομαι
동직 과중. 3단
ὁ
관 주 중단
τρίτος
형서수 주 중단
ὁ
관 소 중복
ὕδωρ
명 소 중복
εἰς
전 목
ἄψινθος
명 목 여단
καί
접 등
πολύς
형일반 주 남복
ὁ
관 소 남복
ἄνθρωπος
명 소 남복
ἀποθνήσκω
동직 과능. 3복
ἐκ
전 소
ὁ
관 소 중복
ὕδωρ
명 소 중복
ὅτι
접 종
πικραίνω
동직 과수 3복

12
καί
접 등
ὁ
관 주 남단
τέταρτος
형서수 주. 남단
ἄγγελος
명 주 남단
σαλπίζω
동직 과능. 3단
καί
접 등
πλήσσω
동직 과수 3단
ὁ
관 주 중단
τρίτος
형서수 주 중단
ὁ
관 소 남단
ἥλιος
명 소 남단
καί
접 등
ὁ
관 주 중단
τρίτος
형서수 주 중단
ὁ
관 소 여단

σελήνη
명.소.여단
καὶ
접.등
ὁ
관.주.중단
τρίτος
형서수.주.중단
ὁ
관.소.남복
ἀστήρ
명.소.남복
ἵνα
접.종
σκοτίζω
동.가.과수.3단
ὁ
관.주.중단
τρίτος
형서수.주.중단
αὐτός
대인칭.소.남복
καὶ
접.등
ὁ
관.주.여단
ἡμέρα
명.주.여단
μή
조.사
φαίνω
동.가.과능.3단
ὁ
관.주.중단
τρίτος
형서수.주.중단
αὐτός
대인칭.소.여단
καὶ
접.등
ὁ
관.주.여단
νύξ
명.주.여단
ὁμοίως
부

σκοτισθῇ[2]		τὸ τρίτον
어둡게 되고 might be darkened,		삼분의 일이 for a third
τὸ τρίτον		αὐτῆς
삼분의 일이 a third		그것의 of it,
αὐτῶν		καὶ ἡ νὺξ
그것들의 of them		또한 밤도 and the night
καὶ ἡ ἡμέρα		ὁμοίως.[4]
또한 낮도 and the day		그와 같이 ~ in the same way.
μὴ φάνῃ[3]		
비치지 않게 되고 might not be shine		

1. ἐπλήγη: '타격을 받았다'. πλήσσω(치다, 타격을 가하다)의 제2부정과거(수); ἐπλήγην, ἐπλήγης, ἐπλήγη.

2. ἵνα σκοτισθῇ: '(그것이) 어둡게 되었다'. ἵνα 가정법으로 결과의 부사절이다. σκοτίζω(어둡게 하다), σκοτία(어두움).

3. μὴ φάνῃ: ἵνα 절(가정법)이 연속된다. 유음동사 φαίνω(비추다)의 부정과거 어간(φαν[ε]) + 가정법 어미(η).

4. ὁμοίως: ὁμοίως(똑같이) < ὅμοιος(같은), ὁμοιότης(같음, 닮음), ὁμοιόω(같게 하다), ὁμοίωμα(같은 것, 형상), ὁμοίωσις(같게 하는 것).

계 8:13

Καὶ εἶδον, καὶ ἤκουσα ἑνὸς ἀετοῦ πετομένου ἐν μεσουρανήματι λέγοντος φωνῇ μεγάλῃ· οὐαὶ οὐαὶ οὐαὶ τοὺς κατοικοῦντας ἐπὶ τῆς γῆς ἐκ τῶν λοιπῶν φωνῶν τῆς σάλπιγγος τῶν τριῶν ἀγγέλων τῶν μελλόντων σαλπίζειν.

또 내가 보고 들었다. 독수리 한 마리가 하늘 한 가운데를 날며 큰 소리로 말하였다. "화가 있다. 화가 있다. 화가 있다. 땅 위에 거하는 자들에게. 곧 불게 될, 세 천사의 남아 있는 나팔 소리 때문이다."

13
καὶ
접.등
ὁράω
동.직.과능.1단
καὶ
접.등
ἀκούω
동.직.과능.1단
εἷς
형기수.소.남단
ἀετός
명.소.남단
πέτομαι
동분.현중.소.남단
ἐν
전.여
μεσουράνημα
명.여.중단
λέγω
동분.현능.소.남단
φωνή
명.여.여단
μέγας
형일반.여.여단
οὐαὶ
감탄
οὐαὶ
감탄
οὐαὶ
감탄
ὁ
관.목.남복
κατοικέω
동분.현능.목.남복
ἐπὶ
전.소

Καὶ εἶδον,		τοὺς κατοικοῦντας
그리고 내가 보고 And I looked,		거주하는 자들에게 to those who dwell
καὶ ἤκουσα		ἐπὶ τῆς γῆς
들었다. and I heard		땅 위에 on the earth,
ἑνὸς ἀετοῦ[1]		ἐκ[4] τῶν λοιπῶν φωνῶν
독수리 한 마리가 an eagle		남아있는 ~ 소리(들) 때문에 at/ because of the remaining blasts
πετομένου		τῆς σάλπιγγος
날며 flying		나팔(의) of the trumpet
ἐν μεσουρανήματι[2]		τῶν τριῶν[5] ἀγγέλων
하늘 한 가운데 in midheaven,		세 천사(들)의 of the three angels
λέγοντος		τῶν μελλόντων
말하는 것을 saying		곧 ~ 될 who are about
φωνῇ		σαλπίζειν.
소리로 with a ~ voice,		나팔을 불게 ~ to blow.
μεγάλῃ·		
큰 loud		
οὐαὶ οὐαὶ οὐαὶ[3]		
화가 있다/슬프다, 화가 있다/슬프다, 화가 있다/슬프다.		
"Woe, woe, woe,		

1. ἀετοῦ: ἀετός(독수리), λέων(사자), μόσχος(송아지); 4:7 참조.

2. ἐν μεσουρανήματι: '공중에/하늘에, 공중 한 가운데에'; μεσ(μέσος, middle) + ουράνημα(< οὐρανός, 하늘) = μεσουράνημα(중간 하늘, 공중).

3. οὐαὶ οὐαὶ οὐαὶ: οὐαί(화로다)는 애도나 비난할 때 쓰는 감탄사이다. 보통 여격('~에게')과 함께 쓰이는데(마 11:21; 고전 9:16; 유 1:11), 8:13에서는 목적격과 쓰인 경우이다(12:12). 언급(reference)의 목적격('~에게')이라고 할 수 있겠다.

4. ἐκ τῶν ...: 원인(cause)의 ἐκ이다. οὐαί는 보통 ἀπό와 같이 쓰이지만(예, 마 18:7) 여기서는 ἐκ와 함께 쓰였다(Thayer).

5. τριῶν: '셋(의)'. τρεῖς(m, f)/τρία(n), τριῶν, τρισίν, τρεῖς(m, f)/τρία(n).

ὁ
관.소.여단
γῆ
명.소.여단
ἐκ
전.소
ὁ
관.소.여복
λοιπός
형일반.소.여복
φωνή
명.소.여복
ὁ
관.소.여단
σάλπιγξ
명.소.여단
ὁ
관.소.남복
τρεῖς
형기수.소.남복
ἄγγελος
명.소.남복
ὁ
관.소.남복
μέλλω
동분.현능.소.남복
σαλπίζω
동부.현능

계 9:1

Καὶ ὁ πέμπτος ἄγγελος ἐσάλπισεν· καὶ εἶδον ἀστέρα ἐκ τοῦ οὐρανοῦ
πεπτωκότα εἰς τὴν γῆν, καὶ ἐδόθη αὐτῷ ἡ κλεὶς τοῦ φρέατος τῆς ἀβύσσου

다섯째 천사가 나팔을 불었다. 그리고 나는 하늘에서 땅으로 떨어진 별을 보았다. 그에게 무저갱 열쇠가 주어졌다.

Καὶ ὁ πέμπτος ἄγγελος
그리고 다섯번째 천사가 And the fifth angel

εἰς τὴν γῆν,
땅으로 to earth,

ἐσάλπισεν·
나팔을 불었다. blew his trumpet,

καὶ ἐδόθη
주어졌다. and ~ was given

καὶ εἶδον
그리고 나는 ~ 보았다. and I saw

αὐτῷ
그에게 to him

ἀστέρα
별을 a star

ἡ κλεὶς[2]
열쇠가 the key

ἐκ τοῦ οὐρανοῦ
하늘에서 from heaven

τοῦ φρέατος[3]
갱(구덩)의 to the shaft

πεπτωκότα[1]
떨어진 fallen

τῆς ἀβύσσου[4]
무저갱/바닥이 없는 심연의 of the Abyss/ bottomless pit.

---

1. πεπτωκότα: '떨어진'. 현재완료 분사는 이미 떨어져 있는 상태(fallen)를 가리킬 것이다(8:10의 비교). 직설법 현재 πίπτω(떨어지다), 부정과거 ἔπεσον, 현재분사 πέπτωκα.
2. κλεὶς: 3변화 κλείς(열쇠), κλειδός, κλειδί, κλεῖδα/κλεῖν(sg); κλεῖδες, κλείδων, κλεισί, κλεῖδας/κλείς(pl). κλείω(닫다).
3. φρέατος: 3변화 φρέαρ(구덩이, 우물), φρέατος, φρέατι, φρέαρ.
4. ἀβύσσου: 부정의 ἀ + βύσος < βυθός(밑) = ἄβυσσος(밑이 없는).

계 9:2

καὶ ἤνοιξεν τὸ φρέαρ τῆς ἀβύσσου, καὶ ἀνέβη καπνὸς ἐκ τοῦ φρέατος ὡς
καπνὸς καμίνου μεγάλης, καὶ ἐσκοτώθη ὁ ἥλιος καὶ ὁ ἀὴρ ἐκ τοῦ καπνοῦ
τοῦ φρέατος.

무저갱을 열자, 큰 용광로 연기 같은 연기가 갱에서 올라왔다. 그리고 해와 공기(대기)가 갱의 연기 때문에 어두워졌다.

1
καὶ
접 등
ὁ
관.주 남단
πέμπτος
형서수.주 남단
ἄγγελος
명.주 남단
σαλπίζω
동직 과능.3단
καὶ
접 등
ὁράω
동직 과능.1단
ἀστήρ
명.목 남단
ἐκ
전 소
ὁ
관.소 남단
οὐρανός
명.소 남단
πίπτω
동분 완능 목 남단
εἰς
전 목
ὁ
관.목 여단
γῆ
명.목 여단
καὶ
접 등
δίδωμι
동직 과수.3단
αὐτός
대인칭 여 남단
ὁ
관.주 여단
κλείς
명.주 여단
ὁ
관.소 중단
φρέαρ
명.소 중단
ὁ
관.소 여단
ἄβυσσος
명.소 여단

2
καὶ
접 등
ἀνοίγω
동직 과능.3단
ὁ
관.목 중단
φρέαρ
명.목 중단
ὁ
관.소 여단
ἄβυσσος
명.소 여단

καί
접.등
ἀναβαίνω
동직.과능.3단
καπνός
명.주.남단
ἐκ
전.소
ὁ
관.소.중단
φρέαρ
명.소.중단
ὡς
접.종
καπνός
명.주.남단
κάμινος
명.소.여단
μέγας
형일반.소.여단
καί
접.등
σκοτόω
동직.과수.3단
ὁ
관.주.남단
ἥλιος
명.주.남단
καί
접.등
ὁ
관.주.남단
ἀήρ
명.주.남단
ἐκ
전.소
ὁ
관.소.남단
καπνός
명.소.남단
ὁ
관.소.중단
φρέαρ
명.소.중단

καὶ ἤνοιξεν	καμίνου[2]
그가 ~ 열자, And he opened	용광로의 of a ~ furnace,
τὸ φρέαρ	μεγάλης,
갱을 the shaft	큰 great
τῆς ἀβύσσου,	καὶ ἐσκοτώθη[3]
무저갱의 of the Abyss/ bottomless pit,	그리고 ~ 어두워졌다. and ~ were darkened
καὶ ἀνέβη[1]	ὁ ἥλιος
올라왔다. and ~ went up	해와 the sun
καπνὸς	καὶ ὁ ἀὴρ[4]
연기가 smoke	공중/공기가 and the air
ἐκ τοῦ φρέατος	ἐκ τοῦ καπνοῦ
그 갱으로부터 from the shaft	연기 때문에 by the smoke
ὡς καπνὸς	τοῦ φρέατος.
연기 같은 like the smoke	갱의 from the Abyss/ bottomless pit.

1. ἀνέβη: '(그것이) 올라왔다'. 8:4 참고.
2. καμίνου: 1:15 참고.
3. ἐσκοτώθη: '어두워졌다'; σκοτόω(어둡게 하다)의 부정과거(수) 3단(ἐ + σκοτό + θη). σκοτόω/σκοτίζω(어둡게 하다) < σκοτία/σκότος(어두움) > σκοτεινός(어둠으로 덮인).
4. ἀὴρ: 3변화 ἀήρ, ἀέρος, ἀέρι, ἀέρα.

계 9:3

καὶ ἐκ τοῦ καπνοῦ ἐξῆλθον ἀκρίδες εἰς τὴν γῆν, καὶ ἐδόθη αὐταῖς ἐξουσία ὡς ἔχουσιν ἐξουσίαν οἱ σκορπίοι τῆς γῆς.

그 연기에서, 메뚜기들이 땅으로 나왔다. 땅의 전갈(들)이 가지고 있는 권세(것)와 같은 권세가 그들에게 주어졌다.

3
καί
접.등
ἐκ
전.소
ὁ
관.소.남단
καπνός
명.소.남단
ἐξέρχομαι
동직.과능.3복
ἀκρίς
명.주.여복
εἰς
전.목
ὁ
관.목.여단
γῆ
명.목.여단
καί
접.등
δίδωμι
동직.과수.3단
αὐτός
대인칭.여.여복
ἐξουσία
명.주.여단
ὡς
접.종
ἔχω
동직.현능.3복
ἐξουσία
명.목.여단
ὁ
관.주.남복
σκορπίος
명.주.남복
ὁ
관.소.여단

καὶ ἐκ τοῦ καπνοῦ	ἐξουσία
그리고 ~ 연기로부터/에서 And ~ from the smoke	권세가 power/ authority
ἐξῆλθον[1]	ὡς[3]
나왔다. came forth	~ 같은 as
ἀκρίδες[2]	ἔχουσιν
메뚜기들이 locusts	가지고 있는 것과 ~ have
εἰς τὴν γῆν,	ἐξουσίαν
땅으로 on the earth	권세를 power.
καὶ ἐδόθη	οἱ σκορπίοι[4]
그리고 ~ 주워졌다. and ~ was given	전갈들이 the scorpions
αὐταῖς	τῆς γῆς.
그들에게 to them	땅의 of the earth

1. ἐξῆλθον: ἐξ(< ἐκ) + ἦλθ + ον = ἐξῆλθον(내가/그들이 나갔다; 6:2 참고).
2. ἀκρίδες: 3변화 ἀκρίς(메뚜기), ἀκρίδος, ἀκρίδι, ἀκρίδα.
3. ὡς: 종속접속사 ὡς('~ 같은')는 형용사절을 이끌어 주절의 주어 ἐξουσία(권세)를 꾸며준다.
4. σκορπίοι: σκορπίος(전갈). σκορπίζω(흩다)가 연관어일 수 있다.

계 9:4

καὶ ἐρρέθη αὐταῖς ἵνα μὴ ἀδικήσουσιν τὸν χόρτον τῆς γῆς οὐδὲ πᾶν χλωρὸν οὐδὲ πᾶν δένδρον, εἰ μὴ τοὺς ἀνθρώπους οἵτινες οὐκ ἔχουσιν τὴν σφραγῖδα τοῦ θεοῦ ἐπὶ τῶν μετώπων.

또한 그들에게, 이마에 하나님의 인을 가지고 있지 않은 사람들 외에, 땅의 풀이나 그 어떤 푸른 것이나 그 어떤 나무도 해치지 말라는 말이 주어졌다.

καὶ ἐρρέθη[1]
그리고 말씀이 주어졌다. And ~ were told
　αὐταῖς
　그들에게 (to them)/ they
　ἵνα[2] μὴ ἀδικήσουσιν
　해치지 말라는 that they should not harm
　τὸν χόρτον
　풀이나 the grass
　τῆς γῆς
　땅의 of the earth
　οὐδὲ πᾶν χλωρὸν
　모든 푸른 것과 nor any green thing

οὐδὲ πᾶν δένδρον,
모든 나무는 어느 것도 nor any tree,
　εἰ μὴ[3] τοὺς ἀνθρώπους
　사람들 외에는 but only the people
　οἵτινες[4] οὐκ ἔχουσιν
　가지고 있지 않은 (이들) who do not have
　τὴν σφραγῖδα
　인을 the seal
　τοῦ θεοῦ
　하나님의 of God
　ἐπὶ τῶν μετώπων.
　이마(들)에 on their foreheads.

---

1. ἐρρέθη: '말해졌다, 말이 주어졌다'; 6:4 참고.
2. ἵνα: ἵνα + 미래 직설법은 계시록의 특징적 표현이다(예외, 요 7:3, Thayer).
3. εἰ μή: '~ 외에는'; 2:17 참고.
4. οἵτινες: οἵ(관계대명사 복) + τινες(부정대명사 복) = οἵτινες < ὅστις(whoever, whatever) = ὅς(관계대명사 단) + τις(부정대명사 단, '어떤').

계 9:5

καὶ ἐδόθη αὐτοῖς ἵνα μὴ ἀποκτείνωσιν αὐτούς, ἀλλ᾽ ἵνα βασανισθήσονται μῆνας πέντε, καὶ ὁ βασανισμὸς αὐτῶν ὡς βασανισμὸς σκορπίου ὅταν παίσῃ ἄνθρωπον.

또 그들을 죽이지는 말고 다섯 달 동안 괴롭게만 하라는 말도 주어졌다. 그들이 받게 될 괴로움은 전갈이 사람을 쏠 때의 괴로움과 같았다.

καὶ ἐδόθη
그러나 ~ 주어졌다. And ~ were allowed
　αὐτοῖς
　그들에게 (to them)/ they
　ἵνα μὴ[1] ἀποκτείνωσιν[2]
　죽이지는 말고 but not to kill
　αὐτούς,
　그들을 them,
　ἀλλ᾽ ἵνα βασανισθήσονται[3]
　괴롭게만 하라는 to torment
　μῆνας[4] πέντε,
　다섯 달 동안 for five months,

καὶ ὁ βασανισμὸς[5]
그리고 괴로움은 and ~ torment
　αὐτῶν
　그들의 their
　ὡς βασανισμὸς
　괴로움과 (같았다.) was like the torment
　σκορπίου
　전갈의 of a scorpion
　ὅταν παίσῃ[6]
　그것이 쏠 때의 when it stings
　ἄνθρωπον.
　사람을 someone.

---

1. ἵνα μὴ ... ἀλλ' ἵνα: 목적의 ἵνα 부사절('A 하지 말고 B 하도록').
2. ἵνα μὴ ἀποκτείνωσιν: '죽이지 말라는'. 부정과거 가정법인데 (말씀이 주어진) 목적의 부사절(in order that; ESV, NAS, RSV)로 볼 수도 있고 (주어진 말씀의 내용을 담은) 명사절(that ~; KJV)로 볼 수도 있다.
3. ἵνα βασανισθήσονται: '괴롭게 하라는'. ἵνα + 미래 직설법(수)이고 목적의 부사절(또는 명사절)이다. ἵνα 부정과거 가정법과 ἵνα 미래 직설법이 함께 쓰이고 있다. βασανίζω(괴롭게 하다, 고문하다); βασανίζ + θήσονται(미래수동 3복)= βασανισθήσονται.
4. μῆνας: 시간의 목적격으로 기간을 부각한다. 3변화 μήν(달), μηνός, μηνί, μῆνα(sg); μῆνες, μηνῶν, μησί, μῆνας(pl).
5. βασανισμὸς: βασανισμός(고통, 고문, 괴롭힘) < βασανίζω(고문하다); βασανιστής(고문자, 심문자), βάσανος(고문, 시금석, 고문기구).
6. ὅταν παίσῃ: '(그것이) 쏠 때'. ὅταν(whenever, when) + 가정법 부정과거는 '~이 일어났을 때'(Thayer). παίω(치다, 세게 치다; 마 26:68).

계 9:6

καὶ ἐν ταῖς ἡμέραις ἐκείναις ζητήσουσιν οἱ ἄνθρωποι τὸν θάνατον καὶ οὐ μὴ εὑρήσουσιν αὐτόν, καὶ ἐπιθυμήσουσιν ἀποθανεῖν καὶ φεύγει ὁ θάνατος ἀπ' αὐτῶν.

그 날에 사람들이 죽기를 구할 것이다. 그러나 그것을 찾지(얻지) 못할 것이다. 그들이 죽기를 갈망할 것이다. 그러나 죽음이 그들을 피할 것이다.

καὶ ἐν ταῖς ἡμέραις ἐκείναις
(그리고) 그 날(들)에는 And in those days

ζητήσουσιν[1]
추구할/구할 것이다. will seek

οἱ ἄνθρωποι
사람들이 people

τὸν θάνατον
죽음을 death

καὶ οὐ μὴ εὑρήσουσιν[2]
그러나 ~ 얻지/찾지 못할 것이다. and will not find

αὐτόν,
그것(죽음)을 it,

καὶ ἐπιθυμήσουσιν[3]
또한 ~ 갈망할 것이다. and they will long

ἀποθανεῖν[4]
죽기를 to die

καὶ φεύγει[5]
그러나 ~ 피할 것이다. and ~ flees/ will flee

ὁ θάνατος
죽음이 death

ἀπ' αὐτῶν.[6]
그들로부터 from them.

1. ζητήσουσιν: '(그들이) 찾을 것이다'; ζητε + σουσιν. ζητέω(찾다, 추구하다), ζήτημα(질문, 토론), ζήτησις(찾기, 추구, 조사). 진행적(progressive) 미래(KMP, 273).
2. οὐ μὴ εὑρήσουσιν: '그들은 결코 찾을 수 없을 것이다'. 강한 부정의 미래 직설법. 현재 εὑρίσκω, 미래 εὑρήσω, 부정과거 εὗρον; 현재완료 εὕρηκα, 부정과거(수) εὑρέθην.
3. ἐπιθυμήσουσιν: '(그들이) 갈망할 것이다'. ἐπιθυμέω(갈망/욕망하다) > ἐπιθυμητής(갈망/욕망하는 사람), ἐπιθυμία(갈망/욕망).
4. ἀποθανεῖν: '죽기를'; ἀποθαν + εῖν; 3:2 참고.
5. φεύγει: '피할 것이다'. φεύγω(피하다, 도망하다); 미래 φεύξομαι, 부정과거 ἔφυγον.
6. ἀπ' αὐτῶν: ἀπό(from) + αὐτῶν(them).

계 9:7

Καὶ τὰ ὁμοιώματα τῶν ἀκρίδων ὅμοια ἵπποις ἡτοιμασμένοις εἰς πόλεμον, καὶ ἐπὶ τὰς κεφαλὰς αὐτῶν ὡς στέφανοι ὅμοιοι χρυσῷ, καὶ τὰ πρόσωπα αὐτῶν ὡς πρόσωπα ἀνθρώπων,

메뚜기(들)의 모양은 전쟁을 위해 준비된 말들 같았다. 그들의 머리 위에 금으로 된 듯한 관(월계관) 같은 것이 있었다. 그들의 얼굴은 사람들의 얼굴 같았다.

Καὶ τὰ ὁμοιώματα[1]
그런데 ~ 모양(들)은 And the appearance

　τῶν ἀκρίδων
　메뚜기(들)의 of the locusts

　　ὅμοια ἵπποις[2]
　　말(들) 같고 was like horses

　　　ἡτοιμασμένοις[3]
　　　준비된 prepared

　　　　εἰς πόλεμον.[4]
　　　　전쟁을 위해 for battle.

καὶ ἐπὶ τὰς κεφαλὰς
머리(들) 위에 And on ~ heads,

　αὐτῶν
　그들의 their

ὡς στέφανοι
월계관 같은 것이 (있었다.) what looked like crowns

　ὅμοιοι χρυσῷ,[5]
　금으로 된 듯한 of gold,

καὶ τὰ πρόσωπα[6]
그리고 ~ 얼굴(들)은 and ~ faces

　αὐτῶν
　그들의 their

ὡς πρόσωπα
얼굴 같았다. like ~ faces

　ἀνθρώπων,
　사람(들)의 human

1. ὁμοιώματα: '모양들을'. ὁμοίωμα(형상, 비슷함, 묘사) < ὁμοιόω(비슷하게 하다/만들다); ὁμοίως(이와 같이, 그같이), ὁμοίωσις(닮음, 형상); ὁμοιάζω(비슷하다, 닮다), ὅμοιος(비슷한, 닮은), ὁμοιότης(비슷함, 닮음).
2. ὅμοια ἵπποις: '말들 같고'. 보어로 쓰였다. 형용사 ὅμοια(같은)는 여격을 취한다.
3. ἡτοιμασμένοις: '준비된'. 시상접두어(ε 또는 η)가 있는 분사는 현재완료형을, -μένοις는 수동태임을 알 수 있다. 현재완료 분사(수)로 이미 준비된 상태(결과)인 것을 부각한다.
4. εἰς πόλεμον: '전쟁을 위해'. 목적의 εἰς(for)이다. πόλεμος(전쟁, 다툼), πολεμέω(전쟁하다, 다투다).
5. ὅμοιοι χρυσῷ: '금같은, 금으로 된 듯한'. στέφανοι(월계관)을 꾸미는 관형적 역할이다. 형용사 ὅμοιοι(같은)의 성, 수, 격은 명사 στέφανοι와 일치된다.
6. πρόσωπα: '얼굴(들)'. πρόσωπον(얼굴, 외모), προσωποληψία(편애, 외모로 취하기).

계 9:8

καὶ εἶχον τρίχας ὡς τρίχας γυναικῶν, καὶ οἱ ὀδόντες αὐτῶν ὡς λεόντων ἦσαν,

여성의 머리털 같은 털(또는 머리털)을 가졌다. 그들의 이는 사자(들)의 것과 같았다.

καὶ εἶχον[1]
(그리고) ~ 가졌다. And they had

　τρίχας
　머리털(들)을 hair

　　ὡς τρίχας
　　모발/머리털(들)과 같은 like the hair

　　　γυναικῶν,[2]
　　　여성(들)의 of women,

καὶ οἱ ὀδόντες[3]
또 이(들)는 and ~ teeth

　αὐτῶν
　그들의 their

　ὡς λεόντων[4]
　사자(들)의 것과 같은 것(들)~ like lions' teeth;

ἦσαν,[5]
~이었다. were

접종
λέων
명.소.남복
εἰμί
동직.미완능.3복

1. εἶχον: '(그들이) 가졌다'. 현재 ἔχω(가지다), 미래 ἕξω, 미완료 εἶχον(ἐ + ε = εἰ), 부정과거 ἔσχον, 현재완료 ἔσχηκα. 미완료는 과거의 진행적 장면을 묘사할 수 있다.
2. τρίχας γυναικῶν: '여성들의 모발/머리털(들)'. 3변화 θρίξ(머리털), τριχός, τριχί, τριχά(sg); τρίχες, τριχῶν, θριξί, τρίχας(pl; 1:14 참고). γυνή(여성)의 어간은 γυναικ-이다. 따라서 소유격 단수는 γυναικός, 소유격 복수는 γυναικῶν이다.
3. ὀδόντες: 3변화 ὀδούς(이), ὀδόντος, ὀδόντι, ὀδόντα(sg); ὀδόντες, ὀδόντων, ὀδοῦσι, ὀδόντας(pl).
4. λεόντων: 3변화 λέων(사자), 4:7 참고.
5. ἦσαν: εἰμί 미완료 3복('있었다, ~이었다'); ἤμην, ἦς, ἦν(sg); ἦμεν, ἦτε, ἦσαν(pl).

계 9:9

9
καί
접.등
ἔχω
동직.미완능.3복
θώραξ
명.목.남복
ὡς
접.종
θώραξ
명.목.남복
σιδηροῦς
형일반.목.남복
καί
접.등
ὁ
관.주.여단
φωνή
명.주.여단
ὁ
관.소.여복
πτέρυξ
명.소.여복
αὐτός
대인칭.소.여복
ὡς
접.종
φωνή
명.주.여단
ἅρμα
명.소.중복
ἵππος
명.소.남복
πολύς
형일반.소.남복/
형일반.소.중복
τρέχω
동분.현능.소.남복
εἰς
전.목
πόλεμος
명.목.남단

καὶ εἶχον θώρακας ὡς θώρακας σιδηροῦς, καὶ ἡ φωνὴ τῶν πτερύγων αὐτῶν ὡς φωνὴ ἁρμάτων ἵππων πολλῶν τρεχόντων εἰς πόλεμον,

또 철로 된 흉갑 같은 흉갑을 가지고 있었다. 그들의 날개(들) 소리는 전쟁을 위해 달려가는, 많은 말(들)이 끄는 전차들의 소리와 같았다.

καὶ εἶχον
또 ~ 가졌고/가지고 있었고 And they had
　θώρακας¹
　가슴받이/흉갑(들)을 breastplates
　　ὡς θώρακας
　　가슴받이/흉갑(들)과 같은 like breastplates
　　　σιδηροῦς,²
　　　철로 된 of iron,
καὶ ἡ φωνὴ
소리는 and the sound
　τῶν πτερύγων³
　날개(들)의 of ~ wings

αὐτῶν
그들의 their
ὡς φωνὴ
소리와 같았다. was like the sound
　ἁρμάτων⁴
　전차들의 of chariots,
　　ἵππων πολλῶν
　　많은 말들의(~이 끄는) of many horses
　　　τρεχόντων⁵
　　　달리는/달려가는 rushing
　　　　εἰς πόλεμον,⁶
　　　　전쟁으로/을 위해 into battle.

1. θώρακας: 3변화 θώραξ(흉갑, 흉배)의 어간은 θώρακ-이다. 따라서 θώρακας는 목적격 복수이다.
2. σιδηροῦς: 형용사 σιδήρεος(철로 된)의 축약형은 σιδηροῦς인데(ε + ος = ους), 목적격(복)도 σιδηροῦς이다(ε + ους = ους). < σίδηρος(철).
3. πτερύγων: πτέρυξ(날개)의 어간은 πτέρυγ-이므로 소유격 복수는 πτερύγων이다. πτερύγιον(작은 날개, 꼭대기), πτηνός(날개가 있는, 나는) < πέτομαι(날다).
4. ἁρμάτων: 3변화 ἅρμα, ἅρματος(전차)의 소유격 복수.
5. τρεχόντων: '달리는/달리고 있는'; τρεχ + όντων. τρέχω(달리다)의 현재분사는 진행되는 생생한 장면을 부각할 것이다.
6. εἰς πόλεμον: '전쟁으로'. 전쟁의 상태로 들어가려고 하는(entering into) 것을 말한다(Thayer).

계 9:10

10
καί
접.등
ἔχω
중직.현능.3복

καὶ ἔχουσιν οὐρὰς ὁμοίας σκορπίοις καὶ κέντρα, καὶ ἐν ταῖς οὐραῖς αὐτῶν ἡ ἐξουσία αὐτῶν ἀδικῆσαι τοὺς ἀνθρώπους μῆνας πέντε,

전갈(들)의 것과 같은 꼬리(들)와 그 꼬리(들)에 쏘는 침(들)을 가졌다. 그들에게 다섯 달 동안 사람들을 해하는 권세가 주어졌다.

καὶ ἔχουσιν
또 ~ 가졌다. And they have

 οὐρὰς[1]
꼬리(들)와 tails

ὁμοίας σκορπίοις
전갈(들)과 같은 like scorpions,

καὶ κέντρα,
쏘는 침(들)을 and stings

καὶ ἐν ταῖς οὐραῖς
꼬리(들)에 and ~ is in ~ tails

αὐτῶν
그들의 their

ἡ ἐξουσία
권세가 (있었다/주어졌다.) power

αὐτῶν
그들의 their

ἀδικῆσαι[2]
해하는 to hurt

τοὺς ἀνθρώπους
사람들을 people

μῆνας πέντε,[3]
다섯 달 동안 for five months

1. οὐρὰς ... καὶ κέντρα: '꼬리들과 … 침들을'. 여성명사 οὐρὰς(꼬리들)와 중성명사 κέντρα(침들)은 ἔχουσιν의 목적어이다.
2. ἀδικῆσαι: '해하는'. 명사(ἐξουσία)를 꾸며주는 관형적 용법의 부정사(~하는).
3. μῆνας πέντε: '다섯 달 동안'. 시간의 목적격은 기간(duration)을 부각한다. KMP는 측량(measure)의 목적격으로 분류하고 있다(KMP, 69).

계 9:11

ἔχουσιν ἐπ᾽ αὐτῶν βασιλέα τὸν ἄγγελον τῆς ἀβύσσου, ὄνομα αὐτῷ Ἑβραϊστὶ Ἀβαδδών, καὶ ἐν τῇ Ἑλληνικῇ ὄνομα ἔχει Ἀπολλύων.

그들은 무저갱 천사를 그들의 왕으로 가졌다. 그의 이름은 히브리어로 '아바돈'이고, 헬라어로 '아폴뤼온'(아볼루온)이라는 이름을 가졌다.

ἔχουσιν
그들은 ~ 가지고/두고 있다. They have

ἐπ᾽ αὐτῶν
그들 위에 over them

βασιλέα[1]
왕을/왕으로 as king

τὸν ἄγγελον
사자/천사를 the angel

τῆς ἀβύσσου,[2]
무저갱 of the Abyss/ bottomless pit.

ὄνομα[3]
이름이 (있었다/주어졌다.) name

αὐτῷ
그에게 (to him)/ his

Ἑβραϊστὶ[4]
히브리어로 in Hebrew

Ἀβαδδών,[5-6]
아바돈이라는 is Abaddon,

καὶ ἐν τῇ Ἑλληνικῇ[7]
또한 헬라어로 and in Greek

ὄνομα
이름을 the name

ἔχει
가지고 있다. he has

Ἀπολλύων.[8]
아볼루온(파괴자)이라는 Apollyon.

1. βασιλέα: 3변화 βασιλεύς(왕), βασιλέως, βασιλεῖ, βασιλέα(sg); βασιλεῖς, βασιλέων, βασιλεῦσι, βασιλεῖς(pl).
2. τῆς ἀβύσσου: '무저갱의'. 기원(source)의 소유격('~에서 나온/유래한')으로 분류할 수 있다(Wallace, 110).

οὐρά
명.목.여복
ὅμοιος
형일반.목.여복
σκορπίος
명.여.남복
καί
접.등
κέντρον
명.목.중복
καί
접.등
ἐν
전.여
ὁ
관.여.여복
οὐρά
명.여.여복
αὐτός
대인칭.소.여복
ὁ
관.주.여단
ἐξουσία
명.주.여단
αὐτός
대인칭.소.여복
ἀδικέω
동부.과능
ὁ
관.목.남복
ἄνθρωπος
명.목.남복
μήν
명.목.남복
πέντε
형기수

11
ἔχω
동직.현능.3복
ἐπί
전.소
αὐτός
대인칭.소.여복
βασιλεύς
명.목.남단
ὁ
관.목.남단
ἄγγελος
명.목.남단
ὁ
관.소.여단
ἄβυσσος
명.소.여단
ὄνομα
명.주.중단
αὐτός
대인칭.소.남단
Ἑβραϊστί
부
Ἀβαδδών
명.주.남단
καί
접.등
ἐν
전.여
ὁ
관.여.여단
Ἑλληνικός
형일반.여.여단
ὄνομα
명.목.중단
ἔχω
동직.현능.3단
Ἀπολλύων
명.주.남단

3. ὄνομα: 3변화 ὄνομα(이름), ὀνόματος, ὀνόματι, ὄνομα(sg); ὀνόματα, ὀνομάτων, ὀνόμασι, ὀνόματα(pl).
4. Ἑβραϊστὶ: 부사 '히브리어로'(in Hebrew)이다. Ἑβραϊκός(히브리어), Ἑβραῖος(히브리인).
5. Ἀβαδδών … Ἀπολλύων: 둘 다 주격으로 간주할 수 있는 것은 호칭의(appellation) 주격이기 때문이다(cf. Wallace, 61).
6. Ἀβαδδών: 히브리어 אֲבַדּוֹן('아바돈')을 헬라어로 옮겨 쓴 말 < אָבַד(파괴하다, '입바드').
7. ἐν τῇ Ἑλληνικῇ: '헬라어로'. 부사 Ἑλληνιστί(헬라어로, in Greek)도 있다. Ἕλλην(헬라인-남), Ἑλληνικός(헬라어), Ἑλληνίς(헬라인-여), Ἑλληνιστής(헬라어 하는 유대인).
8. Ἀπολλύων: 히브리어 '아바돈'을 헬라어로 차용한 단어일 것이다(Friberg).

계 9:12

12
ὁ
관.주.여단
οὐαί
감탄
ὁ
관.주.여단
εἷς
형기수.주.여단
ἀπέρχομαι
동직.과능.3단
ἰδού
감탄
ἔρχομαι
동직.현중.3단
ἔτι
부
δύο
형기수.주.여복
οὐαί
감탄
μετά
전.목
οὗτος
대지시.목.중복

Ἡ οὐαὶ ἡ μία ἀπῆλθεν· ἰδοὺ ἔρχεται ἔτι δύο οὐαὶ μετὰ ταῦτα.

하나의 화가 지나갔다. 보라. 이 일(들) 후에 앞으로도 두 가지 화가 임할 것이다.

Ἡ οὐαὶ	ἔρχεται[2]
화가/재앙이 The ~ woe	임할 것이다. are ~ coming
ἡ μία	ἔτι[3]
하나의 one/ first	여전히/앞으로도 still
ἀπῆλθεν.[1]	δύο οὐαὶ
지나갔다. has past;	두가지 화가 two woes
ἰδοὺ	μετὰ ταῦτα.
보라. behold,	이 일(들) 후에 after them.

1. ἀπῆλθεν: '지나갔다'. ἀπό(out of) + ἔρχομαι(가다, 오다) = ἀπέρχομαι(떠나다); 부정과거 ἀπῆλθον.
2. ἔρχεται: '올 것이다.' 현재형 ἔρχεται(온다, 올 것이다)는 임박한 미래를 가리킬 수 있다(참고, 1:7; 2:5, 16; 3:11; 11:14; 16:15; 22:7, 12, 20).
3. ἔτι: ἔτι는 '여전히(still), 아직(yet)'의 뜻이 있는데, 전자의 의미이다.

계 9:13

13
καί
접.등
ὁ
관.주.남단
ἕκτος
형서수.주.남단
ἄγγελος
명.주.남단
σαλπίζω
동직.과능.3단
καί
접.등
ἀκούω
동직.과능.1단
φωνή
명.목.여단
εἷς
형기수.목.여단
ἐκ
전.소
ὁ
관.소.중복
τέσσαρες
형기수.소.중복
κέρας
명.소.중복

Καὶ ὁ ἕκτος ἄγγελος ἐσάλπισεν· καὶ ἤκουσα φωνὴν μίαν ἐκ τῶν [τεσσάρων] κεράτων τοῦ θυσιαστηρίου τοῦ χρυσοῦ τοῦ ἐνώπιον τοῦ θεοῦ,

여섯째 천사가 나팔을 불었다. 그러자 내가 하나님 앞의 금 제단의 네 뿔로부터 나오는 한 음성을 들었다.

Καὶ ὁ ἕκτος ἄγγελος	ἐκ τῶν [τεσσάρων] κεράτων
그리고 여섯째 천사가 And the sixth angel	네 뿔로부터 from the four horns
ἐσάλπισεν·	τοῦ θυσιαστηρίου[1]
나팔을 불었다. blew his trumpet,	제단의 of the ~ altar
καὶ ἤκουσα	τοῦ χρυσοῦ
그리고 내가 ~ 들었다. and I heard	금 golden
φωνὴν μίαν	τοῦ ἐνώπιον τοῦ θεοῦ,
한 음성을 a voice	하나님 앞의 before God,

1. κεράτων τοῦ θυσιαστηρίου: 제단의 네 뿔(출 27:1-2; 29:12; 30:3; 37:25-26; 레 4:7, 18 등).

계 9:14

λέγοντα τῷ ἕκτῳ ἀγγέλῳ, ὁ ἔχων τὴν σάλπιγγα· λῦσον τοὺς τέσσαρας ἀγγέλους τοὺς δεδεμένους ἐπὶ τῷ ποταμῷ τῷ μεγάλῳ Εὐφράτῃ.

여섯째 천사에게 말하였다. "나팔을 가진 자여. 큰 유프라테스 강 위에 묶여 있던 네 천사(들)를 풀어주라."

λέγοντα[1]
말하는 saying
   τῷ ἕκτῳ ἀγγέλῳ,
   여섯째 천사에게 to the sixth angel
ὁ ἔχων[2]
가진 자여/자는 "The one who had
   τὴν σάλπιγγα·
   "나팔을 the trumpet!
   λῦσον[3]
   풀어주라." Release

τοὺς τέσσαρας ἀγγέλους
네 천사(들)를 the four angels
   τοὺς δεδεμένους[4]
   묶여 있는 who are bound
   ἐπὶ τῷ ποταμῷ
   강 위에 at the river,
     τῷ μεγάλῳ Εὐφράτῃ.[5]
     큰 유프라테스 the great Euphrates."

1. λέγοντα: '말하는'. 목적격 φωνὴν(음성[을])의 술어가 되는 목적격 분사 λέγοντα는 직접화법을 소개한다.
2. ὁ ἔχων τὴν σάλπιγγα: '나팔을 가진 자여'. ὁ ἔχων을 호격으로 볼 수 있다. 반면에 Wallace는 ὁ ἔχων τὴν σάλπιγγα가 τῷ ἕκτῳ ἀγγέλῳ(여섯째 천사)를 꾸며주는 것('여섯째 천사, 즉 나팔을 가지고 있는 자')으로 보고 이를 병치된(in apposition) 주격의 예로 든다(Wallace, 62; ESV, RSV, NIV, KJV).
3. λῦσον: '풀어주라'. 부정과거 명령어(2단)는 어미 -σον이 붙는다.
4. δεδεμένους: 자음의 중복(δεδ)과 어미(μένους)를 보고 δέω(묶다)의 현재완료 분사(수)인 것을 알 수 있다('묶여 있는'). δέω(묶다) > δεσμός(끈, 족쇄, 투옥) > δεσμεύω(사슬로 묶다), δέσμιος(묶임, 죄수, 포로), δεσμοφύλαξ(간수, 교도관), δεσμωτήριον(감옥), δεσμώτης(죄수).
5. τῷ μεγάλῳ Εὐφράτῃ: 유프라테스강을 '큰 강'이라고 하는 표현은 창 15:18; 신 1:7; 수 1:4; 계 9:14; 16:12에 있다.

계 9:15

καὶ ἐλύθησαν οἱ τέσσαρες ἄγγελοι οἱ ἡτοιμασμένοι εἰς τὴν ὥραν καὶ ἡμέραν καὶ μῆνα καὶ ἐνιαυτόν, ἵνα ἀποκτείνωσιν τὸ τρίτον τῶν ἀνθρώπων.

사람들의 삼분의 일을 죽이려고, 그 시간, 날, 달, 해(년)를 위해 예비된 네 천사가 풀려났다.

καὶ ἐλύθησαν
그리고 ~ 놓였다/풀려났다. And ~ were released,
οἱ τέσσαρες ἄγγελοι
네 천사가 the four angels
   οἱ ἡτοιμασμένοι[1]
   준비된 자들인 who had been prepared
     εἰς[2]
     ~ 위해 for
     τὴν ὥραν
     그 시간과 the hour,
     καὶ ἡμέραν
     그 날과 the day,

καὶ μῆνα
그 달과 the month,
καὶ ἐνιαυτόν,[3]
그 년도/해를 and the year,
   ἵνα ἀποκτείνωσιν[4]
   죽이기 위해 so that they might kill
     τὸ τρίτον
     삼분의 일을 a third
     τῶν ἀνθρώπων.
     사람(들)의 of mankind.

μήν
명.목.남단
καί
접.등
ἐνιαυτός
명.목.남단
ἵνα
접.종
ἀποκτείνω
동가.가능.3복
ὁ
관.목.중단
τρίτος
형서수.목.중단
ὁ
관.소.남복
ἄνθρωπος
명.소.남복

16
καί
접.등
ὁ
관.주.남단
ἀριθμός
명.주.남단
ὁ
관.소.중복
στράτευμα
명.소.중복
ὁ
관.소.중단
ἱππικός
형일반.소.중단
δισμυριάς
명.주.여복
μυριάς
명.소.여복
ἀκούω
동직.가능.1단
ὁ
관.목.남단
ἀριθμός
명.목.남단
αὐτός
대인칭.소.중복

1. οἱ ἡτοιμασμένοι: '준비된 자들'. 현재완료 분사(주격)로 '네 천사'를 수식하며 그들의 준비가 충분히 된 것을 부각한다.
2. εἰς: 목적의 εἰς; 7절 참고.
3. ἐνιαυτόν: ἐνιαυτός(해, 년)와 동의어는 ἔτος인데 전자는 기간(duration)에, 후자는 햇수에 좀 더 초점을 둔다(LN).
4. ἵνα ἀποκτείνωσιν: '죽이기 위해'. ἵνα + 가정법(부정과거)으로 목적의 부사절이다.

계 9:16

καὶ ὁ ἀριθμὸς τῶν στρατευμάτων τοῦ ἱππικοῦ δισμυριάδες μυριάδων, ἤκουσα τὸν ἀριθμὸν αὐτῶν.

마병대의 수는 만의 이만 배(이억)이었다. 나는 그들의 수를 들었다.

καὶ ὁ ἀριθμὸς 그리고 ~ 수/숫자는 (~였다.) And the number	μυριάδων,[3] 만의 ten thousand;
τῶν στρατευμάτων[1] 군대(들)의 of the armies	ἤκουσα 내가 ~ 들었다. I heard
τοῦ ἱππικοῦ[2] 기병/마병의 of the horsemen	τὸν ἀριθμὸν 수를 number.
δισμυριάδες 이만 배~ twice ten thousand times	αὐτῶν. 그들의 their

---

1. στρατευμάτων: '군대들의'. στράτευμα(군대), στρατεύματος, στρατεύματι, στράτευμα(sg); στρατεύματα, στρατευμάτων, στρατεύμασιν, στρατεύματα(pl). στράτευμα < στρατεύω(복무하다, 싸우다); στρατηγός(군관, 상관), στρατεία(전쟁, 싸움), στρατιώτης(군인).
2. ἱππικοῦ: ἱππικός(기수, 마병대); 6:2 참고.
3. δισμυριάδες μυριάδων: '만(들)의 이만'은 만 곱하기 이만, 즉 이억. μυριάς(일만), δισμυριάς(이만). 3변화 μυριάς는 복수로 쓰인다: μυριάδες, μυριάδων, μυριάσιν, μυριάδας.

계 9:17

17
καί
접.등
οὕτω
부
ὁράω
동직.가능.1단
ὁ
관.목.남복
ἵππος
명.목.남복
ἐν
전.여
ὁ
관.여.여단
ὅρασις
명.여.여단
καί
접.등
ὁ
관.목.남복
κάθημαι
동분.현재.목.남복
ἐπί
전.소
αὐτός
대인칭.소.남복

Καὶ οὕτως εἶδον τοὺς ἵππους ἐν τῇ ὁράσει καὶ τοὺς καθημένους ἐπ' αὐτῶν, ἔχοντας θώρακας πυρίνους καὶ ὑακινθίνους καὶ θειώδεις, καὶ αἱ κεφαλαὶ τῶν ἵππων ὡς κεφαλαὶ λεόντων, καὶ ἐκ τῶν στομάτων αὐτῶν ἐκπορεύεται πῦρ καὶ καπνὸς καὶ θεῖον.

이같이 나는 환상 가운데 말들과 그 위에 탄 자들을 보았다. 그들은 불빛(불의 색), 자주빛(히아신스 색), 유황빛의 흉갑을 차고 있었다. 말(들)의 머리(들)는 사자(들)의 머리 같았다. 그들의 입(들)에서 불과 연기와 유황이 나왔다.

Καὶ οὕτως 이와 같이 And in this way,	ἐν τῇ ὁράσει[1] 환상 가운데 in the vision
εἶδον 나는 ~ 보았다. I saw	καὶ τοὺς καθημένους 탄 자들을 and those who sat
τοὺς ἵππους 말들과 the horses	ἐπ' αὐτῶν, 그(그것들) 위에 on them,

ἔχοντας
가지고 having

θώρακας
가슴받이/흉갑(들)을 breatplates

πυρίνους[2]
붉은 색과 the color of fire

καὶ ὑακινθίνους[3]
자주색/청자색과 and of hyacinth

καὶ θειώδεις,[4]
유황색 and of sulfur.

καὶ αἱ κεφαλαὶ[5]
또 머리(들)는 And the heads

τῶν ἵππων
말들의 of the horses

ὡς κεφαλαὶ
머리(들)와 같았다. were like the heads

λεόντων,
사자들의 of lions;

καὶ ἐκ τῶν στομάτων
그리고 ~ 입(들)에서 and ~ out of ~ mouths.

αὐτῶν
그것들의 their

ἐκπορεύεται
나왔다. came

πῦρ
불과 fire

καὶ καπνὸς
연기와 and somke

καὶ θεῖον.
유황이 and sulfur

ἔχω	동분.현.능.목.남복
θώραξ	명.목.남복
πύρινος	형.일.반.목.남복
καὶ	접.등
ὑακίνθινος	형.일.반.목.남복
καὶ	접.등
θειώδης	형.일.반.목.남복
καὶ	접.등
ὁ	관.주.여.복
κεφαλή	명.주.여.복
ὁ	관.소.남복
ἵππος	명.소.남복
ὡς	접.종
κεφαλή	명.주.여.복
λέων	명.소.남복
καὶ	접.등
ἐκ	전.소
ὁ	관.소.중복
στόμα	명.소.중복
αὐτός	대.인칭.소.남복
ἐκπορεύομαι	동.직.현중.3단
πῦρ	명.주.중단
καὶ	접.등
καπνός	명.주.남단
καὶ	접.등
θεῖον	명.주.중단

1. ὁράσει: 4:3('모양')과 달리 여기서는 '환상'의 뜻이다.
2. πυρίνους: πύρινος(불의, 불같은); 6:4 참고.
3. ὑακινθίνους: ὑακίνθινος(히아신스의, 히아신스 색깔의) < ὑάκινθος(히아신스).
4. θειώδεις … θεῖον: θειώδης(유황의, 유황색의) < θεῖον(유황). 3변화 θειώδης는 ἀληθής와 같은 변화이다(-ης, -ους, -ει, -η[sg]; - εις, -ων, εσι, εις[pl]). θειώδεις는 남/여 복수 주격 또는 목적격이다.
5. κεφαλαὶ: '머리들'; 4:4 참고.

계 9:18

ἀπὸ τῶν τριῶν πληγῶν τούτων ἀπεκτάνθησαν τὸ τρίτον τῶν ἀνθρώπων, ἐκ τοῦ πυρὸς καὶ τοῦ καπνοῦ καὶ τοῦ θείου τοῦ ἐκπορευομένου ἐκ τῶν στομάτων αὐτῶν.

세 재앙, 즉 그들의 입(들)에서 나오는 불과 연기와 유황 때문에 사람들의 삼분의 일이 죽임을 당하였다.

ἀπὸ[1] τῶν τριῶν πληγῶν τούτων
이 세 재앙으로 인해 By these three plagues

ἀπεκτάνθησαν[2]
죽임을 당했다. was killed,

τὸ τρίτον
삼분의 일이 a third

τῶν ἀνθρώπων,
사람(들)의 of mankind

ἐκ[3]
~때문에 by

τοῦ πυρὸς
불과 the fire

καὶ τοῦ καπνοῦ
연기와 and smoke

καὶ τοῦ θείου
유황~ and sulfur

τοῦ ἐκπορευομένου
나오는 coming

ἐκ τῶν στομάτων
입(들)에서 out of ~ mouths

αὐτῶν.
그들의 their

18	
ἀπό	전.소
ὁ	관.소.여복
τρεῖς	형.기수.소.여복
πληγή	명.소.여복
οὗτος	대.지시.소.여복
ἀποκτείνω	동.직.과수.3복
ὁ	관.주.중단
τρίτος	형.서수.주.중단
ὁ	관.소.남복
ἄνθρωπος	명.소.남복
ἐκ	전.소
ὁ	관.소.중단
πῦρ	명.소.중단
καὶ	접.등
ὁ	관.소.남단
καπνός	명.소.남단

1. ἀπὸ: 이유(원인, 기원)를 가리키는 ἀπό이다('~으로 인해'; Thayer).
2. ἀπεκτάνθησαν: '(그들이) 죽임을 당했다'. ἀποκτείνω(죽이다)의 부정과거 수동태(1단)는 ἀπεκτάνθην이다.
3. ἐκ τοῦ …: 죽음을 당한 이유를 가리킨다(예, 계 8:11; Thayer).

καί
접.등
ὁ
관.소.중단
θεῖον
명.소.중단
ὁ
관.소.중단
ἐκπορεύομαι
동분현중.소.중단
ἐκ
전.소
ὁ
관.소.중복
στόμα
명.소.중복
αὐτός
대인칭.소.남복

19
ὁ
관.주.여단
γάρ
접.등
ἐξουσία
명.주.여단
ὁ
관.소.남복
ἵππος
명.소.남복
ἐν
전.여
ὁ
관.여.중단
στόμα
명.여.중단
αὐτός
대인칭.소.남복
εἰμί
동직.현능.3단
καί
접.등
ἐν
전.여
ὁ
관.여.여복
οὐρά
명.여.여복
αὐτός
대인칭.소.남복
ὁ
관.주.여복
γάρ
접.등
οὐρά
명.주.여복
αὐτός
대인칭.소.남복
ὅμοιος
형일반.주.여복
ὄφις
명.여.남복
ἔχω
동분.현능.주.여복
κεφαλή
명.목.여복
καί
접.등
ἐν
전.여
αὐτός
대인칭.여.여복
ἀδικέω
동직.현능.3복

20
καί
접.등
ὁ
관.주.남복
λοιπός
형일반.주.남복
ὁ
관.소.남복
ἄνθρωπος
명.소.남복

계 9:19

ἡ γὰρ ἐξουσία τῶν ἵππων ἐν τῷ στόματι αὐτῶν ἐστιν καὶ ἐν ταῖς οὐραῖς αὐτῶν, αἱ γὰρ οὐραὶ αὐτῶν ὅμοιαι ὄφεσιν, ἔχουσαι κεφαλὰς καὶ ἐν αὐταῖς ἀδικοῦσιν.

그 말들의 권세는 그들의 입과 그들의 꼬리(들)에 있다. 그들의 꼬리(들)는 뱀(들)과 같다. 머리를 가지고 있는데 그것(들)으로 사람들을 해친다.

ἡ γὰρ[1] ἐξουσία	αἱ γὰρ οὐραὶ
왜냐하면 ~ 권세가/힘이 ~ 때문이다. For the power	(왜냐하면) 꼬리(들)가 ~ 때문이다. for ~ tails
τῶν ἵππων	αὐτῶν
그 말들의 of the horses	그들의 their
ἐν τῷ στόματι	ὅμοιαι ὄφεσιν,[3]
입(들)에 in ~ mouths	뱀(들)과 같고 like serpents
αὐτῶν	ἔχουσαι
그들의 their	가지고 있는 having
ἐστιν[2]	κεφαλὰς
있기 ~ is	머리(들)를 heads,
καὶ ἐν ταῖς οὐραῖς	καὶ ἐν αὐταῖς
또 꼬리(들)에 and in ~ tails;	또한 이것(들)으로 and by/ with them
αὐτῶν,	ἀδικοῦσιν.
그들의 their	해치기 ~ they do harm.

---

1. γὰρ: 19절(원인)이 18절(결과)과 인과관계를 갖게 한다.
2. ἐστιν ... ἀδικοῦσιν: '있다 ... 해친다'. 현재형은 생생함(사실성)을 전달하려는 이유 때문일 것이다.
3. ὄφεσιν: 3변화 ὄφις(뱀), ὄφεως, ὄφει, ὄφιν(sg); ὄφεις, ὄφεων, ὄφεσιν, ὄφεις(pl).

계 9:20

Καὶ οἱ λοιποὶ τῶν ἀνθρώπων, οἳ οὐκ ἀπεκτάνθησαν ἐν ταῖς πληγαῖς ταύταις, οὐδὲ μετενόησαν ἐκ τῶν ἔργων τῶν χειρῶν αὐτῶν, ἵνα μὴ προσκυνήσουσιν τὰ δαιμόνια καὶ τὰ εἴδωλα τὰ χρυσᾶ καὶ τὰ ἀργυρᾶ καὶ τὰ χαλκᾶ καὶ τὰ λίθινα καὶ τὰ ξύλινα, ἃ οὔτε βλέπειν δύνανται οὔτε ἀκούειν οὔτε περιπατεῖν,

이들 재앙(들)에서 죽지 않고 남은 자들은 그들이 손으로 행한 행위(들)를 회개하지 않았다. 따라서 귀신들과, 보거나 듣거나 다니거나 할 수 없는 금, 은, 동, 돌(석), 나무(목)로 된 우상들에 경배하지 않을 수 없었다.

Καὶ οἱ[1] λοιποὶ	οὐδὲ μετενόησαν[2]
그러나 남은 자들 And the rest	회개하지도/돌이키지도 않았고 did not repent
τῶν ἀνθρώπων,	ἐκ τῶν ἔργων
사람(들)의 of mankind,	행위로부터 of the works
οἳ οὐκ ἀπεκτάνθησαν	τῶν χειρῶν
즉, 죽지 않은 자들은 who were not killed	손(들)의/손으로 행한 of ~ hands
ἐν ταῖς πληγαῖς ταύταις,	αὐτῶν,
이들 재앙(들)에서 by these plagues,	그들의 their

ἵνα³ μὴ προσκυνήσουσιν⁴
경배하지 않게 되도록 so as not to worship

τὰ δαιμόνια⁵
귀신들과 demons,

καὶ τὰ εἴδωλα⁶
우상들에 and the idols

τὰ χρυσᾶ
금(들)과 of gold

καὶ τὰ ἀργυρᾶ⁷
은(들)과 of silver

καὶ τὰ χαλκᾶ⁸
동(들)과 and of brass

καὶ τὰ λίθινα⁹
돌(들)과 and of stone

καὶ τὰ ξύλινα,¹⁰
나무(들) and of wood,

ἃ¹¹
~는 which

οὔτε¹² βλέπειν
보거나 neither see

δύνανται¹³
~ 수 없~ can

οὔτε ἀκούειν
듣거나 nor hear

οὔτε περιπατεῖν,
다닐/거닐 ~ nor walk.

1. οἵ: 관계대명사 οἵ 명사절은 οἱ λοιποὶ(남은 자들)를 수식한다.
2. οὐδὲ μετενόησαν: '그들이 회개하지 않았다'; μετ(μετά) + ε + νοέ + σαν. οὐδὲ(또한 ~지 않~; and not). μετανοέω(마음을 바꾸다, 회개하다) > μετάνοια(회개; 2:5, 16 참고).
3. ἵνα: 목적의 ἵνα 부사절로 '경배하지 않게'가 앞의 '회개하지 않았다'와 이어진다.
4. προσκυνήσουσιν: '(그들이) 경배하였다'. προσκυνέω + 목적격은 보통 거짓된 대상에 대한 경배의 경우이다(9:20; 13:8, 12; 14:9, 11; 20:4; Wallace, 172).
5. δαιμόνια: δαιμόνιον/δαίμων(귀신) > δαιμονίζομαι(귀신들리다), δαιμονιώδης(귀신의). demon(귀신, 악귀).
6. εἴδωλα: εἴδωλον(우상, 형상)은 εἰδῶ/οἶδα(보다)에서 왔다. εἰδωλεῖον(우상의 전), εἰδωλόθυτος(우상에게 바쳐진), εἰδωλολατρεία(우상숭배), εἰδωλολάτρης(우상숭배자).
7. ἀργυρᾶ: ἀργύρεος(은의) < ἀργύριον(은) > ἀργυροκόπος(은 세공업자), ἄργυρος(은으로 만든).
8. χαλκᾶ: χαλκός(청동의) < χαλκίον(놋쇠/청동) > χαλκολίβανον(광택나는 청동).
9. λίθινα: λίθινος(돌의, 돌로 된) < λίθος(돌) > λιθάζω(돌을 던지다), λιθοβολέω(돌을 던지다/공격하다).
10. ξύλινα: ξύλινος(나무로 된) < ξύλον(나무).
11. ἃ: 관계대명사(중복) 주격 ἃ는 τὰ εἴδωλα(우상들)를 선행사로 가진다.
12. οὔτε ... οὔτε ... οὔτε: 세 개의 οὔτε(neither … nor)는 부정의 강조법이 된다.
13. δύνανται: 부정사를 목적어로 하는 동사('~수 있다')이다. 변화는 2:2 참고.

계 9:21

καὶ οὐ μετενόησαν ἐκ τῶν φόνων αὐτῶν οὔτε ἐκ τῶν φαρμάκων αὐτῶν οὔτε ἐκ τῆς πορνείας αὐτῶν οὔτε ἐκ τῶν κλεμμάτων αὐτῶν.

또한 그들이 저지른 살인(들), 마법(들), 음행(들), 도적질(들)을 회개하지 않았다.

καὶ οὐ μετενόησαν¹
그들은 ~ 회개하지도/돌이키지도 않았다.
And they did not repent

ἐκ τῶν φόνων²
살인(들)으로부터 of ~ murders

αὐτῶν
그들의 their

οὔτε ἐκ τῶν φαρμάκων³
또한 마법(들)으로부터 or ~ sorceries

αὐτῶν
그들의 their

οὔτε ἐκ τῆς πορνείας⁴
또한 간음/음행(들)으로부터 or ~ sexual immorality

αὐτῶν
그들의 their

οὔτε ἐκ τῶν κλεμμάτων⁵
또한 도둑질(들)로부터 or ~ thefts.

αὐτῶν.
그들의 their

ὅς
대관계주.남복

οὐ
부

ἀποκτείνω
동직.과수.3복

ἐν
전여

ὁ
관.여.여복

πληγή
명.여.여복

οὗτος
대지시.여.여복

οὐδέ
접등

μετανοέω
동직.과능.3복

ἐκ
전소

ὁ
관.소.중복

ἔργον
명.소.중복

ὁ
관.소.여복

χείρ
명.소.여복

αὐτός
대인칭.소.남복

ἵνα
접종

μή
조사

προσκυνέω
동직.미능.3복

ὁ
관.목.중복

δαιμόνιον
명.목.중복

καί
접등

ὁ
관.목.중복

εἴδωλον
명.목.중복

ὁ
관.목.중복

χρυσοῦς
형일반.목.중복

καί
접등

ὁ
관.목.중복

ἀργυροῦς
형일반.목.중복

καί
접등

ὁ
관.목.중복

χαλκοῦς
형일반.목.중복

καί
접등

ὁ
관.목.중복

λίθινος
형일반.목.중복

καί
접등

ὁ
관.목.중복

ξύλινος
형일반.목.중복

ὅς
대관계.주.중복

οὔτε
접등

βλέπω
동부.현능

δύναμαι
동직.현중.3복

οὔτε
접등

ἀκούω
동부.현능

οὔτε
접등

περιπατέω
동부.현능

21
καί
접등
οὐ
부
μετανοέω
동직.과능.3복
ἐκ
전.소
ὁ
관.소.남복
φόνος
명.소.남복
αὐτός
대인칭.소.남복
οὔτε
접등
ἐκ
전.소
ὁ
관.소.중복
φάρμακον
명.소.중복
αὐτός
대인칭.소.남복
οὔτε
접등
ἐκ
전.소
ὁ
관.소.여단
πορνεία
명.소.여단
αὐτός
대인칭.소.남복
οὔτε
접등
ἐκ
전.소
ὁ
관.소.중복
κλέμμα
명.소.중복
αὐτός
대인칭.소.남복

1. οὐ μετενόησαν: 20절의 반복적 표현.

2. φόνων: φόνος(살해) > φονεύς(살인자), φονεύω(살해하다, 죽이다).

3. φαρμάκων: φάρμακον(약, 부적)을 복수로 쓰면 '복술, 마법'이 된다(Friberg). φάρμακος(마법하는, 마법하는 자), φαρμακεία(마법, 술수), φαρμακεύς(마법사). pharmacy(약국).

4. πορνείας: 2:21 참고.

5. κλεμμάτων: 3변화 κλέμμα(도둑질)의 어간은 κλέμματ-이고 κλεμμάτων는 소유격 복수이다. < κλέπτω(훔치다), κλέπτης(도둑).

계 10:1

Καὶ εἶδον ἄλλον ἄγγελον ἰσχυρὸν καταβαίνοντα ἐκ τοῦ οὐρανοῦ περιβεβλημένον νεφέλην, καὶ ἡ ἶρις ἐπὶ τῆς κεφαλῆς αὐτοῦ καὶ τὸ πρόσωπον αὐτοῦ ὡς ὁ ἥλιος καὶ οἱ πόδες αὐτοῦ ὡς στῦλοι πυρός,

또 나는 구름으로 옷 입고 하늘에서 내려오는, 다른 힘센 천사를 보았다. 그의 머리 위에 무지개가 있고 그의 얼굴은 해와 같고 그의 발(두 발)은 불기둥 같았다.

Καὶ εἶδον
그리고 나는 ~ 보았다. And I saw
  ἄλλον ἄγγελον[1]
  다른 ~ 천사를 another ~ angel
    ἰσχυρὸν
    힘센 mighty
      καταβαίνοντα[2]
      내려오는 coming down
        ἐκ τοῦ οὐρανοῦ[3]
        하늘에서 from heaven,
      περιβεβλημένον[4]
      옷 입고/둘러 쌓여 clothed/ wrapped
        νεφέλην,
        구름으로 in a cloud.

καὶ ἡ ἶρις[5]
또 ~ 무지개가 (있었다.) And the rainbow

ἐπὶ τῆς κεφαλῆς
머리 위에 was over ~ head,
  αὐτοῦ
  그의 his
καὶ τὸ πρόσωπον
얼굴은 and ~ face
  αὐτοῦ
  그의 his
    ὡς ὁ ἥλιος
    해와 같았고 like the sun,
καὶ οἱ πόδες[6]
두 발은 and ~ feet
  αὐτοῦ
  그의 his
    ὡς στῦλοι[7]
    기둥과 같았다. like pillars
      πυρός,
      불(의) of fire.

1. ἄλλον ἄγγελον: '다른 천사를'. 9장의 여섯 나팔 천사와 구별한다. '다른 천사'란 표현은 7:2; 10:1; 14:6; 18:1에 있다.
2. καταβαίνοντα: '내려오는'; κατα + βαίν+ οντα. 현재분사는 천사가 내려오는 장면을 생생하게 나타 낸다.
3. οὐρανοῦ: οὐρανός(하늘), οὐράνιος(하늘의), οὐρανόθεν(하늘로부터).
4. περιβεβλημένον: '옷 입고'; περι + βε + βλη(< βάλλω) + μένον. 현재완료 분사는 옷(구름)을 입고 있 는 (지속적) 상태를 그려준다.
5. ἶρις: ἶρις(무지개, 무지개 여신); 이름 Iris가 나왔다.
6. πόδες: 3변화 πούς(발), ποδός, ποδί, πόδα(sg); πόδες, ποδῶν, ποσίν, πόδας(pl).
7. στῦλοι: '기둥들'. 3:12 참고.

1
καί
접.등
ὁράω
동직.과능.1단
ἄλλος
형부정.목.남단
ἄγγελος
명.목.남단
ἰσχυρός
형일반.목.남단
καταβαίνω
동분.현능.목.남단
ἐκ
전.소
ὁ
관.소.남단
οὐρανός
명.소.남단
περιβάλλω
동분.완중.목.남단
νεφέλη
명.목.여단
καί
접.등
ὁ
관.주.여단
ἶρις
명.주.여단
ἐπί
전.소
ὁ
관.소.여단
κεφαλή
명.소.여단
αὐτός
대인칭.소.남단
καί
접.등
ὁ
관.주.중단
πρόσωπον
명.주.중단
αὐτός
대인칭.소.남단
ὡς
접.종
ὁ
관.주.남단
ἥλιος
명.주.남단
καί
접.등
ὁ
관.주.남복
πούς
명.주.남복
αὐτός
대인칭.소.남단
ὡς
접.종
στῦλος
명.주.남복
πῦρ
명.소.중단

계 10:2

καὶ ἔχων ἐν τῇ χειρὶ αὐτοῦ βιβλαρίδιον ἠνεῳγμένον. καὶ ἔθηκεν τὸν πόδα αὐτοῦ τὸν δεξιὸν ἐπὶ τῆς θαλάσσης, τὸν δὲ εὐώνυμον ἐπὶ τῆς γῆς,

펼쳐진 작은 책(두루마리)을 그의 손에 가진 채, 그의 오른발을 바다 위에, 왼발은 땅 위를 밟았다.

καὶ ἔχων
가진 채 Having

ἐν τῇ χειρὶ
손에 in ~ hand,

αὐτοῦ
그의 his

βιβλαρίδιον[1]
작은 두루마리를/작은 책을 a little scroll/ book

ἠνεῳγμένον.[2]
펼쳐진/펴진 open

καὶ ἔθηκεν[3]
밟았다. he set

τὸν πόδα
발을 foot

αὐτοῦ
그의 his

τὸν δεξιὸν[4]
오른 right

ἐπὶ τῆς θαλάσσης,
바다 위에 on the sea,

τὸν δὲ εὐώνυμον[5]
왼 발은 and his left foot

ἐπὶ τῆς γῆς,
땅을 on the land,

1. βιβλαρίδιον: βίβλος(책, 두루마리)의 지소사 βιβλάριον의 지소사(Thayer).
2. ἠνεῳγμένον: '펴진'; ἐ + ανεῳγ(< ἀνοίγω) + μένον. 현재완료 분사(수)는 3:8 참고; 두루마리가 펴진 상태이다.
3. ἔθηκεν: '밟았다'. τίθημι(두다, 놓다)는 미래 θήσω, 부정과거 ἔθηκα, 현재완료 τέθεικα이다. 부정과거 는 상태보다는 행위의 수행을 부각한다.
4. δεξιὸν: 1:16 참고.
5. εὐώνυμον: εὐ(εὖ, 좋은) + ώνυμος(< ὄνομα, 이름) = εὐώνυμος(좋은 이름); 한편 '왼쪽의'라는 뜻도 있다(LSJ). 참고, ἀριστερός(왼쪽의).

계 10:3

καὶ ἔκραξεν φωνῇ μεγάλῃ ὥσπερ λέων μυκᾶται. καὶ ὅτε ἔκραξεν, ἐλάλησαν αἱ ἑπτὰ βρονταὶ τὰς ἑαυτῶν φωνάς.

사자가 포효하듯 큰 소리로 외쳤다. 그가 외칠 때에 일곱 천둥이 각각의 소리로 말하였다.

καὶ ἔκραξεν[1]
(그리고) 외쳤다. and cried out

φωνῇ
음성으로/소리로 with a ~ voice,

μεγάλῃ
큰 loud

ὥσπερ[2] λέων
사자가 ~ 것 같이 like a lion

μυκᾶται.[3]
표효하는/울부짖는 roaring;

καὶ ὅτε[4] ἔκραξεν,
그리고 외칠 때에 and when he cried out,

ἐλάλησαν[5]
말했다. uttered

αἱ ἑπτὰ βρονταὶ[6]
일곱 천둥/벼락이 the seven thunderpeals

τὰς ἑαυτῶν φωνάς.
각각의 소리로/음성으로 their voices.

1. ἔκραξεν: '외쳤다'. 6:10 참고.

좌측 난외 어휘 분석 (10:2)

2
καί
접·등
ἔχω
동분·현능·주남단
ἐν
전·여
ὁ
관·여·여단
χείρ
명·여·여단
αὐτός
대인칭·소·남단
βιβλαρίδιον
명·목·중단
ἀνοίγω
동분·완수·목·중단
καί
접·등
τίθημι
동직·과능·3단
ὁ
관·목·남단
πούς
명·목·남단
αὐτός
대인칭·소·남단
ὁ
관·목·남단
δεξιός
형일반·목·남단
ἐπί
전·소
ὁ
관·소·여단
θάλασσα
명·소·여단
ὁ
관·목·남단
δέ
접·등
εὐώνυμος
형일반·목·남단
ἐπί
전·소
ὁ
관·소·여단
γῆ
명·소·여단

좌측 난외 어휘 분석 (10:3)

3
καί
접·등
κράζω
동직·과능·3단
φωνή
명·여·여단
μέγας
형일반·여·여단
ὥσπερ
접·종
λέων
명·주·남단
μυκάομαι
동직·현중·3단
καί
접·등
ὅτε
접·종
κράζω
동직·과능·3단
λαλέω
동직·과능·3복
ὁ
관·주·여복
ἑπτά
형기수
βροντή
명·주·여복

2. ὥσπερ: 종속접속사('~ 같이'); ὡς(같이)보다 강화된다(just as, even as; Thayer).
3. μυκᾶται: '포효한다'. μυκάομαι(울다, 포효하다); μυκα + εται= μυκᾶται.
4. ὅτε: 종속접속사('~ 때').
5. ἐλάλησαν: '말하였다'; ἐ + λαλε + σαν.
6. βρονταί: βροντή(천둥), ἀστραπή(번개).

계 10:4

καὶ ὅτε ἐλάλησαν αἱ ἑπτὰ βρονταί, ἤμελλον γράφειν, καὶ ἤκουσα φωνὴν ἐκ τοῦ οὐρανοῦ λέγουσαν· σφράγισον ἃ ἐλάλησαν αἱ ἑπτὰ βρονταί, καὶ μὴ αὐτὰ γράψῃς.

일곱 천둥이 말할 때에, 내가 기록하려고 했다가 하늘에서 말하는 음성을 들었다. "일곱 천둥이 말한 것들을 봉인하고 그것들을 기록하지 말라."

καὶ ὅτε
때에 And when
　ἐλάλησαν
　말할 had spoken,
αἱ ἑπτὰ βρονταί,
일곱 천둥/벼락이 the seven thunderpeals
　ἤμελλον[1]
　내가 ~고 했다가 I was about
　　γράφειν,
　　기록하려~ to write,
καὶ ἤκουσα
들었다. but I heard
　φωνὴν
　음성을 a voice
　　ἐκ τοῦ οὐρανοῦ
　　하늘에서 from heaven

λέγουσαν·[2]
말하는 saying,
σφράγισον
봉인하라 "Seal up
ἃ[3]
~ 것들을 what
　ἐλάλησαν
　말한 have spoken,
αἱ ἑπτὰ βρονταί,
"일곱 천둥/벼락이 the seven thunderpeals
καὶ μὴ αὐτὰ[4]
그리고 그것들을 ~ 말라." and do not ~ them."
γράψῃς.[5]
기록하지 write

1. ἤμελλον: '~고 하였다'. 보통은 부정사를 필요로 하는데, 단독으로 쓰일 때('장래/일어날 일'; 마 3:7; 12:32; 딤전 4:8; 6:19 등)도 있다.
2. λέγουσαν: '말하는'. φωνὴν(음성을)의 술어로 격을 맞춰 목적격(여) 분사가 되었다.
3. ἃ: 관계대명사 중복 목적격 ἃ는 명령어('봉인하라')의 목적어가 되면서 명사절을 이끈다.
4. αὐτὰ: 인칭대명사 αὐτὰ는 ἃ 명사절을 가리킨다.
5. μὴ ... γράψῃς: '기록하지 말라'. 금지의 부정과거 가정법.

계 10:5

Καὶ ὁ ἄγγελος, ὃν εἶδον ἑστῶτα ἐπὶ τῆς θαλάσσης καὶ ἐπὶ τῆς γῆς, ἦρεν τὴν χεῖρα αὐτοῦ τὴν δεξιὰν εἰς τὸν οὐρανὸν

그리고 내가 본, 바다 위와 땅 위에 서 있던 그 천사가 그의 오른손을 하늘을 향해 들어,

ὁ
관.목.여복
ἑαυτοῦ
대재귀.소.여복
φωνή
명.목.여복

4
καί
접.등
ὅτε
접.종
λαλέω
동직.과능.3복
ὁ
관.주.여복
ἑπτά
형기수
βροντή
명.주.여복
μέλλω
동직.미완능.1단
γράφω
동부.현능
καί
접.등
ἀκούω
동직.과능.1단
φωνή
명.목.여단
ἐκ
전.소
ὁ
관.소.남단
οὐρανός
명.소.남단
λέγω
동분.현능.목.여단
σφραγίζω
동명.과능.2단
ὅς
대관계.목.중복
λαλέω
동직.과능.3복
ὁ
관.주.여복
ἑπτά
형기수
βροντή
명.주.여복
καί
접.등
μή
조사
αὐτός
대인칭.목.중복
γράφω
동가.과능.2단

5
καί
접.등
ὁ
관.주.남단
ἄγγελος
명.주.남단
ὅς
대관계.목.남단

<table>
<tr><td>

ὁράω
동직 과능.1단
ἵστημι
동분완능목남단
ἐπί
전소
ὁ
관소.여단
θάλασσα
명소.여단
καί
접등
ἐπί
전소
ὁ
관소.여단
γῆ
명소.여단
αἴρω
동직 과능.3단
ὁ
관목.여단
χείρ
명목.여단
αὐτός
대인칭 소.남단
ὁ
관목.여단
δεξιός
형일반 목.여단
εἰς
전목
ὁ
관목 남단
οὐρανός
명목 남단

6
καί
접등
ὄμνυμι
동직 과능.3단
ἐν
전여
ὁ
관 여 남난
ζάω
동분.현능여남단
εἰς
전목
ὁ
관목 남복
αἰών
명목 남복
ὁ
관소 남복
αἰών
명소 남복
ὅς
대관계.주 남단
κτίζω
동직 과능.3단
ὁ
관목 남단
οὐρανός
명목 남단
καί
접등
ὁ
관목 중복
ἐν
전여
αὐτός
대인칭 여 남단
καί
접등
ὁ
관목.여단
γῆ
명목.여단
καί
접등
ὁ
관목 중복
ἐν
전여

</td><td>

Καὶ ὁ ἄγγελος,
또 그 천사가 And the angel
  ὃν¹ εἶδον
  내가 보았던, whom I saw
    ἑστῶτα²
    서 있던 것을 standing
      ἐπὶ τῆς θαλάσσης
      바다 위와 on the sea
      καὶ ἐπὶ τῆς γῆς,
      땅 위에 and the land

</td><td>

ἦρεν³
들었다. raised
  τὴν χεῖρα
  손을 hand
    αὐτοῦ
    그의 his
    τὴν δεξιὰν
    오른 right
    εἰς τὸν οὐρανὸν
    하늘을 향해/하늘로 to heaven

</td></tr>
</table>

---

1. ὃν: 선행사는 '그 천사'이고 εἶδον(보았다)의 목적어로 목적격 관계대명사이다.
2. ἑστῶτα: '서 있는'. ὃν처럼 목적격인 것은 εἶδον(내가 보았다)의 목적어이기 때문이다. 현재완료 분사는 지속적인 상태(결과)를 알려준다.
3. ἦρεν: '(그는) 들었다'. αἴρω(일으키다, 들어올리다); 미래 ἀρῶ, 부정과거 ἦρα, 현재완료 ἦρκα, 부정과거(수) ἤρθην. 부정과거(단)는 -α, -ας, -ε(ν).

계 10:6

καὶ ὤμοσεν ἐν τῷ ζῶντι εἰς τοὺς αἰῶνας τῶν αἰώνων, ὃς ἔκτισεν τὸν οὐρανὸν καὶ τὰ ἐν αὐτῷ καὶ τὴν γῆν καὶ τὰ ἐν αὐτῇ καὶ τὴν θάλασσαν καὶ τὰ ἐν αὐτῇ, ὅτι χρόνος οὐκέτι ἔσται,

영원무궁히 사시는 분, 하늘과 그 안에 있는 것들과 땅과 그 안에 있는 것들과 바다와 그 안에 있는 것들을 창조하신 분께 맹세하였다. "시간이 더 이상 없습니다.

<table>
<tr><td>

καὶ ὤμοσεν¹
그리고 맹세하였다. and swore
  ἐν τῷ ζῶντι²
  사시는 이에게 by him who lives
    εἰς τοὺς αἰῶνας
    영원히 forever
    τῶν αἰώνων,
    (영원의) and ever,
  ὃς³ ἔκτισεν
  창조하신 분/창조자이신 who created
    τὸν οὐρανὸν
    하늘과 heaven
    καὶ τὰ ἐν αὐτῷ
    그 안에 있는 것들과 and the things in it,

</td><td>

καὶ τὴν γῆν
땅과 and the earth
  καὶ τὰ ἐν αὐτῇ
  그 안에 있는 것들과 and the things in it,
  καὶ τὴν θάλασσαν
  바다와 and the earth
  καὶ τὰ ἐν αὐτῇ,
  그 안에 있는 것들을 and the things in it,
ὅτι⁴
~것을 that
  χρόνος
  시간이 there ~ time
  οὐκέτι ἔσται,
  더 이상 (남아)있지 않고 should be ~ no longer.

</td></tr>
</table>

---

1. ὤμοσεν: ' 맹세하였다'. ὀμνύω(맹세하다)의 부정과거 1단은 ὤμοσα.
2. ἐν τῷ ζῶντι: '사시는 분께/으로'(by him who lives); ζά + οντι; 4:9 참고. Wallace는 맹세의(in oaths) 목적격의 경우와 의미가 같다고 본다(Wallace, 205).
3. ὅς: 관계대명사의 선행사는 τῷ ζῶντι(사시는 분)이다.
4. ὅτι ... οὐκέτι ἔσται:ὅτι 명사절은 맹세한 내용이다. εἰμί의 미래형 ἔσομαι, ἔσῃ, ἔσται(sg); ἐσόμεθα, ἔσεσθε, ἔσονται(pl). οὐκέτι(더 이상 아닌, no longer/more) = οὐκ(not) + ἔτι(yet/still; [no] longer).

계 10:7

ἀλλ’ ἐν ταῖς ἡμέραις τῆς φωνῆς τοῦ ἑβδόμου ἀγγέλου, ὅταν μέλλῃ σαλπίζειν, καὶ ἐτελέσθη τὸ μυστήριον **τοῦ θεοῦ**, ὡς εὐηγγέλισεν **τοὺς** ἑαυτοῦ δούλους τοὺς προφήτας.

다만 일곱째 천사가 나팔을 부는 소리가 있는 날(들)에, 그의 종 선지자들에게 전하여 주신 대로 하나님의 비밀이 이뤄질 것입니다."

ἀλλ’ ἐν ταῖς ἡμέραις[1]
반면에/다만 ~ 날들에 But in the days

τῆς φωνῆς
소리의 of the voice

τοῦ ἑβδόμου ἀγγέλου,
일곱째 천사의 of the seventh angel,

ὅταν μέλλῃ[2]
~게 될 when he is about

σαλπίζειν,
나팔을 불~ to blow his trumpet,

καὶ ἐτελέσθη[3]
이뤄질 것이라는 ~ then ~ would be finished,

τὸ μυστήριον[4]
비밀이 the mystery

τοῦ θεοῦ,
하나님의 of God

ὡς εὐηγγέλισεν[5]
전하여 주신 대로 as he announced

τοὺς ἑαυτοῦ[6] **δούλους**
그의 종들인 to his servants

τοὺς προφήτας.[7]
선지자에게 the prophets.

---

1. ἐν ταῖς ἡμέραις: '(그) 날들에'. ἡμέρα(날)의 복수는 여러 날 또는 그 이상을 말한다.
2. ὅταν μέλλῃ: '~게 될 (때에)'. ὅταν 가정법은 '~될 때에는'(at the time that) 의미가 있다(Thayer).
3. ἐτελέσθη: '이뤄질 것이다'. 미래에 이뤄질 미래적(futuristic) 부정과거 또는 행동의 중단을 강조하는 결말적(culminative) 부정과거일 수 있다. τελέω(끝나다, 이루다)의 부정과거 1단 ἐτελέσθην. τέλειος(완성된, 이뤄진), τελειωτής(완성자, 이루는 자), τελειόω(완성하다, 이루다).
4. ἐτελέσθη τὸ μυστήριον: '비밀이 이뤄질 것이라는'. 6절의 ὅτι 절이 연속된다.
5. εὐηγγέλισεν: '복음을 전하였다'; εὐ(좋은) + ε(시상접두어) + αγγελίζ(어간 < ἀγγέλλω, 전하다) + σεν(부정과거 3단). εὐαγγέλιον(복음), εὐαγγελιστής(복음전도자).
6. ἑαυτοῦ: 재귀대명사 '그 자신의'(his own).
7. τοὺς προφήτας: 목적어로 '그의 종들'과 동격이다.

계 10:8

Καὶ ἡ φωνὴ ἣν ἤκουσα ἐκ τοῦ οὐρανοῦ πάλιν λαλοῦσαν μετ’ ἐμοῦ καὶ λέγουσαν· ὕπαγε λάβε τὸ βιβλίον τὸ ἠνεῳγμένον ἐν τῇ χειρὶ τοῦ ἀγγέλου τοῦ ἑστῶτος ἐπὶ τῆς θαλάσσης καὶ ἐπὶ τῆς γῆς.

그러자 내가 하늘에서 들었던 그 음성이 내게 다시 말하였다. "가서, 바다 위와 땅 위에 서있는 천사의 손에 펼쳐진(펴 있는) 책(두루마리)을 받으라."

Καὶ ἡ φωνὴ
그리고 ~ 음성이 And the voice

ἣν[1] **ἤκουσα**
내가 들었던 that I had heard

ἐκ τοῦ οὐρανοῦ
하늘에서 from heaven

πάλιν
다시 again,

λαλοῦσαν[2]
이야기하며 spoke

μετ’ ἐμοῦ[3]
내게 with me,

ἀκούω
동직.과능.1단
ἐκ
전.소
ὁ
관.소.남단
οὐρανός
명.소.남단
πάλιν
부
λαλέω
동분.현능.목여단
μετά
전.소
ἐγώ
대인칭.소.-단
καί
접.등
λέγω
동분.현능.목여단
ὑπάγω
동명.현능.2단
λαμβάνω
동명.과능.2단
ὁ
관.목.중단
βιβλίον
명.목.중단
ὁ
관.목.중단
ἀνοίγω
동분.완수.목.중단
ἐν
전.여
ὁ
관.여.여단
χείρ
명.여.여단
ὁ
관.소.남단
ἄγγελος
명.소.남단
ὁ
관.소.남단
ἵστημι
동분.완능.소.남단
ἐπί
전.소
ὁ
관.소.여단
θάλασσα
명.소.여단
καί
접.등
ἐπί
전.소
ὁ
관.소.여단
γῆ
명.소.여단

καὶ λέγουσαν·
말하였다. saying,

ὕπαγε
"가서 "Go,

λάβε[4]
받으라." take

τὸ βιβλίον
두루마리를/책을 the scroll/ book

τὸ ἠνεῳγμένον
펼쳐진/펴 있는 that is open

ἐν τῇ χειρὶ
손에 in the hand

τοῦ ἀγγέλου
천사의 of the angel

τοῦ ἑστῶτος[5]
서 있는 who is standing

ἐπὶ τῆς θαλάσσης
바다 위와 on the sea

καὶ ἐπὶ τῆς γῆς.
땅 위에 and on the land."

---

1. ἦν: 선행사는 '음성'이고 ἤκουσα(내가 들었다)의 목적어인 관계대명사이다.
2. λαλοῦσαν: '이야기/말한다'. λαλέ + ουσα(ν) = λαλοῦσα(ν).
3. μετ' ἐμοῦ: μετά(with) + ἐμοῦ(my, me).
4. ὕπαγε λάβε: '가서 받으라'. 두 개의 명령법 가운데 ὕπαγε(현재; ὕπαγ + ε)는 관용적으로 현재 명령법을 쓰는 동사이고(NTGS, 358) 부정과거 명령법 λάβε(λάβ[< λαμβάνω]+ ε)는 행동의 수행을 촉구한다. ὑπάγω(가다, 물러나다, 떠나다), 요일 2:11 참고.
5. ἑστῶτος: '서 있는'. ἵστημι(서다, 세우다)의 현재완료 분사; 천사는 계속 서 있다(5절).

계 10:9

καὶ ἀπῆλθα πρὸς τὸν ἄγγελον λέγων αὐτῷ δοῦναί μοι τὸ βιβλαρίδιον. καὶ λέγει μοι· λάβε καὶ κατάφαγε αὐτό, καὶ πικρανεῖ σου τὴν κοιλίαν, ἀλλ' ἐν τῷ στόματί σου ἔσται γλυκὺ ὡς μέλι.

　　그래서 나는 그 천사에게 가서, 그에게 "그 책(두루마리)을 내게 달라"고 말하였다. 그러자 그가 내게 말하였다. "그것을 받아 다 먹어라. 그대의 배에는 쓸 것이나 그대의 입에는 꿀 같이 달 것이다."

9
καί
접.등
ἀπέρχομαι
동직.과능.1단
πρός
전.목
ὁ
관.목.남단
ἄγγελος
명.목.남단
λέγω
동분.현능.주.남단
αὐτός
대인칭.여.남단
δίδωμι
동부.과능
ἐγώ
대인칭.여.-단
ὁ
관.목.중단
βιβλαρίδιον
명.목.중단

καὶ ἀπῆλθα[1]
(그래서) 나는 ~ 갔다. And I went

πρὸς τὸν ἄγγελον
그 천사에게 to the angel,

λέγων
말하며 telling

αὐτῷ
그에게 him,

δοῦναί[2]
달라고 to give

μοι
내게 me

τὸ βιβλαρίδιον.
그 두루마리를/책을 the little scroll/ book.

καὶ λέγει
그러자 그가 ~ 말하였다. And he said

μοι·
내게 to me,

λάβε
받아 "Take

καὶ κατάφαγε[3-4]
(모두/다) 먹어라. and eat

αὐτό,
"그것을 it;

καὶ πικρανεῖ[5]
쓸 것이다. and it will be bitter

σου
그대의 your

τὴν κοιλίαν,[6]
배에는 to ~ stomach

ἀλλ' ἐν τῷ στόματί[7]
입에는 but ~ in ~ mouth."

σου
그대의 your

ἔσται
~ 것이다." it will be

γλυκὺ[8]
달 sweet

ὡς μέλι.[9]
꿀과 같이 as honey."

1. ἀπῆλθα: '나는 떠나갔다'; 9:12 참고. ἀπέρχομαι(떠나다)의 부정과거(1단)는 ἀπῆλθον과 ἀπῆλθα가 다 가능하다.
2. αὐτῷ δοῦναί: 간접 목적어(αὐτῷ)와 직접 목적어(δοῦναί). 술어를 목적어로 사용할 때는 부정사로 사용한다.
3. λάβε καὶ κατάφαγε ⋯ καὶ πικρανεῖ ... ἀλλ᾽ ... ἔσται: '취하여 먹으면 ~ 쓸 것이다, 그러나 ~일 것이다'. 조건 명령법의 경우이다(명령법 + καὶ 직설법 미래; 2:10 참고).
4. λάβε καὶ κατάφαγε: 부정과거 명령법은 행동의 촉구로 지속적인 것은 아니다. λάβε = λαβ(λαμβάνω 의 부정과거 어간) + ε(명령법 2단); κατάφαγε = καταφαγ(κατεσθίω의 부정과거 어간) + ε(명령법 2단). κατά(up) + εσθίω(먹다) = κατεσθίω(다/철저히 먹다, eat up).
5. πικρανεῖ: '(그것이) 쓸 것이다'; 8:11 참고. 유음동사 πικραίνω(쓰게 하다)는 ν 앞에서 미래 어미의 σ 가 탈락하고 대신 매개모음 ε를 넣고 어간이 짧아진다(αι > α). 꼬리는 ε + ε = ει로 축약된 것이다.
6. κοιλίαν: κοιλία(배), γαστήρ(내부 장기), στόμαχος(위), σπλάγχνα(내장); LN.
7. στόματί μου: 뒤따르는 μου 때문에 στόματι의 끝 음절에 애큐트가 추가되었다. στόμα, στόματος, στόματι, στόμα(sg).
8. γλυκὺ: γλυκύς(m, '단'), γλυκεῖα(f), γλυκύ(n); γλεῦκος(단/새 포도주).
9. μέλι: μέλι(꿀), μελίσσιος(벌의, 벌이 만든).

계 10:10

Καὶ ἔλαβον τὸ βιβλαρίδιον ἐκ τῆς χειρὸς τοῦ ἀγγέλου καὶ κατέφαγον αὐτό, καὶ ἦν ἐν τῷ στόματί μου ὡς μέλι γλυκὺ καὶ ὅτε ἔφαγον αὐτό, ἐπικράνθη ἡ κοιλία μου.

그래서 나는 그 천사의 손에서 작은 책(두루마리)을 받아 그것을 다 먹었다. 내 입에는 꿀처럼 달았고 그것을 먹은 후에 내 배는 쓰려렸다.

Καὶ ἔλαβον 그래서 나는 ~ 받았고 And I took	μου 내 my
τὸ βιβλαρίδιον 작은 두루마리를/작은 책을 the little scroll/ book	ὡς μέλι 꿀처럼 as honey
ἐκ τῆς χειρὸς 손에서 from the hand	γλυκὺ 달~ sweet,
τοῦ ἀγγέλου 그 천사의 of the angel	καὶ ὅτε ἔφαγον[1] 그런데 먹은 후에는 but when I had eaten
καὶ κατέφαγον (모두/다) 먹었다. And ate	αὐτό, 그것을 it,
αὐτό, 그것을 it,	ἐπικράνθη 쓰게 되었다/쓰려렸다. was made bitter.
καὶ ἦν 그러니까 ~있다. and it was	ἡ κοιλία 배가 stomach
ἐν τῷ στόματί 입에는 in ~ mouth	μου. 내 my

1. ὅτε ἔφαγον: 부정과거 ἔφαγον은 먹은 동작을 가리킨다: '먹었을 때에', '먹은 후에'.

γλυκύς
형일반.주.중단
καί
접.등
ὅτε
접.종
ἐσθίω
동직.과능.1단
αὐτός
대인칭.목.중단
πικραίνω
동직.과수.3단
ὁ
관.주.여단
κοιλία
명.주.여단
ἐγώ
대인칭.소.-단

11
καί
접.등
λέγω
동직.현능.3복
ἐγώ
대인칭.여.-단
δεῖ
동직.현능.3단
σύ
대인칭.목.-단
πάλιν
부
προφητεύω
동부.과능
ἐπί
전.여
λαός
명.여.남복
καί
접.등
ἔθνος
명.여.중복
καί
접.등
γλῶσσα
명.여.여복
καί
접.등
βασιλεύς
명.여.남복
πολύς
형일반.여.남복

계 10:11

καὶ λέγουσίν μοι· δεῖ σε πάλιν προφητεῦσαι ἐπὶ λαοῖς καὶ ἔθνεσιν καὶ γλώσσαις καὶ βασιλεῦσιν πολλοῖς.

그들이 내게 말하였다. "그대는 [다시,] 많은 사람(백성)들과 나라(민족)들과 언어들과 왕들에 대해 예언해야 한다."

καὶ λέγουσίν[1]
(그들이) 말하였다. And they said

   μοι·
   내게 to me,

δεῖ[2]
(해야 한다." must

   σε
   "그대가 "You

     πάλιν
     다시 again

    προφητεῦσαι
    예언해야 prophesy

ἐπί[3]
~에 대해 about

   λαοῖς
   백성(들)과 peoples

   καὶ ἔθνεσιν
   족속/민족(들)과 and nations

   καὶ γλώσσαις
   언어(들)와 and tongues

   καὶ βασιλεῦσιν
   왕들~ and kings."

   πολλοῖς.
   많은 many

---

1. λέγουσίν μοι: 뒤따르는 μοι 때문에 λέγουσιν의 끝 음절에 애큐트가 첨가되었다.
2. δεῖ σε ... προφητεῦσαι: '네가 예언해야 한다'; 1:1 참고. 인칭대명사 σε가 δεῖ(해야 한다)의 진주어이다.
3. ἐπί: ἐπί는 '~에 대하여'(concerning; 예, 요 12:6; 행 5:35)이다.

계 11:1

Καὶ ἐδόθη μοι κάλαμος ὅμοιος ῥάβδῳ, λέγων· ἔγειρε καὶ μέτρησον τὸν ναὸν τοῦ θεοῦ καὶ τὸ θυσιαστήριον καὶ τοὺς προσκυνοῦντας ἐν αὐτῷ.

또 지팡이 같은 갈대(갈대자)가 내게 주어졌다. 말하기를, "일어나, 하나님의 성전과 제단과 그 안에서 경배하는 자들을 측량하라.

Καὶ ἐδόθη[1]
또 ~ 주어졌다. And ~ was given
  μοι
  내게 to me
κάλαμος[2]
갈대 자가 a measuring rod
  ὅμοιος ῥάβδῳ,[3]
  지팡이 같은 like a staff.
   λέγων.[4]
   (그가) 말하였다. he said/I was told,
ἔγειρε
"일어나 "Rise

καὶ μέτρησον[5-6]
측정하라/측량하라. and measure
  τὸν ναὸν[7]
  성전과 the temple
   τοῦ θεοῦ
   하나님의 of God
  καὶ τὸ θυσιαστήριον
  제단과 and the altar
  καὶ τοὺς προσκυνοῦντας
  경배하는 자들을 and those who worship
   ἐν αὐτῷ.
   그 안에서 in it.

1. Καὶ ἐδόθη: '주어졌다'(수)는 계시록의 특징적인 반복 어구이다(21회; ~ καί 포함 16회).
2. κάλαμος: κάλαμος(갈대) > καλάμη(짚, 고전 3:12), 갈대에서 이삭을 떼낸 것(Thayer).
3. ῥάβδῳ: ῥάβδος(지팡이) > ῥαβδίζω(막대로 치다), ῥαβδοῦχος(지팡이를 쥔 사람, 관리).
4. λέγων: '(그가) 말하였다'. 현재 분사는 천사의 말(10:9-11)이 계속되고 있음을 알려준다. Wallace는 히브리어 어법의 영향으로 분사가 독립적으로 직설법 술어처럼 쓰인 경우로 본다(Wallace, 653).
5. ἔγειρε καὶ μέτρησον: ἐγείρω(일으키다)는 관용적으로 현재 명령법을 쓴다(NTGS, 358). 행동을 촉구하는 명령은 일반적으로 부정과거 명령법을 쓴다(μέτρησον, '측량하라').
6. μέτρησον: μετρέω(재다, 측량하다), μετρητής(재는 기구/용기), μετρίως(적당히), μέτρον(재는 자, 분량).
7. ναὸν: 성전을 뜻하는 말로 ναός와 ἱερόν이 있는데, 본래 전자는 신적 거주(νάος < ναίω)를 후자는 신적 거룩(ἱερόν < ἱερός)과 연관된 것이다(cf. Thayer).

계 11:2

καὶ τὴν αὐλὴν τὴν ἔξωθεν τοῦ ναοῦ ἔκβαλε ἔξωθεν καὶ μὴ αὐτὴν μετρήσῃς, ὅτι ἐδόθη τοῖς ἔθνεσιν, καὶ τὴν πόλιν τὴν ἁγίαν πατήσουσιν μῆνας τεσσεράκοντα [καὶ] δύο.

1
καί
접.등
δίδωμι
동직.과수.3단
ἐγώ
대인칭.여.-단
κάλαμος
명.주.남단
ὅμοιος
형일반.주.남단
ῥάβδος
명.여.여단
λέγω
동분.현능.주남단
ἐγείρω
동명.현능.2단
καί
접.등
μετρέω
동명.과능.2단
ὁ
관.목.남단
ναός
명.목.남단
ὁ
관.소.남단
θεός
명.소.남단
καί
접.등
ὁ
관.목.중단
θυσιαστήριον
명.목.중단
καί
접.등
ὁ
관.목.남복
προσκυνέω
동분.현능.목남복
ἐν
전.여
αὐτός
대인칭.여.남단

καί
접.등
ὁ
관.목.여단
αὐλή
명.목.여단

ὁ
관.목.여단
ἔξωθεν
부
ὁ
관.소.남단
ναός
명.소.남단
ἐκβάλλω
동명.과능.2단
ἔξωθεν
부
καί
접.등
μή
조사
αὐτός
대인칭.목.여단
μετρέω
동가.과능.2단
ὅτι
접.종
δίδωμι
동직.과수.3단
ὁ
관.여.중복
ἔθνος
명.여.중복
καί
접.등
ὁ
관.목.여단
πόλις
명.목.여단
ὁ
관.목.여단
ἅγιος
형일반.목.여단
πατέω
동직.미능.3복
μήν
명.목.남복
τεσσεράκοντα
형.기수
καί
접.등
δύο
형.기수.목.남복

그리고(그러나) 성전의 바깥 뜰은 밖에 내버려두고 그것을 측량하지 말라. 그것은 이방인들에게 주어졌기 때문이다. 그들이 거룩한 성을 사십이 개월 동안 짓밟을 것이다.

καὶ τὴν αὐλὴν[1]
그리고 ~ 뜰은 But ~ the court
    τὴν ἔξωθεν[2]
    바깥 outside
    τοῦ ναοῦ
    성전의 of the temple;
ἔκβαλε[3]
내버려 두고/놔 두고 leave out;
    ἔξωθεν
    밖에 (outside)
καὶ μὴ αὐτὴν
그것을 ~ 말라. and do not ~ it,
μετρήσῃς,[4]
측정하지/측량하지 ~ measure

ὅτι[5] ἐδόθη
주어졌기 때문이다. for it is given
    τοῖς ἔθνεσιν,[6]
    이방인들/열방에게 to the nations,
καὶ τὴν πόλιν[7]
도시를/도성을 and ~ the ~ city
    τὴν ἁγίαν
    거룩한 holy
πατήσουσιν[8]
그들이 ~ 짓밟을 것이다. they will trample
    μῆνας τεσσεράκοντα [καὶ] δύο.[9]
    사십이 개월 동안 for forty-two months.

---

1. αὐλὴν: αὐλή(벽은 있으나 덮이지 않은 장소, 마당/뜰).
2. ἔξωθεν: ἔξω(밖에) + θεν(from) = ἔξωθεν(밖으로부터); ἔσωθεν(안으로부터). ἐξωθέω(쫓아내다), ἐξώτερος(밖에).
3. ἔκβαλε: ἐκ(out of) + βαλ(βάλλω, '던지다'의 부정과거 어간) + ε(명령법 2단 어미) = ἔκβαλε(내쫓아라, 내버려두라). 2절에 ἐκ- 관련어가 세 번 반복된다.
4. μὴ ... μετρήσῃς: '측정하지 말라'; μετρέ + σῃς. 금지 가정법(부정과거 2단, -σῃς).
5. ὅτι: 이유(원인)의 ὅτι 부사절.
6. ἔθνεσιν: '이방인들에게'; 2:26 참고. 3변화 ἔθνος, ους의 여격(복).
7. πόλιν: 3:12 참고; 3변화 πόλις, εως의 목적격(단).
8. πατήσουσιν: '(짓)밟을 것이다'; πατέ + σουσι(ν). πατέω(밟다, 디디다, 걷다). καταπατέω(짓밟다), περιπατέω(두루 다니다/걷다), ἐμπεριπατέω(그 안에 두루 다니다/걷다).
9. μῆνας τεσσεράκοντα [καὶ] δύο: '40 + 2 개월 동안'; 시간의 목적격(9:5 참고; '~ 개월 동안').

계 11:3

3
καί
접.등
δίδωμι
동직.미능.1단
ὁ
관.여.남복
δύο
형기수.여.남복
μάρτυς
명.여.남복
ἐγώ
대인칭.소.-단
καί
접.등
προφητεύω
동직.미능.3복
ἡμέρα
명.목.여복
χίλιοι
형기수.목.여복
διακόσιοι
형기수.목.여복

Καὶ δώσω τοῖς δυσὶν μάρτυσίν μου καὶ προφητεύσουσιν ἡμέρας χιλίας διακοσίας ἑξήκοντα περιβεβλημένοι σάκκους.

또 내가 내 두 증인에게 권세를 줄 것이다. 그들이 베옷을 입은 채 천이백육십 일 동안 예언할 것이다."

Καὶ δώσω[1]
그리고 내가 ~ 줄 것이다. And I will grant authority
    τοῖς δυσὶν[2] μάρτυσίν[3]
    두 증인에게 to ~ two witnesses,
    μου
    내 my
καὶ προφητεύσουσιν[4]
그리고 그들이 ~ 예언할 것이다." and they will prophesy

ἡμέρας χιλίας διακοσίας ἑξήκοντα[5]
천이백육십 일 동안
for twelve hundred and sixty days,
    περιβεβλημένοι[6]
    입은 채 clothed
    σάκκους.[7]
    상복/베옷을 in sackcloth."

1. δώσω: '내가 줄 것이다'; 2:7 참고.
2. δυσίν: '둘에게'. 3변화 δύο, δύο, δυσί, δύο.
3. μάρτυσίν: 3변화 μάρτυς(증인) 어간은 μάρτυρ-이므로 여격(복)에서 ρ가 생략된 μάρτυσι[ν]가 된다. μαρτυρέω(증언하다), μαρτυρία(증언의 내용, 증언), μαρτύριον(증언의 일, 증언), μαρτύρομαι(단언하다, 증언하다). 뒤따르는 μου 때문에 액센트가 끝음절에 더해졌다.
4. προφητεύσουσιν: '(그들이) 예언할 것이다'. προφητεύω(예언하다) > προφητεία(예언), προφήτης(예언자/선지자), προφῆτις(여선지자).
5. ἡμέρας χιλίας διακοσίας ἑξήκοντα: '천이백육십 일 동안'; 1,000 + 200 + 60. 기간('동안')을 부각하는 시간의 목적격이다. χίλιοι(천)와 διακόσιοι(이백)은 형용사로 명사(ἡμέρας)의 성(여)과 격(목적격)을 따른다.
6. περιβεβλημένοι: '입은 채'; 3:5 참고. 현재완료(분사)는 해당 기간 동안 계속 입고 있을 것을 드러낸다.
7. σάκκους: '상복/베옷(들)을'; 6:12 참고.

ἑξήκοντα
형기수
περιβάλλω
동분.완중주남복
σάκκος
명.목.남복

계 11:4

οὗτοί εἰσιν αἱ δύο ἐλαῖαι καὶ αἱ δύο λυχνίαι αἱ ἐνώπιον τοῦ κυρίου τῆς γῆς ἑστῶτες.

이들은 땅의 주님 앞에 서 있는 자들로 두 감람나무(올리브 나무)와 두 촛대이다.

οὗτοί
이들은 These

εἰσιν
~이다. are

αἱ δύο ἐλαῖαι[1]
두 올리브 나무/감람나무와 the two olive trees

καὶ αἱ δύο λυχνίαι[2]
두 촛대~ and the two lampstands,

αἱ[3]
자들인 that

ἐνώπιον τοῦ κυρίου
주님/주인 앞에 before the Lord

τῆς γῆς
땅의 of the earth.

ἑστῶτες.[4]
서 있는 stand

1. ἐλαῖαι: ἐλαία(올리브 나무), ἔλαιον(올리브유), ἐλαιών(올리브 숲).
2. λυχνίαι: '촛대들이'; 1:12 참조.
3. αἱ ... ἑστῶτες: 분사구문('… 서 있는 자들')은 관형적으로 '두 촛대'를 수식하며 이를 부연, 설명한다.
4. ἑστῶτες: 7:1 참고. 관련 구절인 슥 4:14(LXX) "온 세상의 주 앞에 서 있다"에서 현재완료(παρεστήκασιν)가 사용된다.

4
οὗτος
대지시.주.남복
εἰμί
동직 현능.3복
ὁ
관.주.여복
δύο
형기수.주.여복
ἐλαία
명.주.여복
καί
접.등
ὁ
관.주.여복
δύο
형기수.주.여복
λυχνία
명.주.여복
ὁ
관.주.여복
ἐνώπιον
전.소
ὁ
관.소.남단
κύριος
명.소.남단
ὁ
관.소.여단
γῆ
명.소.여단
ἵστημι
동분.완능주남복

계 11:5

καὶ εἴ τις αὐτοὺς θέλει ἀδικῆσαι πῦρ ἐκπορεύεται ἐκ τοῦ στόματος αὐτῶν καὶ κατεσθίει τοὺς ἐχθροὺς αὐτῶν· καὶ εἴ τις θελήσῃ αὐτοὺς ἀδικῆσαι, οὕτως δεῖ αὐτὸν ἀποκτανθῆναι.

만일 누가 그들을 해하려 하면 그들의 입에서 불이 나와서 그들의 원수(들)를 먹어버릴(삼켜버릴) 것이다. 만일 누가 그들을 해하길 원한다면 그는 이와 같이 죽임을 당하게 될 것이다.

5
καί
접.등
εἰ
접.종
τις
대부정.주.남단
αὐτός
대인칭.목.남복
θέλω
동직.현능.3단

ἀδικέω
동부.과능
πῦρ
명.주.중단
ἐκπορεύομαι
동직.현중.3단
ἐκ
전.소
ὁ
관.소.중단
στόμα
명.소.중단
αὐτός
대인칭.소.남복
καί
접.등
κατεσθίω
동직.현능.3단
ὁ
관.목.남복
ἐχθρός
형일반.목.남복
αὐτός
대인칭.소.남복
καί
접.등
εἰ
접.종
τις
대부정.주.남단
θέλω
동가.과능.3단
αὐτός
대인칭.목.남복
ἀδικέω
동부.과능
οὕτω
부
δεῖ
동직.현능.3단
αὐτός
대인칭.목.남단
ἀποκτείνω
동부.과수

καὶ εἴ τις[1] 만일 누가 And if anyone	αὐτῶν· 그들의 their
αὐτοὺς 그들을 them,	καὶ εἴ τις[4] 만일 누가 If anyone
θέλει 원하면 wants/ desires	θελήσῃ 원하다면 woud want/ desire
ἀδικῆσαι 해하기/해치기를 to harm	αὐτοὺς 그들을 them,
πῦρ 불이 fire	ἀδικῆσαι, 해하기/해치기를 to harm
ἐκπορεύεται[2] 나와서 comes	οὕτως 이와 같이 in this manner
ἐκ τοῦ στόματος 입으로부터 out of ~ mouth	δεῖ[5] ~ 된다. must
αὐτῶν 그들의 their	αὐτὸν 그는 he
καὶ κατεσθίει 먹어버릴/삼켜버릴 것이다. and devours/ consumes	ἀποκτανθῆναι.[6] 죽임을 당하게 ~ be killed.
τοὺς ἐχθροὺς[3] 원수들을 foes.	

1. εἴ τις ... θέλει: '(만일) 누군가 원한다면'. 1급 조건문(εἰ + 직설법)은 조건절의 내용이 사실임을 가정한다. θέλεις는 2:21 참고.
2. ἐκπορεύεται ... καὶ κατεσθίει: '나와서 먹어버릴 것이다'. 현재 직설법 두 동사는 조건절의 현재 시제에 일치하여 사실적, 반복적(iterative) 내용을 부각할 것이다. κατεσθίω(삼키다)는 10:9 참고.
3. ἐχθροὺς: ἐχθρός(미워하는, 원수), ἔχθρα(미움, 적의).
4. εἴ τις θελήσῃ: '만일 누가 원한다면'. εἰ + 가정법은 일어날 것은 분명하지만 아직은 일어나지 않은 경우이다(Thayer). 두 번의 εἰ 조건문은, 한 번은 직설법 한 번은 가정법을 쓴 경우로 수사적 목적이 있다.
5. δεῖ αὐτὸν ἀποκτανθῆναι: '그는 죽임을 당하게 된다(~되어야 한다)'. 인칭대명사 αὐτὸν(그)가 δεῖ(해야 한다)의 진주어가 되고 부정사 ἀποκτανθῆναι(죽임을 당하는 것)가 목적어이다.
6. ἀποκτανθῆναι: ἀποκταν(ἀποκτείνω, 죽다의 부정과거 어간) + θῆναι(부정사 어미, 수); 2:13; 9:18 참조.

계 11:6

6
οὗτος
대지시.주.남복
ἔχω
동직.현능.3복
ὁ
관.목.여단
ἐξουσία
명.목.여단
κλείω
동부.과능
ὁ
관.목.남단
οὐρανός
명.목.남단
ἵνα
접.종

οὗτοι ἔχουσιν τὴν ἐξουσίαν κλεῖσαι τὸν οὐρανόν, ἵνα μὴ ὑετὸς βρέχῃ τὰς ἡμέρας τῆς προφητείας αὐτῶν, καὶ ἐξουσίαν ἔχουσιν ἐπὶ τῶν ὑδάτων στρέφειν αὐτὰ εἰς αἷμα καὶ πατάξαι τὴν γῆν ἐν πάσῃ πληγῇ ὁσάκις ἐὰν θελήσωσιν.

이들은, 그들이 예언을 하는 날들(기간) 동안 비가 내리지 않게 하늘을 닫을 권세를 가지고 있다. 또한 물(들)에 대해 물(들)을 피로 바꿀 수 있는 권세를 가지고 있고, 또 그들이 원하면 언제든지 각 재앙으로 땅을 칠 수 있는 권세를 가지고 있다.

οὗτοι[1]
이들은 These

ἔχουσιν
가지고 있다. have

τὴν ἐξουσίαν
권세를 the power

κλεῖσαι[2]
닫을/닫는 to shut

τὸν οὐρανόν,
하늘을 the sky,

ἵνα[3] μὴ ὑετὸς
비가 ~ 못하도록/않게 that no rain

βρέχῃ
내리지 may fall

τὰς ἡμέρας[4]
날들 동안 during the days

τῆς προφητείας
예언의 of ~ prophesing,

αὐτῶν,
그들의 their

καὶ ἐξουσίαν
또한 ~ 권세를 and ~ power

ἔχουσιν
가지고 있다. they have

ἐπὶ τῶν ὑδάτων
물(들) 위에/물(들)에 대한 over the waters

στρέφειν[5-6]
변하게 하고/바꾸고 to turn

αὐτὰ[7]
그것들을 them

εἰς αἷμα
피로 into blood

καὶ πατάξαι[8]
치는 and to strike

τὴν γῆν
땅을 the earth

ἐν πάσῃ πληγῇ
모든/각 재앙으로 with every plague,

ὁσάκις ἐὰν[9] θελήσωσιν.
그들이 원하다면 언제든지 as often as they want/ desire.

μή
조사
ὑετός
명.주.남단
βρέχω
동가.현능.3단
ὁ
관.목.여복
ἡμέρα
명.목.여복
ὁ
관.소.여단
προφητεία
명.소.여단
αὐτός
대인칭.소.남복
καί
접.등
ἐξουσία
명.목.여단
ἔχω
동직.현능.3복
ἐπί
전.소
ὁ
관.소.중복
ὕδωρ
명.소.중복
στρέφω
동부.현능
αὐτός
대인칭.목.중복
εἰς
전.목
αἷμα
명.목.중단
καί
접.등
πατάσσω
동부.과능
ὁ
관.목.여단
γῆ
명.목.여단
ἐν
전.여
πᾶς
형부정사.여.여단
πληγή
명.여.여단
ὁσάκις
접.종
ἐάν
조사
θέλω
동가.과능.3복

1. οὗτοι: 4절(cf. 10절)에 이어 반복된다.
2. κλεῖσαι: '닫을'. 부정과거 부정사 κλεῖσαι(닫는)는 '권세'를 수식한다.
3. ἵνα μὴ ὑετὸς βρέχῃ: '비가 내리지 못하도록'. 목적의 ἵνα 가정법은 부사절로 부정사 κλεῖσαι을 수식한다. ὑετός(비), βρέχω(비가 내리다, 젖다) > βροχή(비).
4. τὰς ἡμέρας: '날들 동안'. 기간을 부각하는 시간의 목적격.
5. στρέφειν: '변하게 하는'; στρέφω(돌리다/돌다, 바꾸다)의 부정사(현): στρεφ(어간) + ειν(어미).
6. στρέφειν ... καὶ πατάξαι: 부정사 στρέφειν(변하게 하는)과 πατάξαι(치는)는 ἐξουσίαν(권세를) 수식한다.
7. αὐτὰ: 중성복수 αὐτὰ는 중성 복수 ὑδάτων(물들)을 받는다.
8. πατάξαι: πατάσσω(치다, 때리다)의 어간은 πατακ으로 부정사 어미(부정과거) σαι을 만나 자음접변이 일어났다(κ + σ = ξ).
9. ὁσάκις ἐὰν: '그들이 ~면 언제든지'. 관계부사 ὁσάκις + ἐάν(or ἄν)은 '할 때마다'(as often as)이다(고전 11:25-26).

계 11:7

Καὶ ὅταν τελέσωσιν τὴν μαρτυρίαν αὐτῶν, τὸ θηρίον τὸ ἀναβαῖνον ἐκ τῆς ἀβύσσου ποιήσει μετ' αὐτῶν πόλεμον καὶ νικήσει αὐτοὺς καὶ ἀποκτενεῖ αὐτούς.

그리고(그러나) 그들이 증언을 마칠 때에 무저갱에서 올라오는 짐승이 그들과 더불어 전쟁을 할 것이고 그들을 이길 것이고 그들을 죽일 것이다.

Καὶ ὅταν[1] τελέσωσιν
그리고 ~ 마칠 때에 And when they have finished

τὴν μαρτυρίαν
증언을 testimony,

αὐτῶν,
그들의 their

τὸ θηρίον[2]
짐승이 the beast

τὸ ἀναβαῖνον
올라오는 that comes up

ἐκ τῆς ἀβύσσου
무저갱에서 out of the abyss/ bottomless pit

7
καί
접.등
ὅταν
접.종
τελέω
동가.과능.3복
ὁ
관.목.여단
μαρτυρία
명.목.여단
αὐτός
대인칭.소.남복
ὁ
관.주.중단
θηρίον
명.주.중단
ὁ
관.주.중단
ἀναβαίνω
동분.현능.주중단
ἐκ
전.소

ὁ
관.소.여단
ἄβυσσος
명.소.여단
ποιέω
동직.미능.3단
μετά
전.소
αὐτός
대인칭.소.남복
πόλεμος
명.목.남단
καί
접.등
νικάω
동직.미능.3단
αὐτός
대인칭.목.남복
καί
접.등
ἀποκτείνω
동직.미능.3단
αὐτός
대인칭.목.남복

ποιήσει³

할 것이다. will make

　　μετ᾽ αὐτῶν⁴

　　그들과 더불어 with them,

　　πόλεμον

　　전쟁을 war

καὶ νικήσει⁵

그리고 ~ 이기고 and overcome

αὐτοὺς

그들을 them

καὶ ἀποκτενεῖ⁶

죽일 것이다. and kill

αὐτούς.

그들을 them.

---

1. ὅταν τελέσωσιν: '마치게(마칠) 될 때'. ὅταν + 가정법('in case that'; Thayer).
2. θηρίον: 6:8 참고.
3. ποιήσει ... πόλεμον: '전쟁을 할 것이다'. ποιέω(행하다, 수행하다) + πόλεμον(전쟁을) = '전쟁을 하다'.
4. μετ᾽ αὐτῶν: μετά(with) + αὐτῶν(them).
5. ποιήσει ... καὶ νικήσει: '(행)할 것이다 ... 또한 이길 것이다'. ποιέω는 -εω동사이고 νικάω(승리하다)는 -αω동사이다. 어간의 끝모음 ε 또는 α는 어미(미래, 부정과거)의 σ 앞에서 η로 길어진다.
6. ἀποκτενεῖ: '죽일 것이다'; 2:23 참고. 유음동사 ἀποκτείνω(죽이다)의 미래(직) 3단(ε + ει = εῖ).

계 11:8

8
καί
접.등
ὁ
관.주.중단
πτῶμα
명.주.중단
αὐτός
대인칭.소.남복
ἐπί
전.소
ὁ
관.소.여단
πλατύς
형일반.소.여단
ὁ
관.소.여단
πόλις
명.소.여단
ὁ
관.소.여단
μέγας
형일반.소.여단
ὅστις
대관계.주.여단
καλέω
동직.현수.3단
πνευματικῶς
부
Σόδομα
명.주.충복
καί
접.등
Αἴγυπτος
명.주.여단
ὅπου
접.종
καί
부
ὁ
관.주.남단
κύριος
명.주.남단
αὐτός
대인칭.소.남복
σταυρόω
동직.과수.3단

καὶ τὸ πτῶμα αὐτῶν ἐπὶ τῆς πλατείας τῆς πόλεως τῆς μεγάλης, ἥτις καλεῖται πνευματικῶς Σόδομα καὶ Αἴγυπτος, ὅπου καὶ ὁ κύριος αὐτῶν ἐσταυρώθη.

　　그들의 시체가 영적으로 소돔과 이집트로 불리는 큰 성, 그들의 주님께서 십자가에 못박히셨던 곳의 넓은 거리(광장)에 놓인다.

καὶ τὸ πτῶμα¹

그리고 ~ 시체가 And ~ bodies

　　αὐτῶν

　　그들의 their

　　　ἐπὶ τῆς πλατείας²

　　　넓은 길 위에 (놓일 것이다.) will lie in the open street

　　　　τῆς πόλεως

　　　　도시/도성의 of the ~ city

　　　　　τῆς μεγάλης,

　　　　　큰 great

　　　　　ἥτις³ καλεῖται⁴

　　　　　불리는 which is ~ called

πνευματικῶς⁵

영적으로 spiritually/figuratively

　Σόδομα

　소돔과 Sodom

　καὶ Αἴγυπτος,

　이집트이라고 and Egypt,

ὅπου⁶ καὶ ὁ κύριος⁷

주님께서 ~ 곳인 where ~ Lord

　αὐτῶν

　그들의 their

　　ἐσταυρώθη.⁸

　　십자가에 못박히셨던~was crucified.

---

1. πτῶμα: πτῶμα(떨어진 것, 시체)는 πίπτω(떨어지다)의 현재완료형 πέπτωκα에서 왔을 것이다(LSJ). πτῶσις(떨어짐).
2. τὸ πτῶμα ... ἐπὶ τῆς πλατείας: '시체가 넓은 길 위에 (놓일 것이다)'. 동사가 생략되었다(εἰμί의 미래 3단 ἔσται). 단수 τὸ πτῶμα는 집합명사로 쓰인 경우이다(VGNT; 예외, LXX 시 109:6; 욥 37:16). 형용사 πλατύς, πλατεῖα, πλατύ(넓은)가 명사화('[넓은] 길')되면 여성 명사가 된다(πλατεῖα).
3. ἥτις: 기본형 ὅστις(whoever, whichever; anyone who) = ὅς(관계대명사 who, which) + τίς(의문대명

사 who, which). ὅστις는 때로 단순 관계대명사(who, which)로 사용된다.

4. καλεῖται: '불린다'; ε + εται = εῖται. -εω 동사 καλέω(부르다).

5. πνευματικῶς: πνευματικῶς(영적으로) < πνεῦμα(영, 바람) < πνέω(불다) > πνευματικός(영적인).

6. ἥτις ... ὅπου: 관계대명사 ἥτις(which) 절과 관계부사 ὅπου(where) 절, 둘 다 πόλεως(도시)를 수식한다.

7. καὶ ὁ κύριος: καὶ가 있어 '주님께서도'가 된다. 주님도 그들처럼 고난을 받으신 곳이라는 뜻이다.

8. ἐσταυρώθη: '십자가에 못박히셨다'; ἐ + σταυρό + θη. σταυρόω(십자가에 못박다)와 같은 -οω 동사는 σ나 θ 앞에서 ω로 길어진다. σταυρός(십자가, 서 있는 말뚝) < στῆναι(ἵστημι, '세우다/서다'의 부정과거 부정사, '서 있는 것'; LSJ).

계 11:9

καὶ βλέπουσιν ἐκ τῶν λαῶν καὶ φυλῶν καὶ γλωσσῶν καὶ ἐθνῶν τὸ πτῶμα αὐτῶν ἡμέρας τρεῖς καὶ ἥμισυ καὶ τὰ πτώματα αὐτῶν οὐκ ἀφίουσιν τεθῆναι εἰς μνῆμα.

백성(들)과 종족(들)과 언어(들)와 민족(들, 나라들)에서 온 자들이 삼일 반 동안 그들의 시체를 보게 된다. 그리고 그들의 시체를 무덤에 안치하는 것을 허락하지 않는다.

καὶ βλέπουσιν
그들이 ~ 보게 된다/볼 것이다. And ~ will gaze

ἐκ[1]
~로부터 (나온)/~에서 온 이들이 some from

τῶν λαῶν
백성들과 the peoples

καὶ φυλῶν
종족들과 and tribes

καὶ γλωσσῶν
언어들과 and tongues

καὶ ἐθνῶν
민족들/나라들~ and nations

τὸ πτῶμα
시체를 at ~ bodies

αὐτῶν
그들의 their

ἡμέρας τρεῖς[2] καὶ ἥμισυ[3]
삼일 반 동안 for three and a half days,

καὶ τὰ πτώματα
시체들을 and ~ bodies

αὐτῶν
그들의 dead

οὐκ ἀφίουσιν[4]
허락하지 않는다/않을 것이다. will not allow

τεθῆναι[5]
안치하는 것을 to be placed

εἰς μνῆμα.[6]
무덤에 in a tomb,

1. ἐκ: 전치사 ἐκ 어구가 '~으로부터의 많은/어떤 이들'의 의미로 쓰일 수 있다(예, 계 3:9; 7:9; 요 7:40).

2. τρεῖς: 6:6 참고.

3. ἥμισυ: ἥμισυς, ἡμίσεια, ἥμισυ(반, half); ἡμιθανής(반 죽은), ἡμιώριον(반 시간).

4. ἀφίουσιν: ἀφίημι(가게 하다, 허락하다, 떠나다)의 현재(직)는 ἀφίημι, ἀφεῖς, ἀφίησι(ν)(sg); ἀφίομεν, ἀφίετε, ἀφίουσι(ν)(pl); 2:20 참고.

5. τεθῆναι: 부정과거 부정사(수). 직설법 현재 τίθημι(놓다, 낳다), 미래 θήσω, 부정과거 ἔθηκα, 현재완료 τέθεικα, 현재완료 수동태 τέθειμαι, 부정과거 수동태 ἐτέθην.

6. μνῆμα: μνῆμα(죽은 자의 기억/기념비, 무덤), μνεία(기억, 언급), μνημεῖον(기념비, 무덤), μνημονεύω(기억하다).

9
καί
접 등
βλέπω
동직 현능.3복
ἐκ
전 소
ὁ
관소남복
λαός
명 소 남복
καί
접 등
φυλή
명 소 여복
καί
접 등
γλῶσσα
명 소 여복
καί
접 등
ἔθνος
명 소 중복
ὁ
관 목 중단
πτῶμα
명 목 중단
αὐτός
대인칭 소 남복
ἡμέρα
명 목 여복
τρεῖς
형기수목 여복
καί
접 등
ἥμισυς
형일반목 중단
καί
접 등
ὁ
관 목 중복
πτῶμα
명 목 중복
αὐτός
대인칭 소 남복
οὐ
부
ἀφίημι
동직 현능.3복
τίθημι
동부 과수
εἰς
전 목
μνῆμα
명 목 중단

계 11:10

10
καί
접.등
ὁ
관.주.남복
κατοικέω
동분.현능.주.남복
ἐπί
전.소
ὁ
관.소.여단
γῆ
명.소.여단
χαίρω
동직.현능.3복
ἐπί
전.여
αὐτός
대인칭.여.남복
καί
접.등
εὐφραίνω
동직.현수.3복
καί
접.등
δῶρον
명.목.중복
πέμπω
동직.미능.3복
ἀλλήλων
대상호.여.남복
ὅτι
접.종
οὗτος
대지시.주.남복
ὁ
관.주.남복
δύο
형기수.주.남복
προφήτης
명.주.남복
βασανίζω
동직.과능.3복
ὁ
관.목.남복
κατοικέω
동분.현능.목.남복
ἐπί
전.소
ὁ
관.소.여단
γῆ
명.소.여단

καὶ οἱ κατοικοῦντες ἐπὶ τῆς γῆς χαίρουσιν ἐπ᾽ αὐτοῖς καὶ εὐφραίνονται καὶ δῶρα πέμψουσιν ἀλλήλοις, ὅτι οὗτοι οἱ δύο προφῆται ἐβασάνισαν τοὺς κατοικοῦντας ἐπὶ τῆς γῆς.

땅 위에 거주하는 자들이 그들 때문에 기뻐하고 즐거워하며 서로에게 선물을 보낼 것이다. 두 선지자들이 땅 위에 거하는 자들을 괴롭게 하였기 때문이다.

―――――――

καὶ οἱ κατοικοῦντες[1]
그리고 ~ 거주하는 자들이 and those who dwell

ἐπὶ τῆς γῆς
땅 위에 on the earth

χαίρουσιν[2]
기뻐하고 will rejoice

ἐπ᾽ αὐτοῖς
그들에 대해/그들 때문에 over them

καὶ εὐφραίνονται[3]
즐거워하며 and cheer up

καὶ δῶρα[4]
선물을 and ~ presents,

πέμψουσιν[5]
보낼 것이다. send

ἀλλήλοις,[6]
서로 each other

ὅτι[7] οὗτοι οἱ δύο προφῆται
이들 두 선지자들이 ~ 때문에 because these two prophets

ἐβασάνισαν[8]
괴롭게 했기/고통을 주었기 ~ tormented

τοὺς κατοικοῦντας
거주하는 자들을 those who dwell

ἐπὶ τῆς γῆς.
땅 위에 on the earth.

―――――――

1. κατοικοῦντες: κατοικε(어간) + οντες(현재분사 주격복수); ε + ο = οῦ; 2:13 참고.
2. χαίρουσιν: '(그들이) 기뻐한다'. χαίρω(기뻐하다), χαρά(기쁨), συγχαίρω(함께 기뻐하다).
3. εὐφραίνονται: '(그들이) 즐거워한다'. εὐφραίνω(기뻐하게/기쁘게 하다)의 수동태 3복('그들이 기뻐한다'). εὐφροσύνη(기쁨, 환희).
4. δῶρα: δῶρον(선물) < δίδωμι(주다); δωρεά(신물) < δωρέω(주다, 부어하다); δώρημα(선물, 주어진 것) < δωρέομαι(δωρέω의 수동태).
5. πέμψουσιν: '(그들이) 보낼 것이다'; πεμπ + σουσιν = πέμψουσιν; 1:11참고.
6. ἀλλήλοις: '서로에게'; 6:4 참고.
7. ὅτι: 이유(원인)의 부사절.
8. ἐβασάνισαν: '괴롭게 하였다'. βασανίζω(고통을 가하다)의 ζ은 부정과거 어미 σαν 앞에서 탈락한다; 9:5 참고.

계 11:11

11
καί
접.등
μετά
전.목
ὁ
관.목.여복
τρεῖς
형기수.목.여복
ἡμέρα
명.목.여복
καί
접.등
ἥμισυς
형일반.목.중단
πνεῦμα
명.주.중단
ζωή
명.소.여단
ἐκ
전.소

Καὶ μετὰ τὰς τρεῖς ἡμέρας καὶ ἥμισυ πνεῦμα ζωῆς ἐκ τοῦ θεοῦ εἰσῆλθεν ἐν αὐτοῖς, καὶ ἔστησαν ἐπὶ τοὺς πόδας αὐτῶν, καὶ φόβος μέγας ἐπέπεσεν ἐπὶ τοὺς θεωροῦντας αὐτούς.

그리고 삼일 반 후에 하나님으로부터 나온 생명의 영(기운, 바람)이 그들에게로 들어갔고 그들이 그들의 발로 일어섰다. 그리고(그러자) 큰 두려움이 그들을 지켜보던 자들 위에 내렸다.

―――――――

Καὶ μετὰ τὰς τρεῖς ἡμέρας
καὶ ἥμισυ
그리고 삼일 반 후에
And after the three and a half days

πνεῦμα
영/기운이 a breath

ζωῆς
생명의 of life

ἐκ τοῦ θεοῦ
하나님으로부터 from God

εἰσῆλθεν[1]
들어왔고 entered

ἐν αὐτοῖς,
그들에게로 them,
καὶ ἔστησαν
그들이 ~ 일어섰다. And they stood up
ἐπὶ τοὺς πόδας
발로 on ~ feet,
αὐτῶν,²
그들의 their

καὶ φόβος³ μέγας
그러자 큰 두려움이 and great fear
ἐπέπεσεν⁴
내렸다. fell
ἐπὶ τοὺς θεωροῦντας⁵
지켜 보던 자들 위에 on those who looked
αὐτούς.
그들을 on them.

1. εἰσῆλθεν: '들어왔다'; εἰς + ε + ελθ + ε(ν); 현재 εἰσέρχομαι(들어가다), 미래 εἰσελεύσομαι, 부정과거 εἰσῆλθον, 현재완료 εἰσελήλυθα.
2. ἔστησαν ἐπὶ τοὺς πόδας αὐτῶν: 문자적, '그들이 그들의 발로(on their feet) 섰다' > '그들이 똑바로 섰다'(they stood upright; Thayer).
3. φόβος: φόβος(두려움, 공포, 경외심) < φοβέω(두려워하다, 경외하다) > φοβερός(두려운), φόβητρον(두려운 일, 두려움).
4. ἐπέπεσεν: '내렸다/떨어졌다'. ἐπί(upon) + πίπτω(떨어지다) = ἐπιπίπτω(~위에 떨어지다). 부정과거 ἐπέπεσον = ἐπί + ε + πε + σε(ν).
5. θεωροῦντας: θεωρέ + οντας. θεωρέω(보다, 바라보다), θεωρία(구경거리, 볼 거리).

계 11:12

καὶ ἤκουσαν φωνῆς μεγάλης ἐκ τοῦ οὐρανοῦ λεγούσης αὐτοῖς· ἀνάβατε ὧδε. καὶ ἀνέβησαν εἰς τὸν οὐρανὸν ἐν τῇ νεφέλῃ, καὶ ἐθεώρησαν αὐτοὺς οἱ ἐχθροὶ αὐτῶν.

그리고 그들은 하늘에서 나와 그들에게 말하는 큰 음성을 들었다. "이리로 올라오라." 그리고(그러자) 그들이 구름 안에서 하늘로 올라갔다. 그들의 원수들이 그들을 지켜보았다.

καὶ ἤκουσαν
그리고 그들은 ~ 듣고 And they heard
φωνῆς¹
음성을 a ~ voice
μεγάλης
큰 loud
ἐκ τοῦ οὐρανοῦ
하늘에서 나오는 from heaven
λεγούσης
말하는 saying
αὐτοῖς·
그들에게 to them,
ἀνάβατε²
올라오라." Come up
ὧδε.
"이리로 here!"

καὶ ἀνέβησαν
그들이 ~ 올라갔다. And they went up
εἰς τὸν οὐρανὸν
하늘로 to heaven
ἐν τῇ νεφέλῃ,
구름 안으로 (해서)/구름 속을 (지나) in a cloud,
καὶ ἐθεώρησαν³
그리고 ~ 지켜보았다. and ~ looked
αὐτοὺς
그들을 on them.
οἱ ἐχθροὶ
원수들이 enemies
αὐτῶν.
그들의 their

1. φωνῆς ... λεγούσης: ἀκούω(듣다)의 목적어는 소유격과 목적격 둘 다 가능하다. 목적어인 명사절('음성이 말하는 것을')이 소유격이다.

ὁ 관.소.남단
θεός 명.소.남단
εἰσέρχομαι 동직.과능.3단
ἐν 전.여
αὐτός 대인칭.여.남복
καί 접.등
ἵστημι 동직.과능.3복
ἐπί 전.목
ὁ 관.목.남복
πούς 명.목.남복
αὐτός 대인칭.소.남복
καί 접.등
φόβος 명.주.남단
μέγας 형일반.주.남단
ἐπιπίπτω 동직.과능.3단
ἐπί 전.목
ὁ 관.목.남복
θεωρέω 동분.현능.목.남복
αὐτός 대인칭.목.남복

12
καί 접.등
ἀκούω 동직.과능.3복
φωνή 명.소.여단
μέγας 형일반.소.여단
ἐκ 전.소
ὁ 관.소.남단
οὐρανός 명.소.남단
λέγω 동분.현능.소.여단
αὐτός 대인칭.여.남복
ἀναβαίνω 동명.과능.2복
ὧδε 부
καί 접.등
ἀναβαίνω 동직.과능.3복
εἰς 전.목
ὁ 관.목.남단
οὐρανός 명.목.남단
ἐν 전.여
ὁ 관.여.여단
νεφέλη 명.여.여단
καί 접.등
θεωρέω 동직.과능.3복
αὐτός 대인칭.목.남복

2. ἀνάβατε ... καὶ ἀνέβησαν: '(너희는) 올라오라 ... (그들이) 올라갔다'. ἀνά(위로) + βαίνω(가다) = ἀναβαίνω(올라가다); 미래 ἀναβήσομαι, 부정과거 ἀνέβην, 현재완료 ἀναβέβηκα, 부정과거 명령법(2단) ἀνάβα. 따라서 ἀνάβατε, 부정과거 명령법(2복); ἀνέβησαν, 부정과거(직) 3복.

3. ἐθεώρησαν: '(그들이) 지켜보았다'; ἐ + θεωρε + σαν.

계 11:13

13
καί
접.등
ἐν
전.여
ἐκεῖνος
대지시.여.여단
ὁ
관.여.여단
ὥρα
명.여.여단
γίνομαι
동직.과.중.3단
σεισμός
명.주.남단
μέγας
형일반.주.남단
καί
접.등
ὁ
관.주.중단
δέκατος
형서수.주.중단
ὁ
관.소.여단
πόλις
명.소.여단
πίπτω
동직.과능.3단
καί
접.등
ἀποκτείνω
동직.과수.3복
ἐν
전.여
ὁ
관.여.남단
σεισμός
명.여.남단
ὄνομα
명.주.중복
ἄνθρωπος
명.소.남복
χιλιάς
명.주.여복
ἑπτά
형기수
καί
접.등
ὁ
관.주.남복
λοιπός
형일반.주.남복
ἔμφοβος
형일반.주.남복
γίνομαι
동직.과중.3복
καί
접.등
δίδωμι
동직.과능.3복
δόξα
명.목.여단
ὁ
관.여.여단
θεός
명.여.남단
ὁ
관.소.남단
οὐρανός
명.소.남단

Καὶ ἐν ἐκείνῃ τῇ ὥρᾳ ἐγένετο σεισμὸς μέγας καὶ τὸ δέκατον τῆς πόλεως ἔπεσεν καὶ ἀπεκτάνθησαν ἐν τῷ σεισμῷ ὀνόματα ἀνθρώπων χιλιάδες ἑπτὰ καὶ οἱ λοιποὶ ἔμφοβοι ἐγένοντο καὶ ἔδωκαν δόξαν τῷ θεῷ τοῦ οὐρανοῦ.

그 시간(때)에 큰 지진이 일어나 성의 십분의 일이 무너지고 그 지진으로 칠천 명의 사람들이 죽임을 당하였다. 그리고 남은 자들은 두려워하게 되었고 하늘의 하나님께 영광을 드렸다(돌렸다).

Καὶ ἐν ἐκείνῃ τῇ ὥρᾳ[1]
(그리고) ~ 그 시간에 And at that hour

ἐγένετο
일어나 there was

σεισμός
지진이 a ~ earthquake,

μέγας
큰 great

καὶ τὸ δέκατον[2]
십분의 일이나 and a tenth

τῆς πόλεως
도시/도성의 of the city

ἔπεσεν
무너지고 fell;

καὶ ἀπεκτάνθησαν
죽임을 당했다. and ~ were killed

ἐν τῷ σεισμῷ
지진으로 in the earthquake,

ὀνόματα[3]
이름(들)이/무리가 names/ people

ἀνθρώπων
사람들의 (of peoples)

χιλιάδες ἑπτά
칠천이 되는 seven thousand

καὶ οἱ λοιποί
그리고 남은 자들은 and the rest

ἔμφοβοι[4]
두려워하게 terrified

ἐγένοντο[5]
되었고 became/ were

καὶ ἔδωκαν[6]
드렸다/돌렸다. and gave

δόξαν
영광을 glory

τῷ θεῷ
하나님께 to the God

τοῦ οὐρανοῦ.
하늘의 of heaven.

---

1. ἐν ἐκείνῃ τῇ ὥρᾳ: '그 때에'. 시간의 여격은 일어난 때(point of time)를 부각한다(Wallace, 155-156).

2. δέκατον: δέκατος(십분의 일) < δέκα(열) > Δεκάπολις(데가볼리, 열 개의 도시), δεκατόω(십일조를 받다).

3. ὀνόματα: '이름(들)이/사람들이'. 합산된 사람들을 가리킨다(Thayer; 3:4 참고).

4. ἔμφοβοι: ἐν(in) + φόβος(두려움) = ἔμφοβος(두려움에 처한, 두려워하는). ἐν이 φ을 만나 동화를 일으켰다(ἐμφ-). 형용사(남복 주격) ἔμφοβοι가 보어로 쓰였다.

5. ἔμφοβοι ἐγένοντο: 문자적, '두려워하게 되었다'.

6. ἔδωκαν: δίδωμι(주다)의 부정과거 ἔδωκα, -κας, -κε(sg); -καμεν, -κατε, -καν(pl); 2:2 참고.

계 11:14

Ἡ οὐαὶ ἡ δευτέρα ἀπῆλθεν· ἰδοὺ ἡ οὐαὶ ἡ τρίτη ἔρχεται ταχύ.

둘째 화가 지나갔다. 보라. 셋째 화가 속히 올 것이다.

Ἡ οὐαὶ
화가/재앙이 The ~ woe
　　ἡ δευτέρα
　　둘째 second
　　ἀπῆλθεν·[1]
　　지나갔다. has passed;
　　ἰδοὺ
　　보라. Behold,

ἡ οὐαὶ
화가/재앙이 the ~ woe
　　ἡ τρίτη
　　셋째 third
　　ἔρχεται
　　올 것이다. is coming
　　ταχύ.
　　속히/곧 soon.

---

1. ἀπῆλθεν: '지나갔다'; 9:12 참고.

14
καί
관.주.여단
οὐαί
감탄
ὁ
관.주.여단
δεύτερος
형서수.주.여단
ἀπέρχομαι
동직.과능.3단
ἰδού
감탄
ὁ
관.주.여단
οὐαί
감탄
ὁ
관.주.여단
τρίτος
형서수.주.여단
ἔρχομαι
동직.현중.3단
ταχύς
부

계 11:15

Καὶ ὁ ἕβδομος ἄγγελος ἐσάλπισεν· καὶ ἐγένοντο φωναὶ μεγάλαι ἐν τῷ οὐρανῷ λέγοντες· ἐγένετο ἡ βασιλεία τοῦ κόσμου τοῦ κυρίου ἡμῶν καὶ τοῦ χριστοῦ αὐτοῦ, καὶ βασιλεύσει εἰς τοὺς αἰῶνας τῶν αἰώνων.

일곱째 천사가 나팔을 불었다. 말하는 큰 음성이 하늘에서 있었다. "세상 나라가 우리 주님과 그의 그리스도의 것이 되었다. 그리고 그분이 영원무궁히 왕 노릇하실(다스리실) 것이다."

Καὶ ὁ ἕβδομος ἄγγελος
또 일곱째 천사가 And the seventh angel
　　ἐσάλπισεν·
　　나팔을 불었다. blew his trumpet,
　　καὶ ἐγένοντο
　　그리고 ~ 일어났다/있었다. and there were
φωναὶ
음성/소리(들)이 voices
　　μεγάλαι
　　큰 loud
　　　　ἐν τῷ οὐρανῷ
　　　　하늘에 in heaven,
　　　　λέγοντες·
　　　　말하는 saying,
　　ἐγένετο
　　되었고 has become
ἡ βασιλεία
나라가 "The kingdom

τοῦ κόσμου
"세상(의) of the world
　　τοῦ κυρίου
　　주님과 the kingdom of ~ Lord
　　　　ἡμῶν
　　　　우리 our
　　καὶ τοῦ χριστοῦ
　　그리스도의 것이 and of ~ Christ,
　　　　αὐτοῦ,[1]
　　　　그의 his
　　καὶ βασιλεύσει
　　(주께서) 왕노릇 하실 것이다/다스리실 것이다."
　　and he will reign
　　　　εἰς τοὺς αἰῶνας
　　　　영원히 forever
　　　　τῶν αἰώνων.
　　　　(영원의) and ever."

---

1. τοῦ κυρίου ἡμῶν καὶ τοῦ χριστοῦ αὐτοῦ: '우리 주님'(성부)과 '그의 그리스도'는 ἐγένετο(되었다)의 보어로 '~에 속한 것이' 된다.

15
καί
접.등
ὁ
관.주.남단
ἕβδομος
형서수.주.남단
ἄγγελος
명.주.남단
σαλπίζω
동직.과능.3단
καί
접.등
γίνομαι
동직.과중.3복
φωνή
명.주.여복
μέγας
형일반.주.여복
ἐν
전.여
ὁ
관.여.남단
οὐρανός
명.여.남단
λέγω
동분.현능.주.남복
γίνομαι
동직.과중.3단
ὁ
관.주.여단
βασιλεία
명.주.여단
ὁ
관.소.남단
κόσμος
명.소.남단
ὁ
관.소.남단
κύριος
명.소.남단
ἐγώ
대인칭.소.-복
καί
접.등
ὁ
관.소.남단
Χριστός
명.소.남단

계 11:16

Καὶ οἱ εἴκοσι τέσσαρες πρεσβύτεροι [οἱ] ἐνώπιον τοῦ θεοῦ καθήμενοι ἐπὶ τοὺς θρόνους αὐτῶν ἔπεσαν ἐπὶ τὰ πρόσωπα αὐτῶν καὶ προσεκύνησαν τῷ θεῷ

그리고 하나님 앞에서 그들의 보좌 위에 앉아 있던 이십사 장로들이 그들의 얼굴을 대고 엎드려 하나님께 경배하였다.

Καὶ οἱ εἴκοσι τέσσαρες πρεσβύτεροι
그리고 ~ 이십사 장로들이 And the twenty-four elders

  [οἱ] ἐνώπιον τοῦ θεοῦ
  하나님 앞에 있는 (이들인) who ~ before God

    καθήμενοι[1]
    앉아 있던 sit

      ἐπὶ τοὺς θρόνους
      보좌들 위에 on ~ thrones

        αὐτῶν[2]
        그들의 their

ἔπεσαν
엎드려 fell

  ἐπὶ τὰ πρόσωπα
  얼굴(들)을 대고 on ~ faces

    αὐτῶν
    그들의 their

καὶ προσεκύνησαν
경배하였다. and worshiped

  τῷ θεῷ
  하나님께 God,

---

1. καθήμενοι: '앉아 있던'; καθή(κάθημαι, 앉다) + μενοι. κάθημαι는 현재분사에서 중간태 어미를 갖는다.
2. ἐπὶ τὰ πρόσωπα αὐτῶν: '그들의 얼굴(들)을 대고'(on their faces); 7:11 참고.

계 11:17

λέγοντες· εὐχαριστοῦμέν σοι, κύριε ὁ θεὸς ὁ παντοκράτωρ, ὁ ὢν καὶ ὁ ἦν, ὅτι εἴληφας τὴν δύναμίν σου τὴν μεγάλην καὶ ἐβασίλευσας.

그들이 말하였다. "주님께 감사를 드립니다. 주 하나님 전능하신 분, 지금도 계시고 전에도 계셨던 분이시여. 주께서 주의 큰 능력을 취하셨고 다스리시기 때문입니다.

λέγοντες·
말하며 saying,

  εὐχαριστοῦμέν[1]
  감사를 드립니다. "We give thanks

    σοι,
    "주님(당신)께 to you,

κύριε
주 Lord

  ὁ θεὸς
  하나님 God

  ὁ παντοκράτωρ,[2]
  전능하신 분 Almighty,

  ὁ ὢν[3]
  지금도 계시고 who is

καὶ ὁ ἦν,
전에도 계셨던 분이여. and who was,

  ὅτι[4]
  ~때문입니다. for

    εἴληφας
    취하셔서 you have taken

      τὴν δύναμίν[5]
      능력을 power

        σου
        주(당신)의 your

        τὴν μεγάλην
        큰 great

    καὶ ἐβασίλευσας.[6]
    다스리시기 ~ and begun to reign.

---

1. εὐχαριστοῦμέν σοι: '주(당신)께 감사드립니다'; ε + ομεν = οῦμεν. εὐχαριστέω(감사하다, 감사를 드

리다). 뒤따르는 σοι 때문에 -οῦμεν의 써컴플렉스로 충분하지 않아 애큐트가 끝음절에 추가되었다 (-οῦμέν).

2. παντοκράτωρ: '전능하신 분'; 1:8 참고.

3. ὁ ὢν καὶ ὁ ἦν: '지금도 계신 분, 그리고 전에도 계신 분'; 1:4 참고.

4. ὅτι εἴληφας: '취하셨기 때문입니다'. 이유(원인)의 ὅτι 부사절; 현재완료 εἴληφας는 행동의 결과가 남아있음을 부각할 것이다. 2:28; 5:7 참고.

5. δύναμίν σου: '주(당신)의 능력을'. 뒤따르는 σου 때문에 δύναμιν에 에큐트가 첨가되었다. 3변화 δύναμις(힘), δυνάμεως, δυνάμει, δύναμιν(sg); δυνάμεις, δυνάμεων, δυνάμεσιν, δυνάμεις(pl).

6. ἐβασίλευσας: '다스리셨다'; ἐ + βασίλευ + σας. ἐβασίλευσας는 진실된 사실을 강조하는 격언적(gnomic) 또는 미래에 일어날 미래적(futuristic) 부정과거일 것이다. 한편으로 현재완료 εἴληφας의 결과적 행동을 부각하려는 것일 수도 있다.

계 11:18

καὶ τὰ ἔθνη ὠργίσθησαν, καὶ ἦλθεν ἡ ὀργή σου καὶ ὁ καιρὸς τῶν νεκρῶν κριθῆναι καὶ δοῦναι τὸν μισθὸν τοῖς δούλοις σου τοῖς προφήταις καὶ τοῖς ἁγίοις καὶ τοῖς φοβουμένοις τὸ ὄνομά σου, τοὺς μικροὺς καὶ τοὺς μεγάλους, καὶ διαφθεῖραι τοὺς διαφθείροντας τὴν γῆν.

또한 민족들(나라들)이 노하였습니다. 그리고(그러자) 주의 진노가 임하였습니다. 죽은 자들이 심판을 받을 때이고, 주의 종 선지자들과 성도들과 주의 이름을 경외하는 이들, 즉 작은 자들과 큰 자들에게 보상을 주실 때입니다. 또한 땅을 멸망하게 한 자들을 멸망시키실 때입니다."

καὶ τὰ ἔθνη[1]
(그리고) 민족/나라들이 And the nations
  ὠργίσθησαν,[2]
  노하였으나 raged,
καὶ ἦλθεν
임하였습니다. but ~ came,
ἡ ὀργή
진노가/심판이 wrath
  σου
  주(당신)의 your
καὶ ὁ καιρὸς
(~하실) 때입니다." and the time
  τῶν νεκρῶν
  죽은 자들이 for the dead
κριθῆναι[3]
심판을 받고 to be judged,
καὶ δοῦναι[4]
주실 and the time to give
  τὸν μισθὸν[5]
  보상을 their reward
τοῖς δούλοις
종들에게 to ~ servants,

σου
주의 your
  τοῖς προφήταις[6]
  즉, 선지자들과 the prophets
καὶ τοῖς ἁγίοις
성도들과 and saints,
καὶ τοῖς φοβουμένοις[7]
경외하는 자들, and those who fear
  τὸ ὄνομά
  이름을 name,
σου,
주의 your
  τοὺς μικροὺς[8]
  작은 자들과 the small
καὶ τοὺς μεγάλους,
큰 자들인 and the great,
καὶ διαφθεῖραι[9]
그리고 ~ 멸망시키실 and to destroy
  τοὺς διαφθείροντας
  즉, 멸망하게 한 자들을 those who destroy
τὴν γῆν.
땅을 the earth."

---

1. τὰ ἔθνη: '열방(열국)', '이방인들'. ἔθνη = ἔθνε(ἔθνος, ἔθνους의 어간) + α(중복 주격 어미); ε + α = η.

2. ὠργίσθησαν: '(그들이) 노하였다'; ἐ + ὀργίζ + θησαν. ὀργίζω(화를 북돋다), 수동형 ὀργίζομαι(화를 내다), 부정과거 수동태 ὠργίσθην < ὀργή(분노, 화) > ὀργίλος(화내기 쉬운).

3. τῶν νεκρῶν κριθῆναι: 문자적, '죽은 자들의(이) 심판 받음'. 수동태 부정사 κριθῆναι가 사용되었다. 유음동사 κρίνω(심판하다)가 부정과거 수동태 어미 θῆναι 앞에서 ν가 생략되었다(κριν + θῆναι).

4. κριθῆναι καὶ δοῦναι ... διαφθεῖραι: 세 개의 부정사('심판 받음', '주심', '멸망시킴')는 ὁ καιρὸς(때)를 수식한다. δίδωμι(주다)의 현재 부정사 διδόναι; 부정과거(직) ἔδωκα, 부정과거 부정사 δοῦναι.

5. μισθὸν: μισθός(삯, 보상), μισθόω(고용하다), μισθαποδοσία(삯의 지불, 보상), μίσθιος(고용된), μίσθωμα(삯, 대금), μισθωτός(고용인).

6. τοῖς προφήταις καὶ τοῖς ἁγίοις καὶ τοῖς φοβουμένοις: '즉, 선지자들과 성도들과 경외하는 자들'. τοῖς δούλοις(종들)의 동격의(in apposition) 여격들로 τοῖς δούλοις를 부연하고 있다.

7. τοῖς φοβουμένοις: '경외하는 자들에게'. 사도행전에서는 하나님을 믿는 이방인(비유대인)들을 가리키는 표현이다(행 10:2, 22, 35; 13:16, 26). 때로 믿는 자를 포괄하는 말로 쓰인다(눅 1:50; 요일 4:18; 계 11:18; 19:5).

8. τοὺς μικροὺς καὶ τοὺς μεγάλους: '작은 자들과 큰 자들을'. 형용사가 독립적으로 쓰인 경우이다('작은 자들과 큰 자들을'). 역시 목적어 '종들에게'를 부연한다.

9. διαφθεῖραι ... διαφθείροντας: '멸망시키실 … 멸망하게 한 자들을'. διαφθεῖραι = διαφθειρ + σαι(부정사 어미)(어간의 유음 ρ 뒤에서 σ가 생략); διαφθείροντας = διαφθείρ + οντας(분사). διά(through; 강조 의미) + φθείρω(더럽히다, 파괴하다) = διαφθείρω(더럽히다, 파괴하다) > διαφθορά(더럽힘, 파괴함).

계 11:19

Καὶ ἠνοίγη ὁ ναὸς τοῦ θεοῦ ὁ ἐν τῷ οὐρανῷ καὶ ὤφθη ἡ κιβωτὸς τῆς διαθήκης αὐτοῦ ἐν τῷ ναῷ αὐτοῦ, καὶ ἐγένοντο ἀστραπαὶ καὶ φωναὶ καὶ βρονταὶ καὶ σεισμὸς καὶ χάλαζα μεγάλη.

그리고(그러자) 하늘에 있는 하나님의 성전이 열렸고 그의 성전 안에 있는 그의 언약궤가 보였다. 그리고 번개(들)와 소리(들)와 천둥(들)과 지진과 큰 우박이 있었다.

Καὶ ἠνοίγη[1]
그러자 ~ 열렸고 And ~ was opened,

ὁ ναὸς
성전이 the temple

τοῦ θεοῦ
하나님의 of God

ὁ ἐν τῷ οὐρανῷ
하늘에 있는 in heaven

καὶ ὤφθη[2]
보였다. and ~ was seen

ἡ κιβωτὸς[3]
궤가 the ark

τῆς διαθήκης[4]
언약(의) of ~ covenant

αὐτοῦ
그의 his

ἐν τῷ ναῷ
성전 안에 있는 in ~ temple.

αὐτοῦ,
그의 his

καὶ ἐγένοντο
일어났다/있었다. And there were

ἀστραπαὶ
번개(들)와 flashes of lightning,

καὶ φωναὶ
소리(들)와 voices,

καὶ βρονταὶ
천둥(들)과 thunderpeals,

καὶ σεισμὸς
지진과 an earthquake,

καὶ χάλαζα
우박이 and ~ hail.

μεγάλη.
큰 heavy

1. ἠνοίγη: 부정과거 수동태 3단('열렸다'). ἀνοίγω(열다)는 부정과거(능) 형태가 세 개 발견된다: ἤνοιξα, ἀνέῳξα, ἠνεῳξα. 부정과거(수)는 네 개가 있다: ἠνοίχθην, ἀνεῴχθην, ἠνεῴχθην; ἠνοίγην(참고 Thayer).

2. ὤφθη: ὁράω(보다)의 부정과거(수) 3단; ἐ(시상접두어) + οπ(어간) + θη(수동태 어미) = ὤφθη(보였다). π가 θ 앞에서 동화가 되어 φ가 되었다(1:7 참고).

3. κιβωτὸς: '상자, 궤, 방주'.

4. διαθήκης: διά(through) + θήκη(<τίθημι, '놓다, 두다') = διαθήκη(언약).

καί
접등
γίνομαι
동직.과중.3복
ἀστραπή
명.주.여복
καί
접등
φωνή
명.주.여복
καί
접등
βροντή
명.주.여복
καί
접등
σεισμός
명.주.남단
καί
접등
χάλαζα
명.주.여단
μέγας
형일.반·주.여단

계 12:1

Καὶ σημεῖον μέγα ὤφθη ἐν τῷ οὐρανῷ, γυνὴ περιβεβλημένη τὸν ἥλιον, καὶ ἡ σελήνη ὑποκάτω τῶν ποδῶν αὐτῆς καὶ ἐπὶ τῆς κεφαλῆς αὐτῆς στέφανος ἀστέρων δώδεκα,

그리고 하늘에 큰 표적이 보였다. 한 여인이 해(태양)를 입고 있는데, 달은 그녀의 발 밑에 있고 그녀의 머리 위에는 열두 별의 관(월계관)이 있다.

Καὶ σημεῖον[1]
그리고 ~ 이적/표적이 And a ~ sign

  μέγα
  큰 great

  ὤφθη[2]
  보였다/나타났다. appeared

    ἐν τῷ οὐρανῷ,
    하늘에 in heaven:

γυνὴ
한 여인이 a woman

  περιβεβλημένη[3]
  (옷으로) 입었다/입었는데 clothed

    τὸν ἥλιον,
    해(태양)를 with the sun,

καὶ ἡ σελήνη
달이 and the moon

  ὑποκάτω[4] τῶν ποδῶν[5]
  발 밑에 under ~ feet,

    αὐτῆς
    그녀의 her

καὶ ἐπὶ τῆς κεφαλῆς
그리고 ~ 머리 위에는 and on ~ head.

    αὐτῆς
    그녀의 her

στέφανος[6]
월계관/승리의 관이 (~ 있었다.) a crown

  ἀστέρων[7] δώδεκα,[8]
  열두 별의 of twelve stars

---

1. σημεῖον: σημεῖον(표적, 표지, 신호) < σημαίνω(신호를 주다, 나타내다); σημειόω(구별하다, 표시하다).
2. ὤφθη: '보였다'; 11:19 참고.
3. περιβεβλημένη: 3:5(어휘); 4:4(완료형) 참고; περι + βεβλη(완료) + μένη(중간태).
4. ὑποκάτω: '밑에'; 5:3 참고.
5. ποδῶν: 소유격 복수('발들[의]'); 1:15 참고.
6. στέφανος: '승리의 관'; 2:10 참고.
7. ἀστέρων: 3변화 ἀστήρ(별), ἀστέρος, ἀστέρι, ἀστέρα(sg); ἀστέρες, ἀστέρων, ἀστράσι, ἀστέρας(pl).
8. δώδεκα: '열둘'; 7:5 참고.

계 12:2

καὶ ἐν γαστρὶ ἔχουσα, καὶ κράζει ὠδίνουσα καὶ βασανιζομένη τεκεῖν.

임신을 했는데, 진통으로 괴로워하며 출산하는 고통을 겪으며 울고 있다.

γαστήρ
명.여.여단
ἔχω
동분.현능.주여단
καί
접.등
κράζω
동직.현능.3단
ὠδίνω
동분.현능.주여단
καί
접.등
βασανίζω
동분.현수.주여단
τίκτω
동부.과능

καὶ ἐν γαστρὶ[1]
그 배에/임신을
And ~ with child/ pregnant

ἔχουσα,[2]
가졌는데/하였는데 she was

καὶ κράζει[3]
그리고 ~ 울고 있다/있었다. and was crying out,

ὠδίνουσα[4]
진통(산고) 때문에 괴로워하며 being in labor

καὶ βασανιζομένη[5]
고통을 겪으며 and suffering pain

τεκεῖν.[6]
출산하는 to give birth.

1. ἐν γαστρὶ ἔχουσα: '임신을 하였는데'. ἔχω(가지다) + ἐν γαστρί(배 안에) = '임신하다. 수태하다'(예, 마 1:18, 23; 24:19). 3변화 γαστήρ(배), γαστρός, γαστρί, γαστέρα(sg); γαστέρες, γαστέρων, γαστράσι, γαστέρας(pl).
2. ἔχουσα: 주격 분사의 사용은 Wallace의 견해처럼 히브리어 어법의 영향으로 분사가 독립적으로 직설법 술어처럼 쓰인 경우일 것이다(1:16; 4:7; 10:2; 11:1; 12:2; 17:5; 21:12, 14, 19; 19:12; Wallace, 653).
3. κράζει: 진행적 의미의 현재('울고 있다')이다; 6:10 참고.
4. ὠδίνουσα: ὠδίνω(산고를 겪다, 진통으로 괴로워하다)의 현재분사 여단 주격('산고를 겪으며'). ὠδίν(해산의 고통; 격한 고통).
5. βασανιζομένη: βασανίζω(괴롭게 하다, 고통을 주다)의 현재분사(수)('고통을 겪으며'); βασανιζ + ομένη; 9:5 참고.
6. τεκεῖν: '출산하려는'; τεκ(부정과거 어간) + εῖν(부정사 어미); 현재 τίκτω(출산하다), 미래 τέξομαι, 제2부정과거 ἔτεκον, 부정과거(수) ἐτέχθην. τέκνον(아이), τεκνίον(작은 아이).

계 12:3

3
καί
접.등
ὁράω
동직.과수.3단
ἄλλος
형부정.주.중단
σημεῖον
명.주.중단
ἐν
전.여
ὁ
관.여.남단
οὐρανός
명.여.남단
καί
접.등
ἰδού
감탄
δράκων
명.주.남단
μέγας
형일반.주.남단
πυρρός
형일반.주.남단
ἔχω
동분.현능.주남단
κεφαλή
명.목.여복
ἑπτά
형.기수
καί
접.등
κέρας
명.목.중복
δέκα
형.기수

καὶ ὤφθη ἄλλο σημεῖον ἐν τῷ οὐρανῷ, καὶ ἰδοὺ δράκων μέγας πυρρὸς ἔχων κεφαλὰς ἑπτὰ καὶ κέρατα δέκα καὶ ἐπὶ τὰς κεφαλὰς αὐτοῦ ἑπτὰ διαδήματα,

하늘에 다른 표적이 보였다. 보라. 큰 붉은 용이 일곱 머리와 열 뿔과, 그 머리 위에 일곱 왕관을 가지고 있다.

καὶ ὤφθη
또 ~ 나타났다. And ~ appeared

ἄλλο σημεῖον
다른 이적/표적이 another sign

ἐν τῷ οὐρανῷ,
하늘에 in heaven:

καὶ ἰδού[1]
(그리고 보라.) and behold,

δράκων[2]
용이 있었다. a ~ dragon

μέγας
큰 great

πυρρὸς[3]
(불 같이) 붉은 red

ἔχων
가진 having

κεφαλὰς[4] ἑπτὰ
일곱 머리와 seven heads

καὶ κέρατα δέκα
열 뿔, and ten horns,

καὶ ἐπὶ τὰς κεφαλὰς
그리고 ~ 머리 위에 and on ~ heads

αὐτοῦ
그의 his

ἑπτὰ διαδήματα,[5]
일곱 왕관을 seven diadems.

1. ἰδοὺ: '보라'; 1:7 참고.
2. δράκων: 3변화 δράκων(용), δράκοντος, δράκοντι, δράκοντα(sg); δράκοντες, δρακόντων, δράκουσι, δράκοντα(pl).
3. πυρρὸς: '불 같이 붉은'; 6:4 참고.
4. κέρατα: '뿔들을'; 5:6 참고.
5. διαδήματα: διάδημα(왕관)의 복수('왕관들[을]'). στέφανος(승리의 월계관). διάδημα > diadem(왕관).

계 12:4

καὶ ἡ οὐρὰ αὐτοῦ σύρει τὸ τρίτον τῶν ἀστέρων τοῦ οὐρανοῦ καὶ ἔβαλεν αὐτοὺς εἰς τὴν γῆν. Καὶ ὁ δράκων ἔστηκεν ἐνώπιον τῆς γυναικὸς τῆς μελλούσης τεκεῖν, ἵνα ὅταν τέκῃ τὸ τέκνον αὐτῆς καταφάγῃ.

그의 꼬리가 하늘의 별의 삼분의 일을 끌어내어 그것들을 땅으로 던졌다. 그리고 용은, 아이를 해산할 때에 그녀의 아이를 삼켜 버리려고 해산하려 하는 여인 앞에 섰다.

καὶ ἡ οὐρὰ 그리고 ~ 꼬리가 And ~ tail	ἔστηκεν[4] 섰다. stood
αὐτοῦ 그의 his	ἐνώπιον τῆς γυναικὸς[5] 그 여인 앞에 before the woman
σύρει[1] 끌어냈고 swept away	τῆς μελλούσης 하려는/하는 who was about
τὸ τρίτον[2] 삼분의 일을 a third	τεκεῖν,[6] 해산을/해산하려 to give birth,
τῶν ἀστέρων 별의 of stars	
τοῦ οὐρανοῦ 하늘의 of heaven	ἵνα[7] ~고/~ 위해 so that
	ὅταν[8] τέκῃ 그녀가 ~ 해산할 때 when she bore
καὶ ἔβαλεν[3] 던졌다. and threw	τὸ τέκνον 아이를 child
αὐτοὺς 그것들을 them	αὐτῆς 그녀의 her
εἰς τὴν γῆν. 땅으로/에 to the earth.	καταφάγῃ. 삼키려/삼키기 ~ he might devour it.
Καὶ ὁ δράκων 그리고 용은 And the dragon	

1. σύρει: σύρω(끌다, 끌어오다)의 현재 3단.
2. τὸ τρίτον: '삼분의 일'; 8:7 참고.
3. ἔβαλεν: '던졌다'; ἐ + βαλ + ε(ν); 8:5 참고.
4. ἔστηκεν: '섰다'. 현재적 의미의 현재완료(Wallace, 587)라기 보다는, 계속적 상태의 의미로 보는 것이 타당할 것이다. ἵστημι(서다, 세우다)의 현재완료는 ἔστηκα.
5. γυναικὸς: '여인(의)'; 2:20 참고.
6. τῆς μελλούσης τεκεῖν: '해산하려고 하는'. 분사(여단 소유격) 구문의 형용사절은 앞의 '여인'(여단 소유격)을 꾸며준다('해산하려고 하는').
7. ἵνα … καταφάγῃ: 목적의 ἵνα 부사절('삼키려고'); κατα + φαγ + ῃ; 단어는 10:9 참고.

αὐτός
대인칭.소.여단
κατεσθίω
동.가.능도.3단

8. ὅταν τέκῃ τὸ τέκνον αὐτῆς : '그녀의 아이를 해산할 때'. 시간의 부사절인 ὅταν + 가정법('~이 일어 났을 때'); τέκ + ῃ. 8:1; 9:5 참고. τὸ τέκνον αὐτῆς(그녀의 아이[를])는 목적어.

계 12:5

5
καί
접.동
τίκτω
동.직.능도.3단
υἱός
명.목.남단
ἄρσην
형일반.목.중단
ὅς
대.관계.주.남단
μέλλω
동.직.현능.3단
ποιμαίνω
동.부.현능
πᾶς
형부정.목.중복
ὁ
관.목.중복
ἔθνος
명.목.중복
ἐν
전.여
ῥάβδος
명.여.여단
σιδηροῦς
형일반.여.여단
καί
접.동
ἁρπάζω
동.직.과수.3단
ὁ
관.주.중단
τέκνον
명.주.중단
αὐτός
대인칭.소.여단
πρός
전.목
ὁ
관.목.남단
θεός
명.목.남단
καί
접.동
πρός
전.목
ὁ
관.목.남단
θρόνος
명.목.남단
αὐτός
대인칭.소.남단

καὶ ἔτεκεν υἱὸν ἄρσεν, ὃς μέλλει ποιμαίνειν πάντα τὰ ἔθνη ἐν ῥάβδῳ σιδηρᾷ. καὶ ἡρπάσθη τὸ τέκνον αὐτῆς πρὸς τὸν θεὸν καὶ πρὸς τὸν θρόνον αὐτοῦ.

그녀는 모든 민족(나라)을 철장으로 목양하게 될 남자 아이를 해산하였다. 그녀의 아이는 하나님과 그의 보좌 앞으로 옮겨졌다.

———————

καὶ ἔτεκεν[1]
그리고 ~ 해산했다. And she gave birth
 υἱὸν ἄρσεν,[2]
 남자 아이를/아들을 a son, a male child,
  ὃς μέλλει[3]
  ~ 할/하게 될 who is
   ποιμαίνειν[4]
   목양의/돌보는 일을 to rule
    πάντα τὰ ἔθνη
    모든 민족/나라를 all the nations
     ἐν ῥάβδῳ
     지팡이로 with a rod
      σιδηρᾷ.[5]
      철/철로 된 of iron;

καὶ ἡρπάσθη[6]
(그리고) ~ 올려갔다/옮겨졌다. and ~ was caught up
 τὸ τέκνον
 아이는 child
  αὐτῆς
  그녀의 her
   πρὸς τὸν θεὸν[7]
   하나님께로 to God
   καὶ πρὸς τὸν θρόνον
   그리고 ~ 보좌로 and to ~ throne.
    αὐτοῦ.
    그의 his

———————

1. ἔτεκεν: '(그녀가) 해산하였다'; ἐ(시상접두어) + τεκ(부정과거 어간) + ε[ν](어미).
2. υἱὸν ἄρσεν: υἱός(아들)과 ἄρσην(남성, male)이 함께 예수 그리스도를 가리킨다. ἄρσην, ἄρσεν(남성, 남성의); θῆλυς, θήλεια, θῆλυ(여성, 여성적인). ἄρσεν καὶ θῆλυ(남자와 여자, LXX 창 1:27; 5:2).
3. ὃς μέλλει ποιμαίνειν: '목양하게 될 그'. 관계대명사 ὃς 절은 형용사절로 υἱὸν ἄρσεν에 대해 설명(보충)해준다. μέλλει(is going to)는 부정사(ποιμαίνειν)를 필요로 한다.
4. ποιμαίνειν: '목양하는/돌보는 것(일)'; 2:27 참고. 현재 부정사를 사용한 것은 목양(돌봄)의 일이 계속될 것이기 때문이다.
5. ἐν ῥάβδῳ σιδηρᾷ: 수단의 여격, '철장으로'; 2:27 참고.
6. ἡρπάσθη: ἁρπάζω(잡아채다, 붙잡다, 떠나가다); ἐ(시상접두어) + ἁρπάζ(어간) + θη(수동태 3단)= ἡρπάσθη(잡아채 옮겨졌다). ἁρπαγή(탐욕, 노략질), ἁρπαγμός(붙잡음, 약탈), ἅρπαξ(약탈하는, 탐욕 스러운).
7. πρὸς τὸν θεὸν: '하나님께로(to God), 하나님을 향하여(toward God)'.

계 12:6

6
καί
접.동
ὁ
관.주.여단
γυνή
명.주.여단
φεύγω
동.직.과능.3단

καὶ ἡ γυνὴ ἔφυγεν εἰς τὴν ἔρημον, ὅπου ἔχει ἐκεῖ τόπον ἡτοιμασμένον ἀπὸ τοῦ θεοῦ, ἵνα ἐκεῖ τρέφωσιν αὐτὴν ἡμέρας χιλίας διακοσίας ἑξήκοντα.

여인은 광야로 피하였다. 그곳은 천이백육십 일 동안 그녀를 돌보시려고 하나님께서 예비해 두신 장소가 있는 곳이다.

———————

καὶ ἡ γυνὴ
그 여인은 And the woman

ἔφυγεν[1]
피하였다. fled

εἰς τὴν ἔρημον,
광야/황야로 into the wilderness

ὅπου[2] ἔχει
그녀가 ~ 가지고 있는 where she had

ἐκεῖ[3]
거기 (there)

τόπον
장소를 a place

ἡτοιμασμένον[4]
준비/예비된 prepared

ἀπὸ τοῦ θεοῦ,[5]
하나님에 의해 by God,

ἵνα[6]
~고 so that

ἐκεῖ
거기/그곳에서 there

τρέφωσιν
돌보려/먹이려~
they might take care of/ might be taken care of

αὐτὴν
그녀를 her/ she

ἡμέρας χιλίας διακοσίας ἑξήκοντα.
천이백육십 일 동안 1,260 days.

1. ἔφυγεν: '도망하였다'; ἐ + φυγ(φεύγω,도망하다/ 피하다의 부정과거 어간) + ε(ν); 9:6 참고.
2. ὅπου ἔχει: '광야'를 꾸며주는 장소의 부사절.
3. ἐκεῖ: '그곳에, 거기에'; 2:14 참고.
4. ἡτοιμασμένον: '준비된/예비된'; ἐ + ἑτοιμάζ + μένον; 8:6; 9:7 참고. 관형적 역할을 하는 현재완료 수동태 분사. 접두어(ἐ)가 있는 것과 어미 형태(μένον)가 완료형 분사임을 보여준다.
5. ἀπὸ τοῦ θεοῦ: '하나님에 의해'. 수동태에서 능동 행위자를 가리키는 ἀπό(by)는 ὑπό(by)와 같이 쓰인다.
6. ἵνα ... τρέφωσιν: '돌보려고'. ἵνα 부사절은 본동사(ἔφυγεν)가 아니라 분사 ἡτοιμασμένον(준비된)에 걸릴 것이다. τρέφω(양육하다, 자라게 하다); 부정과거 ἔθρεψα > ἀνατρέφω(기르다, 교육하다), ἐκτρέφω(양육하다, 자라게 하다), ἐντρέφω([~으로] 교육하다)

계 12:7

Καὶ ἐγένετο πόλεμος ἐν τῷ οὐρανῷ, ὁ Μιχαὴλ καὶ οἱ ἄγγελοι αὐτοῦ τοῦ πολεμῆσαι μετὰ τοῦ δράκοντος. καὶ ὁ δράκων ἐπολέμησεν καὶ οἱ ἄγγελοι αὐτοῦ,

하늘에 전쟁이 일어났다. 미가엘과 그의 천사들이 용과 싸울 때, 용도 그의 부하(천사)들과 싸웠다.

Καὶ ἐγένετο
그리고 ~ 일어났다/있었다. And there was

πόλεμος
전쟁이 war

ἐν τῷ οὐρανῷ,
하늘에서 in heaven,

ὁ Μιχαὴλ[1]
미가엘이 Michael

καὶ οἱ ἄγγελοι
천사들과 and ~ angels

αὐτοῦ
그의 his

τοῦ πολεμῆσαι[2]
싸울 때에/싸우는데 waging war/ fighting

μετὰ τοῦ δράκοντος.
용과 with/ against the dragon.

καὶ ὁ δράκων
용도 And the dragon

ἐπολέμησεν[3]
싸웠다. waged war/ fought back,

καὶ οἱ ἄγγελοι
천사/부하들과 함께 and ~ angels

αὐτοῦ,
그의 his

1. ὁ Μιχαὴλ: '(천사) 미가엘'. 특정인을 가리킬 때 이름 앞에 정관사가 들어갈 수 있다(예, ὁ Ἰησοῦς, 마 3:13, 15-16 등; ὁ Ἰωάννης, 마 3:4, 14; 14:4 등; ὁ Μωϋσῆς, 행 7:31, 37, 40, 47 등). KMP는 일반적으

로 부정사의 주어가 목적격이 되는데 여기는 주격이 된 예외적 경우로 예를 들고 있다(KMP, 359).

2. τοῦ πολεμῆσαι: 보충적(epexegetical) 또는 목적의 부정과거 부정사로 '전쟁'을 수식할 것이다. 부정사 어미 σαι 앞에서 ε가 η로 길어졌다.

3. ἐπολέμησεν: 주동사('싸웠다', 3단)는 먼저 오는 주어('용')에 걸린다.

계 12:8

καὶ οὐκ ἴσχυσεν οὐδὲ τόπος εὑρέθη αὐτῶν ἔτι ἐν τῷ οὐρανῷ.

그들(용과 부하들)이 이기지 못하였고 하늘에 더 이상 그들의 장소(자리)도 찾지 못하였다.

_____

καὶ οὐκ ἴσχυσεν[1]
그러나 ~이기지 못하였고 but they were not strong enough,

οὐδὲ τόπος
어떤 장소도 ~ 못하였다. and no place

εὑρέθη[2]
찾지~ was found

αὐτῶν[3]
그들의 for them

ἔτι
더 이상 any longer

ἐν τῷ οὐρανῷ.
하늘에서 in heaven.

_____

1. ἴσχυσεν: '이겼다'; ἰσχυ + σε(ν). 주어는 여전히 '용'이다. ἰσχύω(강하다, 힘을 가지다)는 과거시상에서 시상접두모음(ἐ)을 가지지 않는다. 미완료 ἴσχυον, 부정과거 ἴσχυσα, 현재완료 ἴσχυκα. ἰσχύω < ἰσχύς(힘, 능력) > ἰσχυρός(힘센, 강한).

2. εὑρέθη: 부정과거 수동태형('발견되었다'); 5:4 참고.

3. τόπος ... αὐτῶν: '그들의 장소'란 '그들에게 속한, 그들을 위한 장소'(소유의 소유격)이다.

계 12:9

καὶ ἐβλήθη ὁ δράκων ὁ μέγας, ὁ ὄφις ὁ ἀρχαῖος, ὁ καλούμενος Διάβολος καὶ ὁ Σατανᾶς, ὁ πλανῶν τὴν οἰκουμένην ὅλην, ἐβλήθη εἰς τὴν γῆν, καὶ οἱ ἄγγελοι αὐτοῦ μετ' αὐτοῦ ἐβλήθησαν.

마귀와 사탄으로 불리는 자이고 온 세상을 속이는 자인 옛 뱀 큰 용은 땅으로 내쫓겼다. 그의 부하(천사)들도 그와 함께 내쫓겼다.

_____

καὶ ἐβλήθη[1]
그리고 ~ 내쫓겼다. And ~ was thrown down,

ὁ δράκων
용, the ~ dragon

ὁ μέγας,
큰 great

ὁ ὄφις
뱀, that ~ serpent

ὁ ἀρχαῖος,[2]
고대의 ancient

ὁ καλούμενος
~로 불리는 자, who is called

Διάβολος[3]
마귀와 the devil

καὶ ὁ Σατανᾶς,[4]
사탄으~ and Satan,

ὁ πλανῶν[5]
속이는/유혹하는 자가 the deceiver

τὴν οἰκουμένην ὅλην,[6]
온 세상을 of the whole world;

ἐβλήθη[7]
내쫓겼다/던져졌다. he was thrown down

εἰς τὴν γῆν,
땅으로/에 to the earth,

καὶ οἱ ἄγγελοι
천사/부하들도 and ~ angels

αὐτοῦ
그의 his

μετ' αὐτοῦ[8]
그와 함께 with him.

ἐβλήθησαν.
내쫓겼다/던져졌다. were thrown down

1. ἐβλήθη: 부정과거(수) 3단은 8:7 참고; 여기서는 '던져졌다', '내쫓겼다'.
2. ἀρχαῖος: ἀρχαῖος(태초의, 고대의) < ἀρχή(시작, 기원, 창시자) > ἀρχηγός(창시자, 지도자).
3. Διάβολος: '마귀'; 2:10 참고.
4. Σατανᾶς: Σατάν/Σατανᾶς(사탄).
5. ὁ πλανῶν: '속이는 자'(ά + ω = ῶ); 2:20 참고.
6. οἰκουμένην ὅλην: '온 세상(을)'; 3:10 참고.
7. ἐβλήθη ... ἐβλήθησαν: '(그가) 내쫓겼다 ... (그들이) 내쫓겼다'. 9절에서 세 번 반복된 것(단수 2회, 복수 1회)에 주목하자.
8. μετ' αὐτοῦ: μετά(함께) + αὐτοῦ(그와).

계 12:10

καὶ ἤκουσα φωνὴν μεγάλην ἐν τῷ οὐρανῷ λέγουσαν· ἄρτι ἐγένετο ἡ σωτηρία καὶ ἡ δύναμις καὶ ἡ βασιλεία τοῦ θεοῦ ἡμῶν καὶ ἡ ἐξουσία τοῦ χριστοῦ αὐτοῦ, ὅτι ἐβλήθη ὁ κατήγωρ τῶν ἀδελφῶν ἡμῶν, ὁ κατηγορῶν αὐτοὺς ἐνώπιον τοῦ θεοῦ ἡμῶν ἡμέρας καὶ νυκτός.

그리고 나는 하늘에서 나서 말하는 큰 음성을 들었다. "이제 우리 하나님의 구원과 능력과 나라(왕국), 그리고 그의 그리스도의 권세가 이뤄졌다(일어났다). 우리 형제들을 참소하는 자, 즉 우리 하나님 앞에서 밤낮(낮밤)으로 참소하는 자가 내쫓겼기 때문이다.

καὶ ἤκουσα
그리고 나는 ~ 들었다. And I heard
　φωνὴν
　소리를/음성을 a ~ voice
　　μεγάλην
　　큰 loud
　　ἐν τῷ οὐρανῷ
　　하늘에서 (나는) in heaven,
　　λέγουσαν·[1]
　　말하는/말고 있는 saying,
　　　ἄρτι
　　　이제/지금 "Now
　ἐγένετο[2]
　있다/있게 되었다. have come,
ἡ σωτηρία
구원과 the salvation
καὶ ἡ δύναμις
능력/권능과 and the power
καὶ ἡ βασιλεία
나라/왕국과 and the kingdom
　τοῦ θεοῦ
　하나님의 of ~ God
　　ἡμῶν
　　우리 our
καὶ ἡ ἐξουσία
권세/힘이 and the authority

τοῦ χριστοῦ
그리스도의 of ~ Christ
　αὐτοῦ,
　그의 his
ὅτι[3]
왜냐하면 ~ 때문이다. for
　ἐβλήθη
　내쫓겼기/던져졌기 has been thrown down,
ὁ κατήγωρ[4]
고소하는/참소하는 자가 the accuser
　τῶν ἀδελφῶν
　형제들을(의) of ~ brothers
　　ἡμῶν,
　　우리(의) our
ὁ κατηγορῶν
즉, 고소하는/참소하는 자가 who accuses
　αὐτοὺς
　그들을 them
　ἐνώπιον τοῦ θεοῦ
　하나님 앞에서 before ~ God
　　ἡμῶν
　　우리(의) our
　ἡμέρας
　낮과 day
　καὶ νυκτός.[5]
　밤에/으로 and night.

οἰκουμένη 명.목.여단
ὅλος 형일반.목.여단
βάλλω 동직.과수.3단
εἰς 전.목
ὁ 관.목.여단
γῆ 명.목.여단
καί 접.등
ὁ 관.주.남복
ἄγγελος 명.주.남복
αὐτός 대인칭.소.남단
μετά 전.소
αὐτός 대인칭.소.남단
βάλλω 동직.과수.3복
10
καί 접.등
ἀκούω 동직.과능.1단
φωνή 명.목.여단
μέγας 형일반.목.여단
ἐν 전.여
ὁ 관.여.남단
οὐρανός 명.여.남단
λέγω 동분.현능.목.여단
ἄρτι 부
γίνομαι 동직.과중.3단
ὁ 관.주.여단
σωτηρία 명.주.여단
καί 접.등
ὁ 관.주.여단
δύναμις 명.주.여단
καί 접.등
ὁ 관.주.여단
βασιλεία 명.주.여단
ὁ 관.소.남단
θεός 명.소.남단
ἐγώ 대인칭.소.-복
καί 접.등
ὁ 관.주.여단
ἐξουσία 명.주.여단
ὁ 관.소.남단
Χριστός 명.소.남단
αὐτός 대인칭.소.남단
ὅτι 접.종

βάλλω
동직 과수 3단
ὁ
관주 남단
κατήγωρ
명주 남단
ὁ
관소남복
ἀδελφός
명소 남복
ἐγώ
대인칭 소 -복
ὁ
관 주 남단
κατηγορέω
동분 현능주남단
αὐτός
대인칭 목 남복
ἐνώπιον
전 소
ὁ
관소 남단
θεός
명소 남단
ἐγώ
대인칭 소 -복
ἡμέρα
명소여단
καί
접 등
νύξ
명소여단

11
καί
접 등
αὐτός
대강조주 남복
νικάω
동직 과능.3복
αὐτός
대인칭 목 남단
διά
전 목
ὁ
관목 중단
αἷμα
명목 중단
ὁ
관소 중단
ἀρνίον
명소 중단
καί
접 등
διά
전 목
ὁ
관목 남단
λόγος
명목남단
ὁ
관소여단
μαρτυρία
명소여단
αὐτός
대인칭 소 남복
καί
접 등
οὐ
부
ἀγαπάω
동직 과능 3복
ὁ
관목여단
ψυχή
명목여단
αὐτός
대인칭 소 남복
ἄχρι
전 소
θάνατος
명소 남단

1. λέγουσαν: 목적격 분사('말하는')는 φωνὴν(소리[를])의 서술적 역할을 하며 직접화법을 이끈다.
2. ἄρτι ἐγένετο: '이제/지금 일어났다(has come)'; ἐ + γέν + ετο. 부사 ἄρτι와 함께 사용된 극적 (dramatic) 부정과거로 분류된다(KMP, 297). ἀρτιγέννητος(방금 출생한).
3. ὅτι ἐβλήθη: '내쫓겼기 때문이다'; 이유(원인)의 ὅτι 부사절.
4. κατήγωρ ... ὁ κατηγορῶν: '고소자가 … 고소하는 자가'. κατά(against) + ηγορέω(< ἀγορεύω, 공중 앞에 말하다, 선포하다) = κατηγορέω(반대하여 말하다, 고소하다) > κατήγωρ/κατήγορος(고소인), κατηγορία(고소, 기소).
5. ἡμέρας καὶ νυκτός: 시간의 소유격 '남과 밤 동안에'(4:8; 7:15 참고).

계 12:11

καὶ αὐτοὶ ἐνίκησαν αὐτὸν διὰ τὸ αἷμα τοῦ ἀρνίου καὶ διὰ τὸν λόγον τῆς μαρτυρίας αὐτῶν καὶ οὐκ ἠγάπησαν τὴν ψυχὴν αὐτῶν ἄχρι θανάτου.

그들 형제들이 어린 양의 피와 그들이 증언하는 말 때문에(말로 인하여) 그를 이겼다. 그들은 죽음에 이르기까지 자신들의 목숨을 사랑하지 않았다.

καὶ αὐτοὶ[1]
그리고 그들이 And they
ἐνίκησαν[2]
이겼다. overcame
αὐτὸν
그를 him
διὰ τὸ αἷμα[3]
피로/피로 말미암아 by the blood
τοῦ ἀρνίου
어린 양의 of the Lamb
καὶ διὰ τὸν λόγον[4]
또한 ~ 말로/말로 말미암아 and by the word

τῆς μαρτυρίας
증언하는 of ~ testimony,
αὐτῶν
그들의 their
καὶ οὐκ ἠγάπησαν[5]
사랑하지 않았다. and they did not love
τὴν ψυχὴν[6]
목숨을 lives
αὐτῶν
그들/자신들의 their
ἄχρι θανάτου[7]
죽기까지/죽음에 이르기까지 even to death

1. αὐτοί: 사건(술어)의 주체를 강조하기 위해서나, 주어의 전환을 위해 사용한 강조대명사.
2. ἐνίκησαν: '(그들이) 이겼다'; ἐ + νικα + σαν; 2:7 참고.
3. διὰ τὸ αἷμα: '피 때문에/말미암아'; διά(목적격, '때문에', 1:9; 소유격, '통하여', 1:1).
4. διὰ τὸν λόγον: 1:9; 6:9; 20:4 참고.
5. οὐκ ἠγάπησαν: '그들이 사랑하지 않았다'; ἐ + ἀγαπα + σαν.
6. ψυχὴν: ψυχή(영혼/사람, 6:9; 18:13-14; 20:4; 생명, 8:9; 16:3; 목숨, 12:11) < ψύχω(숨쉬다, 불다); ψυχικός(육에 속한, 세상적인).
7. ἄχρι θανάτου: '죽음에 이르기까지'; 2:10 참고.

계 12:12

διὰ τοῦτο εὐφραίνεσθε, [οἱ] οὐρανοὶ καὶ οἱ ἐν αὐτοῖς σκηνοῦντες. οὐαὶ τὴν γῆν καὶ τὴν θάλασσαν, ὅτι κατέβη ὁ διάβολος πρὸς ὑμᾶς ἔχων θυμὸν μέγαν, εἰδὼς ὅτι ὀλίγον καιρὸν ἔχει.

그러므로 하늘과 그 안에 거하는 자들아, 기뻐하라. 땅과 바다에는 화가 있다. 큰 분노를 지닌 마귀가 시간(때)이 적다는 것을 알고 너희에게 내려갔기 때문이다.

διὰ τοῦτο[1]
이로 인하여/그러므로 Therefore,

εὐφραίνεσθε,[2]
기뻐하라. Rejoice,

[οἱ] οὐρανοὶ[3]
하늘과 O heavens

καὶ οἱ
~ 자들아, and you

ἐν αὐτοῖς
그(하늘) 안에 in them!

σκηνοῦντες.
거하는/거주하는 ~ who dwell

οὐαὶ[4]
화가 있다(슬프다). Woe

τὴν γῆν
땅과 to the earth

καὶ τὴν θάλασσαν,
바다에 and the sea,

ὅτι[5]
~ 때문이다. for

κατέβη
내려갔기 ~ has come down,

ὁ διάβολος
마귀가 the devil

πρὸς ὑμᾶς
너희에게 to you

ἔχων[6]
가지고 having

θυμὸν[7]
분노를 wrath,

μέγαν,
큰 great

εἰδὼς
보고/깨닫고 knowing

ὅτι[8]
~음을 that

ὀλίγον
적은/얼마 남지 않은 short

καιρὸν
시간을 a ~ time."

ἔχει·
(자신이) 가졌~ he has

---

1. διὰ τοῦτο: '이 때문에'; 7:15 참고.
2. εὐφραίνεσθε: 명령법(수)는 '기뻐하라'; 11:10 참고.
3. [οἱ] οὐρανοὶ: 하늘을 복수로 쓸 때는 하늘의 영역과 크기를 강조하려 할 때일 수 있다(LXX 삼하 22:10; 시 8:4; 33:6; 50:6; 57:5, 10-11; 67:9; 합 3:3; 사 49:13; 겔 1:1; 단 3:59). 신약에는 특히 마태(마 3:2, 16-17 등)가 주로 복수로 사용한다.
4. οὐαὶ τὴν γῆν καὶ τὴν θάλασσαν: οὐαὶ + 여격(또는 목적격)은 '~에게 화가 있다'; 목적격 사용의 예(8:13).
5. ὅτι κατέβη: '내려갔기 때문이다'; 3:12 참고. 이유(원인)의 ὅτι 부사절; καταβαίνω(내려가다)의 제2부정과거 κατέβην, -βης, -βη.
6. ἔχων ... εἰδὼς: '가지고 … 보고'. 두 개의 분사는 '내려갔다'를 보조한다. 현재(ἔχων)와 현재완료 분사(εἰδὼς)이지만 εἰδὼς는 현재 의미로 쓰인다.
7. θυμὸν: θυμός(화, 분노), θυμομαχέω(크게 화를 내다), θυμόω(화를 내게 하다).
8. ὅτι ... ἔχει: '가지고 있음을'. ὅτι 명사절은 분사 εἰδὼς(알고, 깨닫고)의 목적어이다.

계 12:13

Καὶ ὅτε εἶδεν ὁ δράκων ὅτι ἐβλήθη εἰς τὴν γῆν, ἐδίωξεν τὴν γυναῖκα ἥτις ἔτεκεν τὸν ἄρσενα.

용이 자신이 땅으로 내쫓겨진 것을 알았을 때, 남자 아이를 해산한 여인을 핍박하였다.

12
διά 전.목
οὗτος 대지시.목.중단
εὐφραίνω 동명.현수.2복
ὁ 관.주.남복
οὐρανός 명.주.남복
καί 접.등
ὁ 관.주.남복
ἐν 전.여
αὐτός 대인칭.여.남복
σκηνόω 동분.현능.주남복
οὐαί 감탄
ὁ 관.목.여단
γῆ 명.목.여단
καί 접.등
ὁ 관.목.여단
θάλασσα 명.목.여단
ὅτι 접.종
καταβαίνω 동직.과능.3단
ὁ 관.주.남단
διάβολος 명.주.남단
πρός 전.목
σύ 대인칭.목.-복
ἔχω 동분.현능.주남단
θυμός 명.목.남단
μέγας 형일반.목.남단
οἶδα 동분.완능.주남단
ὅτι 접.종
ὀλίγος 형일반.목.남단
καιρός 명.목.남단
ἔχω 동직.현능.3단

13
καί 접.등
ὅτε 접.종
ὁράω 동직.과능.3단
ὁ 관.주.남단

Καὶ ὅτε[1]
(그리고) ~ 때 And when
εἶδεν
보았을/알았을 ~ saw
ὁ δράκων
용이 the dragon
ὅτι[2] ἐβλήθη
내쫓겼음/던져졌음을
that he had bben thrown down
εἰς τὴν γῆν,
땅으로 to the earth,

ἐδίωξεν
핍박했다. he pursued
τὴν γυναῖκα
그 여인을 the woman
ἥτις[3] ἔτεκεν
해산한 who had given birth
τὸν ἄρσενα.[4]
남자 아이를 to the male child.

왼쪽 단어 목록:

δράκων
명.주.남단
ὅτι
접.종
βάλλω
동직.과수.3단
εἰς
전.목
ὁ
관.목.여단
γῆ
명.목.여단
διώκω
동직.과능.3단
ὁ
관.목.여단
γυνή
명.목.여단
ὅστις
대관계.주.여단
τίκτω
동직.과능.3단
ὁ
관.목.남단
ἄρσην
형일.반.목.남단

---

1. ὅτε εἶδεν: '그가 보았을/볼 때에'; ὅτε 부사절('~할 때'); 1:17 참고.
2. ὅτι ἐβλήθη: '내쫓겼음을'. ὅτι 명사절 εἶδεν(보았다)의 목적어. ἐβλήθη, 8:7 참고.
3. ἥτις: 관계대명사 ἥτις 형용사절은 τὴν γυναῖκα(그 여인[을])을 수식한다. ἥτις는 1:12 참고. 여기서는 관계대명사(who)로 쓰였다.
4. ἄρσενα: 3변화 ἄρσην, -ενος(남자)의 목적격(단); 5절 참고.

계 12:14

14
καί
접.등
δίδωμι
동직.과수.3복
ὁ
관.여.여단
γυνή
명.여.여단
ὁ
관.주.여복
δύο
형기수.주.여복
πτέρυξ
명.주.여복
ὁ
관.소.남단
ἀετός
명.소.남단
ὁ
관.소.남단
μέγας
형일.반.소.남단
ἵνα
접.종
πέτομαι
동가.현중.3단
εἰς
전.목
ὁ
관.목.여단
ἔρημος
명.목.여단
εἰς
전.목
ὁ
관.목.남단
τόπος
명.목.남단
αὐτός
대인칭.소.여단
ὅπου
접.종
τρέφω
동직.현수.3단
ἐκεῖ
부
καιρός
명.목.남단

καὶ ἐδόθησαν τῇ γυναικὶ αἱ δύο πτέρυγες τοῦ ἀετοῦ τοῦ μεγάλου, ἵνα πέτηται εἰς τὴν ἔρημον εἰς τὸν τόπον αὐτῆς, ὅπου τρέφεται ἐκεῖ καιρὸν καὶ καιροὺς καὶ ἥμισυ καιροῦ ἀπὸ προσώπου τοῦ ὄφεως.

그 여인에게 큰 독수리의 두 날개가 주어졌다. 한 때와 두 때와 반 때, 뱀의 낯(얼굴)을 피하여 돌봄을 받을 장소인 광야로 날아가기 위해서였다.

καὶ ἐδόθησαν[1]
주어졌다. But ~ were given
τῇ γυναικὶ
그 여인에게 to the woman,
αἱ δύο πτέρυγες[2]
두 날개가 the two wings
τοῦ ἀετοῦ
독수리의 of the ~ eagle
τοῦ μεγάλου,
큰/거대한 great
ἵνα[3] πέτηται
날기/날아가기 위해서 so that she might fly
εἰς τὴν ἔρημον[4]
광야/황야, into the wilderness,
εἰς τὸν τόπον
즉, ~ 장소로 to ~ place

αὐτῆς,
그녀의 her
ὅπου[5] τρέφεται
그녀가 보살핌을 받는
where she is to be nourished
ἐκεῖ[6]
그곳에서 (there)
καιρὸν καὶ καιροὺς
καὶ ἥμισυ καιροῦ[7]
한 때와 두 때와 반 때를
a time, and times, and half a time,
ἀπὸ προσώπου[8]
낯(얼굴)으로부터/낯을 피하여
from the face/ presence
τοῦ ὄφεως.
뱀의 of the serpent.

---

1. ἐδόθησαν: 부정과거(수) 3복 '주어졌다'; 8:2 참고.
2. πτέρυγες: πτέρυξ, πτέρυγος(날개)의 주격 복수; 9:9 참고.
3. ἵνα πέτηται: 목적의 ἵνα 부사절(가정법); 8:7 참고.
4. ἔρημον: 여성명사이면서 2변화인 ἔρημος(광야, 황야) > ἐρημία(한적한 곳, 광야), ἐρημόω(황량하게

만들다, 파괴하다), ἐρήμωσις(황량함, 멸망).

5. ὅπου: ὅπου(where) 부사절; 2:13 참고.

6. ὅπου … ἐκεῖ: 6절 참고; ἐκεῖ(그곳에, 거기에)는 강조의 목적이 있다.

7. καιρὸν καὶ καιροὺς καὶ ἥμισυ καιροῦ: '한 때 + 두 때 + 반 때'; 시간의 목적격은 기간(duration)을 부각한다.

8. ἀπὸ προσώπου: 문자적, '~의 얼굴(낯)로부터', '~ 앞에서부터'; 6:16 참고.

계 12:15

καὶ ἔβαλεν ὁ ὄφις ἐκ τοῦ στόματος αὐτοῦ ὀπίσω τῆς γυναικὸς ὕδωρ ὡς ποταμόν, ἵνα αὐτὴν ποταμοφόρητον ποιήσῃ.

그녀를 강물에 빠지게 하려고, 뱀은 그의 입에서 강물 같은 물을 여인의 뒤에서 내품었다(던졌다).

καὶ ἔβαλεν 그리고 ~ 던졌다/내품었다. And ~ poured	ὡς ποταμόν, 강/강물과 같은 like a river
ὁ ὄφις 뱀은 the serpent	ἵνα² ~고 so that
ἐκ τοῦ στόματος 입으로부터 out of ~ mouth	αὐτὴν 그녀를 her
αὐτοῦ 그의 his	ποταμοφόρητον 물(강물)에 빠지게/휩쓸리게 to be swept away with the flood.
ὀπίσω τῆς γυναικὸς¹ 그 여인의 뒤에서 after the woman,	ποιήσῃ. 만드려/하려~ he might cause
ὕδωρ 물을 water	

1. ὀπίσω τῆς γυναικὸς: '여인의 뒤에(서)'; 전치사 ὀπίσω (뒤에)는 소유격을 취한다; 1:10 참고.

2. ἵνα … ποταμοφόρητον ποιήσῃ: 목적의 ἵνα + 가정법('만들려고'). ποταμός(강) + φόρητος(운반된 < φορέω, 운반하다) = ποταμοφόρητος(강물에 휩쓸린).

계 12:16

καὶ ἐβοήθησεν ἡ γῆ τῇ γυναικὶ καὶ ἤνοιξεν ἡ γῆ τὸ στόμα αὐτῆς καὶ κατέπιεν τὸν ποταμὸν ὃν ἔβαλεν ὁ δράκων ἐκ τοῦ στόματος αὐτοῦ.

땅이 여인을 도와 그 입을 열어, 용이 그의 입에서 내품은(내던진) 강물을 삼켰다.

καὶ ἐβοήθησεν¹ 그런데 ~ 도왔고 But ~ helped	τὸ στόμα 입을 mouth
ἡ γῆ 땅이 the earth	αὐτῆς 그(땅)의 its
τῇ γυναικὶ 그 여인을 the woman,	καὶ κατέπιεν³ 삼켰다. and swallowed
καὶ ἤνοιξεν² 열었다. and ~ opened	τὸν ποταμὸν 강(강물들)을 the river
ἡ γῆ 땅이 the earth	ὃν⁴ ~진/~은 that

ἔβαλεν
던~/내품~ had poured

ὁ δράκων
용이 the dragon

ἐκ τοῦ στόματος
입으로부터 from ~ mouth.

αὐτοῦ.
그의 his

---

1. ἐβοήθησεν: '도왔다'. βοηθέω(돕다, 지원하다; to run to the cry; Thayer)는 여격을 목적어로 받는다. 그래서 τῇ γυναικὶ가 여격이다. βοή(외침, cry) + θέω(달리다) = βοηθέω > βοήθεια(도움), βοηθός(돕는, 돕는 자).
2. ἤνοιξεν: '열었다'(ἐ + ἀνοίγ + σεν); 6:1 참고.
3. κατέπιεν: καταπίνω(다 마시다) = κατά(through) + πίνω(마시다); 제2부정과거 κατέπιον의 3단.
4. ὃν ἔβαλεν: '내품은/던진'. ποταμὸν(강물[을])을 수식하는 형용사절; ἔβαλεν(던졌다)는 8:5 참고.

계 12:17

καὶ ὠργίσθη ὁ δράκων ἐπὶ τῇ γυναικὶ καὶ ἀπῆλθεν ποιῆσαι πόλεμον μετὰ τῶν λοιπῶν τοῦ σπέρματος αὐτῆς τῶν τηρούντων τὰς ἐντολὰς τοῦ θεοῦ καὶ ἐχόντων τὴν μαρτυρίαν Ἰησοῦ.

용이 여인에 대해 분노하였다. 하나님의 계명(들)을 지키고 있고 예수의 증언을 가지고 있는, 그녀의 씨(자손)의 남은 자들과 전쟁을 하려고 나갔다(떠났다).

καὶ ὠργίσθη[1]
화가 났다/분노가 치밀었다. And ~ was enraged

ὁ δράκων
용이 the dragon

ἐπὶ τῇ γυναικὶ[2]
그 여인에게/에 대해 with the woman

καὶ ἀπῆλθεν[3]
그리고 ~ 나갔다/떠났다. and went off

ποιῆσαι[4]
하려고 to make

πόλεμον[5]
전쟁을 war

μετὰ τῶν λοιπῶν
남은 자들과 with the rest

τοῦ σπέρματος[6]
씨/자손의 of ~ offspring,

αὐτῆς
그녀의 her

τῶν τηρούντων[7]
지키는/지키고 있는 who keep

τὰς ἐντολὰς[8]
계명들을 the commandments

τοῦ θεοῦ
하나님의 of God

καὶ ἐχόντων
가지고 있는 and hold

τὴν μαρτυρίαν
증언을/증거를 to the testimony

Ἰησοῦ.
예수의 of Jesus.

---

1. ὠργίσθη: '화가 났다'; ἐ(시상접두어) + ὀργίζ(화를 북돋다) + θη(수동태 3단); 11:18 참고.
2. ἐπὶ τῇ γυναικὶ: '그 여인에게/에 대해'.
3. ἀπῆλθεν: ἀπό(from, out of) + ἐ(시상접두어) + ελθ(ἔρχομαι, '가다/오다'의 부정과거 어간) + ε(ν)(어미 3단) = ἀπῆλθεν(그가 떠났다).

좌측 여백 주석:

αὐτός
대인칭 소 여단
καί
접 등
καταπίνω
동직 과능 3단
ὁ
관 목 남단
ποταμός
명.목.남단
ὅς
대관계 목 남단
βάλλω
동직 과능 3단
ὁ
관.주 남단
δράκων
명.주 남단
ἐκ
전 소
ὁ
관 소 중단
στόμα
명.소 중단
αὐτός
대인칭 소 남단

17
καί
접 등
ὀργίζω
동직 과수 3단
ὁ
관.주 남단
δράκων
명.주 남단
ἐπί
전 여
ὁ
관 여 여단
γυνή
명 여 여단
καί
접 등
ἀπέρχομαι
동직 과능 3단
ποιέω
동부 과능
πόλεμος
명.목 남단
μετά
전 소
ὁ
관.소 남복
λοιπός
형일반 소 남복
ὁ
관.소 중단
σπέρμα
명.소 중단
αὐτός
대인칭 소 여단
ὁ
관 소 남복
τηρέω
동분 현능소남복
ὁ
관 목 여복
ἐντολή
명.목 여복
ὁ
관 소 남단
θεός
명.소 남단
καί
접 등
ἔχω
동분 현능소남복

4. ποιῆσαι: ποιέ + σαι; 목적의 부정사로 ἀπῆλθεν의 목적어('행하기 위하여')이다.

5. ποιῆσαι πόλεμον: '전쟁을 하기 위해'; 11:7 참고.

6. σπέρματος: σπέρμα(씨), σπείρω(씨를 뿌리다). 3변화 중성 σπέρμα는 αἷμα(피, 1:5)와 같은 변화를 갖는다. -μα(피), -ματος, -ματι, -μα(sg); -ματα, -μάτων, -μασι(ν), -ματα(pl).

7. τηρούντων: τηρέ + οντων; 현재분사 소유격(남복). '남은 자들'을 수식한다.

8. ἐντολὰς: ἐντολή(계명, 명령) < ἐντέλλω(명령하다).

ὁ
관.목.여단
μαρτυρία
명.목.여단
Ἰησοῦς
명.소.남단

계 12:18

Καὶ ἐστάθη ἐπὶ τὴν ἄμμον τῆς θαλάσσης.

그리고 바다의 모래 위에 섰다.

18
καί
접.등
ἵστημι
동.직.과수.3단
ἐπί
전.목
ὁ
관.목.여단
ἄμμος
명.목.여단
ὁ
관.소.여단
θάλασσα
명.소.여단

Καὶ ἐστάθη[1]

그리고 그는 ~ 섰다. And he stood

ἐπὶ τὴν ἄμμον[2]

모래 위에 on the sand

τῆς θαλάσσης.

바다의 of the sea.

---

1. ἐστάθη ἐπὶ ...: '...에 섰다'; 8:3 참고.

2. ἄμμον: ἄμμος(모래, 모래밭).

계 13:1

Καὶ εἶδον ἐκ τῆς θαλάσσης θηρίον ἀναβαῖνον, ἔχον κέρατα δέκα καὶ κεφαλὰς ἑπτὰ καὶ ἐπὶ τῶν κεράτων αὐτοῦ δέκα διαδήματα καὶ ἐπὶ τὰς κεφαλὰς αὐτοῦ ὀνόμα[τα] βλασφημίας.

또 나는 바다에서 올라오는 한 짐승을 보았다. 열 뿔과 일곱 머리를 가졌는데 그 뿔들에 열 왕관을, 그 머리들 위에는 신성모독의 이름들을 가지고 있었다.

Καὶ εἶδον
또 나는 ~ 보았다. And I saw

ἐκ τῆς θαλάσσης
바다에서 out of the sea,

θηρίον[1]
한 짐승을 a beast

ἀναβαῖνον,[2]
올라오는 coming up

ἔχον[3]
가진/가지고 있는 having

κέρατα δέκα
열 뿔과 ten horns

καὶ κεφαλὰς ἑπτὰ[4]
일곱 머리, and seven heads,

καὶ ἐπὶ τῶν κεράτων
그리고 뿔에/뿔 위에 and ~on ~ horns,

αὐτοῦ
그의 his

δέκα διαδήματα[5]
열 왕관과 ten diadems

καὶ ἐπὶ τὰς κεφαλὰς
머리에/머리 위에 and ~ on ~ heads.

αὐτοῦ
그의 his

ὀνόμα[τα]
이름[들]을 names.

βλασφημίας.[6]
중상하는/신성모독의 blasphemous

---

1. θηρίον: '(한) 짐승을'; 6:8 참고.
2. ἀναβαῖνον: '올라오는'(현재분사); ἀνα + βαῖν + ον; 4:1 참고. '짐승'을 수식한다.
3. ἔχον: 현재분사 ἔχον은 ἀναβαῖνον과 동격인데 서술적으로 보면 '짐승이 ~을 가진/가지고 있는 것을'이다.
4. κέρατα δέκα καὶ κεφαλὰς ἑπτὰ: '열 뿔과 일곱 머리를'(12:3).
5. δέκα διαδήματα: '열 개의 왕관을'(12:3의 '일곱 왕관'과 비교).
6. ὀνόμα[τα] βλασφημίας: '신성모독의 이름(들)을'. 역시 ἔχον(가진 [것을])의 목적어이다. βλασφημία(신성모독, 훼방, 비방) < βλάσφημος(악하게 말하기, 비방하여 말하기) < βλάπτω(해치다, 상하게 하다) + φήμη(말); Thayer; 2:9 참고.

계 13:2

καὶ τὸ θηρίον ὃ εἶδον ἦν ὅμοιον παρδάλει καὶ οἱ πόδες αὐτοῦ ὡς ἄρκου καὶ τὸ στόμα αὐτοῦ ὡς στόμα λέοντος. καὶ ἔδωκεν αὐτῷ ὁ δράκων τὴν δύναμιν αὐτοῦ καὶ τὸν θρόνον αὐτοῦ καὶ ἐξουσίαν μεγάλην.

> 내가 본 그 짐승은 표범과 비슷했는데 그 발은 곰의 것과 같고 그 입은 사자의 입과 같았다. 용이 그의 능력과 그의 보좌와 큰 권세를 그에게 주었다.

καὶ τὸ θηρίον
그 짐승은 And the beast

ὃ εἶδον[1]
내가 본 that I saw

ἦν
~았다/~했다. was

ὅμοιον παρδάλει[2]
표범과 같~/비슷 like a leopard,

καὶ οἱ πόδες
그리고 발(들)은 and ~ feet

αὐτοῦ
그의 his

ὡς[3] ἄρκου[4]
곰과 같고 like a bear's,

καὶ τὸ στόμα
입은 and ~ mouth

αὐτοῦ
그의 his

ὡς στόμα
입과 같았다. like a ~ mouth.

λέοντος.[5]
사자의 lion's

καὶ ἔδωκεν[6]
주었다. And ~ gave

αὐτῷ
그에게 to it

ὁ δράκων
용은 the dragon

τὴν δύναμιν
능력/힘과 power

αὐτοῦ
그의 his

καὶ τὸν θρόνον
보좌와 and ~ throne

αὐτοῦ
그의 his

καὶ ἐξουσίαν
권세를 and ~ authority.

μεγάλην.[7]
큰 great

---

1. ὃ εἶδον: '내가 본'. 관형절로 '그 짐승'을 수식한다. 관계대명사 ὃ는 εἶδον(내가 보았다)의 목적격이다.

2. παρδάλει: πάρδαλις(표범), παρδάλεως, παρδάλει, πάρδαλιν(sg); παρδάλεις, παρδάλεων, παρδάλεσι, παρδάλεις(pl).

3. ὡς: ὡς + 소유격은 '~의 것과 같은'(벧전 1:19 참조; Friberg).

4. ἄρκου: ἄρκτος(곰), θηρίον(짐승), λέων(사자), πάρδαλις(표범), λύκος(늑대), κύων(들개), ἀετός(독수리).

5. λέοντος: '사자의'; 4:7 참고.

6. ἔδωκεν: '주었다'; 2:7 참고.

7. μεγάλην: '큰'; 여단 목적격. μέγας, μεγάλη, μέγα.

계 13:3

καὶ μίαν ἐκ τῶν κεφαλῶν αὐτοῦ ὡς ἐσφαγμένην εἰς θάνατον, καὶ ἡ πληγὴ τοῦ θανάτου αὐτοῦ ἐθεραπεύθη. Καὶ ἐθαυμάσθη ὅλη ἡ γῆ ὀπίσω τοῦ θηρίου

> 그의 머리들 가운데 하나가 죽음에 이르는 상처를 입은 것 같았다. 그런데 그 죽음의 상처가 치료가 되었다. 그래서 온 땅이 놀랐고 그 짐승을 따랐다.

(좌측 난외 분해)

2
καί
접등
ὁ
관주중단
θηρίον
명주중단
ὅς
대관계.목.중단
ὁράω
동직.과능.1단
εἰμί
동직.미완능.3단
ὅμοιος
형일반.주.중단
πάρδαλις
명.여.여단
καί
접등
ὁ
관주남복
πούς
명.주.남복
αὐτός
대인칭.소.중단
ὡς
접종
ἄρκος
명.소.여단
καί
접등
ὁ
관주중단
στόμα
명주중단
αὐτός
대인칭.소.중단
ὡς
접종
στόμα
명.주.중단
λέων
명.소.남단
καί
접등
δίδωμι
동직.과능.3단
αὐτός
대인칭.여.중단
ὁ
관주남단
δράκων
명.주.남단
ὁ
관.목.여단
δύναμις
명.목.여단
αὐτός
대인칭.소.남단/
대인칭.소.중단
καί
접등
ὁ
관.목.남단
θρόνος
명.목.남단
αὐτός
대인칭.소.남단/
대인칭.소.중단
καί
접등
ἐξουσία
명.목.여단
μέγας
형일반.목.여단

3
καί
접등
εἰς
형기수.목.여단
ἐκ
전.소

καὶ μίαν[1]
그리고 ~ 하나를 (보았다.) And I saw one

ἐκ τῶν κεφαλῶν
머리로부터/머리의 of ~ heads

αὐτοῦ
그의 its

ὡς ἐσφαγμένην[2]
깊은 상처를 입은 것 같은 as if it had wounded

εἰς θάνατον,
죽음에 이르는 to death,

καὶ ἡ πληγὴ[3]
그런데 ~ 그 상처는 but ~ wound

τοῦ θανάτου
죽음의/치명적인 fatal

αὐτοῦ
그의 its

ἐθεραπεύθη.[4]
나았다/치료가 되었다. was healed,

Καὶ ἐθαυμάσθη[5]
그래서 ~ 놀라게 되었다. and ~ was amazed

ὅλη ἡ γῆ[6]
온 땅이 the whole earth

ὀπίσω τοῦ θηρίου[7]
짐승의 뒤를 (따랐다.) and followed after the beast.

1. μίαν: '하나를'; 6:3 참고. κεφαλή(머리) 때문에 여성 μίαν이다.
2. ὡς ἐσφαγμένην: 문자적, '죽임을 당한 것 같은'. ἐσφαγμένην은 현재완료 분사(수)로 '죽임을 당한 것'이다. 현재완료 분사는 그 상태(결과)에 있음을 말해준다. σφάζω(살해하다), 5:6 참고.
3. πληγὴ: πληγή는 '재앙'(9:18)과 함께 '타격(blow), 상처(wound)'의 뜻이 있다.
4. ἐθεραπεύθη: '(그것이) 나았다/치료되었다'; ἐ + θεραπεύ + θη; θεραπεύω(치료하다, 회복하다; 섬기다) > θεραπεία(치유, 섬김, 종), θεράπων(종, 수행원).
5. ἐθαυμάσθη: '놀라게 되었다'; ἐ + θαυμάζ + θη. θαυμάζω(놀라다, 의아하게 여기다), θαῦμα(놀라움, 기이함), θαυμάσιος(놀라운/기이한 일), θαυμαστός(놀라운, 기이한).
6. ὅλη ἡ γῆ: '온 땅'. ὅλος(모든, 전체의)은 보통 '정관사 + 명사' 앞 또는 뒤에 위치한다.
7. ὀπίσω τοῦ θηρίου: '짐승의 뒤를 (따랐다)'(마 4:19; 요 12:19; 벧후 2:10 참조). 술어가 생략되었다.

계 13:4

καὶ προσεκύνησαν τῷ δράκοντι, ὅτι ἔδωκεν τὴν ἐξουσίαν τῷ θηρίῳ, καὶ προσεκύνησαν τῷ θηρίῳ λέγοντες· τίς ὅμοιος τῷ θηρίῳ καὶ τίς δύναται πολεμῆσαι μετ᾽ αὐτοῦ;

그들이 용에게 경배하였다. 용이 짐승에게 권세를 주었기 때문이다. 또 짐승에게도 경배하며 말하였다. "누가 이 짐승과 같은가? 또 누가 그에 대항하여 싸울 수 있는가?"

καὶ προσεκύνησαν[1]
그리고 ~ 경배했다. And they worshiped

τῷ δράκοντι,
용에게 the dragon,

ὅτι[2] ἔδωκεν
주었기 때문이다. for he had given

τὴν ἐξουσίαν
권세를 his authority

τῷ θηρίῳ,
짐승에게 to the beast,

καὶ προσεκύνησαν
또 ~ 경배했다. and they worshiped

τῷ θηρίῳ
짐승에게 the beast,

λέγοντες·[3]
말하면서 saying,

τίς
"누가 Who

ὅμοιος τῷ θηρίῳ
짐승과 같고 is like beast,

καὶ τίς
누가 and who

δύναται[4]
~ 수 있는가?" can

πολεμῆσαι[5]
싸울 ~ way war

μετ᾽ αὐτοῦ;[6]
그와 (함께)/그에 대항하여 with him?"

θηρίον
명.여.주단
καὶ
접.등
τίς
대의문.주.남단
δύναμαι
동직.현중.3단
πολεμέω
동부.과능
μετά
전.소
αὐτός
대인칭.소.중단

1. προσεκύνησαν: '예배하였다, 경배하였다'; πρός + ε + κυνε + σαν. 4절은 προσκυνέω + 여격의 사용이 거짓된 대상에게 경배하는 경우인데, Wallace는 예외적인 용례(4:10 참조)로 규정한다. 용과 짐승과 이를 경배하는 자들의 개인적(personal) 관계에 초점을 둔 경우일 것이다(Wallace, 172).
2. ὅτι ἔδωκεν: 이유(원인)의 ὅτι 부사절('때문에'). δίδωμι(주다)는 부정과거에서 중복된 자음(δ) 가운데 하나만 남는다(ἔδωκα).
3. λέγοντες: '말하면서'. 현재분사(남복 주격)는 '경배하였다'와 주어를 공유한다.
4. δύναται: '~ 수 있다'; 2:2 참고.
5. πολεμῆσαι: πολεμε + σαι; πολεμέω(전쟁하다)의 부정과거 부정사; 2:16 참고.
6. μετ' αὐτοῦ: μετά + αὐτοῦ.

계 13:5

5
καὶ
접.등
δίδωμι
동직.과수.3단
αὐτός
대인칭.여.중단
στόμα
명.주.중단
λαλέω
동분.현능주.중단
μέγας
형일반.목.중복
καὶ
접.등
βλασφημία
명.목.여복
καὶ
접.등
δίδωμι
동직.과수.3단
αὐτός
대인칭.여.중단
ἐξουσία
명.주.여단
ποιέω
동부.과능
μήν
명.목.남복
τεσσεράκοντα
형기.수
καὶ
접.등
δύο
형기.수.목.남복

Καὶ ἐδόθη αὐτῷ στόμα λαλοῦν μεγάλα καὶ βλασφημίας καὶ ἐδόθη αὐτῷ ἐξουσία ποιῆσαι μῆνας τεσσεράκοντα [καὶ] δύο.

방자하게 신성모독을 하는 입이 그에게 주어졌다. 또 그에게 42개월 동안 행하는 권세가 주어졌다.

Καὶ ἐδόθη	καὶ ἐδόθη
그리고 ~ 주어졌다. And ~ was given	또 ~ 주어졌다. and ~ was given
αὐτῷ	αὐτῷ
그에게 to him,	그에게 to him.
στόμα	ἐξουσία
입이 a mouth	권세가 authority
λαλοῦν[1]	ποιῆσαι[2]
말하는/말하게 uttering	행하는/행하기 위해 to exercise
μεγάλα	μῆνας τεσσεράκοντα [καὶ] δύο.[3]
오만하게/방자하게 haughty words	사십이 개월 동안 for 42 months.
καὶ βλασφημίας	
또 중상을/신성모독을 and blasphemies,	

1. λαλοῦν μεγάλα καὶ βλασφημίας: 현재분사 λαλοῦν(말하는; ε + ον = οῦν)은 στόμα(입)를 수식한다. 형용사인 μεγάλα(많은 것을)는 목적어로 쓰였고, 명사 βλασφημίας(신성모독도)도 목적어가 된다.
2. ποιῆσαι: 부정과거 부정사 ποιῆσαι(행하는; ποιέ +σαι)는 ἐδόθη(주어졌다)의 목적어로 보는 것이 좋다.
3. μῆνας τεσσεράκοντα [καὶ] δύο: '42개월 동안'; 11:2 참고.

계 13:6

6
καὶ
접.등
ἀνοίγω
동직.과능.3단
ὁ
관.목.중단
στόμα
명.목.중단
αὐτός
대인칭.소.중단

καὶ ἤνοιξεν τὸ στόμα αὐτοῦ εἰς βλασφημίας πρὸς τὸν θεὸν βλασφημῆσαι τὸ ὄνομα αὐτοῦ καὶ τὴν σκηνὴν αὐτοῦ, τοὺς ἐν τῷ οὐρανῷ σκηνοῦντας.

그가 하나님을 향해 신성모독하는(비방하는) 입을 열었다. 그의 이름과 그의 장막, 즉 하늘에 거하는 자들을 모독하였다.

καὶ ἤνοιξεν[1]
그리고 ~ 열었다. And it opened

τὸ στόμα
입을 mouth

αὐτοῦ
그의 its

εἰς βλασφημίας[2]
중상/신성모독을 in blasphemies

πρὸς τὸν θεὸν
하나님을 향해 against God,

βλασφημῆσαι[3]
중상하는/신성모독하는 to blaspheme

τὸ ὄνομα
이름과 name

αὐτοῦ
그의 his

καὶ τὴν σκηνὴν[4]
장막/거하시는 곳 and ~ tabernacle,

αὐτοῦ,
그의 his

τοὺς ἐν τῷ οὐρανῷ
(즉) 하늘에서 ~ 하는 자들을,
that is, those who ~ in heaven.

σκηνοῦντας.[5]
(장막에) 거하는/거주하는 dwell

εἰς
전.목
βλασφημία
명.목.여복
πρός
전.목
ὁ
관.목.남단
θεός
명.목.남단
βλασφημέω
동부.과능
ὁ
관.목.중단
ὄνομα
명.복.중단
αὐτός
대인칭소 남단
καί
접.등
ὁ
관.목.여단
σκηνή
명.목.여단
αὐτός
대인칭소 남단
ὁ
관.목.남복
ἐν
전.여
ὁ
관.여.남단
οὐρανός
명.여.남단
σκηνόω
동분.현능.목.남복

1. ἤνοιξεν: '열었다'(ἐ + ἀνοίγ + σεν); 6:1 참고.
2. εἰς βλασφημίας: '신성모독을 위한'.
3. βλασφημῆσαι: '신성모독하는'(βλασφημέ +σαι). 부정사로 τὸ στόμα를 보충 설명하는(epexegetical) 역할을 한다. βλασφημέω([신성]모독하다, 비방하다), βλασφημία([신성]모독, 비방), βλάσφημος(모독하는, 비방하는).
4. σκηνήν: σκηνή/σκῆνος(tent, 장막/성막), σκηνόω(장막에 거하다), σκηνοπηγία(장막절), σκηνοποιός(장막업자), σκήνωμα(장막, 거주).
5. τοὺς ἐν τῷ οὐρανῷ σκηνοῦντας: '하늘에 있는 장막에 거하는 자들'. 분사가 독립적으로 쓰인 τοὺς ... σκηνοῦντας(those who dwell)는 명사절로 βλασφημῆσαι의 목적어가 된다. ἐν τῷ οὐρανῷ(하늘에 있는)는 σκηνοῦντας(σκηνέ + οντας)의 부사구이다.

계 13:7

καὶ ἐδόθη αὐτῷ ποιῆσαι πόλεμον μετὰ τῶν ἁγίων καὶ νικῆσαι αὐτούς, καὶ ἐδόθη αὐτῷ ἐξουσία ἐπὶ πᾶσαν φυλὴν καὶ λαὸν καὶ γλῶσσαν καὶ ἔθνος.

또 그에게 성도들을 대적하여 싸우는 것과 그들을 이기는 것이 주어졌다. 또 그에게 모든 종족과 백성과 언어와 민족 위의 권세가 주어졌다.

καὶ ἐδόθη
또 ~ 주어졌다. And it was given

αὐτῷ
그에게 to him

ποιῆσαι[1]
하는 것이 to make

πόλεμον
전쟁을 war

μετὰ τῶν ἁγίων
성도들과 함께 with the saints

καὶ νικῆσαι[2]
또 ~ 이기는 것이 and to overcome

αὐτούς,
그들을 them.

καὶ ἐδόθη
그리고 ~ 주어졌다. And ~ was given

αὐτῷ
그에게 to him.

ἐξουσία
권세가 authority

ἐπὶ[3] πᾶσαν[4]
모든 ~ 위에/모든 ~를 (다스리는) over every

φυλὴν
종족과 tribe

καὶ λαὸν
백성과 and people

καὶ γλῶσσαν
언어와 and tonge

καὶ ἔθνος.
민족/나라 ~ and nation

7
καί
접.등
δίδωμι
동직.과수.3단
αὐτός
대인칭소.여.중단
ποιέω
동부 과능
πόλεμος
명.목.남단
μετά
전.소
ὁ
관.소.남복
ἅγιος
형일반.소 남복
καί
접.등
νικάω
동부.과능
αὐτός
대인칭.목.남복
καί
접.등
δίδωμι
동직.과수.3단
αὐτός
대인칭.여.중단
ἐξουσία
명.주.여단
ἐπί
전.목
πᾶς
형부정.목.여단
φυλή
명.목.여단

καί
접.등
λαός
명.목.남단
καί
접.등
γλῶσσα
명.목.여단
καί
접.등
ἔθνος
명.목.중단

1. ποιῆσαι πόλεμον: ἐδόθη(주어졌다)의 진주어이다('전쟁하는 것이'). ποιέ + σαι = ποιῆσαι.

2. νικῆσαι: ποιῆσαι와 함께 진주어가 된다('이기는 것이'); νικά + σαι = νικῆσαι.

3. ἐξουσία ἐπὶ ...: '~에 대한 권세'; 6:8 참고.

4. πᾶσαν: '모든'(여단 목적격). 여성변화, πᾶσα, πάσης, πάσῃ, πᾶσαν(sg); πᾶσαι, πασῶν, πάσαις, πάσας(pl).

계 13:8

8
καί
접.등
προσκυνέω
동직.미능.3복
αὐτός
대인칭.목.남단
πᾶς
형부정.주.남복
ὁ
관.주.남복
κατοικέω
동분.현능.주.남복
ἐπί
전.소
ὁ
관.소.여단
γῆ
명.소.여단
ὅς
대관계.소.남단
οὐ
부
γράφω
동직.완수.3단
ὁ
관.주.중단
ὄνομα
명.주.중단
αὐτός
대인칭.소.남단
ἐν
전.여
ὁ
관.여.중단
βιβλίον
명.여.중단
ὁ
관.소.여단
ζωή
명.소.여단
ὁ
관.소.중단
ἀρνίον
명.소.중단
ὁ
관.소.중단
σφάζω
동분.완수소.중단
ἀπό
전.소
καταβολή
명.소.여단
κόσμος
명.소.남단

καὶ προσκυνήσουσιν αὐτὸν πάντες οἱ κατοικοῦντες ἐπὶ τῆς γῆς, οὗ οὐ γέγραπται τὸ ὄνομα αὐτοῦ ἐν τῷ βιβλίῳ τῆς ζωῆς τοῦ ἀρνίου τοῦ ἐσφαγμένου ἀπὸ καταβολῆς κόσμου.

땅에 거하는 모든 자들, 즉 창세 이래로 그 이름이, 죽임을 당하신 어린 양의 생명책(생명의 두루마리)에 기록되지 않은 자들이 다 그에게 경배할 것이다.

καὶ προσκυνήσουσιν[1]
(그리고) ~ 경배할 것이다. And ~ will worship

   αὐτὸν
   그를 it,

πάντες[2] οἱ κατοικοῦντες[3]
거주하는 모든 자들이 all who dwell

   ἐπὶ τῆς γῆς,
   땅에 on earth

   οὗ[4]
   ~ 자들(의) all

     οὐ γέγραπται[5]
     기록되지 않는/쓰여 있지 않는 have not been written

τὸ ὄνομα
이름이 name(s)

αὐτοῦ
그의 whose

   ἐν τῷ βιβλίῳ[6]
   두루마리/책에 in the book

     τῆς ζωῆς
     생명의 of life

      τοῦ ἀρνίου[7]
      어린 양의 of the Lamb

       τοῦ ἐσφαγμένου[8]
       죽임을 당하신 who was slain.

     ἀπὸ καταβολῆς[9]
     기초가 세워질/창조의 때로부터
     before the foundation

      κόσμου.
      세상의 of the world

1. προσκυνήσουσιν: '(그들이) 경배할 것이다'; προσκυνέ + σουσιν. 미래시제의 사용은 미래의 일에 대한 예고 및 경고의 뉘앙스가 있을 것이다.

2. πάντες: '모든'(남복 주격). 남성변화, πᾶς, παντός, παντί, πάντα(sg); πάντες, πάντων, πᾶσι(ν), πάντας(pl).

3. κατοικοῦντες: '거주하는 자들이'(κατοικέ + οντες).

4. οὗ ... αὐτοῦ: 관계대명사(남단 소유격) οὗ는 동격인 αὐτοῦ(그의)와 함께 각 사람을 강조하기 위해 단수로 쓰였다. 선행사는 '거주하는 자들'이고 τὸ ὄνομα(이름)를 수식한다.

5. οὐ γέγραπται: 현재완료(수) γέγραπται는 진행된 과정과 결과를 함께 부각한다('쓰여 있지 않는).

6. ἐν τῷ βιβλίῳ τῆς ζωῆς: '생명의 책에/생명책에'; '생명의'는 속성적(attributive) 소유격. 생명책(13:8; 17:8; 20:12; 21:27).

7. τοῦ ἀρνίου: '어린 양의'가 두루마리나 생명, 어느 쪽의 소유격(근원의 속격)도 가능하다; '어린 양의 생명'; '어린 양의 두루마리'.

8. τοῦ ἐσφαγμένου: '죽임을 당하신 (분의)'. τοῦ ἀρνίου를 부연한다.

9. ἀπὸ καταβολῆς: '기초(가 세워진) 이래'. ἀπὸ는 시간을 가리킬 때 '~ 때로부터(from), ~이래로(after)' 가 된다(LSJ). καταβολή(기초, 시작) = κατά(down) + βολή(< βάλλω, 던지다).

계 13:9

Εἴ τις ἔχει οὖς ἀκουσάτω.

만일 누가 귀를 가지고 있다면, 그로 듣게 하라(들으라).

9
εἰ
접종
τις
대부정.주.남단
ἔχω
동직.현능.3단
οὖς
명.목.중단
ἀκούω
동명.과능.3단

Εἴ τις[1]
만일 누가 ~ 있으면/~ 자라면 If anyone
ἔχει
가지고/가진 ~ has
οὖς[2]
귀를 an ear,
ἀκουσάτω.[3]
(그로) 듣게 하라. let him hear:

---

1. Εἴ τις ἔχει: '누구든지 ~ 가진 자는'; 11:5 참고.
2. οὖς: '귀(들)을'; 2:7 참고.
3. ἀκουσάτω: 명령법 3단은 '듣게 하라'(let hear)고 번역할 수 있지만, 직접 명령인 '들으라'는 의미적 뉘앙스가 더 크다.

계 13:10

εἴ τις εἰς αἰχμαλωσίαν, εἰς αἰχμαλωσίαν ὑπάγει· εἴ τις ἐν μαχαίρῃ ἀποκτανθῆναι αὐτὸν ἐν μαχαίρῃ ἀποκτανθῆναι. Ὧδέ ἐστιν ἡ ὑπομονὴ καὶ ἡ πίστις τῶν ἁγίων.

만일 누가 포로가 된다면, 포로가 될 것이다. 만일 누가 칼에 죽임을 당한다면, 칼에 죽임을 당하게 될 것이다. 여기에 성도들의 인내와 믿음이 있다.

10
εἰ
접종
τις
대부정.주.남단
εἰς
전.목
αἰχμαλωσία
명.목.여단
εἰς
전.목
αἰχμαλωσία
명.목.여단
ὑπάγω
동직.현능.3단
εἰ
접종
τις
대부정.주.남단
ἐν
전.여
μάχαιρα
명.여.여단
ἀποκτείνω
동부.과수
αὐτός
대인칭.목.남단
ἐν
전.여
μάχαιρα
명.여.여단
ἀποκτείνω
동부.과수
ὧδε
부
εἰμί
동직.현능.3단
ὁ
관.주.여단
ὑπομονή
명.주.여단
καί
접등
ὁ
관.주.여단

εἴ τις[1]
"만일 누가 "If anyone
εἰς αἰχμαλωσίαν,
포로가 되었다면 is to go into captivity,
εἰς αἰχμαλωσίαν[2]
포로가 될 ~ to
ὑπάγει·[3]
~ 것이다(그같이 되어갈 것이다). he goes;
εἴ τις
만일 누가 If anyone
ἐν μαχαίρῃ[4]
검/칼에 with the sword,
ἀποκτανθῆναι[5]
죽임을 당한다면 is to be slain
αὐτὸν
(그를/그가) he

ἐν μαχαίρῃ
검으로/칼로 with the sword."
ἀποκτανθῆναι.
죽임을 당할 (당하게 될 것이다.)" must be killed
Ὧδέ[6]
여기에 Here
ἐστιν
있다. is
ἡ ὑπομονὴ[7]
인내/오래참음과 the endurance
καὶ ἡ πίστις[8]
믿음이 and the faith
τῶν ἁγίων.
성도들의 of the saints.

---

1. εἴ τις ... εἴ τις ...: '만일 누가 ~면 … 만일 누가 ~면'; 1급 조건절(first class)로 사실임을 가정한다. 연속된 조건절 내의 동사가 생략되었다.
2. εἰς αἰχμαλωσίαν: '포로의 상태로(에)'. εἰς(into, in); αἰχμαλωσία(사로잡힘, 포로가 됨) = αἰχμ(αἰχμή,

πίστις
명주여단
ὁ
관소남복
ἅγιος
형일반 소 남복

창) + αλωσία(ἅλωτος, 잡힌); LSJ. αἰχμάλωτος(사로잡힌, 포로가 된), αἰχμαλωτεύω(포로로 삼다),
αἰχμαλωτίζω(사로잡다).

3. ὑπάγει: '갈(될) 것이다'; 격언적(gnomic) 현재(Rogers).

4. ἐν μαχαίρῃ: '검으로'; 수단의 여격 ἐν; μάχαιρα(검)은 1:16; 6:4 참고.

5. ἀποκτανθῆναι: 부정사(부정과거 수), '죽임을 당하는 것(을/이)'; 11:5 참고.

6. Ὧδέ: '여기에, 이곳에'; 4:1 참고.

7. ὑπομονή: '인내'; 1:9 참고.

8. πίστις: '믿음'; 2:13 참고.

계 13:11

11
καί
접.등
ὁράω
동직.과능.1단
ἄλλο
형부정.목.중단
θηρίον
명.목.중단
ἀναβαίνω
동분.현능.목.중단
ἐκ
전.소
ὁ
관.소.여단
γῆ
명.소.여단
καί
접.등
ἔχω
동직.미완능.3단
κέρας
명.목.중복
δύο
형기수.목.중복
ὅμοιος
형일반 목 중복
ἀρνίον
명.여.중단
καί
접.등
λαλέω
동직.미완능.3단
ὡς
접.종
δράκων
명.주.남단

Καὶ εἶδον ἄλλο θηρίον ἀναβαῖνον ἐκ τῆς γῆς, καὶ εἶχεν κέρατα δύο ὅμοια
ἀρνίῳ καὶ ἐλάλει ὡς δράκων.

그리고 나는 땅에서 올라오는 다른 짐승을 보았다. 그 짐승은 어린 양과 같이 두 뿔을 가졌고 용과 같이
말하였다.

———————

Καὶ εἶδον 그리고 나는 ~ 보았다. And I saw	κέρατα δύο 두 뿔을 two horns
ἄλλο θηρίον 다른 짐승을 another beast	ὅμοια ἀρνίῳ 어린 양과 같은 like a lamb
ἀναβαῖνον[1] 올라오는 coming up	καὶ ἐλάλει 말하였다. and it spoke
ἐκ τῆς γῆς, 땅으로부터 out of the earth.	ὡς δράκων. 용과 같이 like a dragon.
καὶ εἶχεν[2] (그런데 그 짐승은) ~ 가졌고 And it has	

———————

1. ἀναβαῖνον: 현재분사 '올라오는'; 1절 참고.
2. εἶχεν … ἐλάλει: '가졌고 … 말하였다'. 미완료는 한 동안 계속된 것(진행의 양상)을 부각하며 부수적
인 정보를 전달한다. εἶχεν = ἐ + ἔχ + ε(ν); ἐλάλει = ἐ + λάλε + ε.

계 13:12

12
καί
접.등
ὁ
관.목.여단
ἐξουσία
명.목.여단
ὁ
관.소.중단
πρῶτος
형서수 소 중단
θηρίον
명.소.중단
πᾶς
형부정.목.여단
ποιέω
동직.현능.3단
ἐνώπιον
전.소
αὐτός
대인칭.소.중단
καί
접.등

καὶ τὴν ἐξουσίαν τοῦ πρώτου θηρίου πᾶσαν ποιεῖ ἐνώπιον αὐτοῦ, καὶ ποιεῖ
τὴν γῆν καὶ τοὺς ἐν αὐτῇ κατοικοῦντας ἵνα προσκυνήσουσιν τὸ θηρίον τὸ
πρῶτον, οὗ ἐθεραπεύθη ἡ πληγὴ τοῦ θανάτου αὐτοῦ.

그가 첫번째 짐승의 모든 권세를 그 앞에서 행하였다. 땅과 그 안에 거하는 자들로 그의 죽음의 상처에서
치료된 첫번째 짐승을 경배하게 하였다.

———————

καὶ τὴν ἐξουσίαν 또 ~ 권세를 And ~ the authority	ποιεῖ[1] 행하고/행사하고 it exercises
τοῦ πρώτου θηρίου 첫번째 짐승의 of the first beast	ἐνώπιον αὐτοῦ, 그 앞에서 in his presence,
πᾶσαν 모든 all	καὶ ποιεῖ 만든다. and makes

τὴν γῆν
땅과 the earth
καὶ τοὺς ἐν αὐτῇ κατοικοῦντας[2]
그 안에 거주하는 자들을 and those who dwell in it
ἵνα[3] προσκυνήσουσιν
경배하게 to worship
τὸ θηρίον
짐승을 the ~ beast,
τὸ πρῶτον,
첫번째 first

οὗ[4]
~된 whose
ἐθεραπεύθη[5]
치료~ was healed.
ἡ πληγὴ
상처가 wound
τοῦ θανάτου[6]
죽음의 fatal
αὐτοῦ.
그의 (its)

ποιέω
동직.현능.3단
ὁ
관.목.여단
γῆ
명.목.여단
καί
접.등
ὁ
관.목.남복
ἐν
전.여
αὐτός
대인칭.여.여단
κατοικέω
동분.현능.목.남복
ἵνα
접.종
προσκυνέω
동직.미능.3복
ὁ
관.목.중단
θηρίον
명.목.중단
ὁ
관.목.중단
πρῶτον
형서수.목.중단
ὅς
대관계.소.중단
θεραπεύω
동직.과수.3단
ὁ
관.주.여단
πληγή
명.주.여단
ὁ
관.소.남단
θάνατος
명.소.남단
αὐτός
대인칭.소.중단

1. ποιεῖ ... ποιεῖ: 미래적 현재, 생생함을 표현한다; ποιέ + ει = ποιεῖ(행한다/만든다).
2. τοὺς ἐν αὐτῇ κατοικοῦντας: 분사의 독립적 용법('그 안에 거하는 자들을'); κατοικέ + οντας = κατοικοῦντας.
3. ἵνα προσκυνήσουσιν: 결과의 ἵνα 부사절; 직설법 미래 3복 προσκυνήσουσιν(경배를 할 것이다) = προσκυνέ + σουσιν.
4. οὗ: 관계대명사 중단 소유격 οὗ의 선행사는 τὸ θηρίον(짐승)이다.
5. ἐθεραπεύθη: '치료되었다'; ἐ + θεραπεύ + θη.
6. ἡ πληγὴ τοῦ θανάτου: '죽음의 상처'; 어떤 특성을 가졌는지 알리는 속성적(attributive) 소유격.

계 13:13

καὶ ποιεῖ σημεῖα μεγάλα, ἵνα καὶ πῦρ ποιῇ ἐκ τοῦ οὐρανοῦ καταβαίνειν εἰς τὴν γῆν ἐνώπιον τῶν ἀνθρώπων,

그가 큰 이적들을 행하여 사람들 앞에서 불이 하늘에서 땅으로 내려오게(도) 하였다.

καὶ ποιεῖ[1]
또 ~ 행한다. And it performed
σημεῖα[2]
이적/표적을 signs,
μεγάλα,[3]
큰 great
ἵνα[4]
~는 so that
καὶ πῦρ
불도 even ~ fire
ποιῇ
만드~/하~ it ~ makes

ἐκ τοῦ οὐρανοῦ
하늘에서 from heaven
καταβαίνειν[5]
내려오게 come down
εἰς τὴν γῆν
땅으로 to the earth
ἐνώπιον τῶν
ἀνθρώπων,
사람들 앞에서
in the sight of people.

13
καί
접.등
ποιέω
동직.현능.3단
σημεῖον
명.목.중복
μέγας
형일반.목.중복
ἵνα
접.종
καί
부
πῦρ
명.목.중단
ποιέω
동가.현능.3단
ἐκ
전.소
ὁ
관.소.남단
οὐρανός
명.소.남단
καταβαίνω
동부.현능
εἰς
전.목
ὁ
관.목.여단
γῆ
명.목.여단
ἐνώπιον
전.소
ὁ
관.소.남복
ἄνθρωπος
명.소.남복

1. καὶ ποιεῖ: 12절에 이어 ποιεῖ가 세 번째 반복된다.
2. σημεῖα: '표적(들)'을; 12:1 참고.
3. μεγάλα: '큰'; μέγας, μεγάλη, μέγα의 중성 μέγα 변화, μέγα, μεγάλου, μεγάλῳ, μέγα(sg); μεγάλα, μεγάλων, μεγάλοις, μεγάλα(pl).
4. ἵνα ... ποιῇ: '만들 수 있게 (하였다)'; ποιῇ = ποιέ + η. 결과의 ἵνα 부사절(가정법).
5. καταβαίνειν: '내려오게'(부정사 현재). πῦρ(불)의 술어이다. 가정법 현재(ποιῇ), 부정사 현재(καταβαίνειν)의 사용은 지속적인 행동을 부각할 것이다.

계 13:14

καὶ πλανᾷ τοὺς κατοικοῦντας ἐπὶ τῆς γῆς διὰ τὰ σημεῖα ἃ ἐδόθη αὐτῷ ποιῆσαι ἐνώπιον τοῦ θηρίου, λέγων τοῖς κατοικοῦσιν ἐπὶ τῆς γῆς ποιῆσαι εἰκόνα τῷ θηρίῳ, ὃς ἔχει τὴν πληγὴν τῆς μαχαίρης καὶ ἔζησεν.

또 이적들을 통하여 땅 위에 거주하는 자들을 미혹하였다. 그 이적들은 짐승 앞에서 행하도록 허락된 것이다. 칼의 상처를 입고도 살아난 그 짐승을 위하여 땅 위에 거하는 자들에게 우상(화상)을 만들라고 말하였다.

왼쪽 여백 주석:
14
καί
접.등
πλανάω
동직.현능.3단
ὁ
관.목.남복
κατοικέω
동분.현능.목.남복
ἐπί
전.소
ὁ
관.소.여단
γῆ
명.소.여단
διά
전.목
ὁ
관.목.중복
σημεῖον
명.목.중복
ὅς
대관계.주.중복
δίδωμι
동직.과수.3단
αὐτός
대인칭.여.중단
ποιέω
동부.과능
ἐνώπιον
전.소
ὁ
관.소.중단
θηρίον
명.소.중단
λέγω
동부.현능.주.남단
ὁ
관.여.남복
κατοικέω
동분.현능.여.남복
ἐπί
전.소
ὁ
관.소.여단
γῆ
명.소.여단
ποιέω
동부.과능
εἰκών
명.목.여단
ὁ
관.여.중단
θηρίον
명.여.중단
ὅς
대관계.주.남단
ἔχω
동직.현능.3단
ὁ
관.목.여단
πληγή
명.목.여단
ὁ
관.소.여단
μάχαιρα
명.소.여단
καί
접.등
ζάω
동직.과능.3단

καὶ πλανᾷ[1]
그리고 ~ 미혹한다. And it deceives
　τοὺς κατοικοῦντας
　거주하는 자들을 those who dwell
　　ἐπὶ τῆς γῆς
　　땅 위에 on earth,
　　διὰ τὰ σημεῖα[2]
　　이적/표적으로 (말미암아) by the signs
　　　ἃ[3] ἐδόθη
　　　주어진 that were given
　　　　αὐτῷ
　　　　그에게 to him
　　　ποιῆσαι[4]
　　　행하게/행하도록 to perform
　　　　ἐνώπιον τοῦ θηρίου,
　　　　그 짐승 앞에서
　　　　in the presence of the beast,
λέγων[5]
말하면서 telling
　τοῖς κατοικοῦσιν
　거주하는 자들에게 those who dwell

ἐπὶ τῆς γῆς
땅 위에 on earth
ποιῆσαι
만들게/도록 to make
　εἰκόνα[6]
　아이콘/화상을 an image
　　τῷ θηρίῳ,
　　짐승을 위하여 for the beast
ὃς[7]
그(짐승)/그 짐승은 that
ἔχει
가지고도/입고도 had
　τὴν πληγὴν
　상처를 the wound
　　τῆς μαχαίρης[8]
　　검/칼의 of the sword
καὶ ἔζησεν.[9]
살아난/살아났다. and came back to life.

---

1. πλανᾷ: '미혹한다'; 2:20 참고; ά + ει가 축약되어 ᾷ가 되었다.
2. διὰ τὰ σημεῖα: '표적(들)으로 말미암아(by), 표적 때문에(because of)'.
3. ἃ ἐδόθη: 관계대명사 중복 주격 ἃ는 τὰ σημεῖα(표적들)를 선행사로 취한다. ἐδόθη(주어졌다), 부정과거(ἐ + δό) 수동태 3단(θη).
4. ποιῆσαι: '행하도록'; 부정과거 부정사(ποιέ +σαι). ἐδόθη의 목적어이다.
5. λέγων ... ποιῆσαι: '… 만들 것을 말하면서'. 현재분사 남단 주격 λέγων(말하면서)은 주술어인 πλανᾷ를 보조한다.
6. εἰκόνα: 3변화 εἰκών(이미지, 화상), εἰκόνος, εἰκόνι, εἰκόνα(sg); εἰκόνος, εἰκόνων, εἰκόσι, εἰκόνας(pl) < ἔοικα(같아지다) < εἴκω(굴복하다, 포기하다); LSJ.
7. ὃς ἔχει: 11-13절에 연속된 주어 '그'(다른 짐승, 11절)를 선행사로 하는 관계대명사 남단 주격 ὃς는 주어로 쓰였다. 어휘적으로 짐승은 중성이지만, 짐승의 인격적 특성을 부각하는 의미로 남성 관계대명사를 썼을 수 있다(cf. Wallace, 338).
8. τῆς μαχαίρης: '검의'; 수단(means)의 소유격.
9. ἔζησεν: '살았다'; ἐ + ζα + σεν; 1:18; 2:8 참고. 기동의(inceptive) 부정과거로 구분된다(KMP, 292).

계 13:15

Καὶ ἐδόθη **αὐτῷ** δοῦναι **πνεῦμα τῇ εἰκόνι τοῦ θηρίου**, ἵνα καὶ λαλήσῃ ἡ εἰκὼν **τοῦ θηρίου** καὶ ποιήσῃ [ἵνα] ὅσοι ἐὰν μὴ προσκυνήσωσιν **τῇ εἰκόνι τοῦ θηρίου** ἀποκτανθῶσιν.

그에게 짐승의 우상에 영(생기)을 주는 능력이 주어졌다. 짐승의 우상으로 말하게 하고 또 그 짐승의 우상에 경배하지 않는 자는 다 죽임을 당하게 하기 위한 것이다.

Καὶ ἐδόθη[1]
또 ~ 주어졌다. And it was given
  αὐτῷ
  그에게 to him
  δοῦναι[2]
  주는 것이 to give
    πνεῦμα
    영을(생기)를 breath
    τῇ εἰκόνι
    아이콘/화상에게 to the image
      τοῦ θηρίου,
      짐승의 of the beast,
ἵνα[3]
~ 하기 위해 so that
  καὶ λαλήσῃ[4]
  말하고 might even speak

ἡ εἰκὼν
아이콘/화상이 the image
  τοῦ θηρίου
  짐승의 of the beast
καὶ ποιήσῃ
~하게 and might cause
|[ἵνα] ὅσοι ἐὰν[5]
~ 자는 다 as many as
  μὴ προσκυνήσωσιν
  경배하지 않는 do not worship
    τῇ εἰκόνι
    아이콘/화상에게 the image
      τοῦ θηρίου
      짐승의 of the beast
ἀποκτανθῶσιν.[6]
죽임을 당~ to be killed.

---

1. ἐδόθη: 13장의 여섯 번째 ἐδόθη(5[x2], 7[x2], 14, 15절).
2. δοῦναι: '주는 것'; δίδωμι(주다)의 부정과거 부정사; 현재 부정사는 διδόναι.
3. ἵνα καὶ λαλήσῃ … καὶ ποιήσῃ: '말도 하고 행하기도 하게'; 목적의 ~ 가정법(부사절). καὶ … καὶ는 '~도, ~도'.
4. λαλήσῃ … ποιήσῃ: '말하게 … 행하게'; λαλέ + σῃ; ποιέ + σῃ.
5. ὅσοι ἐὰν μὴ προσκυνήσωσιν: '경배하지 않는 사람은 다'. ὅσοι ἐάν(ἄν)은 '~하는 사람은 다'(as many as)이다. προσκυνήσωσιν = προσκυνέ + σωσιν(가정법 부정과거 3복).
6. [ἵνα] … ἀποκτανθῶσιν: 목적의 ἵνα 부사절(가정법); ἀποκταν + θῶσιν; 2:13 참고.

계 13:16

καὶ ποιεῖ **πάντας**, τοὺς μικροὺς καὶ τοὺς μεγάλους, καὶ τοὺς πλουσίους καὶ τοὺς πτωχούς, καὶ τοὺς ἐλευθέρους καὶ τοὺς δούλους, ἵνα δῶσιν αὐτοῖς χάραγμα ἐπὶ τῆς χειρὸς αὐτῶν τῆς δεξιᾶς ἢ ἐπὶ τὸ μέτωπον αὐτῶν

모든 이들, 즉 작은 자들과 큰 자들과 부자들과 가난한 자들과 자유인들과 종들을 그들의 오른손이나 이마에 표를 받게 하였고

15
καί
접 등
δίδωμι
동직.과수.3단
αὐτός
대인1칭.여.중단
δίδωμι
동부.과능
πνεῦμα
명.목.중단
ὁ
관.여.여단
εἰκών
명.여.여단
ὁ
관.소.중단
θηρίου
명.소.중단
ἵνα
접.종
καί
접 등/부
λαλέω
동가.과능.3단
ὁ
관.주.여단
εἰκών
명.주.여단
ὁ
관.소.중단
θηρίου
명.소.중단
καί
접 등
ποιέω
동가.과능.3단
ἵνα
접.종
ὅσος
대관계.주.남복
ἐάν
조사
μή
조사
προσκυνέω
동가.과능.3복
ὁ
관.여.여단
εἰκών
명.여.여단
ὁ
관.소.중단
θηρίου
명.소.중단
ἀποκτείνω
동가.과수.3복

16
καί
접 등
ποιέω
동직.현능.3단
πᾶς
형부정.목.남복
ὁ
관.목.남복
μικρός
형일반.목.남복
καί
접 등
ὁ
관.목.남복
μέγας
형일반.목.남복

καί
접 등
ὁ
관 목 남복
πλούσιος
형일반 목 남복
καί
접 등
ὁ
관 목 남복
πτωχός
형일반 목 남복
καί
접 등
ὁ
관 목 남복
ἐλεύθερος
형일반 목 남복
καί
접 등
ὁ
관 목 남복
δοῦλος
명 목 남복
ἵνα
접 종
δίδωμι
동가 가능 3복
αὐτός
대인칭 여 남복
χάραγμα
명 목 중단
ἐπί
전 소
ὁ
관 소 여단
χείρ
명 소 여단
αὐτός
대인칭 소 남복
ὁ
관 소 여단
δεξιός
형일반 소 여단
ἤ
접 등
ἐπί
전 목
ὁ
관 목 중단
μέτωπον
명 목 중단
αὐτός
대인칭 소 남복

καὶ ποιεῖ 그리고 ~ 만든다/한다. And it causes	ἵνα[3] δῶσιν 주게 to be given
πάντας, 모든 이들을 all,	αὐτοῖς 그들에게 (to them)
τοὺς μικροὺς[1] 작은 자들과 the small	χάραγμα[4] 표를/표식을 a mark
καὶ τοὺς μεγάλους, 큰 자들과 and the great,	ἐπὶ τῆς χειρὸς 손/팔에 on ~ hand,
καὶ τοὺς πλουσίους 부자들과 and the rich	αὐτῶν 그들의 their
καὶ τοὺς πτωχούς, 가난한 자들과 and the poor,	τῆς δεξιᾶς[5] 오른 right
καὶ τοὺς ἐλευθέρους[2] 자유인들과 and the free men	ἢ ἐπὶ τὸ μέτωπον[6] 또는 ~ 이마에 or on ~ forehead,
καὶ τοὺς δούλους, 종들을 and the slaves	αὐτῶν 그들의 their

---

1. τοὺς μικροὺς καὶ τοὺς μεγάλους, καὶ τοὺς πλουσίους καὶ τοὺς πτωχούς: 독립적 용법의 형용사들로 정관사와 함께 명사적(목적어)으로 쓰였다. τοὺς μικρούς(작은 자들)과 τοὺς μεγάλους(큰 자들); τοὺς πλουσίους(부자들)과 τοὺς πτωχούς(가난한 자들)이 대조하여 πάντας(모든 자들)에 대해 부연한다.
2. τοὺς ἐλευθέρους καὶ τοὺς δούλους: '자유한 자들과 종들(을)'.
3. ἵνα δῶσιν: 결과의 ἵνα 가정법(부사절); δῶσιν은 부정과거 가정법 3복. ποιέω + ἵνα 가정법(또는 직설법 미래, '~으로 ~하게 하다'; 예, 3:9).
4. χάραγμα: '스탬프, 각인된 표식'. χαρακτήρ(각인된 표상, 형상).
5. δεξιᾶς: '오른(오른쪽의)'; 1:16 참고.
6. μέτωπον: '이마'; 7:3 참고.

계 13:17

καὶ ἵνα μή τις δύνηται ἀγοράσαι ἢ πωλῆσαι εἰ μὴ ὁ ἔχων **τὸ χάραγμα τὸ ὄνομα τοῦ θηρίου ἢ τὸν ἀριθμὸν τοῦ ὀνόματος αὐτοῦ.**

짐승의 이름인 그 표나 그 이름의 수를 가진 자 외에는 사거나 팔거나 할 수 없게 하였다.

καί
접 등
ἵνα
접 종
μή
조사
τις
대부정 주 남단
δύναμαι
동가 현가 3단
ἀγοράζω
동부 과능
ἤ
접 등
πωλέω
동부 과능
εἰ
접 종
μή
조사
ὁ
관 주 남단
ἔχω
동분 현능주남단
ὁ
관 목 중단
χάραγμα
명 목 중단

καὶ ἵνα μή τις[1] 그리고 누구도 ~ 못하게/없게 so that no one	τὸ ὄνομα 이름인 that is, the name
δύνηται 하지/할 수 ~ can	τοῦ θηρίου 짐승의 of the beast
ἀγοράσαι[2] 사거나 buy	ἢ τὸν ἀριθμὸν 또는 ~ 수/숫자를 or the number
ἢ πωλῆσαι 팔거나 or sell	τοῦ ὀνόματος 이름의 of ~ name.
εἰ μὴ[3] ὁ ἔχων[4] 가진 자 외에는 unless he/she has	αὐτοῦ. 그의 its
τὸ χάραγμα[5] 표를/표식을 the mark,	

---

1. ἵνα μή τις δύνηται: '또한 누구도 ~할 수 없게'; 목적의 ἵνα + 가정법(부사절). 16절의 ποιεῖ의 두 번째 ἵνα 부사절이다. δύνηται는 δύναμαι(be able to)의 현재 직설법 3단 δύναται에서 α가 η로 길어진 것(가정법 3단)이다.

2. ἀγοράσαι ἢ πωλῆσαι: '사는 것 또는 파는 것(을)'. 부정과거 부정사로 어미 σαι가 있다(ἀγοράζ + σαι; πωλέ + σαι). ἀγοράζω(사다); πωλέω(팔다, 교환하다).

3. εἰ μὴ: '~외에는'(except for) 또는 '~이 아니면'(unless).

4. ὁ ἔχων: '~ 가진 자'; 현재 분사의 독립적 용법.

5. τὸ χάραγμα τὸ ὄνομα: '표식, 즉 이름(을)'. τὸ χάραγμα와 τὸ ὄνομα은 동격이다.

계 13:18

Ὧδε ἡ σοφία ἐστίν. ὁ ἔχων νοῦν ψηφισάτω τὸν ἀριθμὸν τοῦ θηρίου, ἀριθμὸς γὰρ ἀνθρώπου ἐστίν, καὶ ὁ ἀριθμὸς αὐτοῦ ἑξακόσιοι ἑξήκοντα ἕξ.

여기에 지혜가 있다. 지각(총명)을 가진 자로 그 짐승의 수를 세어보게 하라(세어보라). 그것은 사람의 수이다. 그 수는 666이다.

Ὧδε[1]
여기에 Here

ἡ σοφία
지혜가 wisdom.

ἐστίν.
있다. is

ὁ ἔχων[2]
가진 자는 the one who has

νοῦν[3]
지각/총명을 insight/ understanding

ψηφισάτω[4]
(그로) 세어보게 하라/세어보라. Let ~ calculate

τὸν ἀριθμὸν
그 수/숫자를 the number

τοῦ θηρίου,
짐승의 of the beast,

ἀριθμὸς γὰρ
수/숫자~ 때문이다. for ~ the number

ἀνθρώπου
사람의 of a man,

ἐστίν,
~이기 it is

καὶ ὁ ἀριθμὸς
그리고 ~ 수/숫자는 and ~ number

αὐτοῦ
그의 its

ἑξακόσιοι ἑξήκοντα ἕξ.[5]
육백육십육이다. is 666.

1. Ὧδε ... ἐστίν: 10절과 형식(formula)이 같다('여기에 ~가 있다'). 강조적 의미가 있다.

2. ὁ ἔχων: '가진 자는'; 분사의 독립적 용법(주부의 주어).

3. νοῦν: '지각(을)'. 3변화 νοῦς(지각, 지성, 지력, 이성), νοός, νοῖ, νοῦν. νουθεσία(권면, 권고), νουθετέω(권면/권고하다), νουνεχῶς(지혜롭게, 사려 깊게).

4. ψηφισάτω: 명령법 3단은 문자적, '~로 세어보게 하라' = '세어보라'; ψηφίζω(자갈을 세다, 계산하다) < ψῆφος(조약돌, 자갈).

5. ἑξακόσιοι ἑξήκοντα ἕξ: '600 + 60 + 6' = 666.

계 14:1

Καὶ εἶδον, καὶ ἰδοὺ τὸ ἀρνίον ἑστὸς ἐπὶ τὸ ὄρος Σιὼν καὶ μετ᾽ αὐτοῦ ἑκατὸν τεσσεράκοντα τέσσαρες χιλιάδες ἔχουσαι τὸ ὄνομα αὐτοῦ καὶ τὸ ὄνομα τοῦ πατρὸς αὐτοῦ γεγραμμένον ἐπὶ τῶν μετώπων αὐτῶν.

또 나는 보았다. 보라. 어린 양이 시온 산에 서셨고 그의 이름과 그의 아버지의 이름이 그 이마에 쓰인 십사만 사천 명이 그와 함께 있었다.

Καὶ εἶδον,
그리고 나는 ~ 보았다. And I saw/ looked,

καὶ ἰδοὺ[1]
(그리고 보라.) and behold,

τὸ ἀρνίον
어린 양이 the Lamb

ἑστὸς[2]
서 있고 was standing

ἐπὶ τὸ ὄρος Σιὼν[3]
시온 산에 on Mount Zion,

καὶ μετ᾽ αὐτοῦ[4]
그리고 그와 함께 and with him

ἑκατὸν τεσσεράκοντα τέσσαρες χιλιάδες[5]
십사만사천 명이 있었다. 144,000,

ἔχουσαι[6]
가지고 having

τὸ ὄνομα
이름과 name

αὐτοῦ
그의 his

καὶ τὸ ὄνομα
이름을 and the name

τοῦ πατρὸς
아버지의 of ~ Father

αὐτοῦ
그의 his

γεγραμμένον[7]
쓰여진/기록된 written

ἐπὶ τῶν μετώπων[8]
이마에 on ~ foreheads.

αὐτῶν.
그들의 their

---

1. ἰδού: '보라'; 1:7 참고.
2. ἑστὸς: ἵστημι(서다)의 현재완료 분사의 남단은 본래 ἑστηκώς(요 3:29)인데 단축형 ἑστώς(요 12:29)도 사용되고, 중단은 ἑστηκός(계 5:6)인데 역시 단축형 ἑστός(계 14:1)도 있다. 현재완료는 지속적 상태를 가리킨다.
3. ἐπὶ τὸ ὄρος Σιὼν: '시온산 (위)에'; ὄρος(산), 6:14 참고.
4. μετ᾽ αὐτοῦ: μετά(함께) + αὐτοῦ(그와).
5. ἑκατὸν τεσσεράκοντα τέσσαρες χιλιάδες: 144,000; 7:4 참고.
6. ἔχουσαι: '가진/가지고'; 현재분사 여복 주격.
7. γεγραμμένον: '쓰여진'; 2:17 참고. τὸ ὄνομα(이름)을 꾸며준다.
8. μετώπων: '이마들(의)'; 7:3 참고.

1
καί
접등
ὁράω
동직.과능.1단
καί
접등
ἰδού
감탄
ὁ
관.주.중단
ἀρνίον
명.주.중단
ἵστημι
동분.완능.주.중단
ἐπί
전목
ὁ
관.목.중단
ὄρος
명.목.중단
Σιών
명.소.여단
καί
접등
μετά
전소
αὐτός
대인칭.소.남단
ἑκατόν
형기수
τεσσεράκοντα
형기수
τέσσαρες
형기수.주.여복
χιλιάς
명.주.여복
ἔχω
동분.현능.주.여복
ὁ
관.목.중단
ὄνομα
명.목.중단
αὐτός
대인칭.소.남단
καί
접등
ὁ
관.목.중단
ὄνομα
명.목.중단
ὁ
관.소.남단
πατήρ
명.소.남단
αὐτός
대인칭.소.남단
γράφω
동분.완수.목.중단
ἐπί
전소
ὁ
관.소.중복
μέτωπον
명.소.중복
αὐτός
대인칭.소.남복

2
καί
접 등
ἀκούω
동직 과능.1단
φωνή
명 목.여단
ἐκ
전 소
ὁ
관 소.남단
οὐρανός
명 소.남단
ὡς
접 종
φωνή
명 목.여단
ὕδωρ
명 소 중복
πολύς
형일반.소.중복
καί
접 등
ὡς
접 종
φωνή
명 목.여단
βροντή
명 소.여단
μέγας
형일반.소.여단
καί
접 등
ὁ
관주.여단
φωνή
명 주.여단
ὅς
대관계.목.여단
ἀκούω
동직 과능.1단
ὡς
접 종
κιθαρῳδός
명 소.남복
κιθαρίζω
동분.현능.소.남복
ἐν
전 여
ὁ
관 여.여복
κιθάρα
명 여.여복
αὐτός
대인칭.소.남복

계 14:2

καὶ ἤκουσα φωνὴν ἐκ τοῦ οὐρανοῦ ὡς φωνὴν ὑδάτων πολλῶν καὶ ὡς φωνὴν βροντῆς μεγάλης, καὶ ἡ φωνὴ ἣν ἤκουσα ὡς κιθαρῳδῶν κιθαριζόντων ἐν ταῖς κιθάραις αὐτῶν.

그리고 나는 하늘에서 나는 많은 물 소리 같고 큰 천둥 소리 같은 소리를 들었다. 내가 들은 그 소리는 하프(수금) 연주자들이 그들의 하프로 연주하는 소리 같았다.

καὶ ἤκουσα[1]
그리고 내가 ~ 들었다. And I heard
  φωνὴν
  소리를/음성을 a voice
    ἐκ τοῦ οὐρανοῦ
    하늘로부터 from heaven
    ὡς φωνὴν
    소리 같은 like the sound
      ὑδάτων[2]
      물의 of ~ waters
        πολλῶν
        많은 many
    καὶ ὡς φωνὴν
    또한 ~ 소리 같은 and like the sound
      βροντῆς
      벼락/천둥(의) of ~ thunder.

μεγάλης,[3]
큰 loud
καὶ ἡ φωνὴ
(그런데) 그 소리는 (~ 것이었다.) And the voice
  ἣν[4] ἤκουσα
  내가 들은 I heard
  ὡς κιθαρῳδῶν[5]
  (하프를/수금을) ~ 자의 것과 같은
  was like the sound of harpists
    κιθαριζόντων[6]
    타는/연주하는 ~ playing
      ἐν ταῖς κιθάραις[7]
      하프로/수금으로 on ~ harps.
        αὐτῶν.
        그들의 their

1. ἤκουσα: '나는 들었다'; ἐ + ἀκου + σα; 1:10 참고.
2. ὑδάτων: '물(들)의'; 1:15 참고.
3. μεγάλης: '큰'; 1변화 μεγάλη(f)의 소유격.
4. ἣν ἤκουσα: 관계대명사 ἣν 절은 형용사절로 ἡ φωνή를 수식한다.
5. ὡς κιθαρῳδῶν: '수금을 켜는 자의 것(들)과 같은'; κιθάρα(수금/하프) + ᾠδός(ἀοιδός, 노래하는 자/가수) = κιθαρῳδός(수금을 켜며 노래하는 자); LSJ.
6. κιθαριζόντων: '하프/수금을 켜고 있는'; κιθαριζ + όντων. κιθαρίζω(하프/수금을 연주하다)의 현재 분사 남복 소유격.
7. ἐν ταῖς κιθάραις: '하프/수금으로'. 동족(cognate)의 여격으로 분류한다(Wallace, 169).

3
καί
접 등
ᾄδω
동직 현능.3복
ὡς
접 종
ᾠδή
명 목.여단
καινός
형일반.목.여단
ἐνώπιον
전 소
ὁ
관 소.남단
θρόνος
명 소.남단

계 14:3

καὶ ᾄδουσιν [ὡς] ᾠδὴν καινὴν ἐνώπιον τοῦ θρόνου καὶ ἐνώπιον τῶν τεσσάρων ζῴων καὶ τῶν πρεσβυτέρων, καὶ οὐδεὶς ἐδύνατο μαθεῖν τὴν ᾠδὴν εἰ μὴ αἱ ἑκατὸν τεσσεράκοντα τέσσαρες χιλιάδες, οἱ ἠγορασμένοι ἀπὸ τῆς γῆς.

또 그들은 그 보좌 앞과 네 생물과 장로들 앞에서 새 노래를 부르고 있었다. 그런데 땅에서 속량된 십사만사천 명 외에는 아무도 그 노래를 배울 수 없었다.

καὶ ᾄδουσιν[1]
또 그들이 ~ 노래하고 있다/있었다. And they sang

[ὡς] ᾠδὴν
노래를 [노래 같은 것을] a ~ song

καινὴν
새로운/새 new

ἐνώπιον τοῦ θρόνου
보좌 앞에서 before the throne

καὶ ἐνώπιον
또 ~ 앞에서 and before

τῶν τεσσάρων ζῴων
네 생물과 the four living creatures

καὶ τῶν πρεσβυτέρων,
장로들 ~ and the elders;

καὶ οὐδεὶς[2]
그리고 아무도 and no one

ἐδύνατο
~ 수 없었다. could

μαθεῖν[3]
배울 ~ learn

τὴν ᾠδὴν
그 노래를 the song

εἰ μὴ[4]
~ 외에는 except

αἱ ἑκατὸν τεσσεράκοντα
τέσσαρες χιλιάδες,
십사만사천 명 ~ 144,000

οἱ ἠγορασμένοι[5]
속량된/구속함을 받은 who had been redeemed

ἀπὸ τῆς γῆς.
땅에서 from the earth.

---

1. ᾄδουσιν: '노래하고 있다'; 5:9 참고. 현장의 생생함을 부각하기 위해 현재 동사가 사용된다.
2. οὐδεὶς ἐδύνατο: '아무도 할 수 없다'; 2:17 참고. ἐδύνατο는 δύναμαι(할 수 있다)의 미완료 3단이다. 미완료는 보조적인 정보를 전달하거나 지속적 상태를 가리킬 수 있다.
3. μαθεῖν: '배우는 것(을)'; μαθ + εῖν; μανθάνω(배우다)의 부정과거 부정사. 부정과거(직)는 ἔμαθον이다.
4. εἰ μὴ: '~ 외에는'.
5. οἱ ἠγορασμένοι: '값으로 산/속량된 이들'; 현재완료 분사(수) 남복 주격; 3:18 참고.

계 14:4

οὗτοί εἰσιν οἳ μετὰ γυναικῶν οὐκ ἐμολύνθησαν, παρθένοι γάρ εἰσιν, οὗτοι οἱ ἀκολουθοῦντες τῷ ἀρνίῳ ὅπου ἂν ὑπάγῃ. οὗτοι ἠγοράσθησαν ἀπὸ τῶν ἀνθρώπων ἀπαρχὴ τῷ θεῷ καὶ τῷ ἀρνίῳ,

이들은 여인들로 더불어 더럽혀지지 않은 자들이다. 순결한 자들이기 때문이다. 이들은 어린 양이 어디로 가시든지 따르는 자들이다. 이들은 사람들 가운데 속량되어 하나님과 어린 양께 첫 열매가 되었다.

οὗτοί[1]
이들은 These

εἰσιν
~이다. are

οἳ[2]
~ 이들 those who

μετὰ γυναικῶν
여인들로 더불어 with women,

οὐκ ἐμολύνθησαν,[3]
더럽혀지지 않은 ~ have not been defiled

παρθένοι[4]
순결한 자들~ virgins/ chaste.

γάρ εἰσιν,[5]
~이기 때문이다. for they are

οὗτοι[6]
이들은 These

οἱ ἀκολουθοῦντες[7]
따르는 자들(이다.) are those who follow

τῷ ἀρνίῳ
어린 양을 the Lamb

ὅπου ἂν[8] ὑπάγῃ.
그가 어디로 가시든지 wherever he goes.

οὗτοι
이들은 These

ἠγοράσθησαν[9]
속량되었다/구속함을 받았다. have been redeemed

ἀπὸ τῶν ἀνθρώπων
사람들 가운데서 from mankind

ἀπαρχὴ[10]
첫 열매가 (되었다.) as firstfruits

τῷ θεῷ
하나님과 for God

καὶ τῷ ἀρνίῳ,[11]
어린 양께 and the Lamb,

καί
접.등
ἐνώπιον
전.소
ὁ
관.소.중복
τέσσαρες
형기수.소.중복
ζῷον
명.소.중복
καί
접.등
ὁ
관.소.남복
πρεσβύτερος
형일반.소.남복
καί
접.등
οὐδείς
대부정.주.남단
δύναμαι
동직.미완료.3단
μανθάνω
동부.과능
ὁ
관.목.여단
ᾠδή
명.목.여단
εἰ
접.종
μή
조사
ὁ
관.주.여복
ἑκατόν
형기수
τεσσεράκοντα
형기수
τέσσαρες
형기수.주.여복
χιλιάς
명.주.여복
ὁ
관.주.남복
ἀγοράζω
동분.완수.주.남복
ἀπό
전.소
ὁ
관.소.여단
γῆ
명.소.여단

4
οὗτος
대지시.주.남복
εἰμί
동직.현능.3복
ὅς
대관계.주.남복
μετά
전.소
γυνή
명.소.여복
οὐ
부
μολύνω
동직.과수.3복
παρθένος
명.주.남복
γάρ
접.등
εἰμί
동직.현능.3복
οὗτος
대지시.주.남복
ὁ
관.주.남복
ἀκολουθέω
동분.현능.주.남복
ὁ
관.여.중단
ἀρνίον
명.여.중단
ὅπου
접.종
ἄν
조사

ὑπάγω
동가 현능 3단
οὗτος
대지시 주 남복
ἀγοράζω
동직 과수 3복
ἀπό
전소
ὁ
관소 남복
ἄνθρωπος
명소 남복
ἀπαρχή
명주 여단
ὁ
관여 남단
θεός
명여 남단
καί
접 등
ὁ
관여 중단
ἀρνίον
명여 중단

1. οὗτοί εἰσιν: 지시대명사 + εἰμί 동사는 강조적 표현이다('이들은 [바로] ~이다'). οὗτοί의 끝음절에 액센트(acute)가 덧붙인 것은 뒤에 오는 εἰσιν 때문이다.
2. οἳ: 관계대명사 οἳ(남복 주격)는 보어 역할을 하는 명사절을 이끈다(those who ...).
3. ἐμολύνθησαν: '더럽혀졌다'; 3:4 참고. 부정과거(수) 직설법 3복(ἐ + μολύν + θησαν)은 οἳ의 술어이다.
4. παρθένοι: παρθένος는 '처녀(virgin), 정결한 자'를 뜻한다.
5. γάρ εἰσιν: 이유의 종속절임을 보여준다.
6. οὗτοι: '이들'을 설명(강조)하기 위해 οὗτοι가 세 번 사용된다.
7. οἱ ἀκολουθοῦντες: '따르는 자들'. 현재분사 남복 주격(ἀκολουθέ + οντες)의 독립적 용법이다. ἀκολουθέω(따르다)는 여격(τῷ ἀρνίῳ)을 목적어로 받는다.
8. ὅπου ἂν ὑπάγῃ: '그가 어디로 가든지'; ὅπου ἂν은 '어느 곳이든'(withersoever; Thayer). ἂν 때문에 ὑπάγῃ(ὑπάγ + ῃ)가 가정법이다.
9. ἠγοράσθησαν: '(이들이) 속량되었다'; 부정과거(수) 3복(ἐ + ἀγοράζ + θησαν); 3:18 참고.
10. ἀπαρχὴ: '첫번째로 바쳐진 부분(것), 첫 열매'; ἀπό(from) + ἀρχή(시작).
11. τῷ θεῷ καὶ τῷ ἀρνίῳ: 소유(possessive)의 여격('하나님과 어린 양께 속한')이나 작용(agency)의 여격('하나님과 어린 양에 의해')도 가능하다.

계 14:5

5
καί
접 등
ἐν
전 여
ὁ
관여 중단
στόμα
명여 중단
αὐτός
대인칭 소 남복
οὐ
부
εὑρίσκω
동직 과수 3단
ψεῦδος
명 주 중단
ἄμωμος
형일반 주 남복
εἰμί
동직 현능 3복

καὶ ἐν τῷ στόματι αὐτῶν οὐχ εὑρέθη ψεῦδος, ἄμωμοί εἰσιν.

그들의 입에서 거짓된 것이 발견되지 않았다. 그들은 흠이 없는 자들이다.

καὶ ἐν τῷ στόματι	ψεῦδος,[2]
그리고 ~ 입에 and ~ in ~ mouth,	거짓/거짓말이 lie
αὐτῶν	ἄμωμοί[3]
그들의 their	무흠한/흠이 없는 자들~ blameless.
οὐχ εὑρέθη[1]	εἰσιν.
발견되지 않았다/없었다. no ~ was found	그들은 ~이다. they are

1. οὐχ εὑρέθη: 부정어 οὐ가 οὐχ가 된 것은 강한 숨표의 εὑρέθη('휴레쎄', 발견되었다) 때문이다. εὑρίσκω(발견하다)의 부정과거 εὗρον, 부정과거 수동태 εὑρέθην.
2. ψεῦδος: ψεῦδος(거짓, 거짓말), ψευδής(거짓의, 속이는), ψεύδομαι(속이다), ψεῦσμα(거짓임), ψεύστης(거짓말쟁이).
3. ἄμωμοί εἰσιν: '그들은 무흠하다'. 뒤따르는 εἰσιν 때문에 ἄμωμοι의 끝음절에 액센트(acute)가 더해졌다. ἄμωμος(흠이 없는, 책망할 것이 없는) = ἀ(not) + μῶμος(책망, 수치, 흠).

계 14:6

6
καί
접 등
ὁράω
동직 과능 1단
ἄλλος
형부정 목 남단
ἄγγελος
명 목 남단

Καὶ εἶδον ἄλλον ἄγγελον πετόμενον ἐν μεσουρανήματι, ἔχοντα εὐαγγέλιον αἰώνιον εὐαγγελίσαι ἐπὶ τοὺς καθημένους ἐπὶ τῆς γῆς καὶ ἐπὶ πᾶν ἔθνος καὶ φυλὴν καὶ γλῶσσαν καὶ λαόν,

또 나는 하늘(공중)에 날아가는 다른 천사를 보았다. 땅 위에 거주하는 이들, 모든 민족과 종족과 언어와 백성에게 전할 영원한 복음을 가지고 있었다.

Καὶ εἶδον
그리고 나는 ~ 보았다. And I saw
  ἄλλον ἄγγελον
  다른 천사를 another angel
    πετόμενον[1-2]
    날아가는 flying
      ἐν μεσουρανήματι,[3]
      공중에/하늘 한 가운데를 in midheaven,
    ἔχοντα
    가진 having
      εὐαγγέλιον
      복음을 an ~ gospel
        αἰώνιον
        영원한 eternal
|εὐαγγελίσαι[4]
(복음을) 전할 to proclaim

ἐπὶ τοὺς καθημένους
거주하는 이들에게 to those who dwell
  ἐπὶ τῆς γῆς
  땅 위에 on earth,
  καὶ ἐπὶ πᾶν
  모든 ~에게 to every
    ἔθνος
    민족/나라와 nation
    καὶ φυλὴν
    종족과 and tribe
    καὶ γλῶσσαν
    언어와 and tongue
    καὶ λαόν,[5]
    백성~ and people,

1. πετόμενον: '나는/날고 있는'(현재 분사); 4:7 참고.
2. πετόμενον ... ἔχοντα: '날아가는 … 가진'. 두 개의 목적격 현재 분사는 ἄλλον ἄγγελον(다른 천사)을 수식한다.
3. ἐν μεσουρανήματι: '공중에/하늘에, 공중 한 가운데에'; 8:13 참고.
4. εὐαγγελίσαι ἐπί: '~에게 복음을 전할'; 부정과거 부정사 εὐαγγελίσαι = εὐαγγελίζ + σαι.
5. πᾶν ἔθνος καὶ φυλὴν καὶ γλῶσσαν καὶ λαόν: '모든 민족과 종족과 언어와 백성(에게)'; 7:9 참조.

계 14:7

λέγων ἐν φωνῇ μεγάλῃ· φοβήθητε τὸν θεὸν καὶ δότε αὐτῷ δόξαν, ὅτι ἦλθεν ἡ ὥρα τῆς κρίσεως αὐτοῦ, καὶ προσκυνήσατε τῷ ποιήσαντι τὸν οὐρανὸν καὶ τὴν γῆν καὶ θάλασσαν καὶ πηγὰς ὑδάτων.

그가 큰 소리로 말하였다. "하나님을 경외하라. 그분께 영광을 드려라. 그의 심판의 때가 왔기 때문이다. 하늘과 땅과 바다와 물들의 근원(샘들)을 만드신 분께 경배하라."

λέγων[1]
말하는 saying,
  ἐν φωνῇ
  소리로/음성으로 with a ~ voice,
    μεγάλῃ·
    큰 loud
φοβήθητε[2]
두려워하라/경외하라. "Fear
  τὸν θεὸν
  "하나님을 God
καὶ δότε[3]
또한 ~ 드려라. and give

αὐτῷ
그에게 him
  δόξαν,
  영광을 glory,
ὅτι
때문이다. because
ἦλθεν
왔기 has come,
  ἡ ὥρα[4]
  때가/시간이 the hour
    τῆς κρίσεως[5]
    심판의 of ~ judgment

κρίσις
명.소.여단
αὐτός
대인칭.소.남단
καί
접.동
προσκυνέω
동명.과능.2복
ὁ
관.여.남단
ποιέω
동분.과능.여남단
ὁ
관.목.남단
οὐρανός
명.목.남단
καί
접.동
ὁ
관.목.여단
γῆ
명.목.여단
καί
접.동
θάλασσα
명.목.여단
καί
접.동
πηγή
명.목.여복
ὕδωρ
명.소.중복

αὐτοῦ,
그의 his

καὶ προσκυνήσατε[6]
그리고 ~ 경배하라." and worship

τῷ ποιήσαντι[7]
창조하신/만드신 이에게 him who made

τὸν οὐρανὸν
하늘과 the heaven

καὶ τὴν γῆν
땅과 and earth,

καὶ θάλασσαν
바다와 the sea

καὶ πηγὰς
근원/샘을 and the springs

ὑδάτων.[8]
물(들)의 of water."

---

1. λέγων: '말하기를, 말하는데'(현재분사 주격단수); 분사의 서술적 용법으로 직접화법을 이끈다.
2. φοβήθητε: '(너희는) 두려워하라'; φοβε + θητε; φοβοῦμαι(φοβέομαι, 두려워하다)의 명령법(수) 2복.
3. δότε: '(너희는) 주라'; δίδωμι(주다)의 부정과거 명령법 2복.
4. ὅτι ἦλθεν ἡ ὥρα: 이유('때문에')의 ὅτι 부사절. ἦλθεν ἡ ὥρα(그 때가 왔다)는 요한식 형식(formula)이다(요 13:1; 16:21; 계 14:7, 15; 18:10; 예외 막 14:41).
5. κρίσεως: '심판의'; 3변화 κρίσις(심판, 정의), κρίσεως, κρίσει, κρίσιν(sg); κρίσεις, κρίσεων, κρίσεσι, κρίσεις(pl). κρίμα(법령, 심판), κρίνω(심판하다, 판단하다).
6. προσκυνήσατε: '(너희는) 경배하라'; προσκυνέ + σατε; 3:9 참고. 연속된 부정과거 명령법(2복)이다.
7. ποιήσαντι: '지으신 이(분)에게'; ποιέ + σαντι(부정과거 분사 남단 여격).
8. πηγὰς ὑδάτων: '물(들)의 샘을'; 7:17 참고.

계 14:8

8
καί
접.동
ἄλλος
형.부정.주.남단
ἄγγελος
명.주.남단
δεύτερος
형.서수.주.남단
ἀκολουθέω
동직.과능.3단
λέγω
동분.현능.주남단
πίπτω
동직.과능.3단
πίπτω
동직.과능.3단
Βαβυλών
명.주.여단
ὁ
관.주.여단
μέγας
형.일반.주.여단
ὅς
대관계.주.여단
ἐκ
전.소
ὁ
관.소.남단
οἶνος
명.소.남단
ὁ
관.소.남단
θυμός
명.소.남단
ὁ
관.소.여단
πορνεία
명.소.여단
αὐτός
대인칭.소.여단
ποτίζω
동직.완능.3단

Καὶ ἄλλος ἄγγελος δεύτερος ἠκολούθησεν λέγων· ἔπεσεν ἔπεσεν
Βαβυλὼν ἡ μεγάλη ἣ ἐκ τοῦ οἴνου τοῦ θυμοῦ τῆς πορνείας αὐτῆς
πεπότικεν πάντα τὰ ἔθνη.

그리고 두 번째 다른 천사가 뒤를 따르면서 말하였다. "무너졌다. 무너졌다. 큰 바벨론이. 모든 민족으로 그의 음행의 분노의 포도주를 마시게 하던 자이다."

Καὶ ἄλλος ἄγγελος
그리고 다른 ~ 천사가 And another angel,

δεύτερος[1]
두 번째 a second,

ἠκολούθησεν[2]
(그 뒤를) 따랐다. followed,

λέγων·
말하며 saying,

ἔπεσεν[3]
무너졌다. "Fallen,

ἔπεσεν
무너졌다." fallen

Βαβυλὼν[4]
"바벨론이 is Babylon

ἡ μεγάλη
거대한/큰 the great,

ἣ[5]
~던 which

ἐκ τοῦ οἴνου[6]
포도주로 of the wine

τοῦ θυμοῦ[7]
분노/열정의 of the passion

τῆς πορνείας[8]
음행/간음의(으로 인해) of ~ sexual immorality."

αὐτῆς
그녀의 her

πεπότικεν[9]
마시게 하~ made ~ drink

πάντα τὰ ἔθνη.
모든 민족/나라를 all nations

---

1. δεύτερος: '둘째'; 서수는 6:3 참고.

2. ἠκολούθησεν : '따랐다'; ἐ + ἀκολουθέ + σεν; 14:4; 6:8 참고.

3. ἔπεσεν ἔπεσεν: 문자적, '떨어졌도다, 떨어졌도다'. 두 번의 반복 사용은 탄식(감탄)을 강조한다(cf. 18:2).

4. Βαβυλὼν: '바벨론'(14:8; 16:19; 17:5; 18:2, 10, 21).

5. ἣ: 관계대명사 여단 주격 ἣ는 바벨론을 선행사로 한다.

6. οἴνου: οἴνος(포도주); 6:6 참고.

7. τοῦ οἴνου τοῦ θυμοῦ: '분노의 포도주(로부터)'는 이중적 의미가 있다. θυμός(분노, 열정)는 악행에 대한 하나님의 분노에 대한 것과 포도주의 열정적인(붉은) 색깔을 가리키는 것(Thayer), 둘 다 가능하다.

8. πορνείας: '그 음행의'; 2:21 참고.

9. πεπότικεν: '마시게 하였다'; πε + πότι + κε(ν); 현재완료 πεποτικα의 3단. 현재완료는 지속된 상태의 결과를 강조할 것이다. ποτίζω(마시게 하다), ποτήριον(마시는 도구, 컵); πίνω(마시다).

계 14:9

Καὶ ἄλλος ἄγγελος τρίτος ἠκολούθησεν αὐτοῖς λέγων ἐν φωνῇ μεγάλῃ· εἴ τις προσκυνεῖ τὸ θηρίον καὶ τὴν εἰκόνα αὐτοῦ καὶ λαμβάνει χάραγμα ἐπὶ τοῦ μετώπου αὐτοῦ ἢ ἐπὶ τὴν χεῖρα αὐτοῦ,

또 세 번째 다른 천사가 그들을 뒤따르며 큰 소리로 말하였다. "만일 누구든지 짐승과 그의 우상(화상)에게 경배하고 그의 이마나 그의 손에 표를 받으면

Καὶ ἄλλος ἄγγελος
그리고 다른 ~ 천사가 And another angel,

τρίτος
세 번째 a third,

ἠκολούθησεν
뒤따랐다. followed

αὐτοῖς
그들을(앞의 두 천사를) them,

λέγων
말하며 saying

ἐν φωνῇ
소리로/음성으로 with a ~ voice,

μεγάλῃ·
큰 loud

εἴ τις[1]
"만일 누구든지 "If anyone

προσκυνεῖ
경배하고 worships

τὸ θηρίον
짐승과 the beast

καὶ τὴν εἰκόνα
아이콘/화상에게 and ~ image

αὐτοῦ
그의 its

καὶ λαμβάνει
받으면 and receives

χάραγμα
표를/표식을 a mark

ἐπὶ τοῦ μετώπου
이마에나 on ~ forehead

αὐτοῦ
그의 his

ἢ ἐπὶ τὴν χεῖρα
손/팔에 or on ~ hand,

αὐτοῦ,
그의 his

1. εἴ τις προσκυνεῖ ... καὶ λαμβάνει: '만일 누가 … 경배하고 … 받으면(받는 경우에는)'. 1급 조건문(εἴ + 직설법)은 조건절의 내용이 사실임을 가정한다.

πᾶς
형부정.목.중복
καί
접
ὁ
관.목.중복
ἔθνος
명.목.중복

9
καί
접.등
ἄλλος
형부정.주.남단
ἄγγελος
명.주.남단
τρίτος
형서수.주.남단
ἀκολουθέω
동직.과능.3단
αὐτός
대인칭.여.남복
λέγω
동분.현능.주.남단
ἐν
전.여
φωνή
명.여.여단
μέγας
형일반.여.여단
εἰ
접.종
τις
대부정.주.남단
προσκυνέω
동직.현능.3단
ὁ
관.목.중단
θηρίον
명.목.중단
καί
접.등
ὁ
관.목.여단
εἰκών
명.목.여단
αὐτός
대인칭.소.중단
καί
접.등
λαμβάνω
동직.현능.3단
χάραγμα
명.목.중단
ἐπί
전.소
ὁ
관.소.중단
μέτωπον
명.소.중단
αὐτός
대인칭.소.남단
ἤ
접.등

ἐπί
전.목
ὁ
관.목.여단
χείρ
명.목.여단
αὐτός
대인칭.소.남단
10
καί
부
αὐτός
대강조.주.남단
πίνω
동직.미중.3단
ἐκ
전.소
ὁ
관.소.남단
οἶνος
명.소.남단
ὁ
관.소.남단
θυμός
명.소.남단
ὁ
관.소.남단
θεός
명.소.남단
ὁ
관.소.남단
κεράννυμι
동분.완수.소.남단
ἄκρατος
형일반.소.남단
ἐν
전.여
ὁ
관.여.중단
ποτήριον
명.여.중단
ὁ
관.소.여단
ὀργή
명.소.여다
αὐτός
대인칭.소.남단
καί
접.등
βασανίζω
동직.미수.3단
ἐν
전.여
πῦρ
명.여.중단
καί
접.등
θεῖον
명.여.중단
ἐνώπιον
전.소
ἄγγελος
명.소.남복
ἅγιος
형일반.소.남복
καί
접.등
ἐνώπιον
전.소
ὁ
관.소.중단
ἀρνίον
명.소.중단
11
καί
접.등
ὁ
관.주.남단
καπνός
명.주.남단
ὁ
관.소.남단

계 14:10

καὶ αὐτὸς πίεται ἐκ τοῦ οἴνου τοῦ θυμοῦ τοῦ θεοῦ τοῦ κεκερασμένου ἀκράτου ἐν τῷ ποτηρίῳ τῆς ὀργῆς αὐτοῦ καὶ βασανισθήσεται ἐν πυρὶ καὶ θείῳ ἐνώπιον ἀγγέλων ἁγίων καὶ ἐνώπιον τοῦ ἀρνίου.

그도 하나님의 진노의 포도주, 그의 진노의 잔에 섞인 것 없이 부어진 것을 마실 것이다. 또 그가 거룩한 천사들 앞과 어린 양 앞에서 불과 유황으로 고통을 받게 될 것이다.

καὶ αὐτὸς[1]
그도 he also

πίεται[2]
마실 것이다. will drink

ἐκ τοῦ οἴνου[3]
포도주를 of the wine

τοῦ θυμοῦ
분노/진노의 of ~ wrath,

τοῦ θεοῦ
하나님의 God's

τοῦ κεκερασμένου[4]
부어진 poured

ἀκράτου[5]
순수한 그대로/섞인 것 없이 unmixed

ἐν τῷ ποτηρίῳ[6]
잔으로 into the cup

τῆς ὀργῆς
진노/심판의 of ~ anger,

αὐτοῦ
그의 his

καὶ βασανισθήσεται[7]
또한 ~ 고통을 받을 것이다. and he will be tormented

ἐν
~으로 with

πυρὶ
불과 fire

καὶ θείῳ[8]
유황~ and sulfur

ἐνώπιον ἀγγέλων
천사들 앞과 in the presence of the ~ angels

ἁγίων
거룩한 holy

καὶ ἐνώπιον τοῦ ἀρνίου.
어린 양 앞에서 and in the presence of the Lamb.

---

1. καὶ αὐτὸς: '그 자신도, 그 자신 또한'. 강조의 목적으로 3인칭 인칭대명사가 사용되었다.
2. πίεται: πίνω(마시다)의 미래(단수)는 이태동사로 πίομαι, πίεσαι, πίεται이다. ποτίζω(마시게 하다).
3. ἐκ τοῦ οἴνου τοῦ θυμοῦ: '진노의 포도주를' 또는 '진노의 포도주로부터 (어떤 것을)'; '진노의 포도주'(8, 10절; 16:19; 18:3; 19:15).
4. κεκερασμένου: '부어진'. κεράννυμι(섞다, 붓다)의 현재완료(수) 분사로 '포도주'를 수식한다.
5. ἀκράτου: ἄκρατος(섞이지 않은, 순수한) = ἀ(부정) + κρατος(섞인 < κεράννυμι, 섞다).
6. ἐν τῷ ποτηρίῳ: '잔으로'; 수단의 여격. ποτήριον(잔) < ποτίζω(마시다).
7. βασανισθήσεται: '고통을 받을 것이다'(미래[수] 3단); 9:5 참고; βασανίζ + θήσεται.
8. ἐν πυρὶ καὶ θείῳ: '불과 유황으로'; 수단의 여격.

계 14:11

καὶ ὁ καπνὸς τοῦ βασανισμοῦ αὐτῶν εἰς αἰῶνας αἰώνων ἀναβαίνει, καὶ οὐκ ἔχουσιν ἀνάπαυσιν ἡμέρας καὶ νυκτὸς οἱ προσκυνοῦντες τὸ θηρίον καὶ τὴν εἰκόνα αὐτοῦ καὶ εἴ τις λαμβάνει τὸ χάραγμα τοῦ ὀνόματος αὐτοῦ.

또 그들의(그들이 당하는) 고통의 연기가 영원히 올라올 것이다. 짐승과 그 우상(화상)에게 경배하는 자들과 누구든지 그 이름의 표를 받은 자는 밤낮으로 쉼을 얻지 못할 것이다."

καὶ ὁ καπνὸς
또한 ~ 연기가 And the smoke
　τοῦ βασανισμοῦ
　고통의 of ~ torment
　　αὐτῶν
　　그들의/그들이 당하는 their
　　εἰς αἰῶνας
　　영원히/세세토록 forever
　　αἰώνων[1]
　　(영원의) and ever,
ἀναβαίνει,[2]
올라온다/올라올 것이다. goes up
καὶ οὐκ ἔχουσιν
(그리고) ~갖지/얻지 못한다/못할 것이다." and they have no
　ἀνάπαυσιν[3]
　쉼/휴식을 rest,
　ἡμέρας
　낮과 day
　καὶ νυκτὸς
　밤에/밤으로 or night,

οἱ προσκυνοῦντες[4]
경배하는 자들은 those who worship
　τὸ θηρίον
　짐승과 the beast
　καὶ τὴν εἰκόνα
　아이콘/형상에게 and ~ image,
　　αὐτοῦ
　　그의 its
καὶ εἴ τις[5]
또 누구든지 ~한 자는 and whoever
　λαμβάνει
　받은 receives
　　τὸ χάραγμα
　　표를/표식을 the mark
　　τοῦ ὀνόματος
　　이름의 of ~ name."
　　　αὐτοῦ.
　　　그의 its

---

1. εἰς αἰῶνας αἰώνων: 문자적, '세대들의 세대로' 즉, '세세토록'. 참조, εἰς τοὺς αἰῶνας τῶν αἰώνων(영원무궁히; 1:6, 18; 4:9-10; 5:13; 7:12; 10:6; 11:15; 15:7; 19:3; 20:10; 22:5).
2. ἀναβαίνει … οὐκ ἔχουσιν: '올라오고 … 갖지 못한다'; 현재로 기술하는 것은 생생하게 묘사하기 위한 때문일 것이다(미래적 현재).
3. ἀνάπαυσιν: '쉼을'; 4:8 참고.
4. οἱ προσκυνοῦντες: '경배하는 자들은'; προσκυνέ + οντες. 분사(주복)의 독립적 용법이다.
5. εἴ τις λαμβάνει: '누구든 ~ 받는 자는' 또는 '누구든 ~을 받는다면'; εἴ + 직설법은 1급 조건문이다(9절 참고).

계 14:12

Ὧδε ἡ ὑπομονὴ τῶν ἁγίων ἐστίν, οἱ τηροῦντες τὰς ἐντολὰς τοῦ θεοῦ καὶ τὴν πίστιν Ἰησοῦ.

여기에 성도들의 인내가 있다. 이들은 하나님의 계명(들)과 예수의 믿음을 지키는 자들이다.

Ὧδε[1]
여기에 Here
ἡ ὑπομονὴ
인내가/오래참음이 the endurance
　τῶν ἁγίων
　성도들의 of the saints,
ἐστίν,
있다. is
οἱ τηροῦντες[2]
(이들은) ~ 지키는 자들이다. those who keep

τὰς ἐντολὰς
계명(들)과 the commandments
　τοῦ θεοῦ
　하나님의 of God
καὶ τὴν πίστιν[3]
믿음을 and the faith
　Ἰησοῦ.
　예수의/예수에 대한 of Jesus.

βασανισμός
명.소.남단
αὐτός
대인칭.소.남복
εἰς
전.목
αἰών
명.목.남복
αἰών
명.소.남복
ἀναβαίνω
동직.현능.3단
καί
접.등
οὐ
부
ἔχω
동직.현능.3복
ἀνάπαυσις
명.목.여단
ἡμέρα
명.소.여단
καί
접.등
νύξ
명.소.여단
ὁ
관.주.남복
προσκυνέω
동분.현능주.남복
ὁ
관.목.중단
θηρίον
명.목.중단
καί
접.등
ὁ
관.목.여단
εἰκών
명.목.여단
αὐτός
대인칭.소.중단
καί
접.등
εἰ
접.종
τις
대부정주.남단
λαμβάνω
동직.현능.3단
ὁ
관.목.중단
χάραγμα
명.목.중단
ὁ
관.소.중단
ὄνομα
명.소.중단
αὐτός
대인칭.소.중단

12
ὧδε
부
ὁ
관.주.여단
ὑπομονή
명.주.여단
ὁ
관.소.남복
ἅγιος
형일반.소.남복
εἰμί
동직.현능.3단
ὁ
관.주.남복
τηρέω
동분.현능.주.남복
ὁ
관.목.여복
ἐντολή
명.목.여복

1. Ὧδε: '여기에'; 13:10, 18; 17:9 참고.

2. οἱ τηροῦντες: '지키는 자들'; τηρέ + οντες = τηροῦντες. 분사의 독립적 용법, Wallace는 ἁγίων(성도들)을 보완하는 것으로 간주하고, 병치된(in apposition) 주격의 예로 본다(Wallace, 62).

3. πίστιν: '믿음을'; 2:13 참고. 3변화 πίστις, πίστεως, πίστει, πίστιν(sg); πίστεις, πίστεων, πίστεσι(ν), πίστεις(pl).

계 14:13

Καὶ ἤκουσα φωνῆς ἐκ τοῦ οὐρανοῦ λεγούσης· γράψον· μακάριοι οἱ νεκροὶ οἱ ἐν κυρίῳ ἀποθνήσκοντες ἀπ᾽ ἄρτι. ναί, λέγει τὸ πνεῦμα, ἵνα ἀναπαήσονται ἐκ τῶν κόπων αὐτῶν, τὰ γὰρ ἔργα αὐτῶν ἀκολουθεῖ μετ᾽ αὐτῶν.

그리고 나는 하늘에서 나서 말하는 소리를 들었다. "기록하라. 죽은 자들, 즉 주 안에서 죽는 자들은 이제부터 복이 있다." 성령께서 말씀하신다. "그러하다. 그들의 수고에서 쉼을 얻게 될 것이다. 그들의 일들(한 일들)이 그들을 뒤따를 것이기 때문이다."

Καὶ ἤκουσα
그리고 나는 ~ 들었다. And I heard
  φωνῆς[1]
  소리를/음성을 a voice
    ἐκ τοῦ οὐρανοῦ
    하늘에서 나는/하늘의 from heaven,
      λεγούσης·
      말하는 saying,
  γράψον.[2]
  "기록하라. "Write this:
    μακάριοι[3]
    복이 (있다.)" Blessed are
οἱ νεκροὶ[4]
죽은 자들, the dead
  οἱ ἐν κυρίῳ ἀποθνήσκοντες[5]
  즉, 주 안에서 죽은 자들은 who die in the Lord
    ἀπ᾽ ἄρτι.[6]
    지금부터/이제부터 from now on."
ναί,[7]
"예/그렇다." "Yes,"

λέγει
말씀하신다. says
τὸ πνεῦμα,
영/성령께서 the Spirit,
  ἵνα ἀναπαήσονται[8]
  쉼을 얻게 될 것을 "that they may rest
    ἐκ τῶν κόπων[9]
    수고로부터/에서 from ~ labors,
    αὐτῶν,
    그들의 their
  τὰ γὰρ ἔργα
  (한) 일들이 for ~ deeds
    αὐτῶν
    그들의 their
  ἀκολουθεῖ
  뒤따를 것이므로 follow
    μετ᾽ αὐτῶν.[10]
    그들과 함께/그들을 with them."

---

1. φωνῆς ... λεγούσης: '소리가/음성이 말하는 것을'. ἀκούω(듣다)의 목적어는 소유격과 목적격 둘 다 가능하다. 목적어인 명사절('음성이 말하는 것을')이 소유격이다.

2. γράψον: '쓰라, 기록하라'; γράφ + σον = γράψον(부정과거 명령법 2단).

3. μακάριοι: '복이 있는 자들(이다)'; 1:3 참고.

4. οἱ νεκροί: '죽은 자들'.

5. οἱ ἐν κυρίῳ ἀποθνήσκοντες: '주 안에서 죽은 자들'. 병치된 부분은 앞의 '죽은 자들'을 제한하며 보충한다.

6. ἀπ᾽ ἄρτι: '지금부터'; ἀπό(from) + ἄρτι(now).

7. ναί: ναί(yes)는 동의하고 확언하는 표현, '참으로', '그렇다' 등으로 쓰인다.
8. ἵνα ἀναπαήσονται: '쉼을 얻게 될 것을'. ἵνα 절은 λέγει(말한다)의 목적어가 되는 명사절이다. 한편, Wallace는 명령의(imperatival) ἵνα + 가정법('쉬라고 [말씀하셨다]')으로 간주한다(Wallace, 477). ἀναπαύω(쉬다), 6:11 참고. ἀναπαύω는 미래에서 이태동사(ἀναπαύσομαι)가 되기도 하는데, ἀναπαήσονται는 미래 수동태 어미의 형태(3복)이다(ἀναπαήσομαι; Friberg).
9. κόπων: κόπος(수고, 고생); 2:2 참고.
10. μετ' αὐτῶν: '그들과 함께'; μετά + αὐτῶν.

계 14:14

Καὶ εἶδον, καὶ ἰδοὺ νεφέλη λευκή, καὶ ἐπὶ τὴν νεφέλην καθήμενον ὅμοιον υἱὸν ἀνθρώπου, ἔχων ἐπὶ τῆς κεφαλῆς αὐτοῦ στέφανον χρυσοῦν καὶ ἐν τῇ χειρὶ αὐτοῦ δρέπανον ὀξύ.

또 내가 보았다. 보라. 흰 구름이 있고 그 구름 위에 인자 같은 분이 앉아 계신데 그 머리 위에 승리의 금관을 쓰셨고 그의 손에 예리한 낫을 가지고 계셨다.

Καὶ εἶδον,
또 내가 ~ 보았다. And I saw/ looked,

καὶ ἰδοὺ
(그리고 보라.) and behold,

νεφέλη
구름과(구름이 있고) a ~ cloud,

λευκή,
흰 white

καὶ ἐπὶ τὴν νεφέλην
구름 위에 and ~ on the cloud

καθήμενον[1]
앉으신 것을/앉아 sitting ~ was

ὅμοιον υἱὸν
아들 같은 분이 one like a son

ἀνθρώπου,[2]
사람의 of man,

ἔχων
갖고 계신 것을 having

ἐπὶ τῆς κεφαλῆς
머리 위에 on ~ head,

αὐτοῦ
그의 his

στέφανον
월계관/승리의 관을 쓰고 a ~ crown

χρυσοῦν[3]
금/금으로 된 golden

καὶ ἐν τῇ χειρὶ[4]
손에 and ~ in ~ hand.

αὐτοῦ
그의 his

δρέπανον[5]
낫을 a ~ sickle

ὀξύ.[6]
예리한 sharp

1. καθήμενον ... ἔχων: '앉은 … 가진'. '인자 같은 분'을 꾸며주는 두 개의 분사이다.
2. ὅμοιον υἱὸν ἀνθρώπου: '사람의 아들/인자 같은 분을'. ὅμοιος(같은)는 본래 여격을 취하지만(예, 1:15; 2:18 등), 때로 목적격을 취하기도 한다(1:13; 14:14).
3. χρυσοῦν: '금으로 된'; 1:12 참고.
4. χειρὶ: 3변화 χείρ(손)는 6:5 참고.
5. δρέπανον: '낫, 가지치는 도구'.
6. ὀξύ: ὀξύ는 ὀξύς(m), ὀξεῖα(f), ὀξύ(n)(날카로운, 빠른)의 중단 목적격이다.

14
καί
접.등
ὁράω
동직.과능.1단
καί
접.등
ἰδού
감탄
νεφέλη
명.주.여단
λευκός
형일반.주.여단
καί
접.등
ἐπί
전.목
ὁ
관.목.여단
νεφέλη
명.목.여단
κάθημαι
동분.현중.목남단
ὅμοιος
형일반.목.남단
υἱός
명.목.남단
ἄνθρωπος
명.소.남단
ἔχω
동분.현능.주남단
ἐπί
전.소
ὁ
관.소.여단
κεφαλή
명.소.여단
αὐτός
대인칭.소.남단
στέφανος
명.목.남단
χρυσοῦς
형일반.목.남단
καί
접.등
ἐν
전.여
ὁ
관.여.여단
χείρ
명.여.여단
αὐτός
대인칭.소.남단
δρέπανον
명.목.중단
ὀξύς
형일반.목.중단

계 14:15

15
καί
접.등
ἄλλος
형부정.주.남단
ἄγγελος
명.주.남단
ἐξέρχομαι
동.직.과능.3단
ἐκ
전.소
ὁ
관.소.남단
ναός
명.소.남단
κράζω
동분.현능.주.남단
ἐν
전.여
φωνή
명.여.여단
μέγας
형일반.여.여단
ὁ
관.여.남단
κάθημαι
동분.현중.여남단
ἐπί
전.소
ὁ
관.소.여단
νεφέλη
명.소.여단
πέμπω
동.명.과능.2단
ὁ
관.목.중단
δρέπανον
명.목.중단
σύ
대인칭.소.-단
καί
접.등
θερίζω
동.명.과능.2단
ὅτι
접.종
ἔρχομαι
동.직.과능.3단
ὁ
관.주.여단
ὥρα
명.주.여단
θερίζω
동부.과능
ὅτι
접.종
ξηραίνω
동.직.과수.3단
ὁ
관.주.남단
θερισμός
명.주.남단
ὁ
관.소.여단
γῆ
명.소.여단

καὶ ἄλλος ἄγγελος ἐξῆλθεν ἐκ τοῦ ναοῦ κράζων ἐν φωνῇ μεγάλῃ τῷ καθημένῳ ἐπὶ τῆς νεφέλης· πέμψον τὸ δρέπανόν σου καὶ θέρισον, ὅτι ἦλθεν ἡ ὥρα θερίσαι, ὅτι ἐξηράνθη ὁ θερισμὸς τῆς γῆς.

또 다른 천사가 성전에서 나오며 구름 위에 앉으신 이에게 큰 소리로 외쳤다. "주님(당신)의 낫을 던져 추수하십시오. 추수 때가 되었기 때문입니다. 땅의 추수거리가 무르익었기 때문입니다."

καὶ ἄλλος ἄγγελος
그리고 다른 천사가 And another angel

ἐξῆλθεν[1]
나왔다. came

  ἐκ τοῦ ναοῦ
  성전에서 out of the temple,

  κράζων[2]
  외치며 crying out

    ἐν φωνῇ
    소리로/음성으로 with a ~ voice

    μεγάλῃ
    큰 loud

    τῷ καθημένῳ
    앉으신 이에게 to him who sat

      ἐπὶ τῆς νεφέλης·
      구름 위에 on the cloud,

  πέμψον[3]
  던져/대서 "Put in

    τὸ δρέπανόν[4]
    낫을 ~ sickle

    σου
    "당신/주님의 your

καὶ θέρισον,[5]
추수하십시오/거두십시오. and reap,

  ὅτι[6]
  때문입니다." for

    ἦλθεν
    왔기/되었기 has come,

    ἡ ὥρα
    시간이 the hour

      θερίσαι,[7]
      추수할 to reap

      ὅτι
      때문입니다. for

        ἐξηράνθη[8]
        무르익었기 is ripe."

        ὁ θερισμὸς
        추수가/추수거리가 the harvest

          τῆς γῆς.
          땅의 of the earth

---

1. ἐξῆλθεν: '(그가) 나왔다'; ἐξέρχομαι(나가다)의 부정과거 ἐξῆλθον의 3단.

2. κράζων: κράζω(외치다)의 현재분사 남단 주격 κράζων은 서술적 용법으로 '다른 천사'를 주어로 삼는다.

3. πέμψον: 문자적, '보내라', 여기서는 '던지라'; πέμπ + σον(부정과거 명령법 2단). 순음 β, π, φ + σ = ψ.

4. δρέπανόν σου: '당신의 낫을'. 뒤에 오는 σου 때문에 δρέπανον의 끝음절에 애큐트가 첨가된다.

5. θέρισον: '추수하라'; θερίζω(추수하다)의 부정과거 명령법 2단(-σον). 부정과거 명령법은 (지속되지 않는) 행동의 수행에 초점이 있다.

6. ὅτι ... ὅτι ...: 두 개의 ὅτι는 모두 이유('때문에')의 부사절인데, 뒤의 것이 앞의 것에 또한 종속된다. A, ὅτι B, ὅτι C(C 때문에 B, B 때문에 A).

7. θέρισον ... θερίσαι ... θερισμὸς: '추수하라 ⋯ 추수할 ⋯ 추수(하는 일)가'. 동일 계열의 단어가 반복되는 이유가 있을 것이다. 반복적 강조 효과이다.

8. ἐξηράνθη: '(그것이) 무르익었다'. 유음동사 ξηραίνω(마르게/시들게 하다, 무르게 하다)는 부정과거에서 σ 생략 대신 모음이 짧아진다(ἐξήρανα). 부정과거 수동태(ἐξηράνθην)도 짧은 모음을 유지한다.

계 14:16

καὶ ἔβαλεν ὁ καθήμενος ἐπὶ τῆς νεφέλης τὸ δρέπανον αὐτοῦ ἐπὶ τὴν γῆν
καὶ ἐθερίσθη ἡ γῆ.

그래서 구름 위에 앉으신 이가 그의 낫을 땅 위에 던지셨다. 그러자 땅(땅의 것)이 추수되었다.

καὶ ἔβαλεν[1]
그래서 ~ 던지셨다/휘두르셨다. And ~ swung

ὁ καθήμενος[2]
앉으신 이가 he who sat

ἐπὶ τῆς νεφέλης
구름 위에 on the cloud

τὸ δρέπανον
낫을 sickle

αὐτοῦ
그의 his

ἐπὶ τὴν γῆν
땅 위에/땅에 over the earth,

καὶ ἐθερίσθη[3]
그러자 ~ 추수되었다/거두워졌다. and ~ was harvested.

ἡ γῆ.
땅이/땅의 곡식이 the earth

1. ἔβαλεν: '(그가) 던졌다'; ἐ + βαλ + ε(ν).
2. ὁ καθήμενος: '앉으신 분이(이가)'; 4:2-3 참고.
3. ἐθερίσθη: '(그것이) 추수되었다'; ἐ + θερίζ + θη(부정과거 수동태 3단).

16
καί
접.등
βάλλω
동.직.과능.3단
ὁ
관.주.남단
κάθημαι
동분.현중.주남단
ἐπί
전.소
ὁ
관.소.여단
νεφέλη
명.소.여단
ὁ
관.목.중단
δρέπανον
명.목.중단
αὐτός
대인칭.소.남단
ἐπί
전.목
ὁ
관.목.여단
γῆ
명.목.여단
καί
접.등
θερίζω
동.직.과수.3단
ὁ
관.주.여단
γῆ
명.주.여단

계 14:17

Καὶ ἄλλος ἄγγελος ἐξῆλθεν ἐκ τοῦ ναοῦ τοῦ ἐν τῷ οὐρανῷ ἔχων καὶ
αὐτὸς δρέπανον ὀξύ.

또 다른 천사가 하늘에 있는 성전에서 나왔다. 그도 예리한 낫을 가지고 있었다.

Καὶ ἄλλος ἄγγελος
또 다른 천사가 And another angel

ἐξῆλθεν
나왔다. came

ἐκ τοῦ ναοῦ
성전에서 out of the temple

τοῦ ἐν τῷ οὐρανῷ
하늘에 있는 which is in heaven,

ἔχων
가지고 and ~ had

καὶ αὐτὸς[1]
그도 he too

δρέπανον
낫을 a ~ sickle.

ὀξύ.
예리한 sharp

1. ἔχων καὶ αὐτὸς: '그 자신도 가지고'; 현재분사의 종속절. καὶ αὐτὸς는 강조를 위한 것이다('그 자신
도').

17
καί
접.등
ἄλλος
형부정.주.남단
ἄγγελος
명.주.남단
ἐξέρχομαι
동.직.과능.3단
ἐκ
전.소
ὁ
관.소.남단
ναός
명.소.남단
ὁ
관.소.남단
ἐν
전.여
ὁ
관.여.남단
οὐρανός
명.여.남단
ἔχω
동분.현능.주남단
καί
부
αὐτός
대강조.주.남단
δρέπανον
명.목.중단
ὀξύς
형일반.목.중단

계 14:18

καὶ ἄλλος ἄγγελος [ἐξῆλθεν] ἐκ τοῦ θυσιαστηρίου [ὁ] ἔχων ἐξουσίαν ἐπὶ
τοῦ πυρός, καὶ ἐφώνησεν φωνῇ μεγάλῃ τῷ ἔχοντι τὸ δρέπανον τὸ ὀξὺ
λέγων· πέμψον σου τὸ δρέπανον τὸ ὀξὺ καὶ τρύγησον τοὺς βότρυας τῆς
ἀμπέλου τῆς γῆς, ὅτι ἤκμασαν αἱ σταφυλαὶ αὐτῆς.

18
καί
접.등
ἄλλος
형부정.주.남단
ἄγγελος
명.주.남단
ἐξέρχομαι
동.직.과능.3단

또 다른 천사가 제단으로부터 나왔다. 불에 대한 권세를 가진 자였다. 큰 소리로 예리한 낫을 가진 자를 부르며 말하였다. "너의 예리한 낫을 던져 땅의 포도 송이들을 거두라. 그 송이들이 익었기 때문이다."

καὶ ἄλλος ἄγγελος
또 다른 천사, And another angel

[ἐξῆλθεν]
[나왔다.] [came out]

ἐκ τοῦ θυσιαστηρίου[1]
제단으로부터 from the altar,

[ὁ] ἔχων[2]
즉, 가진 자가 the one who has

ἐξουσίαν[3]
권세를 power

ἐπὶ τοῦ πυρός,
불에 대한/불을 제어하는 over the fire,

καὶ ἐφώνησεν[4]
그리고 - 불렀다/소리쳤다. and called

φωνῇ
소리로/음성으로 with a ~ voice

μεγάλῃ
큰 loud

τῷ ἔχοντι
가진 자에게 to the one who had

τὸ δρέπανον
낫을 the ~ sickle,

τὸ ὀξὺ
예리한 sharp

λέγων·
말하며 saying,

πέμψον
던져/대어 "Put in

σου
"너의 your

τὸ δρέπανον
낫을 sickle

τὸ ὀξὺ
예리한 sharp

καὶ τρύγησον[5]
거두라. and gather

τοὺς βότρυας[6]
송이들을 the clusters

τῆς ἀμπέλου[7]
포도/포도나무의 from the vine

τῆς γῆς,
땅의 of the earth,

ὅτι
때문이다." for

ἤκμασαν[8]
익었기 are ripe."

αἱ σταφυλαὶ[9]
포도들이 grapes

αὐτῆς.
그(포도나무)의 its

1. θυσιαστηρίου: θυσιαστήριον(제단), 6:9 참고.
2. [ὁ] ἔχων: 관사가 없으면 서술적 용법('가지고'), 관사가 있으면 독립적 용법('가진 자가')이다.
3. ἐξουσίαν ἐπὶ ...: '...에 대한 권세'; 6:8 참고.
4. ἐφώνησεν φωνῇ: '소리로 불렀다, 소리쳤다'; ἐ + φωνε + σε(ν). φωνέω(소리를 내다, 부르다, 외치다) < φωνή(소리, 목소리) 여기서 φωνῇ를 동족의 여격이라 한다(2절 참고).
5. τρύγησον: '거두라'; τρυγα + σον. τρυγάω(포도 등 과일을 추수하여 거두다, Friberg).
6. βότρυας: '(포도) 송이를'. 3변화 βότρυς(송이, 무리), βότρυος, βότρυι, βότρυν(sg); βότρυες, βότρυων, βότρυσιν, βότρυας(pl).
7. ἀμπέλου: '포도(포도나무)의'. ἄμπελος(포도나무), ἀμπελουργός(포도 재배자), ἀμπελών(포도원).
8. ὅτι ἤκμασαν: '익었기 때문이다'; ἐ + ἀκμαζ + σαν. 이유(원인)의 ὅτι 부사절이다. ἀκμάζω(익다, 정점에 이르다) < ἀκμή(꼭지점, 정점); LSJ.
9. σταφυλαί: '포도(송이)들이'. σταφυλή(포도, 포도송이)는 LXX에서 βότρυς(송이)와 때로는 따로, 때로는 같이 쓰인다(Thayer).

계 14:19

καὶ ἔβαλεν ὁ ἄγγελος τὸ δρέπανον αὐτοῦ εἰς τὴν γῆν καὶ ἐτρύγησεν τὴν ἄμπελον τῆς γῆς καὶ ἔβαλεν εἰς τὴν ληνὸν τοῦ θυμοῦ τοῦ θεοῦ τὸν μέγαν.

왼쪽 여백 파싱:

ἐκ 전.소
ὁ 관.소.중단
θυσιαστήριον 명.소.중단
ὁ 관.주.남단
ἔχω 동분.현능.주.남단
ἐξουσία 명.목.여단
ἐπί 전.소
ὁ 관.소.중단
πῦρ 명.소.중단
καί 접.등
φωνέω 동직.과능.3단
φωνή 명.여.여단
μέγας 형일반.여.여단
ὁ 관.여.남단
ἔχω 동분.현능.여.남단
ὁ 관.목.중단
δρέπανον 명.목.중단
ὁ 관.목.중단
ὀξύς 형일반.목.중단
λέγω 동분.현능.주.남단
πέμπω 동명.과능.2단
σύ 대인칭.소-단
ὁ 관.목.중단
δρέπανον 명.목.중단
ὁ 관.목.중단
ὀξύς 형일반.목.중단
καί 접.등
τρυγάω 동명.과능.2단
ὁ 관.목.남복
βότρυς 명.목.남복
ὁ 관.소.여단
ἄμπελος 명.소.여단
ὁ 관.소.여단
γῆ 명.소.여단
ὅτι 접.종
ἀκμάζω 동직.과능.3복
ὁ 관.주.여복
σταφυλή 명.주.여복
αὐτός 대인칭.소.여단

19
καί 접.등
βάλλω 동직.과능.3단

그래서 그 천사는 그의 낫을 땅에 던졌다. 그리고 땅의 포도를 거두었다. 또 하나님의 진노의 거대한 포도주 틀에 던졌다.

καὶ ἔβαλεν
그래서 ~ 던졌다/휘둘렀다. And ~ swung

ὁ ἄγγελος
그 천사는 the angel

τὸ δρέπανον
낫을 sickle

αὐτοῦ
그의 his

εἰς τὴν γῆν
땅으로 to the earth,

καὶ ἐτρύγησεν
그리고 ~ 거두었다. and gathered

τὴν ἄμπελον
포도를 the grape harvest

τῆς γῆς
땅의 of the earth

καὶ ἔβαλεν
그리고 ~ 던졌다. and threw

εἰς τὴν ληνὸν[1]
포도주 틀에/포도주를 짜는 틀에
into the ~ winepress

τοῦ θυμοῦ
분노/진노의 of the wrath

τοῦ θεοῦ
하나님의 of God.

τὸν μέγαν.
큰 great

---

1. ληνὸν: ληνός(포도주 틀; 포도를 넣고 발로 밟아 짜내는 큰 통, Thayer).

계 14:20

καὶ ἐπατήθη ἡ ληνὸς ἔξωθεν τῆς πόλεως καὶ ἐξῆλθεν αἷμα ἐκ τῆς ληνοῦ ἄχρι τῶν χαλινῶν τῶν ἵππων ἀπὸ σταδίων χιλίων ἑξακοσίων.

그 포도주 틀이 성 밖에서 짓밟혔다. 그러자 그 포도주 틀에서 1,600 스타디온(약 300 km)에 이르는 피가 나와 말의 고삐에 닿을 만큼 되었다.

καὶ ἐπατήθη[1]
그리고 ~ 짓밟혔다. And ~ was trodden

ἡ ληνὸς
그 포도주 틀은(그 안의 포도들이) the winepress

ἔξωθεν[2] τῆς πόλεως
도시/도성 밖에서 outside the city,

καὶ ἐξῆλθεν
그러자 ~ 나왔다. and ~ came out

αἷμα
피가 blood

ἐκ τῆς ληνοῦ
그 포도주 틀에서 from the winepress,

ἄχρι[3] τῶν χαλινῶν[4]
굴레/고삐에 닿을 만큼 up to the ~ bridles,

τῶν ἵππων
말의 horses'

ἀπὸ[5] σταδίων[6] χιλίων ἑξακοσίων.
천 육백 스타디온/약 삼백 킬로미터의 거리에 걸쳐
for 1,600 stadia/ about 300 km.

---

1. ἐπατήθη: '밟았다'; ἐ + πατέ + θη. πατέω(밟다) > περιπατέω(거닐다, 살다), ἐμπεριπατέω(돌아다니다, 거하다), καταπατέω(짓밟다).
2. ἔξωθεν: '밖으로부터, 밖에서'; 11:2 참고.
3. ἄχρι: ἄχρι + 소유격('~하기까지', '~하는 만큼').
4. χαλινῶν: χαλινός(굴레, 재갈, 고삐) > χαλιναγωγέω(재갈을 물리다).
5. ἀπὸ: ἀπὸ + 소유격은 본래 '~로부터'이나, 여기서는 '~ 걸쳐(for)', 또는 '약 ~만큼(about)' 의미이다.
6. σταδίων χιλίων ἑξακοσίων: '천 육백'(천 + 육백) 스타디온. 한 스타디오스(στάδιος)는 190 미터(Friberg).

ὁ
관 소 남복
ἵππος
명 소 남복
ἀπό
전 소
στάδιος
명 소 남복
χίλιοι
형기수 소 남복
ἑξακόσιοι
형기수 소 남복

계 15:1

Καὶ εἶδον ἄλλο σημεῖον ἐν τῷ οὐρανῷ μέγα καὶ θαυμαστόν, ἀγγέλους ἑπτὰ ἔχοντας πληγὰς ἑπτὰ τὰς ἐσχάτας, ὅτι ἐν αὐταῖς ἐτελέσθη ὁ θυμὸς τοῦ θεοῦ.

또 나는 하늘에서 크고 놀라운 다른 표적을 보았다. 일곱 천사가 마지막 일곱 재앙을 가지고 있었다. 하나님의 진노가 그것(들)으로 마치게 된다.

―――――――

Καὶ εἶδον
그리고 나는 ~ 보았다. And I saw
　ἄλλο σημεῖον
　다른 이적/표적, another sign
　　ἐν τῷ οὐρανῷ
　　하늘에서 in heaven,
　μέγα
　크고 great
　καὶ θαυμαστόν,[1]
　놀라운 and marvelous,
　ἀγγέλους ἑπτὰ
　즉, 일곱 천사들을 seven angels
　　ἔχοντας
　　가지고 있는 having

πληγὰς ἑπτὰ
일곱 재앙/재난을 seven ~ plagues,
　τὰς ἐσχάτας,[2]
　마지막 last
ὅτι[3]
~ 되는/때문에 for
　ἐν αὐταῖς
　그것들로 with them
ἐτελέσθη[4]
끝나게/끝나기 ~ is finished.
ὁ θυμὸς
분노/진노가 the wrath
　τοῦ θεοῦ.
　하나님의 of God

―――――――

1. θαυμαστόν: θαυμαστός/θαυμάσιος(놀라운, 주목할 만한) < θαῦμα(놀라운 일, 경이), θαυμάζω(놀라다, 경이롭게 여기다).
2. τὰς ἐσχάτας: '(그) 마지막 (것들)'. πληγὰς ἑπτὰ(일곱 재앙을)를 관형적으로 꾸며준다.
3. ὅτι: 이유(원인)의 ὅτι 부사절이지만(ESV, RSV, NIV), 의미적으로는 τὰς ἐσχάτας(마지막)를 보충하고 있다.
4. ἐτελέσθη: 미래적 사건을 가리키는 미래적(futuristic) 부정과거 또는 사안의 중단을 부각하는 결말적(culminative) 부정과거일 것이다(10:7 참고).

계 15:2

Καὶ εἶδον ὡς θάλασσαν ὑαλίνην μεμιγμένην πυρὶ καὶ τοὺς νικῶντας ἐκ τοῦ θηρίου καὶ ἐκ τῆς εἰκόνος αὐτοῦ καὶ ἐκ τοῦ ἀριθμοῦ τοῦ ὀνόματος αὐτοῦ ἑστῶτας ἐπὶ τὴν θάλασσαν τὴν ὑαλίνην ἔχοντας κιθάρας τοῦ θεοῦ.

1
καί
접.등
ὁράω
동직.과능.1단
ἄλλος
형부정.목.중단
σημεῖον
명.목.중단
ἐν
전.여
ὁ
관.여.남단
οὐρανός
명.여.남단
μέγας
형일반.목.중단
καί
접.등
θαυμαστός
형일반.목.중단
ἄγγελος
명.목.남복
ἑπτά

형.기수
ἔχω
동분.현능.목.남복
πληγή
명.목.여복
ἑπτά
형.기수
ὁ
관.목.여복
ἔσχατος
형일반.목.여복
ὅτι
접.종
ἐν
전.여
αὐτός
대인칭.여.여복
τελέω
동직.과수.3단
ὁ
관.주.남단
θυμός
명.주.남단
ὁ
관.소.남단
θεός
명.소.남단

또 나는 불이 섞인 유리 바다 같은 것을 보았다. 짐승과 그의 우상(화상)과 그 이름의 수를 이긴 자들이 유리 바다 위에 서서 하나님의 하프(수금[들])를 가지고

<table>
<tr><td>

Καὶ εἶδον
또 나는 ~ 보았다. And I saw
  ὡς θάλασσαν
  바다 같은 것을 what looked like a sea
    ὑαλίνην[1]
    유리 of glass
    μεμιγμένην[2]
    섞인 mixed
    πυρὶ[3]
    불로/불이 with fire,
  καὶ τοὺς νικῶντας[4-5]
  또 이긴/승리한 자들이 and those who had overcome
    ἐκ τοῦ θηρίου
    짐승과 the beast
  καὶ ἐκ τῆς εἰκόνος
  아이콘/화상과 and ~ image
    αὐτοῦ
    그의 its

</td><td>

  καὶ ἐκ τοῦ ἀριθμοῦ
  수/숫자로부터 and the number
    τοῦ ὀνόματος
    이름의 of ~ name,
    αὐτοῦ
    그의 its
ἑστῶτας[6]
서 있는 것과 standing
  ἐπὶ τὴν θάλασσαν
  바다 위에 on the sea
    τὴν ὑαλίνην
    유리 of glass,
ἔχοντας[7]
가지고 있는 것을 holding
    κιθάρας[8]
    하프/수금(들)을 harps
    τοῦ θεοῦ.
    하나님의 of God.

</td></tr>
</table>

1. ὑαλίνην: ὑαλίνη(유리); 4:6 참고.
2. μεμιγμένην: μίγνυμι(섞다)의 현재완료 수동태 분사; 8:7 참고.
3. πυρὶ: '불로'; 수단의 여격.
4. τοὺς νικῶντας ἐκ ...: '…부터 이긴 자들(을)', 즉 '…을 이긴 자들(을)'.
5. νικῶντας: νικάω(승리하다)의 현재분사 남복 목적격('승리한 자들을'); νικά + οντας.
6. ἑστῶτας: '서 있는 것(을)'; 7:1 참고.
7. ἑστῶτας ... ἔχοντας: '서 있는 것과 … 가지고 있는 것(을)'; 두 개의 분사는 모두 τοὺς νικῶντας를 주어로 하는 술어이다.
8. κιθάρας: '수금(들)을'; 5:8 참고.

계 15:3

καὶ ᾄδουσιν τὴν ᾠδὴν Μωϋσέως τοῦ δούλου τοῦ θεοῦ καὶ τὴν ᾠδὴν τοῦ ἀρνίου λέγοντες· μεγάλα καὶ θαυμαστὰ τὰ ἔργα σου, κύριε ὁ θεὸς ὁ παντοκράτωρ· δίκαιαι καὶ ἀληθιναὶ αἱ ὁδοί σου, ὁ βασιλεὺς τῶν ἐθνῶν·

하나님의 종 모세의 노래와 어린 양의 노래를 부르고 있었다. 이같이 말하였다. "주님(당신)께서 하신 일들이 위대하고 놀랍습니다. 주, 전능하신 하나님이시여. 주님(당신)의 길(들)은 의롭고 진실합니다. 열방의 왕이시여.

<table>
<tr><td>

καὶ ᾄδουσιν[1]
(그리고) ~ 부르고 있다/있었다. And they sang
  τὴν ᾠδὴν
  노래와 the song
    Μωϋσέως[2]
    모세의 of Moses,

</td><td>

    τοῦ δούλου
    종 the servant
    τοῦ θεοῦ
    하나님의 of God,
  καὶ τὴν ᾠδὴν
  노래를 and the song

</td></tr>
</table>

θάλασσα
명 목 여단
ὑαλίνος
형일반 목 여단
μίγνυμι
동분 완수 목 여단
πῦρ
명 여 중단
καί
접 등
ὁ
관 목 남복
νικάω
동분 현능 목 남복
ἐκ
전 소
ὁ
관 소 중단
θηρίον
명 소 중단
καί
접 등
ἐκ
전 소
ὁ
관 소 여단
εἰκών
명 소 여단
αὐτός
대인칭 소 중단
καί
접 등
ἐκ
전 소
ὁ
관 소 남단
ἀριθμός
명 소 남단
ὁ
관 소 중단
ὄνομα
명 소 중단
αὐτός
대인칭 소 중단
ἵστημι
동분 완능 목 남복
ἐπί
전 목
ὁ
관 목 여단
θάλασσα
명 목 여단
ὁ
관 목 여단
ὑαλίνος
형일반 목 여단
ἔχω
동분 현능 목 남복
κιθάρα
명 목 여복
ὁ
관 소 남단
θεός
명 소 남단

3
καί
접 등
ᾄδω
동직 현능 3복
ὁ
관 목 여단
ᾠδή
명 목 여단
Μωϋσῆς
명 소 남단
ὁ
관 소 남단
δοῦλος
명 소 남단
ὁ
관 소 남단
θεός
명 소 남단
καί
접 등

τοῦ ἀρνίου[3]
어린 양의 of the Lamb,

λέγοντες.[4]
말하며 saying,

μεγάλα
위대하고 "Great

καὶ θαυμαστὰ
놀랍습니다. and marvelous

τὰ ἔργα
하신 일들이 are ~ works,

σου,
"주(당신)께서 your

κύριε
주님/주여. Lord

ὁ θεὸς
하나님 God,

ὁ παντοκράτωρ·[5]
곧 전능하신 이여, Almighty.

δίκαιαι
의롭고 Righteous

καὶ ἀληθιναὶ
진실합니다/참됩니다. and true

αἱ ὁδοί[6]
길(들)은 are ~ ways,

σου,
주(당신)의 your

ὁ βασιλεὺς
왕이시여 King

τῶν ἐθνῶν·
민족들/나라들의 of the nations.

---

1. ᾄδουσιν: '노래하였다'; 5:9; 14:3 참고.
2. τὴν ᾠδὴν Μωϋσέως: '모세의 노래(를)'(출 15:1-18; 신 31:19-22; 31:30-32:44).
3. τὴν ᾠδὴν τοῦ ἀρνίου: '어린 양의 노래(를)'(5:24; 14:3 참고).
4. λέγοντες: 현재분사 λέγοντες는 그들이 부른 노래의 내용(직접화법)을 소개한다.
5. παντοκράτωρ: '전능자, 전능하신 분'; 1:8 참고.
6. αἱ ὁδοί: '길(들)은'. ὁδός(길) > ὁδεύω(여행하다), ὁδηγέω(인도하다, 가이드하다), ὁδηγός(인도자, 가이드), ὁδοιπορέω(여행하다), ὁδοιπορία(여행), ὁδοποιέω(길을 만들다).

계 15:4

τίς οὐ μὴ φοβηθῇ, κύριε, καὶ δοξάσει τὸ ὄνομά σου; ὅτι μόνος ὅσιος, ὅτι πάντα τὰ ἔθνη ἥξουσιν καὶ προσκυνήσουσιν ἐνώπιόν σου, ὅτι τὰ δικαιώματά σου ἐφανερώθησαν.

누가 두려워하지 않을 수 있겠습니까? 주님, 누가 주(당신)의 이름을 영화롭게 하지 않을 수 있겠습니까? 오직 주님만이 거룩하시기 때문입니다. 모든 열방이 와서 주 앞에 경배할 것이기 때문입니다. 주(당신)의 의로우신 일들이 드러났기 때문입니다."

τίς
누가 Who

οὐ μὴ φοβηθῇ,[1]
두려워하지 않을 수 있겠습니까? will not fear,

κύριε,
주님/주여 Lord,

καὶ δοξάσει[2]
영화롭게 하지 (않을 수 있겠습니까?) and glorify

τὸ ὄνομά[3]
이름을 name?

σου;
주의 your

ὅτι[4] μόνος
오직 주님만이 ~ 때문입니다. For you alone are

ὅσιος,
거룩하시기 holy;

ὅτι[5] πάντα τὰ ἔθνη
모든 나라/민족이 ~ 때문입니다. For all the nations

ἥξουσιν[6]
와서 will come

καὶ προσκυνήσουσιν
경배할 것이기 ~ and worship

ἐνώπιόν σου,
주 앞에 before you;

ὅτι τὰ δικαιώματά[7]
의로우신 일들이 ~ 때문입니다." For ~ righteous acts

σου
주(당신)의 your

ἐφανερώθησαν.[8]
드러났기/나타났기 ~ have been revealed."

ὁ
관.목.여단
ᾠδή
명.목.여단
ὁ
관.소.중단
ἀρνίον
명.소.중단
λέγω
동분.현능.주.남복
μέγας
형일반.주.중복
καί
접.등
θαυμαστός
형일반.주.중복
ὁ
관주.중복
ἔργον
명.주.중복
σύ
대인칭.소.-단
κύριος
명.호.남단
ὁ
관.주.남단
θεός
명.주.남단
ὁ
관.주.남단
παντοκράτωρ
명.주.남단
δίκαιος
형일반.주.여복
καί
접.등
ἀληθινός
형일반.주.여복
ὁ
관.주.여복
ὁδός
명.주.여복
σύ
대인칭.소.-단
ὁ
관.주.남단
βασιλεύς
명.주.남단
ὁ
관.소.중복
ἔθνος
명.소.중복

4
τίς
대의문.주.남단
οὐ
부
μή
조사
φοβέω
동가.과수.3단
κύριος
명.호.남단
καί
접.등
δοξάζω
동직.미능.3단
ὁ
관.목.중단
ὄνομα
명.목.중단
σύ
대인칭.소.-단
ὅτι
접.종
μόνος
형일반.주.남단
ὅσιος
형일반.주.남단
ὅτι
접.종
πᾶς
형부정.주.중복
ὁ
관.주.중복

1. οὐ μὴ φοβηθῇ: '두려워하지 않을까요?'. 본래 οὐ μὴ + 부정과거 가정법은 미래에 일어날 일에 대한 강한 부정의 표현이다. 그러나 여기서는 수사적 질문으로 답을 요구하지 않는 논의의(deliberative) 가정법으로 볼 수 있다(Wallace, 468). φοβηθῇ(두려워하였다)는 φοβέω(두려워하게 하다)의 부정과거 수동태 가정법 3단(φοβε + θῇ). 부정어의 반복 사용-(οὐ μὴ)은 더 강한 부정을 표현한다.

2. δοξάσει: '영화롭게 할 것이다'; δοξάσ + σει. δοξάζω(영광을 돌리다) > δόξα(영광).

3. τὸ ὄνομά σου: '주(당신)의 이름을'. 뒤에 온 σου 때문에 ὄνομα의 끝음절에 애큐트가 더해졌다.

4. ὅτι μόνος ὅσιος: ὅτι 문장을 앞과 연결된 부사절('때문에~'로 볼 수도 있고, 또는 ὅτι를 따로 된 문장(For ~)으로 볼 수도 있다(ESV, RSV, NIV). μόνος ὅσιος는 술어 εἶ(you are)가 생략되었다. ὅσιος(거룩한, 경건한), ὁσιότης(거룩함, 경건), ὁσίως(거룩하게, 경건히).

5. ὅτι ... ὅτι ... ὅτι: 세 개의 ὅτι 절(문)은 병렬되고 있다. 4절의 앞 부분에 대한 이유가 된다.

6. ἥξουσιν καὶ προσκυνήσουσιν: '올 것이고 경배할 것이다'; ἥκ +σουσι(ν); προσκυνέ + σουσι(ν).

7. τὰ δικαιώματά σου: '주(당신)의 의(들)이'. 뒤에 오는 σου 때문에 δικαιώματα의 끝음절에 애큐트가 더해졌다. δικαίωμα(의, 의의 행위) < δίκαιος(의로운) > δικαιοσύνη(의, 의의 상태), δικαιόω(롭게 하다), δικαίως(롭게), δικαίωσις(칭의, 의롭게 하는 행위), δικαστής(재판관).

8. ἐφανερώθησαν: '(그것들이) 드러났다'; ἐ + φανερό + θησαν; 3:18 참고.

계 15:5

Καὶ μετὰ ταῦτα εἶδον, καὶ ἠνοίγη ὁ ναὸς τῆς σκηνῆς τοῦ μαρτυρίου ἐν τῷ οὐρανῷ,

이 일(들) 후에, 나는 보았다. 하늘에 증거 장막의 성전이 열렸다.

Καὶ μετὰ ταῦτα	τῆς σκηνῆς
이 일(들) 후에 And afther this	장막의 of the tabernacle/ tent
εἶδον,	τοῦ μαρτυρίου[2]
나는 보았다. I looked,	증거의/증거하는 of witness
καὶ ἠνοίγη[1]	ἐν τῷ οὐρανῷ,
열렸다. and ~ was opened,	하늘에서 in heaven
ὁ ναὸς	
성전이 the temple	

1. ἠνοίγη: '(그것이) 열렸다'; ἐ + ἀνοίγ + η; 3:7; 11:19 참고.
2. ὁ ναὸς τῆς σκηνῆς τοῦ μαρτυρίου: '증거 장막의 성전'(cf. 민 17:7-10; 18:2). σκηνή(장막), 13:6 참고.

계 15:6

καὶ ἐξῆλθον οἱ ἑπτὰ ἄγγελοι [οἱ] ἔχοντες τὰς ἑπτὰ πληγὰς ἐκ τοῦ ναοῦ ἐνδεδυμένοι λίνον καθαρὸν λαμπρὸν καὶ περιεζωσμένοι περὶ τὰ στήθη ζώνας χρυσᾶς.

성전에서 일곱 재앙을 가진 일곱 천사가 나왔다. 깨끗하고 빛나는 세마포 옷을 입고 가슴에 금띠를 두르고 있었다.

καὶ ἐξῆλθον[1]
나왔다. and ~ came

οἱ ἑπτὰ ἄγγελοι
일곱 천사들, the seven angels

[οἱ] ἔχοντες
즉 ~가진 이(천사)들이 who have

τὰς ἑπτὰ πληγὰς
일곱 재앙/재난을 the seven plagues

ἐκ τοῦ ναοῦ
성전에서 out of the temple,

ἐνδεδυμένοι[2]
입고 clothed

λίνον[3]
아마포(천)를/세마포 옷을 in linen,

καθαρὸν
깨끗하고 clean

λαμπρὸν[4]
빛나는 and bright

καὶ περιεζωσμένοι[5]
띠고/두르고 and girded

περὶ τὰ στήθη[6]
가슴에 around their breasts

ζώνας[7]
~띠를 with ~ sashes.

χρυσᾶς.[8]
금~ golden

---

1. ἐξῆλθον: '(그들이) 나왔다'; 6:2; 9:3 참고.
2. ἐνδεδυμένοι: '입고서'. ἐνδύω/ἐνδύνω(입다, 들어가다)의 현재완료(중) 분사 남복 주격으로 입고 있는 상태(결과)를 부각한다. ἔνδυσις(입은 것, 옷).
3. λίνον: '아마로 된 리넨(아마포)을'.
4. λαμπρὸν: λαμπρός(빛나는, 밝은, 맑은) < λαμπάς(램프), λάμπω(비추다) > λαμπρότης(빛남, 밝음), λαμπρῶς(빛나게, 화려하게).
5. περιεζωσμένοι: '두르고'; 현재완료 dep. 분사; 1:13 참고. 현재분사인 것은 단어 중간의 매개모음(ε)으로 알 수 있다.
6. στήθη: 3변화 στῆθος(가슴), στήθους, στήθει, στῆθος(sg); στήθη, στηθέων, στήθεσι, στήθη(pl). ἵστημι(서다, 내세우다; stand out)가 어원일 것이다(Thayer). στήκω([견고히] 서다, 지속하다), στηριγμός(견고함), στηρίζω(견고히 세우다).
7. ζώνην: '띠/벨트를'; 1:13 참고.
8. χρυσᾶς: '금으로 된'; 3변화 1:12 참고.

계 15:7

καὶ ἓν ἐκ τῶν τεσσάρων ζῴων ἔδωκεν τοῖς ἑπτὰ ἀγγέλοις ἑπτὰ φιάλας χρυσᾶς γεμούσας τοῦ θυμοῦ τοῦ θεοῦ τοῦ ζῶντος εἰς τοὺς αἰῶνας τῶν αἰώνων.

네 생물 가운데 하나가 영원토록 살아 계신 하나님의 진노가 가득 담긴 금 대접 일곱을 일곱 천사에게 주었다.

καὶ ἓν[1]
그리고 ~ 하나가 And one

ἐκ τῶν τεσσάρων ζῴων
네 생물 가운데 of the four living creatures

ἔδωκεν[2]
주었다. gave

τοῖς ἑπτὰ ἀγγέλοις
일곱 천사에게 to the seven angels

ἑπτὰ φιάλας[3]
일곱 ~대접을 seven ~ bowls

χρυσᾶς
금~ golden

γεμούσας[4]
가득 찬/담은 full of

τοῦ θυμοῦ
분노/진노(로)를 the wrath

τοῦ θεοῦ
하나님의 of God,

|τοῦ ζῶντος[5]
사시는/ 살아 계시는 who lives

εἰς τοὺς αἰῶνας
영원히 forever

τῶν αἰώνων.
(영원의) and ever.

ἔχω
동분현능주남복
ὁ
관.목.여복
ἑπτά
형기수
πληγή
명.목.여복
ἐκ
전.소
ὁ
관.소.남단
ναός
명.소.남단
ἐνδύω
동분완중주남복
λίνον
명.목.중단
καθαρός
형일반.목.중단
λαμπρός
형일반.목.중단
καί
접.등
περιζώννυμι
동분완중주남복
περί
전.목
ὁ
관.목.중복
στῆθος
명.목.중복
ζώνη
명.목.여복
χρυσοῦς
형일반.목.여복

7
καί
접.등
εἷς
형기수.주.중단
ἐκ
전.소
ὁ
관.소.중복
τέσσαρες
형기수.소.중복
ζῷον
명.소.중복
δίδωμι
동직.과능.3단
ὁ
관.여.남복
ἑπτά
형기수
ἄγγελος
명.여.남복
ἑπτά
형기수
φιάλη
명.목.여복
χρυσοῦς
형일반.목.여복
γέμω
동분현능목여복
ὁ
관.소.남단
θυμός
명.소.남단

1. ἕν: '하나가'; 중성 ἕν(하나)인 것은 ζῷων(생물들)이 중성이기 때문이다. εἷς(m), μία(f), ἕν(n).
2. ἔδωκεν: '주었다'; δίδωμι(주다)의 부정과거 3단; 3:8 참고.
3. φιάλας: '대접들을'; 5:8 참고.
4. γεμούσας: '가득 찬'; 현재분사 여복 목적격; γεμ + ούσας.
5. τοῦ ζῶντος: '살아 계시는'; ζά + οντος. θεοῦ(하나님)를 수식한다.

계 15:8

καὶ ἐγεμίσθη ὁ ναὸς καπνοῦ ἐκ τῆς δόξης τοῦ θεοῦ καὶ ἐκ τῆς δυνάμεως αὐτοῦ, καὶ οὐδεὶς ἐδύνατο εἰσελθεῖν εἰς τὸν ναὸν ἄχρι τελεσθῶσιν αἱ ἑπτὰ πληγαὶ τῶν ἑπτὰ ἀγγέλων.

그러자 성전은 하나님의 영광과 그의 능력에서 나오는 연기로 가득 찼다. 그리고 아무도 일곱 천사의 일곱 재앙이 마칠 때까지 성전에 들어갈 수 없었다.

καὶ ἐγεμίσθη[1]
그리고 ~ 가득 찼다. And ~ was filled
ὁ ναὸς
성전은 the temple
καπνοῦ[2]
연기로 with smoke
ἐκ τῆς δόξης
영광에서 나오는 from the glory
τοῦ θεοῦ
하나님의 of God
καὶ ἐκ τῆς δυνάμεως[3]
또한 ~ 능력에서 나오는 and from ~ power,
αὐτοῦ,
그의 his
καὶ οὐδεὶς
그래서 아무도 and no one

ἐδύνατο[4]
~ 수 없었다. could
εἰσελθεῖν[5]
들어갈 ~ enter
εἰς τὸν ναὸν
성전에 the temple
ἄχρι[6]
~ 때까지 until
τελεσθῶσιν
끝나게 될 ~ were finished.
αἱ ἑπτὰ πληγαὶ
일곱 재앙/재난이 the seven plagues
τῶν ἑπτὰ ἀγγέλων.
일곱 천사의 of the seven angels

1. ἐγεμίσθη: '채워졌다, 가득 찼다'; ἐ + γεμίζ + θη. γεμίζω(채우다), γεμω(차다).
2. καπνοῦ: '연기로'. γεμίζω(채우다) + 소유격('~으로') + 목적격('~을') 형식(요 2:7; 6:13).
3. δυνάμεως: δύναμις(힘, 능력), 1:16 참고.
4. οὐδεὶς ἐδύνατο: '아무도(그 누구도) 할 수 없었다'. οὐδεὶς = οὐδε(부정어) + εἷς(하나); 2:17 참고. 미완료 ἐδύνατο(할 수 있었다) = ἐ + δύν(δύναμαι) + ατο.
5. εἰσελθεῖν: 부정과거 부사, '들어가는 것을'; εἰσ + ελθ(< ἔρχομαι) + εῖν.
6. ἄχρι τελεσθῶσιν: ἄχρι + 부정과거 가정법('~ 때까지'); 7:3 참고. τελεσθῶσιν = τελέ + θῶσιν. τελέω(끝나다, 이루다), 10:7 참고.

계 16:1

Καὶ ἤκουσα μεγάλης φωνῆς ἐκ τοῦ ναοῦ λεγούσης τοῖς ἑπτὰ ἀγγέλοις· ὑπάγετε καὶ ἐκχέετε τὰς ἑπτὰ φιάλας τοῦ θυμοῦ τοῦ θεοῦ εἰς τὴν γῆν.

또 나는 성전에서 나서 일곱 천사에게 말하는 큰 음성을 들었다. "가서 하나님의 진노의 일곱 대접을 땅에 부으라."

Καὶ ἤκουσα[1] 그리고 나는 ~ 들었다. And I heard	ὑπάγετε[3] "가라. "Go
μεγάλης 큰 loud	καὶ ἐκχέετε[4] 그리고 ~ 부어라/쏟아라." and pour out
φωνῆς 소리를/음성을 a ~ voice	τὰς ἑπτὰ φιάλας 일곱 대접을 the seven bowls
ἐκ τοῦ ναοῦ 성전에서/으로부터 from the temple	τοῦ θυμοῦ 분노/진노의 of the wrath
λεγούσης[2] 말하는 saying	τοῦ θεοῦ 하나님의 of God
τοῖς ἑπτὰ ἀγγέλοις· 일곱 천사에게 to the seven angels,	εἰς τὴν γῆν. 땅에 into the earth."

1. ἤκουσα ... φωνῆς: '나는 소리를 들었다'. ἀκούω(듣다)는 소유격과 목적격 모두 목적어로 받는다.
2. λεγούσης: '말하는 것을'; λεγ + ούσης. 소유격 분사인 것은 φωνῆς(소리)의 술어이기 때문이다.
3. ὑπάγετε καὶ ἐκχέετε: '가라(떠나라), 그리고 부어라'; ὑπάγ + ετε; ἐκχέ + ετε. 두 개의 현재 명령법(2복) 동사는 일곱 천사의 연속적 행동을 촉구한다.
4. ἐκχέετε: ἐκχέω(붓다, 흘리다, 내놓다) = ἐκ(out) + χέω(붓다).

계 16:2

Καὶ ἀπῆλθεν ὁ πρῶτος καὶ ἐξέχεεν τὴν φιάλην αὐτοῦ εἰς τὴν γῆν, καὶ ἐγένετο ἕλκος κακὸν καὶ πονηρὸν ἐπὶ τοὺς ἀνθρώπους τοὺς ἔχοντας τὸ χάραγμα τοῦ θηρίου καὶ τοὺς προσκυνοῦντας τῇ εἰκόνι αὐτοῦ.

첫째 천사가 가서 그의 대접을 땅에 부었다. 그러자 짐승의 표를 가진 사람들과 그의 우상(화상)에게 경배한 자들에게 고약하고 독한 종기가 생겼다.

ὁ
관.목.여단
φιάλη
명.목.여단
αὐτός
대인칭.소.남단
εἰς
전.목
ὁ
관.목.여단
γῆ
명.목.여단
καί
접.등
γίνομαι
동직.과중.3단
ἕλκος
명.주.중단
κακός
형일반.주.중단
καί
접.등
πονηρός
형일반.주.중단
ἐπί
전.목
ὁ
관.목.남복
ἄνθρωπος
명.목.남복
ὁ
관.목.남복
ἔχω
동분.현능.목.남복
ὁ
관.목.중단
χάραγμα
명.목.중단
ὁ
관.소.중단
θηρίον
명.소.중단
καί
접.등
ὁ
관.목.남복
προσκυνέω
동분.현능.목.남복
ὁ
관.여.여단
εἰκών
명.여.여단
αὐτός
대인칭.소.중단

Καὶ ἀπῆλθεν[1]	καὶ πονηρὸν[6]
그러자 ~ 갔다. And ~ went	독한 and harmful
ὁ πρῶτος[2]	ἐπὶ τοὺς ἀνθρώπους
첫째 천사가 the first angel	사람들에게 upon the people
καὶ ἐξέχεεν[3]	τοὺς ἔχοντας[7]
그리고 ~ 부었다/쏟았다. and poured out	가진/가지고 있는 who bore
τὴν φιάλην	τὸ χάραγμα
대접을 bowl	표를/표식을 the mark
αὐτοῦ	τοῦ θηρίου
그의 his	짐승의 of the beast
εἰς τὴν γῆν,	καὶ τοὺς προσκυνοῦντας
땅에 on the earth,	또 경배한 and worshiped
καὶ ἐγένετο[4]	τῇ εἰκόνι
그러나 ~ 났다/생겼다. and ~ came	아이콘/화상에게 image.
ἕλκος[5]	αὐτοῦ.
헌데/종기가 sore(s)	그의 its
κακὸν	
고약하고/질 나쁘고 evil	

1. ἀπῆλθεν: '(그가) 갔다'; 9:12 참고.
2. ὁ πρῶτος: '첫째가'; 1:17; 21:19-20 참고. πρῶτος(첫째) > πρωτεύω(첫째가 되다), πρωτοκαθεδρία(첫 자리, 상좌), πρωτοκλισία([식탁의] 첫 자리, 상석), πρωτοτόκια(장자권), πρωτότοκος(첫째로 난/장자의), πρώτως(첫째로).
3. ἐξέχεεν: '(그가) 부었다'; ἐξέχεεν = ἐξ(ἐκ) + ε + χε + ε(ν). ἐκχέω는 다른 -έω동사와 달리 어미의 단축이 없다. 미래 ἐκχεῶ, 부정과거(능) ἐξέχεα, 부정과거(수) ἐξεχύθην.
4. ἐγένετο: '일어났다/생겼다'; ἐ + γεν + ετο.
5. ἕλκος: '헌 데(가), 염증(이)'.
6. κακὸν καὶ πονηρόν: '나쁘고 악한'. 비슷한 용어가 반복되며 강조된 경우이다.
7. τοὺς ἔχοντας ... καὶ τοὺς προσκυνοῦντας: '가진, 그리고 경배한'. 두 개의 분사구는 '사람들'에 대해 부연한다. προσκυνοῦντας = προσκυνέ + οντας.

계 16:3

3
καί
접.등
ὁ
관.주.남단
δεύτερος
형서수.주.남단
ἐκχέω
동직.과능.3단
ὁ
관.목.여단
φιάλη
명.목.여단
αὐτός
대인칭.소.남단
εἰς
전.목
ὁ
관.목.여단
θάλασσα
명.목.여단
καί
접.등
γίνομαι
동직.과중.3단
αἷμα
명.주.중단
ὡς
접.종
νεκρός
형일반.소.남단

Καὶ ὁ δεύτερος ἐξέχεεν τὴν φιάλην αὐτοῦ εἰς τὴν θάλασσαν, καὶ ἐγένετο αἷμα ὡς νεκροῦ, καὶ πᾶσα ψυχὴ ζωῆς ἀπέθανεν τὰ ἐν τῇ θαλάσσῃ.

둘째 천사가 그의 대접을 바다에 부었다. 그러자 죽은 자의 피 같이 되었고 바다에 있는 모든 생물들이 죽었다.

Καὶ ὁ δεύτερος[1]	αἷμα
(그리고) ~ 둘째 천사가 The second angel	피가 blood
ἐξέχεεν	ὡς νεκροῦ,[2]
부었다/쏟았다. poured out	죽은 자의 것과 같이 like that of a dead person,
τὴν φιάλην	καὶ πᾶσα ψυχὴ[3]
대접을 bowl	또한 모든 것(숨을 쉬는 것)들, and every ~ thing
αὐτοῦ	ζωῆς
그의 his	살아 있는 living
εἰς τὴν θάλασσαν,	ἀπέθανεν[4]
바다에 into the sea,	죽었다. died
καὶ ἐγένετο	τὰ ἐν τῇ θαλάσσῃ.[5]
그러나 ~ 되었다. and it became	즉 바다에 있는 것들이 that was in the sea.

1. ὁ δεύτερος: '둘째가'; 2:11 참고
2. ὡς νεκροῦ: '죽은 자의 것과 같이'; αἷμα(피)를 수식하는 관형어('죽은 자의 것과 같은')나 술어와 관련된 보어('죽은 자의 것과 같이'), 둘 다 가능하다.
3. πᾶσα ψυχὴ ζωῆς: '살아 있는 모든 것'. 여기서 ψυχή는 피조물인 생물을 가리킨다(cf. 8:9).
4. ἀπέθανεν: '죽었다'; ἀπο + ε + θαν + ε(ν).
5. τὰ ἐν τῇ θαλάσσῃ: '바다에 있는 것들'; 앞의 πᾶσα ψυχὴ를 부연한다.

계 16:4

Καὶ ὁ τρίτος ἐξέχεεν τὴν φιάλην αὐτοῦ εἰς τοὺς ποταμοὺς καὶ τὰς πηγὰς τῶν ὑδάτων, καὶ ἐγένετο αἷμα.

셋째 천사가 그의 대접을 강(들)과 물의 근원/샘(들)에 부었다. 그러자 피가 되었다.

Καὶ ὁ τρίτος[1]
그리고 셋째 천사가 And the third angel
  ἐξέχεεν
  부었다/쏟았다. poured out
    τὴν φιάλην
    대접을 bowl
      αὐτοῦ
      그의 his
      εἰς
      ~에 into

τοὺς ποταμοὺς
강(들)과 the rivers
καὶ τὰς πηγὰς
근원/샘(들)에 and the springs
  τῶν ὑδάτων,[2]
  물(들)의 of water,
καὶ ἐγένετο
그러자 ~ 되었다. and they became
αἷμα.
피가 blood.

1. ὁ τρίτος: '셋째가'; 4:7 참고.
2. πηγὰς τῶν ὑδάτων: '물(들)의 샘(들)'; 7:17 참고.

계 16:5

Καὶ ἤκουσα τοῦ ἀγγέλου τῶν ὑδάτων λέγοντος· δίκαιος εἶ, ὁ ὢν καὶ ὁ ἦν, ὁ ὅσιος, ὅτι ταῦτα ἔκρινας,

그리고 나는 물(들)의 천사가 말하는 것을 들었다. "지금도 계시고 전에도 계신 이, 거룩하신 이여. 주께서는 의로우십니다. 이렇게 심판하셨기 때문입니다.

Καὶ ἤκουσα[1]
그리고 내가 ~ 들었다. And I heard
  τοῦ ἀγγέλου
  천사가 the angel
    τῶν ὑδάτων
    물(들)의(물을 담당하는) of the waters,
    λέγοντος·
    말하는 것을 saying,
    δίκαιος
    의로우~ righteous,
    εἶ,
    주(당신)는 ~십니다." "You are

ὁ ὢν[2]
지금 계시는 이 who is
καὶ ὁ ἦν,
또 전에도 계셨던 이, and who was,
ὁ ὅσιος,
즉 거룩하신 이여 O Holy One,
  ὅτι[3]
  ~ 때문입니다. for
    ταῦτα
    이것들을/이렇게 these things;
    ἔκρινας,[4]
    심판하셨기 ~ you did judge

(우측 여백 주석)
καὶ
접.등
πᾶς
형부정.주.여단
ψυχή
명.주.여단
ζωή
명.소.여단
ἀποθνῄσκω
동직.과능.3단
ὁ
관.주.중복
ἐν
전.여
ὁ
관.여.여단
θάλασσα
명.여.여단

4
καὶ
접.등
ὁ
관.주.남단
τρίτος
형서수.주.남단
ἐκχέω
동직.과능.3단
ὁ
관.목.여단
φιάλη
명.목.여단
αὐτός
대인칭.소.남단
εἰς
전.목
ὁ
관.목.남복
ποταμός
명.목.남복
καί
접.등
ὁ
관.목.여복
πηγή
명.목.여복
ὁ
관.소.중복
ὕδωρ
명.소.중복
καί
접.등
γίνομαι
동직.과중.3단
αἷμα
명.주.중단

5
καί
접.등
ἀκούω
동직.과능.1단
ὁ
관.소.남단
ἄγγελος
명.소.남단
ὁ
관.소.중복
ὕδωρ
명.소.중복
λέγω
동분.현능.소.남단
δίκαιος
형일반.주.남단
εἰμί
동직.현능.2단
ὁ
관.주.남단
εἰμί
동분.현능.주.남단
καί
접.등
ὁ
관.주.남단
εἰμί
동직.미완능.3단
ὁ
관.주.남단

1. ἤκουσα τοῦ ἀγγέλου ... λέγοντος: '나는 ... 천사가 말하는 것을 들었다'; ἤκουσα + 소유격(또는 목적격); 1절 참고.
2. ὁ ὢν καὶ ὁ ἦν, ὁ ὅσιος: '(지금) 계시는 이, (전에도) 계셨던 이, 거룩하신 이여'; 1:4 참고. καὶ는 동격의 주격을 이끈다. ὅσιος(거룩한), 15:4 참고.
3. ὅτι: 이유(원인)의 ὅτι 부사절.
4. ἔκρινας: '(주/당신이) 심판하셨다'; ἐ + κριν + σας. 유음동사로 ν 다음에 σ가 탈락하였다.

계 16:6

ὅτι αἷμα ἁγίων καὶ προφητῶν ἐξέχεαν καὶ αἷμα αὐτοῖς [δ]έδωκας πιεῖν, ἄξιοί εἰσιν.

그들이 성도들과 선지자들의 피를 쏟았으므로 주(당신)께서 그들에게 피를 마시게 하는 것이 합당합니다."

ὅτι¹
~ 때문에 for
  αἷμα
  피를 the blood
    ἁγίων
    성도들과 of saints
    καὶ προφητῶν
    선지자들의 and prophets,
ἐξέχεαν²
쏟았기/흘렸기 ~ they have shed
  καὶ αἷμα
  피를 blood

αὐτοῖς
그들에게 them
[δ]έδωκας³
주(당신)께서 ~ 주셨습니다/ 주십니다. you have given
  πιεῖν,⁴
  마시게 to drink.
ἄξιοί⁵
적합/합당~ deserve it."
εἰσιν.
그들에게 ~합니다." They do

1. ὅτι: 이유(원인)의 ὅτι 부사절로 주절이 뒤에 있다.
2. ἐξέχεαν: '(그들이) 쏟았다/부었다'(cf. 2절); ἐξέχεαν = ἐξ(ἐκ) + ε + χε + αν. ἐκχέω는 부정과거 어미에 σ-가 없는(asigmatic) 동사이다(ἐξέχεα).
3. [δ]έδωκας: '(주께서) 주셨습니다'. 현재 δίδωμι는 δ가 두 개가 있지만, δ가 하나만 있으면 부정과거(ἔδωκας)이고, 두 개 다 있다면 현재완료(δέδωκας)이다. 현재완료와 현재의 차이는 κ-가 있는 어미(-κας)의 여부이다.
4. πιεῖν: '마시게' 또는 '마실 것을'; πίνω(마시다)의 부정과거 부정사(πι + εῖν). 부정과거(ἔπιον) 어간은 πι-이다.
5. ἄξιοί εἰσιν: '그들이 (~하는 것이) 합당하다'; 3:4 참고.

계 16:7

Καὶ ἤκουσα τοῦ θυσιαστηρίου λέγοντος· ναὶ κύριε ὁ θεὸς ὁ παντοκράτωρ, ἀληθιναὶ καὶ δίκαιαι αἱ κρίσεις σου.

또 나는 제단이 말하는 것을 들었다. "그렇습니다. 주님, 전능하신 하나님. 주(당신)의 심판(들)은 참되고 의롭습니다."

Καὶ ἤκουσα
(그리고) 내가 ~ 들었다. And I heard
    τοῦ θυσιαστηρίου
    제단이 the altar
        λέγοντος·
        말하는 것을 saying,
ναὶ
"예/그렇습니다. "Yes,
κύριε
주님/주 Lord
    ὁ θεὸς
    하나님 God

ὁ παντοκράτωρ,
전능하신 이시여 the Almighty,
    ἀληθιναὶ
    참되고 true
    καὶ δίκαιαι
    의롭습니다. and righteous
αἱ κρίσεις[1]
심판(들)은 are ~ judgments!"
    σου.
    주(당신)의 your

ναί
조사
κύριος
명.호.남단
ὁ
관.주.남단
θεός
명.주.남단
ὁ
관.주.남단
παντοκράτωρ
명.주.남단
ἀληθινός
형.일.반-주.여.복
καί
접.등
δίκαιος
형.일.반-주.여.복
ὁ
관.주.여.복
κρίσις
명.주.여.복
σύ
대.인칭.소.-단

---

1. κρίσεις: '심판들이'; 14:7 참고.

계 16:8

Καὶ ὁ τέταρτος ἐξέχεεν τὴν φιάλην αὐτοῦ ἐπὶ τὸν ἥλιον, καὶ ἐδόθη αὐτῷ καυματίσαι τοὺς ἀνθρώπους ἐν πυρί.

넷째 천사가 그의 대접을 태양 위에 부었다. 그러자 그에게 불로 사람들을 태우는 일이 주어졌다.

Καὶ ὁ τέταρτος[1]
그리고 넷째 천사가 And fourth angel
    ἐξέχεεν
    부었다/쏟았다. poured out
        τὴν φιάλην
        대접을 bowl
            αὐτοῦ
            그의 his
            ἐπὶ τὸν ἥλιον,
            해/태양 위에 on the sun,

καὶ ἐδόθη[2]
그리고 ~ 주어졌다. and it was given
    αὐτῷ
    그에게 to it
    καυματίσαι[3]
    태우는 것(일/권세)이 to scorch
        τοὺς ἀνθρώπους
        사람들을 people
        ἐν πυρί.
        불로 with fire.

8
καί
접.등
ὁ
관.주.남단
τέταρτος
형서수-주.남단
ἐκχέω
동.직.과능.3단
ὁ
관.목.여단
φιάλη
명.목.여단
αὐτός
대.인칭.소.남단
ἐπί
전.목
ὁ
관.목.남단
ἥλιος
명.목.남단
καί
접.등
δίδωμι
동.직.과수.3단
αὐτός
대.인칭.여.남단
καυματίζω
동.부.과능
ὁ
관.목.남복
ἄνθρωπος
명.목.남복
ἐν
전.여
πῦρ
명.여.중단

---

1. ὁ τέταρτος: '넷째가'; 4:7 참고.
2. ἐδόθη: '주어졌다'; 부정과거 수동태 3단(ἐ + δο + θη).
3. καυματίσαι: '태우는 것이'; 부정과거 부정사(καυματίζ + σαι). καυματίζω(태우다) < καῦμα(열기) < καίω(불을 붙이다, 태우다) > καῦσις(태움), καυσόω(태우다), καυστηριάζω/καυτηριάζω(낙인을 찍다), καύσων(뜨거운 열기).

계 16:9

καὶ ἐκαυματίσθησαν οἱ ἄνθρωποι καῦμα μέγα καὶ ἐβλασφήμησαν τὸ ὄνομα τοῦ θεοῦ τοῦ ἔχοντος τὴν ἐξουσίαν ἐπὶ τὰς πληγὰς ταύτας καὶ οὐ μετενόησαν δοῦναι αὐτῷ δόξαν.

사람들이 센 열로 태워졌다. 그러나 그들은 이들 재앙들에 대한 권세를 가지신 하나님의 이름을 비방하였다. 그들은 회개하지 않았고 그분께 영광을 드리지 않았다.

9
καί
접.등
καυματίζω
동.직.과수.3복
ὁ
관.주.남복
ἄνθρωπος
명.주.남복
καῦμα
명.목.중단
μέγας
형.일.반-목.중단

καὶ
접.등
βλασφημέω
동직.과능.3복
ὁ
관.목.중단
ὄνομα
명.목.중단
ὁ
관.소.남단
θεός
명.소.남단
ὁ
관.소.남단
ἔχω
동분.현능.소.남단
ὁ
관.목.여단
ἐξουσία
명.목.여단
ἐπί
전.목
ὁ
관.목.여복
πληγή
명.목.여복
οὗτος
대지시.목.여복
καί
접.등
οὐ
부
μετανοέω
동직.과능.3복
δίδωμι
동부.과능
αὐτός
대인칭.여.남단
δόξα
명.목.여단

καὶ ἐκαυματίσθησαν[1]
(그리고) ~ 태워졌다. And ~ were scorched

οἱ ἄνθρωποι
사람들이 people

καῦμα[2]
열로 by the ~ heat

μέγα
큰/센 great/ fierce

καὶ ἐβλασφήμησαν[3]
그러나 그들은 ~ 모독하였다/비방하였다.
and they blasphemed

τὸ ὄνομα
이름을 the name

τοῦ θεοῦ
하나님의 of God

|τοῦ ἔχοντος[4]
가지신 who has

τὴν ἐξουσίαν[5]
권세를 power

ἐπὶ τὰς πληγὰς ταύτας
이들 재앙/재난에 대한
over these plagues.

καὶ οὐ μετενόησαν[6]
그리고 ~돌이키지/회개하지도 않았다.
And they did not repent,

δοῦναι[7]
드리려고/드리는 데 so as to give

αὐτῷ
그에게 him

δόξαν.
영광을 glory.

---

1. ἐκαυματίσθησαν: '태워졌다'; 부정과거 수동태 3복(ἐ + καυματίζ + θησαν).
2. καῦμα: '열/열기로'; 8절 참고. 동족(cognate) 목적격(용어[태우다와 열]의 반복) 또는 타동사가 수동형이 되어도 본래의 목적격 명사가 그대로 목적격을 보유하고 있는 보유된(retained)의 목적격(목적격 '열'은 '태우다'의 대상으로 간주)이라 할 수 있다(Wallace, 197, 439).
3. ἐβλασφήμησαν: '(신성)모독하였다'; ἐ + βλασφημ + σαν; 13:6 참고.
4. τοῦ ἔχοντος: '가지신'; 하나님을 꾸며주는 관형적 용법의 분사.
5. ἐξουσίαν ἐπὶ ...: '… 대한 권세를'; 6:8 참고.
6. οὐ μετενόησαν: '회개하지 않았다'; 2:5 참고.
7. δοῦναι: '드리려고, 드리는 데'. Wallace는 이를 결과의 부정사로 본다(Wallace, 592; '그래서 영광을 드리지 않았다').

계 16:10

10
καί
접.등
ὁ
관.주.남단
πέμπτος
형[서수].주.남단
ἐκχέω
동직.과능.3단
ὁ
관.목.여단
φιάλη
명.목.여단
αὐτός
대인칭.소.남단
ἐπί
전.목
ὁ
관.목.남단
θρόνος
명.목.남단
ὁ
관.소.중단
θηρίον
명.소.중단
καί
접.등
γίνομαι
동직.과중.3단
ὁ
관.주.여단
βασιλεία
명.주.여단
αὐτός
대인칭.소.중단

Καὶ ὁ πέμπτος ἐξέχεεν τὴν φιάλην αὐτοῦ ἐπὶ τὸν θρόνον τοῦ θηρίου, καὶ ἐγένετο ἡ βασιλεία αὐτοῦ ἐσκοτωμένη, καὶ ἐμασῶντο τὰς γλώσσας αὐτῶν ἐκ τοῦ πόνου,

다섯째 천사가 그의 대접을 짐승의 보좌 위에 부었다. 그러자 그의 나라가 어둡게 되었다. 그들이 고통 때문에 그들의 혀를 깨물었다.

Καὶ ὁ πέμπτος[1]
그리고 다섯째 천사가 And the fifth angel

ἐξέχεεν
부었다/쏟았다. poured out

τὴν φιάλην
대접을 bowl

αὐτοῦ
그의 his

ἐπὶ τὸν θρόνον
보좌 위에 on the throne

τοῦ θηρίου,
짐승의 of the beast,

καὶ ἐγένετο[2]
그러자 ~졌다/되었다. and ~ became

ἡ βασιλεία
나라/왕국이 kingdom

αὐτοῦ
그의 its

ἐσκοτωμένη,
어두워~/어둡게 darkened.

καὶ ἐμασῶντο[3]
그리고 그들이 ~ 깨물었다. And ~ gnawed

τὰς γλώσσας
혀를 tongues

αὐτῶν
그들의 their

ἐκ τοῦ πόνου,[4]
아파서/고통 때문에 because of pain.

1. ὁ πέμπτος: '다섯째가'; 6:9 참고.
2. ἐγένετο ... ἐσκοτωμένη: '어둡게' 되었다; 현재완료(수) 분사 여단 주격(ἐ + σκοτο + μένη); 9:2 참고. εἰμί 와 같은 존재동사(verb of being) ἐγένετο(γίνομαι)와 함께 현재분사 ἐσκοτωμένη가 사용된 것은 일종 의 우언법(periphrastic)으로 볼 수 있다(cf. Wallace, 647; KMP, 341).
3. ἐμασῶντο: μασάομαι(물다, 물어뜯다)의 미완료 이태동사(dep) 3복('물어뜯기 시작하였다'; ἐ + μασά + οντο).
4. ἐκ τοῦ πόνου: '고통으로 인해, 고통 때문에'(because of pain).

계 16:11

καὶ ἐβλασφήμησαν τὸν θεὸν τοῦ οὐρανοῦ ἐκ τῶν πόνων αὐτῶν καὶ ἐκ τῶν ἑλκῶν αὐτῶν καὶ οὐ μετενόησαν ἐκ τῶν ἔργων αὐτῶν.

그런데도 그들의 고통(들)과 종기(들)로 인해 하늘의 하나님을 비방하였다. 그들의 일들(행위들)을 회개 하지 않았다.

καὶ ἐβλασφήμησαν
(그런데도) 그들은 ~ 모독하였다/비방하였다.
And they blasphemed
    τὸν θεὸν
    하나님을 the God
      τοῦ οὐρανοῦ
      하늘의 of heaven
      ἐκ τῶν πόνων
      고통(들)과 for ~ pain
        αὐτῶν
        그들의 their

καὶ ἐκ τῶν ἑλκῶν
헌데/종기(들)로 인해(때문에) and ~ sores,
    αὐτῶν
    그들의 their
καὶ οὐ μετενόησαν[1]
그리고 ~ 회개하지/돌이키지 않았다. and did not repent
    ἐκ τῶν ἔργων
    일/행위(들)에 대해/로부터 of ~ deeds.
      αὐτῶν.
      그들의 their

1. μετενόησαν ἐκ τῶν ἔργων: '행위(들)에 대해 회개하였다'. μετανοέω + ἐκ ... = '…에 대해 회개하 다'(2:21-22; 9:20-21; 16:11; Thayer).

계 16:12

Καὶ ὁ ἕκτος ἐξέχεεν τὴν φιάλην αὐτοῦ ἐπὶ τὸν ποταμὸν τὸν μέγαν τὸν Εὐφράτην, καὶ ἐξηράνθη τὸ ὕδωρ αὐτοῦ, ἵνα ἑτοιμασθῇ ἡ ὁδὸς τῶν βασιλέων τῶν ἀπὸ ἀνατολῆς ἡλίου.

여섯째 천사가 그의 대접을 큰 강 유프라테스에 부었다. 그러자 그 물이 말라 태양의 동쪽에서 오는 왕들 의 길이 준비되었다.

Καὶ ὁ ἕκτος[1]
그리고 여섯째 천사가 And the sixth angel
    ἐξέχεεν
    부었다/쏟았다. poured out
      τὴν φιάλην
      대접을 bowl

    αὐτοῦ
    그의 his
    ἐπὶ τὸν ποταμὸν
    강(에) on the ~ river
      τὸν μέγαν
      큰 great

ποταμός
명.목.남단
ὁ
관.목.남단
μέγας
형일반.목.남단
ὁ
관.목.남단
Εὐφράτης
명.목.남단
καί
접.등
ξηραίνω
동직.과수.3단
ὁ
관.주.중단
ὕδωρ
명.주.중단
αὐτός
대인칭.소.남단
ἵνα
접.종
ἑτοιμάζω
동가.과수.3단
ὁ
관.주.여단
ὁδός
명.주.여단
ὁ
관.소.남복
βασιλεύς
명.소.남복
ὁ
관.소.남복
ἀπό
전.소
ἀνατολή
명.소.여단
ἥλιος
명.소.남단

τὸν Εὐφράτην,
유프라테스에 Euphrates,

καὶ ἐξηράνθη[2]
그러자 ~ 말랐다. and ~ was dried up,

τὸ ὕδωρ
물이 water

αὐτοῦ,
그/그것(의) its

ἵνα[3]
~도록 that

ἑτοιμασθῇ
준비되/마련되~ might be prepared

ἡ ὁδὸς
길이 the way

τῶν βασιλέων
왕들의 for the kings

τῶν ἀπὸ ἀνατολῆς[4]
동쪽에서 오는 from the east

ἡλίου.
해/태양의 of the sun.

---

1. ὁ ἕκτος: '여섯째가'; 6:12 참고.
2. ἐξηράνθη: '말랐다'; 14:15 참고.
3. ἵνα ἑτοιμασθῇ: '(그 결과) 준비되었다'; 결과의 ἵνα + 가정법(ἑτοιμαζ + θῇ).
4. ἀνατολῆς: ἀνατολή(동쪽); 7:2 참고.

계 16:13

Καὶ εἶδον ἐκ τοῦ στόματος τοῦ δράκοντος καὶ ἐκ τοῦ στόματος τοῦ θηρίου καὶ ἐκ τοῦ στόματος τοῦ ψευδοπροφήτου πνεύματα τρία ἀκάθαρτα ὡς βάτραχοι·

또 나는 용의 입과 짐승의 입과 거짓 선지자의 입에서 나오는 더럽고 개구리 같은 세 영을 보았다.

13
καί
접.등
ὁράω
동직.과능.1단
ἐκ
전.소
ὁ
관.소.중단
στόμα
명.소.중단
ὁ
관.소.남단
δράκων
명.소.남단
καί
접.등
ἐκ
전.소
ὁ
관.소.중단
στόμα
명.소.중단
ὁ
관.소.중단
θηρίον
명.소.중단
καί
접.등
ἐκ
전.소
ὁ
관.소.중단
στόμα
명.소.중단
ὁ
관.소.남단
ψευδοπροφήτης
명.소.남단
πνεῦμα
명.목.중복
τρεῖς
형기수.목.중복

Καὶ εἶδον
그리고 ~ 보았다. And I saw,

ἐκ τοῦ στόματος
입과 coming out of the mouth

τοῦ δράκοντος[1]
용의 of the dragon

καὶ ἐκ τοῦ στόματος
입과 and out of the mouth

τοῦ θηρίου
짐승의 of the beast

καὶ ἐκ τοῦ στόματος
입에서 (나온/나오는) and out of the mouth

τοῦ ψευδοπροφήτου[2]
거짓 선지자의 of the false prophet,

πνεύματα τρία
세 영들을 three ~ spirits

ἀκάθαρτα[3]
더러운 unclean

ὡς βάτραχοι·[4]
개구리 같은 like frogs.

---

1. δράκοντος: '용의'; 3변화 12:3 참고.
2. ψευδοπροφῆται: ψευδοπροφήτης(거짓 선지자) = ψευδο(ψευδής, 거짓된) + προφήτης(선지자).
3. ἀκάθαρτα: ἀκάθαρτος(더러운) = ἀ(not) + κάθαρτος(καθαρός, 깨끗한). ἀκαθαρσία(더러움, 불결, 부도덕), ἀκαθάρτης(불순).
4. βάτραχοι: βάτραχος(개구리). 주격(복) βάτραχοι로 쓰인 것 때문에, πνεύματα τρία ἀκάθαρτα ὡς βάτραχοι 어구 전체를 εἶδον의 목적어로 보기 보다는 병치된(in apposition) 주격으로 보는 것이 좋겠다(cf. Wallace, 62).

계 16:14

εἰσὶν γὰρ πνεύματα δαιμονίων ποιοῦντα σημεῖα, ἃ ἐκπορεύεται ἐπὶ τοὺς
βασιλεῖς τῆς οἰκουμένης ὅλης συναγαγεῖν αὐτοὺς εἰς τὸν πόλεμον τῆς
ἡμέρας τῆς μεγάλης τοῦ θεοῦ τοῦ παντοκράτορος.

그들은 이적(들)을 행하는 귀신들의 영들이다. 온 세상의 왕들에게 나아가 전능하신 하나님의 큰 날에 있
을 전쟁을 위해 그들을 모았다.

εἰσὶν γὰρ[1]
그들은 ~이다(이기 때문이다). For they are

πνεύματα
영들 spirits,

δαιμονίων[2]
귀신들의 demonic

ποιοῦντα[3]
행하는 performing

σημεῖα,
이적/표적(들)을 signs,

ἃ[4] ἐκπορεύεται
가는/나가는 who go out

ἐπὶ τοὺς βασιλεῖς
왕들에게 to the kings

τῆς οἰκουμένης
ὅλης[5]
온 세상의 of the whole world,

συναγαγεῖν[6]
모으기 위해/모으려고 to gather ~ together

αὐτοὺς
그들을 them

εἰς τὸν πόλεμον[7]
전쟁으로 for the war

τῆς ἡμέρας
날의 of the ~ day

τῆς μεγάλης
큰 great

τοῦ θεοῦ
하나님의 of God

τοῦ παντοκράτορος
전능하신 the Almighty.

1. γὰρ: 14절을 13절에 연결하기 위한 접속사이다.
2. δαιμονίων: '귀신들의'; 9:20 참고.
3. πνεύματα ... ποιοῦντα: '행하는 영들'; εἰσὶν의 보어(중복 주격)이다.
4. ἃ ἐκπορεύεται: '나가는 (것들)'; 관계대명사 ἃ (중복 주격) 구문은 πνεύματα을 꾸며주는 형용사절이
다.
5. τῆς οἰκουμένης ὅλης: '온 세상의'; 3:10 참고.
6. συναγαγεῖν: συνάγω(모으다) = συν(함께) + ἄγω(이끌다). 부정과거 부정사 συναγαγεῖν(συναγαγ +
εῖν)은 목적의 부정사이다('모으려고'). συναγωγή(회당) > synagogue.
7. εἰς τὸν πόλεμον: '전쟁을 위해'; συνάγω + εἰς 는 '~ 위해 모으다'(요 4:36; 11:52; 계 16:14; 20:8).

계 16:15

Ἰδοὺ ἔρχομαι ὡς κλέπτης. μακάριος ὁ γρηγορῶν καὶ τηρῶν τὰ ἱμάτια
αὐτοῦ, ἵνα μὴ γυμνὸς περιπατῇ καὶ βλέπωσιν τὴν ἀσχημοσύνην αὐτοῦ.

"보라. 내가 도적 같이 올 것이다. 벌거벗고 다니지 않게, 또 그의 수치를 보이지 않게, 깨어 그의 옷을 지
키는 자가 복이 있다."

ἀκάθαρτος 형일반 목 중복
ὡς 접 종
βάτραχος 명 주 남복
14
εἰμί 동직 현능.3복
γάρ 접 등
πνεῦμα 명 주 중복
δαιμόνιον 명 소 중복
ποιέω 동분 현능.주 중복
σημεῖον 명 목 중복
ὅς 대관계.주 중복
ἐκπορεύομαι 동직 현중.3단
ἐπί 전 목
ὁ 관목 남복
βασιλεύς 명 목 남복
ὁ 관소 여단
οἰκουμένη 명 소 여단
ὅλος 형일반 소 여단
συνάγω 동부 과능
αὐτός 대인칭.목 남복
εἰς 전 목
ὁ 관목 남단
πόλεμος 명 목 남단
ὁ 관소 남단
ἡμέρα 명소 여단
ὁ 관소 여단
μέγας 형일반 소 여단
ὁ 관소 남단
θεός 명소 남단
ὁ 관소 남단
παντοκράτωρ 명소 남단

15
ἰδού 감탄
ἔρχομαι 동직 현중.1단
ὡς 접 종
κλέπτης 명 주 남단
μακάριος 형일반 주 남단
ὁ 관 주 남단

γρηγορέω
동분현능주남단
καί
접 등
τηρέω
동분현능주남단
ὁ
관·목·중복
ἱμάτιον
명·목·중복
αὐτός
대인칭·소 남단
ἵνα
접 종
μή
조사
γυμνός
형일반·주·남단
περιπατέω
동가·능.3단
καί
접 등
βλέπω
동가·능.3복
ὁ
관·목·여단
ἀσχημοσύνη
명·목·여단
αὐτός
대인칭·소 남단

Ἰδοὺ[1]
"보라. "Behold,

ἔρχομαι
내가 올 것이다. I am coming

ὡς κλέπτης.[2]
도적/도둑 같이 like a thief!

μακάριος
복이 있다." Blessed is

ὁ
~ 자가 the one who

γρηγορῶν
깨어 있고 stays awake

καὶ τηρῶν[3]
지키는 ~ and keeps

τὰ ἱμάτια[4]
옷을 garments

αὐτοῦ,
그의 his

ἵνα μὴ[5]
~ 않도록 lest

γυμνὸς
벌거벗고 naked

περιπατῇ
다니지 ~ he walk about

καὶ βλέπωσιν
(그래서) 보이지 ~/사람들이 구경하지 ~
and people see

τὴν ἀσχημοσύνην[6]
부끄러움을/수치를 shame."

αὐτοῦ.
그의 his

---

1. Ἰδοὺ: '보라'; 1:7 참고.
2. ἔρχομαι ὡς κλέπτης: '내가 도둑 같이 올 것이다'(cf. 3:3).
3. ὁ γρηγορῶν καὶ τηρῶν: '깨어 있고 지키는 자(는)'; 3:2; 2:26 참고.
4. ἱμάτια: '겉옷(들)을; 3:4 참고.
5. ἵνα μὴ: 목적 또는 결과의 ἵνα + 가정법('~하지 않게').
6. ἀσχημοσύνην: ἀσχημοσύνη(볼품없음, 부끄러운 행위) = ἀ(not) + σχημοσύνη(<σχῆμα, 형태, 방식); LSJ.

계 16:16

16
καί
접 등
συνάγω
동직·과능.3단
αὐτός
대인칭·목 남복
εἰς
전 목
ὁ
관·목 남단
τόπος
명·목·남단
ὁ
관·목 남단
καλέω
동분현수목남단
Ἑβραϊστί
부
Ἁρμαγεδών
명·목·중단

Καὶ συνήγαγεν αὐτοὺς εἰς τὸν τόπον τὸν καλούμενον Ἑβραϊστὶ Ἁρμαγεδών.

히브리어로 아마겟돈이라 불리는 곳으로 그들을 모았다.

Καὶ συνήγαγεν[1]
그리고 ~ 모았다. And they gathered ~ together

αὐτοὺς
그들을 them

εἰς τὸν τόπον
장소로/곳으로 to the place

τὸν καλούμενον[2]
불리는 that ~ is called

Ἑβραϊστὶ[3]
히브리어로 in Hebrew

Ἁρμαγεδών.[4]
아마겟돈이라 Armageddon.

---

1. συνήγαγεν: '모았다'; συν + ε + αγαγ + ε(ν); 14절 참고.
2. καλούμενον: '불리는'; 1:9 참고.
3. Ἑβραϊστὶ: '히브리어로'; 9:11 참고.
4. Ἁρμαγεδών: '아마겟돈'; Ἁρ(הר, 산) + Μαγεδών(מגדו, 므깃도)에서 왔을 수 있다; Friberg.

계 16:17

17
καί
접 등
ὁ
관·주 남단

Καὶ ὁ ἕβδομος ἐξέχεεν τὴν φιάλην αὐτοῦ ἐπὶ τὸν ἀέρα, καὶ ἐξῆλθεν φωνὴ μεγάλη ἐκ τοῦ ναοῦ ἀπὸ τοῦ θρόνου λέγουσα· γέγονεν.

일곱째 천사가 그의 대접을 공중에 부었다. 그러자 성전 보좌로부터 큰 음성이 나와 말하였다. "되었다 (이뤄졌다)."

Καὶ ὁ ἕβδομος[1]
그리고 일곱째 천사가 And the seventh angel

  ἐξέχεεν
  부었다/쏟았다. poured out

    τὴν φιάλην
    대접을 bowl

      αὐτοῦ
      그의 his

      ἐπὶ τὸν ἀέρα,[2]
      공중에/공기 중에 into the air,

  καὶ ἐξῆλθεν
  그러자 ~ 나왔다. and ~ came

φωνὴ
소리가/음성이 a ~ voice

  μεγάλη
  큰 loud

    ἐκ τοῦ ναοῦ
    성전으로부터 out of the temple,

    ἀπὸ τοῦ θρόνου
    보좌에서 from the throne,

    λέγουσα.[3]
    말하는 saying,

    γέγονεν.[4]
    "되었다/이뤄졌다." "It is done!"

---

1. ὁ ἕβδομος: '일곱째가'; 8:1 참고.
2. ἀέρα: 3변화 ἀήρ, ἀέρος(공기, 공중); 9:2 참고.
3. λέγουσα: 현재분사(주격) 여단인 이유는 여성명사 φωνὴ가 주어이기 때문이다. 과잉적(pleonastic) 의미가 있다(cf. Wallace, 282).
4. γέγονεν: '되었다/이뤄졌다'. 현재완료 dep. 3단. 어미는 -α, -ας, -ε(ν)(sg); -αμεν, -ατε, -αν(pl)으로 변화한다. 완성적(consummative) 의미의 현재완료이다.

계 16:18

καὶ ἐγένοντο ἀστραπαὶ καὶ φωναὶ καὶ βρονταὶ καὶ σεισμὸς ἐγένετο μέγας, οἷος οὐκ ἐγένετο ἀφ᾽ οὗ ἄνθρωπος ἐγένετο ἐπὶ τῆς γῆς τηλικοῦτος σεισμὸς οὕτως μέγας.

번개(들)와 소리(들)와 천둥(들)이 있었고, 지진이 크게 일어났다. 땅 위에 사람이 있은 이래로 그렇게 큰 지진이 그같이 크게 일어난 적이 없었다.

  καὶ ἐγένοντο
  났다. And there were

ἀστραπαὶ[1]
번개(들)와 flashed of lightening

καὶ φωναὶ
소리(들)와 and sounds

καὶ βρονταὶ
천둥(들)이 and thunderpeals;

καὶ σεισμὸς[2]
그리고 지진이 and ~ a ~ earthquake,

  ἐγένετο
  일어났다. there was

  μέγας,[3]
  큰 great

οἷος[4]
이와 같이 ~ 것, such as

οὐκ ἐγένετο
없었다/일어난 적이 없었다. there had not been

ἀφ᾽ οὗ[5] ἄνθρωπος
사람이 ~ 이래로 since man

  ἐγένετο
  있게 된/생긴~ came to be

    ἐπὶ τῆς γῆς
    땅 위에 on the earth,

    τηλικοῦτος[6]
    그렇게 큰 so great was

σεισμὸς
지진은 that earthquake,

    οὕτως μέγας,[7]
    그같이 크게 and so mighty.

ὁ
관소여단
γῆ
명소여단
τηλικοῦτος
형지시주남단
σεισμός
명주남단
οὕτω
부
μέγας
형일반주남단

1. ἀστραπαὶ καὶ φωναὶ καὶ βρονταί: '번개(들)와 소리/뇌성(들)와 천둥(들)'(4:5; 11:15, 19; 16:18).
2. σεισμός: '지진'; 6:12 참고.
3. μέγας: '큰'. σεισμόν을 꾸며준다.
4. οἷος: '이와 같은 것(such as)', 그런 종류의 것(the sort of)'. 관계대명사 οἷος의 선행사는 σεισμός이다.
5. ἀφ᾽ οὗ: '이래로'(since). ἀφ᾽ οὗ는 관용적으로 ἀπό τούτου ὅτε(이때 이래로)의 의미로 쓰인다(예, 눅 13:25; 24:21; 계 16:18; Thayer).
6. τηλικοῦτος: '그렇게 큰'(so great).
7. οὕτως μέγας: 그같이 크게'. 큰 지진임을 한층 강조하기 위해 부연된 경우이다.

계 16:19

19
καί
접등
γίνομαι
동직.과중.3단
ὁ
관주여단
πόλις
명주여단
ὁ
관주여단
μέγας
형일반주여단
εἰς
전목
τρεῖς
형기수목중복
μέρος
명목중복
καί
접등
ὁ
관주여복
πόλις
명주여복
ὁ
관소중복
ἔθνος
명소중복
πίπτω
동직.과능.3복
καί
접등
Βαβυλών
명주여단
ὁ
관주여단
μέγας
형일반주여단
μιμνήσκομαι
동직.과수.3단
ἐνώπιον
전소
ὁ
관소남단
θεός
명소남단
δίδωμι
동부.과능
αὐτός
대인칭.여.여단
ὁ
관목중단
ποτήριον
명목중단
ὁ
관소남단
οἶνος
명소남단
ὁ
관소남단
θυμός
명소남단
ὁ
관소여단

καὶ ἐγένετο ἡ πόλις ἡ μεγάλη εἰς τρία μέρη καὶ αἱ πόλεις τῶν ἐθνῶν ἔπεσαν. καὶ Βαβυλὼν ἡ μεγάλη ἐμνήσθη ἐνώπιον τοῦ θεοῦ δοῦναι αὐτῇ τὸ ποτήριον τοῦ οἴνου τοῦ θυμοῦ τῆς ὀργῆς αὐτοῦ.

> 또 큰 성이 세 조각이 났고 열방의 성들이 무너졌다. 또 큰 바벨론이 그의(그가 받아야 할) 심판(분노)의 진노의 포도주 잔을 받게 될(그에게 주어질) 일이 하나님 앞에 상기되었다.

καὶ ἐγένετο
(그리고) ~ 되었고 And ~ was

ἡ πόλις
도시/도성이 the ~ city

ἡ μεγάλη
큰 great

εἰς τρία μέρη[1]
세 조각이 split into three parts,

καὶ αἱ πόλεις[2]
도시/도성들이 and the cities

τῶν ἐθνῶν
민족들/열방의 of nations

ἔπεσαν.[3]
무너졌다. fell.

καὶ Βαβυλὼν
그리고 ~ 바벨론은 And Babylon

ἡ μεγάλη
큰 the great

ἐμνήσθη[4]
기억이 되었다/상기되었다. was remembered

ἐνώπιον τοῦ θεοῦ
하나님 앞에 before God,

δοῦναι[5]
주도록/주는 일이 to give

αὐτῇ
그에게 her

τὸ ποτήριον[6]
잔을 the cup

τοῦ οἴνου
포도주 of the wine

τοῦ θυμοῦ[7]
분노/진노/열정의 of the fury

τῆς ὀργῆς
심판(진노의 심판)의 of ~ wrath.

αὐτοῦ.
그의 his

---

1. μέρη: 3변화 μέρος(부분, 조각), μέρους, μέρει, μέρος(sg); μέρη, μερῶν, μέρεσιν, μέρη(pl). τρία μέρη(세 조각).
2. πόλεις: '도시들'; 3변화 πόλις, 3:12 참고.
3. ἔπεσαν: '무너졌다'; ἐ + πε(< πίπτω) + σαν; 1:17 참고.
4. ἐμνήσθη: '기억되었다'; μιμνήσκω(기억하다)의 부정과거 수동태 ἐμνήσθην(기억되었다). μνεία/μνήμη(기억, 회상, 언급), μνῆμα/μνημεῖον(기념, 기념비, 비석), μνημονεύω(기억하다, 언급하다, 생각하다), μνημόσυνον(기억됨, 기억되는 것).
5. δοῦναι: 10절의 경우처럼 결과의 부정사(Wallace, 592)일 수도 있고('그래서 주었다'), 또는 ἐμνήσθη 의 목적어로 볼 수도 있다('주는 일이 기억되었다').
6. ποτήριον: '잔을'; 14:10 참고.
7. τοῦ οἴνου τοῦ θυμοῦ: '분노(열정)의 포도주(의)'(14:8, 10; 16:19; 18:3; 19:15); 14:8 참고.

계 16:20

καὶ πᾶσα νῆσος ἔφυγεν καὶ ὄρη οὐχ εὑρέθησαν.

또 각 섬이 사라졌고 산들이 없어졌다(발견되지 않았다).

καὶ πᾶσα νῆσος
그리고 각 섬이 And every island
　　ἔφυγεν[1]
　　사라졌고 fled away,
καὶ ὄρη[2]
산들이 and the mountains
　　οὐχ εὑρέθησαν.[3]
　　발견되지 않았다/없어졌다. were not found.

---

1. ἔφυγεν: 문자적, '피하였다', '사라졌다'; ἐ + φυγ(< φεύγω) + ε(ν); 9:6 참고
2. ὄρη: '산들'; 6:14 참고.
3. οὐχ εὑρέθησαν: '(그것들이) 발견되지 않았다'. 부정어 οὐ가 강기식(εὑ-) 때문에 οὐχ가 되었다. εὑρ + ε + θησαν(5:4 참조).

계 16:21

καὶ χάλαζα μεγάλη ὡς ταλαντιαία καταβαίνει ἐκ τοῦ οὐρανοῦ ἐπὶ τοὺς ἀνθρώπους, καὶ ἐβλασφήμησαν οἱ ἄνθρωποι τὸν θεὸν ἐκ τῆς πληγῆς τῆς χαλάζης, ὅτι μεγάλη ἐστὶν ἡ πληγὴ αὐτῆς σφόδρα.

또 하늘에서 한 달란트(약 30-40kg) 무게의 큰 우박이 사람들 위에 떨어졌다. 그러나 사람들은 그 우박 재앙 때문에 하나님을 비방하였다. 그 재앙이 크고 심하기 때문이다.

καὶ χάλαζα[1]
(그리고) ~ 우박이 And ~ hailstones,
　　μεγάλη
　　큰 great
　　ὡς ταλαντιαία[2]
　　한 달란트의 무게인/약 삼십 킬로그람인
　　about the weight of a talent/ 30 kg
　　καταβαίνει[3]
　　떨어졌다. fell
　　　　ἐκ τοῦ οὐρανοῦ
　　　　하늘에서 from heaven
　　　　ἐπὶ τοὺς ἀνθρώπους,
　　　　사람들 위에 on people;
　　καὶ ἐβλασφήμησαν[4]
　　그러나 ~ 모독했다. and ~ blasphemed
οἱ ἄνθρωποι
사람들은 people
　　τὸν θεὸν
　　하나님을 God

ἐκ τῆς πληγῆς[5]
재앙으로 인해/때문에 because of the plague
　　τῆς χαλάζης,
　　우박(의) of the hail,
ὅτι[6]
~ 때문에 for
　　μεγάλη
　　심~ severe.
ἐστὶν
~하기 was
ἡ πληγὴ
재앙이 plague
αὐτῆς
그것/그(의) its
　　σφόδρα.[7]
　　무척 extremely

---

1. χάλαζα: '우박'; 8:7 참고.

ὀργή
명.소.여단
αὐτός
대인칭.소.남단

20
καί
접.등
πᾶς
형부정.주.여단
νῆσος
명.주.여단
φεύγω
동직.과능.3단
καί
접.등
ὄρος
명.주.중복
οὐ
부
εὑρίσκω
동직.과수.3복

21
καί
접.등
χάλαζα
명.주.여단
μέγας
형일반.주.여단
ὡς
접.종
ταλαντιαῖος
형일반.주.여단
καταβαίνω
동직.현능.3단
ἐκ
전.소
ὁ
관.소.남단
οὐρανός
명.소.남단
ἐπί
전.목
ὁ
관.목.남복
ἄνθρωπος
명.목.남복
καί
접.등
βλασφημέω
동직.과능.3복
ὁ
관.주.남복
ἄνθρωπος
명.주.남복
ὁ
관.목.남단
θεός
명.목.남단
ἐκ
전.소
ὁ
관.소.여단
πληγή
명.소.여단
ὁ
관.소.여단
χάλαζα
명.소.여단

ὅτι
접.종
μέγας
형일반.주.여단
εἰμί
동직.현능.3단
ὁ
관.주.여단
πληγή
명.주.여단
αὐτός
대인칭.소.여단
σφόδρα
부

2. ταλαντιαία: ταλαντιαῖος(한 달란트 무게의). 한 τάλαντον(달란트)의 무게는 28-36 kg 정도(Friberg)이고 화폐 가치는 6천 데나리온(δηνάριον) 또는 6천 드라크마(δραχμή)이다.

3. καταβαίνει: '떨어졌다'. 역사적(historical) 현재로 생생한 장면을 묘사한다.

4. ἐβλασφήμησαν: '(그들이) 모독하였다'; 부정과거(능) 3단; ἐ + βλασφημέ + σαν.

5. ἐκ τῆς πληγῆς: '재앙으로 인해/때문에'.

6. ὅτι: 이유(원인)의 ὅτι 부사절.

7. σφόδρα: '심히(greatly), 극도로(exceedingly)'. μεγάλη(큰)를 강화한다.

계 17:1

Καὶ ἦλθεν εἷς ἐκ τῶν ἑπτὰ ἀγγέλων τῶν ἐχόντων τὰς ἑπτὰ φιάλας καὶ ἐλάλησεν μετ' ἐμοῦ λέγων· δεῦρο, δείξω σοι τὸ κρίμα τῆς πόρνης τῆς μεγάλης τῆς καθημένης ἐπὶ ὑδάτων πολλῶν,

일곱 대접을 가지고 있는 일곱 천사 가운데 하나가 와서 나와 함께 말하며 일렀다. "이리 오라. 내가 그대에게 많은 물 위에 앉은 큰 음녀의 심판을 보여줄 것이다.

Καὶ ἦλθεν
또 ~ 왔다. And ~ came

εἷς
하나가 one

ἐκ τῶν ἑπτὰ ἀγγέλων
일곱 천사 가운데 of the seven angels

τῶν ἐχόντων[1]
가지고 있는 having

τὰς ἑπτὰ φιάλας
일곱 대접을 the seven bowls

καὶ ἐλάλησεν[2]
그리고 ~ 말하였다. and spoke

μετ' ἐμοῦ[3]
나와/내게 with me,

λέγων·[4]
(~라고 하면서) saying,

δεῦρο,[5]
"이리 오라. "Come,

δείξω[6]
내가 ~ 보여줄 것이다. I will show

σοι
그대에게 you

τὸ κρίμα[7]
심판을 the judgment

τῆς πόρνης[8]
음녀의 of the ~ harlot

τῆς μεγάλης
큰 great

τῆς καθημένης[9]
앉은 who sits

ἐπὶ ὑδάτων
물 위에 on ~ waters,

πολλῶν,
많은 many

---

1. τῶν ἐχόντων: '가지고 있는'. ἀγγέλων을 수식하는 관형적 용법의 분사이다.
2. ἐλάλησεν: '말하였다'; 1:12 참고; 부정과거 3단, ἐ + λαλέ + σε(ν).
3. μετ' ἐμοῦ: '나와 함께'; μετά + ἐμοῦ.
4. λέγων: '말하면서'. 화법을 이끄는 서술적 용법의 현재분사(주격)이다.
5. δεῦρο: '이리로 오라'. δεῦρο는 본래 '여기에'(here)라는 부사인데 '여기로 오라'(Here! Come!)는 명령적 의미로도 쓰인다(Thayer). 복수일 때는 δεῦτε이다(LN).
6. δείξω σοι: '네게 보여줄 것이다'; δεικ + σω; 4:1; 1:1 참조. δείξω는 미래직설법이라고 보는 것이 타당하지만, KMP는 21:9과 함께 1단의 권고적 가정법일 수 있다고 제안한다(KMP, 204).
7. κρίμα: κρίμα(심판, 판단, 소송) < κρίνω(심판하다, 판단하다), κρίσις(판단, 판결, 정의).
8. τῆς πόρνης: '음녀의'. πόρνη(음녀, 창기), πορνεία(음행), πορνεύω(음행하다), πόρνος(음행자, 창남).
9. καθημένης: '앉은'; 이태동사 κάθημαι(앉다)의 현재분사 여단 소유격; 4:2 참고.

καί
접 등
ἔρχομαι
동·직·과능·3단
εἷς
형기수·주·남단
ἐκ
전 소
ὁ
관·소·남복
ἑπτά
형기수
ἄγγελος
명·소·남복
ὁ
관·소·남복
ἔχω
동·분·현능·소·남복
ὁ
관·목·여복
ἑπτά
형기수
φιάλη
명·목·여복
καί
접 등
λαλέω
동·직·과능·3단
μετά
전 소
ἐγώ
대인칭·소·-단
λέγω
동·분·현능·주·남단
δεῦρο
부
δείκνυμι
동·직·미능·1단
σύ
대인칭·여·-단
ὁ
관·목·중단
κρίμα
명·목·중단
ὁ
관·소·여단
πόρνη
명·소·여단
ὁ
관·소·여단
μέγας
형일반·소·여단
ὁ
관·소·여단
κάθημαι
동·분·현중·소·여단
ἐπί
전 소
ὕδωρ
명·소·중복
πολύς
형일반·소·중복

계 17:2

μεθ' ἧς ἐπόρνευσαν οἱ βασιλεῖς τῆς γῆς καὶ ἐμεθύσθησαν οἱ κατοικοῦντες τὴν γῆν ἐκ τοῦ οἴνου τῆς πορνείας αὐτῆς.

땅의 왕들이 그녀와 함께 음행하였고 땅에 거주하는 자들이 그녀의 음행의 포도주에 취하게 되었다."

μεθ' ἧς[1]
그녀와 함께 with whom

ἐπόρνευσαν[2]
음행하였고 have committed sexual immorality,

οἱ βασιλεῖς
왕들이 the kings

τῆς γῆς
땅의 of the earth

καὶ ἐμεθύσθησαν[3]
취하게 되었다." and ~ become drunk."

οἱ κατοικοῦντες[4]
거주하는 자들이 those who dwell

τὴν γῆν
땅의/땅에 on the earth

ἐκ τοῦ οἴνου[5]
포도주에 with the wine

τῆς πορνείας
음행의 of ~ sexual immorality."

αὐτῆς.
그녀의 her

2
μετά
전.소
ὅς
대관계.소.여단
πορνεύω
동직.과능.3복
ὁ
관.주.남복
βασιλεύς
명.주.남복
ὁ
관.소.여단
γῆ
명.소.여단
καί
접.등
μεθύσκω
동직.과수.3복
ὁ
관.주.남복
κατοικέω
동분.현능주남복
ὁ
관.목.여단
γῆ
명.목.여단
ἐκ
전.소
ὁ
관.소.남단
οἶνος
명.소.남단
ὁ
관.소.여단
πορνεία
명.소.여단
αὐτός
대인칭.소.여단

1. μεθ' ἧς: μετά + ἧς(그녀와 함께). 관계대명사 여단 소유격 ἧς는 음녀를 선행사로 갖는다.
2. ἐπόρνευσαν: '(그들이) 음행하였다'; 1절 참조; ἐ + πορνεύ + σαν.
3. ἐμεθύσθησαν: '취하게 되었다'; μεθύσκω(취하게 하다)의 부정과거(수) 3복. 부정과거(능) ἐμέθυσα, 부정과거(수) ἐμεθύσθην. μέθυσος(취한), μεθύω(취하다).
4. οἱ κατοικοῦντες τὴν γῆν: '땅에 거주하는 자들'. κατοικοῦντες는 κατοικέω(거하다, 정착하다)의 현재분사 남복 주격(κατοικέ +οντες); 2:13 참고. κατοικέω는 전치사('~에'; εἰς, ἐν, ἐπί)구와 함께 쓰이기도 하지만, 전치사 없이 목적격 명사('~에')를 직접 취하기도 한다(예, 눅 13:4; 행 1:19; 2:9; 9:32; 19:10, 17; 22:12 등).
5. ἐκ τοῦ οἴνου: '포도주에'. μεθύσκω는 보통 '~에 취하다' 할 때 여격(LXX 잠 23:31; 엡 5:18)을 취하는데, 여기서는 다르게 표현되었다.

계 17:3

καὶ ἀπήνεγκέν με εἰς ἔρημον ἐν πνεύματι. Καὶ εἶδον γυναῖκα καθημένην ἐπὶ θηρίον κόκκινον, γέμον[τα] ὀνόματα βλασφημίας, ἔχων κεφαλὰς ἑπτὰ καὶ κέρατα δέκα.

그리고 성령으로 나를 광야로 데리고 갔다. 나는 신성모독의 이름들로 가득하고 일곱 머리와 열 뿔을 가진 붉은 짐승 위에 탄 여인을 보았다.

καὶ ἀπήνεγκέν[1]
그리고 ~ 데리고 갔다. And he carried

με
나를 me

εἰς ἔρημον
광야/황야로 into a wilderness,

ἐν πνεύματι.[2]
영/성령으로(안에서) in the Spirit

Καὶ εἶδον
(그리고) 내가 ~ 보았다. And I saw

γυναῖκα
여인을 a woman

καθημένην
앉은/탄 sitting

ἐπὶ θηρίον
짐승 위에 on a ~ beast,

κόκκινον,[3]
붉은 scarlet

γέμον[τα][4]
가득하고 full of

3
καί
접.등
ἀποφέρω
동직.과능.3단
ἐγώ
대인칭.목.-단
εἰς
전.목
ἔρημος
명.목.여단
ἐν
전.여
πνεῦμα
명.여.중단
καί
접.등
ὁράω
동직.과능.1단
γυνή
명.목.여단
κάθημαι
동분.현중.목여단
ἐπί
전.목
θηρίον
명.목.중단
κόκκινος
형일반.목.중단

ὀνόματα
이름들이　names,

βλασφημίας,[5]
중상/신성모독의
blasphemous

ἔχων[6]
가진　having

κεφαλὰς[7] ἑπτὰ
일곱 머리와　seven heads

καὶ κέρατα[8] δέκα.
열 뿔을　and ten horns.

γέμω
동분.현능.목.중복/
동분.현능.목.중단
ὄνομα
명.목.중복
βλασφημία
명.소.여단
ἔχω
동분.현능.주.남단
κεφαλή
명.목.여복
ἑπτά
형.기수
καί
접.등
κέρας
명.목.중복
δέκα
형.기수

1. ἀπήνεγκέν με: '나를 데리고 갔다'. 뒤따르는 με 때문에 ἀπήνεγκεν의 끝음절에 애큐트가 첨가된다. ἀπήνεγκεν = ἀπ(ἀπό, away) + ε + ενεγκ(< φέρω, bring) + ε(ν). ἀποφέρω(데리고 가다, bring away), ἀποφεύγω(~부터 피하다), ἀποχωρέω(떠나가다), ἀποχωρίζω(분리하다), ἀποψύχω(의식을 잃다, 종료하다).

2. ἀπήνεγκέν με ... ἐν πνεύματι: '나를 성령 안에서 … 데리고 갔다'(17:3; 21:10). ἐν πνεύματι(성령안에서), 1:10; 4:2; 17:3; 21:10.

3. κόκκινον: κόκκινος(진홍색의); λευκός(흰; 1:14), πυρρός(불처럼 붉은; 6:4), μέλας(검은; 6:5), χλωρός(녹색의; 6:8), πύρινος(불처럼 붉은; 9:17), θειώδης(유황색의; 9:17), ὑακίνθινος(히아신스색의; 9:17), πορφυροῦς(자주색의; 17:4).

4. γέμον[τα]: '가득한'. γέμω(차다)는 일반적으로 소유격('~으로')을 필요로 한다(마 23:27; 눅 11:39; 롬 3:14; 계 4:6, 8; 5:8; 15:7; 17:4; 21:9). 여기서는 목적격(ὀνόματα)을 갖고 있다. 현재분사 γέμον[τα]는 γέμον(중단 목적격)인지(ℵ², 051, Byzantine), 아니면 γέμοντα(중복 목적격 또는 남단 목적격) 또는 γέμον τα ~인지(ℵ*, A, P 2053. 2062. 2329 pc) 논란이 있다. γέμον[τα]이 중단 θηρίον을 수식한다는 점에서 γέμον ὀνόματα 또는 γέμον τα ὀνόματα가 타당해 보인다.

5. βλασφημίας: '신성모독의'; 2:9 참고.

6. ἔχων: 중단(ἔχον)이 아니라 남단(ἔχων)이 쓰는 것은 θηρίον(짐승)의 남성적(인격적) 특성을 부각하려는 것 때문일 것이다.

7. κεφαλὰς: '머리들을'; 1:14 참고.

8. κέρατα: '뿔들을'; 3변화 κέρας(뿔)는 5:6 참고.

계 17:4

καὶ ἡ γυνὴ ἦν περιβεβλημένη **πορφυροῦν καὶ κόκκινον** καὶ κεχρυσωμένη **χρυσίῳ καὶ λίθῳ τιμίῳ καὶ μαργαρίταις,** ἔχουσα **ποτήριον χρυσοῦν ἐν τῇ χειρὶ αὐτῆς** γέμον **βδελυγμάτων καὶ τὰ ἀκάθαρτα τῆς πορνείας αὐτῆς**

여인은 자주색과 붉은 색 옷을 입고 금과 보석과 진주(들)로 꾸미고, 그녀의 손에는 그녀의 음행의 가증하고 더러운 것(들)로 가득 찬 금잔을 들고(갖고) 있었다.

4
καί
접.등
ὁ
관.주.여단
γυνή
명.주.여단
εἰμί
동직.미완능.3단
περιβάλλω
동분.완중.주.여단
πορφυροῦς
형.일반.목.중단
καί
접.등
κόκκινος
형.일반.목.중단
καί
접.등
χρυσόω
동분.완수.주.여단
χρυσίον
명.여.중단
καί
접.등
λίθος
명.여.남단
τίμιος
형.일반.여 남단

καὶ ἡ γυνή
(그리고) 여인은　And the woman

ἦν
있었다.　was

περιβεβλημένη[1]
~ 옷을 입고　clothed

πορφυροῦν
자주색과　in purple

καὶ κόκκινον[2]
붉은 색 ~　and scarlet,

καὶ κεχρυσωμένη[3]
치장하고/꾸미고　and adorned

χρυσίῳ
금과　with gold

καὶ λίθῳ
~석과/돌과　and ~ stones (jewels)

τιμίῳ
보~/귀한　precious

καὶ μαργαρίταις,[4]
진주(들)로　and pearls,

καί
접.등
μαργαρίτης
명.여.남복
ἔχω
동분.현능.주여단
ποτήριον
명.목.중단
χρυσοῦς
형일반.목.중단
ἐν
전.여
ὁ
관.여.여단
χείρ
명.여.여단
αὐτός
대인칭.소.여단
γέμω
동분.현능.목.중단
βδέλυγμα
명.소.중복
καί
접.등
ὁ
관.목.중복
ἀκάθαρτος
형일반.목.중복
ὁ
관.소.여단
πορνεία
명.소.여단
αὐτός
대인칭.소.여단

ἔχουσα[5]
갖고 holding
  ποτήριον
  ~ 잔을 a ~ cup
    χρυσοῦν
    금~/금으로 된 golden
    ἐν τῇ χειρὶ
    손에 in ~ hand
      αὐτῆς
      그녀의 her
  γέμον[6]
  가득 찬 full of

βδελυγμάτων
가증한/혐오스러운 것들과
abominations
  καὶ τὰ ἀκάθαρτα
  더러운 것들로 and the unclean things
  τῆς πορνείας
  음행/음란의
  of ~ immorality/ fornication,
    αὐτῆς
    그녀의 her

---

1. ἦν περιβεβλημένη: '옷을 입고 있었다'. 우언법(periphrastic)으로 εἰμί의 미완료(ἦν) + 현재완료 분사 (περιβεβλημένη) = 과거완료의 의미이다(Wallace, 648). 과거 상태의 지속을 가리킬 것이다.
2. πορφυροῦν καὶ κόκκινον: '자주색과 붉은 색 (옷)을'. πορφυροῦν = πορφύρε(πορφύρεος) + ον. περιβάλλω(입다)는 목적격('~을')을 취한다(7:9; 10:1; 11:3; 12:1; 17:4; 18:16; 19:8, 13).
3. κεχρυσωμένη: χρυσόω(금으로 단장하다) < χρυσός/χρυσίον(금). 역시 ἦν + κεχρυσωμένη로 과거완료 의미(과거 상태의 지속)의 우언법이다.
4. χρυσίῳ καὶ λίθῳ τιμίῳ καὶ μαργαρίταις: '금과 보석과 진주(들)로'. χρυσόω는 능동태나 수동태나 수단(instrumental)의 여격('~으로')을 취한다(17:4; 18:16; LXX 출 26:32, 37). 대상(단장시키는)은 목적격이다(LXX 출 25:11; 26:37; 38:18; 대하 3:7, 10). λίθος τίμιος(귀한 돌 > 보석). τίμιος(귀한, 값비싼) < τιμή(가치, 고귀, 영예) > τιμάω(귀하게 여기다, 영예를 주다), τιμιότης(고귀함, 값비쌈). μαργαρίτης(진주) > Margaret(여성 이름).
5. ἔχουσα: '가지고'. 서술적 용법의 여단 주격의 현재분사는 ἡ γυνὴ(그 여인)를 주어로 한다.
6. γέμον βδελυγμάτων καὶ τὰ ἀκάθαρτα: '가증한 것들과 더러운 것들로 가득 찬'. γέμον 뒤의 소유격 (βδελυγμάτων)과 목적격(τὰ ἀκάθαρτα)의 동시 사용의 예이다(3절 참조). βδέλυγμα(혐오스러운/가 증스러운 것), βδελυκτός(혐오스러운) < βδελύσσω(혐오하게 하다). ἀκάθαρτα, 16:13 참고.

계 17:5

5
καί
접.등
ἐπί
전.목
ὁ
관.목.중단
μέτωπον
명.목.중단
αὐτός
대인칭.소.여단
ὄνομα
명.주.중단
γράφω
동분.완수.주중단
μυστήριον
명.주.중단
Βαβυλών
명.주.여단
ὁ
관.주.여단
μέγας
형일반.주.여단
ὁ
관.주.여단
μήτηρ
명.주.여단
ὁ
관.소.여복

καὶ ἐπὶ τὸ μέτωπον αὐτῆς ὄνομα γεγραμμένον, μυστήριον, Βαβυλὼν ἡ μεγάλη, ἡ μήτηρ τῶν πορνῶν καὶ τῶν βδελυγμάτων τῆς γῆς.

그녀의 이마에 쓰여진 이름은 비밀인데 땅의 음행(들)과 가증한 것(들)의 어머니, 큰 바벨론이다.

καὶ ἐπὶ τὸ μέτωπον[1]
(그리고) ~ 이마에 and on ~ forehead
  αὐτῆς
  그녀의 her
ὄνομα
이름은 a name
  γεγραμμένον,[2]
  기록된/쓰여진 was written,
μυστήριον,[3]
비밀인/비밀스런 a mystery,
Βαβυλὼν
바벨론이다. "Babylon

ἡ μεγάλη,
큰 the great,
ἡ μήτηρ
어머니 mother
  τῶν πορνῶν
  음행/음란과 of harlots
  καὶ τῶν βδελυγμάτων
  가증한/혐오스러운 것들의
  and of the abominations
    τῆς γῆς.
    땅의 of the earth."

1. μέτωπον: '이마'; 7:3 참고.
2. γεγραμμένον: '기록된 (것)'; 현재완료(수) 분사의 관형적 용법; 1:3 참고. Wallace는 히브리어 어법의 영향으로 분사가 독립적으로 직설법 술어처럼 쓰인 경우로 본다(1:16; 4:7; 10:2; 11:1; 12:2; 17:5; 21:12, 14, 19; 19:12; Wallace, 653).
3. μυστήριον: μυστήριον(비밀)은 ὄνομα(이름)와 동격이다.

계 17:6

καὶ εἶδον τὴν γυναῖκα μεθύουσαν ἐκ τοῦ αἵματος τῶν ἁγίων καὶ ἐκ τοῦ αἵματος τῶν μαρτύρων Ἰησοῦ. Καὶ ἐθαύμασα ἰδὼν αὐτὴν θαῦμα μέγα.

또 나는 그 여인이 성도들의 피와 예수 증인들의 피로 취해 있는 것을 보았다. 그리고 나는 그녀를 바라보며 큰 놀라움으로 놀라워하였다.

καὶ εἶδον	Ἰησοῦ.
또 내가 ~ 보고 And I saw	예수의 of Jesus.
τὴν γυναῖκα	Καὶ ἐθαύμασα[3]
그 여인이 the woman,	기이하게/놀랍게 여겼다. I marveled
μεθύουσαν[1]	ἰδὼν[4]
취한/취해 있는 것을 drunk	보며/바라보며 as I saw
ἐκ τοῦ αἵματος[2]	αὐτὴν
피와 from/ with the blood	그녀를 her,
τῶν ἁγίων	θαῦμα[5]
성도들의 of the saints	놀라움으로 with ~ wonder.
καὶ ἐκ τοῦ αἵματος	μέγα.
피로 from/ with the blood	큰 great
τῶν μαρτύρων	
증인들의 of the martyrs	

1. μεθύουσαν: '취한'; 현재분사 여단 목적격; μεθύ + ουσαν. μεθύω(취하다) < μέθη(포도주) > μεθύσκω(취하게 하다), μέθυσος(취한).
2. ἐκ τοῦ αἵματος: μεθύω(취하다) 다음에는 '~으로/에'는 전치사 ἐκ(LXX 욜 1:5), ἐν(LXX 왕상 16:9), ἀπό(LXX 사 51:21)가 모두 가능하다. 3변화 αἷμα는 1:5 참고.
3. ἐθαύμασα: '놀랐다'; ἐ + θαυμαζ + σα; 13:3 참고.
4. ἰδὼν: '보며, 보고는'; ἰδ + ων. 부정과거 남단 주격 ἰδὼν은 서술적으로 쓰였다.
5. θαῦμα μέγα: '큰 놀라움으로'. 양식(manner)의 목적격으로 부사적으로 쓰인다. 이 부분은 ἰδὼν이 아니라 ἐθαύμασα에 속해 있다. 비슷한 구문의 예는 LXX 합 1:5(θαυμάσατε θαυμάσια, 너희는 놀라움으로 놀라라)에서 발견된다.

계 17:7

Καὶ εἶπέν μοι ὁ ἄγγελος· διὰ τί ἐθαύμασας; ἐγὼ ἐρῶ σοι τὸ μυστήριον τῆς γυναικὸς καὶ τοῦ θηρίου τοῦ βαστάζοντος αὐτὴν τοῦ ἔχοντος τὰς ἑπτὰ κεφαλὰς καὶ τὰ δέκα κέρατα.

πόρνη
명.소.여복
καί
접.등
ὁ
관.소.중복
βδέλυγμα
명.소.중복
ὁ
관.소.단
γῆ
명.소.여단

6
καί
접.등
ὁράω
동직.과능.1단
ὁ
관.목.여단
γυνή
명.목.여단
μεθύω
동분.현능.목.여단
ἐκ
전.소
ὁ
관.소.중단
αἷμα
명.소.중단
ὁ
관.소.남복
ἅγιος
형일반.소.남복
καί
접.등
ἐκ
전.소
ὁ
관.소.중단
αἷμα
명.소.중단
ὁ
관.소.남복
μάρτυς
명.소.남복
Ἰησοῦς
명.소.남단
καί
접.등
θαυμάζω
동직.과능.1단
ὁράω
동분.과능.주.남단
αὐτός
대인칭.목.여단
θαῦμα
명.목.중단
μέγας
형일반.목.중단

7
καί
접.등
λέγω
동직.과능.3단
ἐγώ
대인칭.여.-단
ὁ
관.주.남단
ἄγγελος
명.주.남단

그러자 천사가 내게 말하였다. "왜(어찌하여) 놀라느냐? 내가 그대에게, 여인과 그녀를 태우고 다니는 일곱 머리와 열 뿔을 갖고 있는 짐승의 비밀을 말하겠다.

Καὶ εἶπέν
(그리고) ~ 말하였다. And ~ said
  μοι
  내게 to me,
ὁ ἄγγελος·
천사가 the angel
  διὰ τί[1]
  "어찌하여/왜 "Why
  ἐθαύμασας;[2]
  놀라느냐/기이히 여기느냐? do you marvel?
  ἐγώ[3]
  내가 I
  ἐρῶ
  말하겠다. wil tell
  σοι
  그대에게 you

τὸ μυστήριον
비밀을 the mystery
  τῆς γυναικὸς
  그 여인과 of the woman,
  καὶ τοῦ θηρίου
  짐승의 and of the beast
    τοῦ βαστάζοντος[4]
    태우고 다니는 that carries
      αὐτὴν
      그녀를 her,
    τοῦ ἔχοντος
    갖고 which has
      τὰς ἑπτὰ κεφαλὰς
      일곱 머리와 the seven heads
      καὶ τὰ δέκα κέρατα.
      열 뿔을 and the ten horns.

1. διὰ τί: 문자적, '무엇 때문에?', '어찌하여, 왜?'.
2. ἐθαύμασας: '네가 놀라다'; ἐ + θαυμαζ + σας. 어간의 끝자음이 ζ이거나 치조음 계열(δ, τ, θ)이면, 어미(미래, 부정과거)의 σ를 만나 탈락한다.
3. ἐγὼ ἐρῶ: '내가 말할 것이다'. 대명사 ἐγὼ를 넣어 강조하였다. λέγω(말하다)는 미래에서 유음동사인 ἐρῶ가 된다.
4. τοῦ βαστάζοντος ... τοῦ ἔχοντος: 관형적으로 사용된 두 개의 분사는 τοῦ θηρίου(짐승의)을 꾸며준다. βαστάζω(감당하다, bear)는 '데리고 있다, 나르다'(carry)의 의미도 있다(LN); 2:2 비교.

계 17:8

Τὸ θηρίον ὃ εἶδες ἦν καὶ οὐκ ἔστιν καὶ μέλλει ἀναβαίνειν ἐκ τῆς ἀβύσσου καὶ εἰς ἀπώλειαν ὑπάγει, καὶ θαυμασθήσονται οἱ κατοικοῦντες ἐπὶ τῆς γῆς, ὧν οὐ γέγραπται τὸ ὄνομα ἐπὶ τὸ βιβλίον τῆς ζωῆς ἀπὸ καταβολῆς κόσμου, βλεπόντων τὸ θηρίον ὅτι ἦν καὶ οὐκ ἔστιν καὶ παρέσται.

그대가 본 짐승은 전에 있었고 지금은 없으나 장차 무저갱에서 올라올 것이다. 그리고 멸망으로 나아갈 것이다. 창세 이래 생명책(생명의 두루마리)에 그 이름이 기록되지 않은, 땅 위에 거주하는 자들은 그 짐승을 보며 놀라워하게 될 것이다. 전에 있었고 지금은 없으나 장차 있게 될 것이기 때문이다.

Τὸ θηρίον
짐승은 The beast
  ὃ εἶδες[1]
  그대가 본/보았던 that you saw
  ἦν[2]
  전에 있었고 was,
  καὶ οὐκ ἔστιν
  지금은 없으나 and is not,

καὶ μέλλει
장차/앞으로 ~ 것이다. and is about
  ἀναβαίνειν[3]
  올라올 come up
  ἐκ τῆς ἀβύσσου[4]
  무저갱에서 out of the abyss,
  καὶ εἰς ἀπώλειαν[5]
  그리고 ~ 멸망으로 and ~ to desruction.

ὑπάγει,
가게/나아가게 된다/나아갈 것이다. it goes

καὶ θαυμασθήσονται[6]
(그리고) ~ 놀랍게/기이하게 여기게 될 것이다.
And ~ will marvel,

οἱ κατοικοῦντες
거주하는 자들이 those who dwell

ἐπὶ τῆς γῆς,
땅 위에 on the earth

ὧν[7]
(즉) 그들의 (~이들) whose

οὐ γέγραπται[8]
기록되지 않은 have not been written

τὸ ὄνομα
이름이 name(s)

ἐπὶ τὸ βιβλίον
두루마리/책에 in the book

τῆς ζωῆς
생명의 of life

ἀπὸ καταβολῆς[9]
기초가 세워질/창조의 때로부터
from the foundation

κόσμου,
세상의 of the world,

βλεπόντων[10]
보며 when they see

τὸ θηρίον
짐승을 the beast,

ὅτι[11]
~ 때문에 because

ἦν
예전에 있었고 it was,

καὶ οὐκ ἔστιν
지금은 없으나 and it is not,

καὶ παρέσται.[12]
장차/앞으로 있게 될 것 ~ and is to come.

---

1. ὃ εἶδες: '네가 본'. εἶδες(네가 보았다) = ε + ιδ(< ὁράω) + ες.
2. ἦν καὶ οὐκ ἔστιν καὶ μέλλει: '(전에) 있었고, (지금은) 없고, 장차 ~할'. 성부 하나님과 예수 그리스도의 이름과 대조된다(cf. 1:4; 4:8; 11:17; 16:5; 17:11).
3. μέλλει ἀναβαίνειν: '장차 올라올 것이다'. μέλλει(is going to)는 부정사를 목적어로 한다.
4. ἐκ τῆς ἀβύσσου: '무저갱에서/으로부터'. ἀβύσσος, 9:1 참고.
5. ἀπώλειαν: ἀπώλεια(멸망) < ἀπόλλυμι(멸망하다) > Ἀπολλύων('아폴뤼온', 파괴자; 9:11).
6. θαυμασθήσονται: '놀랍게 여기게 될 것이다'(미래 수동); θαυμαζ + θήσονται.
7. ὧν: 관계대명사 남복 소유격 ὧν은 οἱ κατοικοῦντες(거주하는 자들)를 선행사로 한다(cf. 13:8).
8. οὐ γέγραπται: 현재완료(수) γέγραπται는 진행된 과정과 결과를 부각한다(13:8 참고).
9. ἀπὸ καταβολῆς: '기초(가 세워진) 이래, 창조 이래'; 13:8 참고.
10. βλεπόντων: 현재분사 단복 소유격은 관계대명사 소유격 ὧν의 동화 때문으로 보인다. 문법적으로 단복 주격 βλέποντες도 가능하다.
11. ὅτι: 이유(원인)의 ὅτι 부사절('때문에').
12. ἦν καὶ οὐκ ἔστιν καὶ παρέσται: 앞의 내용의 반복(ἦν καὶ οὐκ ...)이다. 다만 μέλλει ...가 πάρειμι(현존한다, be present; [때가] 온다, have come)의 미래 3단 παρέσται로 대체되었다. πάρειμι = παρά(beside, 옆에) + εἰμί(be); Friberg.

계 17:9

ὧδε ὁ νοῦς ὁ ἔχων σοφίαν. Αἱ ἑπτὰ κεφαλαὶ ἑπτὰ ὄρη εἰσίν, ὅπου ἡ γυνὴ κάθηται ἐπ' αὐτῶν. καὶ βασιλεῖς ἑπτά εἰσιν·

여기에 지혜를 가진 지각(마음)이 있다. 여인이 그 위에 앉아 있는 일곱 머리는 일곱 산이고 또한 일곱 왕이다.

εἰς
전.목
ἀπώλεια
명.목.여단
ὑπάγω
동.직.현능.3단
καί
접.등
θαυμάζω
동.직.미수.3복
ὁ
관.주.남복
κατοικέω
동.분.현능.주남복
ἐπί
전.소
ὁ
관.소.여단
γῆ
명.소.여단
ὅς
대.관계.소.남복
οὐ
부
γράφω
동.직.완수.3단
ὁ
관.주.중단
ὄνομα
명.주.중단
ἐπί
전.목
ὁ
관.목.중단
βιβλίον
명.목.중단
ὁ
관.소.여단
ζωή
명.소.여단
ἀπό
전.소
καταβολή
명.소.여단
κόσμος
명.소.남단
βλέπω
동.분.현능.소남복
ὁ
관.목.중단
θηρίον
명.목.중단
ὅτι
접.종
εἰμί
동.직.미완능.3
단
καί
접.등
οὐ
부
εἰμί
동.직.현능.3단
καί
접.등
πάρειμι
동.직.미중.3단

9
ὧδε
부
ὁ
관.주.남단
νοῦς
명.주.남단
ὁ
관.주.남단
ἔχω
동.분.현능.주남단
σοφία
명.목.여단

ὁ
관.주.여복
ἑπτά
형기수
κεφαλή
명.여복
ἑπτά
형기수
ὄρος
명.주.중복
εἰμί
동직.현능.3복
ὅπου
접.종
ὁ
관.주.여단
γυνή
명.주.여단
κάθημαι
동직.현중.3단
ἐπί
전.소
αὐτός
대인칭.소.중복
καί
접.등
βασιλεύς
명.주.남복
ἑπτά
형기수
εἰμί
동직.현능.3복

ὧδε[1]
여기 (있다.) Here

ὁ νοῦς
지각/생각하는 마음이 is the mind

ὁ ἔχων[2]
가진 것/바 which has

σοφίαν.
지혜를 wisdom.

Αἱ ἑπτὰ κεφαλαὶ
일곱 머리는 the seven heads

ἑπτὰ ὄρη[3]
일곱 산~ seven mountains

εἰσίν,
~이고 are

ὅπου[4] ἡ γυνὴ
여인이 ~는 where the woman

κάθηται[5]
앉아 있~ sits

ἐπ᾽ αὐτῶν.[6]
그 위에 on them

καὶ βασιλεῖς ἑπτὰ
일곱 왕~ And ~ seven kings:

εἰσιν·
~이다. there are

---

1. ὧδε ὁ νοῦς: '여기에 지각(지혜)이 있다'. 동사 ἐστιν이 생략되었다. 이런 패턴(formula)은 13:10, 18; 14:12; 17:9에 나타난다. 3변화 νοῦς(지각), νοός는 13:18 참고.
2. ὁ ἔχων: '가진'. ὁ ἔχων은 ὁ νοῦς(지각)을 수식하는 관형적 용법의 분사이다.
3. ὄρη: '산들'; 3변화 ὄρος(산), 6:14 참고.
4. ὅπου: 종속 접속사 'where'. ὄρη(산들)를 부연한다.
5. κάθηται: κάθημαι(앉다)의 3단. κάθημαι 변화, 4:2 참고.
6. ἐπ᾽ αὐτῶν: '그것(들) 위에'; ἐπί(on, upon) + αὐτῶν(them).

계 17:10

10
ὁ
관.주.남복
πέντε
형기수
πίπτω
동직.과능.3복
ὁ
관.주.남단
εἷς
형기수.주.남단
εἰμί
동직.현능.3단
ὁ
관.주.남단
ἄλλος
형부정.주.남단
οὔπω
부
ἔρχομαι
동직.과능.3단
καί
접.등
ὅταν
접.종
ἔρχομαι
동.가.과능.3단
ὀλίγον
부/형일반.목.중
단
αὐτός
대인칭.목.남단
δεῖ
동직.현능.3단
μένω
동부.과능

οἱ πέντε ἔπεσαν, ὁ εἷς ἔστιν, ὁ ἄλλος οὔπω ἦλθεν, καὶ ὅταν ἔλθῃ ὀλίγον αὐτὸν δεῖ μεῖναι.

다섯은 넘어졌고 하나는 있고 다른 하나는 아직 오지 않았다. 그가 올 때는 잠시 머물러야 한다.

οἱ πέντε
다섯은 five

ἔπεσαν,[1]
넘어졌고 have fallen,

ὁ εἷς
하나는 one

ἔστιν,
있고 is,

ὁ ἄλλος
다른 하나는 the other

οὔπω[2]
아직 no yet

ἦλθεν,[3]
오지 않았다. has ~ come;

καὶ ὅταν[4] ἔλθῃ
올 때에는 and when he comes,

ὀλίγον[5]
잠시/잠깐 a little while.

αὐτὸν
그가 he

δεῖ[6]
~야/있어야 한다. must

μεῖναι.[7]
머물러~ remain

---

1. ἔπεσαν: '(그들이) 떨어졌다/넘어졌다'. 1:17 참고.
2. οὔπω: '아직 … (아니다)'. οὔπω(not yet)는 부정어 οὐ(not)에서 온 부사이다.
3. ἦλθεν … ἔλθῃ: ἔρχομαι(오다, 가다)의 부정과거 어간은 ελθ이고 부정과거 직설법은 시상 접두어(ἐ)와 관련된(미완료) 어미가 부정과거 어간에 더해진다(ἦλθεν = ἐ + ελθ + εν). 반면에 부정과거 가정법은 어간에 가정법 어미가 더해진다(ἔλθῃ = ελθ + ῃ).

4. ὅταν: ὅταν 가정법('whenever; ~할 때는')은 정해지지 않은 시간(indefinite temporal)의 종속절이다 (Wallace, 479-480).
5. ὀλίγον: '잠시'. 시간(time; 또는 측량, measure)의 목적격이다. 기간이 부각된다.
6. αὐτὸν δεῖ μεῖναι: '그가 머물러 있어야 한다'. δεῖ(해야 한다)는 목적격 명사/대명사(αὐτὸν)가 진주어 역할을 한다. 부정사(μεῖναι)가 목적어이다.
7. μεῖναι: μεν + σαι. 유음동사 μένω(머물다)는 부정과거에서 어미(예, 부정과거 부정사 어미 -σαι)의 σ 가 유음 ν 때문에 탈락하는 대신 어간의 모음이 길어지는 경우(μεν > μειν)이다. 미래는 μενῶ로 μεν + σω > μεν + ε + ω = μενῶ의 현상이 일어난다.

계 17:11

καὶ τὸ θηρίον ὃ ἦν καὶ οὐκ ἔστιν καὶ αὐτὸς **ὄγδοός ἐστιν καὶ ἐκ τῶν ἑπτά** ἐστιν, **καὶ εἰς ἀπώλειαν** ὑπάγει.

> 또 전에 있었으나 지금은 있지 않은 짐승은 여덟째 왕이다. 일곱에 포함되지(속하지) 않는다. 멸망으로 나아갈 것이다.

καὶ τὸ θηρίον
또 짐승, And the beast
　ὃ
　~은 that
　　ἦν
　　전에 있었으나 was
　　καὶ οὐκ ἔστιν[1]
　　지금은 있지 않~ and is not,
καὶ αὐτὸς[2]
그는 it
　　ὄγδοός
　　여덟째 (왕)~ an eighth

ἐστιν
~이다. is
　καὶ ἐκ τῶν ἑπτά
　또 일곱에 속~ but ~ to the seven,
ἐστιν,[3]
~한다. belongs
　καὶ εἰς ἀπώλειαν[4]
　또 멸망으로 and ~ to destruction.
ὑπάγει.
가게 된다/갈 것이다. he goes

1. ὃ ἦν καὶ οὐκ ἔστιν: 관계대명사 중단 주격 ὅ는 τὸ θηρίον(짐승)을 선행사로 취한다. ἦν καὶ οὐκ ἔστιν 은 7절에 이어 세번째 반복된다.
2. καὶ αὐτὸς: '그 자신은(도)'. 강조대명사 αὐτὸς는 주어를 강조하기 위한 것이다.
3. ἐκ τῶν ἑπτά ἐστιν: εἰμί 동사 + ἐκ ...는 '…에 속한다'(belong to) 또는 '…으로부터 온다'인데, 여기서 는 전자의 뜻이다.
4. εἰς ἀπώλειαν ὑπάγει: '그는 멸망으로 간다'. ὑπάγω + εἰς ...는 '…으로 가다'(요 7:3; 9:11; 11:31; 7:8, 11); '…에게 가다'는 ὑπάγω + πρὸς ... (요 7:33; 16:5, 17).

계 17:12

Καὶ τὰ δέκα κέρατα ἃ εἶδες δέκα βασιλεῖς εἰσιν, οἵτινες βασιλείαν οὔπω ἔλαβον, ἀλλ' ἐξουσίαν ὡς βασιλεῖς μίαν ὥραν λαμβάνουσιν μετὰ τοῦ θηρίου.

> 또 그대가 본 열 뿔은 열 명의 왕이다. 그들이 아직 나라를 취하지 않았으나 짐승과 함께 잠시 동안 왕(들) 같은 권세를 취하게 될 것이다.

11
καί
접.등
ὁ
관.주.중단
θηρίον
명.주.중단
ὅς
대인칭.주.중단
εἰμί
동직.미완능.3단
καί
접.등
οὐ
부
εἰμί
동직.현능.3단
καί
부
αὐτός
대.강조.주.남단
ὄγδοος
형서수.추.남단
εἰμί
동직.현능.3단
καί
접.등
ἐκ
전.소
ὁ
관.소.남복
ἑπτά
형기수
εἰμί
동직.현능.3단
καί
접.등
εἰς
전.목
ἀπώλεια
명.목.여단
ὑπάγω
동직.현능.3단

12
καί
접.등
ὁ
관.주.중복
δέκα
형기수
κέρας
명.주.중복
ὅς
대.관계.목.중복

ὁράω
동직.과능.2단
δέκα
형기수
βασιλεύς
명.주.남복
εἰμί
동직.현능.3복
ὅστις
대관계주.남복
βασιλεία
명.목.여단
οὔπω
부
λαμβάνω
동직.과능.3복
ἀλλά
접.등
ἐξουσία
명.목.여단
ὡς
접.종
βασιλεύς
명.주.남복
εἷς
형기수.목.여단
ὥρα
명.목.여단
λαμβάνω
동직.현능.3복
μετά
전소
ὁ
관.소.중단
θηρίον
명.소.중단

Καὶ τὰ δέκα κέρατα
(그리고) 열 뿔은 And the ten horns
    ἃ εἶδες[1]
    그대가 본 that you saw
      δέκα βασιλεῖς
      열 명의 왕~ ten kings,
  εἰσιν,
  ~이다. are
  οἵτινες[2]
  그들은 ~ 자들이다. who
    βασιλείαν
    나라/왕국을 a kingdom,
      οὔπω
      아직은 not yet

ἔλαβον,[3]
취하지/받지 않았으나 have ~ received
  ἀλλ᾽ ἐξουσίαν
  권세를 but ~ authority
    ὡς βασιλεῖς
    왕들처럼/왕들로서 as kings
    μίαν ὥραν[4]
    한 시간/잠시 동안 for one hour
λαμβάνουσιν
취하게/받게 될 they will receive
  μετὰ τοῦ θηρίου.
  짐승과 함께 along with the beast.

1. ἃ εἶδες: '네가 본'. 관계대명사 중복 목적격 ἅ는 εἶδες(네가 보았다)의 목적어이면서 κέρατα(뿔들)를 선행사로 한다.
2. οἵτινες: οἵ(관계대명사 남복 주격) + τινες(부정대명사 남복 주격) = οἵτινες는 whoever, whatever 의 미인데 여기와 같이 단순히 who 의 의미로 쓰이기도 한다.
3. ἔλαβον: '(그들이) 받았다, 취하였다'; ἐ + λαβ + ον; 2:17 참고.
4. μίαν ὥραν: '한 시간 동안'; 시간(또는 측량)의 목적격.

계 17:13

13
οὗτος
대지시.주.남복
εἷς
형기수.목.여단
γνώμη
명.목.여단
ἔχω
동직.현능.3복
καί
접.등
ὁ
관.목.여단
δύναμις
명.목.여단
καί
접.등
ἐξουσία
명.목.여단
αὐτός
대인칭.소.남복
ὁ
관.여.중단
θηρίον
명.여.중단
δίδωμι
동직.현능.3복

οὗτοι μίαν γνώμην ἔχουσιν καὶ τὴν δύναμιν καὶ ἐξουσίαν αὐτῶν τῷ θηρίῳ διδόασιν.

    이들은 한 뜻을 가지고 그들의 능력과 권세를 짐승에게 주게 된다.

οὗτοι[1]
이들은 These
  μίαν γνώμην[2]
  하나의 뜻/목적을 one purpose
ἔχουσιν[3]
가지고 have
  καὶ τὴν δύναμιν
  능력과 and ~ power

καὶ ἐξουσίαν
권세를 and authority
  αὐτῶν
  그들의 their
  τῷ θηρίῳ
  짐승에게 to the beast.
διδόασιν.[4]
준다/주게 된다. they will give over

1. οὗτοι: '이들은'. 지시대명사 οὗτοι의 사용은 강조의 목적이 있을 것이다.
2. γνώμην: γνώμη(뜻, 목적, 의견) < γινώσκω(알다) > γνωρίζω(알게 하다), γνῶσις(지식), γνώστης(전 문가, 숙련인), γνωστός(알려진).
3. ἔχουσιν: 진행되는 것에 대해 알려주는 묘사적(descriptive) 현재, 또는 사건의 생생함을 강조하는(요 한의 시점에서) 역사적(historical) 현재라 할 수 있다.
4. διδόασιν: '(그들이) 준다'. δίδωμι(주다)의 현재 변화 δίδωμι, δίδως, δίδωσι(sg); δίδομεν, δίδοτε, διδόασι(pl).

계 17:14

οὗτοι μετὰ τοῦ ἀρνίου πολεμήσουσιν καὶ τὸ ἀρνίον νικήσει αὐτούς, ὅτι
κύριος κυρίων ἐστὶν καὶ βασιλεὺς βασιλέων καὶ οἱ μετ' αὐτοῦ κλητοὶ καὶ
ἐκλεκτοὶ καὶ πιστοί.

> 이들은 어린 양과 더불어 전쟁을 할 것이고 어린 양은 그들을 이기실 것이다. 그는 주(들) 중의 주시며 왕
> (들) 중의 왕이시기 때문이다. 그와 함께 부르심을 받고 택하심을 받은 신실한 자들도 그리할 것이다."

οὗτοι[1]
이들은 These

　　μετὰ τοῦ ἀρνίου
　　어린 양과 더불어 against the Lamb,

　　πολεμήσουσιν[2]
　　전쟁을 할 것이고 will wage war

καὶ τὸ ἀρνίον
어린 양은 and the Lamb

　　νικήσει[3]
　　승리하실/이기실 것이다. will overcome

　　　αὐτούς,
　　　그들을 them,

ὅτι[4]
~ 때문이다. for

　　κύριος
　　주/주님, Lord

　　　κυρίων[5]
　　　주 중의/주들의 of lords

ἐστὶν
~이시기 he is

　　καὶ βασιλεὺς
　　왕~ and King

　　βασιλέων
　　왕 중의/왕들의 of kings,

καὶ οἱ[6]
~ 자들도 (~ 승리할 것이다.)" and those

　　μετ' αὐτοῦ[7]
　　그와 함께 will be with him

κλητοὶ
부르심을 받고 who are called

καὶ ἐκλεκτοὶ[8]
택하심/뽑힘을 받고 and chosen

καὶ πιστοί.
신실한 ~ and faithful

---

1. οὗτοι: 지시대명사 οὗτοι(이들은)가 13절에 이어 반복된다.
2. πολεμήσουσιν: '(그들이) 전쟁을 할 것이다'; πολεμέ + σουσι(ν).
3. νικήσει: '(그가) 이길 것이다'; νικά + σει.
4. ὅτι: 이유('때문에')의 ὅτι 부사절.
5. κύριος κυρίων ... καὶ βασιλεὺς βασιλέων: '주들 가운데 주, 그리고 왕들 가운데 왕'(17:14; 19:16); cf.
   '왕중의 왕'(LXX 스 7:12; 겔 26:7; 단 2:37; 3:2; 4:37). Wallace는 소유격 κυρίων, βασιλέων을 탁월
   성(par excellence)의 소유격이라 부르기도 한다(Wallace, 103, 298).
6. οἱ ... κλητοὶ: '부르심을 받은 자들'. κλητός(불리운, called) < καλέω(부르다) > κλῆσις(부름, 소명).
7. μετ' αὐτοῦ: '그와 함께'; μετά(with) + αὐτοῦ(him).
8. ἐκλεκτοὶ: '선택된 자들'. ἐκλεκτός(선택된) < ἐκλέγω(선택하다) > ἐκλογή(선택, 선택된 존재).

계 17:15

Καὶ λέγει μοι· τὰ ὕδατα ἃ εἶδες οὗ ἡ πόρνη κάθηται, λαοὶ καὶ ὄχλοι εἰσὶν
καὶ ἔθνη καὶ γλῶσσαι.

> 또 그가 내게 말하였다. "그대가 본, 음녀가 앉은 물(들)은 백성들과 무리들과 민족들과 언어들이다."

Καὶ λέγει
또 그(그 천사)가 ~ 말하였다. And he said

μοι·
내게 to me,

τὰ ὕδατα
물(들)은 "The waters

ἃ εἶδες[1]
"그대가 본 that you saw,

οὗ[2] ἡ πόρνη
음녀가 where the harlot

κάθηται,
앉은 sits,

λαοὶ
백성들과 peoples

καὶ ὄχλοι
무리들과 and multitudes

εἰσὶν[3]
~이다. are

καὶ ἔθνη
민족들/나라들과 and nations

καὶ γλῶσσαι.
언어들~ and tongues.

---

1. ἃ εἶδες: '네가 본'. 관계대명사 남복 주격 ἃ는 (물들)을 선행사로 하는 형용사절을 이끈다.
2. οὗ: 소유격 관계대명사 οὗ는 'where'(~곳에) 또는 'whither'(~곳으로) 의미의 부사적으로 쓰일 수 있다(Thayer).
3. εἰσὶν: εἰμί(be)의 3복 εἰσὶν은 앞의 '백성들과 무리들', 뒤의 '민족들과 언어들'의 술어가 된다.

계 17:16

καὶ τὰ δέκα κέρατα ἃ εἶδες καὶ τὸ θηρίον οὗτοι μισήσουσιν τὴν πόρνην
καὶ ἠρημωμένην ποιήσουσιν αὐτὴν καὶ γυμνὴν καὶ τὰς σάρκας αὐτῆς
φάγονται καὶ αὐτὴν κατακαύσουσιν ἐν πυρί.

또 그대가 본 열 뿔과 짐승은 그 음녀를 미워할 것이고 그녀를 파멸시키고 벌거벗게 하고 그녀의 살(들)을 먹을 것이고 그녀를 불로 태울 것이다.

καὶ τὰ δέκα κέρατα
또 ~ 열 뿔과 And the ten horns

ἃ εἶδες[1]
그대가 본 that you saw,

καὶ τὸ θηρίον
짐승, and the beast,

οὗτοι[2]
즉 이들은 these

μισήσουσιν[3]
미워할 것이고 will hate

τὴν πόρνην
그 음녀를 the harlot

καὶ ἠρημωμένην[4]
황폐하게/파멸되게 and ~ desolate

ποιήσουσιν[5]
만들/할 것이다. make

αὐτὴν
그녀를 her

καὶ γυμνὴν[6-7]
또 벌거벗게 and naked,

καὶ τὰς σάρκας[8]
또 ~ 살(들)을 and ~ flesh

αὐτῆς
그녀의 her

φάγονται[9]
먹고/먹을 것이고 devour

καὶ αὐτὴν
그녀를 and ~ her

κατακαύσουσιν[10]
태울 것이다. will burn ~ up

ἐν πυρί.
불로 with fire,

---

1. ἃ εἶδες: 12, 15, 16절에 반복된 어구.
2. οὗτοι: 병치된 지시대명사 οὗτοι는 열 뿔과 짐승을 가리키는 대명사로 보는 것이 타당하다. 13, 14절의 οὗτοι와 관련될 것이다.

ὅς
대관계.목.중복
ὁράω
동직.과능.2단
ὅς
부
ὁ
관.주.여단
πόρνη
명.주.여단
κάθημαι
동직.현능.3단
λαός
명.주.남복
καί
접.등
ὄχλος
명.주.남복
εἰμί
동직.현능.3복
καί
접.등
ἔθνος
명.주.중복
καί
접.등
γλῶσσα
명.주.여복

16
καί
접.등
ὁ
관.주.중복
δέκα
형기수
κέρας
명.주.중복
ὅς
대관계.목.중복
ὁράω
동직.과능.2단
καί
접.등
ὁ
관.주.중단
θηρίον
명.주.중단
οὗτος
대지시.주.남복
μισέω
동직.미능.3복
ὁ
관.목.여단
πόρνη
명.목.여단
καί
접.등
ἐρημόω
동분.완수.목.여단
ποιέω
동직.미능.3복
αὐτός
대인칭.목.여단
καί
접.등
γυμνός
형일반.목.여단
καί
접.등
ὁ
관.목.여복
σάρξ
명.목.여복
αὐτός
대인칭.소.여단
ἐσθίω
동직.미중.3복

3. μισήσουσιν: '(그들이) 미워할 것이다'; μισέ + σουσιν.
4. ἠρημωμένην: '황폐하게'; 현재완료 분사 ἠρημωμένην = ἐ + ἐρημο + (ω) + μένην. ἐρημόω(황량하게 만들다, 초토화하다)는 NT에서 수동태('황량해지다')로 쓰인다(Friberg). 계시록에는 세 번 (17:16; 18:17, 19) 나온다. ἐρημόω(황량하게 하다) < ἔρημος(황량한, 광야), ἐρημία(황량한 곳, 광야) > ἐρήμωσις(황량함, 멸망).
5. ποιήσουσιν: 타동사 ποιήσουσιν(행할/만들 것이다; ποιέ + σουσι[ν])은 ἠρημωμένην과 αὐτὴν 등을 목적어로 취한다.
6. ἠρημωμένην ... καὶ γυμνὴν: ποιήσουσιν은 αὐτὴν(그녀를)을 목적어로, ἠρημωμένην ... καὶ γυμνὴν을 목적격 보어로 취하고 있다. 이중(double) 목적격이라 할 수 있다.
7. γυμνὴν: '벌거벗게'; 3:17 참고.
8. σάρκας: '살을'. 3변화 σάρξ(살, flesh), σαρκός, σαρκί, σάρκα(sg); σάρκες, σαρκῶν, σαρξί(ν), σάρκας(pl). σάρξ > σαρκικός(살/육체를 가진/속한), σάρκινος(살로 된, 세상적인, 몸에 속한).
9. φάγονται: '(그들이) 먹을 것이다'. ἐσθίω(먹다)의 미래 어간 또한 부정과거(ἔφαγον = ἐ + φαγ + ον)와 같이 φαγ이다. 미래에서 이태동사가 된다(φάγομαι). φάγος(먹기를 탐하는 자, 게걸스러운 자).
10. κατακαύσουσιν: '(그들이) 태울 것이다'; κατακαυ + σουσιν. κατακαίω(완전히 태우다, 전소하다)의 미래는 κατακαύσω.

계 17:17

ὁ γὰρ θεὸς ἔδωκεν εἰς τὰς καρδίας αὐτῶν ποιῆσαι τὴν γνώμην αὐτοῦ καὶ ποιῆσαι μίαν γνώμην καὶ δοῦναι τὴν βασιλείαν αὐτῶν τῷ θηρίῳ ἄχρι τελεσθήσονται οἱ λόγοι τοῦ θεοῦ.

하나님께서, 하나님의 말씀들이 이뤄질 때까지, 그의 뜻을 행하는 것과 한 가지 뜻을 행하는 것과 그들의 나라를 그 짐승에게 주는 것을 그들의 마음에 (허락해) 주셨기 때문이다.

ὁ γὰρ[1] θεὸς
왜냐하면 하나님께서 for God
  ἔδωκεν[2]
  주셨기 때문이다. has put it
    εἰς τὰς καρδίας
    마음에 into ~ hearts
      αὐτῶν
      그들의 their
    ποιῆσαι[3-4]
    행하려는 것(마음)과 to execute
      τὴν γνώμην
      뜻을 purpose
      αὐτοῦ
      그의 his
    καὶ ποιῆσαι
    행하는 것(마음)과 and to do
      μίαν γνώμην[5]
      한 가지 뜻을/뜻으로 with one mind

καὶ δοῦναι[6]
주는 것(마음)을 and to give over
  τὴν βασιλείαν
  나라/왕국을 kingdm
    αὐτῶν
    그들의 their
    τῷ θηρίῳ
    그 짐승에게 to the beast,
  ἄχρι[7]
  ~ 때까지 until
    τελεσθήσονται
    이뤄질 are fulfilled
    οἱ λόγοι
    말씀(들)이 the words
    τοῦ θεοῦ.
    하나님의 of God

1. γὰρ: 이유(For)의 등위 접속사로 16절의 근거가 된다.

καί
접 등
αὐτός
대인칭 목 여단
κατακαίω
동직.미능.3복
ἐν
전 여
πῦρ
명 여중단

17
ὁ
관주남단
γάρ
접 등
θεός
명주남단
δίδωμι
동직.과능.3단
εἰς
전 목
ὁ
관목 여복
καρδία
명목 여복
αὐτός
대인칭 소 남복
ποιέω
동부 과능
ὁ
관목 여단
γνώμη
명목 여단
αὐτός
대인칭 소 남단
καί
접 등
ποιέω
동부 과능
εἰς
형기수 목 여단
γνώμη
명 목 여단
καί
접 등
δίδωμι
동부 과능
ὁ
관목 여단
βασιλεία
명 목 여단
αὐτός
대인칭 소 남복
ὁ
관여 중단
θηρίον
명 여.중단

<table>
<tr><td>

ἄχρι
접 종
τελέω
동직.미수.3복
ὁ
관 주 남복
λόγος
명 추 남복
ὁ
관 소 남단
θεός
명 소 남단

</td><td>

2. ἔδωκεν: '(그가) 주셨다'; 2:7 참고.

3. ποιῆσαι ... ποιῆσαι ... δοῦναι: 세 개의 부정사는 모두 ἔδωκεν의 직접 목적어로 열거된다.

4. ποιῆσαι: '행하는 것'; ποιέ + σαι.

5. γνώμην: '뜻을'; 13절 참고.

6. δοῦναι: '주는 것'; δίδωμι(주다)의 부정과거 부정사.

7. ἄχρι τελεσθήσονται: '(그것들이) 이뤄질 때까지'. ἄχρι(until) 다음에 술어가 올 때, 주로 부정과 거 가정법(7:3; 15:8; 20:3, 5)이 오지만 때로는 미래 동사(17:17)가 온다(Thayer). τελεσθήσονται = τελε(τελέω) + θήσονται(미래 수동 3복); 10:7 참고.

</td></tr>
</table>

계 17:18

<table>
<tr><td>

18
καί
접 동
ὁ
관 주 여단
γυνή
명 주 여단
ὅς
대관계.목.여단
ὁράω
동직.과능.2단
εἰμί
동직.현능.3단
ὁ
관 주 여단
πόλις
명 주 여단
ὁ
관 주 여단
μέγας
형일반.주 여단
ὁ
관 주 여단
ἔχω
동분.현능.주여단
βασιλεία
명 목.여단
ἐπί
전 소
ὁ
관 소 남복
βασιλεύς
명 소 남복
ὁ
관 소 여단
γῆ
명 소 여단

</td><td>

καὶ ἡ γυνὴ ἣν εἶδες ἔστιν ἡ πόλις ἡ μεγάλη ἡ ἔχουσα βασιλείαν ἐπὶ τῶν βασιλέων τῆς γῆς.

그리고 그대가 본 여인은 땅의 나라(들) 위에 왕권을 가지고 있는 큰 성(도시)이다."

──────

καὶ ἡ γυνὴ
그리고 ~ 그 여인은 And the woman
  ἣν εἶδες[1]
  그대가 본 that you saw
  ἔστιν
  ~이다." is
    ἡ πόλις
    도시/도성~ the ~ city
      ἡ μεγάλη
      큰 great

ἡ ἔχουσα[2]
가지고 있는 that has
  βασιλείαν
  왕권을 dominion
    ἐπὶ τῶν βασιλέων[3]
    나라/왕국들 위에(을 다스리는)
    over the kings
      τῆς γῆς.
      땅의 of the earth. "

──────

1. ἣν εἶδες: '네가 본'. 관계대명사 여단 목적격 ἣν 구문은 ἡ γυνὴ(그 여인)를 선행사로 한다.

2. ἡ ἔχουσα: '가지고 있는'. 독립적 용법의 분사 구문은 ἡ πόλις(도시)를 수식한다.

3. ἐπὶ τῶν βασιλέων: '왕들을 (다스리는)'(over the kings).

</td></tr>
</table>

계 18:1

Μετὰ ταῦτα εἶδον ἄλλον ἄγγελον καταβαίνοντα ἐκ τοῦ οὐρανοῦ ἔχοντα
ἐξουσίαν μεγάλην, καὶ ἡ γῆ ἐφωτίσθη ἐκ τῆς δόξης αὐτοῦ.

이 일(들) 후에 나는 큰 권세를 가지고 하늘에서 내려오는 다른 천사를 보았다. 땅이 그의 영광으로 환해
졌다(밝아졌다).

Μετὰ ταῦτα[1]
이 일(들) 후에 After this
εἶδον
나는 ~ 보았다. I saw
ἄλλον ἄγγελον
다른 천사를 another angel
καταβαίνοντα[2]
내려오는 coming down
ἐκ τοῦ οὐρανοῦ
하늘에서 from heaven,
ἔχοντα[3]
가지고 having

ἐξουσίαν
권세를 authority,
μεγάλην,
큰 great
καὶ ἡ γῆ
그러자 땅이 and the earth
ἐφωτίσθη[4]
환해졌다/밝아졌다. was illumined
ἐκ τῆς δόξης[5]
영광으로 with ~ glory.
αὐτοῦ.
그의 his

1. Μετὰ ταῦτα: '이 일(들) 후에'(1:19; 4:1; 7:9; 9:12; 15:5; 18:1; 19:1; 20:3).
2. καταβαίνοντα: '내려오는'(10:1; 18:1; 20:1); κατα + βαίν + οντα.
3. καταβαίνοντα ... ἔχοντα: 관형적(adjectival) 또는 한정적(attributive) 역할의 두 개의 병치된 분사는 ἄλλον ἄγγελον(다른 천사)를 부연한다.
4. ἐφωτίσθη: '밝아졌다'; ἐ = φωτίζ + θη. φωτίζω(빛을 주다, 밝히다) < φῶς(빛) > φωστήρ(발광체, 빛), φωσφόρος(빛을 주는/전달하는), φωτεινός(빛나는, 밝은), φωτισμός(비추는 일, 발광); 요일 2:8, φαίνω(비추다, 나타나게 하다) 참조.
5. ἐκ τῆς δόξης: '영광으로/때문에'. ἐκ이 수동태 동사(ἐφωτίσθη)와 함께 쓰일 때 이유(cause)의 의미('~때문에')로 쓰일 수 있다(Thayer; NIV, 'by his splendor'; cf. 2:11; 19:21). 또는 수단(means)의 소유격('~으로') 볼 수 있다(ESV; NAS; RSV; KJV, 'with his glory').

계 18:2

καὶ ἔκραξεν ἐν ἰσχυρᾷ φωνῇ λέγων· ἔπεσεν ἔπεσεν Βαβυλὼν ἡ μεγάλη,
καὶ ἐγένετο κατοικητήριον δαιμονίων καὶ φυλακὴ παντὸς πνεύματος
ἀκαθάρτου καὶ φυλακὴ παντὸς ὀρνέου ἀκαθάρτου [καὶ φυλακὴ παντὸς
θηρίου ἀκαθάρτου] καὶ μεμισημένου,

φωνή
영어.여단
λέγω
동분.현능주.남단
πίπτω
동직.과능.3단
πίπτω
동직.과능.3단
Βαβυλών
명.주.여단
ὁ
관.주.여단
μέγας
형일반.주.여단
καί
접.등
γίνομαι
동직.과중.3단
κατοικητήριον
명.주.중단
δαιμόνιον
명.소.중복
καί
접.등
φυλακή
명.주.여단
πᾶς
형부정.소.중단
πνεῦμα
명.소.중단
ἀκάθαρτος
형일반.소.중단
καί
접.등
φυλακή
명.주.여단
πᾶς
형부정.소.중단
ὄρνεον
명.소.중단
ἀκάθαρτος
형일반.소.중단
καί
접.등
φυλακή
명.주.여단
πᾶς
형부정.소.중단
θηρίον
명.소.중단
ἀκάθαρτος
형일반.소.중단
καί
접.등
μισέω
동분.완수.소중단

그가 힘찬 소리로 외치며 말하였다. "무너졌다. 무너졌다. 큰 바벨론이(여). 귀신들의 거주지와 각종 더러운 영의 소굴과 각종 더러운 새들의 소굴과 각종 더럽고 불쾌한 짐승의 소굴이 되었다.

καὶ ἔκραξεν[1]
그리고 ~ 외쳤다. And he cried out
ἐν ἰσχυρᾷ[2] φωνῇ
힘찬 소리로/힘 있는 소리로 with a mighty voice,
λέγων·[3]
말하며 saying,
ἔπεσεν[4]
"무너졌다. "Fallen,
ἔπεσεν
무너졌다. fallen
Βαβυλὼν
바벨론이 is Babylon
ἡ μεγάλη,
큰 the great!
καὶ ἐγένετο[5]
또 ~ 되었다. And she has become
κατοικητήριον
거주지와 a dwelling place
δαιμονίων
귀신들의 for demons,

καὶ φυλακὴ
감옥/소굴과 a prison
παντὸς πνεύματος
각종 ~ 영의 for every ~ spirit,
ἀκαθάρτου
더러운 unclean
καὶ φυλακὴ
감옥/소굴이 a prison
παντὸς ὀρνέου[6]
각종 ~ 새들의 of every ~ bird
ἀκαθάρτου
더러운/더럽고 unclean
[καὶ φυλακὴ[7]
[감옥/소굴이 ~ [a prison
παντὸς θηρίου
각종 ~ 짐승의 of every ~ animal.
ἀκαθάρτου]
더럽고] unclean]
καὶ μεμισημένου,[8]
불쾌한 hateful

1. ἔκραξεν: '외쳤다'; 6:10 참고.
2. ἰσχυρᾷ: ἰσχυρός(힘 있는); 5:2 참고.
3. λέγων: '말하여'; 주동사(ἔκραξεν)의 동작을 보조하는 상황의(circumstantial) 분사, 또는 중복 사용된 잉여의(redundant) 분사로 볼 수 있다(Wallace, 649). 직접화법을 소개한다.
4. ἔπεσεν ἔπεσεν Βαβυλὼν ἡ μεγάλη: '무너졌다, 무너졌다, 큰 바벨론이(여)'. 14:8의 반복인데 14:8이 예고 적이라면, 18:2는 결과적이다.
5. ἐγένετο κατοικητήριον: '거주지가 되었다'. κατοικητήριον(거주지) < κατοικέω(거주하다; 2:13 참고.
6. ὀρνέου: '새들의'. ὄρνεον(새)뿐 아니라 πετεινός(날 수 있는)와 πτηνός(날개를 가진)도 명사로 쓰일 때 '새'의 의미가 된다(LN).
7. [καὶ φυλακὴ παντὸς θηρίου ἀκαθάρτου]: '모든 더러운 짐승의 소굴이'. Metzger에 따르면, 사 13:21; 34:11의 암시와 관련되는 등, 맥락상 이 부분이 있는 것이 타당하다고 판단되지만, 주요 사본(א, 2053, 2080 등)에서 빠진 때문에 꺾쇠로 처리되었다고 한다(Metzger, 682-683).
8. μεμισημένου: '미워하게 된, 불쾌한'; με + μισε + μένου. μισέω(미워하다)의 현재완료(수) 분사 μεμισημένου는 미워하고 싫어하게 된 상태의 지속을 강조한다.

계 18:3

3
ὅτι
접.종
ἐκ
전.소
ὁ
관.소.남단
οἶνος
명.소.남단
ὁ
관.소.남단

ὅτι ἐκ τοῦ οἴνου τοῦ θυμοῦ τῆς πορνείας αὐτῆς πέπωκαν πάντα τὰ ἔθνη καὶ οἱ βασιλεῖς τῆς γῆς μετ' αὐτῆς ἐπόρνευσαν καὶ οἱ ἔμποροι τῆς γῆς ἐκ τῆς δυνάμεως τοῦ στρήνους αὐτῆς ἐπλούτησαν.

모든 민족(열방)이 그녀의 음행의 분노의 포도주를 마셨고 땅의 왕들이 그녀와 함께 음행하였고 땅의 상 인들이 그녀의 사치의 힘으로 부자가 되었기 때문이다."

ὅτι[1]
~ 때문이다. For

ἐκ τοῦ οἴνου[2]
포도주를/로 인해 the wine

τοῦ θυμοῦ
분노/열정의 of the fury/ passion

τῆς πορνείας
음행/음란의 of ~ sexual immorality,

αὐτῆς
그녀의 her

πέπωκαν[3]
마셨고 have drunk

πάντα τὰ ἔθνη[4]
모든 민족/나라가 all nations

καὶ οἱ βασιλεῖς
왕들이 and the kings

τῆς γῆς
땅의 of the earth

μετ' αὐτῆς[5]
그녀와 함께 with her,

ἐπόρνευσαν[6]
음행/간음하였고 have committed immorality

καὶ οἱ ἔμποροι[7]
상인들이 and the merchants

τῆς γῆς
땅의 of the earth

ἐκ τῆς δυνάμεως[8]
힘/과도함으로 인해 from the power

τοῦ στρήνους[9]
사치/육욕의 of ~ wantonness

αὐτῆς
그녀의 her

ἐπλούτησαν.[10]
치부했기/부자가 되었기 ~ have grown rich

1. ὅτι: 이유(원인)의 ὅτι 부사절. 3절이 2절의 근거가 된다.
2. ἐκ τοῦ οἴνου: '포도주를'(the wine, ESV/RSV; of the wine, NAS/KJV), '포도주로 인해'(as a result of the wine, Zerwick).
3. πέπωκαν: '마셨다'; πίνω(마시다)의 현재완료(πέπωκα) 3복. 지속적(반복적, iterative) 상태를 부각할 것이다.
4. πάντα τὰ ἔθνη: '모든 민족, 열방(이)'; 11:18 참고.
5. μετ' αὐτῆς: '그녀와 함께'; μετά + αὐτῆς.
6. ἐπόρνευσαν: '(그들이) 음행하였다'; 2:14 참고.
7. οἱ ἔμποροι: '상인들이'. ἔμπορος(상인) > ἐμπορεύομαι(장사/사업하러 다니다), ἐμπορία(장사, 교역, 물품), ἐμπόριον(장사하는 곳, 상점, emporium).
8. ἐκ τῆς δυνάμεως: 이유(cause)의 ἐκ(~로 인해, ~ 때문에)로 ἐπλούτησαν(치부하였다)의 근거가 된다 (cf. Thayer).
9. στρήνους: '사치의'. 3변화 στρῆνος(사치)의 소유격. στρῆνος는 '육욕과 정욕대로 절제 없이 사는 것'(LN)이다. 3변화 στρῆνος는 중성으로 -ος, -ους, -ει, -ος(sg); -η, -ῶν, -εσι(ν), -η(pl)의 변화를 가진다.
10. ἐπλούτησαν: '부자가 되었다, 치부하였다'; ἐ + πλουτε + σαν. πλουτέω(부유하다), 2:9 참고.

계 18:4

Καὶ ἤκουσα ἄλλην φωνὴν ἐκ τοῦ οὐρανοῦ λέγουσαν· ἐξέλθατε ὁ λαός μου ἐξ αὐτῆς ἵνα μὴ συγκοινωνήσητε ταῖς ἁμαρτίαις αὐτῆς, καὶ ἐκ τῶν πληγῶν αὐτῆς ἵνα μὴ λάβητε,

또 내가 하늘에서 나서 말하는 다른 소리를 들었다. "나의 백성아, 그녀의 죄(들)에 동참하지 않기 위해, 또 그녀의 재앙을 받지 않기 위해, 그녀에게서 나오라.

θυμός
명.소.남단
ὁ
관.소.여단
πορνεία
명.소.여단
αὐτός
대인칭.소.여단
πίνω
동직.완능.3복
πᾶς
형부정.주.중복
ὁ
관.주.중복
ἔθνος
명.주.중복
καί
접.등
ὁ
관.주.남복
βασιλεύς
명.주.남복
ὁ
관.소.여단
γῆ
명.소.여단
μετά
전.소
αὐτός
대인칭.소.여단
πορνεύω
동직.과능.3복
καί
접.등
ὁ
관.주.남복
ἔμπορος
명.주.남복
ὁ
관.소.여단
γῆ
명.소.여단
ἐκ
전.소
ὁ
관.소.여단
δύναμις
명.소.여단
ὁ
관.소.중단
στρῆνος
명.소.중단
αὐτός
대인칭.소.여단
πλουτέω
동직.과능.3복

4
καί
접.등
ἀκούω
동직.과능.1단
ἄλλος
형부정.목.여단
φωνή
명.목.여단
ἐκ
전.소
ὁ
관.소.남단

οὐρανός
명.소.남단
λέγω
동분.현능.목.여단
ἐξέρχομαι
동명.과능.2복
ὁ
관.주.남단
λαός
명.주.남단
ἐγώ
대인칭.소.-단
ἐκ
전.소
αὐτός
대인칭.소.여단
ἵνα
접.종
μή
조사
συγκοινωνέω
동가.과능.2복
ὁ
관.여.복
ἁμαρτία
명.여.여복
αὐτός
대인칭.소.여단
καί
접.등
ἐκ
전.소
ὁ
관.소.여복
πληγή
명.소.여복
αὐτός
대인칭.소.여단
ἵνα
접.종
μή
조사
λαμβάνω
동가.과능.2복

Καὶ ἤκουσα[1] 또 내가 ~ 들었다. And I heard	ἐξ αὐτῆς[4] 그녀(바벨론)로부터 out of her,
ἄλλην φωνὴν 다른 소리를/음성을 another voice	ἵνα μὴ συγκοινωνήσητε[5] 동참/참여하지 않기 위해 lest you take part
ἐκ τοῦ οὐρανοῦ 하늘에서 나는 from heaven	ταῖς ἁμαρτίαις[6] 죄(들)에 in ~ sins,
λέγουσαν.[2] 말하는 saying,	αὐτῆς, 그녀의 her
ἐξέλθατε[3] 나오라. "Come	καὶ ἐκ τῶν πληγῶν[7] 또 ~ 재앙/재난을 and ~ of ~ plagues,
ὁ λαός 백성아. people,	αὐτῆς 그녀의(그녀가 받을) her
μου "내/나의 my	ἵνα μὴ λάβητε,[8] 받지 않기 위해 lest you receive

1. ἤκουσα ... φωνὴν: ἤκουσα(들었다)가 목적격(φωνὴν)을 취한 경우이다. 소유격(φωνῆς)도 취할 수 있다(예, 16:1).
2. λέγουσαν: '말하는/말하고 있는 (것을)'. 현재분사 여단 목적격 λέγουσαν은 φωνὴν(소리를)의 술어이다.
3. ἐξέλθατε: '(너희는) 나오라'. 합성어 ἐξέρχομαι(나가다; ἐκ + ἔρχομαι)의 부정과거 명령법 2복. ἐξέλθατε = ἐξέλθ(ἐκ + ελθ) + ατε. 본래 제2부정과거 어간(ἐξέλθ) + 현재 어미(ετε)를 가지지만 어미가 부정과거 명령법 어미처럼(σατε) 변한 경우이다. 성경에는 오히려 ἐξέλθατε(13회, LXX 창 19:14; 출 12:31; 고후 6:17 등)가 ἐξέλθετε(2회, LXX 느 8:15; 단 3:93)보다 많이 나온다. 부정과거 직설법 ἐξῆλθον(70회) vs. ἐξῆλθαν(7회).
4. ἐξ αὐτῆς: '그녀로부터'; ἐκ(out of) + αὐτῆς. ἐκ는 모음으로 시작되는 단어 앞에서 ἐξ가 된다.
5. ἵνα μὴ συγκοινωνήσητε: '동참하지 않게'; 목적의 ἵνα 가정법(부사절). συγκοινωνέω(함께 교제하다, 동참하다) = συγ(σύν, together with) + κοινωνέω(교제하다, 나누다). συν이 κ- 앞에서 συγ이 된 것은 자음접변 현상이다. συγκοινωνός(동참자).
6. ταῖς ἁμαρτίαις: '죄(들)에'. συγκοινωνέω + 여격은 '~에 동참하다'이다(엡 5:11; 빌 4:14; 계 18:4).
7. ἐκ τῶν πληγῶν: '재앙들을/가운데 어떤 것도'. ἐκ + 명사/대명사 복수 소유격은 때로 '(명사/대명사들)로부터 나오는 어떤 것들'(some of those ...)을 뜻한다. 부정의 의미가 되면, '~ 어떤 것도'(any of ...)이다(cf. Zerwick).
8. ἵνα μὴ λάβητε: '(너희가) 받지 않기 위해서'; 목적의 ἵνα 가정법(부사절). λάβητε = λάβ(< λαμβάνω) + ητε(2복).

계 18:5

5
ὅτι
접.종
κολλάω
동직.과수.3복
αὐτός
대인칭.소.여단
ὁ
관.주.여복
ἁμαρτία
명.주.여복
ἄχρι
전.소
ὁ
관.소.남단
οὐρανός
명.소.남단
καί
접.등

ὅτι ἐκολλήθησαν αὐτῆς αἱ ἁμαρτίαι ἄχρι τοῦ οὐρανοῦ καὶ ἐμνημόνευσεν ὁ θεὸς τὰ ἀδικήματα αὐτῆς.

그녀의 죄(들)가 하늘에까지 닿았고 하나님께서 그녀의 불의한 것들을 기억하셨다(기억하셨기 때문이다).

ὅτι[1] 왜냐하면 ~ 때문이다. For	αἱ ἁμαρτίαι 죄(들)가 sins
ἐκολλήθησαν 닿았고/사무쳤고 are piled up	ἄχρι τοῦ οὐρανοῦ[2] 하늘에까지 to heaven,
αὐτῆς 그녀의 her	καὶ ἐμνημόνευσεν[3] 또 ~ 기억하셨기 ~ and ~ has remembered

ὁ θεὸς
하나님께서 God
　　τὰ ἀδικήματα[4]
　　불의한 것(들)을 evil deeds/ iniquities.
　　αὐτῆς.
　　그녀의 her

1. ὅτι ἐκολλήθησαν: '닿았다(기 때문이다)'; ἐ + κολλά + θησαν. 이유의 문장을 이끄는 ὅτι 구문은 4절의 근거가 된다. κολλάω(붙이다, 달라붙다) > collage(콜라주, '붙이는 것').
2. ἄχρι τοῦ οὐρανοῦ: ἄχρι + 소유격은 시간일 때(2:10, 25; 12:11) '때까지'(until), 장소일 때 (14:20; 18:5) '에 이르기까지'(up to)의 의미이다.
3. ἐμνημόνευσεν: '기억하셨다'; ἐ + μνημονεύ + σε(ν); 2:5 참고.
4. τὰ ἀδικήματα: ἀδίκημα(비행, 악행) = ἀ(not) + δίκημα(< δίκη, 옳음, 공의, 심판), ἀδικέω(불의하게 행하다, 잘못하다), ἀδικία(부당, 불의), ἄδικος(부당한, 불의한), ἀδίκως(부당하게).

계 18:6

ἀπόδοτε αὐτῇ ὡς καὶ αὐτὴ ἀπέδωκεν καὶ διπλώσατε τὰ διπλᾶ κατὰ τὰ ἔργα αὐτῆς, ἐν τῷ ποτηρίῳ ᾧ ἐκέρασεν κεράσατε αὐτῇ διπλοῦν,

그녀가 준 것같이 그녀에게 주라. 그녀가 행한 것을 따라 갑절로 갚아라. 섞어 준 잔으로 그녀에게 갑절로 부어(섞어) 주라.

ἀπόδοτε[1]
주라. Pay ~ back
αὐτῇ
그녀에게 her
ὡς καὶ αὐτὴ
그녀가 ~ 같이/만큼 as she herself
ἀπέδωκεν[2]
준 것~ has paid back others,
καὶ διπλώσατε
또 ~ 갚아라. and repay her
τὰ διπλᾶ[3]
갑절/배로 double
κατὰ τὰ ἔργα[4]
일(행위)/행한 것을 따라 according to ~ deeds;

αὐτῆς,
그녀의 her
ἐν τῷ ποτηρίῳ
잔에 in the cup
ᾧ ἐκέρασεν[5]
섞어/부어 준 she mixed.
κεράσατε[6]
섞어/부어 주라. mix
αὐτῇ
그녀에게 for her
διπλοῦν,[7]
갑절/배로 a double portion

1. ἀπόδοτε: '주라/되갚으라'; ἀποδίδωμι의 부정과거 명령법 2복. ἀποδίδωμι(주다, 돌려주다, 되갚다, 보상하다) = ἀπό(back) + δίδωμι(주다). 부정과거 명령법 2단 ἀπόδος, 2복 ἀπόδοτε, 3단 ἀποδότω, 3복 ἀποδότωσαν.
2. ὡς καὶ αὐτὴ ἀπέδωκεν: 직역, '그녀 자신도 준(되갚은) 것처럼'. ἀπέδωκεν([그녀가] 주었다) < ἀπέδωκα([내가] 주었다).
3. διπλώσατε τὰ διπλᾶ: '두 배로 갚으라'. διπλόω 자체가 '두 배로 하다/만들다'(hapax legomenon)인데 τὰ διπλᾶ(두 배)를 목적어로 하는 '두 배로 갚다'는 말로 강조되었다.
4. κατὰ τὰ ἔργα: '행위(들)를 따라, 행한 대로'.
5. ᾧ ἐκέρασεν: 관계대명사 중단 여격 ᾧ는 중단 여격 ποτηρίῳ(잔)을 선행사로 하며 그 격을 따랐

다(attraction). ἐκέρασεν의 목적어이나 선행사를 따라(attracted) 여격으로 쓰였다(Wallace, 339). ἐκέρασεν(그가 섞었다) = ἐ + κέρα(κεράννυμι, 섞다의 어간) + σε(ν).

6. κεράσατε: '(너희는 섞으라'; κερά + σατε(부정과거 명령법 2복).

7. διπλοῦν: '두 배로'. 목적격(중단) 형용사 διπλοῦν이 부사적으로 사용되었다.

계 18:7

7
ὅσος
대관계.목.중복
δοξάζω
동직.과능.3단
αὐτός
대인칭.목.여단
καί
접.등
στρηνιάω
동직.과능.3단
τοσοῦτος
형지시.목.남단
δίδωμι
동명.과능.2복
αὐτός
대인칭.여.여단
βασανισμός
명.목.남단
καί
접.등
πένθος
명.목.중단
ὅτι
접.종
ἐν
전.여
ὁ
관.여.여단
καρδία
명.여.여단
αὐτός
대인칭.소.여단
λέγω
동직.현능.3단
ὅτι
접.종
κάθημαι
동직.현능.1단
βασίλισσα
명.주.여단
καί
접.등
χήρα
명.주.여단
οὐ
부
εἰμί
동직.현능.1단
καί
접.등
πένθος
명.목.중단
οὐ
부
μή
조사
ὁράω
동가.과능.1단

ὅσα ἐδόξασεν αὐτὴν καὶ ἐστρηνίασεν, τοσοῦτον δότε αὐτῇ βασανισμὸν καὶ πένθος. ὅτι ἐν τῇ καρδίᾳ αὐτῆς λέγει ὅτι κάθημαι βασίλισσα καὶ χήρα οὐκ εἰμὶ καὶ πένθος οὐ μὴ ἴδω.

자신을 영화롭게 하고 또 사치한 대로 그만큼 그녀에게 고통과 슬픔을 주라. 그녀가 그 마음에 '나는 여왕으로 앉아 있고 과부가 아니며 결코 슬픔을 알지 못한다'고 말하고 있기 때문이다.

ὅσα[1]
~ 것 만큼 As
 ἐδόξασεν
 영화롭게 했던 she glorified
  αὐτὴν
  그녀를/그녀 자신을 herself
 καὶ ἐστρηνίασεν,[2]
 또 사치했던/탐닉했던 and lived in luxury/ wantonness
  τοσοῦτον[3]
  그만큼 so (as much)
δότε[4]
주라. give
 αὐτῇ
 그녀에게 her
 βασανισμὸν[5]
 고통과 torment
 καὶ πένθος.[6]
 슬픔/애통함을 and mourning,
ὅτι[7]
~ 때문이다. for

ἐν τῇ καρδίᾳ
마음에 in ~ heart,
 αὐτῆς
 그녀의 her
λέγει
그녀가 말하고 있기 ~ she says
ὅτι
~라고 (that)
 κάθημαι
 나는 ~ 앉아 있고 'I sit
  βασίλισσα[8]
  여왕으로 as a queen
  καὶ χήρα[9]
  과부가 and ~ a widow,
 οὐκ εἰμὶ
 아니며 I am not
  καὶ πένθος
  슬픔/애통함을 and ~ mourning.'
 οὐ μὴ ἴδω.[10]
 결코 알지 못할 것이다~ will never see

---

1. ὅσα ἐδόξασεν αὐτὴν: '그녀가 자신을 영화롭게 한 것만큼'. ὅσα는 '~만큼 많이/크게'(as much/great as)이다; 1:2 참고. ἐδόξασεν = ἐ + δοξαζ + σεν.

2. ἐστρηνίασεν: '사치하였다(~였던'. στρηνιάω(사치하다, 방탕하다) < στρῆνος(과도한 힘/욕구, 사치, 방탕, 3절).

3. τοσοῦτον: '그만큼'; τοσοῦτος(이만큼/그만큼, so large/much/many) = τόσος(so great/much/ many) + οὗτος(지시대명사, '이것').

4. δότε: '주라'; δίδωμι(주다)의 부정과거 명령법 2복. 부정과거 명령법 2단 δός, 2복 δότε, 3단 δότω, 3복 δότωσαν. 6절의 ἀπόδοτε와 비교.

5. βασανισμὸν: '고통을'; 9:5 참고.

6. πένθος: '슬픔을'. 3변화 πένθος(슬픔, 애곡) πένθους, πένθει, πένθος(sg)는 단수만 쓰였다. πενθέω(슬퍼하다, 애곡하다).

7. ὅτι ... ὅτι: 전자는 이유(for)의 ὅτι 부사절이고, 후자는 명사절(that ...)을 이끄는 ὅτι로 λέγει의 목적어

이면서 직접화법을 이끈다.

8. βασίλισσα: '여왕(으로)'. βασίλισσα(여왕), βασιλεύς(왕); 1:5 참고.
9. χήρα: χήρα(과부), χῆρος(홀아비); LSJ.
10. οὐ μὴ ἴδω: '결코 알지 못할 것이다'. οὐ μὴ + 부정과거 가정법('결코 ~하지 않을 것이다'). ἴδω = ἰδ(< ὁράω) + ω.

계 18:8

διὰ τοῦτο ἐν μιᾷ ἡμέρᾳ ἥξουσιν αἱ πληγαὶ **αὐτῆς**, θάνατος καὶ πένθος καὶ λιμός, καὶ ἐν πυρὶ κατακαυθήσεται, ὅτι ἰσχυρὸς κύριος ὁ θεὸς ὁ κρίνας αὐτήν.

이 때문에 그녀의 재앙들, 즉 죽음과 슬픔과 굶주림이 하루만에 닥칠 것이다. 불로 태워질 것이다. 그녀를 심판하시는 주 하나님께서 강하시기 때문이다.

διὰ τοῦτο[1]
그러므로/이 때문에 For this reason

ἐν μιᾷ ἡμέρᾳ
하루에/하루 동안에 in one day,

ἥξουσιν[2]
올/닥칠 것이다. will come

αἱ πληγαὶ
재앙/재난(들), plagues

αὐτῆς,
그녀의 her

θάνατος
즉 죽음과 and death

καὶ πένθος
슬픔/애통함과 and mourning

καὶ λιμός,[3]
굶주림이 and famine,

καὶ ἐν πυρὶ
그리고 불로 and ~ wifh fire,

κατακαυθήσεται,[4]
태워질 것이다. she will be burned up

ὅτι[5]
왜냐하면 ~ 때문이다." for

ἰσχυρὸς
강하시기 ~ mighty is

κύριος ὁ θεὸς
주 하나님, the Lord God

ὁ κρίνας[6]
심판자/심판하시는 분은 who judges

αὐτήν.
그녀를 her."

---

1. διὰ τοῦτο: '그러므로/그 때문에'. 앞의 내용을 연결하는 추론의 의미를 가진다.
2. ἥξουσιν: '(그것들이) 올 것이다'; 2:25 참고.
3. λιμός: '굶주림, 기근'; 6:8 참고.
4. κατακαυθήσεται: '(그녀가) 태워질 것이다'; κατακαυ(< κατακαίω) + θήσεται(미래[수] 3단). 미래(수) 1단 κατακαυθήσομαι.
5. ὅτι: 이유(원인)의 ὅτι 부사절('~ 때문에').
6. ὁ κρίνας: '심판하시는 분/심판자'; 분사의 독립적 용법. 유음동사 κρίνω(심판/판단하다)는 부정과거에서 어미의 σ가 탈락한다. κρίνας = κρίν + σας.

계 18:9

Καὶ κλαύσουσιν καὶ κόψονται ἐπ᾽ αὐτὴν οἱ βασιλεῖς τῆς γῆς οἱ μετ᾽ αὐτῆς πορνεύσαντες καὶ στρηνιάσαντες, ὅταν βλέπωσιν τὸν καπνὸν τῆς πυρώσεως αὐτῆς,

---

8
διά
전.목
οὗτος
대지시.목.중단
ἐν
전.여
εἷς
형기수.여.여단
ἡμέρα
명.여.여단
ἥκω
동직.미능.3복
ὁ
관주.여복
πληγή
명.주.여복
αὐτός
대인칭.소.여단
θάνατος
명.주.남단
καί
접.등
πένθος
명.주.중단
καί
접.등
λιμός
명.주.여단/
명.주.남단
καί
접.등
ἐν
전.여
πῦρ
명.여.중단
κατακαίω
동직.미수.3단
ὅτι
접.종
ἰσχυρός
형일반.주.남단
κύριος
명.주.남단
ὁ
관.주.남단
θεός
명.주.남단
ὁ
관.주.남단
κρίνω
동분.과능.주.남단
αὐτός
대인칭.목.여단

9
καί
접.등
κλαίω
동직.미능.3복
καί
접.등

또한 그녀와 함께 음행하고 사치하던 땅의 왕들이 그녀를 불사르는 연기를 볼 때에 그녀를 위해 울며 슬퍼할(애곡할) 것이다.

κόπτω
동직.미중.3복
ἐπί
전.목
αὐτός
대인칭.목.여단
ὁ
관.주.남복
βασιλεύς
명.주.남복
ὁ
관.소.여단
γῆ
명.소.여단
ὁ
관.주.남복
μετά
전.소
αὐτός
대인칭.소.여단
πορνεύω
동분과능주남복
καί
접.등
στρηνιάω
동분과능주남복
ὅταν
접.종
βλέπω
동가.현능.3복
ὁ
관.목.남단
καπνός
명.목.남단
ὁ
관.소.여단
πύρωσις
명.소.여단
αὐτός
대인칭.소.여단

Καὶ κλαύσουσιν[1]
또한 ~ 울며/애곡하며 And ~ will weep

καὶ κόψονται[2]
(가슴을 치며) 슬퍼할 것이다. and mourn

ἐπ᾽ αὐτὴν[3]
그녀를 위해 over her.

οἱ βασιλεῖς
왕들 the kings

τῆς γῆς
땅의 of the earth,

οἱ[4]
즉 ~ 이들이 who

μετ᾽ αὐτῆς[5]
그녀와 함께 with her,

πορνεύσαντες
음행/간음하고 committed sexual immorality

καὶ στρηνιάσαντες,
사치하던/탐닉하던 ~ and lived sensously

ὅταν[6] βλέπωσιν
볼 때에 when they see

τὸν καπνὸν
연기를 the smoke

τῆς πυρώσεως[7]
태우는/불사르는 of ~ bruning,

αὐτῆς,
그녀를 her

---

1. κλαύσουσιν: '(그들이) 울 것이다'; 5:4 참고; κλαύ(< κλαίω) + σουσιν. 미래 1단 κλαύσω.
2. κόψονται: '슬퍼 가슴을 칠 것이다'; κόψονται = κόπ + σονται. κόπτω(잘라내다)의 미래 중간태 (κόψομαι)는 '슬픔의 표시로 가슴을 치다, 통곡하다'(Friberg).
3. ἐπ᾽ αὐτὴν: '그녀를 위해'(for her; KJV). '그녀에 대해'(over her; ESV, NAS, RSV, NIV)'; ἐπί + αὐτήν.
4. οἱ ... πορνεύσαντες καὶ στρηνιάσαντες: '음행하고 사치하던(사치한) 이들'. 병치된 독립적 용법의 분사는 οἱ βασιλεῖς(왕들)을 수식하며 보충하여 설명한다.
5. μετ᾽ αὐτῆς: '그녀와 함께'; μετά(with) + αὐτῆς.
6. ὅταν βλέπωσιν: '볼 때에'. ὅταν(ὅτε + ἄν) 가정법은 본래 'whenever'이지만 여기서는 'when'으로 쓰였다.
7. πυρώσεως: '불태움의, 불사르는'. πύρωσις(태움, 불사름) < πυρόω(불로 태우다) < πῦρ(불). 3변화 πύρωσις, πυρώσεως, πυρώσει, πύρωσιν(sg). 성경에 단수만 나온다.

계 18:10

10
ἀπό
전.소
μακρόθεν
부
ἵστημι
동분완능주남복
διά
전.목
ὁ
관.목.남단
φόβος
명.목.남단
ὁ
관.소.남단
βασανισμός
명.소.남단
αὐτός
대인칭.소.여단
λέγω
동분현능주남복
οὐαί
감탄
οὐαί
감탄

ἀπὸ μακρόθεν ἑστηκότες διὰ τὸν φόβον τοῦ βασανισμοῦ αὐτῆς λέγοντες· οὐαὶ οὐαί, ἡ πόλις ἡ μεγάλη, Βαβυλὼν ἡ πόλις ἡ ἰσχυρά, ὅτι μιᾷ ὥρᾳ ἦλθεν ἡ κρίσις σου.

그들이 그녀의(그녀가 당하는) 고통의 두려움 때문에 멀리 서서 말한다. '화가 있다. 화가 있다. 큰 성, 힘 있는 성 바벨론이여. 너의 심판이 일시간에 도래하였기 때문이다.'

ἀπὸ μακρόθεν[1]
멀리 떨어져 far off

ἑστηκότες[2]
서서 standing

διὰ τὸν φόβον
두려움 때문에 because of the fear

τοῦ βασανισμοῦ
고통의 of ~ torment,

αὐτῆς
그녀의/그녀가 당하는 her

λέγοντες·[3]
말하며 saying,

οὐαὶ οὐαί,[4]
"화가 있다/슬프다. 화가 있다/슬프다. "Woe, woe,

ἡ πόλις
도시/도성 the ~ city,

ἡ μεγάλη,
큰 great

Βαβυλὼν
바벨론 Babylon,

ἡ πόλις
도시여/도성이여 the ~ city,

ἡ ἰσχυρά,
힘 있는/견고한 mighty

ὅτι[5]
~ 때문이다." For

μιᾷ ὥρᾳ[6]
한 시간에/순간적으로 in one hour

ἦλθεν
왔기/도래했기 ~ has come."

ἡ κρίσις
심판이 judgment

σου.
너의 your

---

1. ἀπὸ μακρόθεν: '멀리 떨어져(서)'. ἀπὸ(away from); μακρόθεν(from afar, 멀리서) = μακρό(< μακρός, far) + θεν(from).
2. ἑστηκότες: '서서'. ἵστημι(서다)의 현재완료 분사는 서 있는 상태의 지속('서 있는 상태')을 부각할 것이다.
3. λέγοντες: '말하며'. 종속절의 서술적 역할을 하는 현재분사로 직접 화법을 이끈다.
4. οὐαὶ οὐαί, ἡ πόλις ἡ μεγάλη, Βαβυλὼν: '화 있다, 화 있다, 큰 도시 바벨론이여'; 8:13; 18:10, 16, 19 참고.
5. ὅτι: 이유-(원인)의 ὅτι 부사절('~ 때문이다').
6. μιᾷ ὥρᾳ: '한 시간에'. 시간의 여격은 특정한 때(point in time)를 강조한다(예, 마 24:44; 요 4:53; 계 11:13; Wallace, 156). 여기서 μιᾷ ὥρᾳ(한 시간에)는 한 시간이라는 기간(시간의 목적격의 경우)을 강조하기 보다는 한 시간처럼 짧게 느껴지는 그 (특정한) 때(시간의 여격), 어떤 일이 일어난다는 뜻이다(contra Thayer).

계 18:11

Καὶ οἱ ἔμποροι τῆς γῆς κλαίουσιν καὶ πενθοῦσιν ἐπ᾽ αὐτήν, ὅτι τὸν γόμον αὐτῶν οὐδεὶς ἀγοράζει οὐκέτι

땅의 상인들이 그녀를 위해 울고 슬퍼한다. 아무도 더 이상 그들의 물건(상품)을 살 사람이 없기 때문이다.

Καὶ οἱ ἔμποροι
또 상인들이 And the merchants

τῆς γῆς
땅의 of the earth

κλαίουσιν
울고 weep

καὶ πενθοῦσιν[1]
슬퍼하게 된다/될 것이다. and mourn

ἐπ᾽ αὐτήν,
그녀에 대해/를 위해 over/for her,

ὅτι[2]
~으므로 because

τὸν γόμον[3]
상품/물건을 cargo

αὐτῶν
그들의 their

οὐδεὶς[4]
아무도 ~ 사람이 없~ no one

ἀγοράζει
살 ~ buys

οὐκέτι[5]
더 이상 anymore,

---

1. κλαίουσιν καὶ πενθοῦσιν: '울며 슬퍼한다'. 확실성을 부각하는 미래적(futuristic) 현재이다. πενθοῦσιν = πενθέ + ουσι(ν). πενθέω(애도/애통하다), πένθος(애도/애곡하는; 7절 참고).

11
καί
접등
ὁ
관주남복
ἔμπορος
명주남복
ὁ
관소여단
γῆ
명소여단
κλαίω
동직 현능.3복
καί
접등
πενθέω
동직 현능.3복
ἐπί
전목
αὐτός
대인칭 목 여단
ὅτι
접종
ὁ
관목남단
γόμος
명목남단
αὐτός
대인칭.소 남복
οὐδείς
대부정 주 남단
ἀγοράζω
동직 현능.3단
οὐκέτι
부

2. ὅτι: 이유(원인)의 ὅτι 부사절('~ 때문이다').

3. γόμον: γόμος(화물, 짐) < γέμω(차다, 담다), γεμίζω(채우다).

4. οὐδείς: '아무도 ~ 않는다/없다'; 2:17 참고.

5. οὐδείς ... οὐκέτι: 두 개의 부정어는 부정을 더욱 강조한다. '누구도 더 이상 ~이 아니다'.

계 18:12

γόμον χρυσοῦ καὶ ἀργύρου καὶ λίθου τιμίου καὶ μαργαριτῶν καὶ βυσσίνου καὶ πορφύρας καὶ σιρικοῦ καὶ κοκκίνου, καὶ πᾶν ξύλον θύϊνον καὶ πᾶν σκεῦος ἐλεφάντινον καὶ πᾶν σκεῦος ἐκ ξύλου τιμιωτάτου καὶ χαλκοῦ καὶ σιδήρου καὶ μαρμάρου,

즉, 금, 은, 보석, 진주로 된 물건, 또 아마포, 자주색 옷감, 비단, 붉은 색 옷감, 또 각종 향 나무, 각종 상아 그릇, 또 값진 나무, 동, 철, 대리석으로 된 각종 그릇,

---

γόμον
즉 ~ 상품/물건을 cargo

χρυσοῦ[1]
금으로 되고 of gold,

καὶ ἀργύρου[2]
은으로 되고 and silver

καὶ λίθου[3]
~석(들)으로 되고 and ~ stones (jewels)

τιμίου
보~/귀한 precious

καὶ μαργαριτῶν[4]
진주(들)로 되고 and pearls

καὶ βυσσίνου[5]
또 부드러운 아마포와 and fine linen

καὶ πορφύρας[6]
자주색 옷/옷감과 and purple

καὶ σιρικοῦ[7]
비단과 and silk

καὶ κοκκίνου,[8]
붉은 색 옷/옷감의 and scarlet

καὶ πᾶν ξύλον
또한 각종 ~ 나무와 and every kind of ~ wood

θύϊνον[9]
향~/향이 나는 scented

καὶ πᾶν σκεῦος[10]
각종 ~ 제품/그릇과 and every article

ἐλεφάντινον[11]
상아/상아로 된 of ivory

καὶ πᾶν σκεῦος
각종 물건/그릇을 and every article

ἐκ ξύλου
나무로 되고 from ~ wood

τιμιωτάτου[12]
값진/귀한 costly

καὶ χαλκοῦ[13]
동과 and bronze

καὶ σιδήρου[14]
철과 and iron

καὶ μαρμάρου,[15]
대리석으로 된 and marble,

---

1. χρυσοῦ: χρυσός/χρυσίον(금) > χρύσεος(금으로 된), χρυσόω(금으로 단장하다). χρυσοῦ ~ κοκκίνου 등은 재료의(material) 소유격으로 분류된다(KMP, 94).

2. ἀργύρου: ἄργυρος(은, 은으로 된 것), ἀργύρεος(은의), ἀργύριον(은, 은전), ἀργυροκόπος(은 세공업자).

3. λίθου τιμίου: λίθος τίμιος(귀한 돌 > 보석; 17:4; 18:12, 16; 21:19; cf. 21:11).

4. μαργαριτῶν: μαργαρίτης(진주).

5. βυσσίνου: βύσσινος(고운 아마포, fine linen).

6. πορφύρας: πορφύρα(자주색 옷), πορφύρεος(자주색의), πορφυρόπωλις(자주[색 옷감] 장사).

7. σιρικοῦ: σιρικός(실크로 된, 비단).

8. κοκκίνου: κόκκινος(진홍색, 진홍색 옷); 17:3 참고.

9. θύϊνον: θύϊνος(향, 향이 나는).

12
γόμος
명 목 남단
χρυσός
명 소 남단
καί
접 등
ἄργυρος
명 소 남단
καί
접 등
λίθος
명 소 남단
τίμιος
형일반 소 남단
καί
접 등
μαργαρίτης
명 소 남복
καί
접 등
βύσσινος
형일반 소 중단
καί
접 등
πορφύρα
명 소 여단
καί
접 등
σιρικός
형일반 소 중단
καί
접 등
κόκκινος
형일반 소 중단
καί
접 등
πᾶς
형부정 목 중단
ξύλον
명 목 중단
θύϊνος
형일반 목 중단
καί
접 등
πᾶς
형부정 목 중단
σκεῦος
명 목 중단
ἐλεφάντινος
형일반 목 중단
καί
접 등
πᾶς
형부정 목 중단
σκεῦος
명 목 중단
ἐκ
전 소
ξύλον
명 소 중단
τίμιος
형일반 소 중단
καί
접 등
χαλκός
명 소 남단
καί
접 등
σίδηρος
명 소 남단

10. σκεῦος: σκεῦος(그릇), σκεύη(기구, 비품).

11. ἐλεφάντινον: ἐλεφάντινος(상아의) < ἐλέφας(코끼리, elephant).

12. τιμιωτάτου: τίμιος(귀한, 값비싼)의 최상급(τιμιώτατος), 비교급 τιμιώτερος.

13. χαλκοῦ: χαλκός(동으로 된, 동전) > χάλκεος(청동의), χαλκεύς(동 세공업자), χαλκίον(놋쇠 그릇), χαλκολίβανον(광택나는 청동).

14. σιδήρου: σίδηρος(철) > σιδήρεος(철로 된).

15. μαρμάρου: μάρμαρος(대리석, marble).

계 18:13

καὶ κιννάμωμον καὶ ἄμωμον καὶ θυμιάματα καὶ μύρον καὶ λίβανον καὶ οἶνον καὶ ἔλαιον καὶ σεμίδαλιν καὶ σῖτον καὶ κτήνη καὶ πρόβατα, καὶ ἵππων καὶ ῥεδῶν καὶ σωμάτων, καὶ ψυχὰς ἀνθρώπων.

또 계피, 향료, 향, 향유, 유향, 포도주, 올리브유, 고운 밀가루, 밀, 또 가축들, 양들, 말들, 수레들, 또 종들과 사람들의 혼(영혼)들이다.

καὶ κιννάμωμον 또 계피와 and cinnamon	καὶ σῖτον[4] 밀과 and wheat
καὶ ἄμωμον[1] 향료/향신료와 and spice	καὶ κτήνη 가축/소(들)와 and cattle
καὶ θυμιάματα 향과 and incense	καὶ πρόβατα, 양(들)과 and sheep
καὶ μύρον 향유와 and perfume	καὶ ἵππων[5] 말(들)과 and horses
καὶ λίβανον[2] 유향과 and frankincense	καὶ ῥεδῶν 수레(들)와 and chariots
καὶ οἶνον 포도주와 and wine	καὶ σωμάτων, 종/노예(들)와 and slaves
καὶ ἔλαιον[3] 올리브유/감람유와 and olive oil	καὶ ψυχὰς 목숨/영혼이다. and ~ souls.
καὶ σεμίδαλιν 고운 밀가루와 and fine flour	ἀνθρώπων.[6] 사람(들)의 human

---

1. κιννάμωμον καὶ ἄμωμον: κιννάμωμον(계피); ἄμωμον(인도의 향료, amomum[사인]이라는 약재).

2. θυμιάματα καὶ μύρον καὶ λίβανον: θυμίαμα(향; 5:8 참고); μύρον(향유) > μυρίζω(기름을 바르다); λίβανος(유향) > λιβανωτός(향로; 8:3, 5).

3. οἶνον καὶ ἔλαιον: οἶνος(포도주); ἔλαιον(올리브유); 6:6 참고.

4. σεμίδαλιν καὶ σῖτον: σεμίδαλις(고운 밀가루); σῖτος(밀, 곡식).

5. κτήνη καὶ πρόβατα, καὶ ἵππων: κτῆνος(가축, 특히 짐 지우는 가축) < κτάομαι(확보하다, 얻다, 소유하다) > κτῆμα(소유물), κτήτωρ(소유자). πρόβατον(양) > προβατικός(양의, 양문). ἵππος(말)는 6:2 참고.

6. ῥεδῶν καὶ σωμάτων, καὶ ψυχὰς ἀνθρώπων: ῥέδη(수레). σῶμα는 문자적, '몸', 여기서는 '노예'의 의미이다(Thayer). ψυχή(혼, 생명, 목숨); Thayer는 ψυχὰς ἀνθρώπων을 노예의 생명(들)으로 본다.

13
καί
접등
κιννάμωμον
명목중단
καί
접등
ἄμωμον
명목중단
καί
접등
θυμίαμα
명목충복
καί
접등
μύρον
명목중단
καί
접등
λίβανος
명목남단
καί
접등
οἶνος
명목남단
καί
접등
ἔλαιον
명목중단
καί
접등
σεμίδαλις
명목여단
καί
접등
σῖτος
명목남단
καί
접등
κτῆνος
명목중복
καί
접등
πρόβατον
명목중복
καί
접등
ἵππος
명소남복
καί
접등
ῥέδη
명소여복
καί
접등
σῶμα
명소중복
καί
접등
ψυχή
명목여복
ἄνθρωπος
명소남복

계 18:14

καὶ ἡ ὀπώρα σου τῆς ἐπιθυμίας τῆς ψυχῆς ἀπῆλθεν ἀπὸ σοῦ, καὶ πάντα τὰ λιπαρὰ καὶ τὰ λαμπρὰ ἀπώλετο ἀπὸ σοῦ καὶ οὐκέτι οὐ μὴ αὐτὰ εὑρήσουσιν.

> 너의 영혼의 갈망하던 과일(과실)이 너에게서 떠났다. 모든 사치(화려함)와 빛남(찬란함)이 너에게서 없어졌다. 사람들이 그것들을 더 이상 찾지 못할 것이다.

καὶ ἡ ὀπώρα[1]
또 ~ 과일/과실이 "And the fruit (that)

σου
너의/네가 your

τῆς ἐπιθυμίας[2]
갈망하던/탐내던 longs for

τῆς ψυχῆς
목숨의/영혼의(으로) soul

ἀπῆλθεν[3]
떠났다/사라졌다. has gone

ἀπὸ σοῦ,
너로부터/너에게서 from you,

καὶ πάντα
또 모든 and all your

τὰ λιπαρὰ[4]
사치함/화려함(들)과 luxury

καὶ τὰ λαμπρὰ[5]
빛남/찬란함(들)이 and splendor

ἀπώλετο
없어졌다/지나갔다. have gone away

ἀπὸ σοῦ
너로부터/너에게서 from you,

καὶ οὐκέτι
더 이상 and ~ no longer

οὐ μὴ[6] αὐτὰ
그것들을 ~ 못할 것이다. (never) them."

εὑρήσουσιν.[7]
사람들이 ~ 찾지 ~ they/ people will ~ find

---

1. ὀπώρα: ὀπώρα(열매, 익은 열매)는 ὀπίσω(후에, after) + ὥρα(시간, 때) = ὀπώρα(뒤에 오는 때 > 과실이 잘 익은 때 > 익은 열매); cf. Thayer. καρπός(열매), κόκκος(씨, 씨앗), σῦκον(무화과), βότρυς/σταφυλή(포도), ἐλαία(올리브 열매); LN.
2. ἐπιθυμίας: '갈망/욕망의'. ἐπιθυμία(욕망, 열망), ἐπιθυμέω(바라다, 갈구하다), ἐπιθυμητής(갈구하는 사람).
3. ἀπῆλθεν: '떠났다'; ἀπό + ε + ελθ + ε(ν).
4. λιπαρὰ: λιπαρός(지방, fat) > τά λιπαρά(사치스럽고 화려한 것).
5. λαμπρὰ: λαμπρός(빛나는); 15:6 참고.
6. οὐκέτι οὐ μὴ ...: 세 개의 부정어는 더욱 강한 부정을 부각한다('더 이상 [결단코] ~ 못할 것이다').
7. εὑρήσουσιν: '(그들이) 찾을 것이다'; εὑρ(< εὑρίσκω) + η(Mounce, 97-98) + σουσι(ν).

계 18:15

Οἱ ἔμποροι τούτων οἱ πλουτήσαντες ἀπ᾽ αὐτῆς ἀπὸ μακρόθεν στήσονται διὰ τὸν φόβον τοῦ βασανισμοῦ αὐτῆς κλαίοντες καὶ πενθοῦντες

> 그녀 때문에 부자가 된, 이것들의(이것들을 파는) 상인들이 울고 슬퍼하며 그녀의 고통에 대한 두려움 때문에 멀리 서 있을 것이다.

Οἱ ἔμποροι
상인들 The merchants

τούτων
이것들의(이 물건들의) of these things,

οἱ πλουτήσαντες[1]
즉 부자가 된 자들이 who gained wealth

ἀπ᾽ αὐτῆς[2]
그녀 때문에 from her,

ἀπὸ μακρόθεν
멀리 떨어져서 far off,

στήσονται[3]
설 것이다/서 있게 될 것이다. will stand

왼쪽 여백 주석 (계 18:14):

14
καί 접.등
ὁ 관.주.여단
ὀπώρα 명.주.여단
σύ 대인칭 소.-단
ὁ 관.소.여단
ἐπιθυμία 명.소.여단
ὁ 관.소.여단
ψυχή 명.소.여단
ἀπέρχομαι 동.직.과능.3단
ἀπό 전.소
σύ 대인칭 소.-단
καί 접.등
πᾶς 형부정 주.중.복
ὁ 관.주.중.복
λιπαρός 형일반 주.중.복
καί 접.등
ὁ 관.주.중.복
λαμπρός 형일반 주.중.복
ἀπόλλυμι 동.직.과중.3단
ἀπό 전.소
σύ 대인칭 소.-단
καί 접.등
οὐκέτι 부
οὐ 부
μή 조사
αὐτός 대인칭 목.중.복
εὑρίσκω 동.직.미능.3복

왼쪽 여백 주석 (계 18:15):

15
ὁ 관.주.남.복
ἔμπορος 명.주.남.복
οὗτος 대지시 소.중.복
ὁ 관.주.남.복
πλουτέω 동분.과능.주.남.복
ἀπό 전.소
αὐτός 대인칭 소.여단
ἀπό 전.소
μακρόθεν 부
ἵστημι 동.직.미중.3복

διὰ τὸν φόβον
두려움 때문에 because of the fear

τοῦ βασανισμοῦ
고통의/고통에 대한 of ~ torment,

αὐτῆς
그녀의 her

κλαίοντες
울고 weeping

καὶ πενθοῦντες[4]
슬퍼하며 and mourning,

διά
전목
ὁ
관목.남단
φόβος
명목.남단
ὁ
관소.남단
βασανισμός
명소.남단
αὐτός
대인칭.소.여단
κλαίω
동분.현능.주남복
καί
접등
πενθέω
동분.현능주남복

1. οἱ πλουτήσαντες: '부자가 된 자들'; πλουτέ + σαντες; 3:17 참고. Οἱ ἔμποροι(상인들)를 수식하는 독립적 용법의 분사이다.
2. ἀπ' αὐτῆς: '그녀 때문에'; ἀπό(because of) + αὐτῆς.
3. στήσονται: ἵστημι(서다)의 미래 중간태 3복('설 것이다' < στήσομαι). 미래(능) στήσω; 미래(수) σταθήσομαι.
4. κλαίοντες καὶ πενθοῦντες: '울며 슬퍼하며'(cf. 11절). 두 개의 현재분사는 16절의 λέγοντες와 함께, 주동사인 στήσονται(설 것이다)를 보조하는 부사적 기능('울고 슬퍼하면서')을 한다고 볼 수도 있고, 분사의 결과적(resultant) 경우('[그래서] 울고 슬퍼하게 될 것이다')라 볼 수도 있다.

계 18:16

λέγοντες· οὐαὶ οὐαί, ἡ πόλις ἡ μεγάλη, ἡ περιβεβλημένη βύσσινον καὶ πορφυροῦν καὶ κόκκινον καὶ κεχρυσωμένη [ἐν] χρυσίῳ καὶ λίθῳ τιμίῳ καὶ μαργαρίτῃ,

그들이 말하였다. "화가 있다. 화가 있다. 고운 아마포와 자주색 옷과 붉은 옷을 입고 금과 보석과 진주로 치장한 큰 성이여.

λέγοντες[1]
말하면서 saying,

οὐαὶ οὐαί,[2]
"화가 있다/슬프다. 화가 있다/슬프다. "Woe, woe,

ἡ πόλις
도시여/도성이여. the ~ city

ἡ μεγάλη,
큰 great

ἡ περιβεβλημένη[3]
입고 있던 that was clothed

βύσσινον
고운 아마포와 in fine linen

καὶ πορφυροῦν
자주색 옷과 and purple

καὶ κόκκινον[4]
붉은 옷을 and scarlet,

καὶ κεχρυσωμένη[5]
또 ~ 치장하던/꾸미던 and adorned

[ἐν]
~로 with

χρυσίῳ
금과 gold

καὶ λίθῳ
~석/돌과 and ~ stones (jewels)

τιμίῳ
보/귀한 precious

καὶ μαργαρίτῃ,[6]
진주~ and pearls!

16
λέγω
동분 현능 주 남복
οὐαί
감탄
οὐαί
감탄
ὁ
관.주.여단
πόλις
명.주.여단
ὁ
관.주.여단
μέγας
형일반.주.여단
ὁ
관.주.여단
περιβάλλω
동분.완중주여단
βύσσινος
형일반.목.중단
καί
접등
πορφυροῦς
형일반.목.중단
καί
접등
κόκκινος
형일반.목.중단
καί
접등
χρυσόω
동분.완수주여단
ἐν
전 여
χρυσίον
명 여 중단
καί
접등
λίθος
명 여 남단
τίμιος
형일반.여 남단
καί
접등
μαργαρίτης
명 여 남단

1. λέγοντες: 15절의 κλαίοντες καὶ πενθοῦντες의 설명을 참고하라. λέγοντες(말하며)는 직접화법을 이끈다.
2. οὐαὶ οὐαί, ἡ πόλις ἡ μεγάλη: '화 있다, 화 있다. 큰 도성이여'; 8:13; 18:10, 16, 19.
3. ἡ περιβεβλημένη: '입고 있는 자'; 3:5; 4:4 참고. ἡ πόλις(도성/도시)를 수식한다.
4. βύσσινον καὶ πορφυροῦν καὶ κόκκινον: 12절의 일부 내용이 반복된다.
5. κεχρυσωμένη: χρυσόω(금으로 장단하다); 17:4 참고; κε + χρυσ(ο) + ω + μένη. ἡ περιβεβλημένη ... καὶ κεχρυσωμένη(입고 있던, 그리고 치장하던). 두 개의 현재완료 분사는 지속된 상태를 부각한다.
6. χρυσίῳ καὶ λίθῳ τιμίῳ καὶ μαργαρίτῃ: '금과 보석과 진주로'; 17:4; 18:12, 16.

계 18:17

ὅτι μιᾷ ὥρᾳ ἠρημώθη ὁ τοσοῦτος πλοῦτος. Καὶ πᾶς κυβερνήτης καὶ πᾶς ὁ ἐπὶ τόπον πλέων καὶ ναῦται καὶ ὅσοι τὴν θάλασσαν ἐργάζονται, ἀπὸ μακρόθεν ἔστησαν

그렇게 많은 부가 일시에 파괴되었기 때문이다." 모든 선장과 배로 다니는 모든 여행객과 선원들과 바다에서 일하는 자들이 멀리 서서

17
ὅτι
접.종
εἰς
형기수.여.여단
ὥρα
명.여.여단
ἐρημόω
동직.과수.3단
ὁ
관.주.남단
τοσοῦτος
형지시.주.남단
πλοῦτος
명.주.남단
καί
접.등
πᾶς
형부정.주.남단
κυβερνήτης
명.주.남단
καί
접.등
πᾶς
형부정.주.남단
ὁ
관.주.남단
ἐπί
전.목
τόπος
명.목.남단
πλέω
동분.현능.주.남단
καί
접.등
ναύτης
명.주.남복
καί
접.등
ὅσος
대관계.주.남복
ὁ
관.목.여단
θάλασσα
명.목.여단
ἐργάζομαι
동직.현중.3복
ἀπό
전.소
μακρόθεν
부
ἵστημι
동직.과능.3복

ὅτι[1]
~ 때문이다." For

    μιᾷ ὥρᾳ[2]
    한 시간/일시에 in one hour

    ἠρημώθη[3]
    황폐하게 되었기/파괴되었기 ~ has been laid waste."

ὁ τοσοῦτος πλοῦτος.[4]
그렇게 많던 부/부귀가 such great wealth

Καὶ πᾶς κυβερνήτης[5]
모든 선장과 And all shipmasters

καὶ πᾶς ὁ ἐπὶ τόπον πλέων[6]
배로 다니는 모든 여행객과 and seafaring men

καὶ ναῦται[7]
선원들과 and sailors,

καὶ ὅσοι
~ 자들이 and as many as

    τὴν θάλασσαν
    바다에서 by the sea,

ἐργάζονται,[8]
일하는 ~ work/ earn their living

    ἀπὸ μακρόθεν[9]
    멀리 떨어져 far off

ἔστησαν[10]
서서 stood

---

1. ὅτι: 접속사 ὅτι는 이유(원인)의 접속사로, 앞 절과 어느 정도 인과관계에 있으나, 종속적 개념(for; NAS)보다는 등위적 개념(For; ESV, KJV)으로 보는 것이 나을 것 같다.
2. μιᾷ ὥρᾳ: '한 시간/순간에'; 10, 17, 19절.
3. ἠρημώθη: '황폐해졌다'; ἐ + ἐρημο + θη; 17:16 참고.
4. ὁ τοσοῦτος πλοῦτος: '그렇게 많던 부/부귀가'; τοσοῦτος는 7절 참고.
5. κυβερνήτης: κυβερνήτης(선장, 조정사), κυβέρνησις([배를 잘 움직여 이끈다는 점에서] 지도, 지도력; LN)
6. ὁ ἐπὶ τόπον πλέων: ἐπὶ τόπον의 용례가 없어, 의미가 분명하지 않다. ἐπὶ + 목적격을 여기서는 '가로질러(across), 너머(over)'(Friberg)로 보면(cf. 마 27:35), ἐπὶ τόπον은 '사방으로, 여기저기에(over the place)'의 뜻일 수 있다. 그러면 ὁ ἐπὶ τόπον πλέων은 '여기저기에 항해하는 사람'이 된다. πλέω(항해하다, 배로 여행하다).
7. ναῦται: ναύτης(선원, 뱃사람), ναῦς(배), ναυαγέω(난파되다), ναύκληρος(선주).
8. ὅσοι τὴν θάλασσαν ἐργάζονται: '바다에서/를 위해 일하는(바다 일을 하는) 자들은 다'(as many as work on/by the sea). ἐργάζομαι(일하다) + 목적격: '~에서 일하다'(LXX 창 2:5, 15; 4:2, 12), '~을 위해 일하다'(요 6:27; cf. 요이 8), '~을 행하다'(마 7:23; 요 6:30; 9:4; 행 10:35; 롬 2:10). 전자의 경우에 해당된다.
9. ἀπὸ μακρόθεν: '멀리 떨어져'; 10, 15, 17절.
10. ἔστησαν: '(그들이) 섰다'; ἵστημι(서다)의 부정과거 3복.

계 18:18

καὶ ἔκραζον βλέποντες τὸν καπνὸν τῆς πυρώσεως αὐτῆς λέγοντες· τίς ὁμοία τῇ πόλει τῇ μεγάλῃ;

18
καί
접.등
κράζω
동직.미완능.3복

그녀를 태우는 연기를 보며 외치며 말하였다. "어떤 것이 이 큰 성과 같겠는가?"

<table>
<tr><td>

καὶ ἔκραζον[1]
외쳤다. and cried out
　βλέποντες[2]
　보며/보면서 as they saw
　　τὸν καπνὸν
　　연기를 the smoke
　　　τῆς πυρώσεως[3]
　　　태우는/타는 of ~ burning,
　　　　αὐτῆς
　　　　그녀를/그녀가 her

</td><td>

λέγοντες·[4]
말하며 saying,
　τίς
　"어떤 것(도시)이 "What city
　ὁμοία τῇ πόλει[5]
　이 ~ 도시와 같겠는가?" is like the ~ city?"
　　τῇ μεγάλῃ;
　　큰 great

</td></tr>
</table>

1. ἔκραζον: '(그가) 외쳤다'. κράζω(외치다)의 미완료는 과거 동작(외침)의 지속성, 또는 생생한 묘사를 위한 것이다.
2. βλέποντες: '보면서'. βλέποντες는 동시적 동작을 위한 것이다.
3. πυρώσεως: '불태움의, 불사르는'; 9절 참고.
4. λέγοντες: '말하며'. λέγοντες는 주동사 ἔκραζον(외쳤다)의 추가된 개념을 위해 사용되고 (circumstantial) 직접화법을 이끈다.
5. ὁμοία τῇ πόλει: '도시와 같은'. ὅμοιος(~와 같은)는 보통 여격 명사와 함께 쓰인다(1:15; 2:18; 4:3, 6, 7; 9:7, 10, 19; 11:1; 13:2, 4, 11; 21:11, 18). 그렇지 않을 때도 있다(1:13; 14:14).

계 18:19

καὶ ἔβαλον χοῦν ἐπὶ τὰς κεφαλὰς αὐτῶν καὶ ἔκραζον κλαίοντες καὶ πενθοῦντες λέγοντες· οὐαὶ οὐαί, ἡ πόλις ἡ μεγάλη, ἐν ᾗ ἐπλούτησαν πάντες οἱ ἔχοντες τὰ πλοῖα ἐν τῇ θαλάσσῃ ἐκ τῆς τιμιότητος αὐτῆς, ὅτι μιᾷ ὥρᾳ ἠρημώθη.

그들의 머리 위에 흙을 던졌다(뿌렸다). 또 울고 슬퍼하며 외쳐 말하였다. '화가 있다. 화가 있다. 큰 성이여. 바다에 배를 가진 모든 자들이 그녀의 부로 인하여 그 안에서 부자가 되었는데 일시에 파괴되었기 때문이다.'

<table>
<tr><td>

καὶ ἔβαλον[1]
그리고 ~ 던지고/뿌리고 And they threw
　χοῦν[2]
　흙을/먼지를 dust
　　ἐπὶ τὰς κεφαλὰς
　　머리(들) 위에 on ~ heads
　　　αὐτῶν
　　　그들의 their
καὶ ἔκραζον
외쳤다. and were crying out,
　κλαίοντες
　울고 weeping
　καὶ πενθοῦντες
　슬퍼하고 and mourning,

</td><td>

λέγοντες·[3]
말하며 saying,
　οὐαὶ οὐαί,
　"화가 있다/슬프다. 화가 있다/슬프다. "Woe, woe,
　ἡ πόλις
　도시여/도성이여. the ~ city,
　ἡ μεγάλη,
　큰 great
　　ἐν ᾗ[4]
　　그 안에서 in which
　　ἐπλούτησαν[5]
　　치부하였는데/부자가 되었는데 became rich
　　πάντες οἱ ἔχοντες[6]
　　가진 모든 자들이 all who have

</td></tr>
</table>

ἐν
전.여
ὅς
대관계.여.여단
πλουτέω
동직.과능.3복
πᾶς
형부정.주.남복
ὁ
관.주.남복
ἔχω
동분.현능.주.남복
ὁ
관.목.중복
πλοῖον
명.목.중복
ἐν
전.여
ὁ
관.여.여단
θάλασσα
명.여.여단
ἐκ
전.소
ὁ
관.소.여단
τιμιότης
명.소.여단
αὐτός
대인칭.소.여단
ὅτι
접.종
εἷς
형기수.여.여단
ὥρα
명.여.여단
ἐρημόω
동직.과수.3단

τὰ πλοῖα[7]	ὅτι[9]
배(들)를 ships	~ 때문이다. for
ἐν τῇ θαλάσσῃ	μιᾷ ὥρᾳ
바다에 at sea	한 시간/일시에 in one hour
ἐκ τῆς τιμιότητος[8]	ἠρημώθη.[10]
값진 것으로/부요로 by ~ wealth,	황폐해졌기/파괴되었기 ~ she has been laid waste!"
αὐτῆς,	
그녀의 her	

---

1. ἔβαλον: '(그들이) 던졌다'; ἐ + βαλ + ον; 2:14 참고. 부정과거는 서사의 골격을 말할 때 주로 쓰인다.
2. χοῦν: 3변화 χοῦς(흙, 먼지), χοός, χοΐ, χοῦν(sg). 단수만 쓰인다.
3. κλαίοντες καὶ πενθοῦντες λέγοντες: 15절 참고.
4. ἐν ᾗ: 전치사(ἐν) + 관계대명사 여단 여격(ᾗ). ᾗ가 ἡ πόλις(도시)를 선행사로 하므로 '그 도시 안에서' 이다.
5. ἐπλούτησαν: '치부하였다'; 3절 참고.
6. οἱ ἔχοντες: '가진 자들이'. 현재분사의 독립적 용법이다.
7. πλοῖα: πλοῖον(배); 8:9 참고.
8. τιμιότητος: τιμιότης, τιμιότητος(고귀함, 값비쌈; hapax); 17:4 참고.
9. ὅτι: 이유(원인)의 ὅτι 부사절('때문이다').
10. ἠρημώθη: '(그것이) 황폐해졌다'; ἐ + ἐρημο + θη; 17:16 참고.

계 18:20

20
εὐφραίνω
동명.현수.2단
ἐπί
전.여
αὐτός
대인칭.여.여단
οὐρανός
명.호.남단
καί
접.등
ὁ
관.주.남복
ἅγιος
형일반.주.남복
καί
접.등
ὁ
관.주.남복
ἀπόστολος
명.주.남복
καί
접.등
ὁ
관.주.남복
προφήτης
명.주.남복
ὅτι
접.종
κρίνω
동직.과능.3단
ὁ
관.주.남단
θεός
명.주.남단
ὁ
관.목.중단
κρίμα
명.목.중단
σύ
대인칭.소.-복

Εὐφραίνου ἐπ' αὐτῇ, οὐρανὲ καὶ οἱ ἅγιοι καὶ οἱ ἀπόστολοι καὶ οἱ προφῆται, ὅτι ἔκρινεν ὁ θεὸς τὸ κρίμα ὑμῶν ἐξ αὐτῆς.

그녀에 대해 기뻐하라. 하늘과 성도들과 사도들과 선지자들이여. 하나님께서 그대들의 심판을 그녀에게 행하셨기 때문이다."

Εὐφραίνου[1]	ὅτι[5]
"기뻐하라. "Rejoice	~ 때문이다." For
ἐπ' αὐτῇ,[2]	ἔκρινεν[6]
그녀에 대해 over/against her,	심판/행하셨기 ~ has given
οὐρανὲ[3]	ὁ θεὸς
하늘과 you heavens,	하나님께서 God
καὶ οἱ ἅγιοι	τὸ κρίμα
성도들과 and you saints	심판을 judgment
καὶ οἱ ἀπόστολοι	ὑμῶν
사도들과 and apostles	그대들의/그대들을 위하여 for you
καὶ οἱ προφῆται,[4]	ἐξ αὐτῆς.[7]
선지자들이여. and prophets,	그녀에게 against her ."

---

1. Εὐφραίνου: '기뻐하라'; εὐφραίν + ου. εὐφραίνω(기쁘게 하다)의 수동태 εὐφραίνομαι('기뻐하다'), 11:10 참고.
2. ἐπ' αὐτῇ: '그녀를 두고/에 대해'(over her; Thayer; on her, KJV); '그녀를 대적하여/에 반하여'(against her; ESV, NAS, RSV).

3. οὐρανὲ ...: '하늘이여'. 호격 남단(-ε)이다.

4. οἱ ἅγιοι καὶ οἱ ἀπόστολοι καὶ οἱ προφῆται: '성도들과 사도들과 선지자들아'. 호격이 아니라 주격인데, 호칭(address)의 주격이라 분류된다(KMP, 58).

5. ὅτι: 이유(원인)의 ὅτι 부사절.

6. ἔκρινεν ... τὸ κρίμα: 유음동사 κρίνω(심판/판단하다)는 어간의 유음 ν 때문에 부정과거 어미의 σ가 생략된다; ἐ + κρίν + σε(ν) = ἔκρινεν.

7. ἐξ αὐτῆς: ἐκ(out of) + αὐτῆς; 4절 참고.

계 18:21

Καὶ ἦρεν εἷς ἄγγελος ἰσχυρὸς λίθον ὡς μύλινον μέγαν καὶ ἔβαλεν εἰς τὴν θάλασσαν λέγων· οὕτως ὁρμήματι βληθήσεται Βαβυλὼν ἡ μεγάλη πόλις καὶ οὐ μὴ εὑρεθῇ ἔτι.

한 힘센 천사가 큰 맷돌 같은 돌을 들어올려 바다에 던지며 말하였다. "큰 성 바벨론이 이처럼 난폭하게 던져질 것이고 더 이상 찾을 수 없을 것이다.

Καὶ ἦρεν[1]
또 ~ 들어/들어 올려 And ~ took up

εἷς ἄγγελος
한 ~ 천사가 a ~ angel

ἰσχυρὸς
강한/힘 센 mighty

λίθον
돌을 a stone

ὡς μύλινον[2]
맷돌 같은 like a ~ millstone

μέγαν
큰 great

καὶ ἔβαλεν
던졌다. and threw it

εἰς τὴν θάλασσαν
바다에 into the sea,

λέγων·[3]
말하며 saying,

οὕτως ὁρμήματι[4]
이처럼 난폭하게/격렬하게 "So ~ with violence,

βληθήσεται[5]
던져질 것이고 will ~ be thrown down

Βαβυλὼν
"바벨론이 Babylon,

ἡ μεγάλη πόλις
큰 도시/도성 the great city,

καὶ οὐ μὴ εὑρεθῇ[6]
발견되지 않을/찾을 수 없을 것이다. and will not be found

ἔτι.[7]
더 이상/다시는 any longer.

1. ἦρεν: '(그가) 들어올렸다'. αἴρω(들어올리다)는 유음동사로 부정과거(능) ἦρα, 미래(능) ἀρῶ, 현재완료 ἦρκα이다.

2. ὡς μύλινον: '맷돌 같은'. μύλινον(맷돌로 된) < μύλος(맷돌) > μυλών(방앗간).

3. λέγων: '말하며'. 직접화법을 소개하는 현재분사이다.

4. οὕτως ὁρμήματι: '이처럼 난폭하게'. ὅρμημα([갑작스런] 폭력/힘, 돌격; LN). 방식(manner)의 여격이다('폭력의 방식으로' > '난폭하게'; Wallace, 162).

5. βληθήσεται: '(그것이) 던져질 것이다'; βλη(βάλλω의 미래 어간) + θήσεται(미래[수] 3단).

6. οὐ μὴ εὑρεθῇ: '(그것이) 결코 발견되지 않을 것이다'. οὐ μὴ + 부정과거 가정법(εὑρεθῇ)은 '결코 ~ 않을 것이다'의 강한 부정이다.

7. ἔτι: 부정어 + ἔτι(더 이상), '더 이상 ~아니다'(no longer).

ἐκ
전소
αὐτός
대인칭.소.여단

21
καί
접.등
αἴρω
동.직.과능.3단
εἰς
형기수.주.남단
ἄγγελος
명.주.남단
ἰσχυρός
형일반.주.남단
λίθος
명.목.남단
ὡς
접.종
μύλινος
형일반.목.남단
μέγας
형일반.목.남단
καί
접.등
βάλλω
동.직.과능.3단
εἰς
전.목
ὁ
관.목.여단
θάλασσα
명.목.여단
λέγω
동분.현능.주.남단
οὐ
부
ὅρμημα
명.여.중단
βάλλω
동.직.미수.3단
Βαβυλών
명.주.여단
ὁ
관.주.여단
μέγας
형일반.주.여단
πόλις
명.주.여단
καί
접.등
οὐ
부
μή
조사
εὑρίσκω
동.가.과수.3단
ἔτι
부

계 18:22

καὶ φωνὴ **κιθαρῳδῶν** καὶ **μουσικῶν** καὶ **αὐλητῶν** καὶ **σαλπιστῶν** οὐ μὴ ἀκουσθῇ ἐν σοὶ ἔτι, καὶ πᾶς τεχνίτης πάσης τέχνης οὐ μὴ εὑρεθῇ ἐν σοὶ ἔτι, καὶ φωνὴ **μύλου** οὐ μὴ ἀκουσθῇ ἐν σοὶ ἔτι,

하프(수금) 연주자들과 노래하는 자들과 피리 부는 자들과 나팔을 부는 자들의 소리가 더 이상 네게서 들리지 않을 것이다. 또 각종 기술의 모든 장인들이 더 이상 네게서 발견되지 않을 것이다. 또 맷돌 가는 소리가 더 이상 네게서 들리지 않을 것이다.

καὶ φωνὴ
또 ~ 소리가 And the sound
  κιθαρῳδῶν[1]
  하프/수금치는 자(들)와 of harpists
  καὶ μουσικῶν[2]
  노래하는 자(들)와 and musicians
  καὶ αὐλητῶν[3]
  피리/플루트를 부는 자(들)과 and flute-players
  καὶ σαλπιστῶν[4]
  나팔을 부는 자(들)의 and trumpeters
  οὐ μὴ ἀκουσθῇ[5]
  들리지 않을 것이다. will not be heard
    ἐν σοὶ
    네게서/네 안에서 in you
    ἔτι,
    더 이상/다시는 any longer.
καὶ πᾶς τεχνίτης[6]
또 모든 ~ 기술자/장인이 And a crfaftsman

πάσης τέχνης
각종 기술의 of any craft
οὐ μὴ εὑρεθῇ
발견되지 않을 것이다. will not be found
  ἐν σοὶ
  네게서/네 안에서 in you
  ἔτι,
  더 이상/다시는 any longer.
καὶ φωνὴ
또 ~ 소리가 And the sound
  μύλου[7]
  맷돌의/맷돌 가는 of a mill
  οὐ μὴ ἀκουσθῇ
  들리지 않을 것이다. will not be heard
    ἐν σοὶ
    네게서/네 안에서 in you
    ἔτι,
    더 이상/다시는 any longer.

1. κιθαρῳδῶν: κιθαρῳδός(수금 치는 자, harper); 14:2 참고.
2. μουσικῶν: μουσικός(음악가, 가수) > musician; συμφωνία(리듬이 있는 음악) > symphony; LN.
3. αὐλητῶν: αὐλητής(피리/플루트를 부는 사람, flute-player) < αὐλέω(피리/플루트를 불다), αὐλός(피리/플루트).
4. σαλπιστῶν: σαλπιστής(나팔을 부는 사람; hapax) < σάλπιγξ(나팔), σαλπίζω(나팔을 불다).
5. οὐ μὴ ἀκουσθῇ: '결코 들리지 않을 것이다'; οὐ μὴ + 부정과거 가정법; 21절 참고.
6. τεχνίτης ... τέχνης: τεχνίτης(기술자) > technician; τέχνη(기술) > technique.
7. μύλου: μύλος(맷돌); 21절 μύλινον 참고.

계 18:23

καὶ φῶς **λύχνου** οὐ μὴ φάνῃ ἐν σοὶ ἔτι, καὶ φωνὴ **νυμφίου** καὶ **νύμφης** οὐ μὴ ἀκουσθῇ ἐν σοὶ ἔτι· ὅτι οἱ ἔμποροί σου ἦσαν οἱ μεγιστᾶνες τῆς γῆς, ὅτι ἐν τῇ **φαρμακείᾳ** σου ἐπλανήθησαν πάντα τὰ ἔθνη,

또 등잔의 빛이 더 이상 네게서 비춰지지 않을 것이다. 또 신랑과 신부의 소리가 더 이상 네게서 들리지 않을 것이다. 너희 상인들이 땅의 거물들이었고 모든 민족(열방)이 너의 마법에 현혹되었기 때문이다.

καὶ φῶς
또 ~ 빛이 And the light
　λύχνου[1]
　램프/등잔의 of a lamp
　οὐ μὴ φάνῃ[2]
　비취지 않을 것이다. will not shine
　　ἐν σοὶ
　　네게서/네 안에서 in you
　　ἔτι,[3]
　　더 이상/다시는 any longer.
καὶ φωνὴ
또 ~ 소리가 And the voice
　νυμφίου
　신랑과 of bridegroom
　καὶ νύμφης[4]
　신부의 and bride
　οὐ μὴ ἀκουσθῇ
　들리지 않을 것이다. will not be heard
　　ἐν σοὶ
　　네게서/네 안에서 in you
　　ἔτι·
　　더 이상/다시는 any longer,

ὅτι[5]
~ 때문이다. for
οἱ ἔμποροί
상인들이 merchants
　σου
　너의 your
　ἦσαν
　~이었기 were
　οἱ μεγιστᾶνες[6]
　권력자들/거물들 the great ones
　　τῆς γῆς,
　　땅의 of the earth;
ὅτι
~ 때문이다." for
　ἐν τῇ φαρμακείᾳ[7]
　마법에 by ~ sorcery.
　σου
　너의 your
　ἐπλανήθησαν[8]
　현혹/미혹되었기 ~ were deceived
πάντα τὰ ἔθνη,
모든 민족/나라가 all nations

---

1. λύχνου: λύχνος(등잔, 램프), λυχνία(등대, 램프 스탠드).
2. οὐ μὴ φάνῃ: '결코 비취지 않을 것이다'; 21절 참고.
3. οὐ μὴ ... ἐν σοὶ ἔτι: '네게서 결코 ~하지 않을 것이다'; 23절에 두 번 반복.
4. νυμφίου καὶ νύμφης: νυμφίος(신랑), νύμφη(신부); νυμφών(예식장).
5. ὅτι: 이유(원인)의 ὅτι 부사절.
6. οἱ μεγιστᾶνες: '권력자/거물/귀족들'. μεγιστάν(대인, 귀족, 주요 인물), μέγεθος(거대함, greatness) < μέγας(큰, 위대한).
7. φαρμακεία: φαρμακεία(마법, 술수), φαρμακεύς(마법사), φάρμακος(마법의), φάρμακον(마법의 약, 약) > pharmacy(약국, 약학).
8. ἐπλανήθησαν: '(그들이) 미혹되었다'; πλανάω(미혹하다)의 부정과거(수) 3복; ἐ + πλανα + θησαν; 2:20 참고.

계 18:24

καὶ ἐν αὐτῇ αἷμα προφητῶν καὶ ἁγίων εὑρέθη καὶ πάντων τῶν ἐσφαγμένων ἐπὶ τῆς γῆς.

또 선지자들과 성도들과 땅에서 죽임을 당한 모든 자들의 피가 그녀 안에서 발견되었다."

　　καὶ ἐν αὐτῇ
　　또 ~ 그녀 안에서/그녀에게서 And in her
αἷμα
피가 the blood
　προφητῶν
　선지자들과 of prophets
　καὶ ἁγίων
　성도들과 and of saints,

εὑρέθη[1]
발견되었다." was found
καὶ πάντων τῶν ἐσφαγμένων[2]
죽임을 당한 모든 자들의 and of all who have been slain
　ἐπὶ τῆς γῆς.
　땅에서 on the earth."

μή
조사
φαίνω
동가.과능.3단
ἐν
전.여
σύ
대인칭.여.-단
ἔτι
부
καί
접.등
φωνή
명.주.여단
νυμφίος
명.소.남단
καί
접.등
νύμφη
명.소.여단
οὐ
부
μή
조사
ἀκούω
동가.과수.3단
ἐν
전.여
σύ
대인칭.여.-단
ἔτι
부
ὅτι
접.종
ὁ
관.주.남복
ἔμπορος
명.주.남복
σύ
대인칭.소.-단
εἰμί
동직.미완능.3복
ὁ
관.주.남복
μεγιστάν
명.주.남복
ὁ
관.소.여단
γῆ
명.소.여단
ὅτι
접.종
ἐν
전.여
ὁ
관.여.여단
φαρμακεία
명.여.여단
σύ
대인칭.소.-단
πλανάω
동직.과수.3복
πᾶς
형부정.주.중복
ὁ
관.주.중복
ἔθνος
명.주.중복

24
καί
접.등
ἐν
전.여
αὐτός
대인칭.여.여단
αἷμα
명.주.중단
προφήτης
명.소.남복
καί
접.등
ἅγιος
형일반.소.남복
εὑρίσκω
동직.과수.3단

καί
접.등
πᾶς
형부정.소.남복
ὁ
관.소.남복
σφάζω
동분.완수.소.남복
ἐπί
전.소
ὁ
관.소.여단
γῆ
명.소.여단

---

1. εὑρέθη: '발견되었다'; 5:4 참고.

2. τῶν ἐσφαγμένων: '죽음 당한 자들의'; ἐ + σφαγ + μένων. σφάζω(살해하다)의 현재완료(수) 남복 소유격이다. 현재완료 분사는 지속적인 상태와 결과('[이제까지] 죽임을 당한 이들')를 부각한다.

계 19:1

Μετὰ ταῦτα ἤκουσα ὡς φωνὴν μεγάλην ὄχλου πολλοῦ ἐν τῷ οὐρανῷ λεγόντων· ἀλληλουϊά· ἡ σωτηρία καὶ ἡ δόξα καὶ ἡ δύναμις τοῦ θεοῦ ἡμῶν,

이 일(들) 후에, 나는 하늘에서 많은 무리가 말하는 큰 음성을 들었다. "할렐루야. 구원과 영광과 능력이 우리 하나님께 있습니다.

Μετὰ ταῦτα[1] 이 일(들) 후에 After this	λεγόντων·[3] 말하는 saying,
ἤκουσα 내가 ~ 들었다. I heard	ἀλληλουϊά·[4] 할렐루야 "Hallelujah!
ὡς φωνὴν 소리를/음성을 what sounded like the ~	ἡ σωτηρία 구원과 Salvation
μεγάλην 큰 loud	καὶ ἡ δόξα 영광과 and glory
ὄχλου[2] 무리의 of a ~ multitude	καὶ ἡ δύναμις[5] 능력이 and power
πολλοῦ 많은 great	τοῦ θεοῦ 하나님께 (있습니다.) belong to ~ God,
ἐν τῷ οὐρανῷ 하늘에서 in heaven,	ἡμῶν,[6] 우리(의) our

1. Μετὰ ταῦτα: '이 일(들) 후에'; 4:1 참고.
2. ὄχλου: '무리의'; 7:9 참고.
3. λεγόντων: '말하는'; λεγ + όντων. 소유격 분사 λεγόντων는 소유격 명사 ὄχλου의 술어로 직접화법을 이끈다.
4. ἀλληλουϊά: '할렐루야'. 히브리어 הַלְלוּ־יָהּ는 '주님(여호와)을 찬양하라'이다. הַלְלוּ는 הָלַל(자랑하다)의 피엘 명령법 남복('[너희는] 찬양하라')이고 יָהּ는 יהוה(여호와)를 뜻한다.
5. δύναμις: '능력/힘'; 1:16 참고.
6. τοῦ θεοῦ ἡμῶν: '우리 하나님께'. 하나님께 속한 것이라는 소유적(possessive) 의미를 부각한다.

계 19:2

ὅτι ἀληθιναὶ καὶ δίκαιαι αἱ κρίσεις αὐτοῦ· ὅτι ἔκρινεν τὴν πόρνην τὴν μεγάλην ἥτις ἔφθειρεν τὴν γῆν ἐν τῇ πορνείᾳ αὐτῆς, καὶ ἐξεδίκησεν τὸ αἷμα τῶν δούλων αὐτοῦ ἐκ χειρὸς αὐτῆς.

ὁ
관주.여복
κρίσις
명.주.여복
αὐτός
대인칭.소.남단
ὅτι
접.종
κρίνω
동직.과능.3단
ὁ
관.목.여단
πόρνη
명.목.여단
ὁ
관.목.여단
μέγας
형일반.목.여단
ὅστις
대관계.주.여단
φθείρω
동직.미완능.3단
ὁ
관.목.여단
γῆ
명.목.여단
ἐν
전.여
ὁ
관.여.여단
πορνεία
명.여.여단
αὐτός
대인칭.소.여단
καί
접.등
ἐκδικέω
동직.과능.3단
ὁ
관.목.중단
αἷμα
명.목.중단
ὁ
관.소.남복
δοῦλος
명.소.남복
αὐτός
대인칭.소.남단
ἐκ
전.소
χείρ
명.소.여단
αὐτός
대인칭.소.여단

그의 심판은 참되고 의롭기 때문이고 그녀의 음행으로 땅을 더럽힌 큰 음녀를 심판하셨고 그의 종들의 피를 그녀의 손에 갚으셨기 때문입니다."

ὅτι[1]
왜냐하면 ~ 때문입니다. for
ἀληθιναὶ
참되고 are true
καὶ δίκαιαι
의롭기 ~ and just;
αἱ κρίσεις
심판(들)이 judgments
αὐτοῦ.[2]
그의 his
ὅτι[3]
~으므로 for
ἔκρινεν[4]
심판하셨고 he has judged
τὴν πόρνην
음녀를 the ~ prostitute
τὴν μεγάλην
큰 great
ἥτις[5] ἔφθειρεν[6]
더럽힌/타락시킨 who corrupted

τὴν γῆν
땅을 the earth
ἐν τῇ πορνείᾳ
음행/간음으로
with ~ immorality,
αὐτῆς,
그녀의 her
καὶ ἐξεδίκησεν[7]
갚으셨~ and has avenged
τὸ αἷμα
피를 the blood
τῶν δούλων
종들의 of ~ servants."
αὐτοῦ
그의 his
ἐκ χειρὸς[8]
손에 at ~ hand/ on
αὐτῆς.
그녀의 her

1. ὅτι: 이유(원인)의 ὅτι 부사절은 1절의 찬양에 대한 근거를 제시한다.
2. ἀληθιναὶ καὶ δίκαιαι αἱ κρίσεις αὐτοῦ: '그의 심판(들)은 참되고 의롭다'. 16:7의 반복이다. κρίσεις는 14:7 참고.
3. ὅτι: 두 번째 ὅτι 부사절. 앞의 것과 병치(열거)된다.
4. ἔκρινεν: '심판하셨다'; ἐ + κριν + σε(ν); 18:20 참고. 유음동사 κρίνω의 부정과거이다.
5. ἥτις ἔφθειρεν: 관계대명사 ὅστις(whoever/whichever)의 여단 주격은 앞의 τὴν πόρνην(음녀)을 수식하는 형용사절이다. 여기서 ἥτις는 주체인 음녀를 강조하는 역할(who indeed)을 한다(cf. Friberg). 따라서 ἥτις ἔφθειρεν은 '더럽힌 바로 그'의 뉘앙스를 가진다.
6. ἔφθειρεν: '(그녀가) 더럽혔다'; ἐ + φθειρ + ε(ν). 유음동사 φθείρω(더럽히다, 파멸시키다)는 미완료 3단과 부정과거 3단(σ 생략)의 형태가 같다. 여기서 미완료로 보는 것은 지속적 의미가 있다고 보기 때문이다. φθαρτός(부패하기 쉬운, 잘 썩는), φθορά(부패, 파괴).
7. ἐξεδίκησεν: '갚으셨다'; ἐξ(ἐκ) + ε + δικε + σε(ν); 6:10 참고.
8. ἐξεδίκησεν τὸ αἷμα ... ἐκ χειρός: '[~의] 손에 피를 갚았다'. 히브리어의 관용적 표현 וְנִקַּמְתִּי דְּמֵי מַיד (ἐκδικήσεις τὸ αἷμα ἐκ χειρός, '[~의] 손에 피를 갚았다'; 왕하 9:7)에서 유래한다(Thayer). 문자적, מַיד(from hand)가 ἐκ χειρός(손에서)이다.

계 19:3

3
καί
접.등
δεύτερος
부형일반.목.중단
λέγω
동직.완능.3복
ἀλληλουϊά
불변

Καὶ δεύτερον εἴρηκαν· ἀλληλουϊά· καὶ ὁ καπνὸς αὐτῆς ἀναβαίνει εἰς τοὺς αἰῶνας τῶν αἰώνων.

그들이 두 번째로 말하였다. "할렐루야. 그녀를 태운(그녀의) 연기가 영원토록 올라갑니다."

Καὶ δεύτερον[1]
또 두 번째로/다시 And a second time

εἴρηκαν·[2]
그들이 말하였다. they said,

ἀλληλουϊά·
할렐루야! "Hallelujah!

καὶ ὁ καπνὸς
연기가 The smoke

αὐτῆς[3]
그녀의(그녀를 태우는) from her

ἀναβαίνει[4]
올라갑니다." goes up

εἰς τοὺς αἰῶνας
영원히 forever

τῶν αἰώνων.
(영원의) and ever."

καί
접등
ὁ
관주남단
καπνός
명주남단
αὐτός
대인칭소 여단
ἀναβαίνω
동직 현능.3단
εἰς
전목
ὁ
관주남복
αἰών
명.목.남복
ὁ
관소남복
명소남복

---

1. δεύτερον: '둘째로'. 중성 δεύτερον는 중성 πρῶτον처럼(예, 마 5:24; 6:33 등) 부사로 쓰일 수 있다 (예, 요 3:4; 21:16; 고전 12:28; Thayer).
2. εἴρηκαν: '(그들이) 말하였다'; λέγω(말하다)의 현재완료(1단, εἴρηκα) 3복. 현재완료의 사용은 진행 (연속)적(progressive) 뉘앙스를 가진 것이다. 생생함을 부각하는 극적인(daramtic) 현재완료로 분류 되기도 한다(KMP, 301). 요한문헌에서 λέγω의 현재완료는 네 번 나타난다(요 4:18; 12:50; 계 7:14; 19:3).
3. ὁ καπνὸς αὐτῆς: 문자적, '그녀의 연기' > '그녀에게서 나는 연기'(the smoke from her; ESV, RSV, NIV). αὐτῆς(그녀의)는 근원(source)의 소유격('~에서 나오는')이라 할 수 있다.
4. ἀναβαίνει: '올라간다'. 현재시제는 생생한 묘사를 위해 쓰였을 것이다.

계 19:4

καὶ ἔπεσαν οἱ πρεσβύτεροι οἱ εἴκοσι τέσσαρες καὶ τὰ τέσσαρα ζῷα καὶ προσεκύνησαν τῷ θεῷ τῷ καθημένῳ ἐπὶ τῷ θρόνῳ λέγοντες· ἀμὴν ἀλληλουϊά.

또 이십사 장로와 네 생물이 보좌에 앉으신 하나님께 경배하며 말하였다. "아멘. 할렐루야."

καὶ ἔπεσαν[1]
그리고 ~ 엎드려 And ~ fell down

οἱ πρεσβύτεροι
장로들과 the ~ elders

οἱ εἴκοσι τέσσαρες
이십사 twenty-four

καὶ τὰ τέσσαρα ζῷα
네 생물이 and the four living creatures

καὶ προσεκύνησαν[2]
경배하였다. and worshiped

τῷ θεῷ
하나님께 God

τῷ καθημένῳ[3]
앉으신 who sits

ἐπὶ τῷ θρόνῳ
보좌 위에 on the throne,

λέγοντες·[4]
말하며 saying,

ἀμὴν
아멘. "Amen.

ἀλληλουϊά.
할렐루야! Hallelujah!"

4
καί
접등
πίπτω
동직 과능.3복
ὁ
관주 남복
πρεσβύτερος
형일반 주 남복
ὁ
관주 남복
εἴκοσι
형기수
τέσσαρες
형기수 주 남복
καί
접등
ὁ
관주 중복
τέσσαρες
형기수 주 중복
ζῷον
명주 중복
καί
접등
προσκυνέω
동직 과능.3복
ὁ
관 여 남단
θεός
명.여남단
ὁ
관 여 남단
κάθημαι
동분 현중주여남단
ἐπί
전 여
ὁ
관 여 남단
θρόνος
명.여 남단
λέγω
동분 현능주남복
ἀμήν
불변
ἀλληλουϊά
불변

---

1. ἔπεσαν: '떨어졌다, 엎드렸다'. πίπτω(떨어지다)의 부정과거 1단은 ἔπεσα이므로 3복은 ἔπεσαν이 되 는데, LXX에는 다른 형태인 ἔπεσον(창 44:14; 민 17:10; 대상 5:10, 22 등)도 발견된다.
2. προσεκύνησαν: '(그들이) 경배하였다'; πρός + ε + κυνε+ σαν.
3. τῷ καθημένῳ: '앉으신'; καθη + μένῳ. 관형적 용법의 분사로 τῷ θεῷ(하나님께)를 수식한다.
4. λέγοντες: '말하며'. 현재분사 λέγοντες는 부사절로 직접화법을 소개하는데, 여기서 결과적 (resultant) 역할의 분사('… 경배하였다, 그리고 말하였다')라 할 수 있다.

계 19:5

Καὶ φωνὴ ἀπὸ τοῦ θρόνου ἐξῆλθεν λέγουσα· αἰνεῖτε τῷ θεῷ ἡμῶν πάντες οἱ δοῦλοι αὐτοῦ [καὶ] οἱ φοβούμενοι αὐτόν, οἱ μικροὶ καὶ οἱ μεγάλοι.

보좌로부터 말하는 소리가 나왔다. "우리 하나님을 찬양하라. 그의 모든 종들, 곧 그를 경외하는 자들, 작은 자들과 큰 자들아."

5
καί
접.등
φωνή
명.주.여단
ἀπό
전.소
ὁ
관.소.남단
θρόνος
명.소.남단
ἐξέρχομαι
동직.과능.3단
λέγω
동분.현능.주.여단
αἰνέω
동명.현능.2복
ὁ
관.여.남단
θεός
명.여.남단
ἐγώ
대인칭.소.-복
πᾶς
형부정.주.남복
ὁ
관.주.남복
δοῦλος
명.주.남복
αὐτός
대인칭.소.남단
καί
접.등
ὁ
관.주.남복
φοβέω
동분.현중.주.남복
αὐτός
대인칭.목.남복
ὁ
관.주.남복
μικρός
형일반.주.난.남복
καί
접.등
ὁ
관.주.남복
μέγας
형일반.주.남복

Καὶ φωνὴ
소리가/음성이 And a voice

 ἀπὸ τοῦ θρόνου
 보좌로부터/에서 from the throne,

 ἐξῆλθεν[1]
 나왔다. came

  λέγουσα.[2]
  말하는 saying,

 αἰνεῖτε[3]
 찬양하라. "Praise

  τῷ θεῷ
  하나님을 God,

   ἡμῶν
   우리(의) our

πάντες οἱ δοῦλοι
모든 종들아 all you ~ servants,

 αὐτοῦ
 그의 his

 [καὶ] οἱ φοβούμενοι[4]
 경외하는 자들, you who fear

  αὐτόν,
  그를 him,

 οἱ μικροὶ
 작은 자들과 small

 καὶ οἱ μεγάλοι.[5]
 큰 자들아. and great."

1. ἐξῆλθεν: '(그것이) 나왔다/나갔다'; ἐξ(ἐκ) + ε+ ελθ + ε(ν); 6:2 참고.
2. λέγουσα: 주절의 주어 φωνή(소리)를 공유하는 분사이므로 여성이다. 주절의 동작을 보조하는 상황의(circumstantial) 분사라 할 수 있고 직접화법을 소개한다.
3. αἰνεῖτε: '찬양하라'; αἰνέω(찬양하다)의 명령법 2복; αἰνέ + ετε = αἰνεῖτε(έ + ε = εῖ). αἶνος(찬양[의 말]), αἴνεσις(찬양[의 행동]); Friberg.
4. οἱ φοβούμενοι: 이태동사 φοβέομαι/φοβοῦμαι(두려워하다)의 현재분사; 1:17 참고. 분사의 독립적 용법이다. ὁ φοβούμενος τὸν θεόν(하나님 경외자)는 고넬료처럼 이방인으로 유대교 신앙을 가진 자를 가리키는 용어이기도 하다(행 10:2, 22, 35; 13:16, 26).
5. οἱ μικροὶ καὶ οἱ μεγάλοι: '작은 자들과 큰 자들아'; cf. 11:18; 13:16; 19:18; 20:12.

계 19:6

Καὶ ἤκουσα ὡς φωνὴν ὄχλου πολλοῦ καὶ ὡς φωνὴν ὑδάτων πολλῶν καὶ ὡς φωνὴν βροντῶν ἰσχυρῶν λεγόντων· ἁλληλουϊά, ὅτι ἐβασίλευσεν κύριος ὁ θεὸς [ἡμῶν] ὁ παντοκράτωρ.

또 나는 많은 무리의 소리 같고 많은 물 소리 같고 강한 천둥 소리 같이 말하는 소리를 들었다. "할렐루야. 전능하신 우리 주 하나님께서 다스리신다."

6
καί
접.등
ἀκούω
동직.과능.1단
ὡς
접.종
φωνή
명.목.여단
ὄχλος
명.소.남단
πολύς
형일반.소.남단
καί
접.등
ὡς
접.종
φωνή
명.목.여단
ὕδωρ
명.소.중복
πολύς
형일반.소.중복

Καὶ ἤκουσα[1]
또 내가 ~ 들었다. And I heard

 ὡς φωνὴν
 소리 같고 what sounded like the voice

  ὄχλου
  무리의 of a ~ multitude

   πολλοῦ
   많은 great

 καὶ ὡς φωνὴν
 소리 같고 and the sound

  ὑδάτων[2]
  물 of ~ waters

First block (계 19:6 continuation)

πολλῶν
많은 many

καὶ ὡς φωνὴν
소리 같은 것을 and like the sound

βροντῶν
천둥의 of ~ thunderpeals,

ἰσχυρῶν
강한 mighty

λεγόντων·[3]
말하는 saying,

ἀλληλουϊά,
할렐루야! "Halleljuah!

ὅτι[4]
(~ 때문이다.) For

ἐβασίλευσεν[5]
다스리신다(다스리시기 ~). reigns.

κύριος ὁ θεὸς
주 하나님 the Lord ~ God

[ἡμῶν]
[우리의] [our]

ὁ παντοκράτωρ.[6]
전능하신 이께서 the Almighty

καί
접 등
ὡς
접 종
φωνή
명 목 여단
βροντή
명 소 여복
ἰσχυρός
형 일반 소 여복
λέγω
동분 현능 소 남복
/동분 현능 소 여복
ἀλληλουϊά
불변
ὅτι
접 종
βασιλεύω
동직 과능 3단
κύριος
명 주 남단
ὁ
관 주 남단
θεός
명 주 남단
ἐγώ
대인칭 소 -복
ὁ
관 주 남단
παντοκράτωρ
명 주 남단

---

1. ἤκουσα ὡς φωνὴν ὄχλου πολλοῦ: 1절의 표현이 비슷하게 반복된다.
2. ὑδάτων: '물(들)의'; 1:15 참고.
3. λεγόντων: 직접화법을 이끄는데 λεγόντων은 앞의 세 개의 ὡς φωνὴν(소리 같은 것)의 술어(여복)라 할 수 있지만, 격이 소유격이라는 점에서 소유격 명사들인 ὄχλου(무리의), ὑδάτων(물들의), βροντῶν(천둥[들]의)의 술어(남복)로 보는 것이 나을 것이다.
4. ὅτι: 이유(원인)의 ὅτι 절을 종속적(for)이기 보다는 등위적(For)으로 보는 것은(ESV, NAS, NIV)은 '할렐루야'와 ὅτι 문장과의 관계 때문이다.
5. ἐβασίλευσεν: '(그가) 다스리셨다/다스리신다'; ἐ + βασιλευ + σε(ν). 부정과거 ἐβασίλευσεν을 현재('다스리신다', reigns)로 번역할 수 있는 것은(ESV, NAS, NIV)은 보편적 진리(사실)를 부각하는 금언적(gnomic), 또는 사실성을 강조하는 극적(dramatic) 부정과거로 볼 수 있기 때문이다. 한편으로 19장 이전에 이뤄진 하나님의 통치의 완성적 측면을 강조하는 정점의(culminative) 부정과거로 볼 여지도 있다.
6. ὁ παντοκράτωρ: '전능자'; 1:8 참고.

계 19:7

χαίρωμεν καὶ ἀγαλλιῶμεν καὶ δώσωμεν τὴν δόξαν αὐτῷ, ὅτι ἦλθεν ὁ γάμος τοῦ ἀρνίου καὶ ἡ γυνὴ αὐτοῦ ἡτοίμασεν ἑαυτὴν

기뻐하고 즐거워하며 그분께 영광을 드리자. 어린 양의 결혼식이 이르렀고 그의 신부가 자신을 준비하였기 때문이다.

χαίρωμεν[1]
기뻐하고 Let us rejoice

καὶ ἀγαλλιῶμεν[2]
즐거워하며 and be glad

καὶ δώσωμεν[3]
드리자/드리리라. and give

τὴν δόξαν
영광을 the glory

αὐτῷ,
그에게 him

ὅτι[4]
~ 때문이다. for

ἦλθεν
왔다. has come,

ὁ γάμος[5]
결혼/혼인이(혼인의 날이) the marriage

τοῦ ἀρνίου
어린 양의 of the Lamb

καὶ ἡ γυνὴ
또 ~ 신부가 and ~ bride

αὐτοῦ
그의 his

ἡτοίμασεν[6]
준비하였다. has made ~ ready;

ἑαυτὴν[7]
그녀 자신을/스스로를 herself

χαίρω
동가 현능 1복
καί
접 등
ἀγαλλιάω
동가 현능 1복
καί
접 등
δίδωμι
동가 과능 1복
ὁ
관 목 여단
δόξα
명 목 여단
αὐτός
대인칭 여 남단
ὅτι
접 종
ἔρχομαι
동직 과능 3단
ὁ
관 주 남단
γάμος
명 주 남단
ὁ
관 소 중단
ἀρνίον
명 소 중단
καί
접 등
ὁ
관 주 여단

1. χαίρωμεν καὶ ἀγαλλιῶμεν: '기뻐하고 크게 기뻐하자'; χαίρ + ωμεν; ἀγαλλιά + ωμεν. 가정법 1복은 권고의(hortatory) 의미('~하자', let's)가 있다. χαίρω가 '기뻐하다'라면 ἀγαλλιάω는 '크게 기뻐하다'라 할 수 있다. 두 개의 동의어 사용은 기쁨의 표현을 배가하며 강화한다. ἀγαλλιῶμεν의 액센트 위치가 χαίρωμεν과 다른 것은 ἀγαλλιῶμεν의 어미에 단축이 일어났기 때문이다.

2. ἀγαλλιῶμεν: ἀγαλλιά + ωμεν(가정법 1복 어미). ἀγαλλίασις(환희, 큰 기쁨).

3. καὶ δώσωμεν: '드립시다'; 역시 권고의 가정법(1복)이다. 부정과거는 행동의 결단과 수행성을 부각할 수 있다. 앞의 두 개의 현재 가정법은 지속적 특성을 가진 반면, 뒤의 부정과거 가정법은 수행적 결단의 뉘앙스가 있다고 볼 수 있다.

4. ὅτι: 이유(원인)의 ὅτι 부사절.

5. ὁ γάμος: '결혼식, 혼인 예식'. γαμέω(결혼하다), γαμίζω(결혼하게 하다/딸을 주어 결혼하게 하다; Thayer).

6. ἡτοίμασεν: '(그녀가) 준비하였다'; ἑ + ἑτοιμάζ + σε(ν); 8:6 참고.

7. ἑαυτήν: '그녀 자신을'. 재귀대명사 ἑαυτοῦ(of himself)의 여단 목적격 ἑαυτὴν은 '스스로'의 의미이다; 2:2 참고.

계 19:8

καὶ ἐδόθη αὐτῇ ἵνα περιβάληται βύσσινον λαμπρὸν καθαρόν· τὸ γὰρ βύσσινον τὰ δικαιώματα τῶν ἁγίων ἐστίν.

그녀에게 빛나고 깨끗한 아마포를 입는 것이 허락되었다. 그 아마포는 성도들의 의로운 행위이다."

καὶ ἐδόθη[1]
또 ~ 주어졌다/하셨다. and it was granted

αὐτῇ
그녀에게 her

ἵνα περιβάληται[2]
입는 것이/입게 to be clothed

βύσσινον
고운 아마포로 with fine linen,

λαμπρὸν
빛나고 bright

καθαρόν·
깨끗한 and clean/ pure;

τὸ γὰρ βύσσινον
고운 아마포는 ~ 때문이다." for the fine linen

τὰ δικαιώματα[3]
의로운 행위(들)~ the righteous deeds

τῶν ἁγίων
성도들의 of the saints."

ἐστίν.
~이기 ~ is

1. ἐδόθη: '주어졌다'; 부정과거 수동태 3단(ἐ + δο + θη).

2. ἵνα περιβάληται: ἵνα + 가정법 명사절(substantival clause)로 수동태 ἐδόθη의 진주어 역할을 한다('입는 것이 주어졌다'). περιβάληται = περι + βαλ + ηται; 3:5 참고.

3. τὰ δικαιώματα: '의로운 행위(들)'; 15:4 참고.

계 19:9

Καὶ λέγει μοι· γράψον· μακάριοι οἱ εἰς τὸ δεῖπνον τοῦ γάμου τοῦ ἀρνίου κεκλημένοι. καὶ λέγει μοι· οὗτοι οἱ λόγοι ἀληθινοὶ τοῦ θεοῦ εἰσιν.

또 그가 내게 말한다. "기록하라. 어린 양의 결혼 잔치에 초대된 이들이 복이 있다." 또 그가 내게 말한다. "이것(들)이 바로 하나님의 참된 말씀(들)이다."

Καὶ λέγει[1]
또 그가 ~ 말한다/말하였다. And he (the angel) said
　μοι·
　내게 to me,
　γράψον·[2]
　기록하라/쓰라. "Write,
　μακάριοι
　복이 있다. 'Blessed are
οἱ[3]
~ 자들이 those who are
　εἰς τὸ δεῖπνον[4]
　식사/잔치에 to the ~ supper
　　τοῦ γάμου
　　결혼/혼인 marriage/ wedding
　　τοῦ ἀρνίου
　　어린 양의 of the Lamb."

κεκλημένοι.
초대된 ~ invited
καὶ λέγει
또 ~ 말한다/말하였다. And he said
　μοι·
　내게 to me,
οὗτοι[5]
이것(이 말씀들)은 "These
　οἱ λόγοι
　말씀들~ the ~ words
　ἀληθινοὶ
　참된 true
　τοῦ θεοῦ
　하나님의 of God."
εἰσιν.
~이다. are

1. λέγει ... λέγει ... λέγει: 9-10절에 세 차례 나오는 λέγει([그가] 말한다)의 주체는 요한에게 계시에 대해 말하는 특정 천사를 가리킨다. 현재 시제는 생생한 느낌과 함께 지속적 과정을 부각할 것이다.
2. γράψον: '기록하라'; γραφ + σον; 1:11 참고.
3. οἱ ... κεκλημένοι: '초대된 자들'. 정관사 οἱ는 분사 κεκλημένοι에 상응한다.
4. δεῖπνον: '저녁식사, 만찬'. δειπνέω(만찬을 먹다, 식사를 하다).
5. οὗτοι: 지시대명사 οὗτοι(이것들)는 보어로 쓰이는 οἱ λόγοι(말씀들)를 강조할 수 있다('이것들이 [바로] 그 말씀들이다').

계 19:10

καὶ ἔπεσα ἔμπροσθεν τῶν ποδῶν αὐτοῦ προσκυνῆσαι αὐτῷ. καὶ λέγει μοι· ὅρα μή· σύνδουλός σού εἰμι καὶ τῶν ἀδελφῶν σου τῶν ἐχόντων τὴν μαρτυρίαν Ἰησοῦ· τῷ θεῷ προσκύνησον. ἡ γὰρ μαρτυρία Ἰησοῦ ἐστιν τὸ πνεῦμα τῆς προφητείας.

내가 그에게 경배하려고 그의 발 앞에 엎드렸다. 그러자 그가 내게 말하였다. "보라. 그러지 말라. 나는 예수의 증언을 가지고 있는 그대의 형제들과 같이 그대와 함께 종 된 자이다. 하나님께 경배하라. 예수의 증언은 예언의 영이다."

καὶ ἔπεσα
내가 ~ 엎드렸다. And I fell
　ἔμπροσθεν[1] τῶν ποδῶν[2]
　발(들) 앞에 at ~ feet
　　αὐτοῦ
　　그의 his
　προσκυνῆσαι[3]
　경배하려고 to worship
　　αὐτῷ.
　　그에게 him,

καὶ λέγει[4]
그러자 그가 ~ 말하였다. but he said
　μοι·
　내게 to me,
　ὅρα[5]
　보아라/주의하라. (See!)
　μή·
　아니다/그러지 말라. "Do not do that!
　σύνδουλός
　동료 종/함께 된 종~ a fellow servant

μακάριος
형일반·주.남복
ὁ
관.주.남복
εἰς
전.목
ὁ
관.목.중단
δεῖπνον
명.목.중단
ὁ
관.소.남단
γάμος
명.소.남단
ὁ
관.소.중단
ἀρνίον
명.소.중단
καλέω
동.분완.수.주.남복
καί
접.등
λέγω
동.직.현능.3단
ἐγώ
대인칭.여.-단
οὗτος
대지시.주.남복
ὁ
관.주.남복
λόγος
명.주.남복
ἀληθινός
형일반·주.남복
ὁ
관.소.남단
θεός
명.소.남단
εἰμί
동.직.현능.3복

10
καί
접.등
πίπτω
동.직.과능.1단
ἔμπροσθεν
전.소
ὁ
관.소.남복
πούς
명.소.남복
αὐτός
대인칭.소.남단
προσκυνέω
동부.과능
αὐτός
대인칭.여.남단
καί
접.등
λέγω
동.직.현능.3단
ἐγώ
대인칭.여.-단
ὁράω
동.명.현능.2단
μή
조사
σύνδουλος
명.주.남단
σύ
대인칭.소.-단
εἰμί
동.직.현능.1단
καί

접동
ὁ
관소 남복
ἀδελφός
명소 남복
σύ
대인칭 소 -단
ὁ
관소 남복
ἔχω
동분 현능소남복
ὁ
관목.여단
μαρτυρία
명 목 여단
Ἰησοῦς
명소 남단
ὁ
관.여 남단
θεός
명.여 남단
προσκυνέω
동명 과능.2단
ὁ
관주.여단
γάρ
접동
μαρτυρία
명주.여단
Ἰησοῦς
명소 남단
εἰμί
동직 현능.3단
ὁ
관주 중단
πνεῦμα
명주 중단
ὁ
관소.여단
προφητεία
명소.여단

σού 그대의 with you	τῷ θεῷ 하나님께 God."
εἰμι 나는 ~이다. I am	προσκύνησον.[7] 경배하라 Worship.
καὶ τῶν ἀδελφῶν[6] 형제들과 같은 and ~ brothers	ἡ γὰρ μαρτυρία 증언은 For the testimony
σου 그대의 your	Ἰησοῦ[8] 예수의 of Jesus
τῶν ἐχόντων 가지고 있는 who hold	ἐστιν ~이다(이기 때문이다). is
τὴν μαρτυρίαν 증언을 the testimony	τὸ πνεῦμα 영~ the spirit
Ἰησοῦ· 에수의 of Jesus.	τῆς προφητείας.[9] 예언의 of prophecy.

1. ἔμπροσθεν: '앞에'; 4:6 참고.
2. ποδῶν: 3변화 πούς의 소유격 복수; 1:15 참고.
3. προσκυνῆσαι: '경배하려고'; προσκυνέ + σαι. προσκυνέω(경배하다)의 부정사는 ἔπεσα(엎드렸다)의 목적('경배하려고 [엎드렸다]') 또는 결과('[엎드려] 경배하였다')의 부정사로 볼 수 있다.
4. καὶ λέγει μοι: 9절 참고.
5. ὅρα μή: '그러지 않게 주의하라'. ὅρα(보라)는 ὁράω(보다)의 현재 명령법 2단(ὅρα = ὁρα + ε)으로 '주의하라, 주목하라'의 의미이다. ὅρα는 부정어와 함께 부정의 명령(주의할 것)을 뜻한다(예, 마 8:4; 막 1:44).
6. ὅρα μή· σύνδουλός σού εἰμι καὶ τῶν ἀδελφῶν: 이 표현은 22:9에서 그대로 반복된다. σύνδουλος는 6:11 참고. σύνδουλός의 끝음절에 애큐트가 덧붙여진 것은 뒤에 있는 액센트가 없는 εἰμι를 포용하기 위해서이다. σύνδουλός σού에서 소유격 σού는 유대(association)의 소유격으로 '너와 같이 한 함께 된 종'(a fellow-servant with you)으로 번역할 수 있다(Wallace, 129-130).
7. προσκύνησον: '(그들이) 경배하였다'; προσκυνε + σον. προσκυνέω(경배하다)와 함께 사용되는, 참된 신적 대상(하나님)에 대해서는 여격('~께')을 쓴다(4:10 참고).
8. ἡ μαρτυρία Ἰησοῦ: '예수의 증언'. 소유격 Ἰησοῦ(예수의)는 주어적(subjective; '예수께서 하시는 증언') 또는 목적어적(objective; '예수를 증언하는 것') 모두 가능하다(plenary).
9. τὸ πνεῦμα τῆς προφητείας: '예언의 영'. '예언하게 하는 영'(Zerwick)으로 보거나, 소유격을 한정된(attributed) 것으로 보고 '영적(성령이 주시는) 예언'으로 이해할 수 있다. 맥락상 후자가 자연스럽다.

계 19:11

11
καί
접동
ὁράω
동직 과능.1단
ὁ
관 주 남단
οὐρανός
명 목 남단
ἀνοίγω
동분환수목남단
καί
접동
ἰδού
감탄
ἵππος
명주 남단
λευκός
형일반 주 남단
καί
접동

Καὶ εἶδον τὸν οὐρανὸν ἠνεῳγμένον, καὶ ἰδοὺ ἵππος λευκὸς καὶ ὁ καθήμενος ἐπ᾽ αὐτὸν [καλούμενος] πιστὸς καὶ ἀληθινός, καὶ ἐν δικαιοσύνῃ κρίνει καὶ πολεμεῖ.

또 나는 하늘이 열린 것을 보았다. 보라. 흰 말과 그 위에 타신 이가 있는데 신실과 진실이라 불리웠다. 그는 의로 심판하시고 싸우신다.

Καὶ εἶδον[1] 또 내가 ~ 보았다. And I saw	καὶ ἰδοὺ 그리고 보라. and behold,
τὸν οὐρανὸν 하늘이/하늘을 heaven	ἵππος 말과 a ~ horse,
ἠνεῳγμένον.[2] 열린 것을/열려 있는 opened,	λευκὸς 흰 white

καὶ ὁ καθήμενος
앉으신/타신 이가 (있었다.) and he who sat
　ἐπ᾽ αὐτὸν
　그 위에 upon it,
　　[καλούμενος]³
　　[칭함을 받으며] called
　　　πιστὸς
　　　신실과 Faithful

καὶ ἀληθινός,
진실이라 and True,
καὶ ἐν δικαιοσύνῃ⁴
의로/의로움으로 and in righteousness
κρίνει
그가 ~ 심판하시고 he judges
καὶ πολεμεῖ.⁵
싸우신다/전쟁을 하신다. and makes war.

ὁ 관.주.남단
κάθημαι 동분.현중.주.남단
ἐπί 전.목
αὐτός 대인칭.목.남단
καλέω 동분.현수.주.남단
πιστός 형일반.주.남단
καί 접.등
ἀληθινός 형일반.주.남단
καί
ἐν 전.여
δικαιοσύνη 명.여.여단
κρίνω 동직.현능.3단
καί 접.등
πολεμέω 동직.현능.3단

---

1. εἶδον: '보았다'; ἐ + ιδ + ον.
2. ἠνεῳγμένον: '열린/열려 있는 것을'. ἀνοίγω(열다)의 현재완료(수) 분사는 열려져 있는 상태(결과)를 부각한다.
3. [καλούμενος]: καλούμενος(불리는)가 없이 ~ πιστὸς καὶ ἀληθινός만 있는 사본(A, P, 051, 1, 2042, 2081 등), καλούμενος가 포함된 사본(046, 94, 1006, 1611, 1841 등)으로 논란이 있다(Metzger, 685-686).
4. δικαιοσύνη: δικαιοσύνη(의, 의의 상태); 15:4의 δικαίωμα(의, 의의 행위) 비교.
5. κρίνει καὶ πολεμεῖ: '심판하시고 싸우신다/전쟁하신다'; κρίν + ει; πολεμέ + ει. 미래에 동작을 이루려 한다는 점에서 의향적(tendential), 의욕적(conative) 현재로 볼 수 있다('그는 [반드시] 심판하시고 싸우실 것이다'). 보편적 진리의 격언적(gnomic) 현재도 가능하겠다('그는 심판하시고 싸우시는 분이시다').

계 19:12

οἱ δὲ ὀφθαλμοὶ αὐτοῦ [ὡς] φλὸξ πυρός, καὶ ἐπὶ τὴν κεφαλὴν αὐτοῦ διαδήματα πολλά, ἔχων ὄνομα γεγραμμένον ὃ οὐδεὶς οἶδεν εἰ μὴ αὐτός,

그의 두 눈은 불꽃(화염)과 같고 그의 머리에 많은 왕관이 있었다 그 자신 외에는 아무도 알지 못하는, 쓰여진 이름을 하나 가지고 있었다.

οἱ δὲ ὀφθαλμοὶ¹
그런데 ~ 두 눈은 eyes
　αὐτοῦ
　그의 His
　　[ὡς] φλὸξ²
　　~꽃/화염과 같고 are like a flame
　　　πυρός,
　　　불~/불의 of fire,
　　καὶ ἐπὶ τὴν κεφαλὴν
　　머리에 and on ~ head
　　　αὐτοῦ
　　　그의 his
διαδήματα³
왕관이 (있다.) are ~ diadems,

πολλά,
많은 many
　ἔχων⁴
　가지시고 and he has
　　ὄνομα
　　이름을 a name
　　　γεγραμμένον⁵
　　　쓰여진/기록된 written
　　ὃ⁶ οὐδεὶς
　　아무도 that no one
　　　οἶδεν
　　　알지 못하는 knows
　　　εἰ μὴ αὐτός,⁷
　　　그 자신 외에는 but himself.

12
ὁ 관.주.남복
δέ 접.등
ὀφθαλμός 명.주.남복
αὐτός 대인칭.소.남단
ὡς 접.종
φλόξ 명.주.여단
πῦρ 명.소.중단
καί 접.등
ἐπί 전.목
ὁ 관.목.여단
κεφαλή 명.목.여단
αὐτός 대인칭.소.남단
διάδημα 명.주.중복
πολύς 형일반.주.중복
ἔχω 동분.현능.주.남단
ὄνομα 명.목.중단
γράφω 동분.완수.목.중단
ὅς 대관계.목.중단
οὐδείς 대부정.주.남단
οἶδα 동직.완능.3단
εἰ 접.종

---

1. ὀφθαλμοὶ: '눈들, 두 눈'; 1:7 참고.
2. φλὸξ: 3변화 φλόξ(화염)은 1:14; 2:18 참고.
3. διαδήματα: '왕관들'; 12:3 참고.
4. ἔχων: 그리스도를 묘사하는 어구들에서 ἔχων은 서술적(predicative) 분사로 쓰였다('그는 가지고 계신다/가지셨다'). Wallace는 히브리어 어법의 영향으로 분사가 독립적으로 직설법 술어처럼 쓰인 경

μή
조사
αὐτός
대강조 주 남단

우로도 간주한다(1:16; 4:7; 10:2; 11:1; 12:2; 17:5; 21:12, 14, 19; 19:12; Wallace, 653).

5. γεγραμμένον: '쓰여진'. Wallace는 과정과 결과의 현재성을 강조한다는 점에서 현재력(present force)의 현재완료로 본다(Wallace, 580).

6. ὃ οὐδεὶς οἶδεν: 관계대명사 중단 목적격 ὃ는 ὄνομα(이름)를 선행사로 하며 οἶδεν(알지 못한다)의 목적어이다. οἶδεν은 2:2 참고.

7. εἰ μὴ αὐτός: εἰ μὴ + 명사/대명사('~외에는'); 2:17 참고.

계 19:13

13
καί
접 등
περιβάλλω
동분완중주남단
ἱμάτιον
명 목.중단
βάπτω
동분완수목중단
αἷμα
명 여.중단
καί
접 등
καλέω
동직 완수 3단
ὁ
관주 중단
ὄνομα
명 주 중단
αὐτός
대인칭 소 남단
ὁ
관주 남단
λόγος
명 주 남단
ὁ
관 소 남단
θεός
명 소 남단

καὶ περιβεβλημένος ἱμάτιον βεβαμμένον αἵματι, καὶ κέκληται τὸ ὄνομα αὐτοῦ ὁ λόγος τοῦ θεοῦ.

또한 피로 적신 옷을 입으셨는데 그의 이름은 하나님의 말씀이라 불리웠다.

καὶ περιβεβλημένος[1]
입으셨는데 And he is clothed

ἱμάτιον
옷을 with a robe

βεβαμμένον[2]
적신/담근 dipped

αἵματι,
피로/피에 in blood,

καὶ κέκληται[3]
(그리고) ~ 불렸다. and ~ is called

τὸ ὄνομα
이름은 name

αὐτοῦ
그의 his

ὁ λόγος
말씀이라~ the Word

τοῦ θεοῦ.[4]
하나님의 of God.

---

1. περιβεβλημένος: '입으셨는데'; περι + βε + βλη(< βαλ < βάλλω) + μένος. 12절 분사 ἔχων과 같은 기능을 한다. 현재완료 분사는 상태의 지속을 부각한다.

2. βεβαμμένον: '적신/담근'. βάπτω(적시다/담그다)의 현재완료(수) 분사로 상태와 결과의 지속을 부각할 것이다.

3. κέκληται: '(그가) 불렸다'; κε + κλη(< καλέω) + ται. 현재완료는 의미의 지속성을 부각한다. 계속 그같이 불리운다는 점에서 반복적(iterative)이며 보편적 사실이라는 점에서 격언적(gnomic)일 수 있다.

4. ὁ λόγος τοῦ θεοῦ: '하나님의 말씀(이라)'. 호칭(appellation)의 주격의 예이다.

계 19:14

14
καί
접등
ὁ
관주 중복
στράτευμα
명주 중복
ὁ
관주 중복
ἐν
전 여
ὁ
관여 남단
οὐρανός
명 여 남단
ἀκολουθέω
동직 미완능 3단
αὐτός
대인칭 여 남단

Καὶ τὰ στρατεύματα [τὰ] ἐν τῷ οὐρανῷ ἠκολούθει αὐτῷ ἐφ᾽ ἵπποις λευκοῖς, ἐνδεδυμένοι βύσσινον λευκὸν καθαρόν.

하늘에 있는 군대들이 흰 말을 타고 깨끗하고 흰 세마포를 입고 그를 따랐다.

Καὶ τὰ στρατεύματα[1]
또 ~ 군대들이 And the armies

[τὰ] ἐν τῷ οὐρανῷ
하늘에 있는 [자들인] which are in heaven,

ἠκολούθει[2]
따랐다. followed

αὐτῷ
그를 him

ἐφ᾽ ἵπποις[3]
말(들)을 타고 on ~ horses.

λευκοῖς,
흰 white

ἐνδεδυμένοι[4]
입고 clothed
　　βύσσινον[5]
　　고운 야마포를/로 in fine linen,
　　　λευκὸν
　　　희고 white
　　　καθαρόν.
　　　깨끗한 and clean,

ἐπί
전.여
ἵππος
명.여.남복
λευκός
형일반.여.남복
ἐνδύω
동분완중.주남복
βύσσινος
형일반.목.중단
λευκός
형일반.목.중단
καθαρός
형일반.목.중단

---

1. στρατεύματα: '군대들'; 9:16 참고.
2. ἠκολούθει: '따랐다, 따르기 시작하였다'; ἐ + ἀκολουθέ + ε. 여기서 미완료는 동작이 시작(개시)되는 기동상(ingressive) 의미이다('따르기 시작하였다').
3. ἐφ' ἵπποις: ἐπί(on) + ἵπποις(horses).
4. ἐνδεδυμένοι: '입고'; ἐν + δε + δυ + μένοι. ἐνδύω/ἐνδύνω(입다, 들어가다)의 현재완료 중간태 분사 남복 주격, 입고 있는 상태(결과)를 부각한다. 목적격('~를/로')을 필요로 한다(1:13; 15:6; 19:14).
5. βύσσινον: '고운 아마포를/로'.

계 19:15

καὶ ἐκ τοῦ στόματος αὐτοῦ ἐκπορεύεται ῥομφαία ὀξεῖα, ἵνα ἐν αὐτῇ πατάξῃ τὰ ἔθνη, καὶ αὐτὸς ποιμανεῖ αὐτοὺς ἐν ῥάβδῳ σιδηρᾷ, καὶ αὐτὸς πατεῖ τὴν ληνὸν τοῦ οἴνου τοῦ θυμοῦ τῆς ὀργῆς τοῦ θεοῦ τοῦ παντοκράτορος,

그의 입에서 예리한 검이 나왔다. 그것으로 열방을 치기 위한 것이다. 또한 그가 직접 철장으로 그들을 다스리시고 전능하신 하나님의 심판의 진노의 포도주 틀을 밟으셨다(밟으실 것이다).

καὶ ἐκ τοῦ στόματος
또 ~ 입에서 And from ~ mouth
　　αὐτοῦ
　　그의 his
ἐκπορεύεται[1]
나온다/나오고 있었다. comes
ῥομφαία
검/칼이 a ~ sword
　　ὀξεῖα,
　　예리한 sharp
ἵνα[2]
~ 위해 so that
　　ἐν αὐτῇ[3]
　　그것(검)으로 with it
　　πατάξῃ[4]
　　치기/강타하기 ~ he may smite
　　　τὰ ἔθνη,
　　　민족들/나라들/열방을 the nations,
καὶ αὐτὸς[5]
또 그 자신이/그가 직접 and he
　　ποιμανεῖ[6]
　　다스리실 것이다. will rule

αὐτοὺς
그들을 them
　　ἐν ῥάβδῳ[7]
　　~장으로/지팡이로 with a rod
　　　σιδηρᾷ,
　　　철~/철로 만든 of iron;
καὶ αὐτὸς
또 그 자신이/그가 직접 and he will
　　πατεῖ[8]
　　밟으신다/밟으실 것이다. tread
　　τὴν ληνὸν[9]
　　짜는 틀을 the press
　　τοῦ οἴνου
　　포도주를 of wine
　　　τοῦ θυμοῦ
　　　분노/열정의 of the fury
　　　τῆς ὀργῆς
　　　진노/심판의 of the wrath
　　　|τοῦ θεοῦ
　　　하나님의 of God
　　　　τοῦ παντοκράτορος,
　　　　전능하신 the Almighty.

15
καί
접.등
ἐκ
전.소
ὁ
관.소.중단
στόμα
명.소.중단
αὐτός
대인칭.소.남단
ἐκπορεύομαι
동직.현중.3단
ῥομφαία
명.주.여단
ὀξύς
형일반.주.여단
ἵνα
접.종
ἐν
전.여
αὐτός
대인칭.여.여단
πατάσσω
동가.과능.3단
ὁ
관.목.중복
ἔθνος
명.목.중복
καί
접.등
αὐτός
대강조.주.남복
ποιμαίνω
동직.미능.3단
αὐτός
대인칭.목.남복
ἐν
전.여
ῥάβδος
명.여.여단
σιδηροῦς
형일반.여.여단
καί
접.등
αὐτός
대강조.주.남복
πατέω
동직.현능.3단
ὁ
관.목.여단

1. ἐκ ... ἐκπορεύεται: '~에서 나온다'(1:16; 4:5; 9:17, 18; 11:5; 19:15; 22:1). ἐκπορεύομαι는 1:16 참고.
2. ἵνα: 목적의 ἵνα 가정법.
3. ἐν αὐτῇ: '그것으로'; 수단의 여격.
4. πατάξῃ: '치기 (위해)'; πατακ + σῃ; 11:16 참고.
5. καὶ αὐτὸς: '또 그 자신이 직접'; 강조대명사로 주어를 강조한다. 15절에만 두 번 반복된다.
6. ποιμανεῖ: 유음동사 ποιμαίνω는 미래에서 ποιμαν + σει > ποιμαν + ε + ει = ποιμανεῖ가 되는 단축이 일어난다(cf. 2:27; 7:17; 12:5; 19:15).
7. ἐν ῥάβδῳ: '지팡이로'; 수단의 여격.
8. πατεῖ: '밟으신다/밟으실 것이다'; πατέ + ει; 11:2 참고. 미래적(futuristic) 현재로 볼 수 있다. 미래시제 ποιμανεῖ와 관련이 있다.
9. ληνὸν: '포도주 틀'; 14:19 참고.

계 19:16

καὶ ἔχει ἐπὶ τὸ ἱμάτιον καὶ ἐπὶ τὸν μηρὸν αὐτοῦ ὄνομα γεγραμμένον· Βασιλεὺς βασιλέων καὶ κύριος κυρίων.

옷 위와 그의 허벅지 위에 이름이 쓰였는데 만 왕의(왕들의) 왕, 만 주의(주들의) 주라 하였다.

καὶ ἔχει[1]
또 그가 ~ 가지고 계신다. And ~ he has
  ἐπὶ τὸ ἱμάτιον
  옷 위에 on ~ robe
  καὶ ἐπὶ τὸν μηρὸν[2]
  그리고 ~ 허벅지 위에 and ~ thigh
    αὐτοῦ
    그의 his
ὄνομα
이름을 a name

γεγραμμένον·[3]
쓰여진 written,
  Βασιλεὺς
  왕, King
  βασιλέων[4]
  왕 중의/왕들의 of kings
  καὶ κύριος
  주라 and Lord
  κυρίων.
  주 중의/주들의 of lords.

1. ἔχει: '가지고 계신다'. 보편적 진리를 말하는 격언적(gnomic) 현재라 할 수 있고 생생함을 부각하는 것일 수도 있다.
2. μηρὸν: μηρός(허벅지)은 NT에서 한 번만 발견된다. γόνυ(무릎), σκέλος(다리), σφυδρόν(발목), πούς(발); LN.
3. γεγραμμένον: '쓰여진'; 2:17; 19:12 참고.
4. Βασιλεὺς βασιλέων καὶ κύριος κυρίων: '왕 중의 왕, 주 중의 주'; 그리스도에 대한 칭호; 17:14의 반복, 순서만 바뀐다.

계 19:17

Καὶ εἶδον ἕνα ἄγγελον ἑστῶτα ἐν τῷ ἡλίῳ καὶ ἔκραξεν [ἐν] φωνῇ μεγάλῃ λέγων πᾶσιν τοῖς ὀρνέοις τοῖς πετομένοις ἐν μεσουρανήματι· Δεῦτε συνάχθητε εἰς τὸ δεῖπνον τὸ μέγα τοῦ θεοῦ

또 나는 한 천사가 태양 안에 서 있는 것을 보았다. 그가 큰 소리로 외치며 공중에 날고 있는 모든 새에게 말하였다. "오라. 하나님의 큰 잔치에 모여라.

Καὶ εἶδον
또 내가 ~ 보았다. And I saw
ἕνα[1] ἄγγελον
한 천사를 an angel
ἑστῶτα[2]
서 있는 standing
ἐν τῷ ἡλίῳ[3]
해/태양 안에 in the sun,
καὶ ἔκραξεν[4]
그가 ~ 외쳤다. and ~ he cried out
[ἐν] φωνῇ
소리로/음성으로 with a ~ voice,
μεγάλῃ
큰 loud
λέγων[5]
말하며 saying

πᾶσιν τοῖς ὀρνέοις[6]
모든 새들에게 to all the birds
τοῖς πετομένοις[7]
날고 있는 that fly
ἐν μεσουρανήματι[8]
공중/하늘에 in midheaven,
Δεῦτε[9]
와서 "Come,
συνάχθητε[10]
모여라. gather
εἰς τὸ δεῖπνον
잔치/식사에 for the ~ supper
τὸ μέγα
큰 great
τοῦ θεοῦ
하나님의 of God,

ἐν
전.여
ὁ
관.여.남단
ἥλιος
명.여.남단
καί
접.등
κράζω
동직.과능.3단
ἐν
전.여
φωνή
명.여.여단
μέγας
형일반.여.여단
λέγω
동분.현능.주남단
πᾶς
형부정.여.중복
ὁ
관.여.중복
ὄρνεον
명.여.중복
ὁ
관.여.중복
πέτομαι
동분.현중.여.중복
ἐν
전.여
μεσουράνημα
명.여.중단
δεῦτε
부
συνάγω
동명.과수.2복
εἰς
전.목
ὁ
관.목.중단
δεῖπνον
명.목.중단
ὁ
관.목.중단
μέγας
형일반.목.중단
ὁ
관.소.남단
θεός
명.소.남단

1. ἕνα: 남성 εἷς(하나)의 목적격; 4:8 참고.
2. ἑστῶτα: '서 있는'; 10:5 참고.
3. ἡλίῳ: ἥλιος(해, 태양), 6:12 참고.
4. ἔκραξεν: '외쳤다'; ἐ + κραγ + σε(ν); 6:10 참고.
5. λέγων: '말하며'; 6:10 참고.
6. τοῖς ὀρνέοις: '새들에게'; 18:2 참고.
7. τοῖς πετομένοις: '나는'; πετο(πέτομαι) + μένοις. 관형적 용법의 분사로 τοῖς ὀρνέοις를 수식한다.
8. μεσουρανήματι: '하늘에'; 8:13 참고.
9. Δεῦτε: '오라'. δεῦτε는 부사로 분류되지만 명령의 의미를 갖는다. 어미의 -τε도 명령법 복수 어미 -ετε/ατε와 관련이 있다. 단수로 쓰일 때는 δεῦρο이다(17:1; 21:9).
10. συνάχθητε: '모여라'; συν + αγ + θητε(부정과거[수] 명령법 2복 어미). συνάγω(모으다), 16:14 참고. γ가 θ 앞에서 χ가 된 것은 발음의 동화(assimilation) 현상 때문이다. γ, κ + θ = χθ.

계 19:18

ἵνα φάγητε σάρκας βασιλέων καὶ σάρκας χιλιάρχων καὶ σάρκας ἰσχυρῶν καὶ σάρκας ἵππων καὶ τῶν καθημένων ἐπ᾽ αὐτῶν καὶ σάρκας πάντων ἐλευθέρων τε καὶ δούλων καὶ μικρῶν καὶ μεγάλων.

왕들의 살(들)과 장군들의 살(들)과 힘센 자들의 살(들)과 말들과 그 위에 앉은 자들의 살(들)과 모든 자유한 자들과 종들과 또 작은 자들과 큰 자들의 살(들)을 먹을 수 있게 그리하라."

ἵνα φάγητε[1]
먹을 수 있게 so that you may eat
σάρκας[2]
살(들)과 the flesh
βασιλέων
왕들의 of kings,
καὶ σάρκας
살(들)과 the flesh

χιλιάρχων[3]
장군들의 of commanders
καὶ σάρκας
살(들)과 and the flesh
ἰσχυρῶν
장사/힘센 자들의 of mighty men
καὶ σάρκας
살(들)과 and the flesh

18
ἵνα
접.종
ἐσθίω
동가.과능.2복
σάρξ
명.목.여복
βασιλεύς
명.소.남복
καί
접.등
σάρξ
명.목.여복
χιλίαρχος
명.소.남복
καί
접.등
σάρξ
명.목.여복
ἰσχυρός
형일반.소.남복
καί
접.등

ἵππων		ἐλευθέρων[4] τε[5]
말들과 of horses		자유한 자들과 both free
καὶ τῶν καθημένων		καὶ δούλων
앉은 자들의 and those who sit		종들, and slave,
ἐπ᾽ αὐτῶν		καὶ μικρῶν
그(들) 위에 on them		또 작은 자들과 both small
καὶ σάρκας		καὶ μεγάλων.
살(들)을 and the flesh		큰 자들의 and great."
πάντων		
모든 of all men,		

───────────

1. ἵνα φάγητε: '먹을 수 있게'; 목적의 ἵνα 가정법. φαγ(ἐσθίω의 부정과거 어간) + ητε(가정법 2복).
2. σάρκας: '살(들)을'; 17:16 참고.
3. χιλιάρχων: '천부장들의'; 6:15 참고.
4. ἐλευθέρων: '자유인들의'; 6:15 참고.
5. τε καί: 연계 소사 τε는 καί와 함께 '~만 아니라, ~도'(not only ... but also)의 뉘앙스를 준다(Thayer).

계 19:19

Καὶ εἶδον τὸ θηρίον καὶ τοὺς βασιλεῖς τῆς γῆς καὶ τὰ στρατεύματα αὐτῶν
συνηγμένα ποιῆσαι τὸν πόλεμον μετὰ τοῦ καθημένου ἐπὶ τοῦ ἵππου καὶ
μετὰ τοῦ στρατεύματος αὐτοῦ.

또 나는 짐승과 땅의 왕들과 그들의 군대들을 보았다. 그들은 말 위에 앉으신 이와 그의 군대들과 전쟁을
하려고 모여 있었다.

───────────

Καὶ εἶδον		ποιῆσαι
또 ~ 보았다. And I saw		하려고 to make
τὸ θηρίον		τὸν πόλεμον[3]
짐승과 the beast		전쟁을 war
καὶ τοὺς βασιλεῖς[1]		|μετὰ τοῦ καθημένου
왕들과 and the kings		앉으신 이와 against him who was sitting
τῆς γῆς		ἐπὶ τοῦ ἵππου
땅의 of the earth		말 위에 on the horse
καὶ τὰ στρατεύματα		καὶ μετὰ τοῦ στρατεύματος
군대들을 and ~ armies,		군대들과 and against ~ army.
αὐτῶν		αὐτοῦ.
그들의 their		그의 his
συνηγμένα[2]		
모여 있는 gathered		

───────────

1. βασιλεῖς: '왕들'; 1:5 참고.
2. συνηγμένα: '모여 있는'; συν + ε + αγ + μένα. συνάγω(모으다)의 현재완료(수) 분사로 결과의 상태를 부각할 것이다.
3. ποιῆσαι τὸν πόλεμον: ποιέω(행하다) + τὸν πόλεμον(전쟁)은 '전쟁을 하다'이다. ποιῆσαι는 목적의 부정사로 쓰였다.

계 19:20

καὶ ἐπιάσθη τὸ θηρίον καὶ μετ' αὐτοῦ ὁ ψευδοπροφήτης ὁ ποιήσας τὰ σημεῖα ἐνώπιον αὐτοῦ, ἐν οἷς ἐπλάνησεν τοὺς λαβόντας τὸ χάραγμα τοῦ θηρίου καὶ τοὺς προσκυνοῦντας τῇ εἰκόνι αὐτοῦ· ζῶντες ἐβλήθησαν οἱ δύο εἰς τὴν λίμνην τοῦ πυρὸς τῆς καιομένης ἐν θείῳ.

짐승과 더불어, 그 앞에서 그와 함께 이적을 행하던 거짓 선지자가 잡혔다. 그는 이적으로 짐승의 표를 받은 자들과 그 우상(화상)에 경배하던 자들을 미혹하던 자이다. 이 둘이 산 채로 유황으로 타는 불못에 던져졌다.

καὶ ἐπιάσθη¹
그리고 ~ 잡혔다. And ~ was captured,
τὸ θηρίον
짐승과 the beast
καὶ μετ' αὐτοῦ
그와 함께 and with it
ὁ ψευδοπροφήτης²
거짓 선지자 the false prophet
ὁ ποιήσας³
곧 행하던 자 who had done
τὰ σημεῖα
이적/표적(들)을 the signs
ἐνώπιον αὐτοῦ,
그 앞에서 in its presence
ἐν οἷς⁴
그것(들)으로 by which
ἐπλάνησεν⁵
현혹/미혹하던 he deceived
τοὺς λαβόντας⁶⁻⁷
받은 자들과 those who had received
τὸ χάραγμα
표를/표식을 the mark

τοῦ θηρίου
짐승의 of the beast
καὶ τοὺς προσκυνοῦντας
경배한 자들을 and those who worshiped
τῇ εἰκόνι
아이콘/화상에 image.
αὐτοῦ·
그의 its
ζῶντες⁸
산 채로 alive
ἐβλήθησαν⁹
던져졌다. were thrown
οἱ δύο¹⁰
이 둘은 These two
εἰς τὴν λίμνην¹¹
호수/~못에 into the lake
τοῦ πυρὸς
불의/불~ of fire
τῆς καιομένης¹²
태워지는/타는 that burns
ἐν θείῳ.¹³
유황으로/이 with sulfur.

---

1. ἐπιάσθη: '잡혔다'; ἐ + πιάζ + θη. πιάζω(손을 대다, 잡다, 체포하다). 부정과거 ἐπιάσθη는 끝내 성취된다는 점에서 결말적(culminative) 요소도 있고 미래 확실히 일어날 일이라는 점에서 미래적(futuristic) 요소도 있겠다.
2. ψευδοπροφήτης: '거짓 선지자'; ψευδο(< ψεῦδος, 거짓; < ψευδής, 속이는) + προφήτης(선지자). ψευδοδιδάσκαλος(거짓 선생), ψευδομαρτυρ(거짓 증인), ψευδόχριστος(거짓 그리스도).
3. ὁ ποιήσας: '행하던 자'. ψευδοπροφήτης를 관형적으로 수식하는 부정과거 분사는 주 문장보다 이전 시점을 가리킬 수 있다.
4. ἐν οἷς: 수단의 ἐν 구문('~으로')인데, 관계대명사 중복 οἷς는 중복 τὰ σημεῖα(표적들을)를 선행사로 가진다('그 것[표적]들로').
5. ἐπλάνησεν: '미혹하였다'; ἐ + πλανα + σε(ν). 어미의 첫 글자가 σ가 올 때(부정과거와 미래), 어간의 끝모음이 -α로 끝나거나(-αω 동사) -ε로 끝나면(-εω 동사) σ 앞에서 η로 길어지고, 어간의 끝모음이 -ο로 끝나면(-οω 동사) σ 앞에서 ω로 길어진다.
6. τοὺς λαβόντας ... καὶ τοὺς προσκυνοῦντας: '받은 자들과 … 경배한 자들'; λαβ + όντας; προσκυνέ + οντας. 두 개의 분사는 ἐπλάνησεν(미혹하였다)의 목적어로 'those who ... and those who' 패턴이다. λαβόντας는 부정과거 분사이고 προσκυνοῦντας가 현재 분사인 것은 후자(경배하는 일)가 전자

의 일(표를 받는 것)에 비해 지속적인 것임을 부각하려는 의도 때문일 것이다.

7. λαβόντας: λαβ(λαμβάνω[취하다]의 부정과거 어간) + οντας(기본형 분사 어미). 제2부정과거 분사의 경우 액센트는 동사의 일반 규칙을 벗어나 부정과거의 어간에는 액센트를 받지 않고 대신 분사의 어미에 액센트를 취한다.

8. ζῶντες: '살아있는 동안(while [still] alive) > 산 채로'(Wallace, 627); ζά + οντες; ά + ο = ῶ.

9. ἐβλήθησαν: '(그들이) 던져졌다'; ἐ + βλη(ε) + θησαν.

10. οἱ δύο: δύο(둘)에 정관사 οἱ를 붙여 이 둘을 특정하였다.

11. τὴν λίμνην τοῦ πυρὸς: '불못(에)'. λίμνη(호수, 못), λιμήν(항구). 3변화 πῦρ(불), 1:14 참고.

12. καιομένης: καίω(태우다)는 NT에서 11회 사용되는 단어인데 마 5:15 외는 모두 수동태('타다')로 쓰인다(예, 계 4:5; 8:0, 10; 19:20; 21:8).

13. ἐν θείῳ: '유황으로'; 수단의 여격이다. θεῖον는 9:17 참고.

계 19:21

καὶ οἱ λοιποὶ ἀπεκτάνθησαν ἐν τῇ ῥομφαίᾳ τοῦ καθημένου ἐπὶ τοῦ ἵππου τῇ ἐξελθούσῃ ἐκ τοῦ στόματος αὐτοῦ, καὶ πάντα τὰ ὄρνεα ἐχορτάσθησαν ἐκ τῶν σαρκῶν αὐτῶν.

그리고 남은 자들은 말 위에 앉으신 이의 검, 그의 입에서 나오는 것으로 죽임을 당하였다. 모든 새들이 그들의 살(들)로 배불렀다.

καὶ οἱ λοιποὶ[1]
그리고 남은 자들은 And the rest
ἀπεκτάνθησαν[2]
죽임을 당하였고/죽었고 were slain
ἐν τῇ ῥομφαίᾳ[3]
검으로/칼로 by the sword
τοῦ καθημένου
앉으신 이의 of him who sat
ἐπὶ τοῦ ἵππου
말 위에 on the horse,
τῇ ἐξελθούσῃ[4]
나오는 that came

ἐκ τοῦ στόματος
입에서 from the mouth
αὐτοῦ,
그의 of him,

καὶ πάντα τὰ ὄρνεα
모든 새들은 and all the birds
ἐχορτάσθησαν[5]
배부르게 되었다/배불렀다. were filled
ἐκ τῶν σαρκῶν[6]
살(들)로 with ~ flesh.
αὐτῶν.
그들의 their

---

1. οἱ λοιποὶ: '남은 자들'; 2:24 참고.

2. ἀπεκτάνθησαν: '죽임을 당하였다'. ἀποκτείνω(죽이다)의 부정과거 어간은 ἀπο-κταν인데 가운데 시상 접두모음 ε가 들어가고(ἀπ[ο] + ε + κταν = ἀπεκταν) 수동태 어미(θησαν)가 붙었다.

3. ἐν τῇ ῥομφαίᾳ: '검으로'; 수단의 여격; ῥομφαία(검), 1:16 참고.

4. τῇ ἐξελθούσῃ: '나오는'; ἐξ(ἐκ) + ελθ + ούση. τῇ ῥομφαίᾳ(검[으로])를 수식하는 관형적 용법의 분사이다.

5. ἐχορτάσθησαν: '(그들이) 배불렀다'; ἐ + χορτάζ + θησαν(부정과거 수동태 3복). χορτάζω(배부르게 먹이다, 먹여 만족하게 하다) < χόρτος(풀, 허브) > χόρτασμα(먹이, 음식).

6. ἐκ τῶν σαρκῶν: '살(들)로(때문에)'. 수동태(ἐχορτάσθησαν) 다음에 나오는 ἐκ로 동작(술어)의 이유('때문에')를 가리킬 수 있다(Thayer); 2:11 참고.

계 20:1

Καὶ εἶδον ἄγγελον καταβαίνοντα ἐκ τοῦ οὐρανοῦ ἔχοντα τὴν κλεῖν τῆς ἀβύσσου καὶ ἅλυσιν μεγάλην ἐπὶ τὴν χεῖρα αὐτοῦ.

또 나는 한 천사가 하늘에서 내려오는 것을 보았다. 그의 손에 무저갱의 열쇠와 큰 사슬을 가지고 있었다.

───────

Καὶ εἶδον
또 내가 ~ 보았다. And I saw
   ἄγγελον
   한 천사를 an angel
      καταβαίνοντα[1]
      내려오는 coming down
         ἐκ τοῦ οὐρανοῦ
         하늘에서 from heaven,
      ἔχοντα
      가지고 holding
         τὴν κλεῖν[2]
         열쇠와 the key

τῆς ἀβύσσου
무저갱(의) of the abyss/ bottomless pit
   καὶ ἅλυσιν[3]
   사슬을 and a ~ chain
      μεγάλην
      큰 great
   ἐπὶ τὴν χεῖρα
   손에 in ~ hand.
      αὐτοῦ.
      그의 his

───────

1. καταβαίνοντα ... ἔχοντα: '내려오는 … 가지고 (있는)'; κατα + βαίν + οντα; ἔχ + οντα. 동격(apposition)인 두 개의 목적격 현재분사는 목적격 명사인 ἄγγελον(한 천사)의 술어 역할을 한다. 현재분사는 여기서 생생함을 부각한다.
2. κλεῖν: 3변화 κλείς(열쇠), κλειδός는 9:1 참고.
3. ἅλυσιν: ἅλυσις(사슬, 체인, 묶는 것)는 부정의 ἀ-와 λύσις(푸는 것, 풀림 < λυω, 풀다)에서 유래한다('풀리지 않는 것'); Thayer. 3변화 ἅλυσις, ἀλύσεως, ἀλύσει, ἅλυσιν(sg); ἀλύσεις, ἀλύσεων, ἀλύσεσιν, ἀλύσεις(pl).

계 20:2

καὶ ἐκράτησεν τὸν δράκοντα, ὁ ὄφις ὁ ἀρχαῖος, ὅς ἐστιν Διάβολος καὶ ὁ Σατανᾶς, καὶ ἔδησεν αὐτὸν χίλια ἔτη

그가 옛 뱀, 즉 마귀와 사탄인 용을 붙잡고 천년 동안 결박하였다.

───────

<table>
<tr><td>

ὄφις
명.주.남단
ὁ
관.주.남단
ἀρχαῖος
형일반.주.남단
ὅς
대관계.주.남단
εἰμί
동직.현능.3단
διάβολος
명.주.남단
καί
접.등
ὁ
관.주.남단
Σατανᾶς
명.주.남단
καί
접.등
δέω
동직.과능.3단
αὐτός
대인칭.목.남단
χίλιοι
형기수.목.중복
ἔτος
명.목.중복

</td><td>

καὶ ἐκράτησεν[1]
그가 ~ 붙잡고 And he seized
τὸν δράκοντα,[2]
용, the dragon,
ὁ ὄφις[3]
즉 ~ 뱀을 that ~ serpent,
ὁ ἀρχαῖος,[4]
옛/오래된 ancient
ὅς[5] ἐστιν
~인 who is

</td><td>

Διάβολος[6]
마귀와 the Devil
καὶ ὁ Σατανᾶς,[7]
사탄~ and Satan,
καὶ ἔδησεν[8]
결박하고/묶고 and bound
αὐτὸν
그를 him
χίλια ἔτη[9]
천 년 동안 for a thousand years,

</td></tr>
</table>

---

1. ἐκράτησεν: '(그가) 붙잡았다'; ἐ + κρατε + σε(ν).
2. δράκοντα: 3변화 δράκων(용, dragon), δράκοντος는 12:3 참고.
3. ὄφις: 3변화 ὄφις(뱀), ὄφεως/ὀφίσεως는 9:19 참고.
4. ὁ ὄφις ὁ ἀρχαῖος: '오래된/태고의 뱀'은 12:9에 나왔다.
5. ὅς: 관계대명사 남단 주격 ὅς는 ὁ ὄφις(뱀)를 선행사로 하는 형용사절을 이끈다.
6. Διάβολος: '마귀'; 2:10 참고. NA는 정관사가 없을 때 고유명사로 보고 대문자(Διάβολος)로 처리하였고(12:9; 20:2) 정관사가 있을 때는 소문자(ὁ διάβολος)로 처리하고 있다(2:10; 12:12; 20:10).
7. ὁ Σατανᾶς: '사탄'. σατανᾶς는 LXX에서는 발견되지 않는다. 대신 διάβολος(마귀)가 쓰인다; 2:9 참고. 계시록에서 항상 정관사와 함께 쓰인다(2:9, 13, 24; 3:9; 12:9; 20:2, 7). 8회 가운데 대문자는 2회(12:9; 20:2), 소문자는 6회(2:9; 2:13[2], 24; 3:9; 20:7)이다.
8. ἔδησεν: '묶었다'; 9:14 참고.
9. χίλια ἔτη: '천년 동안'. 시간의 목적격은 기간(duration)이 얼마나(how long) 되는지를 부각한다. 3변화 ἔτος, ἔτους, ἔτει, ἔτος(sg); ἔτη, ἐτῶν, ἔτεσι, ἔτη(pl).

계 20:3

καὶ ἔβαλεν αὐτὸν εἰς τὴν ἄβυσσον καὶ ἔκλεισεν καὶ ἐσφράγισεν ἐπάνω αὐτοῦ, ἵνα μὴ πλανήσῃ ἔτι τὰ ἔθνη ἄχρι τελεσθῇ τὰ χίλια ἔτη. μετὰ ταῦτα δεῖ λυθῆναι αὐτὸν μικρὸν χρόνον.

그를 무저갱에 던졌다. 그리고 잠그고 그 위를 봉인하였다. 그래서 천년이 끝날 때까지 더 이상 열방을 미혹하지 못하게 하였다. 그 후에는 그가 잠시 풀려나야 한다.

<table>
<tr><td>

3
καί
접.등
βάλλω
동직.과능.3단
αὐτός
대인칭.목.남단
εἰς
전.목
ὁ
관.목.여단
ἄβυσσος
명.목.여단
καί
접.등
κλείω
동직.과능.3단
καί
접.등
σφραγίζω
동직.과능.3단
ἐπάνω
전.소
αὐτός
대인칭.소.남단
ἵνα
접.종
μή
조사
πλανάω
동가.과능.3단
ἔτι
부
ὁ
관.목.중복

</td><td>

καὶ ἔβαλεν[1]
던졌다. and threw
αὐτὸν
그를 him
εἰς τὴν ἄβυσσον
무저갱으로/에 into the abyss/ pit,
καὶ ἔκλεισεν[2]
그리고 닫고/잠그고 and shut it
καὶ ἐσφράγισεν[3]
봉인하였다. and sealed it
ἐπάνω αὐτοῦ,[4]
그 위를 over him,
ἵνα μὴ πλανήσῃ[5]
현혹/미혹하지 못하도록 so that he might not deceive

</td><td>

ἔτι[6]
더 이상 any longer,
τὰ ἔθνη
민족들/열방을 the nations
ἄχρι[7]
~ 때까지 until
τελεσθῇ
끝날 ~ were ended.
τὰ χίλια ἔτη.
천 년이 the thousand years,
μετὰ ταῦτα
이 일(들) 후에 After that
δεῖ[8]
(~해야) 한다. must

</td></tr>
</table>

λυθῆναι
풀려나야 be released
αὐτὸν
그가 he
μικρὸν χρόνον.[9]
잠시 for a little while.

---

1. ἔβαλεν: '던졌다'; ἔ + βαλ + ε(ν); 2:10 참고.
2. ἔκλεισεν: '닫았다'; ἔ + κλει + σε(ν); 3:7 참고.
3. ἐσφράγισεν: '봉인하였다'; ἐ + σφράγιζ + σε(ν); 7:3 참고.
4. ἐπάνω αὐτοῦ: '그 위에'; 6:8 참고.
5. ἵνα μὴ πλανήσῃ: '미혹하지 못하게'; πλανα + σῃ; 목적의 ἵνα 가정법.
6. μὴ ... ἔτι: ἔτι(여전히, 아직)가 부정어와 함께 하면 '더 이상 ~ 아니다'(no longer)의 뜻이 된다.
7. ἄχρι τελεσθῇ: '끝날 때까지'; τελε(τελέω) + θῇ. ἄχρι + 가정법(7:3; 15:8; 20:3, 5) 또는 직설법 미래(17:17)도 가능하다. 명사/대명사와 함께 쓰일 때는 소유격을 취한다(2:10, 25, 26; 12:11; 14:20; 18:5).
8. δεῖ λυθῆναι αὐτὸν: δεῖ(must)의 진주어는 목적격 대명사 αὐτὸν(그가)이다. 부정사 λυθῆναι(풀리는 것; λυ + θῆναι)는 δεῖ의 목적어이다; '그가 풀려야 한다'.
9. μικρὸν χρόνον: '잠시 동안'. 시간의 목적격으로 기간(duration)을 부각한다. 그 짧음을 강조한다.

계 20:4

Καὶ εἶδον θρόνους καὶ ἐκάθισαν ἐπ᾽ αὐτοὺς καὶ κρίμα ἐδόθη αὐτοῖς, καὶ τὰς ψυχὰς τῶν πεπελεκισμένων διὰ τὴν μαρτυρίαν Ἰησοῦ καὶ διὰ τὸν λόγον τοῦ θεοῦ καὶ οἵτινες οὐ προσεκύνησαν τὸ θηρίον οὐδὲ τὴν εἰκόνα αὐτοῦ καὶ οὐκ ἔλαβον τὸ χάραγμα ἐπὶ τὸ μέτωπον καὶ ἐπὶ τὴν χεῖρα αὐτῶν. καὶ ἔζησαν καὶ ἐβασίλευσαν μετὰ τοῦ Χριστοῦ χίλια ἔτη.

또 나는 보좌들과 그 위에 앉은 이들을 보았다. 심판하는 일이 그들에게 주어졌다. 예수의 증언과 하나님의 말씀 때문에 목 베임을 당한 영혼들과, 짐승이나 그 우상(화상)에 경배하지 않고 그 이마와 손에 표를 받지 않은 이들이다. 그들이 살았고 그리스도와 함께 천년 동안 왕 노릇하였다.

Καὶ εἶδον
또 내가 ~ 보았다. Then I saw
　θρόνους
　보좌들을 thrones,
　καὶ ἐκάθισαν[1]
　그들이 ~ 앉았고 and they sat
　　ἐπ᾽ αὐτοὺς[2]
　　그(보좌들) 위에 upon them
καὶ κρίμα[3]
심판하는 일이 and judgment
　ἐδόθη[4]
　주어졌다. was given
　　αὐτοῖς,
　　그들에게 to them.

καὶ τὰς ψυχὰς[5]
또 ~ 영혼들을 And I saw the souls
　τῶν πεπελεκισμένων[6]
　목 베임을 당한 of those who had been beheaded
　διὰ[7] τὴν μαρτυρίαν
　증언 때문에 because of the testimony
　　Ἰησοῦ
　　예수의 of Jesus
　καὶ διὰ τὸν λόγον
　또 ~ 말씀 때문에 and because of the word
　　τοῦ θεοῦ
　　하나님의 of God,
καὶ οἵτινες[8]
~ 자들이 and those who

ἔθνος
명.목.중복
ἄχρι
접종
τελέω
동.가.과수.3단
ὁ
관.주.중복
χίλιοι
형.기수.주.중복
ἔτος
명.주.중복
μετά
전.목
οὗτος
대.지시.목.중복
δεῖ
동.직.현능.3단
λύω
동.부.과수
αὐτός
대.인칭.목.남단
μικρός
형.대.목.남단
χρόνος
명.목.남단

4
καί
접.등
ὁράω
동.직.과능.1단
θρόνος
명.목.남복
καί
접.등
καθίζω
동.직.과능.3복
ἐπί
전.목
αὐτός
대.인칭.목.남복
καί
접.등
κρίμα
명.주.중단
δίδωμι
동.직.과수.3단
αὐτός
대.인칭.여.남복
καί
접.등
ὁ
관.목.여복
ψυχή
명.목.여복
ὁ
관.소.남복
πελεκίζω
동.분.완수.소.남복
διά
전.목
ὁ
관.목.여단
μαρτυρία
명.목.여단
Ἰησοῦς
명.소.남단
καί
접.등
διά
전.목

ὁ
관.목.남단
λόγος
명.목.남단
ὁ
관.소.남단
θεός
명.소.남단
καί
접.등
ὅστις
대관계.주.남복
οὐ
부
προσκυνέω
동직.과능.3복
ὁ
관.목.중단
θηρίον
명.목.중단
οὐδέ
접.등
ὁ
관.목.여단
εἰκών
명.목.여단
αὐτός
대인칭.소.중단
καί
접.등
οὐ
부
λαμβάνω
동직.과능.3복
ὁ
관.목.중단
χάραγμα
명.목.중단
ἐπί
전.목
ὁ
관.목.중단
μέτωπον
명.목.중단
καί
접.등
ἐπί
전.목
ὁ
관.목.여단
χείρ
명.목.여단
αὐτός
대인칭.소.남복
καί
접.등
ζάω
동직.과능.3복
καί
접.등
βασιλεύω
동직.과능.3복
μετά
전.소
ὁ
관.소.남단
Χριστός
명.소.남단
χίλιοι
형기수.목.중복
ἔτος
명.목.중복

οὐ⁹ προσεκύνησαν¹⁰
경배하지 않고 had not worshiped

τὸ θηρίον
짐승에게도 the beast

οὐδὲ τὴν εἰκόνα
아이콘/형상에도 or ~ image,

αὐτοῦ
그의 his

καὶ οὐκ ἔλαβον¹¹
받지도 않았던 ~ and had not received

τὸ χάραγμα
표를/표식을 the mark

ἐπὶ τὸ μέτωπον
이마와 on ~ foreheads

καὶ ἐπὶ τὴν χεῖρα
손에 or ~ hands.

αὐτῶν.
그들의 their

καὶ ἔζησαν¹²
살았고 And they came to life

καὶ ἐβασίλευσαν
왕 노릇하였다/다스렸다. and reigned

μετὰ τοῦ Χριστοῦ
그리스도와 함께 with Christ

χίλια ἔτη.
천 년 동안 for a thousand years.

---

1. ἐκάθισαν: '(그들이) 앉았다'; ἐ + καθιζ + σαν; 3:21 참고.
2. ἐπ' αὐτούς: '그(것들) 위에'; ἐπί + αὐτούς.
3. κρίμα: '심판(의 일)이'; κρίμα(심판, 판단, 소송); 17:1 참고.
4. ἐδόθη: '주어졌다'; ἐ + δο + θη. δίδωμι(주다)의 부정과거(수) 어간은 δο이고(cf. ἐδόθην) 능동태 어간은 δω이다(cf. ἔδωκα).
5. τὰς ψυχὰς: 보통 '혼/영혼'(soul; 살전 5:23; 히 4:12; cf. 행 2:27)으로 번역하는 ψυχή은 '사람'을 뜻하는 말로 쓰일 때도 있다(6:9; 20:4; cf. 행 2:41, 43; 롬 13:1); 6:9 참고.
6. πεπελεκισμένων: πελεκίζω(도끼로 잘라내다, 목을 베다)의 현재완료(수) 분사 남복 소유격('목 베임을 당한'). 현재완료는 여기서 과정의 지속성을 부각할 것이다.
7. διὰ ... καὶ διὰ: 목 베임을 당한 이유('~때문에')를 말해준다.
8. οἵτινες: 관계대명사 οἵτινες는 본래 '누구든지 (그들은), whoever'의 뜻인데, 일반 관계대명사의 예(those who)로 쓰인다. 그러나 본래의 뉘앙스는 살아 있을 것이다('~한 사람들은 다').
9. οὐ ... οὐδὲ: 'neither … nor'.
10. οὐ προσεκύνησαν: '(그들은) 경배하지 않았다'; προς + ἐ + κυνε + σαν; 3:9 참고.
11. οὐκ ἔλαβον: '받지 않았다'; ἐ + λαβ + ον.
12. ἔζησαν καὶ ἐβασίλευσαν: '(그들이) 살았고 왕 노릇하였다'. 부정과거는 미래에 확실히 일어날 일을 부각하는 미래적(futuristic) 부정과거라 할 수 있다. KMP는 ἔζησαν을 기동의(inceptive) 부정과거로 분류한다(KMP, 292; Wallace, 559). Wallace는 ἐβασίλευσαν이 부정과거라는 점에서 천년이라는 기간(duration; 'how long')을 부각하는 것이 아니라, 통치의 행위/사실('that they reigned')에 초점을 두고 있다고 설명한다(Wallace, 558).

계 20:5

οἱ λοιποὶ τῶν νεκρῶν οὐκ ἔζησαν ἄχρι τελεσθῇ τὰ χίλια ἔτη. Αὕτη ἡ ἀνάστασις ἡ πρώτη.

죽은 자들 가운데 남은 자들은 천년이 끝날 때까지 살지 못하였다. 이것이 첫째 부활이다.

5
ὁ
관.주.남복
λοιπός
형일반.주.남복
ὁ
관.소.남복
νεκρός
형일반.소.남복
οὐ
부
ζάω
동직.과능.3복

οἱ λοιποὶ
남은 자들은 The rest

τῶν νεκρῶν
죽은 자들 가운데서 of the dead

οὐκ ἔζησαν¹
살지 못하였다. did not come to life

ἄχρι²
~ 때까지 until

τελεσθῇ
찰/끝날 were ended.

τὰ χίλια ἔτη.
천 년이 the thousand years

Αὕτη[3]
이것이　This is

  ἡ ἀνάστασις[4]
  부활이다.　the ~ resurrection.

    ἡ πρώτη.
    첫째　first

---

1. οὐκ ἔζησαν: '살지 못하였다'; ἐ + ζα + σαν.
2. ἄχρι τελεσθῇ: 3절 참고.
3. Αὕτη: 지시대명사를 써서 다음에 오는 명사를 부각하는 경우이다('이것이 바로 ~이다'; cf. 11:4; 14:4; 20:14).
4. ἀνάστασις: ἀνάστασις(부활, 일으킴) < ἀνίστημι(일으키다, 일어나다).

계 20:6

μακάριος καὶ ἅγιος ὁ ἔχων μέρος ἐν τῇ ἀναστάσει τῇ πρώτῃ· ἐπὶ τούτων ὁ δεύτερος θάνατος οὐκ ἔχει ἐξουσίαν, ἀλλ' ἔσονται ἱερεῖς τοῦ θεοῦ καὶ τοῦ Χριστοῦ καὶ βασιλεύσουσιν μετ' αὐτοῦ [τὰ] χίλια ἔτη.

첫째 부활에 참여하는 자는 복이 있고 거룩하다. 둘째 죽음(사망)이 그들 위에 권세를 부리지 못한다. 도리어 그들이 하나님과 그리스도의 제사장(들)이 될 것이다. 또한 그와 함께 천년 동안 왕 노릇할 것이다.

μακάριος[1]
복이 있다.　Blessed

καὶ ἅγιος
또 거룩하다.　and holy

ὁ ἔχων[2]
가진 자는/~하는 자는　is the one who has

  μέρος[3]
  몫을/참여~　a part

  ἐν τῇ ἀναστάσει
  부활에　in the ~ resurrection.

    τῇ πρώτῃ·
    첫째　first

ἐπὶ[4] τούτων
그들 위에　over them,

ὁ δεύτερος θάνατος
둘째 사망/죽음이　the second death

  οὐκ ἔχει
  가지지/행사하지 못한다.　has no

ἐξουσίαν,
권세를　power

ἀλλ' ἔσονται[5]
반면에 그들이 ~ 될 것이다.　but they will be

  ἱερεῖς[6]
  제사장들이　priests

    τοῦ θεοῦ
    하나님과　of God

    καὶ τοῦ Χριστοῦ
    그리스도의　and of Christ,

καὶ βασιλεύσουσιν[7]
또한 왕 노릇할 것이다/다스릴 것이다.　and they will reign

  μετ' αὐτοῦ[8]
  그와 함께　with him

  [τὰ] χίλια ἔτη.
  천 년 동안　for a thousand years.

---

1. μακάριος: '복 있는'; 1:3 참고. 계시록에는 7회 나온다(1:3; 14:13; 16:15; 19:9; 20:6; 22:7, 14; cf. 마 5:3-11).
2. ὁ ἔχων: '가진 자는'; 분사의 독립적 용법.
3. μέρος ἐν ...: '…에 대한 몫/지분'.
4. ἐπὶ ... ἐξουσίαν: '…에 대한 권세'(authority/power over ...).
5. ἔσονται: εἰμί(be)의 미래형은 ἔσομαι, ἔσῃ, ἔσται(sg); ἐσόμεθα, ἔσεσθε, ἔσονται(pl)이다.
6. ἱερεῖς: 1:6 참고. 3회 출현(1:6; 5:10; 20:6).
7. ἔσονται ... καὶ βασιλεύσουσιν: 두 개의 미래 동사는 모두 미래의 완성적 의미를 부각할 것이다.
8. μετ' αὐτοῦ: μετά + αὐτοῦ.

μετά
전.소
αὐτός
대인칭.소.남단
ὁ
관.목.중복
χίλιοι
형.기수.목.중복
ἔτος
명.목.중복

계 20:7

Καὶ ὅταν τελεσθῇ τὰ χίλια ἔτη, λυθήσεται ὁ σατανᾶς ἐκ τῆς φυλακῆς αὐτοῦ

천년이 끝날 때에 사탄이 그의 옥에서 풀려날 것이다.

7
καί
접.등
ὅταν
접.종
τελέω
동.가.과수.3단
ὁ
관.주.중복
χίλιοι
형.기수.주.중복
ἔτος
명.주.중복
λύω
동.직.미수.3단
ὁ
관.주.남단
Σατανᾶς
명.주.남단
ἐκ
전.소
ὁ
관.소.여단
φυλακή
명.소.여단
αὐτός
대인칭.소.남단

Καὶ ὅταν[1] 그리고 ~ 때에 And when	ὁ σατανᾶς 사탄이 Satan
τελεσθῇ[2] 찼을/끝났을 are ended,	ἐκ τῆς φυλακῆς[4] 옥/감옥에서 from ~ prison
τὰ χίλια ἔτη, 천 년이 the thousand years	αὐτοῦ 그의 his
λυθήσεται[3] 풀려날 것이다. will be released	

---

1. ὅταν: ὅταν 가정법, '~때에(when), ~때마다(whenever)'. ὅταν이 가정법을 취하는 이유는 접속사 ὅταν이 접속사 ὅτε(when)와 상황의 가정과 관련된 소사 ἄν의 결합이기 때문이다. 7절에서는 '~ 때에 (when)'의 뜻이다.
2. τελεσθῇ τὰ χίλια ἔτη: '천년이 찰 (때)'; τελε + θῇ. 중복 τὰ χίλια ἔτη를 3단 동사(τελεσθῇ) 가 상응할 수 있다. 복수의 비인격적 존재(것)를 집합적으로 보기 때문이다. 이를 *constructio ad sensum*(construction according to sense)라고 한다(cf. Wallace, 399-400).
3. λυθήσεται: '풀려날 것이다'; λυ + θήσεται.
4. φυλακῆς: φυλακή(감옥); 2:10; 18:2; 20:7.

계 20:8

8
καί
접.등
ἐξέρχομαι
동.직.미중.3단
πλανάω
동.부.과능
ὁ
관.목.중복
ἔθνος
명.목.중복
ὁ
관.목.중복
ἐν
전.여
ὁ
관.여.여복
τέσσαρες
형.기수.여.여복
γωνία
명.여.여복
ὁ
관.소.여단
γῆ
명.소.여단
ὁ
관.목.남단
Γώγ
명.목.남단
καί
접.등
Μαγώγ
명.목.남단
συνάγω
동.부.과능

καὶ ἐξελεύσεται πλανῆσαι τὰ ἔθνη τὰ ἐν ταῖς τέσσαρσιν γωνίαις τῆς γῆς, τὸν Γὼγ καὶ Μαγώγ, συναγαγεῖν αὐτοὺς εἰς τὸν πόλεμον, ὧν ὁ ἀριθμὸς αὐτῶν ὡς ἡ ἄμμος τῆς θαλάσσης.

땅의 사방에 있는 열방, 즉 곡과 마곡을 미혹하려고 또 전쟁을 위해 그들을 모으려고 나올 것이다. 그들의 수는 바다의 모래와 같을 것이다.

καὶ ἐξελεύσεται[1] 그리고 ~ 나올 것이다. and will come out	συναγαγεῖν[5] 모으려고 to gather
πλανῆσαι[2] 현혹/미혹하여 to deceive	αὐτοὺς 그들을 them
τὰ ἔθνη 민족들/열방, the nations	εἰς τὸν πόλεμον,[6] 전쟁을 위해 for the war;
τὰ ἐν ταῖς τέσσαρσιν γωνίαις 즉 ~ 사방(동서남북)에 있는 자들, that are at the four corners	ὧν[7] ὁ ἀριθμὸς 수는 number
τῆς γῆς,[3] 땅의 of the earth,	αὐτῶν 그들의 their
τὸν Γὼγ καὶ Μαγώγ,[4] 곧 곡과 마곡을 Gog and Magog,	ὡς ἡ ἄμμος[8] 모래와 같다. is like the sand
	τῆς θαλάσσης. 바다의 of the sea.

---

1. ἐξελεύσεται: '나올 것이다'; ἐξ(ἐκ) + ελευ(미래 ἐλεύσομαι의 어간 < ἔρχομαι) + σεται.
2. πλανῆσαι: '미혹하려고'; 목적의 부정사; πλανα + σαι. σ 앞에서 α가 η로 길어졌다.
3. τὰ ἐν ταῖς τέσσαρσιν γωνίαις τῆς γῆς: 정관사 중복 주격 τὰ(things) 구문은 관형적으로 사용되어 τὰ ἔθνη(민족들)를 꾸며준다. ἐν ταῖς τέσσαρσιν γωνίαις τῆς γῆς는 '땅의 사방에 있는'이다. γωνία는 '모퉁이, 모서리(corner)'이므로 네 군데 모퉁이는 동서남북의 '사방'이 된다.
4. Γὼγ καὶ Μαγώγ: '곡과 마곡'; cf. 겔 38-39장.
5. συναγαγεῖν: '모으려고'; συν(together) + αγαγ(ἄγω, 모으다의 부정과거 어간) + εῖν(부정사 어미); 16:14 참고.
6. εἰς τὸν πόλεμον: '전쟁을 위해'. 목적의 εἰς 전치사구이다.
7. ὧν: 관계대명사 남복 소유격 ὧν은 αὐτοὺς(그들을)를 선행사로 취한다('그들의').
8. ἄμμος: '모래, 모래밭'(12:18).

계 20:9

καὶ ἀνέβησαν ἐπὶ τὸ πλάτος τῆς γῆς καὶ ἐκύκλευσαν τὴν παρεμβολὴν τῶν ἁγίων καὶ τὴν πόλιν τὴν ἠγαπημένην, καὶ κατέβη πῦρ ἐκ τοῦ οὐρανοῦ καὶ κατέφαγεν αὐτούς.

그들이 땅의 넓은 곳으로 올라와서 성도들의 진과 사랑받는 성을 포위하였다. 그러자 하늘에서 불이 내려왔고 그들을 삼켰다.

καὶ ἀνέβησαν[1]
그들이 ~ 올라와서 And they came up

ἐπὶ τὸ πλάτος[2]
넓은 곳으로 on the broad plain

τῆς γῆς
땅의 of the earth

καὶ ἐκύκλευσαν[3]
포위하였다. and surrounded

τὴν παρεμβολὴν[4]
진/진영과 the camp

τῶν ἁγίων
성도들의 of the saints

καὶ τὴν πόλιν
도시를/도성을 and the ~ city,

τὴν ἠγαπημένην,[5]
사랑을 받는(하나님께) beloved

καὶ κατέβη[6]
그러자 ~ 내려와서 and ~ came down

πῦρ
불이 fire

ἐκ τοῦ οὐρανοῦ
하늘에서 from heaven

καὶ κατέφαγεν[7]
삼켰다. and devoured

αὐτούς.
그들을 them.

---

1. ἀνέβησαν: '(그들이) 올라왔다'; ἀνά(upward) + ε(시상 접두어) + βα(βαίνω, 가다의 부정과거 어간) + σαν(부정과거 어미).
2. ἐπὶ τὸ πλάτος: ἐπὶ(위에, over) + τὸ πλάτος(너비, 넓이) = '넓은 지역에'.
3. ἐκύκλευσαν: '둘러쌓았다, 포위하였다'; ἐ + κύκλευ + σαν. κυκλεύω(둘러싸다, 에워싸다) < κύκλῳ(원[circle]; 빙 둘러[around]) > κυκλόθεν(둘레에, 돌아서), κυκλόω([주위를] 돌다, 둘러싸다).
4. παρεμβολὴν: παρεμβολή(진영, 막사, 진). παρ(< παρά, beside/by[옆에], alongside[나란히]) + εμ(ἐν, in) + βολή(< βάλλω, 두다[put], 던지다).
5. τὴν ἠγαπημένην: '사랑을 받는'; ἐ + αγαπα + (η) + μένην. 현재완료(수) 분사의 경우 어미 μ- 앞에서 모음이 길어진다(η). 현재완료 분사의 사용은 상태(사랑받는)의 지속을 부각하려는 목적이 있을 것이다.
6. κατέβη: '내려왔다'; κατά + ε + β(α) + η; < κατέβην.
7. κατέφαγεν: '삼켰다, 먹어 치웠다'; κατά + ε + φαγ + ε(ν).

αὐτός
대인칭.목.남복

εἰς
전.목

ὁ
관.목.남단

πόλεμος
명.목.남단

ὅς
대관계.소.남복

ἀριθμός
명.주.남복

αὐτός
대인칭.소.남복

ὡς
접.종

ὁ
관.주.여단

ἄμμος
명.주.여단

ὁ
관.소.여단

θάλασσα
명.소.여단

9
καί
접.등

ἀναβαίνω
동.직.과능.3복

ἐπί
전.목

ὁ
관.목.중단

πλάτος
명.목.중단

ὁ
관.소.여단

γῆ
명.소.여단

καί
접.등

κυκλεύω
동.직.과능.3복

ὁ
관.목.여단

παρεμβολή
명.목.여단

ὁ
관.소.남복

ἅγιος
형.일반.소.남복

καί
접.등

ὁ
관.목.여단

πόλις
명.목.여단

ὁ
관.목.여단

ἀγαπάω
동분.완수.목.여단

καί
접.등

καταβαίνω
동.직.과능.3단

πῦρ
명.주.중단

ἐκ
전.소

ὁ
관.소.남단

οὐρανός
명.소.남단

καί
접.등

κατεσθίω
동.직.과능.3단

αὐτός
대인칭.목.남복

계 20:10

10
καί
접.등
ὁ
관.주.남단
διάβολος
명.주.남단
ὁ
관.주.남단
πλανάω
동분.현능.주.남단
αὐτός
대인칭.목.남복
βάλλω
동직.과수.3단
εἰς
전.목
ὁ
관.목.여단
λίμνη
명.목.여단
ὁ
관.소.중단
πῦρ
명.소.중단
καί
접.등
θεῖον
명.소.중단
ὅπου
접.종
καί
접.등/부
ὁ
관.주.중단
θηρίον
명.주.중단
καί
접.등
ὁ
관.주.남단
ψευδοπροφήτης
명.주.남단
καί
접.등
βασανίζω
동직.미수.3복
ἡμέρα
명.소.여단
καί
접.등
νύξ
명.소.여단
εἰς
전.목
ὁ
관.목.남복
αἰών
명.목.남복
ὁ
관.소.남복
αἰών
명.소.남복

καὶ ὁ διάβολος ὁ πλανῶν αὐτοὺς ἐβλήθη εἰς τὴν λίμνην τοῦ πυρὸς καὶ θείου ὅπου καὶ τὸ θηρίον καὶ ὁ ψευδοπροφήτης, καὶ βασανισθήσονται ἡμέρας καὶ νυκτὸς εἰς τοὺς αἰῶνας τῶν αἰώνων.

그들을 미혹하던 마귀가 유황 불못에 던져졌다. 짐승과 거짓 선지자가 있는 곳이다. 그가 밤낮(낮밤)으로 영원토록 고통을 받을 것이다.

καὶ ὁ διάβολος
그리고 마귀 and the devil

ὁ πλανῶν[1]
즉 현혹/미혹하는 자는 who had deceived

αὐτοὺς
그들을 them

ἐβλήθη[2]
던져졌다. was thrown

εἰς τὴν λίμνην
못/호수에 into the lake

τοῦ πυρὸς
불과 of fire

καὶ θείου
유황의 and sulfur

ὅπου[3]
있는 where

καὶ τὸ θηρίον
짐승과 the beast

καὶ ὁ ψευδοπροφήτης,[4]
거짓 선지자가
and the false prophet were,

καὶ βασανισθήσονται[5]
그가 ~ 고통을 받을 것이다. and they will be tormented

ἡμέρας
낮과 day

καὶ νυκτὸς[6]
밤으로 and night

εἰς τοὺς αἰῶνας
영원히 forever

τῶν αἰώνων.
(영원의) and ever.

----

1. ὁ πλανῶν: '미혹하는 자(는)'; πλανα + ων; 2:20 참고. ὁ διάβολος를 한정하는 한정의(attributive) 분사라 할 수 있다(KMP, 325).
2. ἐβλήθη: '던져졌다'; ἐ + βλη(ε) + θη.
3. ὅπου: 종속접속사로 '~ (있는) 곳에'(where).
4. καὶ τὸ θηρίον καὶ ὁ ψευδοπροφήτης: '짐승도 거짓 선지자도'; καὶ A καὶ B(A and B also).
5. βασανισθήσονται: '고통을 받을 것이다'; βασανιζ + θήσονται. 치음(δ, τ, θ) 계열과 ζ가 어미의 θ- 만나 동화되면서 σ가 생기는 경우이다.
6. ἡμέρας καὶ νυκτός: 문자적, '낮(들)과 밤(들)으로' > '밤낮(들)으로'; 시간의 목적격은 그 기간(how long)을 부각한다. νύξ(밤) 변화는 4:8 참고.

계 20:11

11
καί
접.등
ὁράω
동직.과능.1단
θρόνος
명.목.남단
μέγας
형일반.목.남단
λευκός
형일반.목.남단
καί
접.등
ὁ
관.목.남단
κάθημαι
동분.현중.목.남단
ἐπί
전.목
αὐτός
대인칭.목.남단

Καὶ εἶδον θρόνον μέγαν λευκὸν καὶ τὸν καθήμενον ἐπ’ αὐτόν, οὗ ἀπὸ τοῦ προσώπου ἔφυγεν ἡ γῆ καὶ ὁ οὐρανὸς καὶ τόπος οὐχ εὑρέθη αὐτοῖς.

또 내가 크고 흰 보좌와 그 위에 앉으신 이를 보았다. 땅과 하늘이 그 면전에서 떠나갔고 어떤 공간도 그들(땅과 하늘)에게서 찾을 수 없었다.

Καὶ εἶδον
또 내가 ~ 보았다. And I saw

θρόνον
보좌와 a ~ throne

μέγαν
크고 great

λευκὸν
흰 white

καὶ τὸν καθήμενον
앉으신 이를 and him who sat

ἐπ’ αὐτόν,
그 위에 upon it,

<table>
<tr><td>

οὖ
그의 whose

ἀπὸ τοῦ προσώπου[1]
얼굴로부터/면전에서 from ~ presence

ἔφυγεν[2]
떠나갔고 fled away,

ἡ γῆ
땅과 earth

</td><td>

καὶ ὁ οὐρανὸς
하늘이 and sky

καὶ τόπος
어떤 장소도 and ~ place

οὐχ εὑρέθη[3]
발견되지 않았다. no ~ was found

αὐτοῖς.
그들(땅과 하늘)에게/을 위한 for them.

</td><td>

ὅς
대관계.소.남단
ἀπό
전소
ὁ
관.소.중단
πρόσωπον
명.소.중단
φεύγω
동.직.과능.3단
ὁ
관.주.여단
γῆ
명.주.여단
καί
접.등
ὁ
관.주.남단
οὐρανός
명.주.남단
καί
접.등
τόπος
명.주.남단
οὐ
부
εὑρίσκω
동.직.과수.3단
αὐτός
대인칭.여.중복

</td></tr>
</table>

1. οὖ ἀπὸ τοῦ προσώπου: '그의 얼굴로부터'. 관계대명사 남단 소유격 οὖ의 선행사는 τὸν καθήμενον(앉으신 이)이고 뒤에 나오는 τοῦ προσώπου(면전)의 소유의(possession) 소유격 기능('그의')을 한다('그의 면전').
2. ἔφυγεν: '떠나갔다'; ἐ + φυγ(부정과거 어간 < φεύγω, 떠나다) + εν.
3. τόπος οὐχ εὑρέθη: '어떤 장소도 발견되지 않았다'; εὑρέθη = (ε) + εὑρ + ε + θη. 부정과거 어간 εὑρ 와 수동태 어미 θη 사이에 ε가 들어간 경우이다.

계 20:12

καὶ εἶδον τοὺς νεκρούς, τοὺς μεγάλους καὶ τοὺς μικρούς, ἐστῶτας ἐνώπιον τοῦ θρόνου. καὶ βιβλία ἠνοίχθησαν, καὶ ἄλλο βιβλίον ἠνοίχθη, ὅ ἐστιν τῆς ζωῆς, καὶ ἐκρίθησαν οἱ νεκροὶ ἐκ τῶν γεγραμμένων ἐν τοῖς βιβλίοις κατὰ τὰ ἔργα αὐτῶν.

또 내가, 죽은 자들이 큰 자들이나 작은 자들이나 그 보좌 앞에 서 있는 것을 보았다. 두루마리(책)들이 펼쳐 있었다. 또 다른 두루마리(책)도 펼쳐 있었는데, 이 두루마리(책)은 생명책이었다. 그리고 죽은 자들이 그들의 행위(들)를 따라 두루마리(책)들에 쓰여진 대로 심판을 받았다.

<table>
<tr><td>

καὶ εἶδον
또 내가 ~ 보았다. And I saw

　τοὺς νεκρούς,
　죽은 자들, the dead,

　τοὺς μεγάλους
　즉 큰 자들과 great

　καὶ τοὺς μικρούς,
　작은 자들을 and small,

　ἐστῶτας[1]
　서 있는 standing

　　ἐνώπιον τοῦ θρόνου.
　　보좌 앞에 before the throne,

καὶ βιβλία[2]
두루마리/책들이 and books

　ἠνοίχθησαν,[3]
　열려/펼쳐 있었다. were opened,

καὶ ἄλλο βιβλίον
또 다른 (한 권의) 두루마리/책이 and another book

</td><td>

　ἠνοίχθη,
　열려/펼쳐 있었다. was opened,

　ὅ ἐστιν[4]
　그것은 ~이다./~인 which is

　　τῆς ζωῆς,[5]
　　생명의 두루마리/책~ the book of life.

καὶ ἐκρίθησαν[6]
그리고 ~ 심판을 받았다. And ~ were judged

　οἱ νεκροὶ
　죽은 자들이 the dead

　ἐκ τῶν γεγραμμένων[7]
　쓰여진/기록된 대로 by what was written

　　ἐν τοῖς βιβλίοις
　　두루마리/책들에 in the books,

　　κατὰ τὰ ἔργα[8]
　　행한 대로/행위를 따라 according to ~ deeds.

　　　αὐτῶν.
　　　그들의/이 their

</td><td>

12
καί
접.등
ὁράω
동.직.과능.1단
ὁ
관.목.남복
νεκρός
형일반.목.남복
ὁ
관.목.남복
μέγας
형일반.목.남복
καί
접.등
ὁ
관.목.남복
μικρός
형일반.목.남복
ἵστημι
동분.완능.목남복
ἐνώπιον
전.소
ὁ
관.소.남단
θρόνος
명.소.남단
καί
접.등
βιβλίον
명.주.중복
ἀνοίγω
동.직.과수.3복
καί
접.등
ἄλλος
형부정.주.중단
βιβλίον
명.주.중단
ἀνοίγω
동.직.과수.3단
ὅς
대인칭.주.중단
εἰμί
동.직.현능.3단
ὁ
관.소.여단
ζωή
명.소.여단
καί
접.등

</td></tr>
</table>

1. ἐστῶτας: '서 있는'. ἵστημι(서다)와 같은 상태동사는 결과의 지속이라는 점에서 현재완료로 쓰이는

κρίνω
동직.과수.3복
ὁ
관.주.남복
νεκρός
형일반.주.남복
ἐκ
전.소
ὁ
관.소.중복
γράφω
동분완수소중복
ἐν
전.여
ὁ
관.여.중복
βιβλίον
명.여.중복
κατά
전.목
ὁ
관.목.중복
ἔργον
명.목.중복
αὐτός
대인칭.소.남복

경우가 많다(3:20; 5:6; 7:1, 9; 8:2; 10:5, 8; 11:4, 11; 12:4, 18; 15:2; 18:10; 19:17; 20:12); cf. Wallace, 579-580.

2. βιβλία ... ἄλλο βιβλίον: '책(두루마리)들이 … 다른 책(두루마리)이'. βιβλία는 복수로 ἄλλο βιβλίον는 단수로 써서, 서로 다른 책임을 구별한다.

3. ἠνοίχθησαν: '열려 있었다'; ἐ + ἀνοίγ + θησαν. 연구개음(velar)인 자음(γ, κ)은 어미의 대기음 (aspirated) 계통의 θ-를 만나면 동화(assimilation)가 되어 대기음 계통의 연구개음 χ로 바뀐다; γ, κ + θ = χθ, χθ.

4. ὅ ἐστιν: '~인'. 관계대명사 ὅ 절은 앞의 βιβλίον(책, 두루마리)을 수식하는 형용사절이다.

5. τῆς ζωῆς: '생명의 (책)'. '책'이 생략되어 있다.

6. ἐκρίθησαν: '심판을 받았다'; ἐ + κρί + θησαν. 현재완료 수동태(κέκριμαι)와 부정과거 수동태 (ἐκρίθην)에서 유음 ν가 생략되는 경우이다(cf. κλίνω, 기대다); Mounce, 266.

7. ἐκ τῶν γεγραμμένων: '기록된 대로'. ἐκ의 용례 중에, "심판/행동의 법칙이 유래되는 경우; ~ 대로/따라서(according to)"가 있다(Thayer).

8. κατὰ τὰ ἔργα: 문자적, '행위/일(들) 대로'; '행한 대로'(2:23; 18:6; 20:12, 13; cf. 마 23:3; 롬 2:6; 고후 11:15; 딤후 1:9; 4:14).

계 20:13

13
καί
접.등
δίδωμι
동직.과능.3단
ὁ
관.주.여단
θάλασσα
명.주.여단
ὁ
관.목.남복
νεκρός
형일반.목.남복
ὁ
관.목.남복
ἐν
전.여
αὐτός
대인칭.여.여단
καί
접.등
ὁ
관.주.남단
θάνατος
명.주.남단
καί
접.등
ὁ
관.주.남단
ᾅδης
명.주.남단
δίδωμι
동직.과능.3복
ὁ
관.목.남복
νεκρός
형일반.목.남복
ὁ
관.목.남복
ἐν
전.여
αὐτός
대인칭.여.남복
καί
접.등
κρίνω
동직.과수.3복
ἕκαστος
형부정.주.남단

καὶ ἔδωκεν ἡ θάλασσα τοὺς νεκροὺς τοὺς ἐν αὐτῇ καὶ ὁ θάνατος καὶ ὁ ᾅδης ἔδωκαν τοὺς νεκροὺς τοὺς ἐν αὐτοῖς, καὶ ἐκρίθησαν ἕκαστος κατὰ τὰ ἔργα αὐτῶν.

그리고 바다는 그 안에 있는 죽은 자들을 내주었고, 죽음과 음부도 그 안에 죽은 자들을 내주었다. 그리고 각 사람은 그들의 행위(들)를 따라 심판을 받았다.

καὶ ἔδωκεν[1]
그리고 ~ 내어주었고 And ~ gave up

ἡ θάλασσα
바다는 the sea

  τοὺς νεκροὺς
  죽은 자들 the dead

    τοὺς ἐν αὐτῇ[2]
    그 안에 있는 자들을 who were in it,

καὶ ὁ θάνατος
죽음과 death

καὶ ὁ ᾅδης[3]
하데스/음부도 and Hades

  ἔδωκαν
  내어주었다. gave up

τοὺς νεκροὺς
죽은 자들 the dead

  τοὺς ἐν αὐτοῖς,
  그 안에 있는 자들을 who were in them,

καὶ ἐκρίθησαν
그리고 ~ 심판을 받았다. and they were judged,

ἕκαστος[4]
각 사람은 each one of them,

  κατὰ τὰ ἔργα
  행한 대로/행위(들)를 따라 according to ~ deeds.

  αὐτῶν.
  그들의 their

---

1. ἔδωκεν ... ἔδωκαν: '(그것이) 내주었고 … (그것들이) 내주었다'.

2. τοὺς ἐν αὐτῇ: τοὺς ἐν αὐτῇ(그 안에 [있는] 자들을)는 τοὺς νεκροὺς(죽은 자들[을])를 관형적으로 꾸며준다.

3. ᾅδης: 1:18 참고; ᾅδης(1:18; 6:8; 20:13, 14).

4. ἕκαστος: '각 사람은'; 2:23 참고. 복수인 명사/대명사와 동격으로 함께 쓰일 때는 개개인 '각 사람'을 뜻한다(Thayer).

계 20:14

καὶ ὁ θάνατος καὶ ὁ ᾅδης ἐβλήθησαν εἰς τὴν λίμνην τοῦ πυρός. οὗτος ὁ θάνατος ὁ δεύτερός ἐστιν, ἡ λίμνη τοῦ πυρός.

또한 죽음과 음부도 불못에 던져졌다. 이것이 둘째 죽음, 즉 불못이다.

καὶ ὁ θάνατος
또 죽음과 And death

καὶ ὁ ᾅδης
하데스/음부도 and Hades

　ἐβλήθησαν[1]
　던져졌다. were thrown

　　εἰς τὴν λίμνην
　　못/호수에 into the lake

　　　τοῦ πυρός.
　　　불~/불의 of fire.

οὗτος[2]
이것이 This

ὁ θάνατος
죽음/사망~ the ~ death,

　ὁ δεύτερός[3]
　둘째 second

ἐστιν,
~이다. is

ἡ λίμνη
즉 못/호수~ the lake

　τοῦ πυρός.
　불~/불의 of fire.

---

1. ἐβλήθησαν: '(그들이) 던져졌다'; ἐ + βλη(ε) + θησαν.
2. οὗτος ... ἐστιν: 지시대명사 οὗτος, αὕτη, τοῦτο의 단복수가 첫 자리에 오고 εἰμί(be) 동사가 오는(생략되기도 함) 문장의 경우 그 다음에 나오는 주격 보어가 되는 명사를 강조하는 경우가 많다('이것이 [바로] ~이다').
3. ὁ θάνατος ὁ δεύτερός: '둘째 사망(죽음)'(20:14; 21:8).

계 20:15

καὶ εἴ τις οὐχ εὑρέθη ἐν τῇ βίβλῳ τῆς ζωῆς γεγραμμένος, ἐβλήθη εἰς τὴν λίμνην τοῦ πυρός.

누구든지 생명책(생명의 두루마리)에 쓰여 있지 않는 자는 불못에 던져졌다.

καὶ εἴ τις[1]
~ 자는 (누구나) And if anyone's name

　οὐχ εὑρέθη
　발견되지 않는 ~ was not found

　　ἐν τῇ βίβλῳ
　　두루마리/책에 in the book

　　　τῆς ζωῆς
　　　생명의 of life,

γεγραμμένος,[2]
쓰여 있는 것이 written

　ἐβλήθη[3]
　던져졌다. he was thrown

　　εἰς τὴν λίμνην
　　못/호수에 into the lake

　　　τοῦ πυρός.
　　　불~/불의 of fire.

---

1. εἴ τις οὐχ εὑρέθη: '만일 누구든 발견되지 않으면', '발견되지 않는 자는 누구나'. 1급 조건문(εἰ + 직설법)은 조건절의 내용이 사실임을 가정한다.
2. γεγραμμένος: '쓰여 있는 것'. 어간 자음 φ(순음)가 완료(수동) 분사 어미 μένον을 만나 동화되었다 (-μμένον). 현재완료 분사는 과정과 결과의 지속을 부각할 것이다.
3. ἐβλήθη: '던져졌다'; 10절 참고.

λίμνη
명.목.여단
ὁ
관.소.중단
πῦρ
명.소.중단

계 21:1

Καὶ εἶδον οὐρανὸν καινὸν καὶ γῆν καινήν. ὁ γὰρ πρῶτος οὐρανὸς καὶ ἡ πρώτη γῆ ἀπῆλθαν καὶ ἡ θάλασσα οὐκ ἔστιν ἔτι.

또 나는 새 하늘과 새 땅을 보았다. 첫째 하늘과 첫째 땅이 떠나갔다. 바다도 더 이상 있지 않았다.

Καὶ εἶδον
또 나는 ~ 보았다. And I saw

    οὐρανὸν
    하늘과 a ~ heaven

        καινὸν
        새 new

    καὶ γῆν
    땅을 and a ~ earth,

        καινήν.
        새 new

ὁ γὰρ¹ πρῶτος οὐρανὸς
첫째 하늘과 for the first heaven

καὶ ἡ πρώτη γῆ
첫째 땅이 and the first earth

    ἀπῆλθαν²
    떠나갔다/지나갔다(때문이다). had passed away,

καὶ ἡ θάλασσα
그리고 바다도 and the sea

    οὐκ ἔστιν
    있지 않다/않았다. was no

    ἔτι.³
    더 이상 more.

---

1. γὰρ: 이유('~ 때문에)의 종속절을 이끄는 접속사 γάρ는 δέ(그러나, 그리고)처럼 문장의 두 번째에 위치한다(후치사).
2. ἀπῆλθαν: '(그것들이) 떠나갔다'; ἀπό + ελθ + αν. ἀπέρχομαι(떠나다, 나가다)의 제2부정과거는 ἀπῆλθον(-ον, -ες, -ε[ν], -ομεν, -ετε, -ον)이지만(9:12; 11:14; 12:17; 16:2; 18:14), ἀπῆλθα(-α, -ας, -ε, -αμεν, -ατε, -αν)도 쓰인다(10:9; 21:1, 4). 후자의 경우(3복)이다.
3. οὐκ ἔστιν ἔτι: '더 이상 있지 않다'. 부정어와 ἔτι는 'no longer/more'.

계 21:2

καὶ τὴν πόλιν τὴν ἁγίαν Ἰερουσαλὴμ καινὴν εἶδον καταβαίνουσαν ἐκ τοῦ οὐρανοῦ ἀπὸ τοῦ θεοῦ ἡτοιμασμένην ὡς νύμφην κεκοσμημένην τῷ ἀνδρὶ αὐτῆς.

또 나는, 거룩한 성, 새 예루살렘이 하늘에서 하나님으로부터 내려오는 것과 그 신랑을 위해 단장한 신부처럼 예비(준비)된 것을 보았다.

1
καί
접.등
ὁράω
동직.과능.1단
οὐρανόν
명.목.남단
καινός
형일반.목.남단
καί
접.등
γῆ
명.목.여단
καινός
형일반.목.여단
ὁ
관.주.남단
γάρ
접.등
πρῶτος
형서수.주.남단
οὐρανός
명.주.남단
καί
접.등
ὁ
관.주.여단
πρῶτος
형서수.주.여단
γῆ
명.주.여단
ἀπέρχομαι
동직.과능.3복
καί
접.등
ὁ
관.주.여단
θάλασσα
명.주.여단
οὐ
부
εἰμί
동직.현능.3단
ἔτι
부

2
καί
접.등
ὁ
관.목.여단
πόλις
명.목.여단
ὁ
관.목.여단
ἅγιος
형일반.목.여단
Ἰερουσαλήμ
명.목.여단
καινός
형일반.목.여단
ὁράω
동직.과능.1단

καὶ τὴν πόλιν
또 ~ 도시/도성 And ~ the ~ city,

τὴν ἁγίαν
거룩한 holy

Ἰερουσαλὴμ[1]
예루살렘을 Jerusalem,

καινὴν
새 new

εἶδον
나는 ~ 보았다. I saw

καταβαίνουσαν[2]
내려오는 coming down

ἐκ τοῦ οὐρανοῦ[3]
하늘에서 out of heaven

ἀπὸ τοῦ θεοῦ
하나님으로부터 from God,

ἡτοιμασμένην
예비된/예비되었다. prepared

ὡς νύμφην[4]
신부처럼 as a bride

κεκοσμημένην[5]
단장한/꾸민 adorned

τῷ ἀνδρὶ[6]
신랑을 위해 for ~ husband.

αὐτῆς.
그(그녀의) her

---

1. Ἰερουσαλὴμ: '예루살렘'; 3:12 참고.
2. καταβαίνουσαν ... ἡτοιμασμένην: '내려오는 … 예비된'. 하나는 현재 분사이고 그 다음 것은 현재완료 분사이다. 현재 분사는 장면의 생생함을, 현재완료 분사는 상태와 결과의 지속을 부각할 수 있다. ἡτοιμασμένην = ἑ + ἑτοιμαζ + (σ) + μένην.
3. ἐκ τοῦ οὐρανοῦ ἀπὸ τοῦ θεοῦ: '하늘에서 하나님으로부터'. 같은 '~부터'(from)의 의미가 있는 전치사 ἐκ과 ἀπό의 차이가 잘 드러난다. ἐκ(out of)는 '안에서 밖으로 나가는' 것이라면 ἀπό(from)는 '앞에서 특정한 쪽으로 나아가는' 것이다. κόσμιος(잘 단장된, well-arranged).
4. νύμφην: νύμφη(신부); 18:23 참고.
5. κεκοσμημένην: '단장된'; κε + κοσμε + (η) + μένην. κοσμέω(단장하다, 꾸미다, 준비시키다 > cosmetics [화장품])의 현재완료(수) 분사 여단 목적격이다.
6. τῷ ἀνδρὶ: '신랑/남편을 위해'. 이익(advantage)의 여격('for')으로 분류된다(KMP, 124). 3변화 ἀνήρ(남사, 남편), ἀνδρός, ἀνδρί, ἄνδρα(sg); ἄνδρες, ἀνδρῶν, ἀνδράσι, ἄνδρας(pl). 남자, 남성이라는 말이지만, 결혼한 여인에게는 남편(신랑)이라는 뜻이 된다.

계 21:3

καὶ ἤκουσα φωνῆς μεγάλης ἐκ τοῦ θρόνου λεγούσης· ἰδοὺ ἡ σκηνὴ τοῦ θεοῦ μετὰ τῶν ἀνθρώπων, καὶ σκηνώσει μετ' αὐτῶν, καὶ αὐτοὶ λαοὶ αὐτοῦ ἔσονται, καὶ αὐτὸς ὁ θεὸς μετ' αὐτῶν ἔσται [αὐτῶν θεός],

또 내가 보좌에서 나는 큰 음성을 들었다. "보라. 하나님의 장막이 사람들과 함께 있을 것이다. 그가 그들과 함께 (장막에) 거주하실 것이다. 그리고 그들은 그의 백성이 될 것이고 하나님께서 친히 그들과 함께 [그들의 하나님이] 되실(계실) 것이다.

καὶ ἤκουσα
또 내가 ~ 들었다. And I heard

φωνῆς
소리를/음성을 a ~ voice

μεγάλης[1]
큰 loud

ἐκ τοῦ θρόνου
보좌에서 나오는 from the throne,

λεγούσης·[2]
말하는 saying,

ἰδού
보라. "Behold,

ἡ σκηνὴ[3-4]
장막/거처하는 곳이 the tabernacle

τοῦ θεοῦ
하나님의 of God

μετὰ τῶν ἀνθρώπων,
사람(들)과 함께/사람(들) 가운데 (있을 것이다.)
is with the people,

καὶ σκηνώσει
그가 ~ 거주하실 것이다. and he will dwell

μετ᾽ αὐτῶν,
그들과 함께 with them,

καὶ αὐτοὶ[5]
그리고 그들은 and they

λαοὶ
백성(들)이 people,

αὐτοῦ
그의 his

ἔσονται,[6]
될 것이고 will be

καὶ αὐτὸς ὁ θεὸς[7]
하나님께서 직접/친히 and God himself

μετ᾽ αὐτῶν[8]
그들과 함께 with them

ἔσται
계실/되실 것이다. will be

[αὐτῶν
[그들의 [their]

θεός],[9]
하나님이] [as ~ God.]

ὁ 관소남복
ἄνθρωπος 명소남복
καὶ 접등
σκηνόω 동직.미능.3단
μετά 전소
αὐτός 대인칭.소.남복
καὶ 접등
αὐτός 대강조.주.남복
λαός 명.주.남복
αὐτός 대인칭.소.남단
εἰμί 동직.미중.3복
καὶ 접등
αὐτός 대강조.주.남단
ὁ 관주.남단
θεός 명.주.남단
μετά 전소
αὐτός 대인칭.소.남복
εἰμί 동직.미중.3단
αὐτός 대인칭.소.남복
θεός 명.주.남단

---

1. μεγάλης: μέγας(m), μεγάλη(f), μέγα(n) 변화로 μεγάλης은 여단 소유격이다. φωνῆς를 수식한다.
2. λεγούσης: '말하는'; 11:12 참고. φωνῆς(소리)의 술어이므로 소유격 분사이다. 직접화법을 이끈다.
3. ἡ σκηνὴ: '장막'(13:6; 15:5; 21:3); 13:6 참고.
4. ἡ σκηνὴ ... μετὰ: 명사적(nominal) 문장으로 εἰμί 동사가 생략되어 있다.
5. καὶ αὐτοὶ: '또한 그들 자신은'. 강조대명사 αὐτοὶ로 주어가 강조된다.
6. ἔσονται ... ἔσται: 미래에 대한 예견적(predictive) 미래 시제가 반복적으로 쓰이고 있다.
7. καὶ αὐτὸς ὁ θεὸς: '또한 하나님께서 직접/친히'. 역시 주어를 강조하고 있다.
8. μετ᾽ αὐτῶν: μετά + αὐτῶν.
9. [αὐτῶν θεός]: αὐτῶν θεός이 없는 사본(ℵ, 046, 소문자 사본 등)보다 있는 사본(A, 051, 1006, 1611, 1841 등)이 더 유력하다는 점이 고려되지만, 한편으로 구문상으로 적절한가, 하는 논란이 되는 본문이다(Metzger, 688-689). 원문에 있다고 가정하면, '그들과 함께 (하시는) 그들의 하나님'을 말하고자 하는 것일 수 있다.

계 21:4

καὶ ἐξαλείψει πᾶν δάκρυον ἐκ τῶν ὀφθαλμῶν αὐτῶν, καὶ ὁ θάνατος οὐκ ἔσται ἔτι οὔτε πένθος οὔτε κραυγὴ οὔτε πόνος οὐκ ἔσται ἔτι, [ὅτι] τὰ πρῶτα ἀπῆλθαν.

또 그들의 눈에서 모든 눈물을 씻어 주실 것이다. 죽음이 더 이상 있지 않을 것이고 슬픔이나 애곡이나 아픔도 더 이상 있지 않을 것이다. 첫째 것들이 지나갔기 때문이다."

4
καί 접등
ἐξαλείφω 동직.미능.3단
πᾶς 형부정.목.중단
δάκρυον 명.목.중단
ἐκ 전소
ὁ 관소.남복
ὀφθαλμός 명.소.남복
αὐτός 대인칭.소.남복
καί 접등
ὁ 관주.남단
θάνατος 명.주.남단
οὐ 부
εἰμί 동직.미중.3단
ἔτι 부
οὔτε 접등
πένθος 명.주.중단
οὔτε 접등

καὶ ἐξαλείψει[1]
또 ~ 닦아/씻어 주실 것이다. And he will wipe away

πᾶν δάκρυον[2]
모든 눈물을 every tear

ἐκ τῶν ὀφθαλμῶν
눈에서 from ~ eyes,

αὐτῶν,
그들의 their

καὶ ὁ θάνατος
죽음도 and death

οὐκ ἔσται
있지 않을 것이다. shall be no

ἔτι[3]
더 이상 more,

οὔτε πένθος
슬픔도 neither ~ mourning

οὔτε κραυγὴ
우는 것/애곡도 nor crying

οὔτε πόνος[4]
아픔도 nor pain

οὐκ ἔσται
있지 않을 것이다. shall be

ἔτι,
더 이상 any more,

[ὅτι][5] τὰ πρῶτα
첫번째 것들이 [~ 때문이다.] for the former things

ἀπῆλθαν.[6]
지나갔다/지나갔기 have passed away."

1. ἐξαλείψει: '닦아 주실 것이다'; 3:5 참고; ἐξ(ἐκ) + αλείφ + σει. 순음(labial) 계열인 β, π, φ가 σ가 만나면 ψ가 되는 자음접변 현상이 나타난다.
2. δάκρυον: '눈물'; 7:17 참고.
3. οὐκ ἔσται ἔτι: '더 이상 없을 것이다'; 4절에 반복(cf. 22:3, 5).
4. οὔτε πένθος οὔτε κραυγή οὔτε πόνος: '슬픔도, 우는 것도, 아픔도 아닌'; οὔτε ~ οὔτε ~ 는 '~도 아니고 ~도 아닌'(neither ~ nor). πένθος(슬픔), 18:7 참고; κραυγή(절규, 통곡), κραυγάζω(소리치다); πόνος(아픔, 고통), πένης([가난으로] 노동/고생하는 사람).
5. [ὅτι]: 이유(원인)의 ὅτι 절.
6. ἀπῆλθαν: '떠나갔다, 지나갔다'(1절).

계 21:5

Καὶ εἶπεν ὁ καθήμενος ἐπὶ τῷ θρόνῳ· ἰδοὺ καινὰ ποιῶ πάντα καὶ λέγει· γράψον, ὅτι οὗτοι οἱ λόγοι πιστοὶ καὶ ἀληθινοί εἰσιν.

그리고 보좌에 앉으신 이가 말씀하셨다. "보라. 내가 만물을 새롭게 한다." 또 말씀하신다. "쓰라. 이 말들은 신실하고 참되기 때문이다."

Καὶ εἶπεν[1]
그리고 ~ 말씀하셨다. And ~ said,
ὁ καθήμενος
앉으신 이가 he who sat
ἐπὶ τῷ θρόνῳ·
보좌 위에 upon the throne
ἰδοὺ
보라. "Behold,
καινὰ
새롭게 new."
ποιῶ[2]
내가 ~ 만들 것이다. I am making
πάντα
모든 것/만물을 all things

καὶ λέγει·[3]
또 말씀하신다. And he said,
γράψον,[4]
기록하라/쓰라. "Write,
ὅτι[5] οὗτοι οἱ λόγοι
이 말씀들은 ~ 때문이다. for these words
πιστοὶ
신실하고 faithful
καὶ ἀληθινοί[6]
참~ and true."
εἰσιν.
~되기 are

1. εἶπεν: '말하였다'; ἐ + εἰπ + ε(ν). λέγω(말하다)의 부정과거 어간은 εἰπ이다.
2. καινὰ ποιῶ πάντα: '내가 모든 것을 새롭게 한다'; ποιῶ = ποιέ + ω. ποιέω(만들다, 행하다)는 -έω 동사로 현재시제에서 어미의 단축이 있다.
3. λέγει: 현재는 장면의 생생함을 부각할 것이다.
4. γράψον: '쓰라'; 1:11 참고; γράφ + σον. 4절의 ἐξαλείψει의 자음접변(φ + σ = ψ)의 예를 참조.
5. ὅτι: 이유(원인)의 ὅτι 부사절.
6. πιστοὶ καὶ ἀληθινοί: '신실하고 참된'. 두 용어가 함께 쓰일 때는 그리스도에게(3:14; 19:11); 하나님의 말씀에 대해(22:6) 쓰였다.

계 21:6

καὶ εἶπέν μοι· γέγοναν. ἐγώ [εἰμι] τὸ ἄλφα καὶ τὸ ὦ, ἡ ἀρχὴ καὶ τὸ τέλος. ἐγώ τῷ διψῶντι δώσω ἐκ τῆς πηγῆς τοῦ ὕδατος τῆς ζωῆς δωρεάν.

또 내게 말씀하셨다. "다 되었다. 나는 알파와 오메가, 처음과 마지막이다. 내가 목마른 자에게 생명수의 샘에서 나오는 것을 값없이 줄 것이다.

καὶ εἶπέν
또 ~ 말씀하셨다. And he said

  μοι·
  내게 to me,

γέγοναν.[1]
다 되었다/이루어졌다. "It is done.

ἐγώ[2]
나는 I

  [εἰμι]
  ~이다. am

    τὸ ἄλφα
    알파와 the Alpha

    καὶ τὸ ὦ,[3]
    오메가, and Omega,

    ἡ ἀρχὴ
    처음과 the beginning

καὶ τὸ τέλος.[4]
마지막/나중~ and the end.

ἐγώ[5]
내가 I

  τῷ διψῶντι[6]
  목마른 자에게 to the thirsty

  δώσω[7]
  줄 것이다/마시게 할 것이다. will give

    ἐκ τῆς πηγῆς
    근원/샘에서 (나오는 물을) from the spiring

    τοῦ ὕδατος
    물/~수의 of the water

    τῆς ζωῆς[8]
    생명의/생명~ of life

  δωρεάν.[9]
  값없이 freely/ without cost.

---

1. γέγοναν: '(다) 되었다'; γίνομαι(되다)의 현재완료 3복. 성취와 완성의 의미이다. 16:17에는 3단이 쓰였다(γέγονεν). 이뤄져야 할 것(ἃ δεῖ γενέσθαι, 1:1; 4:1; 22:6)과 이뤄지게 될 것(ἃ μέλλει γενέσθαι, 1:19)이 약속대로 다 이뤄진 것이다.
2. ἐγώ [εἰμι]: '나는 ~이다'; 성부 하나님(1:8; 21:6)과 예수 그리스도(1:17; 2:23; 22:16)의 자기 선언의 강조 때에 쓰였다.
3. τὸ ἄλφα καὶ τὸ ὦ: '알파와 오메가'(시작과 마지막). 하나님(1:8; 21:6)과 그리스도(22:13)의 이름이다.
4. ἡ ἀρχὴ καὶ τὸ τέλος: '처음과 마지막'. 하나님(21:6)과 그리스도(22:13; cf. 3:14)의 이름이다. '알파와 오메가'와 비슷한 의미로 역사와 존재의 주관자(시작하신 분, 마치시는 분)가 되신다는 점을 반복적으로 강조한 셈이다.
5. ἐγώ … ἐγώ: 연속된 ἐγώ 사용으로 하나님 자신이 어떤 분이시고, 어떤 일을 하실 것인지 강조한다.
6. τῷ διψῶντι: '목마른 자에게'; διψά + οντι; 7:16 참고.
7. δώσω: '내가 줄 것이다'; δίδωμι(주다)의 미래 1단. 미래 변화 δώσω, δώσεις, δώσει(sg); δώσομεν, δώσετε, δώσουσι(pl).
8. τῆς πηγῆς τοῦ ὕδατος τῆς ζωῆς: '생명수의 샘'(7:17; 21:6; cf. 22:1, 17).
9. δωρεάν: '값없이'. δωρεά(선물)가 목적격(방식, manner의 목적격)으로 쓰일 때 부사(δωρεάν, 값없이/무료로)가 된다(Thayer; '부사적 목적격', Wallace, 200).

계 21:7

ὁ νικῶν κληρονομήσει ταῦτα καὶ ἔσομαι αὐτῷ θεὸς καὶ αὐτὸς ἔσται μοι υἱός.

이기는 자는 이것들을 상속받을 것이다. 또 내가 그에게 하나님이 되고, 그도 내게 아들이 될 것이다.

6
καί
접등
λέγω
동직.과능.3단
ἐγώ
대인칭.여.-단
γίνομαι
동직.완능.3복
ἐγώ
대인칭.주.-단
εἰμί
동직.현능.1단
ὁ
관주중단
ἄλφα
명주중단
καί
접등
ὁ
관주중단
Ὦ
명주중단
ὁ
관주여단
ἀρχή
명주여단
καί
접등
ὁ
관주중단
τέλος
명주중단
ἐγώ
대인칭.주.-단
ὁ
관여남단
διψάω
동분.현능.여남단
δίδωμι
동직.미능.1단
ἐκ
전소
ὁ
관소여단
πηγή
명소여단
ὁ
관소중단
ὕδωρ
명소중단
ὁ
관소여단
ζωή
명소여단
δωρεάν
부

7
ὁ
관주남단
νικάω
동분.현능.주남단
κληρονομέω
동직.미능.3단

<table>
<tr><td>

οὗτος
대지시.목.중복
καί
접.등
εἰμί
동직.미중.1단
αὐτός
대인칭.여.남단
θεός
명.주.남단
καί
접.등
αὐτός
대강조.주.남단
εἰμί
동직.미중.3단
ἐγώ
대인칭.여.-단
υἱός
명.주.남단

</td></tr>
</table>

ὁ νικῶν[1]
이기는 자는 The one who overcomes

   κληρονομήσει[2]
   상속 받을/물려 받을 것이다. will inherit

     ταῦτα
     이것들을 these things,

   καὶ ἔσομαι[3]
   또 내가 ~ 될 것이다. and I will be

     αὐτῷ
     그에게 (to him)/ his

θεὸς
하나님이 God

καὶ αὐτὸς[4]
그 또한 (직접) and he

   ἔσται
   될 것이다. will be

     μοι
     내게 (to me)/ my

     υἱός.
     아들이 son.

1. ὁ νικῶν: '이기는 자(는)'. 현재분사 남단의 독립적 용법의 '이기는 자'의 말씀은 일곱 교회에 주신 '이기는 자'에 대한 말씀(2:7, 11, 17, 26; 3:5, 12, 21)의 성취이다. 각 교회에 주신 그리스도의 약속에 대한 집합적(교회라는 점에서) 의미의 단수이다.

2. κληρονομήσει: '상속을 받을 것이다'; κληρονομέ + σει. κληρονομέω(유산/상속을 받다) < κληρονόμος(상속자), κληρονομία(유산, 상속) < κλῆρος(추첨하는 것, 할당된 몫), κληρόω(추첨하다, 제비 뽑다).

3. ἔσομαι ... ἔσται: 두 개의 εἰμί 동사의 미래시제(10:6 참고) 사용은 하나님의 약속의 의지를 보여준다.

4. καὶ αὐτὸς: '그 또한', '또한 그 자신은'. '나'(I)를 강조하는 ἐγώ에 상응해서 '그'(he)를 강조하는 강조대명사 αὐτὸς가 사용되었다. 역시 집합적 의미의 αὐτὸς이다.

계 21:8

<table>
<tr><td>

8
ὁ
관.여.남복
δέ
접.등
δειλός
형일반.여.남복
καί
접.등
ἄπιστος
형일반.여.남복
καί
접.등
βδελύσσω
동분.완중.여.남복
καί
접.등
φονεύς
명.여.남복
καί
접.등
πόρνος
명.여.남복
καί
접.등
φάρμακος
명.여.남복
καί
접.등
εἰδωλολάτρης
명.여.남복
καί
접.등
πᾶς
형부정.여.남복
ὁ
관.여.남복
ψευδής
형일반.여.남복
ὁ
관.주.중단
μέρος
명.주.중단

</td></tr>
</table>

τοῖς δὲ δειλοῖς καὶ ἀπίστοις καὶ ἐβδελυγμένοις καὶ φονεῦσιν καὶ πόρνοις καὶ φαρμάκοις καὶ εἰδωλολάτραις καὶ πᾶσιν τοῖς ψευδέσιν τὸ μέρος αὐτῶν ἐν τῇ λίμνῃ τῇ καιομένῃ πυρὶ καὶ θείῳ, ὅ ἐστιν ὁ θάνατος ὁ δεύτερος.

   그러나 두려워하는 자들과 믿지 않는 자들과 가증한 자들과 살인하는 자들과 간음하는 자들과 마법사들과 우상 숭배자들과 거짓된 모든 자들의 몫은 유황불이 타는 못에 있게 되는 것이다. 이것이 둘째 죽음이다."

   τοῖς δὲ δειλοῖς[1]
   그러나 두려워하는 자들과 But for the cowardly,

   καὶ ἀπίστοις[2]
   믿지 않는 자들과 the unbelieving,

   καὶ ἐβδελυγμένοις[3]
   가증한/혐오스런 자들과 the detestable,

   καὶ φονεῦσιν[4]
   살인하는 자들과 murderers,

   καὶ πόρνοις[5]
   음행/간음하는 자들과 the sexually immoral,

   καὶ φαρμάκοις[6]
   마법사들/마법을 행하는 자들과 sorcerers,

   καὶ εἰδωλολάτραις[7]
   우상 숭배자들과 idolaters,

   καὶ πᾶσιν τοῖς ψευδέσιν[8]
   거짓말하는/거짓된 모든 자들에게는 and all liars,

τὸ μέρος[9]
몫은 portion

αὐτῶν
그들의 their

   ἐν τῇ λίμνῃ
   못/호수에 (있게 되는 것이다) will be in the lake

     τῇ καιομένῃ
     타는 that burns

       πυρὶ
       불과 with fire

       καὶ θείῳ,
       유황으로 and sulfur,

ὅ[10]
이것이 which

   ἐστιν
   ~이다. is

     ὁ θάνατος
     사망/죽음~ the second

       ὁ δεύτερος.
       둘째 death."

1. δειλοῖς: δειλός(두려운) > δειλία(두려움, 비겁), δειλιάω(두려워하다, 겁내다).
2. ἀπίστοις: ἄπιστος(믿지 않는, 믿을 수 없는) = ἀ + πιστός. ἀπιστέω(믿지 않다, 신실하지 않다), ἀπιστία(불신, 불성실, 신실하지 않음).
3. ἐβδελυγμένοις: '혐오스러운/가증한 자들'; ἐ + βδελυγ(어간) + μένοις. βδελύσσομαι(혐오하다, 혐오스럽다)의 현재완료 분사이다. βδέλυγμα(혐오스러운 것, 혐오), βδελυκτός(혐오스러운).
4. φονεῦσιν: 3변화 φονεύς(살인자), φονέως, φονεῖ, φονέα(sg); φονεῖς, φονέων, φονεῦσιν, φονεῖς(pl).
5. πόρνοις: πόρνος(간음하는 자); 17:1 참고.
6. φαρμάκοις: φάρμακος(마법하는); 9:21 참고.
7. εἰδωλολάτραις: εἰδωλολάτρης(우상숭배자) = < εἴδωλον(우상) + λάτρις(고용인) > '우상을 위해 고용된/매여 있는 사람' > 우상숭배자(cf. Thayer). εἰδωλεῖον(우상의 전), εἰδωλόθυτος(우상을 위한 제사), εἰδωλολατρεία(우상숭배) < εἴδωλον(우상) < εἶδος(외형, 형태)
8. ψευδέσιν: ψευδής(거짓의, 거짓말하는); 2:2 참고.
9. τὸ μέρος ... ἐν: '~에 있는 몫'; 16:19 참고.
10. ὅ ἐστιν: τὸ μέρος(몫)를 선행사로 한다.

계 21:9

Καὶ ἦλθεν εἷς ἐκ τῶν ἑπτὰ ἀγγέλων τῶν ἐχόντων τὰς ἑπτὰ φιάλας τῶν γεμόντων τῶν ἑπτὰ πληγῶν τῶν ἐσχάτων καὶ ἐλάλησεν μετ᾽ ἐμοῦ λέγων· δεῦρο, δείξω σοι τὴν νύμφην τὴν γυναῖκα τοῦ ἀρνίου.

마지막 일곱 재앙으로 채워졌던 일곱 대접을 가진 일곱 천사 가운데 하나가 와서 나와 말하며 일렀다. "이리 오라. 내가 그대에게 어린 양의 아내인 신부를 보여줄 것이다."

Καὶ ἦλθεν[1]
또 ~ 와서 And ~ came

εἷς
하나가 one

ἐκ τῶν ἑπτὰ ἀγγέλων
일곱 천사 가운데 of the seven angels

τῶν ἐχόντων[2]
가진 who had

τὰς ἑπτὰ φιάλας
일곱 대접을 the seven bowls

τῶν γεμόντων[3]
채워진 full

τῶν ἑπτὰ πληγῶν[4]
일곱 재앙/재난으로
of the seven ~ plagues,

τῶν ἐσχάτων
마지막 last

καὶ ἐλάλησεν
말하였다. and spoke

μετ᾽ ἐμοῦ[5]
나와 함께 with/ to me,

λέγων·[6]
말하면서 saying,

δεῦρο,[7]
이리 오라. "Come,

δείξω[8]
내가 ~ 보일 것이다. I will show

σοι
그대에게 you

τὴν νύμφην
신부를 the bride,

τὴν γυναῖκα[9]
아내인 the wife

τοῦ ἀρνίου.
어린 양의 of the Lamb."

1. ἦλθεν: '왔다'; ἐ + ελθ + ε(ν).
2. τῶν ἐχόντων: 관형적 용법의 분사로 ἀγγέλων의 술어 역할을 한다.

δεῦρο
부
δείκνυμι
동직.미능.1단
σύ
대인칭.여.-단
ὁ
관.목.여단
νύμφη
명.목.여단
ὁ
관.목.여단
γυνή
명.목.여단
ὁ
관.소.중단
ἀρνίον
명.소.중단

3. τῶν γεμόντων: 분사가 소유격인 것은 분사의 독립적 용법일 것이다('채워진 [것의]'). γέμω(차다)는 소유격('~으로')을 취한다.

4. τῶν ἑπτὰ πληγῶν: '일곱 재앙으로'.

5. ἐλάλησεν μετ' ἐμοῦ: '나와 함께 말하였다'. ἐλάλησεν = ἐ + λαλε + σεν; μετ' ἐμοῦ = μετά + ἐμοῦ.

6. λέγων: '말하면서'. 화법을 이끄는 서술적 용법의 현재분사(주격), 직접화법을 이끈다.

7. δεῦρο: '여기로 오라'(come here)는 부사; 17:1 참고.

8. δείξω: '(내가) 보일 것이다'; δεικ + σω. δεικνύω(보이다)의 미래/부정과거 어간은 δεικ이다.

9. γυναῖκα: γυνή, γυναικός는 본래 여자를 가리키지만 결혼한 경우에는 아내의 의미로 쓰인다. 3변화, 2:20 참고; 남자를 뜻하는 ἀνήρ, ἀνδρός가 남편으로 쓰이는 것과 같다.

계 21:10

10
καί
접.등
ἀποφέρω
동직.과능.3단
ἐγώ
대인칭.여.-단
ἐν
전.여
πνεῦμα
명.여.중단
ἐπί
전.목
ὄρος
명.목.중단
μέγας
형일반.목.중단
καί
접.등
ὑψηλός
형일반.목.중단
καί
접.등
δείκνυμι
동직.과능.3단
ἐγώ
대인칭.여.-단
ὁ
관.목.여단
πόλις
명.목.여단
ὁ
관.목.여단
ἅγιος
형일반.목.여단
Ἰερουσαλήμ
명.목.여단
καταβαίνω
동분.현능.목.여단
ἐκ
전.소
ὁ
관.소.남단
οὐρανός
명.소.남단
ἀπό
전.소
ὁ
관.소.남단
θεός
명.소.남단

καὶ ἀπήνεγκέν με ἐν πνεύματι ἐπὶ ὄρος μέγα καὶ ὑψηλόν, καὶ ἔδειξέν μοι τὴν πόλιν τὴν ἁγίαν Ἰερουσαλὴμ καταβαίνουσαν ἐκ τοῦ οὐρανοῦ ἀπὸ τοῦ θεοῦ

그리고 성령으로 나를 크고 높은 산 위로 데리고 갔다. 또 거룩한 성, 하늘에서 하나님으로부터 내려오는 예루살렘을 내게 보여주었다.

καὶ ἀπήνεγκέν[1-2]
그리고 ~ 데리고 갔고 And he carried ~ away
  με
  나를 me
    ἐν πνεύματι
    영/성령으로(안에서) in the Spirit
    ἐπὶ ὄρος
    산 위에 to a ~ mountain
      μέγα
      크고 great
      καὶ ὑψηλόν,[3]
      높은 and high
καὶ ἔδειξέν[4]
보여주었다. and showed

μοι
내게 me
  τὴν πόλιν
  도시/도성 the ~ city,
    τὴν ἁγίαν
    거룩한 holy
    Ἰερουσαλήμ
    예루살렘을 Jerusalem
      καταβαίνουσαν[5]
      내려오는 coming down
      ἐκ τοῦ οὐρανοῦ
      하늘에서 out of heaven
      ἀπὸ τοῦ θεοῦ
      하나님으로부터 from God,

---

1. ἀπήνεγκέν με ἐν πνεύματι: '나를 성령 안에서(영으로) 데리고 갔다'; 17:3 비교. 뒤의 με 때문에 ἀπήνεγκέν의 끝음절에 액센트가 첨가된 것이다.

2. ἀπήνεγκέν: ἀπ(ἀπό, away) + ε + ενεγκ(< φέρω, bring) + ε(ν).

3. ὑψηλόν: ὑψηλός(높은) < ὕψος(높이) > ὑψόω(높이다), ὕψωμα(높은 것, [높은] 장벽), ὕψιστος(가장 높은, highest), ὑψηλοφρονέω(높게 생각하다, 자만하다).

4. ἔδειξέν: '보였다'; ἐ + δεικ + σεν; 9절 참고.

5. καταβαίνουσαν: '내려오는'; καταβαίν + ουσαν. 현재분사 καταβαίνουσαν는 생생함을 보여준다; 2절 참조.

계 21:11

ἔχουσαν τὴν δόξαν τοῦ θεοῦ, ὁ φωστὴρ αὐτῆς ὅμοιος λίθῳ τιμιωτάτῳ ὡς λίθῳ ἰάσπιδι κρυσταλλίζοντι.

그 성은 하나님의 영광을 가지고 있는데, 그 빛남이 지극히 귀한 보석 같고 수정처럼 투명한 벽옥(제스퍼) 같았다.

ἔχουσαν[1]
가지고 있는 having

    τὴν δόξαν
    영광을 the glory

      τοῦ θεοῦ,
      하나님의 of God,

ὁ φωστὴρ[2]
빛/빛남이 radiance

    αὐτῆς
    그녀의 its

ὅμοιος λίθῳ[3]
돌/보석 같았다. like a ~ jewel,

    τιμιωτάτῳ
    지극히 귀한 most precious

    ὡς λίθῳ ἰάσπιδι[4]
    벽옥/재스퍼와 같은 like a jasper,

      κρυσταλλίζοντι.[5]
      수정처럼 투명한/크리스탈처럼 빛나는 clear as crystal.

δόξα
명.목.여단
ὁ
관.소.남단
θεός
명.소.남단
ὁ
관.주.남단
φωστήρ
명.주.남단
αὐτός
대인칭.소.여단
ὅμοιος
형일반.주.남단
λίθος
명.여.남단
τίμιος
형일반.여.남단
ὡς
접.종
λίθος
명.여.남단
ἴασπις
명.여.여단
κρυσταλλίζω
동.분.현능.여.남단

1. ἔχουσαν: '가지고 있는'. 계속되는 현재완료 분사, 예루살렘의 술어이다.
2. φωστήρ: φωστήρ(빛, 빛남, 발광체) < φῶς(빛), φωτίζω(비추다, 밝히다) > φωτεινός(빛나는, 비추는), φωτισμός(조명, 밝힘), φωσφόρος(빛을 주는/운반하는).
3. ὅμοιος λίθῳ τιμιωτάτῳ: '매우 귀한 보석 같다'. ὅμοιος는 주로 여격과 함께 쓰인다(예, 1:15; 2:18; 4:3; 4:6, 7; 9:7 등; 예외, 목적격인 경우, 1:13; 14:14).
4. ἰάσπιδι: '벽옥/재스퍼'(4:3).
5. κρυσταλλίζοντι: κρυσταλλίζω(크리스탈처럼 밝고 투명하다)의 분사. 4:6 참고.

계 21:12

ἔχουσα τεῖχος μέγα καὶ ὑψηλόν, ἔχουσα πυλῶνας δώδεκα καὶ ἐπὶ τοῖς πυλῶσιν ἀγγέλους δώδεκα καὶ ὀνόματα ἐπιγεγραμμένα, ἅ ἐστιν [τὰ ὀνόματα] τῶν δώδεκα φυλῶν υἱῶν Ἰσραήλ·

크고 높은 성벽을 갖고 있었다. 열두 문이 있는데 그 성문(들) 위에 열두 천사가 있고 이스라엘의 자손 열두 지파의 이름들이 새겨져 있었다.

ἔχουσα[1]
가지고 있는/있고 It had

    τεῖχος[2]
    성벽을 a ~ wall;

      μέγα
      크고 great

      καὶ ὑψηλόν,
      높은 and high

ἔχουσα
가지고 있고/있었다. it had

    πυλῶνας[3] δώδεκα
    열두 문과 twelve gates

    καὶ ἐπὶ τοῖς πυλῶσιν
    그 문들 위에 and on the gates

    ἀγγέλους δώδεκα
    열두 천사들과(이 있었고) twelve angels were

καὶ ὀνόματα
이름들과 and the names

    ἐπιγεγραμμένα,[4]
    새겨진/쓰여진 written

ἅ ἐστιν[5]
(그 이름들은) ~이다. which are

    [τὰ ὀνόματα][6]
    이름들~ those

      τῶν δώδεκα φυλῶν
      열두 지파의 of the twelve tribes

      υἱῶν
      자손(들)의/인 of the sons

      Ἰσραήλ·
      이스라엘 Israel.

12
ἔχω
동.분.현능.주.여단
τεῖχος
명.목.중단
μέγας
형일반.목.중단
καί
접.등
ὑψηλός
형일반.목.중단
ἔχω
동.분.현능.주.여단
πυλών
명.목.남단
δώδεκα
형기수
καί
접.등
ἐπί
전.여
ὁ
관.여.남복
πυλών
명.여.남복
ἄγγελος
명.목.남복
δώδεκα
형기수
καί
접.등
ὄνομα
명.목.중복
ἐπιγράφω
동.분.완수.목.중복
ὅς
대관계.주.중복

εἰμί
동직.현능.3단
ὁ
관주.중복
ὄνομα
명.주.중복
ὁ
관.소.여복
δώδεκα

형기수
φυλή
명.소.여복
υἱός
명.소.남복
Ἰσραήλ
명.소.남단

1. ἔχουσα ... ἔχουσα: 히브리어 어법의 영향으로 분사가 직설법 술어처럼 쓰인 경우이다(1:16; 4:7; 10:2; 11:1; 12:2; 17:5; 21:12, 14, 19; 19:12; Wallace, 653).

2. τεῖχος: τεῖχος(벽)

3. πυλῶνας: πυλών과 πύλη는 '집이나 성의 출입문' 즉 '대문, 관문'의 뜻이다. 일반 집의 문은 보통 θύρα라 한다(LN). 3변화 πυλών, πυλῶνος, πυλῶνι, πυλῶνα(sg); πυλῶνες, πυλώνων, πυλῶσι(ν), πυλῶνας(pl).

4. ἐπιγεγραμμένα: '새겨진'; ἐπι + γε + γραμ(< γραφ) + μένα. 현재완료 수동태에서 순음 계열(β, π, φ)이 어미의 μ-를 만나면 μμ로 동화된다(φ + μ = μμ). 현재완료 분사로 지속적인 결과를 부각한다. ἐπί(upon) + γράφω (쓰다) = ἐπιγράφω(새기다, 위에 쓰다).

5. ἅ ἐστιν: 관계대명사 ἅ 절은 형용사절로 ὀνόματα(이름들)를 꾸며준다.

6. [τὰ ὀνόματα]: Metzger에 따르면 τὰ ὀνόματα(이름들)가 없는 것(ℵ, P, 051 등)과 있는 것(A, 1611, 1841, 1854 등)이 옳은 지 판단이 어려운 경우이다(Metzger, 689). τὰ ὀνόματα가 없어도 의미상의 문제는 없다.

13
ἀπό
전.소
ἀνατολή
명.소.여단
πυλών
명.주.남복
τρεῖς
형기수.주.남복
καί
접.등
ἀπό
전.소
βορέας
명.소.남단
πυλών
명.주.남복
τρεῖς
형기수.주.남복
καί
접.등
ἀπό
전.소
νότος
명.소.남단
πυλών
명.주.남복
τρεῖς
형기수.주.남복
καί
접.등
ἀπό
전.소
δυσμή
명.소.여복
πυλών
명.주.남복
τρεῖς
형기수.주.남복

계 21:13

ἀπὸ ἀνατολῆς πυλῶνες τρεῖς καὶ ἀπὸ βορρᾶ πυλῶνες τρεῖς καὶ ἀπὸ νότου πυλῶνες τρεῖς καὶ ἀπὸ δυσμῶν πυλῶνες τρεῖς.

동쪽에 세 문, 북쪽에 세 문, 남쪽에 세 문, 서쪽에 세 문이 있었다.

ἀπὸ ἀνατολῆς[1]	καὶ ἀπὸ νότου
동쪽에 On the east	남쪽에 on the south
πυλῶνες τρεῖς	πυλῶνες τρεῖς
세 문은 were three gates,	세 문은 three gates,
καὶ ἀπὸ βορρᾶ[2]	καὶ ἀπὸ δυσμῶν
북쪽에 on the north	서쪽에 on the west
πυλῶνες τρεῖς	πυλῶνες τρεῖς.
세 문은 three gates,	세 문은 ~ 있었다. three gates.

1. ἀπὸ ἀνατολῆς: ἀπό는 여기서 방향을 가리키는 '~ 쪽에'(on)로 번역된다(ESV, NAS, RSV, NIV, KJV). ἀπὸ ἀνατολῆς는 '동쪽에서 (셀/볼 때)'라는 뉘앙스를 가지고 있을 것이다. ἀνατολή(동쪽/해돋이, 7:2; 16:12).

2. βορρᾶ … νότου … δυσμῶν: βορρᾶς(북쪽, 북풍) < boreas(북풍); νότος(남쪽, 남풍); δυσμή(서쪽, 서풍), δύσις(해가 짐) < δύνω/δύω(해가 지다); LSJ.

14
καί
접.등
ὁ
관.주.중단
τεῖχος
명.주.중단
ὁ
관.소.여단

계 21:14

καὶ τὸ τεῖχος τῆς πόλεως ἔχων θεμελίους δώδεκα καὶ ἐπ᾽ αὐτῶν δώδεκα ὀνόματα τῶν δώδεκα ἀποστόλων τοῦ ἀρνίου.

성의 성벽에는 열두 기초석이 있는데 그 위에 어린 양의 열두 사도의 열두 이름이 있었다.

καὶ τὸ τεῖχος
성벽은 And the wall

τῆς πόλεως[1]
그 도시/도성의 of the city

ἔχων[2]
가지고 있는/있다. had

θεμελίους[3] δώδεκα
열두 기초석(들)과 twelve foundations,

καὶ ἐπ᾽ αὐτῶν[4]
그(그것들) 위에 and on them

δώδεκα ὀνόματα
열두 이름(들)을 were the twelve names

τῶν δώδεκα ἀποστόλων
열두 사도의 of the twelve apostles

τοῦ ἀρνίου.
어린 양의 of the Lamb.

πόλις
명.소.여단
ἔχω
동분현능주남단
θεμέλιος
명.목.남복
δώδεκα
형기수
καί
접.등
ἐπί
전.소
αὐτός
대인칭.소.남복
δώδεκα
형기수
ὄνομα
명.목.중복
ὁ
관.소.남단
δώδεκα
형기수
ἀπόστολος
명.소.남복
ὁ
관.소.중단
ἀρνίον
명.소.중단

1. πόλεως: πόλις(도시)의 소유격(단); 3변화 πόλις는 3:12 참고.
2. ἔχων: 히브리어 어법의 영향으로 분사가 직설법 술어처럼 쓰인 경우이다(1:16; 4:7; 10:2; 11:1; 12:2; 17:5; 21:12, 14, 19; 19:12; Wallace, 653).
3. θεμελίους: '기초석들'; θεμέλιος(기초, 기초석). θεμελιόω(기초를 놓다, 확고히 하다).
4. ἐπ᾽ αὐτῶν: ἐπί(on) + αὐτῶν(them).

계 21:15

Καὶ ὁ λαλῶν μετ᾽ ἐμοῦ εἶχεν μέτρον κάλαμον χρυσοῦν, ἵνα μετρήσῃ τὴν πόλιν καὶ τοὺς πυλῶνας αὐτῆς καὶ τὸ τεῖχος αὐτῆς.

나와 말한 자가 금으로 된 갈대 모양의 자를 가지고 있는데, 성과 그 성문(들)과 그 성벽을 측량하기 위한 것이었다.

Καὶ ὁ λαλῶν
그리고 ~ 말한 자(천사)가 And the one who spoke

μετ᾽ ἐμοῦ[1]
나와 함께 with me

εἶχεν[2]
가지고 있었다. had

μέτρον[3]
자를 a measure

κάλαμον[4]
갈대 모양의 of ~ rod

χρυσοῦν,
금으로 된 gold

ἵνα μετρήσῃ[5]
재기/측량하기 위해 to measure

τὴν πόλιν
도시와/도성과 the city

καὶ τοὺς πυλῶνας
문들과 and ~ gates

αὐτῆς
그(도시)의 its

καὶ τὸ τεῖχος
성벽을 and ~ walls.

αὐτῆς.
그(도시)의 its

15
καί
접.등
ὁ
관.주.남단
λαλέω
동분현능주남단
μετά
전.소
ἐγώ
대인칭.소.-단
ἔχω
동직.미완료.3단
μέτρον
명.목.중단
κάλαμος
명.목.남단
χρυσοῦς
형일반.목.중단
ἵνα
접.종
μετρέω
동가.과능.3단
ὁ
관.목.여단
πόλις
명.목.여단
καί
접.등
ὁ
관.목.남복
πυλών
명.목.남복
αὐτός
대인칭.소.여단
καί
접.등
ὁ
관.목.중단
τεῖχος
명.목.중단
αὐτός
대인칭.소.여단

1. ὁ λαλῶν μετ᾽ ἐμοῦ: '나와 함께 말하는(말하던) 자'; λαλῶν = λαλέ + ων.
2. εἶχεν: '가지고 있었다'; ἐ + εχ(ἔχω) + ε(ν); ε + ε = ει. 여기서 미완료는 '가지고 있는' 상태에서 다음 행동(action)을 계속하는 동작의 지속성(continuity)을 부각하는 것일 것이다.
3. μέτρον: μέτρον(자, 측량기), μετρέω(측량하다), μετρητής([액체를] 계량하는 기구), μετρίως(적당히, 적절히).
4. κάλαμον: κάλαμος(갈대), 11:1 참고.
5. ἵνα μετρήσῃ: '측량하기 위해'; 목적의 ἵνα 가정법 부사절.

계 21:16

16
καί
접.등
ὁ
관.주.여단
πόλις
명.주.여단
τετράγωνος
형일반.주.여단
κεῖμαι
동직.현수.3단
καί
접.등
ὁ
관.주.중단
μῆκος
명.주.중단
αὐτός
대인칭.소.여단
ὅσον
형수.주.중단
καί
접.등
ὁ
관.주.중단
πλάτος
명.주.중단
καί
접.등
μετρέω
동직.과능.3단
ὁ
관.목.여단
πόλις
명.목.여단
ὁ
관.여.남단
κάλαμος
명.여.남단
ἐπί
전.소
στάδιος
명.소.남복
δώδεκα
형.기수
χιλιάς
명.소.여복
ὁ
관.주.중단
μῆκος
명.주.중단
καί
접.등
ὁ
관.주.중단
πλάτος
명.주.중단
καί
접.등
ὁ
관.주.중단
ὕψος
명.주.중단
αὐτός
대인칭.소.여단
ἴσος
형일반.주.중복
εἰμί
동직.현능.3단

καὶ ἡ πόλις **τετράγωνος κεῖται** καὶ τὸ μῆκος αὐτῆς ὅσον [καὶ] τὸ πλάτος. καὶ ἐμέτρησεν τὴν πόλιν τῷ καλάμῳ ἐπὶ σταδίων δώδεκα χιλιάδων, τὸ μῆκος καὶ τὸ πλάτος καὶ τὸ ὕψος αὐτῆς ἴσα ἐστίν.

그 성은 네모 반듯하게 놓여 있는데 그 길이와 너비가 같았다. 그가 성을 갈대 자로 측량하는데 일만이천 스타디온(이천이백 킬로미터)으로 길이와 너비와 높이가 같았다.

καὶ ἡ πόλις
또 도시는/도성은 And the city

τετράγωνος[1]
네모 반듯하게 foursquare,

κεῖται[2]
놓여 있고/있었고 lies

καὶ τὸ μῆκος[3]
길이는 length

αὐτῆς
그(도시의) its

ὅσον[4] [καὶ] τὸ πλάτος.
폭과/너비와 같았다. is the same as its width;

καὶ ἐμέτρησεν[5]
그가 ~ 측량하였다. and he measured

τὴν πόλιν
도시를/도성을 the city

τῷ καλάμῳ[6]
갈대 자로/갈대 모양의 자로 with the rod,

ἐπὶ[7] σταδίων δώδεκα χιλιάδων,[8]
일만이천 스타디온으로/약 이천삼백 킬로미터로 fifteen hundred miles/ about 2,300 km;

τὸ μῆκος
길이와 length

καὶ τὸ πλάτος
폭과/너비와 and width

καὶ τὸ ὕψος[9]
높이가 and height

αὐτῆς
그(도시의) its

ἴσα[10]
같~/똑같~ equal.

ἐστίν.
~다. are

---

1. τετράγωνυς: τετράγωνος(정사각형, 사각형의) = τέτρα(넷) + γωνος(< γωνία, 모서리).
2. κεῖται: 이태동사 κεῖμαι(놓다, 눕다)는 -μαι, -σαι, -ται(sg); -μεθα, -σθε, -νται(pl)의 어미를 가진다.
3. μῆκος: μῆκος(길이) > μηκύνω(길게 하다, 늘리다).
4. ὅσον [καὶ] τὸ πλάτος: 관계형용사인 ὅσον(as great as; the same as)은 뒤이어 나오는 명사 τὸ πλάτος(폭)을 수식한다.
5. ἐμέτρησεν: '측량하였다'; ἐ + μετρέ + σε(ν); 11:1 참고.
6. τῷ καλάμῳ: '(갈대) 자로'; 수단(means)의 여격.
7. ἐπί: ἐπί는 '대하여'(about)의 뜻이거나(10:11; Zerwick), '약'(about)의 뜻일 것이다.
8. σταδίων δώδεκα χιλιάδων: δώδεκα(12) 배의 χιλιάδες(1,000)인 σταδια(στάδιον은 약 190 미터) = 약 2,280 킬로미터.
9. ὕψος: ὕψος(높이), 10절의 ὑψηλός(높은) 참고.
10. ἴσα: 형용사 ἴσος은 '동등한'(equal, same)이다. 여기서 중복으로 쓰였다. ἰσάγγελος(천사와 같은), ἰσότης(동등함), ἰσότιμος(동등한 가치가 있는), ἰσόψυχος(같은 마음의).

계 21:17

17
καί
접.등
μετρέω
동직.과능.3단
ὁ
관.목.중단

καὶ ἐμέτρησεν τὸ τεῖχος αὐτῆς ἑκατὸν τεσσεράκοντα τεσσάρων πηχῶν μέτρον ἀνθρώπου, ὅ ἐστιν ἀγγέλου.

또 그 성벽을 측정하는데 백사십사 규빗(약 육십육 미터)이었다. 사람의 치수이고 천사의 치수였다.

καὶ ἐμέτρησεν
또 ~ 측량하였다. And he measured
　τὸ τεῖχος
　성벽을 wall
　　αὐτῆς
　　그(도시의) its
　　　ἑκατὸν τεσσεράκοντα
　　　τεσσάρων[1] πηχῶν[2]
　　　백사십사 규빗으로/약 육십육 미터로
　　　144 cubits/ about 66 meters

μέτρον[3]
자/치수로 by ~ measurement,
　ἀνθρώπου,
　사람의 human
　ὅ ἐστιν[4]
　그것은 ~이다. which is also
　　ἀγγέλου.
　　천사의 것(치수)~ an angel's.

τεῖχος
명.목.중단
αὐτός
대인칭.소.여단
ἑκατόν
형기수
τεσσεράκοντα
형기수
τέσσαρες
형기수.소.남복
πῆχυς
명.소.남복
μέτρον
명.목.중단
ἄνθρωπος
명.소.남단
ὅς
대인칭.주.중단
εἰμί
동직.현능.3단
ἄγγελος
명.소.남단

1. ἑκατὸν τεσσεράκοντα τεσσάρων: 100 + 40 + 4 = 144.
2. πηχῶν: πῆχυς(규빗)은 손끝에서 팔꿈치까지의 길이로 대략 46 센티미터이다(Friberg).
3. μέτρον: '자로/자를 가지고'(by measurement). 측량(measure)의 목적격이라 할 것이다.
4. ὅ ἐστιν: 관계대명사 ὅ 절은 μέτρον을 꾸며주는 형용사절이다.

계 21:18

καὶ ἡ ἐνδώμησις **τοῦ τείχους αὐτῆς ἴασπις** καὶ ἡ πόλις χρυσίον καθαρὸν ὅμοιον ὑάλῳ καθαρῷ.

　그 성벽의 소재는 벽옥이고 성은 맑은 유리 같은 순금이었다.

καὶ ἡ ἐνδώμησις[1]
또 ~ 재료(또는 기초)는 And the material
　τοῦ τείχους
　성벽의 of ~ wall
　　αὐτῆς
　　그(도시의) its
　　ἴασπις
　　벽옥이었고 was jasper;
καὶ ἡ πόλις
도시는/도성은 and the city

χρυσίον
~금이었다. was ~ gold,
　καθαρὸν
　순~ pure
　ὅμοιον ὑάλῳ[2]
　유리(또는 수정)와 같은 like ~ glass.
　　καθαρῷ.
　　맑은 pure/ clear

18
καί
접.등
ὁ
관.주.여단
ἐνδώμησις
명.주.여단
ὁ
관.소.중단
τεῖχος
명.소.중단
αὐτός
대인칭.소.여단
ἴασπις
명.주.여단
καί
접.등
ὁ
관.주.여단
πόλις
명.주.여단
χρυσίον
명.주.중단
καθαρός
형일반.주.중단
ὅμοιος
형일반.주.중단
ὕαλος
명.여.여단
καθαρός
형일반.여.남단

1. ἐνδώμησις: ἐνδώμησις([건물의] 재료).
2. ὅμοιον ὑάλῳ: '유리와 같은'. ὕαλος(유리, 투명한 돌) > ὑάλινος(유리의, 투명한; 4:6 참고).

계 21:19

οἱ θεμέλιοι **τοῦ τείχους τῆς πόλεως** παντὶ λίθῳ τιμίῳ κεκοσμημένοι· ὁ θεμέλιος ὁ πρῶτος ἴασπις, ὁ δεύτερος σάπφιρος, ὁ τρίτος χαλκηδών, ὁ τέταρτος σμάραγδος,

　그 성의 성벽의 기초석들은 각종 보석으로 단장되어 있었다. 첫째 기초석은 벽옥(재스퍼)이고 둘째 것은 남보석(사파이어)이고 셋째 것은 옥수이고 넷째 것은 녹보석(에메랄드)이었다.

19
ὁ
관.주.남복
θεμέλιος
명.주.남복
ὁ
관.소.중단
τεῖχος
명.소.중단
ὁ
관.소.여단
πόλις
명.소.여단

πᾶς
형부정.여 남단
λίθος
명.여.남단
τίμιος
형일반.여 남단
κοσμέω
동분완수주남복
ὁ
관.주.남단
θεμέλιος
명.주.남단
ὁ
관.주.남단
πρῶτος
형서수.주.남단
ἴασπις
명.주.여단
ὁ
관.주.남단
δεύτερος
형서수.주.남단
σάπφιρος
명.주.여단
ὁ
관.주.남단
τρίτος
형서수.주.남단
χαλκηδών
명.주.남단
ὁ
관.주.남단
τέταρτος
형서수.주.남단
σμάραγδος
명.주.남단

οἱ θεμέλιοι
기초석들은 The foundations
  τοῦ τείχους
  성벽의 of the wall
  τῆς πόλεως
  그 도시/도성의 of the city
  παντὶ λίθῳ
  각종 돌/~석들로 with every ~ stone/ jewel.
    τιμίῳ
    진귀한/보~ precious
  κεκοσμημένοι·[1]
  단장되어 있었다. were adorned
ὁ θεμέλιος
기초석은 The ~ foundation
  ὁ πρῶτος
  첫째 first

ἴασπις,
벽옥/재스퍼, was jasper,
ὁ δεύτερος
둘째 것은 the second
  σάπφιρος,[2]
  남보석/사파이어, sapphire,
ὁ τρίτος
셋째 것은 the third
  χαλκηδών,[3]
  옥수, agate,
ὁ τέταρτος
넷째 것은 the fourth
  σμάραγδος,[4]
  녹보석/에메랄드, emerald,

---

1. κεκοσμημένοι: '단장되어 있는(있었다)'; κε + κοσμε + (η) + μένοι; 2절의 κεκοσμημένην 참고. 히브리어 어법의 영향으로 분사가 직설법 술어처럼 쓰인 경우이다(1:16; 4:7; 10:2; 11:1; 12:2; 17:5; 21:12, 14, 19; 19:12; Wallace, 653).
2. σάπφιρος: σάπφιρος(남보석) > sapphire(사파이어).
3. χαλκηδών: χαλκηδών([다양한 색의] 옥수) > chalcedony.
4. σμάραγδος: σμάραγδος(녹보석, 에메랄드).

계 21:20

20
ὁ
관.주.남단
πέμπτος
형서수.주.남단
σαρδόνυξ
명.주.남단
ὁ
관.주.남단
ἕκτος
형서수.주.남단
σάρδιον
명.주.중단
ὁ
관.주.남단
ἕβδομος
형서수.주.남단
χρυσόλιθος
명.주.남단
ὁ
관.주.남단
ὄγδοος
형서수.주.남단
βήρυλλος
명.주.남단
ὁ
관.주.남단
ἔνατος
형서수.주.남단
τοπάζιον
명.주.중단
ὁ
관.주.남단
δέκατος
형서수.주.남단
χρυσόπρασος
명.주.남단
ὁ
관.주.남단
ἑνδέκατος
형서수.주.남단

ὁ πέμπτος σαρδόνυξ, ὁ ἕκτος σάρδιον, ὁ ἕβδομος χρυσόλιθος, ὁ ὄγδοος βήρυλλος, ὁ ἔνατος τοπάζιον, ὁ δέκατος χρυσόπρασος, ὁ ἑνδέκατος ὑάκινθος, ὁ δωδέκατος ἀμέθυστος,

다섯째 것은 홍마노이고 여섯째 것은 홍옥수이고 일곱째 것은 황보석(감람석)이고 여덟째 것은 녹옥(녹주석)이고 아홉째 것은 황옥(토파즈)이고 열째 것은 녹옥수이고 열한 번째 것은 청옥(히아신스석)이고 열두 번째 것은 자수정이었다.

ὁ πέμπτος
다섯째 것은 the fifth
  σαρδόνυξ,[1]
  홍마노, sardonyx,
ὁ ἕκτος
여섯째 것은 the sixth
  σάρδιον,[2]
  홍옥수, carnelian,
ὁ ἕβδομος
일곱째 것은 the seventh
  χρυσόλιθος,[3]
  황보석/감람석, chrysolite,
ὁ ὄγδοος
여덟째 것은 the eighth
  βήρυλλος,[4]
  녹옥/녹주석, beryl,

ὁ ἔνατος
아홉째는 the ninth
  τοπάζιον,[5]
  황옥/토파즈, topaz,
ὁ δέκατος
열 번째 것은 the tenth
  χρυσόπρασος,[6]
  녹옥수, chrysoprase,
ὁ ἑνδέκατος[7]
열한 번째 것은 the eleventh
  ὑάκινθος,[8]
  청옥/히아신스석, jacinth,
ὁ δωδέκατος[9]
열두 번째 것은 the twelfth
  ἀμέθυστος,[10]
  자수정이었다. amethyst.

1. σαρδόνυξ: σαρδόνυξ(홍마노) = σάρδιον([붉은] 홍옥수, carnelian, sard) + ὄνυξ([흰색의] 마노, onyx) > sardonyx; Thayer.
2. σάρδιον: σάρδιον([붉은] 홍옥수, carnelian, sard).
3. χρυσόλιθος: χρυσόλιθος([금색의] 황보석) > chrysolith/chrysolite([녹황색의] 귀감람석).
4. βήρυλλος: βήρυλλος([담녹색의] 녹옥수, beryl).
5. τοπάζιον: τοπάζιον([녹황색의] 황옥) > topaz(토파즈).
6. χρυσόπρασος: χρυσόπρασος([금녹색의] 녹옥수) > chrysoprase.
7. ἐνδέκατος: '11번째'; ἐν(εἷς, one) + δέκατος(10th).
8. ὑάκινθος: ὑάκινθος([짙은 청색의] 히아신스석) > hyacinth.
9. δωδέκατος: '12번째'; δω(δύο, two) + δέκατος(10th).
10. ἀμέθυστος: ἀμέθυστος([자주색의] 자수정) > amethyst; ἀμέθυστος = ἀ(부정의) + μέθυστος(< μεθύω, 술 취하다); LSJ.

계 21:21

καὶ οἱ δώδεκα πυλῶνες δώδεκα μαργαρῖται, ἀνὰ εἷς ἕκαστος τῶν πυλώνων ἦν ἐξ ἑνὸς μαργαρίτου. καὶ ἡ πλατεῖα τῆς πόλεως χρυσίον καθαρὸν ὡς ὕαλος διαυγής.

열두 문은 열두 진주로 되어 있는데, 각기 하나의 문은 하나의 진주로 되어 있었다. 또 성의 거리는 투명한 유리와 같은 순금이었다.

καὶ οἱ δώδεκα πυλῶνες
열두 문은 And the twelve gates

  δώδεκα μαργαρῖται,[1]
  열두 진주로 되어 있었다. were twelve pearls,

ἀνὰ εἷς ἕκαστος[2]
각기 하나는 each

  τῶν πυλώνων
  문(들)의 of the gates

  ἦν
  되어 있었다. was

    ἐξ ἑνὸς μαργαρίτου.[3]
    하나의 진주로 from a single pearl.

καὶ ἡ πλατεῖα[4]
또 ~ 길은/거리는 And the open street

  τῆς πόλεως
  도시/도성의 of the city

  χρυσίον
  ~금이었다./으로 되어 있다. was ~ gold,

  καθαρὸν
  순~ pure

  ὡς ὕαλος
  유리와 같은 as ~ as glass.

  διαυγής.[5]
  투명한 transparent

---

1. μαργαρῖται: μαργαρίτης(진주).
2. ἀνὰ εἷς ἕκαστος: ἀνὰ는 여기서 부사적으로 '각기'(apiece)라는 의미로 사용된다(Thayer; Zerwick). ἕκαστος(각각, each)와 중복하여 강화된다.
3. ἐξ ἑνὸς μαργαρίτου: '하나의 진주로 (만들어진)'; 여기서 ἐξ(ἐκ)은 만든 재료에 대해 언급하는 예이다(Thayer).
4. πλατεῖα: πλατεῖα('[넓은] 길'); 11:8 참고.
5. ὡς ὕαλος διαυγής: '투명한 유리 같은'. διαυγής(투명한) = δι(διά, through) + αυγής(αὐγή, 밝음, 광채, 선명함).

ὑάκινθος
명.주.남단
ὁ
관.주.남단
δωδέκατος
형서수.주.남단
ἀμέθυστος
명.주.여단

21
καί
접.등
ὁ
관.주.남복
δώδεκα
형기수
πυλών
명.주.남복
δώδεκα
형기수
μαργαρίτης
명.주.남복
ἀνά
전.목
εἷς
형기수.주.남단
ἕκαστος
형부정.주.남단
ὁ
관.소.남복
πυλών
명.소.남복
εἰμί
동직.미완능.3단
ἐκ
전.소
εἷς
형기수.소.남단
μαργαρίτης
명.소.남단
καί
접.등
ὁ
관.주.여단
πλατύς
형일반.주.여단
ὁ
관.소.여단
πόλις
명.소.여단
χρυσίον
명.주.중단
καθαρός
형일반.주.중단
ὡς
접.종
ὕαλος
명.주.여단
διαυγής
형일반.주.남단

계 21:22

Καὶ ναὸν οὐκ εἶδον ἐν αὐτῇ, ὁ γὰρ κύριος ὁ θεὸς ὁ παντοκράτωρ ναὸς αὐτῆς ἐστιν καὶ τὸ ἀρνίον.

또 나는 그(성) 안에서 성전을 보지 못하였다. 전능하신 주 하나님과 어린 양께서 그것(성)의 성전이 되시기 때문이다.

Καὶ ναὸν 또 ~ 성전을 And ~ any temple	**ὁ παντοκράτωρ**[2] 전능하신 the Almighty
οὐκ εἶδον 나는 ~ 보지 못하였다. I did not see	**ναὸς** 성전이 temple.
ἐν αὐτῇ, 그(도시) 안에 in it,	**αὐτῆς** 그(도시)의 its
ὁ γὰρ[1] κύριος 주, ~ 때문이다. for the Lord	ἐστιν 되시기 ~ is/ are
ὁ θεὸς 하나님과 God	καὶ τὸ ἀρνίον. 어린 양께서 and the Lamb

1. ὁ γὰρ κύριος ... ναὸς ... ἐστιν: '주께서 … 성전이 되시기 때문이다'. γὰρ 절은 앞의 문장과 인과관계에 있는 이유(cause)의 종속절이다.
2. ὁ ... κύριος ὁ θεὸς ὁ παντοκράτωρ: ὁ ... κύριος(주), ὁ θεὸς(하나님), ὁ παντοκράτωρ(전능하신 분)은 모두 동격의(appositional) 관계이다('전능자이신 주 하나님' 또는 '주 하나님, 전능자').

계 21:23

καὶ ἡ πόλις οὐ χρείαν ἔχει τοῦ ἡλίου οὐδὲ τῆς σελήνης ἵνα φαίνωσιν αὐτῇ, ἡ γὰρ δόξα τοῦ θεοῦ ἐφώτισεν αὐτήν, καὶ ὁ λύχνος αὐτῆς τὸ ἀρνίον.

또 그 성은 성을 비추기 위해 해나 달을 필요로 하지 않았다. 하나님의 영광이 그것(성)을 비추었고 어린 양께서 그(성의) 등불이 되시기 때문이었다.

καὶ ἡ πόλις 또 도시는/도성은 And the city	ἡ γὰρ δόξα 영광이 ~ 때문이다. for the glory
οὐ χρείαν[1] 필요로 no need	**τοῦ θεοῦ** 하나님의 of God
ἔχει 하지 않았다. has	**ἐφώτισεν** 비추었고 illuminates
τοῦ ἡλίου 해나 of sun	**αὐτήν,**[4] 그것(도시)을 it,
οὐδὲ τῆς σελήνης[2] 달을 or moon	καὶ ὁ λύχνος 등불/램프이셨기 ~ and ~ lamp.
ἵνα φαίνωσιν[3] 비추기 위해 to shine	**αὐτῆς** 그것(도시)의 its
αὐτῇ, 그것(도시)을 on it,	τὸ ἀρνίον.[5] 어린 양께서 the Lamb is

1. οὐ χρείαν ἔχει: 문자적, '필요를 가지고 있지 않다' > '필요가 없다'. ἔχω + χρείαν은 '필요하다'(3:17; 21:23; 22:5; cf. 요 2:25; 13:10; 13:29; 16:30; 요일 2:27; 3:17).

2. τοῦ ἡλίου οὐδὲ τῆς σελήνης: ἔχειν + χρείαν의 목적어가 되는 명사('~을')는 소유격을 취하는 경우가 많다(22:5; cf. 마 9:12; 고전 12:21; 히 5:12; 10:36 등). 목적격 사용의 예는 계 3:17이다.

3. ἵνα φαίνωσιν αὐτῇ: '그것에/을 비취기 위해'; 목적의 ἵνα 부사절. φαίνωσιν(< φαίνω)은 여격(αὐτῇ) 을 목적어로 취하였다(cf. 마 1:20; 6:5, 16, 18; 23:28). φαίνωσιν의 주체는 '해와 달'이다.

4. ἐφώτισεν αὐτήν: '그것을 비추었다'; φωτίζω는 목적어를 취한다(눅 11:36; 요 1:9; 고전 4:5 등).

5. ... τὸ ἀρνίον: 동사가 생략된 명사적(nominal) 문장이다.

계 21:24

καὶ περιπατήσουσιν τὰ ἔθνη διὰ τοῦ φωτὸς αὐτῆς, καὶ οἱ βασιλεῖς τῆς γῆς φέρουσιν τὴν δόξαν αὐτῶν εἰς αὐτήν,

> 열방이 그(성의) 빛 가운데 거닐 것이다. 또 땅의 왕들이 그들의 영광을 가지고 그곳으로 들어올 것이다.

———

καὶ περιπατήσουσιν[1]
그리고 ~ 거닐/다닐 것이다. And ~ will walk

τὰ ἔθνη
민족들이/열방이 the nations

διὰ τοῦ φωτὸς[2]
빛으로/빛 가운데 by ~ light,

αὐτῆς,
그(도시의) its

καὶ οἱ βασιλεῖς
또 ~ 왕들이 and the kings

τῆς γῆς
땅의 of the earth

φέρουσιν[3]
가지고 들어올 것이다. will bring

τὴν δόξαν
영광을 glory

αὐτῶν
그들의 their

εἰς αὐτήν,
그곳(도시)으로 into it.

———

1. περιπατήσουσιν: '거닐/다닐 것이다'; περί + πατέ + σουσι(ν); 2:1 참고.
2. διὰ τοῦ φωτὸς: '빛을 통하여/빛 가운데'(through the light) 또는 '빛을 인하여'(by the light).
3. φέρουσιν: '들어온다/들어올 것이다'. 동사가 미래시제(περιπατήσουσιν)에서 현재시제(φέρουσιν)로 바꾼 것은 사실의 생생함을 표현하기 위한 것일 것이다('들어오고 있다').

계 21:25

καὶ οἱ πυλῶνες αὐτῆς οὐ μὴ κλεισθῶσιν ἡμέρας, νὺξ γὰρ οὐκ ἔσται ἐκεῖ,

> 또 그(성의) 문들은 온종일 닫히지 않을 것이다. 그곳에 밤이 없기 때문이다.

———

καὶ οἱ πυλῶνες
또 ~ 문들은 And ~ gates

αὐτῆς
그(도시의) its

οὐ μὴ κλεισθῶσιν[1]
(결코) 닫히지 않을 것이다. will never be shut

ἡμέρας,[2]
낮에/온종일 by day,

νὺξ γὰρ
밤이 ~ 때문이다. for ~ night

οὐκ ἔσται
없기 ~ there will be no

ἐκεῖ,
그곳/거기에 there.

———

1. οὐ μὴ κλεισθῶσιν: '결코 닫히지 않을 것이다'; κλει + (σ) + θῶσιν. οὐ μὴ + 부정과거 가정법은 미래의 일에 대한 가장 강한 부정이다('결코 ~이 아닌 (것)'). 부정과거 수동태에서 σ가 들어가는 경우이다(Mounce, 118-119, 251).
2. ἡμέρας: '낮에'. 시간의 소유격은 시간의 종류(kind)를 부각한다('낮에는', '낮일 때에는').

φωτίζω
동직.과능.3단
αὐτῆς
대인칭.목.여단
καὶ
접등
ὁ
관주남단
λύχνος
명주남단
αὐτῆς
대인칭.소.여단
ὁ
관주중단
ἀρνίον
명주중단

24
καὶ
접등
περιπατέω
동직.미능.3복
ὁ
관주중복
ἔθνος
명주중복
διά
전소
ὁ
관소중단
φῶς
명소중단
αὐτῆς
대인칭.소.여단
καὶ
접등
ὁ
관주남복
βασιλεύς
명주남복
ὁ
관소여단
γῆ
명소여단
φέρω
동직.현능.3복
ὁ
관목여단
δόξα
명목여단
αὐτῆς
대인칭.소.남복
εἰς
전목
αὐτός
대인칭.목.여단

25
καὶ
접등
ὁ
관주남복
πυλών
명주남복
αὐτῆς
대인칭.소.여단
οὐ
부
μή
조사
κλείω
동가.과수.3복
ἡμέρα
명소.여단
νύξ
명주.여단
γάρ
접등
οὐ
부
εἰμί
동직.미중.3단
ἐκεῖ
부

계 21:26

καὶ οἴσουσιν τὴν δόξαν καὶ τὴν τιμὴν τῶν ἐθνῶν εἰς αὐτήν.

그들이 열방의 영광과 존귀를 가지고 그곳으로 들어올 것이다.

26
καί
접.등
φέρω
동직.미능.3복
ὁ
관.목.여단
δόξα
명.목.여단
καί
접.등
ὁ
관.목.여단
τιμή
명.목.여단
ὁ
관.소.중복
ἔθνος
명.소.중복
εἰς
전.목
αὐτός
대인칭.목.여단

καὶ οἴσουσιν[1]
그들이 ~ 가지고 들어올 것이다. And they will bring

τὴν δόξαν
영광과 the glory

καὶ τὴν τιμὴν[2]
존귀를 and the honor

τῶν ἐθνῶν
민족들/열방의 of the nations

εἰς αὐτήν.
그곳(도시)으로 into it.

1. οἴσουσιν: '가지고 올 것이다'; οἴ + σουσι(ν). φέρω(가져오다)의 미래 οἴσω, 부정과거(능) ἤνεγκα, 부정과거(수) ἠνέχθην.
2. τιμὴν: τιμή(존귀, 가치, 영예); 4:9 참고.

계 21:27

καὶ οὐ μὴ εἰσέλθῃ εἰς αὐτὴν πᾶν κοινὸν καὶ [ὁ] ποιῶν βδέλυγμα καὶ ψεῦδος εἰ μὴ οἱ γεγραμμένοι ἐν τῷ βιβλίῳ τῆς ζωῆς τοῦ ἀρνίου.

또한 모든 더러운 것과 가증하고 거짓을 행하는 자는 결코 그곳에 들어가지 못할 것이다. 오직 어린 양의 생명책(생명의 두루마리)에 기록된 자들 외에는 그러할 것이다.

27
καί
접.등
οὐ
부
μή
조사
εἰσέρχομαι
동.가.과능.3단
εἰς
전.목
αὐτός
대인칭.목.여단
πᾶς
형부정.주.중단
κοινός
형일반.주.중단
καί
접.등
ὁ
관.주.남단
ποιέω
동분.현능.주남단
βδέλυγμα
명.목.중단
καί
접.등
ψεῦδος
명.목.중단
εἰ
접.종
μή
조사
ὁ
관.주.남복
γράφω
동분.완수.주남복
ἐν
전.여
ὁ
관.여.중단
βιβλίον
명.여.중단
ὁ
관.소.여단
ζωή
명.소.여단
ὁ
관.소.중단
ἀρνίον
명.소.중단

καὶ οὐ μὴ εἰσέλθῃ[1]
또한 ~ 결코 들어가지 못할 것이다. But ~will never enter

εἰς αὐτὴν
그곳(도시)으로 it,

πᾶν κοινὸν[2]
모든 더러운 것과 anything impure

καὶ [ὁ] ποιῶν
행하는/하는 자는 nor anyone who does

βδέλυγμα[3]
가증한/혐오스러운 것과 abomination

καὶ ψεῦδος
거짓말/거짓을 and falsehood,

εἰ μὴ οἱ γεγραμμένοι[4]
오직 기록된 자들 외에(는) but only those who are written

ἐν τῷ βιβλίῳ
두루마리/책에 in the book

τῆς ζωῆς
생명의 of life

τοῦ ἀρνίου.
어린 양의 of the Lamb.

1. οὐ μὴ εἰσέλθῃ: '결코 들어가지 못할 것이다'; εἰσ + έλθ + ῃ. 강한 부정의 οὐ μὴ + 부정과거 가정법이다.
2. πᾶν κοινὸν: '모든 더러운 것'. κοινός는 '더러운, 더럽혀진'이라는 뜻과 '평범한, 흔한, 공통의'이라는 뜻이 있다. 27절에서는 전자의 의미가 될 것이다. κοινόω(더럽히다, 불결하게 하다), κοινωνέω(함께 나누다/참여하다), κοινωνία(코이노니아, 나눔, 사귐), κοινωνικός(사회적인/사교적인), κοινωνός(동반자, 동료, 참여자).
3. βδέλυγμα: '혐오스러운 것'; 17:4 참고.
4. εἰ μὴ οἱ γεγραμμένοι: '기록된 자들 외에는'; εἰ μὴ(~외에는), 2:17 참고. 현재완료 분사 γεγραμμένοι 는 결과의 지속을 부각한다.

계 22:1

Καὶ ἔδειξέν μοι ποταμὸν ὕδατος ζωῆς λαμπρὸν ὡς κρύσταλλον, ἐκπορευόμενον ἐκ τοῦ θρόνου τοῦ θεοῦ καὶ τοῦ ἀρνίου.

또 그는 내게 수정과 같이 투명한 생명수의 강을 보여주었다. 하나님과 어린 양의 보좌로부터 나와서

Καὶ ἔδειξέν[1]
또 그가 ~ 보여주었다. And he showed

μοι
내게 me

ποταμὸν
강을 a river

ὕδατος
~수의 of the water

ζωῆς
생명~ of life,

λαμπρὸν[2]
투명한/빛나는 bright

ὡς κρύσταλλον,[3]
수정과 같이 as crystal,

ἐκπορευόμενον[4]
흐르는/흐르고 있는 flowing

ἐκ τοῦ θρόνου
보좌에서부터/에서 나와서
from the throne

τοῦ θεοῦ
하나님과 of God

καὶ τοῦ ἀρνίου.
어린 양의 and of the Lamb,

1. ἔδειξέν μοι: '(그가) 내게 보였다/보여주었다'; ἐ + δεικ + σε(ν); 1:1; 21:9 참고. 뒤따르는 μοι 때문에 ἔδειξέν의 끝음절에 액센트가 첨가된다.
2. λαμπρὸν: '빛나는, 투명한'; 15:6 참고.
3. κρύσταλλον: κρύσταλλος(크리스탈, 수정); 4:6 참고.
4. ἐκπορευόμενον ἐκ ...: '~에서 (나와) 흐르는'; ἐκπορευόμενον(ἐκ + πορευο + μενον), 1:16 참고.

계 22:2

ἐν μέσῳ τῆς πλατείας αὐτῆς καὶ τοῦ ποταμοῦ ἐντεῦθεν καὶ ἐκεῖθεν ξύλον ζωῆς ποιοῦν καρποὺς δώδεκα, κατὰ μῆνα ἕκαστον ἀποδιδοῦν τὸν καρπὸν αὐτοῦ, καὶ τὰ φύλλα τοῦ ξύλου εἰς θεραπείαν τῶν ἐθνῶν.

그(성의) 거리 한 가운데로 흐르고 있었다. 강 이편과 저편에 있는 생명나무에 열두 과실이 열리는데, 달마다 과실을 맺고 나무의 잎은 열방의 치료를 위해 쓰였다.

1
καί
접 등
δείκνυμι
동직.과능.3단
ἐγώ
대인칭.여.-단
ποταμός
명.목.남단
ὕδωρ
명.소.중단
ζωή
명.소.여단
λαμπρός
형일반.목.남단
ὡς
접 종
κρύσταλλος
명.목.남단
ἐκπορεύομαι
동분현중목남단
ἐκ
전.소
ὁ
관.소.남단
θρόνος
명.소.남단
ὁ
관.소.남단
θεός
명.소.남단
καί
접 등
ὁ
관.소.중단
ἀρνίον
명.소.중단

2
ἐν
전.여
μέσος
형일반.여.중단
ὁ
관.소.여단
πλατύς
형일반.소.여단
αὐτός
대인칭.소.여단
καί
접 등

ὁ
관.소.남단
ποταμός
명.소.남단
ἐντεῦθεν
부
καί
접.등
ἐκεῖθεν
부
ξύλον
명.주.중단
ζωή
명.소.여단
ποιέω
동분.현능.주.중단
καρπός
명.목.남복
δώδεκα
형.기수
κατά
전.목
μήν
명.목.남단
ἕκαστος
형부정.목.남단
ἀποδίδωμι
동분.현능.주.중단
ὁ
관.목.남단
καρπός
명.목.남단
αὐτός
대인칭.소.중단
καί
접.등
ὁ
관.주.중복
φύλλον
명.주.중복
ὁ
관.소.남단
ξύλον
명.소.중단
εἰς
전.목
θεραπεία
명.목.여단
ὁ
관.소.중복
ἔθνος
명.소.중복

ἐν μέσῳ τῆς πλατείας[1]
길/거리 한 가운데로
in the middle of the street

αὐτῆς
그(도시의) of it (the city).

καὶ τοῦ ποταμοῦ
강의 And ~ of the river,

ἐντεῦθεν
이쪽과 on this side

καὶ ἐκεῖθεν[2]
저쪽에 and on that

ξύλον
나무가 (있고) the tree

ζωῆς
생명의 of life

ποιοῦν[3]
열게 하는데 was bearing

καρποὺς δώδεκα,
열두 과실을/열매를 twelve kinds of fruit,

κατὰ μῆνα ἕκαστον[4]
매 달마다 every month.

ἀποδιδοῦν
맺고 yielding

τὸν καρπὸν
과실을/열매를 fruit

αὐτοῦ,
그의 its

καὶ τὰ φύλλα[5]
잎은/잎사귀(드)는 And the leaves

τοῦ ξύλου
그 나무의 of the tree

εἰς θεραπείαν[6]
치료에 쓰였다. were for the healing

τῶν ἐθνῶν.
민족들/열방의 of the nations.

---

1. ἐν μέσῳ τῆς πλατείας: '길 가운데에/로'(in/through the middle of the street). ἐν μέσῳ(~ 사이에/중간에), 1:13 참고.
2. ἐντεῦθεν καὶ ἐκεῖθεν: '이쪽과 저쪽에'. ἐντεῦθεν(이곳으로부터, from this place); ἐκεῖθεν(그곳으로부터, from that place). ἐντεῦθεν καὶ ἐκεῖθεν(한 쪽과 다른 쪽, 각 쪽에서); Thayer.
3. ποιοῦν καρπούς: '과실(들)을 열게 하는(데)/열게 한다'. 현재분사 두 개(ποιοῦν … ἀποδιδοῦν)가 직설법 동사를 대신한다. ἀποδίδωμι(주다, 내다), 18:6 참고.
4. κατὰ μῆνα ἕκαστον: '각각의/매 달마다/에'; cf. 히 3:13, καθ᾽ ἑκάστην ἡμέραν(매일, every day).
5. φύλλα: φύλλον(잎, 잎사귀). Cf. φυλή(지파).
6. εἰς θεραπείαν: '치료를 위해'; 목적의 εἰς 전치사구.

계 22:3

3
καί
접.등
πᾶς
형부정.주.중단
κατάθεμα
명.주.중단
οὐ
부
εἰμί
동직.미중.3단
ἔτι
부
καί
접.등
ὁ
관.주.남단
θρόνος
명.주.남단
ὁ
관.소.남단
θεός
명.소.남단
καί
접.등
ὁ
관.소.중단
ἀρνίον
명.소.중단

καὶ πᾶν κατάθεμα οὐκ ἔσται ἔτι. καὶ ὁ θρόνος τοῦ θεοῦ καὶ τοῦ ἀρνίου ἐν αὐτῇ ἔσται, καὶ οἱ δοῦλοι αὐτοῦ λατρεύσουσιν αὐτῷ

그 어떤 저주도 더 이상 없을 것이다. 하나님과 어린 양의 보좌가 그(성) 안에 있을 것이다. 또 그의 종들이 그에게 예배하고

καὶ πᾶν κατάθεμα[1]
또 모든 저주가/그 어떤 저주도 And ~ any curse,

οὐκ ἔσται
없을 것이다. there will no ~ be

ἔτι.[2]
더 이상 longer

καὶ ὁ θρόνος
그리고 ~ 보좌가 but the throne

τοῦ θεοῦ
하나님과 of God

καὶ τοῦ ἀρνίου
어린 양의 and of the Lamb

ἐν αὐτῇ
그(도시) 안에 in it,

ἔσται,[3]
있을 것이다. will be

καὶ οἱ δοῦλοι
또 ~ 종들은 and ~ servants

αὐτοῦ
그의 his

λατρεύσουσιν
예배하고 will worshp

αὐτῷ
그에게 him.

1. κατάθεμα: κατάθεμα(저주) = κατά(against) + θεμα(< τίθημι, put, place) < καταθεματίζω(저주하다)
2. οὐκ ἔσται ἔτι: '더 이상 없을 것이다'; οὐκ ἔτι(더 이상 없는, no longer/more).
3. ἔσται ... λατρεύσουσιν: '있을 것이다 ... 예배할 것이다'; 계속되는 미래시제. λατρεύσουσιν = λατρεύ + σουσι(ν); 7:15 참고.

계 22:4

καὶ ὄψονται τὸ πρόσωπον αὐτοῦ, καὶ τὸ ὄνομα αὐτοῦ ἐπὶ τῶν μετώπων αὐτῶν.

그의 얼굴을 뵙게 될 것이다. 그리고 그의 이름이 그들의 이마 위에 있을 것이다.

καὶ ὄψονται[1]
뵐/뵙게 될 것이다. And they will see
  τὸ πρόσωπον
  얼굴을 face,
    αὐτοῦ,
    그의 his
καὶ τὸ ὄνομα[2]
이름도/이 and ~ name

αὐτοῦ
그의 his
ἐπὶ τῶν μετώπων
이마 위에 (있을 것이다.) be on ~ foreheads.
  αὐτῶν.
  그들의 their

1. ὄψονται: '(그들이) 볼 것이다'. ὀπ(ὁράω, 보다의 미래 어간) + σονται. ὁράω의 미래는 이태동사의 형태이다(1단, ὄψομαι). 부정과거(수) ὤφθην이나 미래(수) ὀφθήσομαι(ὀπ + θήσομαι)도 어간(ὀπ)을 공유한다. 그러나 부정과거(능) εἶδον, 현재완료 ἑώρακα는 어간이 다르다.
2. τὸ ὄνομα ...: 동사가 생략된 명사적(nominal) 문장이다.

계 22:5

καὶ νὺξ οὐκ ἔσται ἔτι καὶ οὐκ ἔχουσιν χρείαν φωτὸς λύχνου καὶ φωτὸς ἡλίου, ὅτι κύριος ὁ θεὸς φωτίσει ἐπ’ αὐτούς, καὶ βασιλεύσουσιν εἰς τοὺς αἰῶνας τῶν αἰώνων.

또 밤이 더 이상 없겠고 등불의 빛과 태양의 빛이 필요하지 않을 것이다. 주 하나님께서 그들 위에 비취실 것이기 때문이다. 그들이 영원무궁히 왕 노릇 할 것이다.

καὶ νὺξ
또 밤은 And night
  οὐκ ἔσται
  없을 것이고 will be no
    ἔτι[1]
    더 이상 more.
καὶ οὐκ ἔχουσιν
하지 않을 것이다. And they will not have
  χρείαν[2]
  필요로 need
    φωτὸς
    빛과 of the light

λύχνου
등불/램프의 of a lamp
καὶ φωτὸς
빛을 nor the light
  ἡλίου,
  해/태양의 of the sun,
ὅτι[3] κύριος ὁ θεὸς[4]
주 하나님께서 ~ 때문이다. for the Lord God
  φωτίσει[5]
  비취실 것이기 will illumine
    ἐπ’ αὐτούς,
    그들 위에 them,

(우측 여백 주석)
ἐν 전.여
αὐτός 대인칭.여.여단
εἰμί 동직.미중.3단
καί 접.등
ὁ 관주.남복
δοῦλος 명주.남복
αὐτός 대인칭.소.남단
λατρεύω 동직.미능.3복
αὐτός 대인칭.여.남단
4
καί 접.등
ὁράω 동직.미중.3복
ὁ 관.목.중단
πρόσωπον 명.목.중단
αὐτός 대인칭.소.남단
καί 접.등
ὁ 관.주.중단
ὄνομα 명.주.중단
αὐτός 대인칭.소.남단
ἐπί 전.소
ὁ 관.소.중복
μέτωπον 명.소.중복
αὐτός 대인칭.소.남복
5
καί 접.등
νύξ 명.주.여단
οὐ 부
εἰμί 동직.미중.3단
ἔτι 부
καί 접.등
οὐ 부
ἔχω 동직.현능.3복
χρεία 명.목.여단
φῶς 명.소.중단
λύχνος 명.소.남단
καί 접.등
φῶς 명.소.중단
ἥλιος 명.소.남단
ὅτι 접.종

<table>
<tr><td>

κύριος
명.주.남단
ὁ
관.주.남단
θεός
명.주.남단
φωτίζω
동직.미능.3단
ἐπί
전.목
αὐτός
대인칭.목.남복
καί
접.등
βασιλεύω
동직.미능.3복
εἰς
전.목
ὁ
관.목.남복
αἰών
명.목.남복
ὁ
관.소.남복
αἰών
명.소.남복

</td><td>

καὶ βασιλεύσουσιν[6]
그들이 ~ 다스릴 것이다/왕 노릇 할 것이다.
and they will reign

εἰς τοὺς αἰῶνας
영원히 forever

τῶν αἰώνων.
(영원의) and ever.

</td></tr>
</table>

1. οὐκ ἔσται ἔτι: '더 이상 없을 것이다'.
2. οὐκ ἔχουσιν χρείαν φωτὸς ... καὶ φωτός: '빛 … 빛이 필요하지 않을 것이다'. ἔχω + χρείαν + 소유격의 경우, 3:17; 21:23 참고.
3. ὅτι: 이유(원인)의 ὅτι 부사절.
4. κύριος ὁ θεός: '주 하나님'(1:8; 4:8; 18:8; 19:6; 21:22; 22:5, 6); 1:8 참고.
5. φωτίσει: '비추실 것이다'; φωτίζ + σει.
6. βασιλεύσουσιν: '다스릴/왕 노릇 할 것이다'; βασιλεύ + σουσι(ν).

계 22:6

Καὶ εἶπέν μοι· οὗτοι οἱ λόγοι πιστοὶ καὶ ἀληθινοί, καὶ ὁ κύριος ὁ θεὸς τῶν πνευμάτων τῶν προφητῶν ἀπέστειλεν τὸν ἄγγελον αὐτοῦ δεῖξαι τοῖς δούλοις αὐτοῦ ἃ δεῖ γενέσθαι ἐν τάχει.

또 그가 내게 말하였다. "이 말씀들은 신실하고 참되다. 또 주, 곧 선지자들의 영(들)의 하나님께서 속히 일어나야 할 일(들)을 그의 종들에게 보이시려고 그의 천사를 보내셨다."

Καὶ εἶπέν
또 그가 ~ 말하였다.   And he said

μοι·
내게 to me,

οὗτοι οἱ λόγοι
이 말씀들은 "These words

πιστοὶ
신실하고 are trustworthy

καὶ ἀληθινοί,[1]
참되다. and true.

καὶ ὁ κύριος
또 주 And the Lord,

ὁ θεὸς[2]
하나님께서 the God

τῶν πνευμάτων
영(들)의 of the spirits

τῶν προφητῶν[3]
선지자들의 of the prophets,

ἀπέστειλεν[4]
보내셨다. has sent

τὸν ἄγγελον
천사를 angel

αὐτοῦ
그의 his

δεῖξαι[5]
보이시려고 to show

τοῖς δούλοις
종들에게 servants

αὐτοῦ
그의 his

ἃ δεῖ
~야 할 일을 what must

γενέσθαι
되어져/일어나~ take place."

ἐν τάχει.[6]
속히/곧 soon

1. οὗτοι οἱ λόγοι πιστοὶ καὶ ἀληθινοί: '이 말씀들은 신실하고 참되다'(21:5; 22: 6; cf. 19:9).
2. ὁ κύριος ὁ θεός: '주 하나님'의 호칭은 앞의 정관사 ὁ가 없는 κύριος ὁ θεός로 주로 쓰였으나(1:8; 4:8 18:8; 19:6; 22:5), 정관사 ὁ가 들어간 경우도 2회가 있다(21:22; 22:6). 정관사 ὁ가 있을 때는 '바로 그 (분), 주 하나님'이라는 뉘앙스가 있을 수 있다. 구약 LXX에서 '주 하나님'의 많은 용례 가운데 정관

(left margin second block)
6
καί
접.등
λέγω
동직.과능.3단
ἐγώ
대인칭.여.-단
οὗτος
대지시.주.남복
ὁ
관.주.남복
λόγος
명.주.남복
πιστός
형일반.주.남복
καί
접.등
ἀληθινός
형일반.주.남복
καί
접.등
ὁ
관.주.남단
κύριος
명.주.남단
ὁ
관.주.남단
θεός
명.주.남단
ὁ
관.소.중복
πνεῦμα
명.소.중복
ὁ
관.소.남복
προφήτης
명.소.남복
ἀποστέλλω
동직.과능.3단
ὁ
관.목.남단
ἄγγελος
명.목.남단
αὐτός
대인칭.소.남단
δείκνυμι
동부.과능
ὁ
관.여.남복
δοῦλος
명.여.남복

사 ὁ가 있는 ὁ κύριος ὁ θεὸς의 경우는 매우 드물다. 단 6회 정도만 발견된다. 그 가운데 후치사 γὰρ 나 δὲ와 관련해서 정관사 ὁ가 있을 수 있는 경우(예컨대, ὁ γὰρ κύριος ὁ θεός, 출 34:14; 신 2:7; 8:7; 10:17; ὁ δὲ κύριος ὁ θεός, 호 12:6) 5회를 제외하고 순수하게 ὁ κύριος ὁ θεὸς라는 표현은 단 1회일 수 있다(신 1:20). 계시록의 2회 가운데 21:22는 γὰρ가 있는 경우이다.

3. τῶν πνευμάτων τῶν προφητῶν: '선지자들의 영(들)의'. 소유의(possessive) 의미('선지자들의 영들에게 하나님 [되심]')일 것이다.

4. ἀπέστειλεν: '보내셨다'; 1:1 참고. 유음동사 ἀποστέλλω(보내다)의 부정과거(능) 1단 ἀπέστειλα. 어미 가 -α, -ας, -ε(ν)(sg); -αμεν, -ατε, -αν(pl)으로 변한다.

5. δεῖξαι: δεικνύω/δείκνυμι의 부정과거 부정사; δεικ + σαι; 1:1 참고.

6. ἃ δεῖ γενέσθαι ἐν τάχει: '속히 되어져야 할 일들을'; 1:1 참고(cf. 4:1).

계 22:7

καὶ ἰδοὺ ἔρχομαι ταχύ. μακάριος ὁ τηρῶν τοὺς λόγους τῆς προφητείας τοῦ βιβλίου τούτου.

"보라. 내가 속히 올 것이다. 이 두루마리(책)의 예언의 말씀(들)을 지키는 자는 복이 있다."

καὶ ἰδοὺ 그리고 보라. "And behold,	ὁ τηρῶν[3] 지키는 자는 the one who keeps
ἔρχομαι[1] 내가 ~ 올 것이다. I am coming	τοὺς λόγους 말씀(들)을 the words
ταχύ. 속히 soon.	τῆς προφητείας 예언의 of the prophecy
μακάριος[2] 복이 있다. Blessed is	τοῦ βιβλίου τούτου. 이 두루마리/책의 of this book."

---

1. ἔρχομαι: '내가 올 것이다'. 미래의 확실성을 부각하는 미래적(futuristic) 현재라 할 수 있다.
2. μακάριος: '복이 있는'(1:3; 14:13; 16:15; 19:9; 20:6, 7; 22:14).
3. ὁ τηρῶν: '지키는 자는'; τηρέ + ων. 현재분사는 지속성을 부각한다.

계 22:8

Κἀγὼ Ἰωάννης ὁ ἀκούων καὶ βλέπων ταῦτα. καὶ ὅτε ἤκουσα καὶ ἔβλεψα, ἔπεσα προσκυνῆσαι ἔμπροσθεν τῶν ποδῶν τοῦ ἀγγέλου τοῦ δεικνύοντός μοι ταῦτα.

이것들을 듣고 본 자, 나 요한은, 듣고 보았을 때에, 이것들을 내게 보여준 천사의 발 앞에, 경배하려고 엎드렸다.

Κἀγὼ Ἰωάννης[1] 나 요한이 And I, John,	καὶ βλέπων[2] 본 ~ and saw
ὁ ~ 자이다. am the one	ταῦτα. 이것들을 these things.
ἀκούων 듣고 who heard	καὶ ὅτε[3] 또 ~ 때 And when

우측 여백 주석 (계 22:7):
7
καί
접 등
ἰδού
감탄
ἔρχομαι
동직 현중.1단
ταχύς
부
μακάριος
형일반 주 남단
ὁ
관주 남단
τηρέω
동분 현능주남단
ὁ
관 목 남복
λόγος
명 목 남복
ὁ
관 소 여단
προφητεία
명 소 여단
ὁ
관 소 중단
βιβλίον
명 소 중단
οὗτος
대지시.소 중단

우측 여백 주석 (계 22:8):
8
καί+ἐγώ
접 등+대인
칭주 -단
Ἰωάννης
명 주 남단
ὁ
관주 남단
ἀκούω
동분 현능주남단
καί
접 등
βλέπω
동분 현능주남단
οὗτος
대지시.목.중복
καί
접 등
ὅτε
접 종
ἀκούω
동직 과능.1단
καί
접 등

βλέπω
동직 과능.1단
πίπτω
동직 과능.1단
προσκυνέω
동부 과능
ἔμπροσθεν
전·소
ὁ
관·소 남복
πούς
명·소 남복
ὁ
관·소 남단
ἄγγελος
명·소 남단
ὁ
관·소 남단
δείκνυμι
동분·현능·소남단
ἐγώ
대인칭.여.-단
οὗτος
대지시.목 중복

ἤκουσα
듣고 I heard
καὶ ἔβλεψα,[4]
보았을 ~ and saw them,
ἔπεσα
내가 ~ 엎드렸다. I fell down
προσκυνῆσαι[5]
경배하려고 to worship
ἔμπροσθεν τῶν ποδῶν
발 앞에 at the feet

τοῦ ἀγγέλου
천사의 of the angel
τοῦ δεικνύοντός[6]
보여주는 who showed
μοι
내게 me
ταῦτα.
이것들을 these things.

---

1. Κἀγὼ Ἰωάννης: '나 요한은'. Ἰωάννης(요한)은 Κἀγὼ(Καί + ἐγώ)와 동격의 관계이다.
2. ὁ ἀκούων καὶ βλέπων: '듣고 본 자'. 명사적 문장의 보어이다. 현재분사로 쓰는 것이 계시의 현장성과 지속성을 부각할 수 있다.
3. ὅτε: '~ 때에'(when).
4. ἔβλεψα: '(내가) 보았다'; ἐ + βλεπ + σα.
5. ἔπεσα προσκυνῆσαι: '경배하려고 엎드렸다'(목적의 부정사) 또는 '엎드려 경배하였다'(결과의 부정사).
6. τοῦ δεικνύοντός μοι: '내게 보여주는'. δεικνύοντος = δεικνυ + οντος. '보여주는'는 τοῦ ἀγγέλου(천사)의 술어 역할을 한다. 뒤따르는 μοι 때문에 δεικνύοντός의 끝음절에 액센트가 더해졌다.

계 22:9

9
καί
접·등
λέγω
동직·현능·3단
ἐγώ
대인칭.여.-단
ὁράω
동명.현능.2단
μή
조사
σύνδουλος
명·주 남단
σύ
대인칭.소.-단
εἰμί
동직·현능.1단
καί
접·등
ὁ
관·소 남복
ἀδελφός
명·소 남복
σύ
대인칭.소.-단
ὁ
관·소 남복
προφήτης
명·소 남복
καί
접·등
ὁ
관·소 남복
τηρέω
동분·현능·소남복
ὁ
관·목 남복
λόγος
명·목 남복
ὁ
관·소·중단
βιβλίον
명·소·중단
οὗτος
대지시.소·중단

καὶ λέγει μοι· ὅρα μή· σύνδουλός σού εἰμι καὶ τῶν ἀδελφῶν σου τῶν προφητῶν καὶ τῶν τηρούντων τοὺς λόγους τοῦ βιβλίου τούτου· τῷ θεῷ προσκύνησον.

그런데 그가 내게 말하였다. "그러지 말라. 나는 그대의 동료인 종이다. 그대의 형제들, 예언자들, 이 두루마리(책)의 말씀들을 지키는 자들의 동료인 종이다. 하나님께 경배하라."

καὶ λέγει[1]
그런데 그가 ~ 말하였다. And he said
μοι·
내게 to me,
ὅρα
"보라/주의하라. "(See!)
μή·
아니다/그러지 말라. Do not do that!
σύνδουλός
동료 종/함께 된 종~ a fellow servant
σού
그대의/와 with you
εἰμι[2]
나는 ~이다. I am
καὶ τῶν ἀδελφῶν
형제들의 and ~ brothers

σου
그대의 your
τῶν προφητῶν
예언자들의 the prophets,
καὶ τῶν τηρούντων[3]
지키는 자들의 and with those who keep
τοὺς λόγους
말씀들을 the words
τοῦ βιβλίου τούτου·
이 두루마리/책의 of this book.
τῷ θεῷ
하나님께 God."
προσκύνησον.[4]
경배하라." Worship

---

1. λέγει: '(그가) 말한다'. 현재시제는 현장의 생생함을 부각할 수 있다.

2. ὅρα μή σύνδουλός σού εἰμι· '(보라,) 그러지 말라. 나는 그대와 함께 한 종이다'; 같은 표현, 19:10 참고. σου 때문에 σύνδουλός의 끝음절에 액센트가 추가되었고, 다시 σού의 액센트는 뒤따르는 εἰμι 때문이다

3. τηρούντων: '지키는 자들의'; τηρέ + οντων. 계속적으로 소유격이 열거되고 있는 것은 σύνδουλος + 소유격('~의 동료')이 계속되기 때문이다.

4. τῷ θεῷ προσκύνησον: '하나님께 경배하였다'. προσκυνέω(경배/예배하다) + 여격(신성의 대상)의 예이다(4:10 참고).

ὁ 관.여.남단
θεός 명.여.남단
προσκυνέω 명.과능.2단

계 22:10

Καὶ λέγει μοι· μὴ σφραγίσῃς τοὺς λόγους τῆς προφητείας τοῦ βιβλίου τούτου, ὁ καιρὸς γὰρ ἐγγύς ἐστιν.

> 그리고 그가 내게 말하였다. "이 두루마리(책)의 예언의 말씀들을 봉인하지 말라. 때가 가까이 왔기 때문이다.

10
καί 접.등
λέγω 동직.현능.3단
ἐγώ 대인칭.여.-단
μή 조사
σφραγίζω 동가.과능.2단
ὁ 관.목.남복
λόγος 명.목.남복
ὁ 관.소.여단
προφητεία 명.소.여단
ὁ 관.소.중단
βιβλίον 명.소.중단
οὗτος 대지시.소.중단
ὁ 관.주.남단
καιρός 명.주.남단
γάρ 접.등
ἐγγύς 부
εἰμί 동직.현능.3단

Καὶ λέγει
또 ~ 말하였다. And he said
　μοι·
　내게 to me,
　μὴ σφραγίσῃς[1]
　봉인하지 말라. "Do not seal up
　　τοὺς λόγους
　　말씀들을 the words
　　　τῆς προφητείας
　　　예언의 of the prophecy

　　τοῦ βιβλίου τούτου,
　　"이 두루마리/책의 of this book,
　ὁ καιρὸς γὰρ
　때가 ~ 때문이다. for the time
　ἐγγύς
　가까이 near.
　ἐστιν.[2]
　왔기/되었기 ~ is

1. μὴ σφραγίσῃς: '봉인하지 말라'. μὴ + 부정과거 가정법은 금지의 가정법이다. σφραγίσῃς = σφραγίζ + σῃς.
2. ὁ καιρὸς γὰρ ἐγγύς ἐστιν: '때가 가까웠기 때문이다'; 1:3 참고. 후치사 γὰρ는 절의 두 번째에 위치하는 것이 일반이나, 드물게 세 번째나 네 번째 자리에 위치할 때가 있다. 바울서신(특히 롬과 고전후)과 히브리서(2:8, 11, 18; 7:20; 11:2; 12:10, 20; 13:2)에 용례가 많은데, 계시록에서는 유일하게 10절에만 나타난다(cf. 요 9:30; 요이 1:11). ὁ καιρὸς를 부각하기 위한 뉘앙스일 수 있다.

계 22:11

ὁ ἀδικῶν ἀδικησάτω ἔτι καὶ ὁ ῥυπαρὸς ῥυπανθήτω ἔτι, καὶ ὁ δίκαιος δικαιοσύνην ποιησάτω ἔτι καὶ ὁ ἅγιος ἁγιασθήτω ἔτι.

> 불의한 자는 그대로 불의를 행하게 하고 더러운 자는 그대로 더러운 일을 하게 하라. 또 의로운 자는 그대로 의를 행하게 하고 거룩한 자는 그대로 거룩하게 하라."

ὁ 관.주.남단
ἀδικῶν 동분.현능.주남단
ἀδικέω 명.과능.3단
ἔτι 부
καί 접.등
ὁ 관.주.남단
ῥυπαρός 형일반주남단
ῥυπαίνω 동명.과수.3단
ἔτι 부
καί 접.등
ὁ 관.주.남단

ὁ ἀδικῶν[1]
불의한 자는 Let the evildoer
　ἀδικησάτω[2]
　불의를 행하게 하고 do evil,
　　ἔτι
　　그대로/여전히 still

καὶ ὁ ῥυπαρὸς[3]
더러운/부도덕한 자는 and the filthy
　ῥυπανθήτω[4]
　더러운/부도덕한 일을 하게 하라. be filthy,
　　ἔτι,
　　그대로/여전히 still

καὶ ὁ δίκαιος
또 의로운 자는 and the righteous

δικαιοσύνην
의를 right,

ποιησάτω[5]
행하게 하고 do

ἔτι
그대로/여전히 still

καὶ ὁ ἅγιος
거룩한 자는 and the holy

ἁγιασθήτω[6]
거룩하게 되게/거룩을 지키게 하라." be holy."

ἔτι.
그대로/여전히 still

1. ὁ ἀδικῶν: '불의한 자는'; ἀδικέ + ων; 2:11 참고. 독립적 용법의 분사이다.

2. ἀδικησάτω: '불의를 행하게 하라/행하라'; ἀδικε + σάτω. 3단 명령법은 '그로 ~하게 하라'(let him ~) 또는 '~는 ~ 하라'(Do [it]!; 2단 명령법처럼)로 번역할 수 있다. 부정과거 명령법은 특정 행동의 시행 (performing)을 촉구하는 뉘앙스가 있다.

3. ὁ ῥυπαρὸς: '더러운 자는'. ῥυπαρός(더러운, 추잡함) < ῥύπος(오물, 쓰레기) > ῥυπαίνω(더럽게 하다), ῥυπόω(더럽게 하다, 더럽다), ῥυπαρεύομαι(더럽다, 더럽게 되다), ῥυπαρία(더러움).

4. ῥυπανθήτω: '더럽게 되게 하라'; ῥυπαν(< ῥυπαίνω의 부정과거 어간) + θήτω. ῥυπαίνω(더럽게 하다)는 성경에 한 번만 출현한다(hapax legomenon).

5. ποιησάτω: '행하게 하라/행하라'; ποιε + σάτω; 3단 부정과거 명령법.

6. ἁγιασθήτω: '거룩하게 되게/거룩(함)을 지키게 하라'; ἁγιαζ + θήτω. 타동사 ἁγιάζω(거룩하게 하다)가 수동태가 되면 '거룩하게 되다'가 되므로 3단 명령법 ἁγιασθήτω은 '거룩하게 되게 하라' 또는 '거 룩의 상태를 지켜라/지키게 하라'가 된다. 예, 마 6:9, ἁγιασθήτω τὸ ὄνομά σου(주[당신]의 이름이 거룩히 여김을 받게/지켜지게 하옵소서).

계 22:12

Ἰδοὺ ἔρχομαι ταχύ, καὶ ὁ μισθός μου μετ᾽ ἐμοῦ ἀποδοῦναι ἑκάστῳ ὡς τὸ ἔργον ἐστὶν αὐτοῦ.

"보라. 내가 속히 올 것이다. 그리고 나의 보상(삯)이 내게 있어, 각 사람에게 그가 행한 대로 갚아 줄 것이 다.

Ἰδοὺ
"보라." "Behold,

ἔρχομαι
내가 올/갈 것이다. I am coming

ταχύ,[1]
속히/곧 soon,

καὶ ὁ μισθός
보상이 and ~ reward

μου[2]
나의 my

μετ᾽ ἐμοῦ[3]
나와 함께/내게 있다. is with me,

ἀποδοῦναι[4]
갚기 위해서 to repay

ἑκάστῳ
각 사람에게 to each one

ὡς τὸ ἔργον
한 일이/행위가 ~ 그대로 according as ~ work

ἐστὶν
있는 ~ has been/ shall be.

αὐτοῦ.[5]
그의 his

1. ἔρχομαι ταχύ: '내가 속히 올 것이다'. 주님의 신속한 재림에 대한 약속은 반복된다(3:11; 22:7, 12, 20; cf. 2:5, 16; 16:15).

2. ὁ μισθός μου: '나의 보상'에서 '나의'는 주격의(subjective) 의미이다('내가 주는')동사가 생략된 명사

적 문장이다.

3. μετ' ἐμοῦ: μετ'(μετά) + ἐμοῦ.

4. ἀποδοῦναι: 목적의 부정사('갚기 위하여/위한'). 부정과거 부정사 ἀποδοῦναι, 현재 부정사 ἀποδιδόναι. ἀποδίδωμι(갚다, 주다, 보상하다), 18:6 참고.

5. ὡς τὸ ἔργον ἐστὶν αὐτοῦ: 문자적, '그의 일(행위)이 있는 대로' > '그가 행한 대로'.

계 22:13

ἐγὼ τὸ ἄλφα καὶ τὸ ὦ, ὁ πρῶτος καὶ ὁ ἔσχατος, ἡ ἀρχὴ καὶ τὸ τέλος.

　　나는 알파와 오메가, 처음과 마지막, 시작과 끝이다.

———————

ἐγὼ[1]
나는 I am

　　τὸ ἄλφα
　　알파와 the Alpha
　　καὶ τὸ ὦ,[2]
　　오메가이고 and the Omega,
　　ὁ πρῶτος
　　처음과 the first

καὶ ὁ ἔσχατος,[3]
나중/마지막이고 and the last,
ἡ ἀρχὴ
시작과/최초와 the beginning
καὶ τὸ τέλος.[4]
끝이다." and the end."

———————

1. ἐγὼ: '나는'. 강조를 위한 인칭대명사 ἐγὼ의 사용이다(1:8, 17; 2:23; 3:9, 19; 21:6; 22:13, 16, 18). 또한 동사가 생략된다.

2. τὸ ἄλφα καὶ τὸ ὦ: '알파와 오메가'; 1:8; 21:6 참고.

3. ὁ πρῶτος καὶ ὁ ἔσχατος: '처음과 나중'; 1:17; 2:8 참고.

4. ἡ ἀρχὴ καὶ τὸ τέλος: '시작과 끝'; 21:6 참고.

계 22:14

Μακάριοι οἱ πλύνοντες τὰς στολὰς αὐτῶν, ἵνα ἔσται ἡ ἐξουσία αὐτῶν ἐπὶ τὸ ξύλον τῆς ζωῆς καὶ τοῖς πυλῶσιν εἰσέλθωσιν εἰς τὴν πόλιν.

　　그들의 겉옷을 세탁하는(빠는) 자들이 복이 있다. 그들에게 생명나무에 나아갈 권세가 있을 것이고 그들이 문(들)을 통하여 성에 들어가게 될 것이다.

———————

　　Μακάριοι
　　복이 있다. Blessed are
οἱ πλύνοντες[1]
세탁하는/빠는 자들은 those who wash
　　τὰς στολὰς[2]
　　겉옷을/두루마기를 robes
　　αὐτῶν,
　　그들의 their
ἵνα[3]
~ 때문이다. for
　　ἔσται
　　있을 것이고 will be
ἡ ἐξουσία
권세가 right

αὐτῶν
그들의 their
　　ἐπὶ τὸ ξύλον
　　나무에 대해 regarding/ to the tree
　　τῆς ζωῆς
　　생명(의) of life
καὶ τοῖς πυλῶσιν[4]
문(들)으로 and - by the gates.
εἰσέλθωσιν[5]
들어갈 수 있을 것이기 ~ they will enter
　　εἰς τὴν πόλιν.
　　그 도시로/도성으로 the city.

καί
접.등
ὁ
관.여.남복
πυλών
명.여.남복
εἰσέρχομαι
동가.가능.3복
εἰς
전.목
ὁ
관.목.여단
πόλις
명.목.여단

1. οἱ πλύνοντες: '세탁한 자들(은)'; 7:14 참고.

2. στολὰς: '겉옷(들)을'; 6:11 참고.

3. ἵνα ἔσται: 목적-결과(purpose-result)의 ἵνα 종속절로 볼 수 있다. 목적으로 보면, '(이런 일이 일어날 것)이기 때문이다'가 되고 결과로 보면, '(그래서) ~이 될 것이다'가 된다(ESV, RSV, NIV, KJV). 목적 이나 결과가 다 가능하다.

4. πυλῶσιν: '문들을 통하여'. πυλών, ῶνος(대문, 관문)의 3변화, 21:12 참고. 수단(means)의 여격으로 간주된다(Wallace, 163).

5. εἰσέλθωσιν: ἵνα 가정법에 해당된다; εἰσ + ελθ + ωσι(ν). ἵνα ἔσται ... εἰσέλθωσιν로 한 번은 미래 직 설법(ἔσται), 또 한 번은 부정과거 가정법(εἰσέλθωσιν)을 사용했다. 목적-결과의 종속절로 미래에 확 실히 일어날 일을 강조하고 있다.

계 22:15

15
ἔξω
부
ὁ
관.주.남복
κύων
명.주.남복
καί
접.등
ὁ
관.주.남복
φάρμακος
명.주.남복
καί
접.등
ὁ
관.주.남복
πόρνος
명.주.남복
καί
접.등
ὁ
관.주.남복
φονεύς
명.주.남복
καί
접.등
ὁ
관.주.남복
εἰδωλολάτρης
명.주.남복
καί
접.등
πᾶς
형.부정.주.남단
φιλέω
동분.현능.주.남단
καί
접.등
ποιέω
동분.현능.주.남단
ψεῦδος
명.목.중단

ἔξω οἱ κύνες καὶ οἱ φάρμακοι καὶ οἱ πόρνοι καὶ οἱ φονεῖς καὶ οἱ εἰδωλολάτραι καὶ πᾶς φιλῶν καὶ ποιῶν ψεῦδος.

개들과 마법사들과 음행하는 자들과 살인자들과 우상 숭배자들과 거짓을 좋아하고 행하는 모든 자들이 밖에 있게 될 것이다.

ἔξω
밖에 있게 될 것이다. Outside are

οἱ κύνες[1]
개들과 the dogs

καὶ οἱ φάρμακοι
마법사들/마법을 행하는 자들과 and sorcerers

καὶ οἱ πόρνοι
음행/간음하는 자들과 and the sexually immoral

καὶ οἱ φονεῖς
살인하는 자들과 and murderers

καὶ οἱ εἰδωλολάτραι
우상숭배자들과 and idolaters,

καὶ πᾶς
모든 ~ 자들은 and everyone

φιλῶν
사랑하며/좋아하며 who loves

καὶ ποιῶν
하는/행하는 ~ and does

ψεῦδος.[2]
거짓말/거짓을 falsehood.

1. ἔξω οἱ κύνες ...: 술어가 생략된 명사적(nominal) 문장이다. ἔξω(밖에), 3:12 참고. 3변화 κύων(개), κυνός, κυνί, κύνα(sg); κύνες, κυνῶν, κυσίν, κύνας(pl).

2. πᾶς φιλῶν καὶ ποιῶν ψεῦδος: πᾶς(모든)와 독립적 분사(남단)가 합쳐져 '거짓을 사랑하고 행하는 모 든 자'가 되었다. φιλῶν이나 ποιῶν는 둘 다 어미에 -έ + ων = ῶν의 동일한 변화를 가진다.

계 22:16

16
ἐγώ
대인칭.주.-단
Ἰησοῦς
명.주.남단
πέμπω
동직.과능.1단
ὁ
관.목.남단
ἄγγελος
명.목.남단
ἐγώ
대인칭.소.-단

Ἐγὼ Ἰησοῦς ἔπεμψα τὸν ἄγγελόν μου μαρτυρῆσαι ὑμῖν ταῦτα ἐπὶ ταῖς ἐκκλησίαις. ἐγώ εἰμι ἡ ῥίζα καὶ τὸ γένος Δαυίδ, ὁ ἀστὴρ ὁ λαμπρὸς ὁ πρωϊνός.

나 예수는 교회들을 위하여 이것들을 너희에게 증언하려고 나의 천사를 보냈다. 나는 다윗의 뿌리와 자 손이고 빛나는 샛별이다."

Ἐγὼ Ἰησοῦς[1]
"나 예수는 "I, Jesus

ἔπεμψα[2]
보냈다. have sent

τὸν ἄγγελόν
천사를 angel

μου
나의 my

μαρτυρῆσαι[3]
증언하려고/증언하게 하려고 to testify

ὑμῖν
너희에게 to you

ταῦτα
이것들을 these things

ἐπὶ ταῖς ἐκκλησίαις.
교회들에게/을 위해 for the churches.

ἐγώ[4]
나는 I

εἰμι
~이다." am

ἡ ῥίζα[5]
뿌리와 the root

καὶ τὸ γένος[6]
자손, and the offspring

Δαυίδ,
다윗의 of David,

ὁ ἀστὴρ[7]
~별 the ~ star."

ὁ λαμπρὸς
빛나는 bright

ὁ πρωϊνός.[8]
샛(이른 아침의)~ morning

μαρτυρέω
동부.과능
σύ
대인칭.여.-복
οὗτος
대지시.목.중복
ἐπί
전.여
ὁ
관.여.여복
ἐκκλησία
명.여.여복
ἐγώ
대인칭.주.-단
εἰμί
동직.현능.1단
ὁ
관.주.여단
ῥίζα
명.주.여단
καί
접.등
ὁ
관.주.중단
γένος
명.주.중단
Δαυίδ
명.소.남단
ὁ
관.주.남단
ἀστήρ
명.주.남단
ὁ
관.주.남단
λαμπρός
형일반.주.남단
ὁ
관.주.남단
πρωϊνός
형일반.주.남단

---

1. Ἐγὼ Ἰησοῦς: '나 예수(는)'. Ἐγὼ(나)와 Ἰησοῦς(예수)는 동격으로 이런 경우(특히 첫 번째의 Ἐγὼ)를 절대 주격(nominative absolute)이라 한다.
2. ἔπεμψα: '(내가) 보냈다'; ἐ + πεμπ + σα. 순음(β, π, φ)이 부정과거나 미래시제의 σ를 만나면 자음접변이 일어난다(β, π, φ + σ = ψ).
3. μαρτυρῆσαι: '증언하려고'; μαρτυρέ + σαι; ἔπεμψα의 목적어가 되는 부정사이다.
4. ἐγώ εἰμι: '나는 ~이다'; 강조적 어법.
5. ῥίζα: '뿌리'; 5:5 참고.
6. γένος: 3변화 γένος(후손, 민족, 종족/친족), γένους, γένει, γένος(sg); γένη, γενῶν, γένεσι(ν), γένη(pl). 동족어: γενεαλογία(족보 > genealogy[족보]), γενεά(출생, 족보, 세대), γενεαλογέω(계보를 살피다), γενέσια(생일 [축하연]), γένεσις(기원, 생애 > Genesis[창세기]), γενετή(출생), γένημα(산출, 산물); γεννάω(낳다) > γέννημα(출산된 것, 자손/후손), γέννησις(출생), γεννητός(출산된, 태어난).
7. ἀστήρ: '별'; 1:16 참고.
8. ὁ ἀστὴρ ὁ πρωϊνός: '이른 별'; 2:28 참고.

계 22:17

Καὶ τὸ πνεῦμα καὶ ἡ νύμφη λέγουσιν· ἔρχου. καὶ ὁ ἀκούων εἰπάτω· ἔρχου. καὶ ὁ διψῶν ἐρχέσθω, ὁ θέλων λαβέτω ὕδωρ ζωῆς δωρεάν.

또 성령과 신부가 말씀하셨다. "오라. 듣는 자로 '오라'라고 말하게 하라. 목마른 자도 오게 하라. 원하는 자는 생명수를 값없이 얻게 하라."

Καὶ τὸ πνεῦμα
또 성령과 And the Spirit

καὶ ἡ νύμφη
신부가 and the bride

λέγουσιν·
말씀하셨다. say,

ἔρχου.[1]
"오라". "Come."

καὶ ὁ ἀκούων
듣는 자는 And ~ the one who hears

εἰπάτω.[2]
말하게 하라. let ~ say,

ἔρχου.
'오라'라고 "Come."

καὶ ὁ διψῶν
목마른 자는 And ~ the one who is thirsty

ἐρχέσθω,[3]
오게 하라. let ~ come;

ὁ θέλων
원하는 자는 the one who wishes

17
καί
접.등
ὁ
관.주.중단
πνεῦμα
명.주.중단
καί
접.등
ὁ
관.주.여단
νύμφη
명.주.여단
λέγω
동직.현능.3복
ἔρχομαι
동명.현중.2단
καί
접.등
ὁ
관.주.남단
ἀκούω
동분.현능.주남단
λέγω
동명.과능.3단

ἔρχομαι
동명.현중.2단
καί
접.등
ὁ
관.주.남단
διψάω
동분.현능주남단
ἔρχομαι
동명.현중.3단
ὁ
관.주.남단
θέλω
동분.현능주남단
λαμβάνω
동명.과능.3단
ὕδωρ
명.목.중단
ζωή
명.소.여단
δωρεάν
부

λαβέτω[4]
받게/얻게 하라. to take
ὕδωρ
~수를 the water
ζωῆς
생명~ of life
δωρεάν.[5]
값없이 freely/ without coast.

---

1. ἔρχου: '오라'; ἔρχ + ου; 6:1 참고.
2. ὁ ἀκούων εἰπάτω: '듣는 자는 말하게 하라/말하다'. εἰπάτω = εἰπ + άτω(< έτω). 제2부정과거 부정사의 경우, 부정과거 어간 + 명령법 기본형 어미(-ε, -ετε, -έτω, -έτωσαν)여야 하는데, 여기서는 부정과거 명령법 어미(-σον, -σατε, -σάτω, -σάτωσαν)에서 σ를 뗀 형태(-ον, -ατε, -άτω, -άτωσαν)를 가져온 예외의 경우이다. λέγω(말하다)의 부정과거는 εἶπον인데, 종종 εἶπα 형태(예, 막 9:18; 요 10:34; 행 26:15 등)로도 쓰이고 있는 경우와 같다.
3. ὁ διψῶν ἐρχέσθω: '목마른 자는 오게 하라/오라'; ἐρχέσθω = ἐρχ + έσθω.
4. ὁ θέλων λαβέτω: '원하는 자는 받게 하라/받으라'; λαβέτω는 λαβ + έτω.
5. δωρεάν: '값없이'; 부사로 쓰인 경우; 21:6 참고.

계 22:18

18
μαρτυρέω
동직.현능.1단
ἐγώ
대인칭.주.-단
πᾶς
형부정.여.남단
ὁ
관.여.남단
ἀκούω
동분.현능여남단
ὁ
관.목.남복
λόγος
명.목.남복
ὁ
관.소.여단
προφητεία
명.소.여단
ὁ
관.소.중단
βιβλίον
명.소.중단
οὗτος
대지시.소.중단
ἐάν
접.종
τις
대부정.주.남단
ἐπιτίθημι
동가.과능.3단
ἐπί
전.목
αὐτός
대인칭.목.중복
ἐπιτίθημι
동직.미능.3단
ὁ
관.주.남단
θεός
명.주.남단
ἐπί
전.목
αὐτός
대인칭.목.남단

Μαρτυρῶ ἐγὼ παντὶ τῷ ἀκούοντι τοὺς λόγους τῆς προφητείας τοῦ βιβλίου τούτου· ἐάν τις ἐπιθῇ ἐπ᾽ αὐτά, ἐπιθήσει ὁ θεὸς ἐπ᾽ αὐτὸν τὰς πληγὰς τὰς γεγραμμένας ἐν τῷ βιβλίῳ τούτῳ,

나는 이 두루마리(책)의 예언의 말씀(들)을 듣는 모든 자들에게 증언한다. 만일 누구든지 이것들 위에 더하면, 하나님께서 이 두루마리(책)에 기록된 재앙들을 그 사람 위에 더하실 것이다.

Μαρτυρῶ[1]
증언한다. testfy/ warn
ἐγὼ
나는/내가 I
παντὶ τῷ ἀκούοντι[2]
듣는 모든 사람에게 everyone who hears
τοὺς λόγους
말씀(들)을 the words
τῆς προφητείας
예언의 of the prophecy
τοῦ βιβλίου τούτου·
이 두루마리/책의 of this book:
ἐάν τις[3]
만일 누구든지 if anyone
ἐπιθῇ
더하면/덧붙이면 adds

ἐπ᾽ αὐτά,[4]
이것들 위에 to them,
ἐπιθήσει[5]
더하실/덧붙이실 것이다. will add
ὁ θεὸς
하나님께서 God
ἐπ᾽ αὐτὸν
그 (사람) 위에 to him
τὰς πληγὰς
재앙/재난들을 the plagues
τὰς γεγραμμένας[6]
기록된/쓰여진 which are written
ἐν τῷ βιβλίῳ τούτῳ,
이 두루마리/책에 in this book,

---

1. Μαρτυρῶ ἐγὼ: 인칭대명서 ἐγὼ로 증언하는 주체가 강조되고 있다. μαρτυρῶ(증언하다) = μαρτυρέ + ω. -έω 동사는 현재시제나 미완료에서 어미를 만나 단축이 일어난다(έ + ω = ῶ).

2. ἀκούοντι: 현재분사는 상태의 지속성이 부각된다.

3. ἐάν τις ἐπιθῇ: '만일 누구든지 (~을) 더하면(두면)'. ἐάν τις(만일 누구든지 ~하면) 패턴(3:20; 22:18, 19). 귀결절(apodosis)에 미래(ἐπιθήσει)가 온 3급(third class) 가정법으로 미래에 있을(일어날) 수 있는 일반적인 가정이다. ἐπιθῇ = ἐπι + θη(ε)(< τίθημι) + ῃ. ἐπιτίθημι(~에 두다/놓다) = ἐπί(upon) + τίθημι(두다, 놓다).

4. ἐπ' αὐτά: ἐπ'(ἐπί, upon) + αὐτά.

5. ἐπιθήσει: '더하실 것이다'; ἐπι + θη(ε) + σει. τίθημι의 미래 어간은 θη(ε)이다.

6. τὰς πληγὰς τὰς γεγραμμένας: 분사 γεγραμμένας는 관형적으로 사용된다. 현재완료 분사는 상태와 결과의 지속성을 부각할 수 있다.

계 22:19

καὶ ἐάν τις ἀφέλη ἀπὸ τῶν λόγων τοῦ βιβλίου τῆς προφητείας ταύτης, ἀφελεῖ ὁ θεὸς τὸ μέρος αὐτοῦ ἀπὸ τοῦ ξύλου τῆς ζωῆς καὶ ἐκ τῆς πόλεως τῆς ἁγίας τῶν γεγραμμένων ἐν τῷ βιβλίῳ τούτῳ.

만일 누구든지 이 예언의 두루마리(책)의 말씀(들) 가운데 빼면, 하나님께서 이 두루마리(책)에 기록된 생명나무에서 또 거룩한 성에서 받게 될 그의 몫을 빼실 것이다.

καὶ ἐάν τις
또 만일 누구든지 and if anyone

ἀφέλη[1]
제하면/빼면 takes away

ἀπὸ τῶν λόγων[2]
말씀(들) 가운데 from the words

τοῦ βιβλίου
두루마리/책의 of the book

τῆς προφητείας ταύτης,
이 예언의 of this prophecy,

ἀφελεῖ[3]
제하실/빼실 것이다. will take away

ὁ θεὸς
하나님께서 God

τὸ μέρος
몫을 part/ share

αὐτοῦ
그의 his

ἀπὸ τοῦ ξύλου[4]
나무로부터(에서) from the tree

τῆς ζωῆς
생명(의) of life

καὶ ἐκ τῆς πόλεως[5]
또 ~ 도시로부터(에서)/도성으로부터(에서) and from the ~ city

τῆς ἁγίας
거룩한 holy

τῶν γεγραμμένων[6]
기록되어/쓰여 있는 which are written

ἐν τῷ βιβλίῳ τούτῳ.
이 두루마리/책에 in this book.

1. ἐάν τις ἀφέλη: '만일 누가 제하면'. ἀφέλη = ἀφελ(< ἀφεῖλον < ἀφαιρέω) + ῃ. ἀφαιρέω/ἀφαίρω(없애다, 제거하다, 노략하다) = ἀφ(ἀπό, from) + αιρέω(< αἴρω, 올리다/제거하다). ἀφαιρέω의 부정과거는 어간이 바뀐다(ἀφεῖλον).

2. ἀπὸ τῶν λόγων: ἀφαιρέω + ἀπὸ는 '~에서 제하다/취하다'(LXX 레 6:8; 신 11:17; 신 13:1; 사 58:9 등). 특히 LXX 신 13:1, οὐ προσθήσεις ἐπ' αὐτὸ οὐδὲ ἀφελεῖς ἀπ' αὐτοῦ(그것에 더하거나 그것에서 빼지 말라)를 참조하라.

3. ἀφελεῖ: '제하실 것이다'; ἀφελ + ε + ε. 유음동사 ἀφαιρέω의 미래 어간이 ἀφελ 또는 ἀφειλ이란 뜻이다. 유음동사는 미래에서 어간이 짧아지는 경향이 있고 유음 λ 앞에서 미래 어미의 σ가 생략되고 이를 보상하려고 어간이 짧아질 수 있고(ἀφειλ > ἀφελ) 또 매개모음(ε)을 더해준다. 이 때문에 어미의 단축이 일어난다(ε + ε = ει).

오른쪽 여백 주석:

ὁ 관 목.여복
πληγή 명.목.여복
ὁ 관.목.여복
γράφω 동분.완수.목.여복
ἐν 전.여
ὁ 관.여.중단
βιβλίον 명.여.중단
οὗτος 대지시.여.중단

19
καί 접.등
καί 접.종
τις 대부정주.남단
ἀφαιρέω 동.가.과능.3단
ἀπό 전.소
ὁ 관.소.남복
λόγος 명.소.남복
ὁ 관.소.중단
βιβλίον 명.소.중단
ὁ 관.소.여단
προφητεία 명.소.여단
οὗτος 대지시.소.여단
ἀφαιρέω 동.직.미능.3단
ὁ 관.주.남단
θεός 명.주.남단
ὁ 관.목.중단
μέρος 명.목.중단
αὐτός 대인칭.소.남단
ἀπό 전.소
ὁ 관.소.중단
ξύλον 명.소.중단
ὁ 관.소.여단
ζωή 명.소.여단
καί 접.등
ἐκ 전.소
ὁ 관.소.여단
πόλις 명.소.여단
ὁ 관.소.여단
ἅγιος 형일반.소.여단
ὁ 관.소.중복

γράφω
동분.완.수.소.중.복
ἐν
전.여
ὁ
관.여.중단
βιβλίον
명.여.중단
οὗτος
대.지.시.여.중단

4. ἀπὸ τοῦ ξύλου τῆς ζωῆς: '생명나무로부터'(생명나무에게서 얻게 될 것[몫]으로부터).

5. ἐκ τῆς πόλεως: '도시로부터/도시로 인해 (주어질)'

6. τῶν γεγραμμένων: '기록되어 있는'. 관형적 용법의 분사는 '생명나무'와 '거룩한 도시'를 수식한다. 현재완료 분사는 상태와 결과의 지속성을 부각한다.

계 22:20

20
λέγω
동.직.현능.3단
ὁ
관.주.남단
μαρτυρέω
동.분.현능.주.남단
οὗτος
대.지.시.목.중.복
ναί
조사
ἔρχομαι
동.직.현중.1단
ταχύς
부
ἀμήν
불변
ἔρχομαι
동.명.현중.2단
κύριος
명.호.남단
Ἰησοῦς
명.호.남단

Λέγει ὁ μαρτυρῶν ταῦτα· ναί, ἔρχομαι ταχύ. Ἀμήν, ἔρχου κύριε Ἰησοῦ.

증언하는 이가 이것(들)을 말씀하셨다. "그렇다. 내가 속히 올 것이다." "아멘, 주 예수여, 오십시오.

Λέγει[1]
말하였다. says

ὁ μαρτυρῶν
증언하는 이가 He who testifies

ταῦτα·
이것들을 to these things

ναί,[2]
"그렇다/네. "Surely

ἔρχομαι[3]
내가 ~ 올 것이다." I am coming

ταχύ.
속히 soon."

Ἀμήν,
아멘. Amen.

ἔρχου[4]
오십시오. Come,

κύριε Ἰησοῦ.[5]
주 예수여. Lord Jesus.

1. Λέγει: '(그가) 말한다'. 현재시제는 현장의 생생함을 부각한다.

2. ναί: ναί는 '예/네(yes), 참으로(indeed), 진실로(truly)'의 의미이다(1:7; 14:13; 16:7; 22:20). 히브리어 상응어인 אָמֵן(ἀμήν)과 의미를 공유한다.

3. ἔρχομαι ταχύ: '내가 속히 올 것이다'(3:11; 22:7, 12, 20). 미래적(futuristic) 현재이다(KMP, 263).

4. ἔρχου: '오십시오'(6:1, 3, 5, 7; 22:17, 20); ἔρχ + ου. 요청(request)의 명령법이다(Wallace, 487).

5. κύριε Ἰησοῦ: '주 예수여'. 동격(apposition)의 호격이다(Wallace, 71).

계 22:21

21
ὁ
관.주.여단
χάρις
명.주.여단
ὁ
관.소.남단
κύριος
명.소.남단
Ἰησοῦς
명.소.남단
μετά
전.소
πᾶς
형.부정.소.남복

Ἡ χάρις τοῦ κυρίου Ἰησοῦ μετὰ πάντων.

주 예수의 은혜가 모든 이들과 함께 있기를…"

Ἡ χάρις[1]
은혜가 The grace

τοῦ κυρίου Ἰησοῦ
주 예수의 of the Lord

μετὰ πάντων.[2]
모든 이들과 함께 (있기를…) be with all.

1. χάρις: '은혜'; 1:4 참고.

2. Ἡ χάρις … μετὰ πάντων: '은혜가 모든 이들과 함께'. 축원의 문장으로 술어가 생략된다.

부록:

1. 전치사, 파열음 변화, 모음의 단축
2. 동사 변화
3. 문법 패러다임

전치사, 파열음 변화, 모음의 단축

1. 전치사

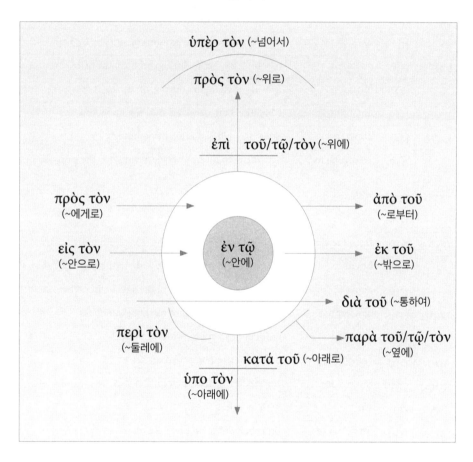

	+ τοῦ (소유격)
전치사	+ τῷ (여격)
	+ τὸν (목적격)

전치사	격	핵심	의미
ἀνά	τὸν	up, again	up, again, among, between, each.
ἀντί	τοῦ	against	against, before, instead of, for.
ἀπό	τοῦ	from	from, away from, because of, with, by.
διά	τοῦ	through	through, throughout, during.
	τὸν	because of	because of, for the sake of, through.
εἰς	τὸν	into	into, toward, to, unto, for, with reference to.
ἐκ	τοῦ	out of	out of, away from, from, since, because of.
ἐν	τῷ	in	in, within, on, on the grounds of, during, by, with.
ἐπί	τοῦ	on, upon	(contact) on, upon, during, on the basis of, by, over.
	τῷ	on, upon	(position) on, upon, during, on the basis of.
	τὸν	on, upon	(direction) on, upon, against, for, up to, toward.
κατά	τοῦ	down from	down from, down into, throughout.
	τὸν	according to	according to, over, toward, during, for the purpose of, for.
μετά	τοῦ	with	with, among, against.
	τὸν	after	after, behind, beyond.
παρά	τοῦ	from the side of	(proceeding from) from the side of, from, by.
	τῷ	beside	(nearness) beside, near, by, with, in the sight of, before.
	τὸν	alongside of	(direction) alongside of, to the side of, in preference to.
περί	τοῦ	concerning	concerning, with regard to, on behalf of, for.
	τὸν	around	around, near, about, with regard to.
πρό	τοῦ	before	before, in front of, ahead of.
πρός	τὸν	toward, for	toward, for, against, before, about, up to the point of.
σύν	τῷ	with	with, besides.
ὑπέρ	τοῦ	on behalf of	on behalf of, for, in the place of, on account of, about.
	τὸν	over, beyond	over, beyond, above, more than.
ὑπό	τοῦ	by	by, by means of, at the hands of.
	τὸν	under	under, toward.

2. 파열음 변화

a. 부정과거, 미래의 능동/중간태

	유성음	무성음	기식음		변화
구개음	γ	κ	χ		ξ
양순음	β	π	φ	+ σ	ψ
치조음	δ	τ	θ		σ

b. 부정과거, 미래의 수동태

	유성음	무성음		변화: 기식음 + θ
구개음	γ	κ		χθ
양순음	β	π	+ θ	φθ
치조음	δ/ζ	τ		(σ)θ

3. 모음의 단축

→	α	ε	η	ο	ω	ι	υ
α	α	α	α	ω	ω	αι	αυ
ε	η	ει	η	ου	ω	ει	ευ
η	η	η	η	ω	ω	ῃ	ηυ
ο	ω	ου	ω	ου	ω	οι	ου
ω	ω	ω	ω	ω	ω	ῳ	ωυ

→	αι	ει	αυ	ευ	ῃ	ᾳ	ου	οι
α	ᾳ	ᾳ	αυ	αυ	ᾳ	ᾳ	ωυ	ῳ
ε	ῃ	ει	ηυ	ευ	ῃ	ῃ	ου	οι
η	ῃ	ῃ	ηυ	ηυ	ῃ	ῃ	ωυ	ῳ
ο	ῳ	οι	ωυ	ου	οι	ῳ	ου	οι
ω	ῳ	ῳ	ωυ	ωυ	ῳ	ῳ	ωυ	ῳ

현재 능동	뜻	미래 능동	부정과거 능동	완료 능동	완료 중간/수동	부정과거 수동
ἀγαπάω	사랑하다	ἀγαπήσω	ἠγάπησα	ἠγάπηκα	ἠγάπημαι	ἠγαπήθην
ἁγιάζω	거룩하게 하다	(ἁγιάσω)	ἡγίασα	(ἡγίακα)	ἡγίασμαι	ἡγιάσθην
ἄγω	인도하다	ἄξω	ἤγαγον, ἦξα	(ἦχα)	ἦγμαι	ἤχθην
αἴρω	올리다	ἀρῶ	ἦρα	ἦρκα	ἦρμαι	ἤρθην
αἰτέω	구하다	αἰτήσω	ᾔτησα	ᾔτηκα	(ᾔτημαι)	ᾐτήθην
ἀκούω	듣다	ἀκούσω	ἤκουσα	ἀκήκοα	(ἤκουσμαι)	ἠκούσθην
ἁμαρτάνω	죄짓다	ἁμαρτήσω	ἡμάρτησα ἥμαρτον	ἡμάρτηκα	(ἡμάρτημαι)	(ἡμαρτήθην)
ἀνοίγω	열다	ἀνοίξω	ἀνέῳξα ἤνοιξα ἠνέῳξα	ἀνέῳγα	ἀνέῳγμαι ἠνέῳγμαι ἤνοιγμαι	ἀνεῴχθην ἠνοίχθην ἠεῴχθην
ἀποθνῄσκω ἀποθνήσκω	죽다	ἀποθανοῦμαι	ἀπέθανον			
ἀποκρίνομαι	대답하다	(ἀποκρι- νοῦμαι)	ἀπεκρινάμην		(ἀποκέκριμαι)	ἀπεκρίθην
ἀποκτείνω	죽이다	ἀποκτενῶ	ἀπέκτεινα			
ἀπόλλυμι	파괴하다	ἀπολέσω ἀπολῶ	ἀπώλεσα	ἀπόλωλα		
ἀποστέλλω	보내다	ἀποστελῶ	ἀπέστειλα	ἀπέσταλκα	ἀπέσταλμαι	ἀπεστάλην
ἀρνέομαι	부인하다	ἀρνήσομαι	ἠρνησάμην		ἤρνημαι	
ἄρχω	다스리다 시작하다(중)	(ἄρξω) ἄρξομαι	(ἦρξα) ἠρξάμην	(ἦργμαι)		(ἤρχθην)
ἀφίημι	허락하다	ἀφήσω	ἀφῆκα	ἀφεῖκα	ἀφεῖμαι	ἀφέθην
βαίνω	가다	βήσομαι	ἔβην	βέβηκα		
βάλλω	던지다	βαλῶ	ἔβαλον	βέβληκα	βέβλημαι	ἐβλήθην
βαπτίζω	세례 주다	βαπτίσω	ἐβάπτισα	(βεβάπτικα)	βεβάπτισμαι	ἐβαπτίσθην
βλέπω	보다	βλέψω	ἔβλεψα			
γεννάω	낳다	γεννήσω	ἐγέννησα	γεγέννηκα	γεγέννημαι	ἐγεννήθην
γίνομαι	되다	γενήσομαι	ἐγενόμην	γέγονα	γεγένημαι	ἐγενήθην
γινώσκω	알다	γνώσομαι	ἔγνων	ἔγνωκα	ἔγνωσμαι	ἐγνώσθην
γράφω	쓰다	γράψω	ἔγραψα	γέγραφα	γέγραμμαι	ἐγράφην
δείκνυμι	보여주다	δείξω	ἔδειξα	(δέδειχα)	δέδειγμαι	ἐδείχθην
δέχομαι	영접하다	δέξομαι	ἐδεξάμην	(δέδεχα)	δέδεγμαι	ἐδέχθην
διδάσκω	가르치다	διδάξω	ἐδίδαξα	(δεδίδαχα)	(δεδίδαγμαι)	ἐδιδάχθην
δίδωμι	주다	δώσω	ἔδωκα	δέδωκα	δέδομαι	ἐδόθην
διώκω	추적하다	διώξω	ἐδίωξα	(δεδίωχα)	δεδίωγμαι	ἐδιώχθην
δοξάζω	영광 돌리다	δοξάσω	ἐδόξασα	(δεδόξακα)	δεδόξασμαι	ἐδοξάσθην
δύναμαι	할 수 있다	δυνήσομαι	ἠδυνήθην ἠδυνάσθην			

현재 능동	뜻	미래 능동	부정과거 능동	완료 능동	완료 중간/수동	부정과거 수동
ἐγγίζω	가까이 있다	ἐγγιῶ ἐγγίσω	ἤγγισα	ἤγγικα		
ἐγείρω	일으키다	ἐγερῶ	ἤγειρα		ἐγήγερμαι	ἠγέρθην
εἰμί	이다	ἔσομαι	ἤμην			
ἐλέγχω	책망하다	ἐλέγξω	ἤλεγξα			ἠλέγχθην
ἐλεέω	자비를 베풀다	ἐλεήσω	ἠλέησα	(ἠλέηκα)	ἠλέημαι	ἠλεήθην
ἐλπίζω	소망하다	ἐλπιῶ	ἤλπισα	ἤλπικα		
ἔρχομαι	오다, 가다	ἐλεύσομαι	ἦλθον	ἐλήλυθα		
ἐρωτάω	묻다	ἐρωτήσω	ἠρώτησα	(ἠρώτηκα)	(ἠρώτημαι)	(ἠρωτήθην)
ἐσθίω	먹다	φάγομαι	ἔφαγον			
ἑτοιμάζω	준비하다	ἑτοιμάσω	ἡτοίμασα	ἡτοίμακα	ἡτοίμασμαι	ἡτοιμάσθην
εὐαγγελίζω	복음 전하다	(εὐαγγελίσω)	εὐηγγέλισα	(εὐηγγέλικα)	εὐηγγέλισμαι	εὐηγγελίσθην
εὐλογέω	복을 빌다	εὐλογήσω	εὐλόγησα	εὐλόγηκα	εὐλόγημαι	εὐλογήθην
εὑρίσκω	발견하다	εὑρήσω	εὗρον	εὕρηκα	(εὕρημαι)	εὑρέθην
εὐχαριστέω	감사하다	εὐχαριστήσω	εὐχαρίστησα ηὐχαρίστησα	(εὐχαρίστηκα)	(εὐχαρίστημαι)	εὐχαριστήθην
ἔχω	가지다	ἕξω	ἔσχον	ἔσχηκα		
ζάω	살다	ζήσω	ἔζησα			
ἥκω	왔다, 있다	ἥξω	ἧξα	ἥκα		
θαυμάζω	놀랍게 여기다	θαυμάσομαι	ἐθαύμασα	(τεθαύμακα)		ἐθαυμάθην
θέλω	원하다	θελήσω	ἠθέλησα			
θεραπεύω	치료하다	θεραπεύσω	ἐθεράπευσα	(τεθεράπευκα)	τεθεράπευμαι	ἐθεραπεύθην
θύω	희생을 드리다		ἔθυσα		τέθυμαι	ἐτύθην
ἵστημι	서다	στήσω	ἔστησα ἔστην	ἕστηκα	(ἕσταμαι)	ἐστάθην
καθαρίζω	깨끗하게 하다	καθαριῶ	ἐκαθάρισα		κεκαθάρισμαι	ἐκαθαρίσθην
καλέω	부르다	καλέσω	ἐκάλεσα	κέκληκα	κέκλημαι	ἐκλήθην
κηρύσσω	선포하다	κηρύξω	ἐκήρυξα	(κεκήρυχα)	(κεκήρυγμαι)	ἐκηρύχθην
κράζω	부르짖다	κράξω	ἔκραξα	κέκραγα		
κρίνω	판단하다	κρινῶ	ἔκρινα	κέκρικα	κέκριμαι	ἐκρίθην
λαλέω	말하다	λαλήσω	ἐλάλησα	λελάληκα	λελάλημαι	ἐλαλήθην
λαμβάνω	취하다	λήμψομαι	ἔλαβον	εἴληφα	εἴλημμαι	ἐλήφθην
λέγω	말하다	ἐρῶ	εἶπον	εἴρηκα	εἴρημαι	ἐρρέθην ἐρρήθην
λείπω	떠나다	λείψω	ἔλιπον	(λέλοιπα)	λέλειμμαι	ἐλείφθην
λύω	풀다	λύσω	ἔλυσα	(λέλυκα)	λέλυμαι	ἐλύθην
μαρτυρέω	증언하다	μαρτυρήσω	ἐμαρτύρησα	μεμερτύρηκα	μεμαρτύρημαι	ἐμμαρτυρήθην
μένω	남다	μενῶ	ἔμεινα	μεμένηκα		
ξηραίνω	마르다		ἐξήρανα		ἐξήραμμαι	ἐξηράνθην
οἶδα	알다	εἰδήσω	ᾔδειν			
οἰκοδομέω	건축하다	οἰκοδομήσω	ᾠκοδόμησα		ᾠκοδόμημαι	ᾠκοδομήθην
ὁράω	보다	ὄψομαι	εἶδον	ἑώρακα ἑόρακα	(ὦμμαι)	ὤφθην
πάσχω	고난받다	(πείσομαι)	ἔπαθον	πέπονθα		
πείθω	설득하다	πείσω	ἔπεισα	πέποιθα	πέπεισμαι	ἐπείσθην
πειράζω	시험하다	(πειράσω)	ἐπείρασα	(πεπείρακα)	πεπείρασμαι	ἐπειράσθην
πέμπω	보내다	πέμψω	ἔπεμψα	(πέπομφα)	(πέπεμμαι)	ἐπέμφθην
περιπατέω	걷다, 살다	περιπατήσω	περιεπάτησα	περιπεπάτηκα		

현재 능동	뜻	미래 능동	부정과거 능동	완료 능동	완료 중간/수동	부정과거 수동
πίνω	마시다	πίομαι	ἔπιον	πέπωκα	(πέπομαι)	(ἐπόθην)
πίπτω	떨어지다	πεσοῦμαι	ἔπεσον ἔπεσα	πέπτωκα		
πιστεύω	믿다	(πιστεύσω)	ἐπίστευσα	πεπίστευκα	πεπίστευμαι	ἐπιστεύθην
πληρόω	충만하다	πληρώσω	ἐπλήρωσα	πεπλήρωκα	πεπλήρωμαι	ἐπληρώθην
ποιέω	행하다	ποιήσω	ἐποίησα	πεποίηκα	πεποίημαι	(ἐποιήθην)
πορεύομαι	가다	ποεύσομαι	ἐπορευσάμην	πεπόρευμαι		ἐπορεύθην
πράσσω	행하다	πράξω	ἔπραξα	πέπραχα	πέπραγμαι	
προσεύχομαι	기도하다	προσεύξομαι	προσηυξάμην			
σπείρω	씨를 뿌리다	(σπερῶ)	ἔσπειρα		ἔσπαρμαι	ἐσπάρην
σταυρόω	십자가에 못박다	σταυρώσω	ἐσταύρωσα	(ἐσταύρωκα)	ἐσταύρωμαι	ἐσταυρώθην
στηρίζω	강하게 하다	στηρίξω στηρίσω	ἐστήριξα ἐστήρισα		ἐστήριγμαι	ἐστηρίχθην
στρέφω	돌아서다	(στρέψω)	ἔστρεψα		(ἔστραμμαι)	ἐστράφην
σώζω σῴζω	구원하다	σώσω	ἔσωσα	σέσωκα	σέσωσμαι σέσωμαι	ἐσώθην
τελέω	마치다	(τελέσω)	ἐτέλεσα	τετέλεκα	τετέλεσμαι	ἐτελέσθην
τηρέω	지키다	τηρήσω	ἐτήρησα	τετήρηκα	τετήρημαι	ἐτηρήθην
τίθημι	놓다	θήσω	ἔθηκα	τέθεικα	τέθειμαι	ἐτέθην
τιμάω	경외하다	τιμήσω	ἐτίμησα	(τετίμηκα)	τετίμημαι	(ἐτιμήθην)
τρέχω	뛰다		ἔδραμον			
ὑπάγω	떠나다	ὑπάξω	ὑπήγαγον		ὑπῆγμαι	ὑπήχθην
φαίνω	비추다	φανοῦμαι (φανῶ)	ἔφανα	(πέφηνα)		ἐφάνην
φανερόω	나타내다	φανερώσω	ἐφανέρωσα	(πεφανέρω-κα)	πεφανέρωμαι	ἐφανερώθην
φέρω	가져오다	οἴσω	ἤνεγκα ἤνεγκον	ἐνήνοχα	(ἐνήνεγμαι)	ἠνέχθην
φιλέω	사랑하다	(φιλήσω)	ἐφίλησα	πεφίληκα	(πεφίλημαι)	(ἐφιλήθην)
χαίρω	기뻐하다	χαρήσομαι	(ἐχάρησα)	(κεχάρηκα)		ἐχάρην

1) 동사 1시상

법	인칭수	a.현재능	b.현재중수	c.미래능	d.미래중	e.미래수	f.완료능	g.완료중수	h.과거완료
1. 직설법	1단	λύω	λύομαι	λύσω	λύσομαι	λυθήσομαι	λέλυκα	λέλυμαι	λελύκειν
	2단	λύεις	λύῃ	λύσεις	λύσῃ	λυθήσῃ	λέλυκας	λέλυσαι	λελύκεις
	3단	λύει	λύεται	λύσει	λύσεται	λυθήσεται	λέλυκε(ν)	λέλυται	λελύκει
	1복	λύομεν	λυόμεθα	λύσομεν	λυσόμεθα	λυθησόμεθα	λελύκαμεν	λελύμεθα	λελύκειμεν
	2복	λύετε	λύεσθε	λύσετε	λύσεσθε	λυθήσεσθε	λελύκατε	λέλυσθε	λελύκειτε
	3복	λύουσι	λύονται	λύσουσι(ν)	λύσονται	λυθήσονται	λελύκασι(ν)	λέλυνται	λελύκεισαν
2. 가정법	1단	λύω	λύωμαι						
	2단	λύῃς	λύῃ						
	3단	λύῃ	λύηται						
	1복	λύωμεν	λυώμεθα						
	2복	λύητε	λύησθε						
	3복	λύωσι(ν)	λύωνται						
3. 명령법	2단	λῦε	λύου						
	2복	λύετε	λύεσθε						
	3단	λυέτω	λυέσθω						
	3복	λυέτωσαν	λυέσθωσαν						
4. 부정사		λύειν	λύεσθαι	λύσειν	λύσεσθαι	λυθήσεσθαι	λελυκέναι	λελύσθαι	

2) 동사 2시상

법	인칭수	a.미완능	b.미완중수	c.제1과능	d.제1과중	e.제1과수	f.제2과능	g.제2과중	h.제2과수
1. 직설법	1단	ἔλυον	ἐλυόμην	ἔλυσα	ἐλυσάμην	ἐλύθην	ἔλαβον	ἐγενόμην	ἐγράφην
	2단	ἔλυες	ἐλύου	ἔλυσας	ἐλύσω	ἐλύθης	ἔλαβες	ἐγένου	ἐγράφης
	3단	ἔλυε(ν)	ἐλύετο	ἔλυσε	ἐλύσατο	ἐλύθη	ἔλαβε(ν)	ἐγένετο	ἐγράφη
	1복	ἐλύομεν	ἐλυόμεθα	ἐλύσαμεν	ἐλυσάμεθα	ἐλύθημεν	ἐλάβομεν	ἐγενόμεθα	ἐγράφημεν
	2복	ἐλύετε	ἐλύεσθε	ἐλύσατε	ἐλύσασθε	ἐλύθητε	ἐλάβετε	ἐγένεσθε	ἐγράφητε
	3복	ἔλυον	ἐλύοντο	ἔλυσαν	ἐλύσαντο	ἐλύθησαν	ἔλαβον	ἐγένοντο	ἐγράφησαν
2. 가정법	1단			λύσω	λύσωμαι	λυθῶ	λάβω	γένωμαι	γραφῶ
	2단			λύσῃς	λύσῃ	λυθῇς	λάβῃς	γένῃ	γραφῇς
	3단			λύσῃ	λύσηται	λυθῇ	λάβῃ	γένηται	γραφῇ
	1복			λύσωμεν	λυσώμεθα	λυθῶμεν	λάβωμεν	γενώμεθα	γραφῶμεν
	2복			λύσητε	λύσησθε	λυθῆτε	λάβητε	γένησθε	γραφῆτε
	3복			λύσωσι(ν)	λύσωνται	λυθῶσι(ν)	λάβωσι(ν)	γένωνται	γραφῶσι(ν)
3. 명령법	2단			λῦσον	λῦσαι	λύθητι	λίπε	λιποῦ	γράφηθι
	2복			λύσατε	λύσασθε	λύθητε	λίπετε	λίπεσθε	γράφητε
	3단			λυσάτω	λυσάσθω	λυθήτω	λιπέτω	λιπέσθω	γραφήτω
	3복			λυσάτωσαν	λυσάσθωσαν	λυθήτωσαν	λιπέτωσαν	λιπέσθωσαν	γραφήτωσαν
4. 부정사				λῦσαι	λύσασθαι	λυθῆναι	λιπεῖν	λιπέσθαι	γραφῆναι

3) 동사 EIMI / OIΔA

εἰμί

인칭수	a.현재	b.미완	c.미래	d.가정법	e.명령법	f.부정사
1단	εἰμί	ἤμην	ἔσομαι	ὦ		εἶναι
2단	εἶ	ἦς	ἔσῃ	ᾖς	ἴσθι	
3단	ἐστί(ν)	ἦν	ἔσται	ᾖ	ἔστω	
1복	ἐσμέν	ἦμεν	ἐσόμεθα	ὦμεν		
2복	ἐστέ	ἦτε	ἔσεσθε	ἦτε	ἔστε	
3복	εἰσί(ν)	ἦσαν	ἔσονται	ὦσι(ν)	ἔστωσαν	

οἶδα

인칭수	g.완료	h.과거완		i.가정법	j.명령법	k.부정사
1단	οἶδα	ᾔδειν		εἰδῶ		εἰδέναι
2단	οἶδας	ᾔδεις		εἰδῇς	ἴσθι	
3단	οἶδε	ᾔδει		εἰδῇ	ἴστω	
1복	οἴδαμεν	ᾔδειμεν		εἰδῶμεν		
2복	οἴδατε	ᾔδειτε		εἰδῆτε	ἴστε	
3복	οἴδασι	ᾔδεισαν		εἰδῶσι	ἴστωσαν	

4) 명사, 형용사, 관사, 관계대명사

종류	격	a.남단	b.남복	c.여단	d.여복	e.중단	f.중복
1. 명사 1-7변화 I	주격	λόγος	λόγοι	γραφή	γραφαί	δῶρον	δῶρα
	소유격	λόγου	λόγων	γραφῆς	γραφῶν	δώρου	δώρων
	여격	λόγῳ	λόγοις	γραφῇ	γραφαῖς	δώρῳ	δώροις
	목적격	λόγον	λόγους	γραφήν	γραφάς	δῶρον	δῶρα
	호격	λόγε					
2. 명사 1-2변화 II	주격	προφήτης	προφῆται	ἀλήθεια	ἀλήθειαι		
	소유격	προφήτου	προφητῶν	ἀληθείας	ἀληθειῶν		
	여격	προφήτῃ	προφήταις	ἀληθείᾳ	ἀληθείαις		
	목적격	προφήτην	προφήτας	ἀλήθειαν	ἀληθείας		
	호격	προφῆτα					
3. 명사 3변화 I	주격	ἄρχων	ἄρχοντες	σάρξ	σάρκες	ὄνομα	ὀνόματα
	소유격	ἄρχοντος	ἀρχόντων	σαρκός	σαρκῶν	ὀνόματος	ὀνομάτων
	여격	ἄρχοντι	ἄρχουσι	σαρκί	σαρξί(ν)	ὀνόματι	ὀνόμασι
	목적격	ἄρχοντα	ἄρχοντας	σάρκα	σάρκας	ὄνομα	ὀνόματα
4. 명사 3변화 II	주격	ἰχθύς	ἰχθύες,-ῦς	χάρις	χάριτες		
	소유격	ἰχθύος	ἰχθύων	χάριτος	χαρίτων		
	여격	ἰχθύϊ	ἰχθύσι	χάριτι	χάρισι(ν)		
	목적격	ἰχθύν	ἰχθύας,-ῦς	χάριν	χάριτας		
	호격	ἰχθύ					
5. 명사 3변화 III	주격	βασιλεύς	βασιλεῖς	πίστις	πίστεις	γένος	γένη
	소유격	βασιλέως	βασιλέων	πίστεως	πίστεων	γένους	γενῶν
	여격	βασιλεῖ	βασιλεῦσι(ν)	πίστει	πίστεσι(ν)	γένει	γένεσι(ν)
	목적격	βασιλέα	βασιλεῖς	πίστιν	πίστεις	γένος	γένη
	호격	βασιλεῦ		πίστι			

종류	격	a.남단	b.남복	c.여단	d.여복	e.중단	f.중복
6. 명사 3변화 IV	주격	πατήρ	πατέρες	χείρ	χεῖρες		
	소유격	πατρός	πατέρων	χειρός	χειρῶν		
	여격	πατρί	πατράσι(ν)	χειρί	χερσί(ν)		
	목적격	πατέρα	πατέρας	χεῖρα	χεῖρας		
	호격	πάτερ		χείρ			
7. 형용사	주격	ἀγαθός	ἀγαθοί	ἀγαθή	ἀγαθαί	ἀγαθόν	ἀγαθά
	소유격	ἀγαθοῦ	ἀγαθῶν	ἀγαθῆς	ἀγαθῶν	ἀγαθοῦ	ἀγαθῶν
	여격	ἀγαθῷ	ἀγαθοῖς	ἀγαθῇ	ἀγαθαῖς	ἀγαθῷ	ἀγαθοῖς
	목적격	ἀγαθόν	ἀγαθούς	ἀγαθήν	ἀγαθάς	ἀγαθόν	ἀγαθά
	호격	ἀγαθέ					
8. **πᾶς**	주격	πᾶς	πάντες	πᾶσα	πᾶσαι	πᾶν	πάντα
	소유격	παντός	πάντων	πάσης	πασῶν	παντός	πάντων
	여격	παντί	πᾶσι(ν)	πάσῃ	πάσαις	παντί	πᾶσι(ν)
	목적격	πάντα	πάντας	πᾶσαν	πάσας	πᾶν	πάντα
9. 관사	주격	ὁ	οἱ	ἡ	αἱ	τό	τά
	소유격	τοῦ	τῶν	τῆς	τῶν	τοῦ	τῶν
	여격	τῷ	τοῖς	τῇ	ταῖς	τῷ	τοῖς
	목적격	τόν	τούς	τήν	τάς	τό	τά
10. 관계대명사	주격	ὅς	οἵ	ἥ	αἵ	ὅ	ἅ
	소유격	οὗ	ὧν	ἧς	ὧν	οὗ	ὧν
	여격	ᾧ	οἷς	ᾗ	αἷς	ᾧ	οἷς
	목적격	ὅν	οὕς	ἥν	ἅς	ὅ	ἅ
11. 의문대명사	주격	τίς	τίνες	τίς	τίνες	τί	τίνα
	소유격	τίνος	τίνων	τίνος	τίνων	τίνος	τίνων
	여격	τίνι	τίσι	τίνι	τίσι	τίνι	τίσι
	목적격	τίνα	τίνας	τίνα	τίνας	τί	τίνα

5) 인칭대명사, 지시대명사

종류	격	a.1인칭-단	b.1인칭-복	c.2인칭-단	d.2인칭-복
1. 1-2인칭 대명사	주격	ἐγώ	ἡμεῖς	σύ	ὑμεῖς
	소유격	ἐμοῦ	ἡμῶν	σοῦ	ὑμῶν
	여격	ἐμοί	ἡμῖν	σοί	ὑμῖν
	목적격	ἐμέ	ἡμᾶς	σέ	ὑμᾶς

종류	격	a.남단	b.남복	c.여단	d.여복	e.중단	f.중복
2. 3인칭 대명사	주격	αὐτός	αὐτοί	αὐτή	αὐταί	αὐτό	αὐτά
	소유격	αὐτοῦ	αὐτῶν	αὐτῆς	αὐτῶν	αὐτοῦ	αὐτῶν
	여격	αὐτῷ	αὐτοῖς	αὐτῇ	αὐταῖς	αὐτῷ	αὐτοῖς
	목적격	αὐτόν	αὐτούς	αὐτήν	αὐτάς	αὐτό	αὐτά
3. 지시대명사 this	주격	οὗτος	οὗτοι	αὕτη	αὗται	τοῦτο	ταῦτα
	소유격	τούτου	τούτων	ταύτης	τούτων	τούτου	τούτων
	여격	τούτῳ	τούτοις	ταύτῃ	ταύταις	τούτῳ	τούτοις
	목적격	τοῦτον	τούτους	ταύτην	ταύτας	τοῦτο	ταῦτα
4. 지시대명사 that	주격	ἐκεῖνος	ἐκεῖνοι	ἐκείνη	ἐκεῖναι	ἐκεῖνο	ἐκεῖνα
	소유격	ἐκείνου	ἐκείνων	ἐκείνης	ἐκείνων	ἐκείνου	ἐκείνων
	여격	ἐκείνῳ	ἐκείνοις	ἐκείνῃ	ἐκείναις	ἐκείνῳ	ἐκείνοις
	목적격	ἐκεῖνον	ἐκείνους	ἐκείνην	ἐκείνας	ἐκεῖνο.	ἐκεῖνα

6) 분사

종류	격	a.남단	b.남복	c.여단	d.여복	e.중단	f.중복
1. 현재 능동	주격	λύων	λύοντες	λύουσα	λύουσαι	λῦον	λύοντα
	소유격	λύοντος	λυόντων	λυούσης	λυουσῶν	λύοντος	λυόντων
	여격	λύοντι	λύουσι(ν)	λυούσῃ	λυούσαις	λύοντι	λύουσι(ν)
	목적격	λύοντα	λύοντας	λύουσαν	λυούσας	λῦον	λύοντα
2. 현재 중간/수동	주격	λυόμενος	λυόμενοι	λυομένη	λυόμεναι	λυόμενον	λυόμενα
	소유격	λυομένου	λυομένων	λυομένης	λυομένων	λυομένου	λυομένων
	여격	λυομένῳ	λυομένοις	λυομένῃ	λυομέναις	λυομένῳ	λυομένοις
	목적격	λυόμενον	λυομέους	λυομένην	λυομένας	λυόμενον	λυόμενα
3. 제1과거 능동	주격	λύσας	λύσαντες	λύσασα	λύσασαι	λῦσαν	λύσαντα
	소유격	λύσαντος	λυσάντων	λυσάσης	λυσανσῶν	λύσαντος	λυσάντων
	여격	λύσαντι	λύσασι(ν)	λυσάσῃ	λυσάσαις	λύσαντι	λύσασι(ν)
	목적격	λύσαντα	λύσαντας	λύσασαν	λυσάσας	λῦσαν	λύσσαντα
4. 제1과거 중간	주격	λυσάμενος	λυσάμενοι	λυσαμένη	λυσάμεναι	λυσάμενον	λυσάμενα
	소유격	λυσαμένου	λυσαμένων	λυσαμένης	λυσαμένων	λυσαμένου	λυσαμένων
	여격	λυσαμένῳ	λυσαμένοις	λυσαμένῃ	λυσαμέναις	λυσαμένῳ	λυσαμένοις
	목적격	λυσάμενον	λυσαμένους	λυσαμένην	λυσαμένας	λυσάμενον	λυσάμενα
5. 제1과거 수동	주격	λυθείς	λυθέντες	λυθεῖσα	λυθεῖσαι	λυθέν	λυθέντα
	소유격	λυθέντος	λυθέντων	λυθείσης	λυθεισῶν	λυθέντος	λυθέντων
	여격	λυθέντι	λυθεῖσι(ν)	λυθείσῃ	λυθείσαις	λυθέντι	λυθεῖσι(ν)
	목적격	λυθέντα	λυθέντας	λυθεῖσαν	λυθείσας	λυθέν	λυθέντα
6. 완료 능동	주격	λελυκώς	λελυκότες	λελυκυῖα	λελυκυῖαι	λελυκός	λελυκότα
	소유격	λελυκότος	λελυκότων	λελυκυίας	λελυκυιῶν	λελυκότος	λελυκότων
	여격	λελυκότι	λελυκόσι(ν)	λελυκυίᾳ	λελυκυίαις	λελυκότι	λελυκόσι(ν)
	목적격	λελυκότα	λελυκότας	λελυκυῖαν	λελυκυίας	λελυκός	λελυκότα
7. 완료 중간/수동	주격	λελυμένος	λελυμένοι	λελυμένη	λελυμέναι	λελυμένον	λελυμένα
	소유격	λελυμένου	λελυμένων	λελυμένης	λελυμένων	λελυμένου	λελυμένων
	여격	λελυμένῳ	λελυμένοις	λελυμένῃ	λελυμέναις	λελυμένῳ	λελυμένοις
	목적격	λελυμένον	λελυμένους	λελυμένην	λελυμένας	λελυμένον	λελυμένα
8. εἰμί 현재분사	주격	ὤν	ὄντες	οὖσα	οὖσαι	ὄν	ὄντα
	소유격	ὄντος	ὄντων	οὔσης	οὐσῶν	ὄντος	ὄντων
	여격	ὄντι	οὖσι(ν)	οὔσῃ	οὔσαις	ὄντι	οὖσι(ν)
	목적격	ὄντα	ὄντας	οὖσαν	οὔσας	ὄν	ὄντα

7) 단축동사, 유음동사

단축동사	인칭수	a.-αω능	b.-αω중수	c.-εω능	d.-εω중수	e.-οω능	f.-οω중수
1. 직설법 현재	1단	ἀγαπῶ	ἀγαπῶμαι	φιλῶ	φιλοῦμαι	δηλῶ	δηλοῦμαι
	2단	ἀγαπᾷς	ἀγαπᾷ	φιλεῖς	φιλῇ	δηλοῖς	δηλοῖ
	3단	ἀγαπᾷ	ἀγαπᾶται	φιλεῖ	φιλεῖται	δηλοῖ	δηλοῦται
	1복	ἀγαπῶμεν	ἀγαπώμεθα	φιλοῦμεν	φιλούμεθα	δηλοῦμεν	δηλούμεθα
	2복	ἀγαπᾶτε	ἀγαπᾶσθε	φιλεῖτε	φιλεῖσθε	δηλοῦτε	δηλοῦσθε
	3복	ἀγαπῶσι	ἀγαπῶνται	φιλοῦσι	φιλοῦνται	δηλοῦσι	δηλοῦνται
2. 가정법	1단	ἀγαπῶ	ἀγαπῶμαι	φιλῶ	φιλῶμαι	δηλῶ	δηλῶμαι
	2단	ἀγαπᾷς	ἀγαπᾷ	φιλῇς	φιλῇ	δηλοῖς	δηλοῖ
	3단	ἀγαπᾷ	ἀγαπᾶται	φιλῇ	φιλῆται	δηλοῖ	δηλῶται
	1복	ἀγαπῶμεν	ἀγαπώμεθα	φιλῶμεν	φιλώμεθα	δηλῶμεν	δηλώμεθα
	2복	ἀγαπᾶτε	ἀγαπᾶσθε	φιλῆτε	φιλῆσθε	δηλῶτε	δηλῶσθε
	3복	ἀγαπῶσι	ἀγαπῶνται	φιλῶσι	φιλῶνται	δηλῶσι	δηλῶνται
3. 명령법	2단	ἀγάπα	ἀγαπῶ	φίλει	φιλοῦ	δήλου	δηλοῦ
	2복	ἀγαπᾶτε	ἀγαπᾶσθε	φιλεῖτε	φιλεῖσθε	δηλοῦτε	δηλοῦσθε
	3단	ἀγαπάτω	ἀγαπάσθω	φιλείτω	φιλείσθω	δηλούτω	δηλούσθω
	3복	ἀγαπάτωσαν	ἀγαπάσθωσαν	φιλείτωσαν	φιλείσθωσαν	δηλούτωσαν	δηλούσθωσαν
4. 부정사		ἀγαπᾶν	ἀγαπᾶσθαι	φιλεῖν	φιλεῖσθαι	δηλοῦν	δηλοῦσθαι

유음동사	인칭수	a.미래능동	b.과거능동
5. 직설법	1단	κρινῶ	ἔκρινα
	2단	κρινεῖς	ἔκρινας
	3단	κρινεῖ	ἔκρινε
	1복	κρινοῦμεν	ἐκρίναμεν
	2복	κρινεῖτε	ἐκρίνατε
	3복	κρινοῦσι	ἔκριναν
6. 명령법 과거	2단		κρῖνον
	2복		κρίνατε
	3단		κρινάτω
	3복		κρινάτωσαν
7. 과거부정사			κρῖναι

8) -MI 동사

시제법	인칭수	*δο- a.능동	*δο- b.중(수)	*θε- c.능동	*θε- d.중(수)	δεικνυ- e.능동	δεικνυ- f.중(수)	*στα- g.능동	*στα- h.중(수)
1. 직설법 현재	1단	δίδωμι	δίδομαι	τίθημι	τίθεμαι	δείκνυμι	δείκνυμαι	ἵστημι	ἵσταμαι
	2단	δίδως	δίδοσαι	τίθης	τίθεσαι	δείκνύεις	δείκνυσαι	ἵστης	ἵστασαι
	3단	δίδωσι	δίδοται	τίθησι	τίθεται	δείκνυσι	δείκνυται	ἵστησι	ἵσταται
	1복	δίδομεν	διδόμεθα	τίθεμεν	τιθέμεθα	δείκνυμεν	δεικνύμεθα	ἵστημεν	ἱστάμεθα
	2복	δίδοτε	δίδοσθε	τίθετε	τίθεσθε	δείκνυτε	δείκνυσθε	ἵστητε	ἵστασθε
	3복	διδόασι	δίδονται	τιθέασι	τίθενται	δεικνύασι	δείκνυνται	ἱστᾶσι	ἵστανται
2. 부정사		διδόναι	δίδοσθαι	τιθέναι	τίθεσθαι	δεικνύναι	δείκνυσθαι	ἱστάναι	ἵστασθαι
3. 직설법 미래 (능/중)	1단	δώσω	δώσομαι	θήσω	θήσομαι	δείξω	δείξομαι	στήσω	στήσομαι
	2단	δώσεις	δώσῃ	θήσεις	θήσῃ	δείξεις	δείξῃ	στήσεις	στήσῃ
	3단	δώσει	δώσεται	θήσει	θήσεται	δείξει	δείξεται	στήσει	στήσεται
	1복	δώσομεν	δωσόμεθα	θήσομεν	θησόμεθα	δείξομεν	δειξόμεθα	στήσομεν	στησόμεθα
	2복	δώσετε	δώσεσθε	θήσετε	θήσεσθε	δείξετε	δείξεσθε	στήσετε	στήσεσθε
	3복	δώσουσι	δώσονται	θήσουσι	θήσονται	δείξουσι	δείξονται	στήσουσι	στήσονται
4. 직설법 과거 (능/중)	1단	ἔδωκα	ἐδόμην	ἔθηκα	ἐθέμην	ἔδειξα	ἐδειξάμην	ἔστησα	ἐστάμην
	2단	ἔδωκας	ἔδου	ἔθηκας	ἔθου	ἔδειξας	ἐδείξω	ἔστησας	ἔστω
	3단	ἔδωκε	ἔδοτο	ἔθηκε	ἔθετο	ἔδειξε	ἐδείξατο	ἔστησε	ἔστη
	1복	ἐδώκαμεν	ἐδόμεθα	ἐθήκαμεν	ἐθέμεθα	ἐδείξαμεν	ἐδειξάμεθα	ἐστήσαμεν	ἐστάμεθα
	2복	ἐδώκατε	ἔδοσθε	ἐθήκατε	ἔθεσθε	ἐδείξατε	ἐδείξασθε	ἐστήσατε	ἔστασθε
	3복	ἔδωκαν	ἔδοντο	ἔθηκαν	ἔθεντο	ἔδειξαν	ἐδείξαντο	ἔστησαν	ἔσταντο
5. 부정사		δοῦναι	δόσθαι	θεῖναι	θέσθαι	δεῖξαι	δείξανσθαι	ἱστάναι	ἵστασθαι

시제법	인칭수	a.현재능	b.과거능	c.현재능	d.과거능	g.현재능	h.과거능	e.현재능	f.과거능
6. 가정법 현재/과거 능동	1단	διδῶ	δῶ	τιθῶ	θῶ	δεικνύω	δείξω	ἱστῶ	στῶ
	2단	διδῷς	δῷς	τιθῇς	θῇς	δεικνύῃς	δείξῃς	ἱστῇς	στῇς
	3단	διδῷ	δῷ	τιθῇ	θῇ	δεικνύῃ	δείξῃ	ἱστῇ	στῇ
	1복	διδῶμεν	δῶμεν	τιθῶμεν	θῶμεν	δεικνύωμεν	δείξωμεν	ἱστῶμεν	στῶμεν
	2복	διδῶτε	δῶτε	τιθῆτε	θῆτε	δεικνύητε	δείξητε	ἱστῆτε	στῆτε
	3복	διδῶσι	δῶσι(ν)	τιθῶσι	θῶσι	δεικνύωσι	δείξωσι	ἱστῶσι	στῶσι
7. 현재완	1단	δέδωκα	δέδομαι	τέθεικα	τέθειμαι	δέδειχα	δέδειγμαι	ἕστηκα	ἕσταμαι
8. 명령법	능	δίδου	δός	τίθει	θές	δείκνυ	δεῖξον	ἵστη	στῆθι
	중	δίδοσο	δοῦ	τίθεσο	θοῦ	δείκνυσο	δεῖξαι	ἵστασο	στῆτε